Entwicklung genossenschaftlich
organisierter Finanzsysteme in Vietnam

Europäische Hochschulschriften

Publications Universitaires Européennes
European University Studies

Reihe V
Volks- und Betriebswirtschaft

Série V   Series V
Sciences économiques, gestion d'entreprise
Economics and Management

Bd./Vol. 3283

PETER LANG

Frankfurt am Main · Berlin · Bern · Bruxelles · New York · Oxford · Wien

Dong Pham-Phuong

Entwicklung genossenschaftlich organisierter Finanzsysteme in Vietnam

Mit einer Data Envelopment-Analyse (DEA) lokaler People's Credit Funds

PETER LANG
Internationaler Verlag der Wissenschaften

Bibliografische Information der Deutschen Nationalbibliothek
Die Deutsche Nationalbibliothek verzeichnet diese Publikation
in der Deutschen Nationalbibliografie; detaillierte bibliografische
Daten sind im Internet über <http://www.d-nb.de> abrufbar.

Zugl.: Heidelberg, Univ., Diss., 2005

Gedruckt auf alterungsbeständigem,
säurefreiem Papier.

D 16
ISSN 0531-7339
ISBN 978-3-631-57142-2

© Peter Lang GmbH
Internationaler Verlag der Wissenschaften
Frankfurt am Main 2008
Alle Rechte vorbehalten.

Printed in Germany 1 2 3 4 5   7

www.peterlang.de

Für meine Familie

Vorwort

Die vorliegende Arbeit ist Bestandteil eines langjährigen weitgefächerten Forschungsprogramms des Lehrstuhls für Internationale Wirtschafts- und Entwicklungspolitik der Universität Heidelberg und der Forschungsstelle für Internationale Agrar- und Wirtschaftsentwicklung e.V. (Heidelberg) über „international vergleichende Analysen von Wirtschaftssystemen". Der geographische Schwerpunkt der Arbeiten lag bisher in Süd- und Südostasien. Herr Pham-Phuong greift in seinen Untersuchungen auf institutionen-ökonomische Ansätze und quantitative Analysetechniken zurück; er folgt damit auch den methodischen Schwerpunktsetzungen des Forschungsprogramms. Seinen besonderen Reiz erhält das Thema durch das Zusammentreffen von wirtschaftlicher Unterentwicklung und Systemtransformation.

Die zentrale Bedeutung funktionierender Finanzmärkte für die wirtschaftliche Entwicklung für die Volkswirtschaften der so genannten Dritten Welt ist unbestritten. Dabei ist von besonderem Interesse, welche Finanzmarkt-organisationen prinzipiell in Frage kommen und, vor allem, von welcher dieser Organisationsformen eine effiziente Lösung des Problems finanzieller Intermediation unter Bedingungen wirtschaftlicher Unterentwicklung erwartet werden kann. Der Autor stellt die genossenschaftliche Organisationsform in den Mittelpunkt seiner Untersuchungen. Dies dürfte die Neugier von Entwicklungsökonomen wecken; denn einigen Erfolgsgeschichten in den Frühstadien heutiger Industrieländer (einschließlich Deutschland) stehen Misserfolge genossenschaftlicher Organisationsformen in einer Vielzahl heutiger Entwicklungsländer, dort allerdings häufig unter gänzlich anderen staatlich gesetzten Rahmenbedingungen, gegenüber.

An Methoden der Effizienzanalyse interessierte Leser werden im Kapitel VIII fündig. Beachtung verdient vor allem der Versuch, die DEA-Methode auf Finanzorganisationen anzuwenden. Es ist dies ein nützlicher Beitrag zur quantitativen bankbetrieblichen Forschung, zumal diese Forschungsrichtung in Deutschland bisher nur wenig Beachtung gefunden hat. Dieser positiven Einschätzung steht nicht entgegen, dass diese Untersuchungen lediglich als „experimentell" anzusehen sind, weil sowohl die verwendeten Daten wie auch das Modell-Design keine Ergebnisse zulassen, auf die sich z.B. Beratungsaktivitäten ohne weiteres stützen könnten.

Grundlage der Publikation ist eine Dissertation, die bei der Wirtschafts- und sozialwissenschaftlichen Fakultät der Ruprecht-Karls-Universität Heidelberg eingereicht wurde. Das Promotionsverfahren war im Dezember 2005 abgeschlossen.

Heidelberg, im Juni 2007   Oskar Gans

Vorwort des Autors

Die vorliegende Arbeit stellt die überarbeitete Fassung der Dissertation dar, die im Sommersemester 2005 dem Fachbereich Wirtschafts- und Sozialwissenschaften der Ruprecht-Karls-Universität Heidelberg vorgelegt wurde. Sie wurde während der Zeit angefertigt, als ich am Lehrstuhl für Internationale Wirtschafts- und Entwicklungspolitik des Südasien-Instituts beschäftigt bin.

Die Arbeit basiert im wesentlichen auf den Ergebnissen des Forschungsprojekts "Volkswirtschaftliche Bedeutung von Genossenschaften im Transformationsprozess: Das Beispiel der Volkskreditkassen in Vietnam", das von dem Wissenschaftsfonds der DG-Bank/DZ-Bank im Zeitraum 1999-2002 finanziell gefördert und von der Forschungsstelle für Internationale Agrar- und Wirtschaftsentwicklung e.V. (FIA), Heidelberg bearbeitet wurde.

Jegliches Forschungsvorhaben ist auf die Unterstützung zahlreicher Personen angewiesen. Der geringste Dank, den ein Autor erweisen kann, ist die Würdigung derjenigen, die die wichtigsten Beiträge zum Abschluss der Arbeiten geleistet haben.

An erster Stelle gebührt mein Dank meinem Doktorvater Prof. Dr. Oskar Gans. Er hat mich trotz großer Arbeitsbelastung mit wertvollen Anregungen immer wieder motiviert und den Fortgang der Arbeit stets mit wohlwollendem Interesse begleitet. Besonders dankbar bin ich auch, dass er mir ausgezeichnete Arbeitsbedingungen an seinem Lehrstuhl und an der Forschungsstelle ermöglicht und mir genügend Freiräume für eigene Forschungsaktivitäten geschaffen hat.

Danken möchte ich auch Prof. Dr. Manfred Rose, der das Zweigutachten zügig übernommen und wichtige Anregungen für die Endfassung gegeben hat.

Zu tiefem Dank bin ich meinem Local Supervisor verpflichtet, Frau Dr. Dương Thu Hương. Als Vize-Gouverneurin der State Bank of Vietnam hat sie mir nicht nur während meiner mehrmaligen Forschungsaufenthalte in Vietnam den Zugang zum Department of Cooperative Credit Institutions (SBV/DCCI) und der genossenschaftlichen Zentralkasse Central People's Credit Fund (CCF) gewährt, sondern auch durch ihr großes fachliches Engagement sehr geholfen.

Wertvolle Anregungen und interessante Forschungsaspekte ergaben sich auch aus den zahlreichen Diskussionen mit meinen Kollegen an der Forschungsstelle und am Lehrstuhl, mit den Mitarbeitern der SBV/DCCI, der CCF und des SBV-GTZ-Projekts in Hanoi, mit Herrn Dipl.-Volkswirt Eckart Henningsen der DZ-Bank sowie aus den vielfältigen Tiefeninterviews mit Entscheidungsträgern lokaler People's Credit Funds und anderer relevanter Institutionen in Vietnam. Bedanken darf ich mich bei ihnen allen und insbesondere bei den Herren Dr. Ottfried C. Kirsch, Dr. Axel Wolz, Dr. Thilo Hatzius, Dr. Wolfgang-Peter Zingel und Frau Sabine Morawa-Görlitz die mir auch sehr persönlich mit Rat und Tat zur Seite standen und zum Teil die kritische Durchsicht früherer Fassungen der Arbeit übernommen haben. Last but not least gilt mein

10

besonderer Dank den Herren Trần Quang Khánh (SBV/CCID), Nguyễn Thạc Tâm (CCF) und Ernst-Eberhardt Kopf (SBV-GTZ) für ihre tatkräftige Unterstützung im Rahmen meiner empirischen Forschung.

Für die freundliche Betreuung und sorgfältige technische Überprüfung des Manuskripts bei der Drucklegung danke ich den Herren Dr. Kurt Wallat, Stefan Tönne und Thomas Trumm vom Peter Lang Verlag.

Meine liebe Frau, Dr. med. Bình Trần-Mỹ, und mein kleiner Sohn Phương Bảo haben mich bei meiner Arbeit mit viel Verständnis begleitet und in jeder Hinsicht unterstützt. Trotzt zahlloser entgangener Wochenenden und aufgeschobener Urlaubsreisen haben sie mit ihrer guter Laune und Energie sehr geholfen und ermuntert. Meiner Frau und meinem Sohn sei dieses Buch gewidmet.

Frankfurt am Main, im April 2007   Đông Phạm-Phương

Inhaltsübersicht

13

Inhaltsverzeichnis

17

Abkürzungsverzeichnis

ADB	Asian Development Bank
AIF	Intergovernmental Agency of France
CCF	Central People's Credit Fund
CECARDE	Centre for Consultation on Investment Supporting Agriculture & Rural Development
CIEM	Central Institute for Economic Management
DCCI	Department of Cooperative Credit Institutions
GTZ	Gesellschaft für Technische Zusammenarbeit
IMF	International Monetary Fund
NGO(s)	Non-Govermental Organisation(s)
PCF(s)	Local People's Credit Fund(s)
RCF(s)	Regional People's Credit Fund(s)
RSHB(s)	Rural Share Holding Bank(s)
ROSCA(s)	Rotating Saving and Credit Association(s)
SBV	State Bank of Vietnam
SPB	Social Policy Bank (VBP)
VA	Veteran's Association
VBARD	Vietnam Bank for Agriculture and Rural Development
VBP	Vietnam Bank for the Poor
VFA	Vietnam Farmer's Association
VET	Vietnam Economic Time
VND	Vietnam Dong (vietnamesische Währung)
VYU	Vietnam Young's Union
VWU	Vietnam Women's Union
WB	World Bank

19

Abbildungsverzeichnis

Übersichtsverzeichnis

Tabellenverzeichnis

Kapitel I: Einleitung

In der vorliegenden Arbeit wird die *reale kreditgenossenschaftliche Erscheinungsform* zum Betrachtungsgegenstand gewählt, sowohl um die Entstehung und die strukturellen und funktionellen Besonderheiten dieser Organisationsform zu ergründen, als auch den möglichen Beitrag der Kreditgenossenschaften zur Erreichung volkswirtschaftlich relevanter, sozioökonomischer Ziele zu bestimmen. Es soll gezeigt werden, dass die Genossenschaftstheorie nicht als eigenartiges, isoliertes Sondergebiet mit eigener Betrachtungsweise und eigenen Methoden, sondern als angewandtes Gebiet der allgemeinen Wirtschaftstheorie aufzufassen ist[1]. Die angelegte Grundausrichtung der Behandlung soll sich darauf konzentrieren, aus rein ökonomisch abstrahierender Sicht das kreditgenossenschaftliche Phänomen zu erklären und zu interpretieren. Die Arbeit dient dem Versuch, eine Perspektive für genossenschaftliche Finanzorganisationen als Form *wirtschaftlicher Kooperationen* aufzuzeigen. Dazu ist zu klären, ob die Kreditgenossenschaft überhaupt als ein sinnvolles, erfolgsversprechendes Organisationsmodell für die Verfolgung wirtschaftlicher Zwecke bei der (so genannten) *Marktunvollkommenheit* anzusehen ist. Unvollkommene Märkte sind nahezu in allen Volkswirtschaften mehr oder weniger auf die Existenz von Transaktionskosten und die asymmetrische Verteilung von Informationen, Wissen sowie Fähigkeiten auf die Wirtschaftssubjekte zurückzuführen. In der vorliegenden Arbeit stellt die Marktunvollkommenheit vor allem auf unterentwickelte Finanzsysteme in den *Entwicklungs-* und *Transformationsökonomien* ab.

Der Finanzsektor einer Volkswirtschaft und seine zugehörigen Finanzarrangements/-organisationen sorgen dafür, dass Kapitalgeber als Überschusseinheiten ihre eigenen Mittel nutzbringend anlegen können und Kapitalnehmer als Defiziteinheiten Ausgaben finanzieren können, für die ihre eigenen Mittel nicht ausreichen. Dies impliziert die Funktion des *intertemporalen, interpersonalen Transfers* monetärer Ressourcen[2]. Die Annahmen der traditionellen neoklassischen Theorie, u.a. vollkommene Voraussicht und Informationen, Homogenität der Produktions- und Nachfragestrukturen und die Nichtexistenz von Transaktionskosten, führen dazu, dass alle ökonomischen Aktivitäten durch den Preisbildungsmechanismus auf *vollkommenen Wettbewerbsmärkten* koordiniert werden können. Intertemporale, interpersonale Ressourcentransfers stellen jedoch keine ökonomischen Probleme dar. Der monetäre Sektor spielt hier nur eine passive Rolle, weil alle Tauschbeziehungen im Realsektor abgewickelt werden können. Die Existenz von Nicht-Markt-

---

[1] Bei jedem Versuch, die genossenschaftswissenschaftliche Disziplin zu erschließen, gewinnt man schnell den Eindruck, dass die Volkswirtschaftslehre und die Genossenschaftstheorie nur durch eine ganz schmale Brücke miteinander verbunden sind; Vgl. hierzu u.a. Emelianoff, 1948, S. 31f.; Ohm, 1955, S. 2; Eschenburg, 1971, S.1; Zörcher, 1996, Vorwort.
[2] Siehe Merton/Bodie, 1995, S. 12.

Organisationen, unter anderem Unternehmen, Kooperationen, Netzwerken, Finanzintermediären/Banken, ist damit nicht begründbar[3].

Moderne theoretische Ansätze, unter anderem die Neue Institutionenökonomik[4], heben solche realitätsfernen Annahmen auf und unterstellen in erster Linie die *asymmetrische* Informations- und Risikoverteilung zwischen *opportunistischen* Wirtschaftsakteuren sowie die Existenz von Kosten der Austauschprozesse, u.a. Such-, Informations-, Verhandlungs-, Entscheidungs-, Überwachungs- und Anpassungskosten. *Adverse Selection* und *Moral Hazard* sind die zwei grundlegenden Probleme, durch die der Grundkonflikt zwischen Kapitalgeber und Kapitalnehmer bei einem ungesicherten Finanzvertrag hervorgerufen wird. Zum einen wird der Kapitalgeber in Höhe seiner Kapitaleinlage an dem Verlust aus negativem Investitionsergebnis beteiligt, während er bei einem positiven Ergebnis nur in Höhe des vereinbarten Zinssatzes an dem Projektgewinn partizipieren kann. Zum anderen erzielt der Kapitalnehmer durch Übergang zu riskanteren Investitionsprojekten im Erfolgsfall höhere Erträge, während gleichzeitig die Wahrscheinlichkeit des Misserfolges steigt. Verluste können jedoch beim Scheitern weitgehend auf den Kreditgeber übertragen werden. Versucht der Kapitalgeber die Folgen des moralischen Risikos durch eine Erhöhung der Zinsen zu kompensieren, hat dies meist zur Folge, dass potentiell "gute" Kapitalnehmer mit geringerem Kreditausfallrisiko aus dem kapitalsuchenden Pool herausgehen, während "schlechte" Kapitalnehmer immer noch Kredite nachfragen. Die Einnahmen der Banken können dadurch geschmälert werden. Dingliche Sicherheiten dienen in erster Linie als Absicherung des Ausfallrisikos beim gescheiterten Investitionsvorhaben. Sie geben auch das Signal dafür, dass der Kapitalnehmer kein Interesse am Verlust seiner hinterlegten Besicherung hat, und damit ein positives Ergebnis erwartet wird. Als Folge der *Informations-* und *Anreizprobleme* kommen Finanzverträge nur zustande, wenn ausreichende *dingliche Sicherheiten* und/oder ausreichende *Informationen* über das Investitionsvorhaben bzw. über die Kreditwürdigkeit potentiellen Kapitalnehmers vorliegen. Weil die Kreditkosten relativ unabhängig von der Größe der Finanztransaktion entstehen, lohnt sich für konventionelle Banken die Kreditvergabe erst ab einem bestimmten Mindestbetrag. Ein Teil der Kreditnachfrage bleibt dadurch unbedient. Es wird in diesem Zusammenhang

---

[3] Die Gültigkeit des 'Modigliani-Miller-Theorem' ist unbeschränkt in einem unregulierten, friktionslosen (vollkommenen) Wirtschaftssystem (Modigliani/Miller, 1958); Dieses *Irrelevanztheorem* beinhaltet, dass institutionelle Arrangements von Finanztransaktionen und Finanzierungsstrukturen in einer Volkswirtschaft überhaupt keinen Einfluss auf die Ressourcenallokation bzw. auf das realwirtschaftliche Ergebnis haben und demzufolge irrelevant sind (siehe auch Fama, 1980).

[4] Zur Einführung sei auf Eggertsson, 1990; Richter/Furubotn, 1999; Erlei et al., 1999 verwiesen. Institutionenökonomische *Erkenntnisziele* sind zum einen die Erklärung der Entstehung und des Wandels von Institutionen/ Organisationen (choice of rules) und zum anderen die Erklärung der Wirkungen von Institutionen/ Organisationen auf das Verhalten der Individuen und damit auf wirtschaftliche und politische Prozesse (choice within rules).

von *Kreditrationierung* als Folge beschränkter Koordination des Preisbildungsmechanismus bei Marktunvollkommenheit gesprochen[5].

Immerhin besteht keine natürliche positive Korrelation zwischen Vermögen, Transaktionsvolumen und Kreditwürdigkeit. Vermutlich existieren unter dem vermögensschwachen Teil der Bevölkerung auch viele *potentiell kreditwürdige* Investoren. Genau diese Personen werden von formellen Finanzierungen ausgeschlossen, wenn Kredite nur mit Sicherheiten vergeben werden. Der Anteil der von formellen Kreditzugängen ausgeschlossenen, vermögenslosen Bevölkerung variiert von Land zu Land und dürfte in Entwicklungsländern über 90 % und in Industrienationen über 10 % liegen[6]. Entsprechend unterschiedlich werden die Investitionstätigkeit und das Wirtschaftswachstum eingeschränkt. Funktionsunfähige (intermediäre) Finanzsysteme sollen als eines der größten Hemmnisse für die Wirtschaftsentwicklung und Ursache der verbreiteten Armut in Entwicklungs- und Transformationsökonomien gesehen werden[7].

Vermögensschwache Bauern, Händler und Gewerbetreibende sind nicht kreditfähig, weil es im Verhältnis zu Renditen für konventionelle Kreditinstitute viel zu teuer wäre, sich die nötigen, sehr persönlichen Einblicke in die engeren Lebensumstände solcher potentiellen Kreditnehmer zu verschaffen. Um Investitionsprojekte zu realisieren, sind sie dringend auf Fremdfinanzierungsmittel angewiesen, die ihnen auf dem formellen bankmäßigen Weg nicht zur Verfügung stehen, aber von z.B. örtlichen Geldverleihern oder sonstigen informellen Finanzarrangements zu außerordentlich hohen Zinsen gewährt werden. Durch eine angemessene Organisationsstruktur sind immerhin solche Micro Finance Institutions, wie die Grameen Bank in Bangladesch, in der Lage, Kredite an ärmere Bevölkerungsschichten mit günstigeren Konditionen zu vergeben. Die erfolgreiche durch Gruppenkredit gekennzeichnete Vergabeweise der Grameen Bank basiert vor allem auf dem *Peer Monitoring-Mechanismus*[8]. Wenn man sich eine Einsicht in die Wirtschaftsentwicklung im 19. Jahrhundert verschafft, kann jedoch festgestellt werden, dass in Deutschland eine ähnliche Situation für die Kleinbauern und Gewerbetreibenden im Hinblick auf den mangelnden Zugang an Finanzdienstleistungen bestand, und dass der Erfolg der deutschen *traditionellen genossenschaftlichen* Bewegungen von Herrmann-Schulze Delitzsch und Friedrich Wilhelm Raffeisen auch z.T. auf das Peer Monitoring zurückzuführen war.

---

[5] Siehe Stiglitz/Weis, 1981.

[6] Vgl. Kritikos/Bolle, 2000, S. 135.

[7] Siehe z.B. Holden/Prokopenko, 2001.

[8] Zum Peer-Monitoring-Mechanismus bei der Kreditvergabe vgl. Stiglitz, 1993; Besley/Coate, 1995. "Under the Grameen Bank scheme, borrowers have an incentive to use their information about one another to screen out those with undesirable characteristics and forms groups with those whose characteristics make them desirable. Borrowers have an incentive to monitor the actions of their fellow group members to make sure they are behaving in desirable ways" (Bersanek/Stanfield, 1997, S. 362).

In den letzten Dekaden blieben immerhin viele Entwicklungshilfeprojekte und Konzepte zur Armutsbekämpfung mithilfe des *Genossenschaftsansatzes* hinter den anfänglich euphorischen Erwartungen zurück[9]. Dies führt zur zunehmenden, verbreiteten Skepsis gegenüber potentiellen Entwicklungsbeiträgen von genossenschaftlich organisierten Unternehmen. Andererseits sieht sich die genossenschaftliche Kooperationsforschung einem offensichtlich hohen Maß an Misstrauen und Missachtung ausgesetzt. Als Indikatoren dafür gelten z.B. die marginale Bedeutung und die geringere Anzahl genossenschaftsrelevanter Veröffentlichungen sowie Publikationen[10]. Es lässt sich die Fragen stellen, ob der schlechte Ruf der Kreditgenossenschaften gerechtfertigt ist, wenn der genossenschaftliche Finanzsektor in vielen entwickelten Volkswirtschaften eine nicht geringe Rolle spielte und spielt, z.B. das Volks- und Raiffeisenbankensystem in Deutschland, das Desjardins-System in Kanada, die Credit Unions in USA, etc.

Sind die Ursachen der gescheiterten Projekte auf die zugrunde liegenden Theoriedefizite zurückzuführen? Hier handelt es sich ersichtlich um ein *Wechselspiel zwischen Theorie und Praxis als Lernprozess*, weil falsche Vorstellung über die Funktionsweise von Finanzorganisationen zu unangemessenen wirtschaftspolitischen Maßnahmen, insbesondere im Hinblick auf die Versorgung vermögensschwacher Bevölkerungsschichten mit Finanzdienstleistungen, führen könnte.

Im Mittelpunkt meiner Forschungsarbeit stellen sich die folgenden drei Fragestellungen:

- Welche ökonomischen Vorteile bietet die Genossenschaf gegenüber anderen Formen der Finanzorganisation und welche Bedingungen müssen dabei erfüllt sein? Auf welche Bestimmungsfaktoren lässt sich ihre *nachhaltige Wettbewerbsfähigkeit* zurückführen?

- Welchen Beitrag kann die Neue Institutionenökonomik zur Erklärung des *Systemwandels* und der damit verbundenen Reform des Finanzsystems in Entwicklungs- und Transformationsökonomien wie in Vietnam leisten?

- Inwieweit können die nach dem Zusammenbruch der sozialistischen Genossenschaften neu entstandenen *People's Credit Funds* und deren Verbundstruktur einen Beitrag zur Verbesserung der (ländlichen) Finanzinfrastruktur in Vietnam leisten?

In *Vietnam* treten viele, wenn nicht die meisten der mit der Systemtransformation und Wirtschaftsentwicklung verbundenen Probleme auf, weswegen es sich gut als Fallbeispiel für die Behandlung der genannten Fragen zu Eigen scheint.

---

[9] Vgl. z.B. Rösner, 2000, S. 432.
[10] Vgl. Kirk, 2000, S. 453.

Ausgehend von den oben genannten Fragen sind das Forschungsanliegen und der Anspruch der vorliegenden Arbeit:

- Ein ökonomisch fundiertes Konzept des (genossenschaftlichen) Unternehmensmodells in einem dynamischen Kontext zu entwickeln (Kapitel II), das als theoretischer Rahmen zur Existenzerklärung (Kapitel III) und zur Untersuchung der (nachhaltigen) Wettbewerbsfähigkeit genossenschaftlicher Finanz- und Verbundsorganisationen gelten soll (Kapitel IV);

- Theoretische Konzepte des Systemwandels und der monetären Transformation zu entwickeln (Kapitel V), die zur Analyse der Finanzsektorreform im Rahmen des umfassenden Transformations- und Entwicklungsprozesses in Vietnam anzuwenden sind (Kapitel VI);

- Das People's Credit Funds-System im Hinblick auf die Wettbewerbsfähigkeit des gesamten Verbundsystems und der einzelnen Verbundebenen zu untersuchen, um strategische Handlungsoptionen abzuleiten (Kapitel VII)

Über diese drei Schwerpunkte hinaus soll ein empirisches Bewertungsverfahren zur Analyse der Leistungsfähigkeit (Kosteneffizienz) der genossenschaftlichen Bankunternehmung entwickelt werden (Kapitel VIII);

Kapitel II: Konzeptionelle Grundlagen einer dynamischen Theorie der genossenschaftlichen Finanzorganisationsform

1. Einführung

In diesem Kapitel soll der Versuch unternommen werden, ein tragfähiges *dynamisches* Konzept der *genossenschaftlichen Finanzintermediäre* im Rahmen der Theorie der Firma zu entwickeln. Die *'Theorie der Firma'* umfasst alle wirtschaftwissenschaftlichen Theoriebeiträge, die sich mit recht heterogenen Fragestellungen befassen, um die Existenz-gründe, das Wesen sowie das Verhalten von Wirtschaftsunternehmen zu begründen[1]. Als Ausgangspunkt der Betrachtung dienen die traditionelle neoklassische Unternehmenstheorie und deren umfangreichen Anwendungen in der (Neuen) Industrieökonomik. Unternehmen werden aus dieser Sicht in ihrer Funktion als (Quasi-)Markteinheit betrachtet. Es handelt sich dabei eigentlich um eine Theorie des Markttausches[2]. Auf Märkten resultieren Mengen- und Preisgleichgewichte, die eine bestmögliche Allokation in einem vorgegebenen und bekannten Umfeld gewährleisten. Theoretische Erklärungsansätze, die auf die Existenz/Entstehung von Unternehmen sowie dessen optimale Betriebsgröße abzielen, sind häufig aufgrund ihrer restriktiven Grundprämissen in Grenzen gesetzt. Die einseitige Fokussierung auf die (statische) Analyse von Marktstrukturen und die Dominanz des *Austauschmodells*[3] führt einerseits zur systematischen Vernachlässigung kollektiver (Entscheidungs-)Probleme und andererseits zur völligen Ausblendung der Bedeutung institutioneller Arrangements aus der ökonomischen Analyse[4].

Die Erklärungsgrenzen des traditionellen neoklassischen Theoriegebäudes werden durch Versuche zur Lockerung der zugrunde liegenden Arbeits-hypothesen überwunden, unter anderem: des methodischen Prinzips der *institutionellen Neutralität* sowie der Annahme der *vollkommenen Ressourcen-mobilität*. Während es sich bei Ersterem um eine kritische Weiterentwicklung zur Neuen Institutionenökonomik handelt[5], lehnt der Resource-based View, d.h. ressourcenorientierte Ansätze und insbesondere der Kernkompetenzansatz, den

---

[1] Zu den Fragen, die eine Theorie der Firma zu beantworten hat, vgl. z.B. Holmstrøm/Tirole, 1989, S. 65; Langlois/Robertson, 1995, S. 7; Für einen (erschöpfenden) Überblick über ökonomische Theorieansätze der Firma siehe Foss, 2000.

[2] Vgl. Machlup, 1967, S. 30; Demsetz, 1988, S. 143; Tirole, 1988, S. 5.

[3] Das *Austauschmodell* liegt der Betrachtung sozialer (Markt-/Unternehmens-)Strukturen als Netzwerke bilateraler (aktueller und potentieller) Austauchverträge zugrunde. Zur kritischen Diskussion im Hinblick auf Unternehmensorganisation siehe Vanberg, 1982, S. 47-75.

[4] Vgl. Albert, 1977, S. 199f.; Streit, 1992/1995, S. 62.
Das methodische *Prinzip der institutionellen Neutralität* geht auf die üblichen neoklassischen Annahmen zurück, d.h. die eindeutige Festlegung und Zuordnung der Property-Rights, perfekte Rationalität, vertragstreue Verhalten der Wirtschaftssubjekte und die Nicht-Existenz der Transaktionskosten.

[5] Siehe Richter, 1990.

statischen Gleichgewichtsgedanken ab und verfolgt den Weg der marktprozesstheoretischen bzw. evolutorischen Theorierichtung[6].

Marktprozesstheoretische Ansätze gehen davon aus, dass Unternehmen durch unterschiedliche Leistungsfähigkeiten und Gewinnpositionen charakterisiert sind. Diese Erkenntnisse stehen den Ergebnissen der Neoklassik gegenüber, die von Annahmen wie einer homogenen Produktions- und Nachfragestruktur und einer unendlich schnellen Erosion der Vorsprungsgewinne ausgehen. Im Mittelpunkt der Marktprozesstheorie gilt es diejenigen Bestimmungsfaktoren herauszufinden, die die Vielfalt der Erscheinungsformen von Markt- und Unternehmensstrukturen einer marktwirtschaftlichen *Wettbewerbsordnung* begründen. Dynamische Marktprozesse führen dazu, dass "(...) sich ständig Überlegenheitspositionen für effizientere Akteure, das heißt *Heterogenitäten* in den wirtschaftlichen Positionen ergeben (...)", und dass demzufolge einzelne Unternehmen unterschiedliche ökonomische Renten erzielen werden[7]. Sie bestreben, "(...) jene Ressourcen zu beschaffen, die im Hinblick auf jeweils spezifischen Aktivitäten von höchstem Wert sind"[8].

Weil sich neue *Handlungspotentiale* eines Unternehmens auf die spezifische Verwendung ökonomischer Renten zurückführen lassen, wird die Heterogenität von Unternehmen und deren Leistungen begründet. Die Ressourcenausstattung in einer Periode resultiert aus den unternehmerischen Fähigkeiten und dem Besitz produktiver 'Aktiva' vergangener Zeiträume. Zugleich wird durch die Spezialisierung in einer arbeitsteiligen Volkswirtschaft markt- und produktspezifisches 'Know How' hervorgerufen, das *Wissensvorsprünge* gegenüber Konkurrenten begründet. Organisationale Ressourcen, Fähigkeiten und Know How, definiert als *Organisationskapital* – eines Unternehmens, resultieren aus dem Erwerb von Wissen vorangegangener Perioden[9]. Seine Leistungs- und Wettbewerbsfähigkeit ist bedingt durch die vergangenen wirtschaftlichen Entwicklungsprozesse, d.h. sie sind *pfadabhängig*[10].

Bei der Analyse *dynamischer* Entwicklungsprozesse von Unternehmen kommen *ökonomischen Renten* eine besondere Rolle zu. Diese sind Ergebnisse aus der vergangenen Leistungsfähigkeit und gleichzeitig das Motiv für Bestrebungen nach zukünftigen Wettbewerbsvorteilen. Durch die Aufspaltung des Bruttoerlöses in verschiedene Komponenten ermöglicht das *Machlup'sche*

---

[6] Vgl. Windsperger, 1999, S. 151ff.; Freiling, 2001, S.74f. Für einen Überblick über die evolutorische Theorie-bildung siehe Nelson, 1995; Witt, 1995.

[7] Krüsselberg, 1969, S. 158.

[8] Derselbe, 1986, S. 79f; Hervorhebung im Original (H.v.i.O.), eigene Einfügungen in Klammern.

[9] Vgl. Chandler, 1992, S. 487f.

[10] "What this means is that, in a quite specific sense, *history matters* in the explanation of organizational form. The forms we observe today may be the results not (only) of conditions existing today but also of a constellation of past events" (Langlois, 1988, S. 651).

31

Profitmodell, Quellen der für die Erfolge eines Unternehmens verantwortlichen Wettbewerbsvorteile zu lokalisieren[11] (siehe Abbildung 1).

Abbildung 1: Verteilungsmodus von Bruttoerlösen im Machlup'schen Profitmodell

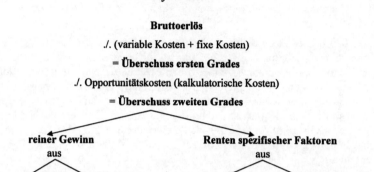

Bruttoerlös

./. (variable Kosten + fixe Kosten)

= **Überschuss ersten Grades**

./. Opportunitätskosten (kalkulatorische Kosten)

= **Überschuss zweiten Grades**

| **reiner Gewinn** | **Renten spezifischer Faktoren** |
| aus | aus |

| Unteilbarkeiten | Ungewissheit | natürlicher Knappheit | künstlicher Knappheit |

Quelle: Machlup, F. (1952): The Economics of Seller's Competition. Baltimore, S. 257; Krüsselberg, H.-G. (1969): Marktwirtschaft und ökonomische Theorie. Freiburg, S. 205.

Der Überschuss ersten Grades ergibt sich aus der Differenz zwischen dem Bruttoerlös und den variablen und fixen Kosten. Die erste bzw. zweite Aufwandgröße widerspiegelt den Ressourcenverzehr, der dem sofortigen bzw. periodenübergreifenden betrieblichen Einsatz zugerechnet ist. Der Überschuss zweiten Grades resultiert sich nach Abzug kalkulatorischer Aufwendungen für eine marktübliche Kapitalverzinsung und weiterer noch vertraglich vereinbarter zu bezahlender Rechengrößen (i.S.v. Opportunitätskosten von Unternehmensressourcen). Im Hinblick auf die Vielfältigkeit von Unternehmensformen wird die zweite Komponente in *reiner Gewinn* und in Renten spezifischer Faktoren aufgeteilt. Ersterer besteht zum einen aus *Unteilbarkeiten,* die auf bessere Ausnutzung von Kostendegressionsvorteilen gegenüber Konkurrenten zurückzuführen ist, und/oder aus der *Ungewissheit* konkurrierender oder außenstehender Unternehmen über die tatsächlichen Marktsituationen sowie die sich aus der Nutzung wertvoller Ressourcen ergebenden Gewinnmöglichkeiten.

Renten spezifischer Faktoren sind auf eine natürliche und/oder künstliche Knappheit von Unternehmensressourcen zurückzuführen, " (...) für die es keine Substitute gibt und die für die spezielle Art der Unternehmenstätigkeit

---

[11] Vgl. Machlup, 1952, S. 254ff.; Krüsselberg, 1969, S. 205.

unentbehrlich sind"[12]. *Natürliche Knappheit* bezieht sich auf diejenigen Ressourcen mit dem Merkmal, dass "(...) ihre Nutzung zu Besonderheiten in der Gesamtleistung der (Unternehmung) führt"[13]. Eine *künstliche* Knappheit stellt Markteintrittbarrieren für Konkurrenten, die "(...) durch ein gerichtliches Unterlassungsgebot, die Aufhebung einer staatlichen Intervention, einer privaten Kartellvereinbarung oder eines staatlich garantierten Privilegs beseitigt werden kann."[14]

Von besonderer Bedeutung ist die Erkenntnis dieses Profitmodells, dass ein Unternehmen erst im *Interaktionsprozess mit externem Umfeld*, insbesondere mit Faktor- und Produktmärkten sowie mit technologischen und institutionellen Rahmenbedingungen[15], ökonomische Renten generiert werden kann. Wettbewerbsvorteile und -nachteile rekurrieren sowohl auf unternehmensinterne Erfolgspotentiale als auch auf unternehmensexterne Chancen und Risiken. Die dynamische Marktprozesstheorie stellt Erkenntnisse zur Verfügung, die von einem ständigen Interaktionsprozess zwischen Unternehmen und Geschäftsumfeld ausgehen.

Die gemeinsame Nahstelle zwischen den marktprozesstheoretischen und institutionenökonomischen Ansätzen besteht darin, theoretische Erkenntnisse im Hinblick auf die Gestaltung von leistungsfähigen Unternehmensstrukturen darzustellen. Während die evolutorischen Ansätze durch die Betrachtung wettbewerblicher Phänomene auf die Generierung ökonomischer Renten als Mittel zur Erzielung (andauernder) Wettbewerbsfähigkeit gekennzeichnet sind, fokussieren sich institutionenökonomische Ansätze auf die kostenoptimale Ausgestaltung von Verträgen, die ein Unternehmen in seiner Struktur und seinem Verhältnis zur (statischen) Umgebung schließen[16]. Marktprozesstheorie und NIÖ stellen zwei verschiedene Seiten einer Medaille dar; Eine simultane Berücksichtigung des *Ertrags*aspekts und des *Kosten*aspekts sei in diesem Kontext wünschenswert[17]. Die Integration von Ertragsaspekten impliziert, dass man der analytischen Vorgehensweise der *strategischen Unternehmensführung* folgt, insbesondere den Interdependenzen zwischen Unternehmen und Umwelt. Erst durch die Nutzung und Generierung anhaltender Wettbewerbsvorteile in

---

[12] Krüsselberg, 1969, S. 208.

[13] Ebenda, H.v.i.O.

[14] Ebenda, S. 211.

[15] Die vorliegende Arbeit unterliegt der verfassungsökonomischen *Drei-Ebenen-Analyse* i.S. von Buchanan, u.a. die Ebene des institutionellen Umfelds, die Organisationsebene und die Ebene individueller Wirtschaftsakteure.

[16] Die vorgenommenen Überlegungen schließen sich an die Festlegung Krüsselbergs an, der die Bedeutung der durch unternehmensspezifische Faktoren hervorgerufenen, ökonomischen Renten hervorhebt: "Soll (...) die Theorie der (Firma) als Anknüpfungspunkt für eine marktbezogene Analyse bezeichnet werden, muss ein Bindeglied zwischen Markt und Unternehmen gefunden worden sein. Unseres Erachtens existiert ein solches Bindeglied: die Rente der spezifischen Faktoren" (Krüsselberg, 1986, S. 203, H.v.i.O.).

[17] Vgl. Meyer, 1995, S. 85; Meuthen, 1997, S. 12f.

einem dynamischen Umfeld können ökonomische Renten realisiert werden, die die Existenzsicherung eines Unternehmens und seine nachhaltige Wettbewerbsfähigkeit gewähren. Im Rahmen des Machlup'schen Profitmodell lässt sich die systematische Betrachtungsweise der bereits bekannten Unternehmenskonzepte und deren Erklärungsbeiträge abzuleiten (siehe Übersicht 1).

Übersicht 1: Unternehmenskonzepte und ihre Erklärungsbeiträge

	Unteilbarkeiten		Renten spezifischer Faktoren (aus natürlicher Knappheit)/ Ungewissheit
Generierung ökonomischer (Wettbewerbs-) Vorteile durch	bessere Ausnutzung von Degressionsvorteilen der Produktionskosten bzw. Senkung der Anbieterzahl durch Markteintritts- bzw. Mobilitätsbarrieren	bessere Ausnutzung von Degressionsvorteilen der Transaktions- *und* Produktionskosten	bessere Ausstattung bzw. besseren Einsatz von unternehmensspezifischen Ressourcen/ (Kern-)Kompetenzen
Theorie(-ansatz)	*Neoklassik/Industrieökonomik*	*Neue Institutionenökonomik*	*Ressourcen-/ Kernkompetenzansatz*
Unternehmenskonzept	(Quasi-)Handlungs- und Entscheidungseinheit	Regelwerk	Ressourcenpool
Ausgangshypothese	*Structure-Conduct-Performance-Paradigma*[18]: Markt- bzw. Branchenstruktur bestimmt die Produzentenrente	*Governance-Struktur* einer Firma determiniert ihre Leistungs- bzw. Wettbewerbs-fähigkeit	*Resource-Conduct-Performance-Paradigma*: Struktur und Einsatz wertvoller Ressourcen bestimmen die Knappheitsrente
Erklärungsbeitrag	Unternehmensexterne Wettbewerbsvorteile	Existenz/Entstehung	Unternehmensinterne Wettbewerbsvorteile

Quelle: Eigene Darstellung.

Die Entwicklung von Theorien dient grundsätzlich dem Zweck, die komplexe Wirklichkeit besser erklären oder verstehen zu können (Theorie als Weg zur Aufklärung der Praxis). Die Erfüllung dieses Zwecks setzt eine Reduktion der Komplexität voraus. Allerdings sollte ein theoretischer Ansatz die Wirklichkeit auch nicht zu sehr vereinfachen. Häufig bedarf es eines umfassenden Ansatzes – oder sogar mehrerer theoretischer Ansätze. Die Auseinandersetzung mit theoretischen Ansätzen, die die Evolution (als Herausbildung und Entwicklung i.S.v. Evolutionsökonomik) und die Struktur der genossenschaftlichen Bankunternehmung verstehen helfen, wird im Rahmen dieser Arbeit von einer Sympathie gegenüber einer *eklektischen*[19] Herangehensweise getragen. Dies heiß allerdings nicht, dass den einzelnen theoretischen Ansätzen dezidierter

---

[18] "(...) the term *paradigm* (...) stand for the entire constellation of beliefs, values (and) techniques (...) shares by the members of a given community" (Kuhn, 1970, S. 175).

[19] Das Attribut ‚eklektisch' (giechisch = auswählend, auslesend) deutet darauf hin, dass verschiedene divergierende aber komplementäre Theorieansätze zur Erklärung eines real beobachtbaren Phänomens herangezogen werden.

Kritik erspart bleiben soll, denn gerade ein eklektisches Vorgehen lebt von solcher Kritik[20].

Dieses Kapitel ist wie folgt konzipiert: In den Abschnitten 3 und 4 werden das neoklassische und institutionenökonomische Unternehmenskonzept kurz vorgestellt. Die Untersuchung zielt in erster Linie darauf ab, erstens die auf den zugrunde liegenden Grundprämissen beruhenden Erklärungsgrenzen der einzelnen Theorieansätze herauszuarbeiten und zweitens auf ihre Erklärungsbeiträge zur Existenz bzw. Entstehung einer Unternehmensorganisation hinzuweisen. Im vierten Abschnitt werden die Quellen nachhaltiger Wettbewerbsvorteile herausgearbeitet, die zum einen auf die unternehmensexternen Einflussfaktoren (Market-based View) und zum anderen auf die Einzigartigkeit von Unternehmensressourcen (Resource-based View) zurückgehen. Im fünften Abschnitt wird eine Synthese aus institutionenökonomischen und ressourcenbasierten Theorierichtungen herangezogen, um die Bausteine eines integrativen Theorieansatzes der finanzintermediären Kooperationsform zu entwickeln. Es werden methodologische Überlegungen für das zu entwickelnde Unternehmenskonzept im einzelnen sowie für die Vorgehensweise der gesamten Arbeit angesprochen.

2. Unternehmung als Quasi-Entscheidungseinheit

Die *neoklassische* Mikroökonomik beschäftigt sich vornehmlich mit Fragen preis- und wettbewerbstheoretischer Art. Im Mittelpunkt der Untersuchung stehen unterschiedliche Formen der Preissetzung bei verschiedenen Wettbewerbszenarien sowie die Interaktion von Unternehmen mit ihren Konkurrenten. Eine der wichtigsten *Erkenntnis* der neoklassischen Lehre besteht darin, dass die Anwendung der freien Preisbildung als Koordinationsmechanismus der individuellen Wirtschaftspläne unter den Bedingungen des vollkommenen Wettbewerbs zu einer optimalen Allokation der Produktionsfaktoren und der erstellten Güter/Dienstleistungen führt. Der Austausch zwischen den beiden klar voneinander getrennten Angebot- und Nachfragesektoren findet bei *Marktvollkommenheit* unter Anwendung eines Walrasianischen Auktionators statt. Die volkswirtschaftlichen Leistungs*erstellungs*- und Leistungs*austausch*prozesse stehen in einem parallelen Verhältnis zueinander. Unternehmen, Haushalte und Märkte gelten als komplementäre Bestandteile der Ressourcenallokation[21].

Die neoklassische Theorie der Firma geht von einem *Unternehmensbild* aus, das im Hinblick auf Produktions- und Entscheidungsprozesse starke Vereinfachungen aufweist. Auf der Leistungserstellungsebene wird eine Unternehmung über ihre (annähernd) identischen Produktionstechnologien

---

[20] Zu eklektischen Forschungsprogrammen im Hinblick auf die Theorie der Firma vgl. u.a. Reekie, 1984; Michales, 1985; Ricketts, 1987; Picot et al., 1989; Krüsselberg, 1993.
[21] Vgl. Schoppe et al., 1995, S. 10ff.

abgebildet und als 'Black Box' betrachtet[22]. Alle relevanten Entscheidungen beziehen sich in erster Linie auf die Struktur eines Maximierungs- bzw. Minimierungsproblems, in dessen Zielfunktion die Produktionsstruktur des Unternehmens eingeht[23]. Die Lösung des Entscheidungsproblems berücksichtigt automatisch auch alle produktionsbezogenen Aspekte mit. Die Unternehmung lässt sich in der traditionellen Theorie vereinfachend als eine *(Quasi-) Handlungs- und Entscheidungseinheit* modellieren, die sich nur mit dem Problem der Gewinnmaximierung oder Kostenminimierung auf einer abstrakten, formalmathematischen Ebene beschäftigt[24]. Sobald die gegebenen Parameter optimiert werden, ist es von geringerer Bedeutung, auf welche Weise die Leistungserstellungs- und Entscheidungsprozesse innerhalb der Unternehmung abgelaufen und organisiert sind[25]. Der primäre Untersuchungsgegenstand der neoklassischen 'Theorie der Firma' liegt vereinfacht in der Beantwortung der Frage, welche *Menge* des Inputs bzw. Outputs zu welchem *Preis* gekauft bzw. verkauft wird. Es handelt sich eigentlich um eine *Theorie des Markttausches*.

Zentrale Kritikpunkte zielen vor allem auf die zugrunde liegenden *Grundprämissen* ab, welche besagen, dass Leistungsaustauschprozesse keine Transaktionskosten verursachen und dass Ressourcen hoch mobil sind. In einer Modellwelt *ohne Leistungsaustauschkosten* können Entscheidungssubjekte Informationen kostenlos beschaffen und verarbeiten. Aufgrund ihrer *unbeschränkten Rationalität* sind sie imstande, vollständige Verträge abzuschließen, die problemlos kontrolliert und durchgesetzt werden können[26]. Ohne Transaktionskosten sind institutionelle Arrangements und Rahmenbedingungen für den Wirtschaftsablauf und die Wirtschaftsergebnisse unerheblich: Institutionen sind in diesem Kontext *allokationsneutral*[27]. Die Annahmen der vollkommenen *Ressourcenmobilität* und der homogenen spezifizierbaren Produktionstechnologien ermöglichen allen Unternehmen den gleichen Zugriff auf alle erforderlichen Produktionsfaktoren. Damit wird letztlich die Unternehmens*homogenität* begründet. Ökonomische Transaktionen werden von *identitätslosen* Akteuren auf *anonymen* Märkten abgewickelt. Reale Phänomene wie Erfahrung, Beziehungen und Vertrauen werden meistens vernachlässigt[28].

---

[22] Vgl. z.B. Holmstrøm/Tirole, 1989, S. 63.
[23] Vgl. Hart, 1991, S. 155.
[24] Vgl. Knudsen, 1995, S. 184ff.
[25] Vgl. Archibald, 1987, S. 357.
[26] Hier wird unterstellt, dass rechtlich-institutionelle Rahmenbedingungen voll funktionsfähig sind, so dass Austauschverträge reibungslos durchgesetzt werden können.
[27] Vgl. Richter/Furubotn, 1999, S. 9ff.
[28] Vgl. Teece/Winter, 1984, S. 117ff.; Nelson, 1991, 64f.

3. Unternehmung als Regelwerk

3.1. Die Neue Institutionenökonomik

Unter der "Neuen Institutionenökonomik" werden alle Ansätze verstanden, die sich mit den Koordinationsmechanismen soziökonomischer Austauschbeziehungen beschäftigen, wie z.B.: der Property-Rights-Ansatz[29], der Prinzipal-Agent-Ansatz[30], der Governance-Ansatz[31] oder die Verfassungsökonomik[32]. Diese Ansätze sind als kritische Weiterentwicklungen der neoklassischen Theorie zu verstehen[33]. Sie zielen auf die Analyse der Entstehung, Geltung und Auswirkungen von formellen und informellen Verhaltensregeln/-normen ab. Ihre Vertreter untersuchen, wie ein institutionelles Arrangement bzw. Umfeld beschaffen sein muss, damit die Steuerung des sozialen Verhaltens der Individuen im wirtschaftlichen Sinne optimal ist[34]. Theoretische Ansätze der Neuen Institutionenökonomik (NIÖ) sind naturgemäß vor allem im *methodologischen Individualismus* anzutreffen. Ausgangspunkt für die Erklärung sozialer Ordnungsphänomene ist das eigeninteressierte und rational entscheidende Individuum, das die anstehenden Alternativen innerhalb bestehender (institutioneller) Restriktionen nach ökonomischen Nutzen-Kosten-Kalkülen entsprechend seinen Präferenzen bewertet. Das methodische Vorgehen unterliegt einer *komparativen Kostenanalyse*. Als ökonomische Beurteilungskriterien gelten (Transaktions- und Produktions-)Kosten[35], die durch Koordinations-, Anreiz- und Kontrollmechanismen der unterschiedlichen institutionellen Arrangements bzw. Rahmenbedingungen hervorgerufen sind.

Von der neoklassischen Theorie unterscheidet sich die Neue Institutionenökonomik vor allem dadurch, dass Institutionen nicht als Datum hingenommen werden, sondern versucht wird, ihre Rolle bei der Steuerung ökonomischer Aktivitäten herauszuarbeiten. *Institutionen,* hier verstanden als auf ein bestimmtes Zielbündel abgestellte Systeme von formellen und/oder informellen Regeln/Normen, einschließlich deren Überwachungs- und Durchsetzungsmechanismen, stellen *Handlungsbeschränkungen* individueller Wirtschaftsakteure dar. Sie strukturieren das menschliche Zusammenleben und reduzieren

---

[29] Vgl. Furubotn/Pejovich, 1974; Tietzel, 1981.

[30] Vgl. Bamberg/Spremann (1987).

[31] Vgl. Williamson, 1990.

[32] Vgl. Buchanan, 1987.

[33] Vgl. Richter, 1990.

[34] Das *institutionelle Umfeld* besteht aus "(...) jenen grundsätzlichen politischen, sozialen und rechtlichen Regelungen, welche die Voraussetzungen für Produktion, Tausch und Handel bilden.(...) Ein *institutionelles Arrangement* ist ein Arrangement zwischen einzelnen Entscheidungseinheiten einer Ökonomie, das regelt, auf welche Weise diese Einheiten miteinander kooperieren und/oder miteinander in Wettbewerb treten können" (David/North, 1972, S. 6f.; zitiert nach Williamson, 1991, S. 26).

[35] Die Berücksichtigung aller Kostenarten geht darauf zurück, dass Produktions- und Transaktionskosten nicht unabhängig voneinander sind. Alle Kosten in einer Volkswirtschaft können entweder in die Produktions- oder Transaktionskategorie klassifiziert werden.

damit Unsicherheit. Institutionen werden dabei als ein regelgeleiteter Handlungszusammenhang konzipiert, der durch *stabile Handlungserwartungen* charakterisiert ist. Sie erfüllen ordnungsstiftende und unsicherheitsreduzierende Funktionen in Tauschbeziehungen und nehmen somit Einfluss auf die Koordinationsergebnisse wirtschaftlicher Tauschprozesse. Infolgedessen gestalten sie die Anreize im zwischenmenschlichen Tausch, sei diese politischer, kultureller oder wirtschaftlicher Art[36]. Die *Durchsetzungsmechanismen* beruhen bei formellen (privat organisierten oder rechtlichen) Regeln, auf dem staatlichen Gewaltmonopol, auf das sich informelle Institutionen (ethische Regeln, Sitten, Konventionen) nicht stützen können. Für eine effektive Überwachung der formellen privaten Regeln wird die Existenz allgemein geteilter Sitten, Einstellungen und Überzeugungen etc., d.h. die Existenz der informellen Regeln, vorausgesetzt[37].

Eine Regel ist dadurch charakterisiert, dass sie allgemein anerkannt wird und dass sie zwar als Ergebnis menschlichen Handelns, nicht aber notwendigerweise als Ergebnis eines menschlichen Entwurfs interpretiert wird, weil ihre Entstehung sowohl durch explizite wie durch implizite Versuche von Individuen, Interaktionsbeziehungen zu strukturieren, erklärt werden kann. Regeln können grundsätzlich in *Gebote*, durch die ein spezifisches Handeln oder ein Rahmen erlaubter Handlungen festgesetzt wird, und *Verbote*, die eine oder mehrere spezifische Verhaltensweisen nicht erlauben, differenziert werden. Diese zwei verschiedenen Formen reduzieren Komplexität, indem sie dem Handlungsspielraum der Wirtschaftssubjekte Grenzen setzen[38].

Im Mittelpunkt des Untersuchungsinteresses steht die *Transaktion* als die kleinste Analyseeinheit, die als Interaktion zwischen Wirtschaftssubjekten, üblicherweise in Form eines implizit oder explizit vereinbarten Tausch- vertrages[39], verstanden wird, wobei die Interessen der Beteiligten in einem direkten Wirkungszusammenhang stehen[40].

---

[36] Vgl. North (1992), S. 4f.
[37] Zur ausführlichen Diskussion verschiedener Arten von Institutionen/Regeln vgl. Kiwit/Voigt, 1995, S. 124ff.
[38] Vgl. Ostrom, 1986, S. 5ff.
[39] Im allgemeinen lässt sich ein *Tauschvertrag* als eine ungezwungene Willenserklärung zwischen Tauschparteien verstehen, wobei "(...) zwei Parteien gegenseitig, oder eine der beiden Parteien, versprechen und der anderen gegenüber verpflichten, etwas zu geben oder zu tun oder zu unterlassen" (Richter, 2000, S. 2, H.v.i.O.). Durch Verträge werden zukünftige Handlungsmöglichkeiten eingeschränkt bzw. Handlungserwartungen in gewissem Umfang gesichert und stabilisiert. Ein *vollständiger* oder klassischer Vertrag trägt allen Eventualitäten Rechnung, d.h. dieser muss folgende Voraussetzungen erfüllen: eindeutige Vorhersehbarkeit und Beschreibbarkeit aller möglichen einzutretenden Umweltentwicklungen und -zustände, exakte Feststellung der jedem möglichen Umweltzustand zugeordneten Handlungen bzw. Handlungsergebnisse und -folgen, glaubhafte Bindungen der Parteien an Vertragserfüllungsverpflichtung und Verfügbarkeit effektiver Durchsetzungsmechanismen bzw. notwendiger Sanktionspotentiale gegenüber der potentiell vertragsbrechenden Partei.

38

Eine Transaktion ergibt sich aus der Aneignung und Übertragung von *Property-Rights* (Eigentums- und Verfügungsrechte) die sich auf bereits existierende Ressourcen oder auf noch zu produzierende Güter/Dienstleistungen beziehen. Sie umfasst den Prozess der Anbahnung, Vereinbarung, Überwachung und Anpassung des Leitungstauschaktes. Property-Rights beinhalten die wirtschaftlich relevante Teilmenge der gesellschaftlich etablierten Institutionen, sofern sie sich auf die gesellschaftliche Zuordnung der Verfügungsgewalt über knappe Ressourcen und auf ihre Nutzung rekurrieren[41]. Dazu gehören

- das Recht der *Nutzung* („usus"),

- das Recht der Veränderung von Form und Substanz („abusus") oder das *Koordination*srecht, d.h. das Recht zur formalen und materiellen Änderung von Ressourcen (das Recht der Unternehmensführung), und

- das Recht der Einbehaltung von Erträgen („usus fructus")/ oder das Recht auf *Aneignung* des Residuums von Gewinnen und Verlusten, die durch die Nutzung von Ressourcen entstehen (das Recht der Gewinnschöpfung),

- das Recht der *Übertragung* dieser Rechte an andere Wirtschaftssubjekte („*Transfer*")/ oder das Recht zur Veräußerung an Dritte (das Recht des Unternehmensverkaufs)[42].

Als Kosten der Austauschprozesse oder *Transaktionskosten* sind jener Ressourcenverzehr (einschließlich des Zeitaufwandes) zu verstehen, der bei der Anbahnung (im Sinne von Such- und Informationskosten), der Durchführung (im Sinne von Verhandlungs- und Entscheidungskosten), der Kontrolle und der Durchsetzung von Transaktionen zwischen Akteuren entsteht. Die Höhe der Transaktionskosten wird von folgenden Bestimmungsfaktoren beeinflusst, nämlich erstens dem Verhalten der Transaktionspartner (begrenzte Rationalität und potentieller Opportunismus), zweitens den Eigenschaften der Transaktion (u.a. spezifische Investitionen, Unsicherheit, Häufigkeit und Messbarkeit), drittens der Koordinations- und Kontrollform der Austauschbeziehung und viertens dem wirtschaftlichen und institutionellen Umfeld[43]. Allerdings ist die Integration von Transaktionskosten in die ökonomische Theorie nicht unumstritten geblieben[44]. Das Zusammenwirken von *Human-* und *Umwelt*faktoren einerseits und von asymmetrischer Informationsverteilung und

---

Ein *unvollständiger* Vertrag ist dadurch gekennzeichnet, dass nicht alle zukünftigen Kontingenzen berücksichtigt werden können oder wollen, weil es angesichts der zukünftigen Ungewissheit unmöglich ist, bei Vertragsabschluss allen Eventualitäten zu erfassen, oder weil es für die Vertragsparteien zu kostspielig ist, Vertragsbedingungen genauer zu definieren und zu spezifizieren
[40] Vgl. Domrös, 1994, S. 97f.
[41] Vgl. Krüsselberg, 1993, S. 90.
[42] Vgl. Picot, 1981, S. 126.
[43] Vgl. Williamson, 1990; Ders., 1996.
[44] Vgl. Buchanan, 1984, S. 9; Schneider, 1985, S. 1237.

Unsicherheit andererseits, ist für das prinzipielle Entstehen von *Organisationsproblemen* verantwortlich. Die institutionenökonomischen Theorieansätze unterscheiden sich in der Beantwortung der Frage, ob eine höhere Effizienz durch *ex ante* Zuordnung von Verfügungsrechten bzw. Ausgestaltung von besseren Anreizsystemen (z.B. Property-Rights-Theorie, Principal-Agent-Ansatz) oder durch *ex post* Einsparung von (Produktions- und Transaktions-)Kosten (z.B. Governance-Ansatz) erreicht wird.

Innerhalb ökonomischer Aktivitäten ist oft ein *Prinzipal-Agent-Verhältnis* zu finden. Der Prinzipal (Auftragsgeber) gibt Entscheidungsautonomie an den von ihm vertraglich beauftragten Agent (Auftragsnehmer) ab und versucht den Agent durch *anreizkompatible* Vertragsgestaltungen so zu motivieren, dass er im Interesse des Auftragsgebers handelt, um bestimmte Aufgaben zu erfüllen. Das ökonomische Problem besteht vor allem in der Existenz *divergierender Interessen* der Vertragspartner, in der Unbeobachtbarkeit der Handlungen bzw. in der Unvollkommenheit von Verträgen zwischen Prinzipalen und Agenten. Das zu erzielende Handlungsergebnis des Agenten hängt von seinem Arbeitseinsatz und den eingetretenen Umweltzuständen ab, die seitens des Prinzipals weder kostenlos noch vollständig beobachtbar und spezifizierbar sind. Der besser informierte, rationale Agent nutzt seine so entstandenen Handlungsspielräume aus, um seinen persönlichen Nutzen auf Kosten des Prinzipals zu maximieren. Für ihn besteht die Möglichkeit, Informationen über den Umfang seiner Handlungsmöglichkeit und der damit verbundenen Erfolgsrisiken vor dem Prinzipal zu verbergen (*versteckte Informationen*) oder gezielt Handlungsalternativen zu wählen, die von dem Auftragsgeber nicht beobachtet werden können (*versteckte Handlungen*). Der Prinzipal sieht sich dem Problem ausgesetzt, die Wahrung seiner eigenen Interessen sicherzustellen[45]. Ein zentrales ökonomisches Problem besteht darin, wie Transaktionspartner mit *divergierenden Interessen* zu einem fairen bilateralen Austausch kommen können, wenn sie nicht perfekt über relevantes Wissen bezüglich der Tauschbedingungen verfügen (*Informationsasymmetrie*) und/oder wenn sie auch nicht immer auf 'ehrliche' Vertragspartner ausweichen können (*transaktionsspezifische Abhängigkeiten*).

3.2. Governance-Ansatz versus Teamproduktionsansatz

Das Anliegen der NIÖ besteht darin, die Existenz und Wirkungsweise real beobachtbarer *Organisationsformen* zu erklären, die den institutionellen Rahmen ökonomischer Leistungstauschprozesse darstellen (Erklärungsziel). Es wird weiterhin untersucht, wie institutionelle Arrangements beschaffen sein

---

[45] Gegenüber der mathematisch ausgerichteten normativen Prinzipal-Agent-Theorie versucht der andere positive Theoriestrang Auftrags- bzw. Delegationsbeziehungen zu beschreiben, zu untersuchen und realitätsnäher zu erklären. Dieser weist den Nachteil fehlender mathematischer Genauigkeit auf.

sollten, damit das Verhalten der Beteiligten effizient auf ein wirtschaftliches Organisationsziel hingesteuert wird (Gestaltungsziel)[46].

Die institutionenökonomischen Ansätze zu einer Theorie der Firma finden somit ihren Schwerpunkt in einer Theorie der *Organisation der Leistungs-tauschprozesse*[47]. Ihnen ist in Abgrenzung vom neoklassischen Modell gemeinsam, dass Unternehmen als *Netzwerke bilateraler Verträge* betrachtet werden[48]. Von der neoklassischen Theorie hebt sich die NIÖ durch die folgenden Annahmen ab: dem methodologischem Individualismus, der individuellen Nutzenfunktion und der beschränkten Rationalität[49].

- *Methodologischer Individualismus*: Ausgangspunkt der Betrachtung ist die Erkenntnis, dass das Verhalten einer Organisation nicht dadurch geprägt ist, dass sich alle Beteiligten auf das zentral festgelegte Organisationsziel fokussieren, sondern vielmehr durch die Summe der Einzelziele der an der Organisation beteiligten Individuen. Eine auf dem methodologischen Individualismus beruhende Analyse hat somit von den *Stärken* und *Schwächen* der am Wirtschaftsprozess teilnehmenden Akteure auszugehen.

- *Konsistente und stabile individuelle Nutzenfunktion*: Neoklassische Ansätze gehen davon aus, dass das Verhalten von repräsentativen, *homogenen* Haushalten und Unternehmen anhand ihrer Präferenzen dargestellt und begründet wird und dass sich für jede Gruppe von Akteuren eine *repräsentative* Nutzenfunktion ergibt. In den Ansätzen der NIÖ werden einerseits mehrdimensionale Präferenzen unterstellt und andererseits die Nutzenfunktion jedes einzelnen Individuums berücksichtigt. Ein Unternehmen wird nicht mehr als monolithisches Konstrukt mit eigenem Willen betrachtet.

- *Beschränkte Rationalität*: Unter ökonomischer Rationalität wird verstanden, dass die individuellen Wirtschaftsakteure ihre Nutzenfunktion unter Berücksichtigung von Nebenbedingungen zu maximieren suchen. Sie ist eingeschränkt, weil Individuen nicht alle für den Entscheidungsprozess relevanten *Informationen* beschaffen und/oder verarbeiten können. Diese Annahme kann zu asymmetrischer Informationsverteilung zwischen den an einem Austauschprozess Beteiligten führen. Das dadurch entstandene *opportunistische* Verhalten kann nur durch geeignete Anreiz- und Überwachungsmechanismen entgegengewirkt werden.

Als Grundbaustein gilt der berühmte Aufsatz von Coase aus dem Jahre 1937, mit dem die relative Effizienz einer unternehmensinternen Allokation und Koordination gegenüber einer marktlichen aufgezeichnet wurde[50]. Aufbauend

---

[46] Vgl. Arrow, 1970, S. 224; Richter/Furubotn, 1999, S. 8f.
[47] Vgl. Ebers/Gotsch, 1993, S. 193.
[48] Siehe Aoki et al., 1990.
[49] Vgl. Richter, 1990, S. 573.
[50] Siehe Coase, 1937/1988.

auf der Erkenntnis, dass die Nutzung der alternativen Koordinationsmechanismen mit (Transaktions- und Produktions-) Kosten verbunden ist, haben
sich zwei, zum Teil ergänzende Unternehmenskonzepte herausgebildet:

- Der *Governance-Ansatz* von Williamson[51]: Dieser Theorieansatz ist
bestrebt, die Existenz und Größe von Unternehmen anhand der optimalen
Koordinations- und Überwachungsmechanismen (*Governance-Struktur*) zu
begründen. Das zentrale Organisationsproblem besteht darin, *kosten-
minimierende* Governance-Strukturen zu entwickeln. Die Höhe und die
Verteilung transaktionsspezifischer Investitionen und die Häufigkeit der
Tauschakte determinieren bei gegebener Umwelt- und Verhaltens-
unsicherheit die effiziente Governance-Struktur. Im Mittelpunkt der
Analyse stehen alternative Organisationsformen, u.a.: der Markt, die
Hierarchie und die vielfältigen Hybridformen.

- Der *Teamproduktionsansatz* von Alchian und Demsetz[52]: Im Mittelpunkt
dieses Ansatzes wird die Vorteilhaftigkeit der Teamproduktion behandelt.
Mit *Teamproduktion* ist eine gemeinsame Arbeitsverrichtung gemeint, bei
der Ressourcen zusammengelegt werden. Durch Teamproduktion werden
Kooperationsvorteile[53] realisiert, d.h. der sich aus dem Ressourceneinsatz
ergebender Output wird höher als die Summe der von einzelnen
Ressourceneignern separat erzielbaren Ergebnisse. Das Verhalten der
einzelnen Mitglieder wird durch eine zentrale Instanz kontrolliert und
gesteuert, die ein Recht auf Wiederverhandlung einzelner Verträge und
Residualrechte am Teamertrag hat. Insbesondere wird die Problematik einer
horizontalen Unternehmensausdehnung mitberücksichtigt[54]. Dieser Ansatz
hat die Frage zu beantworten versucht, wie die *Property-Rights* zwischen
Ressourceneignern bei der Teamproduktion verteilt werden sollen.

Während sich Williamson auf die optimale Leistungstiefe und somit auf die
vertikale Integration konzentriert, wird im Ansatz von Alchian und Demsetz auf
die Bedeutung der Organisation *horizontaler* Leistungserstellungsprozesse
hingewiesen. Diese beiden Theorieansätze erweisen sich insofern als
komplementäre Unternehmenskonzepte. Gemeinsam liegen sie einer
Vorgehensweise der *komparativen Analyse* zugrunde, indem ein direkter
Kostenvergleich alternativer Vertragsmöglichkeiten innerhalb eines *statischen*
Umfeldes durchgeführt wird. Dabei werden Einflüsse der sich ändernden
Rahmenbedingungen nicht problematisiert. Weitere Kritikpunkte an den

---

[51] Vgl. Williamson, 1990; Ders., 1996.
[52] Vgl. Alchian/Demsetz, 1972.
[53] *Kooperationsvorteile* lassen sich als Ertrags- oder Gewinnzuwächse bezeichnen, die durch
den Einsatz von zusammengelegten Ressourcen zum Zweck der gemeinsamen
Leistungserstellung entstehen. Diese sind klar zu unterscheiden von *Spezialisierungsvorteilen*
im Sinne von Smith, die in der Arbeitsteilung begründet liegen (vgl. Alchian, 1993, S. 365ff.).
[54] Die horizontale Ausdehnung beschreibt die Verrichtung gleicher oder zumindest ähnlicher
Tätigkeiten innerhalb einer Teamproduktion.

institutionenökonomischen Konzepten richten sich vor allem auf die Forschungsperspektive des zugrunde gelegten *Austauschmodells,* das Unternehmen als Netzwerk bilateraler Verträge betrachtet, und die bipolare Betrachtungsweise „Markt versus Unternehmen". Eine direkte Übertragung der Eigenschaften neoklassischer (Markt-)Austauchverträge auf die Beziehungen in Unternehmen erweist sich als besonders problematisch[55]. Auch durch die Vorschläge von Coase sowie von Alchian und Demsetz, *Netzwerke bilateraler Verträge* durch bilaterale Verträge aller Teammitglieder mit einer *zentralen Partei* zu ersetzen, differenziert sich das Resultat des Vertragsgebildes in einem Unternehmen dem Wesen nach nicht notwendigerweise von marktlichen Vertragsstrukturen. Die postulierten Kooperationsvorteile durch Team-produktion können lediglich als eine notwendige, nicht jedoch als eine hinreichende Bedingung für die Existenz eines Unternehmens sein, weil solche Vorteile nicht zwingend in einem Unternehmen sondern im Prinzip auch im Wege einer Kooperation voneinander unabhängiger Marktpartner realisiert werden können[56]. Das eigentliche Kernproblem der bipolaren Interpretation *"Unternehmen versus Markt"* besteht darin, dass Erklärungsversuche zur Existenz eines Unternehmens automatisch zur Diagnose des *Marktversagens* führt[57]. Um dieses Denkmuster zu durchbrechen, soll die Frage nach der *Entstehung* von Unternehmen und deren nachhaltigen *Wettbewerbsfähigkeit* in den Vordergrund der Untersuchung gerückt werden.

4. Quellen nachhaltiger Wettbewerbvorteile

Die Identifizierung und Realisierung *anhaltender Wettbewerbsvorteile* stellen den Hauptgegenstand aller strategischen Unternehmensentscheidungen dar. Der Begriff "Strategie" stammt aus dem altgriechischen Wort "strataegeo" (Feldherr), das aus "strato" – etwas, das in der Ziel-Mittel-Hierarchie eine übergeordnete Rolle hat – und "agein" – handeln, tun – zusammengesetzt ist. *Unternehmensstrategie* bedeutet eine bewusste, langfristige Festlegung bzw. Planung zukünftiger Handlungen, die sich an den Oberzielen des jenigen Unternehmens ausrichtet[58]. Die *Strategie* lässt sich als übergreifender Plan für zukünftiges Verhalten definieren, der unter Berücksichtigung der unternehmens-*internen* Stärken und Schwächen sowie der von dem *externen* Umfeld ausgehenden Chancen und Risiken die Wettbewerbsfähigkeit nachhaltig gewährleistet soll[59]. Die Grundidee des wohlbekannten SWOT-Ansatzes (*S*trengths, *W*eaknesses, *O*pportunities, *T*hreats) besteht darin, Wettbewerbs-

---

[55] Vgl. Vanberg, 1992, S. 238ff.; Wolff, 1994, S. 87f.; Knudsen, 1995, S. 197.

[56] Vgl. Klein, 1988, S. 209; Foss, 1996, S. 473.

[57] Die Problematik der Gegenüberstellung zwei idealtypischer Alternativen – Markt vs. Unternehmen – wird von Williamson und andere Autoren dadurch entschärft, dass Mischformen bzw. Hybridformen der beiden Extremtypen in die theoretischen Überlegungen einbezogen werden (vgl. z.B. Barzel, 1989, S. 52; Williamson, 1992, S. 336).

[58] Vgl. Knaese, 1996, S. 4.

[59] Vgl. Kreikebaum, 1991, S. 25.

vorteile eines Unternehmens durch die gegenseitige Abstimmung (FIT) der internen mit den externen Faktorten zu begründen[60] (siehe Abbildung 2).

Abbildung 2: SWOT-Ansatz in der strategischen Unternehmensführung

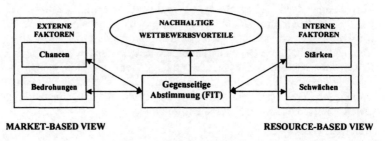

MARKET-BASED VIEW   RESOURCE-BASED VIEW

Quelle: Eigene Darstellung

4.1. Market-based View

Im Mittelpunkt der traditionellen Industrieökonomik steht das *Struktur-Verhalten-Leistungs-Paradigma*. Dieses besagt, dass Unternehmenserfolge zum einen durch die Branchenstruktur und zum anderen durch die gewählte Unternehmensstrategie bestimmt sind. Es wird davon ausgegangen, dass die Branchenstruktur Einfluss auf das Verhalten von Unternehmen nimmt, was letztendlich in der Leistungs- bzw. Wettbewerbsfähigkeit niederschlägt. Den industrieökonomischen Ansätzen kommen die Zusammenhänge zwischen *Wettbewerbsintensität* und *Profitabilität* innerhalb einer *strategischen Branche* bzw. Gruppe einer besonderen Rolle zu[61]. Je intensiver der Wettbewerb ist, desto unattraktiver ist die Branche. Strukturbedingte Wettbewerbsvorteile resultieren aus der Attraktivität einer Branche, die durch die in ihr wirkenden *Wettbewerbskräfte* hervorgerufen wird. Dazu gehören die Bedrohung durch (neue) potentielle Konkurrenten, das Verhalten der aktuellen Konkurrenten, die Bedrohung durch Substitutionsprodukte, die Verhandlungsmacht und das Verhalten der Lieferanten sowie die der Abnehmer. Diese fünf fundamentalen Kräfte tangieren die Kosten und Preise des Unternehmens und bewirken damit unmittelbar seine Wettbewerbsfähigkeit. *Wettbewerbsstrategien* zielen – nach Porter – darauf ab, dem Unternehmen gegenüber den übrigen Konkurrenten eine herausragende Stelle so zu verschaffen, dass es sich gegen die Wettbewerbskräfte verteidigen oder aber diese zum eigenen Vorteil beeinflussen

---

[60] Vgl. Hill/Jones, 1992; Collis/Montgomery, 1997.

[61] Für einen Überblick siehe Oberender, 1994. Die *strategische Gruppe* setzt sich aus Unternehmen einer Branche zusammen, die entsprechend der relevanten Erfolgsfaktoren die gleiche oder ähnliche Strategie verfolgt (vgl. Porter, 1997, S. 177).

kann. Die Auswahl der Grundstrategien umfasst die Kostenführerschaft, Differenzierung und die Nischenpolitik[62]

Im Einklang mit der klassischen neoklassischen Tradition betrachtet der Market-based View Unternehmen als *Black-Box* und unterstellt damit die *Homogenität* von Unternehmen und deren Produktionsstrukturen. Die auf dem Market-based View beruhende *These*, das die Markt- und Branchenattraktivitäten die *alleinige Quelle* für dauerhafte Wettbewerbsvorteile anzusehen sind, ist verstärkt den Kritiken ausgesetzt, nämlich die einseitige Fokussierung der Absatzmärkte, die Vernachlässigung von Bedeutungen unternehmensspezifischer Ressourcen (u.a. Organisationskapital und Managementfähigkeiten), die Homogenitätsannahme (u.a. homogene Produktionstechnologien), die statische Betrachtung der Umfeldstabilität (Branchen-/Marktstruktur) sowie die Allgemeingültigkeit der generischen strategischen Handlungsempfehlungen[63].

4.2. Resource-based View

Dem *Resource-based View* können diejenigen theoretischen Überlegungen und Konzepte subsumiert werden, bei denen der andauernde Wettbewerbserfolg eines Unternehmens auf die Einzigartigkeit unternehmerischer Ressourcen bzw. (Kern-)Kompetenzen zurückführen ist[64]. Ressourcenorientierte Ansätze[65] gehen auf Selznick und Penrose zurück, die bereits gegen Ende der 50er Jahre den Zusammenhang zwischen Unternehmensressourcen und den daraus resultierenden Wettbewerbsvorteilen erkannten[66]. Diese Theorierichtung sieht Unternehmen als einen Pool von materiellen und immateriellen Ressourcen.

Die Erfolgsfaktoren eines Unternehmens sind aus dieser Sicht nicht durch die die Wettbewerbsintensität einer Branche kennzeichnenden Faktoren, wie Marktanteile, Monopolmacht, Markteintritts- und Mobilitätsbarrieren, determiniert. Seine Wettbewerbsvorteile sind in erster Linie auf die *Einzigartigkeit* der Ausstattung und/oder des Einsatzes unternehmens-spezifischer Ressourcen und Fähigkeiten und auf die daraus resultierende andauernde *Unternehmensheterogenität* zurückzuführen. Die ökonomischen Wettbewerbs-vorteile sind in dieser Theorierichtung in erster Linie auf die

---

[62] Vgl. ebenda, S. 25ff.

[63] Vgl. Rasche, 1994, S. 11f.; Krüger/Homp, 1997, S. 59ff.
Die völlige Vernachlässigung der Innensicht der Unternehmen kann den neueren Ansätzen dieser Forschungsrichtung, u.a.: die der Branchenstruktur sowie der Wertekette, nicht vorgeworfen werden (vgl. Porter, 1991, S. 107; Knyphausen, 1993, S. 781). Porter geht davon aus, dass die Branchenstruktur durch die strategische Wahl spezifischer Unternehmen bewirkt werden kann und dass die im Konzept der Wertekette zusammengefassten Unternehmensaktivitäten imstande sind, durch eine einzigartige Konfiguration Wettbewerbsvorteile zu begründen (vgl. Porter, 1991, S. 100ff.).

[64] Vgl. z.B. Hamel, 1994, S. 11ff.; Knaese, 1996, S. 26ff.

[65] Folgende Begriffe werden in der vorliegenden Arbeit als Synonyme verwendet: Resource-based View, Ressourcenansatz sowie ressourcenorientierter Ansatz.

[66] Vgl. Selznick, 1957, S. 49ff.; Penrose, 1959, S. 25ff.

unvollkommenen Faktormärkten und die distinktiven Unternehmensressourcen zurückzuführen.

Distinktiv sind solche Ressourcen/Kompetenzen für den Leistungserstellungsprozess, die das Unternehmen von Konkurrenten wesentlich unterscheiden und ihm einen dauerhaften Wettbewerbsvorteil verschaffen. Distinktive Ressourcen lassen sich nicht abwerben, imitieren und/oder substituieren. Die hergestellten Produkte/Dienstleistungen müssen einen zusätzlichen Kundennutzen generieren, den andere Unternehmen nicht anbieten können. *Kernkompetenzen* lassen sich als solche distinktive Kompetenzen definieren, und ergeben sich aus einer *Kundennutzen* stiftenden *Art und Weise*, wie materielle und immaterielle Unternehmensressourcen bei der Leistungserstellung miteinander verknüpft bzw. strukturell oder prozessual integriert sind. Sie können sich funktional auf Produkteigenschaften, Marktzugang oder die Managementzusammensetzung rekurrieren[67].

Ressourcenorientierte Ansätze sind (mikro-)ökonomisch fundiert und konzentrieren sich auf die Analyse der unternehmensinternen Erfolgsfaktoren, die die Wettbewerbspotentiale bzw. Leistungsfähigkeit eines Unternehmens determiniert[68]. In einer Weiterentwicklung bietet der Resource-based View Ansatzpunkte für die Integration mit anderen Theorieansätzen, u.a. der Industrieökonomik[69] und der Neuen Institutionenökonomik[70]. Folgende Punkte sind kritisch anzumerken[71]:

- Unterschiedliche Begriffsbestimmung und -auslegung von Ressourcen bzw. Kompetenzen[72],

- Mangelnde Prognosevalidität sowie eingeschränkte Handlungsempfehlungen, die sich in erster Linie auf die unzureichende Identifikation, Messbarkeit und Bewertung der intangiblen Ressourcen (Wissen oder Organisationskapital)[73],

- Keine überzeugende Formulierung bzw. Integration der Rolle der unternehmensexternen Faktoren[74].

Gegenüber dem Market-based View mit primärer Betonung der Markt-/ Branchenattraktivität versetzt der Resource-based View die Bedeutung von unternehmensspezifischen Ressourcen/Kompetenzen in den Mittelpunkt der strategischen Planung. Die ressourcenbasierte Forschungsrichtung zeichnet sich

---

[67] Vgl. Hamel, 1994, S. 16; siehe auch Prahalad/Hamel, 1990.
[68] Vgl. Bamberger/Wrona, 1996, S. 390; Freiling, 2001, S. 62ff.
[69] Vgl. Conner, 1991; Porter, 1991; Mahoney/Pandian, 1992; Bamberger/Wrona, 1996; Börner, 2000.
[70] Vgl. Mahoney/Pandian, 1992; Conner/Prahalad, 1996; Foss, 1996.
[71] Vgl. Bouncken, 2000.
[72] Vgl. Freiling, 2001, S. 14ff.
[73] Vgl. Mildenberger, 1998, S. 76.
[74] Vgl. Foss/Eriksen, 1995.

dadurch aus, dass gerade nicht einzelne unternehmensinterne Ressourcen, sondern ihr *Zusammenwirken* in den Vordergrund gestellt werden.

Bereits Ludwig von Mises hat darauf hingewiesen, dass *Wettbewerbsvorteile* eines Unternehmens darin liegen, etwas entweder *billiger* und/oder *besser* und/oder *anders* als die Konkurrenten herzustellen[75]. Die Erzielung von Wettbewerbsvorteilen hängt von den beiden folgenden Bedingungen ab:

- Zum einen ist es erforderlich, dass sich das Unternehmen von den Mitbewerbern abheben kann. Diese *Abhebung* kann auf unterschiedliche Weise erreicht werden, insbesondere durch eine unterscheidbare *Einzigartigkeit* in der Ausstattung von distinktiven Ressourcen, der Gestaltung der prozessbezogenen Handlungen so wie der Gestaltung der Produkte/Dienstleistungen;

- Zum anderen ist dieses Unternehmen mit ihren Ressourcen, Prozessen und Leistungsergebnissen gemäß den *Markt- und Kundenanforderungen* auszurichten.

Insofern lassen sich der Market-based View und der Resource-based View, nicht als konkurrierende Alternativen darstellen, sondern sich zu einer umfassenden Sicht für die strategische Unternehmensführung mit unterschiedlichen, komplementären Ausgangs- und Schwerpunkten ergänzen. Dem Aufbau und der Pflege andauernder Wettbewerbsvorteile wird besondere Aufmerksamkeit geschenkt.

5. Bausteine einer eklektischen, individualistisch fundierten Theorie der kreditgenossenschaftlichen Kooperationsform

5.1. Methodologische Vorbemerkungen

Folgende methodologische Überlegungen sollen den Erklärungsbereich der ganzen Arbeit in allgemeinem und des zu entwickelnden Unternehmensmodells in besonderem abstecken. Hier wird nicht der Anspruch erhoben, als Richtschnur für die Güte der gewählten Vorgehensweise zu dienen.

Unter methodologischen Gesichtspunkten setzt die Abgrenzung der vorliegenden Arbeit zunächst eine kurze Behandlung der einflussreichsten Grundpositionen voraus, die innerhalb der wirtschaftswissenschaftlichen Forschungsprogramme vertreten sind, u.a.: der *Positivismus* und der *empirische Falsifikationismus*. Die positivistische ökonomische Forschung zielt darauf ab, zu positiven Aussagen zu gelangen und Vorhersagen über nicht beobachtbare Phänomene zu generieren. Weiterhin bekennt sich der wohl einflussreichste Vertreter des Positivismus Friedman mit der Vorstellung, dass naturwissenschaftliche Methoden direkt auf die Sozialwissenschaften übertragbar und für diese

---

[75] Vgl. von Mises (1940/1980), S. 261.

geeignet sind, zum so genannten Szientismus-Forschungsprogramm[76]. Die empirische Falsifikation gilt als ein wesentlicher Bestandteil des kritischen Rationalismus, der von Popper begründet wurde[77].

Für die Beurteilung der *Güte einer Theorie* wird sowohl im Positivismus als auch im Falsifikationismus dem *empirischen Test* die entscheidende Rolle zukommen: Bei Ersterem in Form der Aufstellung empirisch relevanter Prognosen, bei Letzterem in Form des Verwerfens empirisch widerlegter Erklärungen. Es ist inzwischen anerkannt, dass beide Ansätze dem Forschungsanspruch zumindest im Bereich der Wirtschaftswissenschaften nicht gerecht werden[78]. Vor diesem Hintergrund wird demzufolge in der vorliegenden Arbeit weder an der Annahme der wirtschaftwissenschaftlichen Disziplin als einer "objektiven Wissenschaft" noch an der Idealvorstellung der empirischen Prognosefähigkeit oder Testbarkeit ökonomischer Theorien festgehalten. Eine *pragmatische* Vorgehensweise wird vorgezogen, die die handlungsbezogenen, *subjektiven* Komponenten wissenschaftlichen Forschens hervorhebt[79]. Eine verbale Behandlung erscheint insofern geeignet, als sie beschreibend und erklärend sein kann. Empirische Beobachtungen dienen nicht als Gütekriterium der beschriebenen Analysen sondern als Anstoß der Untersuchungen sowie zum gedanklichen Abgleich der theoretischen Ergebnisse mit den in der Praxis beobachtbaren Phänomenen. Es wird eine *verbal-deduktive Herangehensweise* unter *Berücksichtigung empirischer Beobachtungen* gewählt.

Das *Forschungsanliegen* und der Anspruch der vorliegenden Arbeit sind es, auf der Grundlage der bisherigen theoretischen Überlegungen ein Organisationsmodell kreditgenossenschaftlicher Kooperationen zu entwerfen. Darauf aufbauend wird ein theoretischer Rahmen zur Untersuchung (statischer und dynamischer) ökonomischer Vorteile sowie Nachteile der genossenschaftlichen Finanzorganisationsform gebildet. Die hierbei gewonnenen Erkenntnisse werden anschließend für die Fragen der Bewertung der Wettbewerbsfähigkeit des genossenschaftlichen Finanzverbundsystems in Vietnam als Ganzes und der Leistungsfähigkeit lokaler Kreditgenossenschaften verwertet. In der Übersicht 2 werden die methodologischen Grundlagen der bisher erörterten Unternehmenskonzepte zusammengefasst.

---

[76] "(...) positive economics is, or can be an "objective" science, in precisely the same science as any of the physical sciences" (Friedman, 1953, S. 4); Für eine kritische Einschätzung dieser wissenschaftlichen Position siehe Lakatos, 1971, S. 95; Zum Positivismus siehe Schnädelbach, 1994, S. 267ff.; Zum Szientismus siehe Lenk, 1994, S. 353.

[77] Vgl. Popper, 1989; Zum Falsifikationismus siehe Küttner, 1994, S. 80.

[78] Vgl. Schor, 1991, S.146ff.; Terberger, 1994, S. 32.

[79] Zum subjektiven Charakter ökonomischer Forschung siehe Scherer, 1999, S. 32.

Übersicht 2: Methodologische Grundlagen der Unternehmenskonzepte

	Market-based View	Neue Institutionenökonomik	Resource-based View
Unternehmen als	"Black Box"	Regelwerk	Ressourcenpool
Analyseeinheit	Unternehmen selbst	Tauschvertrag zwischen Individuen (Transaktion)	Distinktive Ressourcen/ Kompetenzen bzw. Routinen
Rationalitätsannahme	vollkommene Rationalität	(kognitiv) beschränkte Rationalität	
Verhaltensannahme	-	situationsbedingter Opportunismus	
Informations- bzw. Wissensannahme	Vollkommen	unvollkommen, asymmetrisch verteilt	
Annahme bzgl. der Ressourcen	vollkommene Ressourcenmobilität	mit (Transaktions-)Kosten verbundene Ressourcentransfer	unvollkommene Ressourcenmobilität
Begriff der Unsicherheit	stochastische/ parametrische Unsicherheit (bekannte Parameter des Problems)	strukturelle Unsicherheit (fundamentales Wesen des Problems & Art der möglichen Ergebnisse)	
Schwerpunktsetzung der Koordination und Steuerung	Marktkoordination	(Unternehmens-)Koordination von vertraglichen Verpflichtungen bzw. Steuerung von *Verhalten* der Organisationsmitglieder	(Unternehmens-) Koordination von produktiven Aktivitäten bzw. Steuerung von *Ressourcen*
Sphäre im Hinblick auf Leistungsaustausch bzw. Leistungserstellung	Leistungsaustausch		Leistungserstellung
Sphäre im Hinblick auf Kosten- bzw. Ertragsseite	Kostenbezug		Kosten- und Ertragsbezug

Quelle: Eigene Darstellung.

5.2. Unternehmensorganisation als Ressourcenpool mit Regelwerk

Der Versuch, verschiedene komplementäre Konzepte in ein tragfähiges Unternehmensmodell zu integrieren, ist der zentrale Untersuchungsgegenstand dieses Abschnittes. Im allgemeinen sind *Organisationen* als "(...) gegliederte Gruppen von Personen in Verfolgung gemeinsamer Ziele"[80] zu definieren; mit anderem Worte: Jede Organisation besteht aus einer Vielzahl von individuellen Wirtschafsakteuren, ihre einzelnen Entscheidungen und Handlungen aufeinander abgestimmt und ihre Verhalten im Hinblick auf gemeinsame Organisationsziele gesteuert werden müssen. Das gemeinsame Zielbündel richtet sich vor allem auf die effiziente Koordination von ökonomischen Aktivitäten zwischen den Organisationsmitgliedern (*instrumenteller* Aspekt). Der *institutionelle* Aspekt bezieht sich einerseits auf die Steuerung individuellen Verhaltens durch wirtschaftliche und/oder soziale Anreiz- und Kontroll-mechanismen und andererseits auf die Transformation individuellen Handelns zum Gemeinschaftshandeln. Organisationen stellen in diesem Kontext konkrete

---

[80] Richter/Furubotn, 1999, S. 292; Die verbreitete Sichtweise in den organisations-ökonomischen Ansätzen, dass Organisationen als zielgerichtete Sozialsysteme aufzufassen seien, und als Instrumente zur Erreichung der Ziele verschiedener Organisationsmitglieder dienen, ist auf Parsons zurückzuführen (Siehe Parson, 1951/1968).

soziale Gebilde dar, die auf bestimmten institutionellen Regelwerken –
Organisationsverfassung im Sinne von Gesellschaftsvertrag – beruhen[81].

In diesem Abschnitt werden vorerst Gründe für die Entstehung eines
Unternehmens als Ressourcenpools und die damit verbundenen Probleme
kollektiver Entscheidungen angesprochen. Im nächsten Schritt werden die
Fragen über das Wesen eines Unternehmens beantwortet. Zu dem gehören die
Organisationsformen, -verfassung und das Organisationskapital.

5.2.1. Probleme kollektiver Entscheidungen

Als Ausgangsbasis dient das *Modell der Ressourcenzusammenlegung* von
Coleman, das von Vanberg weiterentwickelt wurde[82]. Das Kennzeichen dieses
Modells besteht darin, dass mehrere Wirtschaftsakteure ihre verfügbaren
Ressourcen in einem gemeinsamen Pool einbringen, der einer einheitlichen
Disposition durch die *Unternehmung* – als *zentralen Koordinator* – zur
Verfügung steht[83]. Es handelt sich dabei um materielle und nichtmaterielle
Inputfaktoren – u.a. auch personengebundene Fähigkeiten und Fertigkeiten – die
für die Leistungserstellungsprozesse im Hinblick auf die *Teamproduktion*
benötigt sind[84].

Gemäß dem *methodologischen Individualismus* ist der Ausgangspunkt der
Untersuchung, dass die Beitritts- bzw. Austrittentscheidung auf individuellen
Nutzen-Kosten-Kalkülen der Ressourceneigner beruht. Im Hintergrund des
Modells steht die Idee, dass jeder Wirtschaftsakteur als Inhaber eines
spezifischen Bündels von Ressourcen betrachtet wird. Aufgrund seiner knapp
verfügbaren Ressourcenausstattung ist er mit einem Abwägungsproblem
konfrontiert: 'individuelle Ressourcendisposition' versus 'Einbringung in einen
kollektiven Ressourcenpool'[85]. Die Wahl eines bestimmten Ressourceneinsatzes
bedeutet zwangläufig den Verzicht auf potentielle, konkurrierende
Verwendungsmöglichkeiten, d.h. er ist zwangläufig mit Opportunitätskosten
verbunden[86]. Die *Handlungsmöglichkeiten* eines Ressourceneigners sind nicht

---

[81] Vgl. Vanberg, 1992. Aus der Sicht des Austauschmodells lässt sich eine Organisation als
Netzwerk von interdependenten relationalen Verträgen zwischen den Organisationsmitgliedern auffassen. Statt n*(n-1)/2 separate bilaterale rationale Verträge zwischen 'n'
einzelnen Beteiligten einer Organisation erscheint es sinnvoller, einen kollektiven
Gesellschaftsvertrag zu gestalten, der sich aus den gemeinsamen Elementen von allen
interpersonellen Beziehungen ergibt. Die Anzahl der in der Organisation abzuschließenden
Verträge verringert sich somit auf n (vgl. Wolff, 1996, S. 97).

[82] Vgl. Coleman, 1979; Vanberg, 1982; Vgl. auch Valcárcel, 2002, S. 47ff. und S. 190ff.

[83] In der vorliegenden Arbeit wird eine klare Unterscheidung zwischen *Unternehmen* und
Unternehmung vorgenommen. Eine Unternehmensorganisation bzw. ein Unternehmen besteht
aus den Mitgliedern und der Unternehmung bzw. dem Geschäftsbetrieb.

[84] Vgl. Vanberg, 1982, S. 10f.

[85] Zur Vereinfachung wird es auf die Handlungsalternative: 'diversifizierte Einbringung von
Ressourcen in verschiedene Ressourcenpools' verzichtet. Zur ausführlichen Diskussion vgl.
ebenda, S. 12ff.

[86] Vgl. Olson, 1969, S. 141.

nur von seinen *Property-Rights* über eigne Ressourcen, sondern auch von den *sozial-strukturellen Umweltbedingungen* abhängig. Er kann seine Ressourcen in einen bereits *bestehenden* Ressourcenpool investieren oder gemeinsam mit anderen Wirtschaftsakteuren einen *neuen* Pool schaffen. Unternehmen werden durch solche Investitionen geschaffen und ihre Existenz ist von der Fortdauer solcher Investitionen abhängig.

Zwei folgende Fragen sind von besonderer Bedeutung:

- Wie die zusammengelegten Ressourcen aus dem gemeinsamen Pool eingesetzt bzw. gesteuert werden. Denn die Ressourcen sind nicht (mehr) separat, durch individuelle Entscheidungen einzelner Ressourceneigner disponiert, sondern stehen als Ressourcenbündel dem zentralen Koordinator zur Verfügung (*Dispositionsproblem*);.

- Wie der aus dem Einsatz der zusammengelegten Ressourcen resultierende Kooperationsertrag in individuelle Erträge einzelner Ressourceneigner verteilt wird (*Verteilungsproblem*).

Schwerpunksetzung organisatorischer Regelungen bezieht sich demzufolge zum einen auf das Entscheidungsproblem bezüglich des Einsatzes der zusammengelegten Ressourcen und zum anderen auf das Entscheidungsproblem bezüglich der Verteilung des Kooperationsertrages. Diese zwei grundlegenden Problemfelder sind "(...) aus strukturellen Gründen bei allen (Unternehmen) gegeben (...), wenn auch ihre Bedeutung bei gewissen (Unternehmen) zweifelsohne größer ist als bei anderen"[87]. Die jeweiligen *Regelungsmöglichkeiten*, denen die Lösungen der Entscheidungsprobleme zugeschrieben sind, stellen eine der wesentlichen Quellen der *Unternehmensheterogenität* dar (siehe Abbildung 3).

Nach Vanberg sind die zwei folgenden Grundtypen der Regelungsmuster zu unterscheiden: *hierarchischer* Typ und *demokratischer* Typ[88]. Ersterer ist dadurch charakterisiert, dass einer bzw. eine Teilgruppe der Ressourceneigner die Position als *zentralen Koordinator* übernimmt. Das Dispositionsproblem ist so geregelt, dass die übrigen Ressourceneinbringer dem Koordinator die Verfügung über den zusammengelegten Ressourcenpool überlassen. Das Verteilungsproblem ist so geregelt, dass auf die übrigen Beteiligten ihre im vornherein festgelegten und nicht vom realisierten Kooperationsertrag abhängigen Gegenleistungen für die eingebrachten Ressourcen – *Kontrakteinkommen* – zukommen, während der zentrale Koordinator der übrig bleibende Teil des Kooperationsertrages – *Residualeinkommen* – erhält. Der zweite Grundtyp kennzeichnet sich dadurch, dass alle Ressourceneinbringer die Verfügung über den Ressourcenpool innehaben, und dass der gesamte Kooperationsertrag auf sie entfällt. Falls der zentrale Koordinator aus einer

---

[87] Vanberg, 1982, S. 15, H.v.i.O.
[88] Ebenda, S. 19.

(Teil-)Gruppe der Ressourceneinbringer besteht – als *korporativem Akteur* – bedarf es einerseits eines expliziten oder impliziten Verfahrens, dadurch individuelle (Mit-)Bestimmungen der Beteiligten im Hinblick auf die Ressourcendisposition zu einer *kollektiven Entscheidung* transformiert werden. Andererseits ist das Verteilungsproblem durch einen Verteilungsschlüssel geregelt, aufgrund dessen den Beteiligten an der zentralen Koordination bestimmte Anteile am Residualertrag zugeteilt werden. Der *Verteilungsschlüssel* erfolgt durch Ermittlung individueller Ressourcenbeiträge oder durch Verhandlung zwischen Ressourceneignern. Die Regelungen müssen so ausgestaltet werden, dass individuelle *Interessen* einzelner Ressourceneigner nicht verletzt werden.

Abbildung 3: Problemfelder kollektiver Entscheidungen[89]

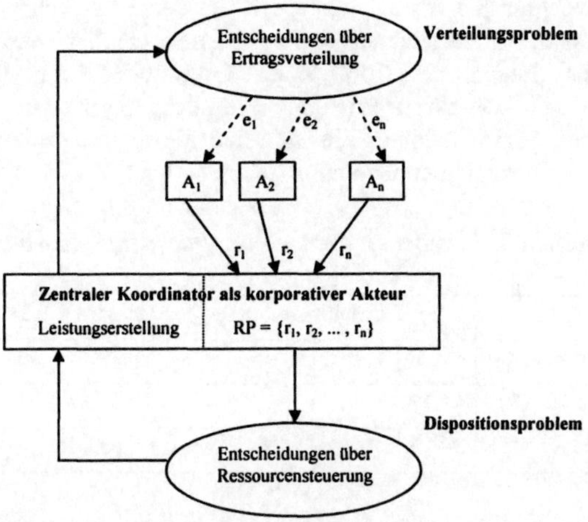

Entscheidungen über Ertragsverteilung — Verteilungsproblem

e_1 e_2 e_n

A_1 A_2 A_n

r_1 r_2 r_n

Zentraler Koordinator als korporativer Akteur
Leistungserstellung $RP = \{r_1, r_2, \ldots, r_n\}$

Entscheidungen über Ressourcensteuerung — Dispositionsproblem

Quelle: Eigene Darstellung; in Anlehnung an Vanberg, V. (1972): Markt und Organisation – Individualistische Sozialtheorie und das Problem kollektiven Handelns. Tübingen, S. 17.

Das organisatorische Regelwerk bezüglich des Dispositions- und des Verteilungsproblems stellt die implizite oder explizite Vereinbarung einer *Organisationsverfassung*, die als *Gesellschaftsvertrag* betrachtet werden kann: "In diesem Vertrag verpflichtet sich jede Partei, gewisse Rechte und Ressourcen in den korporativen Akteur einzubringen, und sie erhält dafür zweierlei zurück:

---

[89] Zur Interpretation der Symbole in der Abbildung 3:
A_1, A_2 ... A_n sein individuelle Wirtschaftsakteure.
r_1, r_2 ... r_n sein die eingebrachten Ressourcen.
e_1, e_2 ... e_k sein die individuellen Erträge, die sich nach einem bestimmten Verteilungsschlüssel aus dem Kooperationsertrag ergeben.
RP sei der Ressourcenpool.

partielle Kontrolle über die Handlungen des korporativen Akteurs und die Aussicht, aus den Handlungen des korporativen Akteurs größere Vorteile zu ziehen, als die, welche sie durch eigene individuelle Handlungen realisieren würde"[90].

Anhand der erörterten Entscheidungsprobleme kann eine Differenzierung von Mitglieder-typen auf folgende Kriterien abstellen: auf die Frage der *(Mit-) Bestimmung* über die Disposition des Ressourcenpools und auf die Frage der *Beteiligung am Kooperationsertrag* (siehe Übersicht 3). Anhand dieser Unterscheidungsmerkmale lassen sich insgesamt sechs Mitgliedertypen einer Unternehmensorganisation zusammenstellen. In der Realität bilden die Kombinationen b (z.B. Mitarbeiter einer Bank), c (z.B. Aktionär einer Aktiengesellschaft) und e (z.B. Manager einer traditionellen Kreditgenossenschaft) den Regelfall, während a, d und f eher als Abweichungen mit mehr oder weniger Verwandtschaft zu einer der 3 typischen Kombinationen vorkommen sind. Im Hinblick auf den zusammengelegten Ressourcenpool eines Unternehmens lassen sich die zwei Grundtypen der Regelungsmuster (hierarchisch vs. demokratisch) und die sechs Typen der Organisationsmitglieder theoretisch ableiten, die lediglich als erstes, grobes Orientierungsraster für die weiteren Untersuchungen gelten sollen.

Übersicht 3: Mitgliedertypen einer Unternehmensorganisation

	(Mit)Bestimmungsrecht {B}	Ohne (Mit-)Bestimmungsrecht {O}
Kontrakteinkommen {K}	a = {B,K}	b = {O,K}
Residualeinkommen {R}	c = {B,R}	d = {O,R}
Beide Ertragsarten	e = {B,K,R}	f = {O,K,R}

Quelle: Eigene Darstellung

5.2.2. Markt, Hierarchie und Kooperation

Jede Organisationsform kennzeichnet sich durch eine Kombination von *unterscheidbaren Governance-Strukturen*, das heißt die organisationsspezifischen Koordinations- und Kontrollmechanismen. Eine der wesentlichen Differenzierungen zwischen Markt, Hierarchie und hybrider Organisationsform geht auf Coase und Williamson zurück[91].

In einer Marktorganisation werden ökonomische Aktivitäten ex post durch den Preisbildungsmechanismus koordiniert und durch den (Leistungs-)Wettbewerb bzw. die Abwanderung (*Exit*, im Sinne von Hirschmann[92]) kontrolliert. Die

---

[90] Coleman, 1974/1975, S. 758; Zitiert nach Vanberg, 1982, S. 37, Fn. 1.
[91] Siehe Abschnitt 3.3.
[92] Zu den Sanktions- und Kontrollmechanismen 'Exit' vs. 'Voice' siehe Hirschmann, 1974.

Hierarchie bedient sich der Koordination über Anweisungen und direkte Kontrolle; Diese obliegt einer übergeordneten Unternehmungsleitung als *korporativem* Koordinator und Überwacher. Während Märkte stark ausgeprägte Anreize und administrative Verzerrungen in Grenzen begünstigen, stellt die Hierarchie effiziente administrative Überwachungs- und Durchsetzungsmechanismen zur Verfügung. Die Hybrideformen bilden das Kontinuum aller denkbaren Organisationsformen, die sich zwischen dem Markt und der Hierarchie ansiedeln lassen. In einer derartigen Organisationsform fungieren gegenseitige Absprachen und Verhandlungen als zentralem Koordinationsmechanismus. Neben der Abwanderung steht die Meinungsäußerung (*Voice*) als zweiter Kontroll-mechanismus zur Verfügung, welcher die Möglichkeit direkten Einflusses auf die Leistungsfähigkeit der Organisation impliziert. Das Ausmaß der ex-ante Abstimmung der abzuwickelnden Transaktion, die Möglichkeit der direkten Beeinflussung und somit die administrative Kontrolle steigen von Märkten über Hybride zu Hierarchien. Hybridformen heben die geringere Anpassungs-fähigkeit der Hierarchie teilweise zugunsten der höheren Anpassungsfähigkeit des Marktes auf[93]. Markt und Hierarchie dienen der weiteren Analyse als die zwei Idealtypen, während real beobachtbare Unternehmen mehr oder weniger durch Hybridformen gekennzeichnet sind.

Der Begriff *Kooperation* stammt aus dem Lateinischen und wird mit "Zusammenarbeit" oder "gemeinschaftliche Erfüllung von Aufgaben" übersetzt. Dieser Begriff wird jedoch durchaus unterschiedlich interpretiert[94]. Dülfer definiert *Kooperation* als einen freiwilligen, vertraglichen Zusammenschluss von unabhängigen Wirtschaftseinheiten, die darauf abzielen, durch dauerhaftes Zusammenwirken bestimmte wirtschaftliche Kooperationsvorteile im Vergleich zum individuellen Vorgehen besser erreichen zu können[95]. Diese Definition hebt auf die drei konstitutiven Dimensionen einer Kooperation ab: bessere *Zielerreichung* als beim Alleingang, wirtschaftliche *Selbständigkeit* der und gegenseitige *Abhängigkeit* zwischen den Mitgliedern[96]. Zum einen beschränkt man freiwillig den eigenen Handlungsspielraum, indem die wirtschaftliche Autonomie zugunsten kooperativen Verhaltens aufgegeben wird, zum anderen erreicht man durch die Zusammenarbeit mehr als im Alleingang, und erweitert damit seinen Handlungsspielraum. Dieses Beziehungsverhältnis zwischen den Teilnehmern wird nach Boettcher als "*Paradox der Kooperation*" bezeichnet[97]. Das kooperative Verhaltensmuster von Akteuren bezieht sich auf "das *bewusste Handeln* von Wirtschaftseinheiten auf einen *gemeinsamen Zweck* hin, wobei die

---

[93] Vgl. Williamson, 1991, S. 19ff.
[94] Vgl. Bialek, 1995, S. 24; Friese, 1998, S. 57.
[95] Vgl. Dülfer, 1979, S. 3.
[96] Siehe Tröndle, 1987, S. 16ff.; Pester, 1993, S. 75f.
[97] Vgl. Boettcher, 1974, S. 42.

Einzelaktivitäten der Beteiligten durch Verhandlung und Abmachungen koordiniert werden"[98].

Eine Kooperation liegt nur dann vor, wenn die Zusammenarbeit *explizit* oder *implizit vertraglich* vereinbart wird. Boettcher sieht in der vertraglichen Vereinbarung ein Definitionskriterium der Kooperation, indem er zwischen unbewusster und bewusster Kooperation unterscheidet. "Insofern scheint es besser zu sein, anstelle der *unbewussten* Kooperation (...) lieber von Koordination durch den Marktmechanismus zu sprechen und den Begriff Kooperation ausschließlich für die *bewusste*, d.h. beabsichtigte (oder geplante) Zusammenarbeit zu verwenden"[99]. Von einer Kooperation kann nur gesprochen werden, wenn die Selbständigkeit der beteiligten Wirtschaftseinheiten aufrechterhalten bleibt; m.a.W: wenn die freiwillige Leistungsgemeinschaft durch kooperative Willensbildung und Beeinflussung gewährleistet wird, und/oder die Möglichkeit besteht, die Zusammenarbeit jederzeit einseitig zu kündigen.

Im folgenden lassen sich *Kooperationen* als solche hybride Organisationsformen zwischen Markt und Hierarchie verstehen, die auf bewusster, implizit oder explizit vertraglich geregelter, jederzeit kündbarer Zusammenarbeit zwischen selbständigen Wirtschaftseinheiten beruht[100].

5.2.3. Organisationsverfassung

Die *Verfassung* einer Organisation umfasst das von allen Mitgliedern anerkannte gemeinsame Regelwerk, das sich zum einen aus dem explizit manifestierten Bestandteil, d.h. *explizit* ausformulierten Normen und Verhaltenskodizes (z.B. Satzungen, vorgeordneten rechtlichen Bestimmungen etc.) und zum anderen aus den *impliziten* Regelungen bestehen, aus denen sich die Kultur einer Organisation ergibt. Das Konzept der *Organisationskultur* bezieht sich zum einen auf die Anwendung des 'fokalen Prinzips'[101] und zum anderen auf die Art und Weise zur Übermittlung an die Mitglieder, damit sich ein *Wir-Identitätsgefühl* entwickeln kann[102].

Die Organisationsverfassung, als längerfristiger Gesellschaftsvertrag, reduziert einerseits *(Verhaltens-)Unsicherheit* durch Bildung verlässlicher Informationen über zukünftige Verhaltensmuster und -erwartungen der Mitglieder, generiert andererseits *Anreize* zur Einhaltung der Organisationsregeln. Die Annahme beschränkter Rationalität von Wirtschaftssubjekten spielt insofern eine wichtige Rolle. Weil "(...) eine Organisation nicht alle Informationen zu speichern vermag, wird die notwendige Information in Form standardisierter Regeln

---

[98] Ebenda, S. 21f.
[99] Ebenda, S. 22.
[100] Zu einem ähnlichen Definitionsansatz siehe Rotering, 1993, S. 13.
[101] Siehe Kreps, 1990.
[102] Zur ausführlichen Diskussion über individuelle vs. kollektive Identität vgl. Bonus, 1994, S. 1ff.

'kodiert', um so eine relativ schnelle und effiziente Anpassung an die sich ändernden Umweltbedingungen zu ermöglichen"[103]. Die Verfassung rekurriert auf die Art und Weise, wie relevante *Informationen* erzeugt, übertragen und glaubwürdig gemacht werden können, um auf diese Weise Informations- und Anreizprobleme in einer Organisation zu bewältigen. Sie gibt infolgedessen Aufschluss über die spezifische Struktur der *Property-Rights* und über die Höhe von zu erwartenden *Transaktionskosten*, d.h. Kosten zur *Überwältigung von Organisationsproblemen*[104].

Die *Durchsetzbarkeit* des expliziten Teils der Verfassung hängt von der Funktionsfähigkeit bestehenden institutionellen Rahmenbedingungen einer Wirtschaftsordnung ab, weil sich Durchsetzungsmechanismen externer Regeln nur auf juristische Instanzen oder auf externe Dritte stützen können, während sich die impliziten Anreize und Sanktionen vorwiegend auf die *sich selbst durchsetzenden* Mechanismen verlassen. Ein Tauschvertrag ist dann sich selbst durchsetzend, wenn sich für eine Partei ein Vertragsbruch nicht lohnt, weil der abdiskontierte Wert der zukünftigen zu erwartenden Quasi-Renten den kurzfristig zu erzielenden Gewinn beim Vertragsbruch übersteigen würde[105]. Die Leistungsfähigkeit der Organisationskultur als impliziten Teil der Verfassung hängt davon ab, inwieweit das als *Sozialkapital* angesehene (System-)Vertrauen der Mitglieder in die Funktionsfähigkeit der Organisation aufgebaut und kollektive Selbstbindung glaubwürdig gemacht wird, bzw. inwieweit notwendige (soziale) *Sanktionspotentiale* gegenüber vertragsbrechenden Mitgliedern zur Verfügung stehen.

Im allgemeinen bedeutet *Vertrauen*, dass der individuelle Wirtschaftsakteur glaubt, die impliziten Werte und Normen der Vertragsparteien bzw. ihre potentielle Verhaltensweise zu kennen, und sich darauf verlassen kann, dass sie die aus den Vertragsbeziehungen entstandenen transaktionsspezifischen Abhängigkeitspositionen in der *Zukunft* nicht opportunistisch ausnutzen. *Reputation* und *Loyalität* spielen dabei eine besondere Rolle, weil Vertrauen aus Erfahrungen erwächst. Durch eine personelle und/oder institutionelle Vertrauensbasis lassen sich die Transaktionskosten einsparen, sofern es auf einen Teil der notwendigen Kosten der expliziten Überwachungs- und Durchsetzungsmechanismen verzichtet werden kann[106]. Je weniger also die expliziten Überwachungs- und Durchsetzungsmechanismen effektiv sind, desto stärker müssen die impliziten Organisationsregeln ausfallen (s. Abbildung 4).

---

[103] Schoppe et al., 1995, S. 257, H.v.i.O.

[104] Vgl. Milgrom/Robert, 1992, S. 29.

[105] Vgl. Wolff, 1994, S. 42.

[106] Siehe Albach, 1980; Man kann zwischen Leistungs-, Personal- und Systemvertrauen unterscheiden (vgl. dazu Grosskopf/Schuler, 1988, S. 361ff.).

56

Abbildung 4: Organisationsverfassung und Drei-Ebenen-Analyse

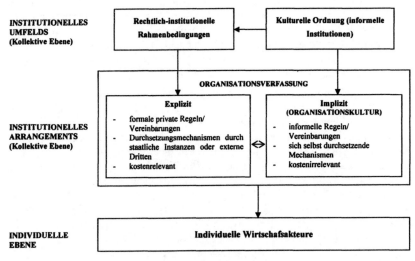

Quelle: Eigene Darstellung.

Die *Pfadabhängigkeit* gesellschaftlich etablierter Institutionen spielt hier eine besondere Rolle. Pfadabhängigkeit heißt, dass Geschichte von Belang ist. Allgemeines Kennzeichen dafür wird dann so dargestellt, dass „(...) historische Bedingungen (...) aktuelle Entscheidungen und über diese die zukünftigen Entwicklungsrichtungen (...)" determinieren[107]. Ein einmal eingeschlagener Entwicklungspfad bestimmt die Richtung, die durch *Netzwerkeffekte* bestätigt wird, Lernprozesse in Organisationsarrangements auslöst sowie ein historisch abgeleitetes subjektives kognitives Modellieren von Problemen und deren Lösungen bedeutet. Pfadabhängigkeit bedeutet jedoch eine *Einschränkung der vorgestellten Entscheidungsmenge* und eine Verbindung dieser Entscheidungen über die Zeit[108]. Kulturell tradierte oder auf direktem experimentellem Lernen beruhende Wahrnehmungen und Erfahrungen führen zur Herausbildung neuronaler Verknüpfungen und spielen eine entscheidende Rolle für die Identifikation im Selektionsprozess nützlicher Informationen, damit zukünftige

---

[107] Leipold, 1996, S. 95.
[108] In der Neoklassik wird die Koordinationsproblematik sowohl auf der Individualebene als auch auf der Kollektivebene nicht als Problem kognitiver Fähigkeiten behandelt (vgl. Kiwit, 1994, S. 106).

Handlungsalternativen abgeleitet werden können. Sind kognitive Fähigkeiten pfadabhängig, so ergibt sich eine *kognitive Verankerung* von Institutionen[109].

Das ökonomische Hauptanliegen moderner organisationstheoretischer Ansätze konzentriert sich darauf, festzustellen, unter welchen Bedingungen welche *Organisationsform* bestimmte Effizienzvorteile aufweist und ökonomisch vorzuziehen ist. *Relative Vorteilhaftigkeit* einer Organisationsform bestehen darin, wenn erstens diese Organisation unter bestimmten Umweltbedingungen komparative Wettbewerbsvorteile, z.b. höhere Erträge oder/und geringere (Produktions- und Transaktions-)Kosten, gegenüber den anderen Organisationsformen aufweist, wobei die erzielbaren Kooperationsvorteile nicht durch die aus internen Organisationsproblemen entstehenden Nachteile überkompensiert sind (Bedingung nicht negativer *kollektiver Nettovorteile*), und wenn zweitens diese Organisationsform die Zustimmung aller ihrer Mitglieder findet (*Konsens-Bedingung*)[110]. Zustimmung wird in einer Organisation nur zu erreichen sein, wenn sich alle Mitglieder akzeptablen Nutzenzuwachs im Vergleich zum Alleingang und zu anderen alternativen Organisationsformen versprechen. Sie sind dann alle zur Einhaltung der Organisationsverfassung motiviert. Diese Organisationsform ist dann *anreizeffizient* und kann längerfristig funktionieren[111].

Die Verwendung von *Effizienz-* bzw. *Vorteilhaftigkeit*sbegriffen in der vorliegenden Arbeit soll aus heuristischen Gründen eine gewisse Orientierung für die analytische Herangehensweise liefern, damit die Effizienz der Unternehmensorganisation auf der *kollektiven* Ebene mit der Effizienz einzelner Mitglieder auf der *individuellen* Ebene vereinbar ist. Das komplexe Problem der effizienten Organisation und der eindeutigen Trennung zwischen Koordinations- und Verteilungsaspekten lässt sich in einer real existierenden Welt meines Erachtens bisweilen nicht lösen können.

5.2.4. Organisationskapital

Ein wichtiger Problemkomplex in der Theorie der Firma bezieht sich auf die Koordinationsmechanismen wirtschaftlicher Aktivitäten in einem Unternehmen. Diese umfasst zum einen die Koordination vertraglicher Verpflichtungen und zum anderen die Allokation und Steuerung der für die *Teamproduktion* benötigten, zusammengelegten Ressourcen im Leistungserstellungsprozess[112].

---

[109] Vgl. Leipold, 1996, S. 100f. Kumulatives und selektives Lernen wird durch die generationenübergreifende Weitergabe von Wissen beeinflusst, das in kulturellen Regeln gespeichert ist (vgl. ebenda).
[110] Das Buchanansche Zustimmungs- oder *Konsenskriterium* lässt sich auch als eine konsistente Erweiterung des Pareto-Kriteriums für Institutionen verstehen (siehe Buchanan, 1987).
[111] Vgl. Wolff, 2000, S. 49.
[112] Vgl. Langlois, 1998, S. 193.

Die *Unternehmensverfassung*, in der Form eines multilateralen Gesellschafts-vertrag, übernimmt die Hauptfunktionen, Verhalten der Mitglieder zu kanalisieren und die individuellen Entscheidungen zu kollektiven Gesamt-entscheidungen zu transformieren.

Auf der post-konstitutionellen Organisationsebene wird es abgewogen zwischen (a) dem potentiellen *Kooperationsertrag*, der aus den Skalen- und Synergievorteilen der Teamproduktion resultiert, und (b) den *Entscheidungs-* und *Delegationskosten*. Diese Kosten werden für die die Herbeiführung der Koordination der individuellen Entscheidungen benötigt und sind auf die Probleme kollektiver Entscheidungen durch Abtretung individueller Property-Rights, u.a. Rechte zur Ressourcennutzung und -kontrolle, an die Unternehmung zurückzuführen. Die *Unternehmung* lässt sich in der vorliegenden Arbeit nicht als Eine (Quasi-)Entscheidungs- und Handlungseinheit im neoklassischen Sinne, sondern als ein aus einer Vielzahl von individuellen Ressourceneignern bestehender *korporativer Akteur* verstehen, der als die Zentralpartei zur Koordination und Überwachung ökonomischer Aktivitäten im Unternehmen fungiert[113].

Die einseitige Konzentration der Analyse auf die Tauschsphäre sowie die Nicht-berücksichtigung dynamischer Effizienz in Form von Innovationen, Wissensgenerierung und Lernprozessen[114] erweisen sich als zwei Forschungs-defizite der institutionenökonomischen Theorieansätze: "(...) firms aren't held together solely by the thin glue of transaction-cost minimization, but rather by the thicker glue of capabilities. A key aspect of the capabilities critique of modern economics of organization is that it too strictly dichotomizes production and organization/exchange (...)"[115]. Es wird davon ausgegangen, dass die Produktionstechnologien konkurrierender Unternehmen mehr oder weniger identisch bzw. homogen sind, so dass sich die Analyse nur auf die Austauschprozesse fokussiert[116]. Die Forderung, den Produktions- bzw. Koordinationsaspekt verstärkt in den Mittelpunkt einer Theorie der Firma zu rücken, wird vor allem durch die evolutorische Forschungsrichtung, u.a. den Resource-based View, verfolgt. Unternehmen werden hier durch ihre in

---

[113] Dies funktioniert allerdings nur unter der Voraussetzung, dass die Property-Rights bezüglich der zusammengelegten Ressourcen auf den korporativen Akteur übertragen werden können und opportunistisches Verhalten tatsächlich ex post feststellbar und damit sanktionierbar ist (vgl. Milgrom/Roberts, 1992, S. 293).

[114] In einem unveröffentlichten Aufsatz von 1998 gesteht Oliver E. Williamson ein, dass sein Governance-Ansatz den Lernaspekt vernachlässigt (siehe Foss, 1999, S. 2; zitiert nach Wieland/Becker, 2000, S. 36).

[115] Langslois/Foss, 1999, S. 213; Vgl. dazu u.a. Pirker, 1997, S. 79; Osterloh/Frost, 2000, S. 199; Wieland/Becker, 2000, S. 37.

[116] Vgl. Hodgson, 1998, S. 186.

Routinen verkörperten Fähigkeiten und Fertigkeiten (Kompetenzen) für die Leistungserstellung gekennzeichnet[117].

Ein Unternehmen verbindet seine verfügbaren Ressourcen/Kompetenzen zum Zweck der produktivitätssteigernden Teamproduktion[118]. Eine besondere Rolle kommt hier den individuellen und organisationalen Humanressourcen zu, d.h.: *Human-* und *Organisationskapital*. Zu Letzterem gehören alle produktiven Fähigkeiten und Fertigkeiten, die sich in verankerten, personenübergreifenden Verfahrensregeln und Handlungsmustern (*organisationale Routinen*) zur Behandlung wiederkehrender und prognostizierender Probleme niederschlagen, denen sich das Unternehmen im Leistungserstellungsprozess gegenübersteht. Anhand von Routinen erfolgen aufgabenorientierte Kombinationen bzw. Bündelungen von Unternehmensressourcen, die auf die Bereitstellung neuer Informationen und auf die Verwertung des vorhandenen Wissenstandes angewiesen sind. Aufgrund der hohen Komplexität der Umwelt und der begrenzt kognitiven Kapazität können individuelle Entscheidungsträger nicht alle anfallenden Informationen aufnehmen, interpretieren, verarbeiten und speichern. Von wiederholt auftretenden Interpretationsleistungen werden sie durch (Entscheidungs-)Routinen entlastet[119]. *Routinen* sind hier als Ergebnisse rationalen Verhaltens unter Berücksichtigung kognitiver Restriktionen aufzufassen und wirken somit auf die organisatorischen Abläufe bei der Leistungserstellung stabilisierend. Organisationskapital lässt sich in diesem Kontext als ein Bestandteil der *Produktionstechnologie* eines Unternehmens interpretieren, der sich auf die im Unternehmen angewendeten Verfahren und Methoden rekurriert, um die (Team-)Produktionsprozesse zu koordinieren und deren Qualität zu gewährleisten[120].

Organisationskapital muss in langwierigen Lernprozessen auf- und ausgebaut werden, die sich aus komplexen, kooperativen und andauernden Interaktionsbeziehungen entwickeln. *Lernen* ist dabei mehr als nur einfacher Prozess der Akquisition von Information – wie institutionenökonomische Ansätze zu unterstellen gezwungen sind – sondern wird aufgefasst als ein essentiell *offener, irrtumsbehafteter* Entwicklungsprozess neuer kognitiver Lösungsmöglichkeiten[121]. Lernen impliziert die Veränderung von Wahrnehmungsmustern und mentalen Modellen der Welt. Kleine Differenzen in der *Lernfähigkeit* zwischen Unternehmen werden sich über kumulative Unterschiede in ihrem Organisationskapital dauerhaft in unterschiedlichen Unternehmensentwicklungen niederschlagen[122]. Je nach ihrer Lernfähigkeit

---

[117] Vgl. Nelson/Winter, 1982, S. 14ff. und S. 96ff.; Dosi et al., 1992, S. 191f.
[118] Vgl. Langlois/Everett, 1994, S. 27.
[119] Zur Diskussion über organisationale Routinen vgl. z.B. Rasche, 1994, S. 97ff.; Grant, 1995, S. 135f.; Winter, 1995, S. 149ff.
[120] Vgl. Valcárcel, 2002, S. 106.
[121] Vgl. Hodgson, 1998, S. 175.
[122] Vgl. Teece/Pisano, 1998.

haben sie auch unterschiedlich Zugang zu wertvollen Ressourcen und Kompetenzen. Das in dem Organisationskapital verkörperte Wissen ist nicht vollständig individuell zuordenbar und an bestimmten Anwendungen/Aufgaben im Unternehmen gebunden. Dieses produktive Wissen ist kollektiv institutionalisiert, von der historischen Entwicklung des jeweiligen Unternehmens abhängig und damit hochgradig *idiosynkratisch*[123]. Humanressourcen in allgemeinem und Organisationskapital im besonderen, sind demzufolge schwer imitierbar, substituierbar und transferierbar, vor allem, weil ihre Übertragung aufgrund der beschränkt kognitiven Interpretationsmuster hohe Kosten verursachen kann[124].

Ist das Organisationskapital für den Unternehmenserfolg entscheidend, dann werden der Entwicklungsprozess jeder einzelnen Unternehmensorganisation aber auch der Wettbewerbsprozess in der ganzen Branche nicht in erster Linie durch exogene Größen wie technologisch bedingte optimale Betriebgröße, Informationsverteilungsgrad o.ä., hervorgerufen, sondern durch die Einzigartigkeit in ihren *Fähigkeiten*, produktionsrelevantes Wissen zu generieren und zu akkumulieren. Durch Lernprozesse wird neues Wissen generiert, welches zur Verbesserung des *kollektiven Handelns* und damit zur Steigerung der Leistungsfähigkeit des gesamten Unternehmens beiträgt. Von entscheidender Bedeutung für die Erlangung ökonomischer Vorteilhaftigkeiten eines Unternehmens und dessen damit verbundenen Wettbewerbsvorteile sind die Nutzung, Verbesserung und Aneignung der organisationalen Fähigkeiten und Fertigkeiten (*dynamische Kompetenzen*). Effizienzsteigernde Effekte sind auf einen Vollzug von Unternehmenshandlungen zurückzuführen, der im Zeitablauf mit immer weniger Ressourcenverschwendung einhergeht, weil durch die Generierung und Verankerung neuen Wissens auch die organisationalen Routinen zunehmend zielgerichtet zum Einsatz gelangen[125].

Der Resource-based View stellt sich weniger auf den Nettozugang von Wissen sondern vor allem auf die Verbesserung des eigenen *Wissensstandes* gegenüber dem der Wettbewerber und die Bewährung gegenüber der Marktgegenseite ab[126]. Es handelt sich neben dem Bestandteil expliziten Wissens, das schriftlich oder symbolisch darstellbar ist und leicht übertragen werden kann, auch um einen bestimmten Anteil an implizitem Wissen (tacit knowdledge), das nur unvollständig kodifizierbar und schwer vermittelbar ist[127]. *Implizites Wissen*

---

[123] Vgl. Nelson/Winter, 1982, S. 76.
[124] Vgl. Prescott/Visscher, 1980, S. 458ff.
[125] Vgl. Chandler, 1990, S. 24; Langlois, 1992, S. 106.
[126] Vgl. Freiling, 2001, S. 97, Fn. 53.
[127] Vgl. Polanyi, 1985, S. 14; Foss, 1993, S. 133; Nonaka, 1994, S. 16ff. Die Kodifizierbarkeit von Wissen stellt die Möglichkeit dar, dieses Wissen in eine Ordnung von Regelungen und Verknüpfungen zur überführen, dadurch eine erleichterte Kommunizierbarkeit erlangt wird. Sie bezieht sich in erster Linie auf die Fähigkeit des Wissensträgers, Bestandteile seines verfügbaren Wissens spezifizieren zu können (vgl. Kogut/Zander, 1992, S. 387).

lässt sich als solches unvollständig kodifizierbares Detailwissen verstehen, das sich erstens auf die besonderen Umstände von Ort und Zeit bezieht, zweitens nur durch praktische Erfahrungen erworben wird, und drittens unverzichtbar für eine zufrieden stellende Erledigung bestimmter Unternehmensaufgaben ist[128]. Diese Wissensart findet sich zum einen in den kognitiven Routinen, z.B. Intuition oder Fingerspitzengefühl, zum anderen in den individuellen körperlichen Fähigkeiten und Fertigkeiten[129]. Wenn das implizite Wissen in die Teamproduktion eingebracht wird, kann die erbrachte Leistung eines Einzelnen infolge der Interdependenzen zwischen den Teammitgliedern nicht mehr zugerechnet und entsprechend entlohnt werden. Dies verstärkt weiterhin teamproduktionsspezifische Zurechnungs- bzw. Messprobleme und ruft potentiellen Handlungsspielraum für opportunistischen Missbrauch hervor, weil es nur unreichend berücksichtigt oder strategisch ausgenutzt werden kann[130]. Damit werden zusätzliche organisatorische Mechanismen im Hinblick auf intrinsische Motivation[131] – u.a. Vertrauen, Teamgeist, Loyalität u.ä. – notwendig, um die Entstehung der *Kooperationsbereitschaft* individueller Organisationsmitglieder zu ermöglichen[132]. Diese sind selbst organisationale Kompetenzen, die den kollektiven Akteur 'Unternehmung' konstituieren. So muss ein Unternehmens sowohl Anreize für Kooperations-handeln individueller Ressourceneigner geben, als auch vor bestimmten unproduktiven Reizen abschirmen, so dass Vertrauensbildungs- und Lernprozesse stattfinden können[133]. *Anreiz*mechanismen in Unternehmen sind darauf gerichtet, bei *transaktionsspezifischen* Investitionen verhaltensbedingte Unsicherheiten infolge opportunistisch ausbeutbarer Abhängigkeiten in Kooperation, u.a.: Adverse Selection, Moral Hazard und Hold up, zu vermindern, um die Kooperationsbereitschaft und -fähigkeit zu fördern. Auf der post-konstitutionellen Ebene kann das Organisationskapital als *organisations-spezifische* Investitionen interpretiert werden. Jedoch steht im Mittelpunkt nicht die Frage, wie diese Investitionen und deren Ergebnisse vor opportunistischem

---

[128] Vgl. Picot et al., 1999, S. 180.

[129] Vgl. Osterloh/Frost, 2000, S. 205.

[130] Siehe Alchian/Demsetz, 1972, S. 783.

[131] Zur Unterscheidung zwischen zwei Formen extrinsischer und intrisischer Motivation und zu den damit verbundenen Kontroll- und Sanktionswirkungsmöglichkeiten siehe z.B. Osterloh Frost, 2000. S. 206ff.
Während sich die Anreizmechanismen bezüglich der extrinsischen Motivation auf die indirekte Bedürfnisbefriedigung und externe, monetäre Belohnung abstellen, sind die Organisationsmitglieder intrinsisch motiviert, wenn "(...) sie über persönliche Beziehungen und Kommunikationsmöglichkeiten in ihrem Arbeitsumfeld verfügen, Mitentscheidungs-möglichkeiten haben, sich mit den Unternehmenszielen identifizieren können und gewisse Normen um ihrer selbst verfolgen" (ebenda, S. 206).

[132] Vgl. Wieland, 1997, S. 40. "Vertrauen ist ökonomisch übersetzt ein mit subjektiver Wahrscheinlichkeit erwarteter Ertrag aus dem Risiko, einem Kooperationspartner zuzutrauen und sich damit von ihm abhängig zu machen" (ebenda, S. 57).

[133] Vgl. Wieland/Becker, 2000, S. 45f.

Verhalten der *externen* Transaktionspartner zu schützen sind, sondern wie die bestehenden organisationalen (Kern-)Kompetenzen *neue* produktive Ressourcen und Fähigkeiten *intern* entwickeln können.

Die in dem Organisationskapital niedergeschlagenen gemeinsamen Routinen und die verfügbare Wissensbasis bilden die wichtigste Grundlage für die Erzielung nachhaltiger Wettbewerbsvorteile eines Unternehmens[134]. Seine Effizienz bzw. ökonomischen Vorteilhaftigkeiten lassen sich nicht direkt auf die einzigartige Ressourcenausstattung, sondern vor allem auf seine organisationalen (Kern-)Kompetenzen – insbesondere die *Fähigkeiten des Managements* – zurückführen, ökonomische Renten zu erwirtschaften[135]. Damit erweitert der Resource-based View die Theorie der Firma um die Frage, warum bei vergleichbar strukturellen Bedingungen die Leistungs- und Wettbewerbsfähigkeit eines Unternehmens nachhaltig besser ist als die seiner Konkurrenten[136]. Besonders wird hervorgehoben die Bedeutung des Organisationskapitals und *Unternehmertums*, die die Möglichkeit der Erlangung und Aufrechterhaltung von nachhaltigen Wettbewerbsvorteilen begründen. Diese einmal geschaffenen Vorteile bewirken auf einzelwirtschaftlicher Ebene den *finanziellen Unternehmenserfolg*, auf gesamtwirtschaftlicher Ebene die Stärkung von Effizienz und *Innovation*skraft einer Volkswirtschaft[137].

Die *Heterogenität* von Unternehmensformen und -leistungen, die eine treibende Kraft der Marktsprozesse darstellt, ist von dem Erfolg der Nachahmungs- und Erneuerungsbemühungen der Wettbewerber auf *unvollkommenem Markt* abhängig. *Wettbewerbsprozesse* stellen sich in erster Linie auf das Bestreben zur Erlangung und die Nutzung von *Wissens*vorsprüngen ab, auf die die Handlungs-möglichkeiten einzelner Unternehmen zurückgehen. Die institutionen-ökonomische Sichtweise zur Theorie der Firma wird hier um wissensbezogene Argumente erweitert und dynamisiert. Durch den Wissensaspekt wird die *Leistungserstellung* zum Gegenstand der Betrachtung gemacht, und zwar nicht hinsichtlich der produktionstechnischen sondern der *organisatorischen* Dimension[138].

Die *Leistungsfähigkeit* eines Unternehmens wird nicht allein durch die kostensenkende Wirkung des institutionellen Regelwerks (*Verhaltens-steuerungsfunktion*) sondern auch durch das erfolgsgenerierende Potential der

---

[134] "In an economy, where the only certainty is uncertainty, the only sure source of lasting competitive advantage is knowledge" (Nonaka, 1991, S. 96).

[135] Vgl. Peteraf, 1993, S. 180; Bamberger/Wrona, 1996, S. 102.
Immerhin wird es von einer unkritischen Bemühung zur Investition in den Aufbau von distinktiven Ressourcen/ (Kern-)Kompetenzen Abstand halten. Es besteht zwar die Gefahr, Kernkompetenzen zu "Kerndirigitäten" zu übergehen (vgl. z.B. Knaese, 1996, S. 44).

[136] Siehe Holmstrøm/Tirole, 1989.

[137] Vgl. Hunt/Morgan, 1995, S. 9.

[138] In der neoklassischen Theorie der Firma werden diese Dimensionen pauschal durch eine homogene Produktionsfunktion erfasst.

individuellen und organisationalen Humanressourcen (*Wissensproduktions- und Wissensverwertungsfunktion*) determiniert. Während Handlungsspielräumen individueller und korporativer Wirtschaftsakteure durch die Organisationsverfassung Grenzen gesetzt sind, um die verhaltensbedingten Unsicherheiten zu reduzieren und die Kooperationsbereitschaft der Organisationsmitglieder zu fördern, dient das Organisationskapital dazu, die auf Wissen beruhenden *Handlungsmöglichkeiten* für die Teamproduktion zu erweitern. Die mögliche Trade-off-Beziehung zwischen Organisationsverfassung und -kapital besteht darin, dass zu starke Verhaltensbeschränkungen bzw. ein inflexibler, institutioneller *Handlungsrahmen* dazu führen könnten, Möglichkeiten und Anreize von Wissenserwerb und -verwertung negativ zu beeinflussen und somit für den Leistungserstellungsprozess kontraproduktiv zu wirken[139]. Ob und inwieweit die Effizienz einer Organisationsform erreicht wird, hängt aber auch von den institutionellen und technologischen Rahmenbedingungen ab.

5.3. Finanztransaktion und Finanzintermediär

Eine *Finanztransaktion* stellt einen *interpersonalen, intertemporalen* Tauschakt dar, dessen Abwicklung die Betätigung einer Gläubiger-Schuldner-Beziehung impliziert. Das vertragliche Schuldverhältnis[140] besteht darin, dass ein Wirtschaftsakteur (Gläubiger/Kreditgeber) einem bestimmten anderen Akteur (Schuldner/Kreditnehmer) Property-Rights über eigene Finanzressourcen gewährt und Anspruch auf zukünftige vereinbarte Rückzahlungen erhebt, ohne kostenlos überwachen zu können. Diese interpersonale, intertemporale Transfer monetärer Ressourcen impliziert insofern eine *Prinzipal-Agent-Beziehung*[141]. Finanztransaktionen weisen folgende Merkmale auf[142]:

- die durch die faktische *Dauerhaftigkeit der Austauschbeziehungen* gekennzeichnete Häufigkeit;

- den *Spezifitätsgrad* irreversibler Investitionen, deren Formen sich durch projekt-, partner- und kapitalbezogene Spezifitäten differenzieren, wobei die zwei ersten Arten spezifischer Investitionen von dem Kapitalnehmer und die zwei letzten von dem Kapitalgeber getätigt werden können; und

- das *Unsicherheitsausmaß*, das sowohl aus *exogener* Unsicherheit, u.a. Währungs-, Zins- und Konjunkturrisiken, als auch aus *endogener* Unsicherheit besteht. Endogene Risiken rekurrieren sich *ex ante* auf bestimmte Eigenschaften des zu finanzierenden Investitionsprojektes oder der Vertragspartner selbst, *ex post* auf bestimmte Handlungen und auf das tatsächliche Investitionsergebnis. Ex post-Opportunismus kann sowohl

---

[139] Zur Problematik des Wissenserwerbs und der unsicherheitsreduzierenden Wirkung der Institutionen vgl. Streit/Wegner, 1989.
[140] Zur ausführlichen Diskussion über unterschiedliche Arten vertraglicher Schuldverhältnisse vgl. Richter/ Furubotn, 1999, S. 135ff.
[141] Vgl. Hax, 1997, S. 69.
[142] Zur ausführlichen Diskussion vgl. Zimmer, 1993, S. 84ff.

64

durch den *Kapitalgeber* – die Ausnutzung vorteilhafter Entscheidungs- und Handlungsspielräume bei Neuverhandlungen – als auch durch den *Kapitalnehmer*, etwa durch den Wechsel zu riskanteren Projekten, die Verringerung eigener Anstrengungen, die Verschlechterung von Eigenkapitalquoten, die falsche Meldung des Projektergebnisses, verursacht werden. Es handelt sich um vertragsrelevante Sachverhalte, die sowohl Einfluss auf das Vertragsergebnis des Kreditgebers als auch auf das des Kreditnehmers haben.

Das organisatorische Grundproblem von Finanzverträgen besteht einerseits in der *Aufteilung von Nutzen bzw. Verlust* (Risiken) und andererseits in der Gestaltung effizienter Handlungsanreiz- und Kontrollmechanismen zur Beschränkung opportunistischen Verhaltens der Vertragspartner. Anreiz- und Risikoaufteilungsproblem sind bei Finanzverträgen nicht von einander zu trennen. Die Kosten zur Überwindung der Informations- und Anreizprobleme eines Finanzkontraktes sind zusammengesetzt aus Kosten der Bonitätsprüfung der Kreditfähigkeit und Kreditwürdigkeit des Kreditnehmers, des Vertragsabschlusses und der Vertragsüberwachung und -durchsetzung. Die Bonitätsprüfung kann durch selbsttätige Informationsgewinnung des Kapitalgebers (*Screening*), Informationsbereitstellung durch den Kapitalnehmer (*Signaling*) und Selbsteinordnung durch den Kapitalnehmer (*Self Selection*) erreicht werden[143]. Von besonderer Bedeutung ist weiterhin die Möglichkeit zur Lösung des Motivationsproblems, wobei anreizeffiziente Regelsysteme gestaltet werden, um Informationsübermittlung oder Verhalten der Vertragspartner ex post in die gewünschte Richtung zu steuern. Effiziente Allokation von Anreizen und Risiken setzt die Leistungsfähigkeit von Koordinationsmechanismen voraus[144].

Finanzorganisationen – u.a.: Finanzmärkte und Finanzintermediäre – lassen sich als solche Arrangements verstehen, in denen die Abwicklung von Finanztransaktionen ermöglicht und das Verhalten von Beteiligten durch die Organisationsverfassung kanalisiert werden. Im Unterschied zur direkten Abwicklung von Finanzkontrakten zwischen originären Kreditgebern und Kreditnehmern auf den Finanzmärkten nehmen die *Bank*organisationen die Funktion als Vermittler zwischen Kapitalangebot und -nachfrage wahr und werden demzufolge als Finanzintermediär bezeichnet[145]. Zu finanzintermediären

---

[143] Vgl. z.B. Schmidt, 1979, S. 127ff.
[144] In den formal-mathematischen Modellen werden inhaltliche Aussagen über Koordinationsprobleme, u.a. konkrete Produktionstechnologien oder Handlungen, implizit ausgeklammert. Es handelt sich mehr oder weniger um die Gestaltung von anreizkompatiblen Vertragssystemen, damit die Vertragsparteien motiviert sind, effiziente Entscheidungen mithilfe eigenen spezifischen Detailwissens zu treffen (vgl. Wolff, 1994, S. 42f.).
[145] Für Überblicke über (positive) Ansätze zur Theorie der Finanzintermediation siehe Neuberger, 1994, S. 31ff.; Baltensperger, 1996, S. 271ff.; Freixas/Rochet, 1997, S. 15ff.;

65

Leistungen gehören Informationsdienstleistungen und Transformations-funktionen, d.h. Fristen-, Losgrößen- und Risikotransformation[146]. Im folgenden wird die Existenz der Bankorganisationen *als Finanzintermediäre* durch zwei positive Ansätze begründet: erstens die Bank als Versicherer gegen Liquiditätsrisiken und zweitens als delegierter Auftrag für effizientes Monitoring von Kreditsausfallrisiken.

Liquiditätsversicherung

Nach Diamond wird Kreditfinanzierung direkt über Finanzmärkte wie auch indirekt über Banken zur Verfügung gestellt[147]. Es existieren offenbar konkurrierende Finanzarrangements[148], über die Wirtschaftssubjekte eine *Option auf Liquidität* erwerben können. Aus der Unsicherheit von Zahlungsströmen ergibt sich die Notwendigkeit der Verfügbarkeit über kurzfristig liquidierbare Anlagemöglichkeiten, die eine vergleichsweise niedrige Rendite bzw. hohe Opportunitätskosten aufweisen. Bei der kurzfristigen Liquiditätsversorgung kann ein Vorteil dadurch entstehen, dass Märkte aufgrund des Problems der eingeschränkten Partizipationsrate nicht voll entwickelt sind. Kurzfristiges Investitionsverhalten ist ein charakteristisches Merkmal unvollkommener Märkte mit stark ausgeprägten Informationsasymmetrien und entsprechend niedriger Partizipationsrate. Die unterstellte Existenz der privaten Information auf Seiten der Einleger kann dazu führen, dass nicht alle potentiellen Transaktionspartner auftreten. Eine Bank ist in dieser Hinsicht eine Organisation mit der Zielsetzung, *Liquiditätsbedarf* individueller Organisations-mitglieder besser befriedigen zu können, d.h. die Rolle eines Versicherers gegen das Auftreten individueller Liquiditätsrisiken der Einleger wahrzunehmen. Mit zunehmender Partizipationsrate kann diese Funktion auch von Märkten übernommen werden. Die erste Hauptfunktion einer Bankunternehmung besteht daher in dem *Management von Liquiditätsrisiken*[149].

Delegiertes Monitoring

Ein zentraler Ansatz zur Erklärung der Existenz von Finanzintermediären geht auf die Behandlung von Kostenvorteilen bei der *Produktion von Informationen* über die Qualität des Investitionsprojektes und über das Verhalten des Kreditnehmers[150]. Bei der direkten Kreditfinanzierung haben die Kapitalgeber

---

Hartmann-Wendels et al., 1998, S. 114ff. Die Erklärungsansätze unterstellen vor allem *positive Skalenerträge* bei der Überwindung asymmetrischer Informationsverteilung.

[146] Vgl. Neuberger, 1998, S. 16ff.

[147] Vgl. Diamond, 1997.

[148] Dies ist ein entscheidender Unterschied zu dem anderen Modell von Diamond und Dybvig, wobei die Erfüllung der Funktion gegen Liquiditätsrisiken nur von der Bankunternehmung übernommen wird (vgl. Diamond/Dybvig, 1983).

[149] Diese Funktion impliziert eine potentielle Instabilität einzelner Geschäftsbank, spekulative oder fundamentale Bank Runs, oder des gesamten Bankensystems, Bankenpanik (vgl. Freixas/Rochet, 1997, S. 191ff.).

[150] Vgl. Diamond, 1984.

die Möglichkeit, den Kapitalnehmer unmittelbar zu kontrollieren oder mit ihm einen anreizkompatiblen Kreditvertrag abzuschließen, wobei diese Alternative mit immens hohen Kosten verbunden ist, die sich aus der asymmetrischen Informationsverteilung ergeben. Aufgrund positiver Skalenerträge in der Informationsbeschaffung und in der Überwachung von Schuldnern kann es aus der Sicht individueller Kapitalgeber rational sein, diese Aufgabe an Banken zu delegieren. Die Vorteilhaftigkeit eines Delegierens des Monitoring an einen Finanzintermediär gegenüber direkter Finanzierung ist nur bei hinreichender Diversifikation des Kreditportfolios erzielbar, damit das Agency-Problem zwischen originären Kapitalgebern und Finanzintermediär durch feste, sichere Zinszahlungen an die Einleger gelöst werden kann. Wichtige Bedingungen für eine erfolgreiche *Diversifikation* sind die Unabhängigkeit der finanzierten Investitionsprojekte und eine hinreichend große Anzahl der durch die Bank kontrollierten Kreditnehmer[151]. Der Hauptverdienst des Diamond-Modells besteht darin, dass die Doppelfunktion eines Finanzintermediäres gleichzeitig als Prinzipal der Kreditnehmer und als Agent der originären Kreditgeber (Übergang von einer ein- zu einer zweistufigen Prinzipal-Agenten-Beziehung) aufgefasst wird. Die Betätigung einer delegierten Überwachung und Kontrolle kann nur beim Erreichen eines positiven Nettovorteils aus dieser intermediären *zweistufigen Gläubiger-Schuldner-Beziehung* erfolgen[152]. Die Aufgabe der Bank als delegierter Monitor besteht zum einen in der Beseitigung asymmetrischer Informationsverteilung und zum anderen in der Überwachung und Durchsetzung von Kreditverträgen im Auftrag der originären Kreditgeber. Die zweite Hauptfunktion der Banken ergibt sich aus dem *Management von Kreditausfall- risiken.*

Organisationsfunktionen

Die *Aufgaben* einer Bankunternehmung bestehen hiernach also darin, die Liquiditätsrisiken (Gefahr unerwarteter Auflösungen von Einlagen) aus dem Passivgeschäft und die Kreditausfallrisiken (Gefahr der Nichtrückzahlung vergebener Kredite) aus dem Aktivgeschäft zu kalkulieren und angemessene institutionelle Vorkehrungen gegen exogene und endogene Unsicherheiten aufgrund der asymmetrischen Informationsverteilungen zwischen und dem opportunistischen Verhalten der Finanztransaktionspartner zu treffen. Dies erreicht sie, "(...) indem sie eine hinreichende Liquiditätsreserve unterhält, um liquide zu bleiben, und über eine ausrechende Eigenkapitalausstattung verfügt, um solvent zu bleiben. Das Ausmaß dieser Vorsorge ist Ergebnis eines ökonomischen Kalküls, der von den Kosten des Bankmanagements, den Risiken

---

[151] Bei der Einbeziehung des Finanzintermediär-Eigenkapitals kann eine gute (nicht notwendig perfekte) Diversifikation die Delegationskosten auf Null senken. Eine Diversifikation im Zeitablauf kann auch dazu führen, Unternehmer mit langfristig durchschnittlichen Projekterträgen zu identifizieren und entsprechend zu sanktionieren (vgl. Haubrich, 1989).

[152] Vgl. Breuer, 1993,S. 140ff.

und der Höhe der Zinssätze abhängt"[153]. Die Vertragsstruktur einer Bankunternehmung ist dadurch gekennzeichnet, dass sie

- sich bei vielen originären Kapitalgebern über *Einlagenvertrag* refinanzieren lässt (Passivgeschäft);

- Bankkredite an viele Kapitalnehmer meist über *Standardkreditvertrag* vergibt (Aktivgeschäft);

- eine geringere *Eigenkapitalquote* gegenüber der von Nicht-Bank-Unternehmen aufweist;

- hoch liquide Verbindlichkeiten mit illiquiden Forderungen verbindet[154].

5.4. Kreditgenossenschaft als finanzintermediäre Kooperationsform

Der Begriff "Genossenschaft" ist auf die Vorsilbe "Ge", die für Gemeinschaft steht, und auf das althochdeutsche "noz", das "Vieh" beinhaltet, zurückzuführen. "Genoz" ist zwar als "gemeinsame Ressourcen-(Vieh)-Nutzung"[155] zu verstehen. "Genozcaf" war im Althoch-deutschen das Wort für "Genossenschaft"[156]. Unter Genossenschaft ist im allgemeinen eine kooperative Organisationsform zu verstehen, die auf dem *freiwilligen* Zusammenschluss *eigennütziger* Wirtschaftsakteure basiert, deren Hauptzweck in der dauerhaften Verfolgung der Mitgliederinteressen besteht, um Verbesserung ihrer wirtschaftlichen und sozialen Situation anzustreben[157]. Nach Boettcher wird Genossenschaft definiert als "(...) der Zusammenschluss einer Gruppe von Wirtschaftssubjekten, die durch Leistungen einer gemeinsam getragenen Unternehmung die Förderung ihrer eigenen Wirtschaften betreiben"[158]. Die Genossenschaftsunternehmung hat die Voraussetzungen für das Tätigwerden ihrer Mitglieder am Markt zu schaffen.

Das Hauptmotiv für den Eintritt oder den Verbleib in einer genossenschaftlichen Organisation wird in der Regel durch individuelle Erwartung gestiegenen Nutzens gebildet. Mitglieder benutzen den gemeinsam errichteten Organbetrieb als Instrument zur Erreichung individueller Ziele; Genossenschaftsbetrieb ist nicht Selbstzweck, sondern *Mittel zum Zweck*, ihre legitimierte Existenz ergibt sich aus den Bedürfnissen der Mitglieder. Der "dienende Charakter des Kapitals" in einer Genossenschaft bedeutet, dass die persönliche Mitgliederbeteiligung im Vordergrund steht. Das ausgeprägte *Personalitätsprinzip* in der Genossenschaft beinhaltet nicht nur die individuelle Verbundenheit der Mitglieder mit der gemeinsamen Unternehmung, sondern bedeutet auch, dass die Person und nicht das Kapital für die gemeinschaftliche Interessenverfolgung

---

[153] Vollmer, 1999, S. 42.
[154] Vgl. Zimmer, 1993, S. 115.
[155] Vgl. Bonus, 1994, S. 20ff.
[156] Vgl. Faust, 1977, S. 20.
[157] Vgl. z.B. Hartwig, 1997, S. 192ff.
[158] Boettcher, 1980, S. 7.

maßgeblich ist. Durch ihren *Grundauftrag zur Mitgliederförderung* lassen sich Genossenschaften von anderen kooperativen Organisationsformen abgrenzen[159]. Kreditgenossenschaft ist in diesem Kontext eine Bankorganisation, deren Förderauftrag darin besteht, Mitgliederbedarf durch Bereitstellung von Finanztransaktionsmöglichkeiten über die gemeinsam betriebene Bankunternehmung *nachhaltig* zu befriedigen.

Die Genossen stellen das für die Bankunternehmung erforderliche Eigenkapital zur Verfügung. Die *Geschäftsanteile* der Mitglieder sind nicht wandelbar und in der Höhe begrenzt. Sie weisen eine im Zeitablauf variable Eigentümerstruktur infolge *freien Mitgliederwechsels* auf. Genossenschaften zeichnen sich dadurch aus, dass ihre Mitglieder (Ressourcen-)Eigentümer und zugleich Kunden (Kreditnehmer oder Einleger) der gemeinsam getragenen Bankunternehmung sind (*Identitätsprinzip*)[160]. Für das Zusammenwirken der Mitglieder gelten die Spielregeln der *Demokratie*, insbesondere das Prinzip, "ein Mann, eine Stimme".

Diese personenbezogene, demokratische Struktur stellt eine Organisationsform dar, "die einerseits dem einzelnen Mitglied den erforderlichen Freiraum für seine Entfaltung als Individuum bietet. Andererseits zwingt sie ihn aber im eigenen Interesse zu solidarischem Verhalten, also zur Beachtung von Interessen anderer Mitglieder und zur Mitverantwortung"[161]. Zu den Genossenschaftsorganen gehören der (ehrenamtlich tätige) Vorstand, der (ehrenamtliche) Aufsichtsrat, und die als oberstes Entscheidungsgremium geltende *Mitgliederversammlung*. Die Aufgabe des *Vorstandes* richtet sich vor allem darauf, die Förderwirksamkeit der Unternehmensführung gemäß der Mitgliederbedürfnisse sicherzustellen. Der *Aufsichtsrat* überwacht die Arbeit des Vorstandes und fungiert als höchster Entscheidungsinstanz im Interesse aller Mitglieder[162].

Die Betrachtung der Genossenschaft als reines wirtschaftliches Organisationsmodell, d.h. unabhängig von Ideologie und Rechtsform, ist auf das von Georg Draheim entwickelte Konzept der '*Doppelnatur*' zurückzuführen, d.h. das Gebilde sowohl einer Personalvereinigung als auch eines gemeinsamen getragenen Geschäftsbetriebes[163]. In diesem Kontext lässt sich genossenschaftliche Organisationsform als 'Personalverein mit Unternehmung' zu verstehen[164]. Genossenschaften unterscheiden sich von anderen eigennützigen

---

[159] Vgl. Schwenk, 1984, S. 27.
[160] Das Identitätsprinzip widerspiegelt in einer Produktivgenossenschaft durch die Identität zwischen Eigentümern und Mitarbeitern, während in einer Fördergenossenschaft durch die Identität zwischen Eigentümern und Kunden. Die vorliegende Schrift konzentriert sich auf die Behandlung kreditgenossenschaftlicher Organisationsform als ein spezieller Typ der Fördergenossenschaften.
[161] Engelhardt, 1985, S. 19.
[162] Vgl. Bialek, 1995, S. 120f.
[163] Siehe Draheim, 1955, S. 16f.
[164] Siehe Jäger, 1991, S. 111ff.; Bialek, 1995, S. 26.

Vereinen durch Betreiben einer gemeinsamen Unternehmung und von *Gemeinwirtschaften* durch Leistungsförderung nur an die Mitglieder, nicht aber an Außenstehende[165]. Boettcher unterscheidet zwischen den *Organisationsbeziehungen* – u.a.: Wahl-, Leitungs- und Kontrollbeziehungen – und den *Leistungsbeziehungen*, wobei die Mitglieder in ihren beiden Rollen als Eigentümern und (Einlagen-/Kredit-)Kunden betroffen sind[166]. Die Zugehörigkeit des Mitglieds, seine Leistungsbeziehungen und die Einflussmöglichkeit innerhalb der genossenschaftlichen Finanzorganisation sollen dem Mitglied *Kooperationsvorteile* bringen.

Die *wirtschaftliche Förderung* der Mitglieder findet ihren Niederschlag in erster Linie in der Bereitstellung von Finanzdienstleistungen für Genossenschaftsmitglieder über die gemeinsame Bankunternehmung, sowohl im Aktiv- als auch im Passivgeschäft. Die leistungs-bezogene Mitgliederwidmung orientiert sich nach Sortiment-, Qualitäts- und/oder Preis-vorteilen; mit anderem Worte: die Mitglieder erhalten eine Finanzdienstleistung, die ihnen bislang entweder nicht, oder aber zu völlig unzumutbaren Konditionen angeboten wurde, und/oder qualitativ über den Leistungen anderer Finanzorganisationen liegt, und/oder spezielle Preisvorteile gegenüber den gleichwertigen Finanzprodukten der Konkurrenten bietet[167].

6. Fazit

Nach Schneider besteht die *Wettbewerbsfähigkeit* eines Unternehmens darin, dass dieses in der Lage ist,

- zum einen sich sowohl gegenüber Konkurrenten und Marktpartnern (Lieferanten, Abnehmern) als auch gegenüber staatlichen Eingriffen behaupten zu können, d.h. *im Markt zu verbleiben*; und

- zum anderen "(...) zumindest ausreichend die *Organisationsziele* zu erreichen"[168].

Die *Handlungsmöglichkeiten* eines Unternehmens sind durch das institutionelle Umfeld, die Marktstrukturmerkmale und seine eigene Organisationsverfassung begrenzt. Diesem Definitionsansatz liegt ein *klassischer* Wettbewerbsbegriff zugrunde, der auf die Rivalität zwischen Anbietern bzw. zwischen Nachfragern sowie auf die Verwirklichung eigener Organisationsziele abstellt[169]. Allerdings findet sich keine genauere Umschreibung, wann die "zumindest ausreichende Erfüllung der Unternehmensziele" gegeben ist. Diese Definition betrachtet alle *relevanten Einflussfelder* der Handlungsmöglichkeiten eines Unternehmens und eignet sich daher im Kontext der vorliegenden Untersuchung als *Arbeits-*

---

[165] Vgl. Grossekettler, 1985, S. 64f.
[166] Vgl. Boettcher, 1980, S. 54ff.
[167] Vgl. Hahn, 1980, S. 19; Licht, 1989, S. 14f.
[168] Siehe Schneider (1997), S. 68f., H.v.i.O.
[169] Vgl. ebenda, S. 40.

grundlage. Mit der Wettbewerbsfähigkeit liegt ein Kriterium vor, welches sich in gleicher Weise auf Wettbewerbsvorteile und -nachteile bezieht. Eine derartige *integrierte* Sichtweise von Vor- und Nachteilen ist für ein umfassendes Verständnis der Entstehungs- und Entwicklungsprozesse eines Unternehmens und deren Ursachen unerlässlich.

Das Forschungsinteresse fokussierte sich auf die Erklärung der Entstehung und der Leistungsfähigkeit genossenschaftlicher Finanzintermediäre, *ökonomische Renten* dauerhaft zu generieren. Anhand des Machlup'schen Profitmodells wurden zum einen die Quellen der ökonomischen Vorteile eines Unternehmens aufgrund der Unteilbarkeiten und der Renten spezifischer Faktoren – aus natürlicher oder künstlicher Knappheit/Ungewissheit – identifiziert. Zum anderen wurde die systematische Betrachtungsweise von unterschiedlichen Unternehmenskonzepten – im Rahmen der Theorie der Firma – und ihre (potentiellen) Beiträge zur Erklärung der Existenz/Entstehung (Neue Institutionenökonomik), der marktstrukturbezogenen Wettbewerbsvorteile (Neoklassik/Industrieökonomik) und der unternehmensressourcenbedingten Wettbewerbsvorteile (Resource-based View) abgeleitet. Es wurde aufgezeigt, dass aufgrund der immanenten Forschungsdefizite der bekannten theoretischen Konzepte ein *eklektischer Forschungsansatz* benötigt wird, um ein tragfähiges Unternehmenskonzept in einem *dynamischen* Kontext zu entwickeln.

Als Ausgangsbasis dient das Modell der Ressourcenzusammenlegung von. Coleman. Zu den wichtigsten Bausteinen einer eklektischen, *individualistisch fundierten* Theorie der (kredit-) genossenschaftlichen Kooperationsform gehören das Konzept der Organisationsverfassung und das des Organisationskapitals. Aus den theoretischen Überlegungen kann jedes Unternehmen – in einer Organisationsform als Hierarchie, Kooperation oder als sonstige Hybridform – zum einen als *Pool von zusammengelegten Ressourcen* und zum anderen als *Regelwerk* zur Absicherung dauerhafter Kooperationsvorteile interpretiert werden. Die Leistungserstellungs-, Leistungsaustausch- und Entscheidungs-aspekte werden somit in die Analyse miteinbezogen. Ein Unternehmen entsteht dadurch, dass Individuen ihre Ressourcen zur gemeinsamen *Teamproduktion* zusammenlegen. Den *Property-Rights* an dem Ressourcenpool kommt hier eine besondere Rolle zu. Sie gelten als Determinanten der *Verhaltens-* und *Anreiz*wirkungen auf die beteiligten Mitglieder. Die Ressourceneigner zeichnen sich durch ihre Property-Rights an dem Unternehmen aus, also durch ihre Kontroll-, Entscheidungs- und Veräußerungsrechte sowie Rechte am Kooperationsertrag. Der *Organisationsverfassung* kommen die Hauptfunktionen zu, kollektive Entscheidungen herbeizuführen sowie Verhalten und Handeln einzelner Mitglieder zu steuern.

Zu dem *Organisationskapital* eines Unternehmens gehören alle produktiven Fähigkeiten und Fertigkeiten, die sich in verankerten, personenübergreifenden Verfahrensregeln und Handlungsmustern, d.h. organisationale *Routinen*, zur Behandlung wiederkehrender und prognostizierender Probleme niederschlagen, denen sich das Unternehmen im Leistungserstellungsprozess gegenübersteht. Routinen sind hier als Ergebnisse rationalen Verhaltens unter Berücksichtigung *individueller kognitiver Restriktionen* aufzufassen und wirken somit auf die organisatorischen Abläufe bei der Leistungserstellung stabilisierend.

Organisationskapital lässt sich in diesem Kontext als ein Bestandteil der *einzigartigen Produktionstechnologie* eines Unternehmens interpretieren, der sich auf die angewendeten Verfahren und Methoden rekurriert, um die Produktionsprozesse zu koordinieren und deren Qualität zu gewährleisten. Besonders hervorgehoben wird die Bedeutung der individuellen und organisationalen Humanressourcen und die des *Unternehmertums* im Schumperter'schen Sinne; diese begründen die Möglichkeit der Erlangung und Aufrechterhaltung von nachhaltigen Wettbewerbsvorteilen. Diese einmal geschaffenen Vorteile bewirken auf einzelwirtschaftlicher Ebene den finanziellen Unternehmens*erfolg*, auf gesamtwirtschaftlicher Ebene die Stärkung von Effizienz und *Innovation*skraft einer Volkswirtschaft. Die neoklassische und institutionenökonomische Sichtweise zur Theorie der Firma wird hier um wissensbezogene Argumente erweitert und dynamisiert. Durch den *Wissensaspekt* wird die Leistungserstellung zum Gegenstand der Betrachtung gemacht, und zwar nicht hinsichtlich der produktionstechnischen sondern der *organisatorischen* Dimension. Die Leistungs- und Wettbewerbsfähigkeit eines Unternehmens wird nicht allein durch die *kosten*senkende Wirkung des institutionellen Regelwerks (Verhaltenssteuerungsfunktion) sondern auch durch das *ertrags*generierende Potential des Organisationskapitals (Wissens-produktions- und Wissensverwertungsfunktion) determiniert.

Unter unternehmensstrategischen Gesichtspunkten werden der Aufbau und die Erhaltung von Wettbewerbsvorteilen als Zielgröße in den Vordergrund gerückt. Allerdings ist eine solche Ausrichtung trotzt ihrer unbestreitbaren Relevanz für Erklärungsansätze der Theorie der Firma möglicherweise zu eng. Im Gegensatz zu einer einseitigen Fokussierung auf die Erzielung von Wettbewerbsvorteilen bietet das Kriterium der *Wettbewerbsfähigkeit* nach Schneider'scher Definition eine besser geeignete Bezugsbasis, weil sie zu einer integrierten Betrachtung von Wettbewerbsvorteilen und -nachteilen führt. Weiterhin kann die Wettbewerbfähigkeit als eine geeignete Größe angesehen werden, die die Orientierung an den *mitgliederbezogenen* Zielen und *umfeldbezogenen* Anforderungen gleichermaßen erlaubt. Eine derartige Ausrichtung an Unternehmenszielen und externen Anforderungen steht in vollem Einklang mit der Ausrichtung des zugrunde gelegten kreditgenossenschaftlichen Modells. In den kommenden zwei Kapiteln werden die *Ursachen* ökonomischer Vorteile der genossenschaftlichen Kooperationsform gegenüber anderen konkurrierenden Finanzarrangements herausgearbeitet werden, die ihre *Entstehung* (Kapitel III) und ihre *andauernde Wettbewerbsfähigkeit* (Kapitel IV) begründen.

Kapitel III: Erklärungsansätze kreditgenossenschaftlicher Kooperationsform: Eine institutionenökonomische Perspektive

Dieses Kapitel soll versuchen, die Frage zu beantworten, ob und inwieweit die genossenschaftliche Finanzorganisationsform als lokaler Finanzintermediär in der Lage ist, *Anreiz- und Informationsprobleme* bei Marktunvollkommenheit zu lösen. Folgende Fragen sind von besonderer Bedeutung:

- aus welchen Gründen (warum) und unter welchen Voraussetzungen (wann) Wirtschaftsakteure an einer *genossenschaftlichen* Kooperationsform interessiert werden;

- wie eine solche Unternehmensform *institutionell* zu gestalten ist, um den Mitgliederbedürfnissen, aber auch den Marktanforderungen *dauerhaft* Rechnung tragen zu können, d.h. um bestimmte Kooperations- und Wettbewerbsvorteile längerfristig absichern zu können.

Zu diesem Zweck sollen im ersten Abschnitt die *Entstehungsbedingungen* der deutschen, traditionellen Kreditgenossenschaften in einem historischen Kontext untersucht werden. Versuch zur Begründung der ökonomischen Vorteile dieser *finanzintermediären Kooperationsform* ist Gegenstand des zweiten Abschnitts. Die Behandlung der strukturellen Probleme dieser Organisationsform erfolgt im dritten Abschnitt.

1. Zur Genese der deutschen Kreditgenossenschaften

Viele Besonderheiten der deutschen Kreditgenossenschaften sind historisch zu erklären. Ein kurzer Rückblick in die Zeit der Entstehung der ersten Kreditgenossenschaften erleichtert das Verständnis der aktuellen Probleme. Ihre Entstehung und Entwicklung hat den Ursprung ausgehend von sozio-ökonomischen Rahmenbedingungen zur Mitte des 19. Jahrhunderts. Kreditgenossenschaftliche Bewegungen wurden durch die Folgen der industriellen Revolution in der ersten Hälfte des 19. Jahrhunderts ausgelöst. Betroffen waren insbesondere die Handwerker und Kleingewerbetreibenden durch die Einführung der Gewerbefreiheit und die Kleinbauern durch Auswirkungen der Bauernbefreiung. Sie standen im Grunde vor dem gleichen Problem im Hinblick auf die (Fremd-)Finanzierungsmöglichkeiten. Der notwendige Kapitalbedarf für Investitionen wurde nicht oder nicht ausrechend gedeckt, da diese Unternehmensgruppen aus der Sicht der damaligen Kreditinstitute als kreditunwürdig eingestuft wurden. Als Ausweg bot sich nur die Kreditaufnahme bei vermögenden Personen, u.a. lokalen Geldverleihern, die sehr hohe Kreditzinsen verlangten. Die Bemühungen von Herrmann Schulze-Delitzsch und Friedrich Wilhelm Raiffeisen zielten auf eine Linderung der Not der vermögensschwachen Bevölkerungsschichten ab. Allerdings stand zumindest zu Beginn die strenge regionale Trennung zwischen städtischen und ländlichen Kreditgenossenschaften.

1.1. Die wirtschaftliche Situation im 19. Jahrhundert

Der Übergang zu einer kapitalistischen Wirtschaftsordnung in Deutschland wurde durch die zunehmende Technisierung und Industrialisierung, die Einführung der Gewerbefreiheit sowie die Anfänge der modernen Geldwirtschaft gekennzeichnet. Zu Anfang des 19. Jahrhundert stand das damalige Deutschland am Beginn eines tiefgreifenden wirtschaftlichen und gesellschaftlichen Wandels. Die industrielle Revolution löste die Agrargesellschaft langsam auf. Die technische Entwicklung führte zu einem Übergang von der Hauswirtschaft zum Fabrikbetrieb und ermöglichte die Herstellung von Massenartikeln. Englische Waren eroberten die Märkte und überschwemmten das damalige Deutschland[1]. Dies führte nach der Niederlage Frankreichs und dem Ende der Kontinentalsperre zu einer Wirtschaftskrise im Jahre 1815. Erst mit der Schaffung des Deutschen Zollvereins in den Jahren 1833/1834 setzte unter dem Schutz hoher Zölle die Industrialisierung ein. Aus einem Agrarland entwickelte sich Deutschland bis zum Beginn des 20. Jahrhunderts zu einer der führenden Industrie-nationen. Der wirtschaftliche und politische Wandel tangierte vor allem Handwerk, Handel und Landwirtschaft[2]. Der Anteil der Erwerbstätigen im verarbeitenden Gewerbe, meist in Kleinbetrieben, stieg vom etwa 20 Prozent Anfang des neunzehnten Jahrhunderts auf fast 40 Prozent im Jahre 1913, darunter ein Großteil der Beschäftigten von mittleren und größeren Industrieunternehmen[3]. Einen parallelen Verlauf wies der Dienstleistungssektor auf. In der rasch expandierten Kreditwirtschaft erhörten sich z.B. die Einlagen von Nichtbanken um das Hundertfache[4]. Das Dilemma des Kleingewerbes und der Kleinbauern in dieser Zeit zeichnete sich dadurch aus, dass einerseits diese Bevölkerungsschichten zwar die Freiheit zu wirtschaftlicher Selbständigkeit erlangten, dass sie andererseits doch die damit verbundenen Herausforderungen meistern mussten[5].

Durch die Einführung der auf der Grundlage einer liberalen Wirtschaftsordnung basierenden Gewerbefreiheit war der *kleinbetriebliche Mittelstand*, insbesondere das ehemals in Zünften organisierte Handwerk, dem wachsenden Wettbewerb mit den sich ausbreitenden Fabrikbetrieben ausgesetzt. Arbeitsteilung und maschinelle, industrialisierte Massenproduktion ließen die Güterpreise sinken. Zur Sicherung ihrer Wettbewerbsfähigkeit benötigten zahlreiche kleine

---

[1] Das damalige Deutschland bezieht sich zunächst auf Heiligem Römischem Reich Deutscher Nation (aufgelöst 1806) und ab 1815 auf dem Gebiet des Deutschen Bundes.
[2] Vgl. Aschhoff/Henningsen, 1995, S. 19.
[3] Vgl. Sprenger, 1987, S. 576.
[4] Vgl. Ebenda, S. 153ff.
[5] "Der Mittelstand, der seit vielen hundert Jahren der Kultur- und Geisterwelt wertvolle Kräfte zugeführt hatte, war in Gefahr. Die handwerkmäßige Produktion wurde durch die aufkommenden kapitalistischen Wirtschaftsbetriebe immer stärker zurückgedrängt. Wie ein Sturm raste die moderne Industrieentwicklung über das Handwerk hinweg und erschütterte es in seinen Grundfesten." (Faust, 1977, S. 193).

Handwerker und Gewerbetreibende Finanzierungsmittel, um einerseits Investitionen in maschinelle Einrichtungen und moderne Werkzeuge und Beschaffung von Rohstoffvorräten (in Form von Betriebsmittelkrediten) zu tätigen, und andererseits um die Zeitspanne zwischen Produktion und Absatz zu überbrücken. Der Übergang von der Auftragsproduktion auf Bestellung zu einer Produktion auf Lager für den Markt führte zu einem enorm wachsenden Finanzierungsbedarf[6]. Im Zusammenhang mit fehlenden notwendigen Kommunikations- und Transportstrukturen standen die von Handwerkern und Gewerbetreibenden nachgefragten kleinen Kreditsummen in einem ungünstigen Verhältnis zu den hohen Kosten für die Beschaffung von kreditnehmer-spezifischen Informationen. Diese Kostenbarriere verhinderte, dass die konventionellen *Bankinstitute* Kredite mit relativ geringeren Volumina an Kleingewerbetreibende vergaben[7]. Auch aus sozialen Prestige-Gründen hatten *Privatbankiers* kein Interesse daran[8]. Weiterhin war – aus der Sicht der Kreditinstitute – die unzureichende Kreditwürdigkeit bei der Mehrzahl der Kleingewerbetreibenden auf mangelnde Eigenkapitalbasis und fehlende Sachsicherheiten zurückzuführen. Bestehende Bankinstitute hielten von der Kreditgewährung für diesen Unternehmenssektor ab[9].

Mit ähnlichen Problemen hatten die *Landwirte* zu kämpfen. Um die persönliche Freiheit und eigenen Landeseigentumstitel zu erhalten, mussten sie im Rahmen der Stein-Hardenbergschen Reformen (als Bauernbefreiungsbewegung von 1807 bis 1850) einmalige Abfindung an die ehemaligen Grundherren bezahlen[10]. Diese Ablösezahlung bedeutete für die Bauern eine starke wirtschaftliche Belastung. Weiterhin mussten finanzielle Mittel für die Anschaffung von Produktionsmitteln, wie Kauf von Geräten und Düngermitteln, und Steuerabgaben aufgebracht werden. Der Übergang von der Natural- zur Geldwirtschaft und die Verbesserung der landwirtschaftlichen Produktionsmethoden erforderten verstärkte Investitionstätigkeiten und ließen den Kapitalbedarf auf dem Lande wachsen. Es gab kaum ländliche Kreditinstitute, die bereits waren, Hypothekenkredite an die Bauern zu vergeben. Trotz des neu erworbenen Immobilienvermögens konnten die Bauern nur in unzureichendem Maße Bankkredite aufnehmen, weil die Bewilligungsverfahren sehr zeitaufwendig und die Kreditinstitute in der Regel sehr weit entfernt waren[11]. Auch die neu gegründeten *öffentlichen Sparkassen*, als Kapitalsammelstellen für untere Schichten eingerichtet, waren hauptsächlich im Einlagengeschäft im eher städtischen Bereich tätig und legten ihre mobilisierten Mittel hauptsächlich in

---

[6] Vgl. Zörcher, 1996, S. 14. Statt bisher als technische Arbeiter waren Handwerker immer stärker dem Einkaufen und Lagerung von Rohstoffen oder Teilwaren, Haltung von Vorräten sowie dem Verkaufen fertiger Waren ausgesetzt.

[7] Vgl. Bonus, 1986, S. 316f.

[8] Vgl. Donaubauer, 1988, S. 20.

[9] Vgl. Pohl, 1982, S. 202.

[10] Vgl. Faust, 1977, S. 323f.

[11] Vgl. Ehlermann, 1981, S. 139ff.

Hypotheken, Staats- und Kommunalanleihen an. Risikominderung durch Kreditsicherheit war oberstes Kriterium: Handwerker und Bauern wurden von den Sparkassen nicht berücksichtigt[12]. Die einzige Möglichkeit zur Kreditversorgung erfolgte durch *lokalen Geldverleiher*, die oft gleichzeitig Vieh- und Rohstoffhändler waren. Sie verlangten Wucher-zinsen, die zwischen 100 v.H. und 730 v.H im Jahr betragen sollten[13]. Allerdings lassen sich die hohen Kreditzinssätze dadurch erklären, dass sie neben den Informationskosten auch die Risikoprämien für hohe Ausfallrisiken decken müssen[14].

Insgesamt lässt sich festhalten, dass sich der *Kapitalbedarf* des sich herausbildenden Mittelstandes im Rahmen des Industrialisierungsprozesses vergrößerte, um notwendige Investitionen zu finanzieren. Bis zur Mitte des 19. Jahrhunderts fehlte ein funktionierender Kreditmarkt für Kleinbauern, Handwerker und Gewerbetreibende. Bestehende Kreditinstitute vernachlässigten das kostenintensive Kleinkreditgeschäft. Eine Kreditgewährung setzte in der Regel *dingliche Sicherheiten* voraus und war mit einer bürokratischen und umständlichen Behandlung von Kreditanträgen verbunden. Als externe Finanzierungsquelle verblieb diesen Unternehmensgruppen oft nur das private Darlehen lokaler Geldverleiher[15]. Die Gründungen der ersten städtischen und ländlichen Kreditgenossenschaften standen im Zusammenhang mit wirtschaftlichen und gesellschaftlichen Umwälzungen, die die Verhältnisse breiter Bevölkerungsschichten berührten.

1.2. Entstehung und Entwicklung

In dieser Situation erkannten Herrmann Schulze-Delitzsch und Friedrich Wilhelm Raiffeisen den Handlungsbedarf, Defizite auf den Finanzmärkten zu überwinden und Geldwucher zu durchbrechen. Schulze-Delitzsch gründete am 10. Mai 1850 den ersten Vorschussverein zu Delitzsch, der vorzugsweise an selbständige Handwerker und Gewerbetreibende Kredite vergab[16]. Dieser Kassenverein wies am Anfang noch starken karikativen Charakter auf, weil das Betriebskapital aus laufenden Spendenbeiträgen, geschenkten Beihilfen und zinsfreien Darlehen aufgebracht wurde, die nach einiger Zeit abnahmen. Zudem konnten die Einnahmen die hohen Ausgaben aufgrund der Schuldnerinsolvenzen und hohen Verwaltungskosten nicht decken, so dass die Wirksamkeit des Vereins gering blieb. Die mit dem Selbsthilfeprinzip gemachten Erfahrungen der

---

[12] Vgl. Kluge, 1991, S. 219.

[13] Vgl. Bonus, 1994, S. 34; Trosky, 1996, S. 122f. In der Literatur wurden lokale Geldverleiher meist als "Wucherer auf dem Lande" bezeichnet (Verein für Socialpolitik, 1887, S. 23ff.).

[14] Vgl. Bonus, 1985, S. 17f.; Höser, 1989, S. 61f.; Zörcher, 1996, S. 33ff. Die extrem hohen Jahreszinsen sind auch auf die saisonalen Schwankungen des Kapitalbedarfs zurückzuführen. Sie müssen die Opportunitätskosten des ungenutzten Kapitals während des übrigen Jahres decken.

[15] Vgl. Faust, 1977, S. 209 und 328ff.

[16] Vgl. Kluge, 1991, S. 46.

handwerklichen Bezugs- und Absatzgenossenschaften waren der Anstoß für die Gründung des Eilenburger Darlehnskassenvereins im Jahr 1851, der vollständig auf Wohltätigkeitselemente verzichtete und nur auf Solidar-haftung der Mitglieder basierte. Die Umorganisation des Delitzscher *Vorschussvereins* erfolgte im Jahre 1852 nach Vorbild des erfolgreichen Eilenburger Darlehenskassenvereins, der in der Literatur als erste moderne Genossenschafts-bank bezeichnet wurde[17]. Der *Geschäftszweck* bestand darin, Kapital in Form von Geschäftsguthaben und Einlagen zu sammeln und kurzfristige Kredite an Mitglieder zu vergeben[18]. Schulze-Delitzsch führte Geschäftsanteile und eine Solidarhaftung ein, forcierte die Eigen-kapitalbildung durch Beiträge und beschränkte die Kreditvergabe ausschließlich auf Mitglieder[19]. Mitgliedschaft und Möglichkeit zur Kreditaufnahme setzten die Einzahlung von Geschäfts-guthaben voraus. Die *Solidarhaftung* ermöglichte es jedem Gläubiger, sich bei Zahlungsverzug der Kreditgenossenschaft von einem Mitglied seine Forderungen ersetzen zu lassen. Sie steigerte die Kreditwürdigkeit der Kreditgenossenschaft nach außen, so dass potentielle Kapitalgeber bereit waren, bei dieser Bankunternehmung anzulegen[20].

Die Stellung von *Sicherheiten* bei der Kreditvergabe stellte den obersten Geschäftsgrundsatz dar[21]. Erreicht wurde dies durch den Einbezug vermögender Personen, die in der Lage und bereit waren, sich für die Kreditnehmer zu verbürgen. Die gewerbliche Kreditgenossenschaft übernahm bei der Bonitätsprüfung vor allem die Beurteilung der Qualität des Bürgens, die als Verwandte, Freunde und Geschäftspartner des Kreditnehmers waren. Das Instrument der *Bürgschaftskredite* ermöglichte der Kreditgenossenschaft, in einem Umfeld schnellen Strukturwandels effizienter und einfacher zu agieren[22]. Nach diesem Konzept wurden zwischen den Jahren 1853 und 1880 ca. 1.800 Vorschussvereine gegründet. Gegen Ende der 1880er waren alle größeren Städte mit gewerblichen genossenschaftlichen Finanzorganisationen versorgt. Bis zum Beginn des ersten Weltkrieges erreichte der Bestand ungefähr 2.000 gewerbliche und eher städtische Kreditgenossenschaften. Die schwierige Lage der Kreditwirtschaft der 20er Jahre führte zum erneuten Anwachsen bis zum historischen Höchststand von 2.295 Kreditgenossenschaften im Jahre 1932[23].

---

[17] Vgl. Pohl,1982, S. 46.
[18] Im Durchschnitt lag die Verzinsung für die Einlagen der Kreditgenossenschaften um ein bis zwei Prozentpunkte höher als die für festverzinsliche mündelsichere Anleihen im 19. Jahrhundert (vgl. Henning, 1993, S. 29). Der Kreditzins des Eilenburger Darlehenskassen-vereins betrug anfangs rd. 14,3 v.H. und sank später auf 8-10 v.H. (vgl. Kluge, 1991, S. 231f.).
[19] Vgl. Faust, 1977, S. 210.
[20] Vgl. Kluge, 1991, S. 167.
[21] Vgl. Schulze-Delitzsch, 1909, S. 182.
[22] Vgl. Zörcher, 1996, S. 54 und S. 75.
[23] Vgl. Kluge, 1991, S. 71.

Im Jahre 1864 errichtete Raffeisen den Heddesdorfer *Darlehnkassenverein*. Durch den Zusammenschluss bedürftiger Landwirte wurden sie nach außen kreditfähig und erlangten günstige Zinskonditionen[24]. Die Mitglieder waren sich mit ihrem Eintritt zur *unbeschränkten Haftung* verpflichteten. Die Passiva bezog der Verein aus Anleihen. Seit 1869 fand sich der Verein für die Beschaffung von Betriebsmitteln und den Absatz von Erzeugnissen verantwortlich. Die erste ländliche genossenschaftliche Finanzorganisation war entstanden[25]. Zwischen 1864 und 1871 wurden 77 ländliche Kreditgenossenschaften ins Leben gerufen. Die verschärfte Agrarkrise Mitte der 1870er Jahre und die Krisis der 1890er Jahre gaben Anstoß für eine Welle von Neugründungen. In den Jahren 1914 bzw. 1925 stieg ihre Zahl auf 18.000 bzw. 20.921 ländliche Kreditgenossenschaften an. Zu dieser Zeit verfügte beinahe jedes Dorf über eine eigenständige Kreditgenossenschaft[26].

Die rasche Expansion von Vorschuss- und Darlehenskassenvereinen führte dazu, dass sie mit dem Inkrafttreten des *Genossenschaftsgesetzes* im Jahre 1867 eine eigene Rechtsform erhielten. In der nationalsozialistischen Zeit wurden alle Genossenschaften in die Zentralverwaltungswirtschaft eingegliedert. Nach dem zweiten Weltkrieg ist die Entwicklung der Kreditgenossenschaften in (West)Deutschland durch einen stetigen *Fusion- und Konzentrationsprozess* gegezeichnet. Die Zahl der selbständigen Kreditinstitute verringert sich von 11.795 im Jahre 1957 auf 2.034 im Jahre 1999, während in diesem Zeitraum die Anzahl der Filialen von 14.100 auf 17.769 zunahmen[27]. Volks- und Raiffeisenbanken verfügen über das dichteste Bankstellenetz in Deutschland. Die organisatorische Vereinigung der ländlichen und gewerblichen Kreditgenossenschaften zu einem gemeinsamen *Verband* erfolgte im Jahre 1972. Durch die Einführung der *Kreditgeschäfte mit Nicht-mitgliedern* im Zuge der Novellierung des Genossenschaftsgesetzes von 1973 glich sich das Leistungsangebot der genossenschaftlichen Banken den nichtgenossenschaftlich organisierten Konkurrenten an. Das Angebot einer Kreditgenossenschaft entspricht heute dem einer *Universalbank*, wobei der unterstützenden Funktion durch die Verbundinstitute eine besondere Rolle zukommt[28].

1.3. Zwischenfazit

Die beiden Initiatoren der deutschen Kreditgenossenschaftsbewegungen erkannten, dass sich nur durch den Zusammenschluss von individuellen Akteuren ihre Einzelkräfte bündeln ließen, und es nur dadurch zu einer Verbesserung der wirtschaftlichen Lage aller Beteiligten kommen konnte. Durch Gründung von Kreditgenossenschaften wurden kleine Handwerker, Händler und

---

[24] Vgl. Bonus, 1987, S. 7.
[25] Vgl. Faust, 1977, S. 325ff.
[26] Vgl. Kluge, 1991, S. 26ff.
[27] DG Bank, 2000.
[28] Vgl. Büschgen, 1993, S. 62f.

Landwirte mit Krediten zu tragbaren Konditionen versorgt. Bei der Bonitätsprüfung standen aufgrund der fehlenden dinglichen Sicherheiten die *Ertragskraft* des Unternehmens[29] und die *Bürgschaft* durch vermögende Personen im Vordergrund[30]. Selbsthilfe, Selbstverantwortung und Selbstverwaltung sind tragende Elemente des Genossenschaftswesens. Das Prinzip der *Selbsthilfe* beinhaltet, dass durch die organisatorische Einbindung eigennützig handelnder Mitglieder in die genossenschaftliche Bankunternehmung deren ökonomischen Situationen verbessert werden. Die Mitglieder sind zugleich Eigentümer und Kunden des gemeinsam getragenen Genossenschaftsbetriebes, für dessen Erfolg und Misserfolg die Mitglieder gemäß dem Prinzip der *Selbstverantwortung* selber das Geschäftsrisiko tragen, also nicht auf den Dritten (z.B. Staat) abwälzen. Der Grundgedanke der *Selbstverwaltung* ist, dass die Verwaltung und Kontrolle der Bankunternehmung über Geschäftsorgane erfolgt, in denen die Mitglieder die Geschäftspolitik selbst gestalten und bestimmen. Die Grundsätze der Selbstverantwortung und Selbstverwaltung betonen die Selbständigkeit jeder Mitgliederwirtschaft. Sie leitet und überwacht direkt oder indirekt die gemeinsame Bankunternehmung selbst.

Die Gründung der traditionellen Kreditgenossenschaften beruhte vornehmlich auf einer *schwachen Wettbewerbsposition* der einzelnen selbständigen Mitgliederwirtschaften. Mit dem Aufbau von Kreditgenossenschaften als kooperative Finanzorganisationen kamen den Mitgliedern Mehrfachvorteile zugute. Sie wurden erstmals *kreditwürdig* und konnten Bankleistungen in Anspruch nehmen, indem statt dinglicher Sicherheiten persönliche Bonität des Kapitalnehmers in den Vordergrund rückte. Genossenschaftliche Finanzorganisationen gewährten ihren Mitgliedern deutliche *Konditionsvorteile*, insbesondere im Kreditbereich. Durch den Zusammenschluss einzelner Wirtschaftsakteure mit gleichgelagerten Interessen lassen sich Aufgaben bewältigen, die der Einzelne, auf sich allein gestellt, nicht lösen kann. Zu Zeiten der Gründungen bestand der *Förderauftrag* vor allem darin, ihren Mitgliedern Bankleistungen anzubieten, die anderweitig nicht oder nur zu extrem ungünstigen Konditionen zugänglich waren[31].

---

[29] Vgl. Hahn, 1973, S. 19. Zur damaligen Zeit war diese Technologie revolutionär.
[30] Vgl. Zörcher, 1996, S.45ff.
[31] Vgl. Hahn, 1980, S. 19; Licht, 1989, S. 14f..

2. Ökonomische Begründung

2.1. Absicherung transaktionsspezifischer Investitionen

Aus ökonomischer Sicht entscheiden sich Wirtschaftssubjekte für eine genossenschaftliche Lösung, wenn die entstandenen *Kooperationsvorteile*[32] ihre individuellen Aufwendungen übersteigen. Die Nettovorteile aus der Zusammenarbeit müssen diejenigen der Alternativen, allein am Markt zu agieren (Markttransaktionen) oder sich mit anderen Marktteilnehmern in ein gemeinsames Unternehmen vertikal zu integrieren (hierarchische Transaktionen), übersteigen. Kooperative Nettovorteile resultieren aus der Verbindung von Kostendegressionsvorteilen der gemeinsamen Unternehmung mit wirtschaftlicher Autonomie der Genossenschaftsmitglieder, aus der Ersparnis der marktbezogenen und unternehmensinternen Transaktionskosten, und aus der Begrenzung von umwelt- und verhaltensbezogenen Risiken[33].

2.1.1. Kostensenkungspotential und Verbesserung der Tauschposition

In den Vordergrund der traditionellen neoklassischen Theorieansätze zur Existenzerklärung von (Kredit-)Genossenschaften rücken die Hauptfragen, auf welche ökonomischen *Vorteile* diese Organisationsform zurückzuführen ist und wie der genossenschaftliche Zusammenschluss unter volkswirtschaftlichem Gesichtspunkten zu beurteilen ist. Aus dieser Sicht ist der gemeinsame Genossenschaftsbetrieb zum einen geeignet, überkommene Produktionsmethoden produktivitätssteigernd zu ökonomisieren, indem sie durch Zusammenführung gleichgerichteter, bis dahin von einzelnen Akteuren erfüllter wirtschaftlicher Funktionen in eine kostengünstigere *Betriebsgröße* zu operieren. Zum anderen führt die genossenschaftliche Zusammenarbeit zur "(...) Verbesserung der Tauschbedingungen" für die Genossenschaftsmitglieder, indem eine gegenwichtige *Marktmacht* zur Entschärfung der bestehenden so genannten lokalen Monopolsituation gebildet wird[34].

Diese Argumentationslinie vermag die Gründung einer Genossenschaft jedoch nicht hinreichend zu rechtfertigen. *Erstens* können Mitglieder theoretisch dieselben Produkte/Dienstleistungen über einen spezialisierten Marktpartner beziehen, der in der Lage ist, Skalen- und Verbundvorteile in höherem Ausmaß auszunutzen und in geringere Produktpreise weiterzugeben. Andere nichtgenossenschaftliche Organisationsformen, wie Sparkassen mit öffentlichem Förderauftrag, können auch über solche Betriebsgrößenvorteile realisieren[35].

---

[32] *Kooperationsvorteile* lassen sich als Ertrags- oder Gewinnzuwächse bezeichnen, die durch den Einsatz von zusammengelegten Ressourcen in einem Ressourcenpool zum Zweck der gemeinsamen Leistungserstellung entstehen. Diese sind klar zu unterscheiden von *Spezialisierungsvorteilen* im Sinne von Adam Smith, die in der Arbeitsteilung und Spezialisierung begründet liegen (vgl. Alchian, 1993, S. 365ff.).

[33] Siehe Grosskopf, 1990.

[34] Vgl. Ohm (1955), S. 20; Hoppe (1976), S. 110ff. und Eschenburg, 1971, S. 15ff.

[35] Vgl. Bonus, 1985, S. 9ff.

Zweitens kann die *Subadditivität der Kostenkurve*[36], als Haupterklärungsursache der Existenz eines natürlichen (regionalen) Monopols, auf die hohen Transaktionskosten bzw. auf die transaktionsspezifischen Investitionen zurückzuführen sein[37]. Lokale Gebietsmonopole sind nicht die Ursachen der exzessiv hohen Kreditzinsen sondern eher ein Symptom in einer Realwelt mit Informations- und Anreizproblemen.

Kooperationsvorteile, nämlich die Ausnutzung von Kostensenkungs- und Synergiepotentialen oder die Veränderung von Markt- und Mobilitätsbarrieren, erweisen sich insofern nur als notwendige Bedingung zur Existenzerklärung von Unternehmen in allgemeinem sowie der genossenschaftlicher Organisationsform in besonderem[38].

2.1.2. Genossenschaft als kooperative Hybridform

Kosten von Markttransaktionen erhöhen sich, wenn ex ante die Komplexität der Tauschverträge zunimmt, und wenn ex post die Überwachungs- und Anpassungsaktivitäten schwieriger sind. Um Transaktionskosten zu sparen und die Anpassungsflexibilität zu verbessern, ist es rationaler, Tauschverträge über Unternehmen abzuwickeln[39].

Kooperationsvorteile entstehen, wenn Markttransaktionen mit hohen Kosten und/oder mit hohen Ausbeutungsrisiken verbunden sind, und wenn eine vollständige vertikale Integration in ein hierarchisch organisiertes Unternehmen aus Gründen von Autonomiebestrebungen der Kooperationspartner nicht zweckmäßig ist. Die Vorteile der vertikalen Integration in einen gemeinsamen Genossenschaftsbetrieb liegt in der Absicherung transaktionsspezifischer Investitionen, damit potentielle *Ausbeutungsgefahren von Quasi-Renten* durch Außenstehende vermieden werden. Die *kooperative Hybridform* erlaubt die gleichzeitige Nutzung von Zentralisierungs- und Dezentralisierungsvorteilen. Hiernach wird eine Ausschöpfung von Flexibilitätsvorteilen selbständiger Mitglieder durch Nutzung idiosynkratischer Kenntnisse ermöglicht, während der gemeinsame Betrieb der Aufrechterhaltung dauerhafter zuverlässiger Geschäftsbeziehungen und der Vermeidung externer transaktionsspezifischer Abhängigkeiten ermöglicht[40]. Durch Kooperationen können Wirtschaftsubjekte potentielle Kostendegressionseffekte erzielen, ohne ihre Selbständigkeit und Flexibilität zu verlieren[41]. Zugleich werden Anbahnungs-, Abwicklungs- und Absicherungskosten durch die Verlagerung von Markttransaktionen in den

---

[36] *Subadditivität* von Kostenfunktionen bedeutet, dass die Kosten für die Produktion von Teilmengen eines oder mehrerer Güter/Dienstleistungen höher sind als bei der zusammengefassten Produktion der Gesamtmenge. Demzufolge kann der gesamte Bedarf am kostengünstigsten von einem einzigen Anbieter (als natürlichen Monopolist) gedeckt werden.

[37] Vgl. Ribhegge, 1987, S. 36.

[38] Vgl. Abschnitt 1, Kapitel II.

[39] Vgl. Williamson, 1990, S. 88ff. und S. 102ff.

[40] Siehe Bonus, 1986; Grosskopf, 1990.

[41] Siehe Grossekettler 1985, S. 59ff.; Derselbe, 1989, S. 4ff.

gemeinsam getragenen Genossenschaftsbetrieb gespart und Risiken der Marktpreisschwankungen gemindert.

Um Kooperationsvorteile langfristig zu realisieren, sind in der Regel spezifische Investitionen erforderlich. Die sich daraus ergebende Quasi-Rente führt wiederum zur *transaktionsspezifischen Abhängigkeit*. Vertikale Integration in eine gemeinsame Unternehmung bedeutet für jeden Wirtschaftsakteur den Verzicht auf wirtschaftliche Autonomie, indem er einen Teil seiner Property-Rights an eigenen Ressourcen abgibt, ohne die Entscheidungsprozesse der Ressourcendisposition und Ertragsverteilung vollständig zu überwachen. Die von den Mitgliedern zu tätigenden transaktionsspezifischen Investitionen führen gleichzeitig zu faktischen Austritthemmnissen, weil es für Mitglieder kurzfristig unmöglich ist, die Organisation zu verlassen (so genannte versunkene Kosten). Es entstehen dann organisationsinterne Verhaltenrisiken, weil die Kontroll- und Sanktionsmechanismen durch Abwanderung (Exit) nicht oder nur schwer durchzusetzen sind. Wie andere Hybridformen sind Genossenschaften somit gekennzeichnet durch "ein *prekäres Gleichgewicht* von zentripetalen Kräften (den Organisationsvorteilen aus Zusammengehen) und zentrifugalen Kräften (also den Organisationsnachteilen weiteren Zusammengehens bzw. den Vorteilen von Dezentralität)"[42].

Kooperationen sind damit solchen Risiken ausgesetzt, die auf asymmetrische Informationsverteilung zwischen und opportunistisches Verhalten von Organisationsmitgliedern zurückgehen. Kreditgenossenschaft bedarf hier eines besonderen Regelwerks, der so genannten Organisationsverfassung, um Verhaltensrisiken abzugrenzen und die durch Kooperation verursachten, internen Abhängigkeiten zu neutralisieren. Der kommende Abschnitt soll sich darauf konzentrieren, ob und inwieweit die Verfassung der genossenschaftlichen Kooperationsform in der Lage ist, Anreiz- und Informationsprobleme bei Finanztransaktionen und Probleme kollektiver Entscheidungen effizienter als die anderen Wettbewerbern lösen zu können.

2.2. Kreditgenossenschaft als natürliches Gebietsmonopol

Mitte des 19. Jahrhunderts waren Kleinbauern, Handwerker und Gewerbetreibende im Gefolge der großen gesellschaftlichen Umwälzungen, u.a. der Bauernbefreiungsbewegung und der industriellen Revolution, immensen Finanzierungsschwierigkeiten. Kredite für kleinere und mittlere Projekte wurden von den *Privatbanken* kaum vergeben, weil sie nur Interesse an der Finanzierung von Großprojekten hatten. Die öffentlichen *Sparkassen* konzentrierten sich vorwiegend auf die Investitionen in Hypothekarkredite, Staatsanleihen und Kommunalkredite und waren nur in den Städten angesiedelt. Kleinbauern und Handwerker waren dringend auf Finanzierungsmittel angewiesen, die ihnen jedoch auf dem bankmäßigen Weg nicht zur Verfügung

---

[42] Bonus, 1985, S. 8.

standen, aber von *örtlichen Geldverleihern* und Viehhändlern zu außerordentlich hohen Kreditkosten angeboten wurden[43]. Wie die deutsche Geschichte zeigt, lässt sich die natürliche Monopolstellung eines gebietsansässigen Geldverleihers durch die Gründung einer lokalen Kreditgenossenschaft überwinden. Die Existenz traditioneller Kreditgenossenschaften lässt sich dadurch erklären, dass sie aufgrund ihrer besonderen Organisationsverfassung komparative Vorteile, die durch kostengünstige Erschließung dezentralen lokalen Detailwissens und durch wirksame implizite Überwachungs- und Durchsetzungsmechanismen hervorgerufen sind, gegenüber normalen *Kreditinstitute* besitzen, so dass sie auch neuen Kreditzugang für noch nicht bediente Gruppe wie vermögensschwächeren Kleinbauern und Gewerbetreibenden schaffen konnten.

2.2.1. Ursachen des natürliches Monopols

Koordinations- und Anreizprobleme bei der Abwicklung von Finanztransaktionen sind vor allem auf die *asymmetrische Informations-* und *Risikoverteilung* zwischen Kreditgebern und Kreditnehmern zurückzuführen. Exzessiv hohe Organisationskosten bei Finanztransaktionen sind auf die Marktunvollkommenheit, auf die Unzulänglichkeit von rechtlich-institutionellen Rahmenbedingungen, und auf die mangelhaften Kommunikations- und Informationsvermittlungssysteme zurückzuführen. Die Informations- und Anreizprobleme können dazu führen, Finanztransaktionen/-investitionen zu unterbinden[44]. Erschwerte Beurteilung von Kreditausfallrisiken und überhöhte Transaktionskosten sind auf die Geringfügigkeit der zu erwerbenden Kreditbeträge bzw. der zu erwartenden Erträge, und auf die Unzulänglichkeit organisatorischer/technischer Maßnahmen kreditgebender Finanzorganisationen zur Überwachung der Kreditnehmer zurückzuführen. "Die kleinen Bauern und Gewerbetreibenden waren damals nicht kreditfähig, weil es im Verhältnis zur möglichen Rendite für die Geschäftsbanken viel zu teuer gewesen wäre, sich die nötigen, sehr persönlichen Einblicke in die engeren Lebensumstände der Kreditnehmer zu verschaffen"[45]. Konventionelle Kreditinstitute verzichten daher auf das Geschäft mit vermögensschwachen Kreditnehmern.

Ein *lokaler Geldverleiher* ist i.d.R. in einem geografisch eng abgegrenzten Geschäftsgebiet tätig. Zum einen kann er nahezu ausschließlich sein eigenes, bei seinen sonstigen Geschäften erwirtschaftetes, überschüssiges Kapital für Kreditvergabe einsetzen. Seine relative (Eigen-)Kapitalschwäche ermöglicht ihm nur einen Teil der Kreditnachfrage zu befriedigen. Aus dieser Sicht wird es ihm kaum gelingen, über einen vorgegebenen Kundenstamm hinauszugehen. Zum anderen muss er seine Schuldner gut kennen, weil aufgrund mangelnder

---

[43] Siehe Abschnitt 1.1.
[44] Vgl. Stiglitz/Weiss, 1981. In dem Beitrag von Stiglitz und Weiss wird das Phänomen der Kreditrationierung als Folge asymmetrischverteilter Informationen bezüglich der Kreditverfügbarkeit und Kreditkosten behandelt.
[45] Bonus, 1985, S. 17.

84

Sachsicherheiten *persönliches Wissen* über potentielle Kreditnehmer (u.a. Fleiß und Verlässigkeit, familiäre Verhältnisse, Ausbildungs- und Gesundheitstand, Qualität des Bodens, Saarguts oder Viehs) für die Beurteilung der Kreditwürdigkeit im Vordergrund steht. Der Erwerb und die Aktualisierung dieser in hohem Maß personenspezifischen Kenntnisse erfordern die räumliche Nähe und ständige Pflege des sozialen Kontakts von Schuldnern und Gläubigern[46]. Dies gilt insbesondere, wenn moderne Kommunikationsinfrastrukturen noch fehlen. Der enge Kontakt verringert die anfallenden *Transaktionskosten* eines Kreditvertrages.

Ex ante gelingt es dem Geldverleiher dadurch, Mengeneffekte infolge der sinkenden Durchschnittkosten bei der Informationsbeschaffung zu gewinnen. Je mehr Personen aus einer Nachbarschaft seine Klienten sind, desto geringer fallen die Grenzkosten der Übertragung von Informationen zur Prüfung der Kreditwürdigkeit auf andere Schuldner an. Mit zunehmender räumlicher Ausdehnung sinken diese Skalenvorteile, da die Zusammensetzung der Kunden heterogener wurde. Unter dem Aspekt der Risikodiversifikation innerhalb heterogener Kundengruppen hätte das Geschäftsgebiet aber groß sein müssen, um aus den Schuldnern in der Landwirtschaft nicht nur Bauern mit 'schlechten' sondern auch mit 'guten' Erntenergebnissen auswählen zu können. Andererseits sind solche Missernten, z.B. bedingt durch eine Naturkatastrophe, nicht nur regional beschränkt, wird es nur marginale Diversifikationseffekte geben. Die erworbenen Spezialkenntnisse über lokale Kreditnehmer und die räumliche Abgeschlossenheit seines Geschäftsgebiets brachten ihm weitere Kostenvorteile bei der *ex post* Überwachung und Durchsetzung. Der lokale Geldverleiher war auch bereit, Kredite mit hohen Risiken zu vergeben, weil er die kleinen Besitztümer und Ländereien als Sicherheiten akzeptierte und im Falle des Verlustes diese Sachsicherheiten verwerten hätte können[47]. Die Vermutung liegt nahe, dass die von lokalem Geldverleiher geforderten hohen Zinsraten neben der Überlegung von reinen Monopolgewinnen auch eine Folge hoher Informationskosten waren, die sich auf die Notwendigkeit der Bewertung von persönlichen Einflussfaktoren der Bonitätsprüfung zurückführen ließ.

Neben dem Transaktionskostenvorteil kam dem Geldverleiher noch der *Distanzkostenvorteil* zugute. Kreditsuchende rechnen zu ihren Aufwendungen beim Kreditaufnahmeprozess nicht nur die zu zahlenden Zinskosten sondern auch die Distanzkosten. Dazu gehören Transport-, Kommunikationskosten und Opportunitätskosten der Zeit, die zur Überwindung der hohen Distanz zu dem nächst liegenden Kreditinstitut bzw. Kreditgeber anfallen[48]. Transaktions- und Distanzkostenvorteile implizieren fallende Durchschnittkosten, mit anderem Worte: die Subadditivität der Kostenstruktur, die eine hinreichende Bedingung

---

[46] Vgl. Trosky, 1996, S. 123.
[47] Vgl. Lanzerath, 2001, S. 28.
[48] Vgl. Neuberger/Lehmann, 1998, S. 345.

für ein *natürliches Monopol* darstellt. Das lokale Monopol des Geldverleihers war *tragfähig* (suitainable), weil der lokale Kreditmarkt aufgrund seiner überlegenen Kostenstruktur für Konkurrenten wie bestehende Kreditinstitute oder andere gebietsfremde Geldverleiher, *nicht angreifbar* (contestable) war. In diesem Falle gelingt es keinem Marktneuling (Rosinenpicker), einen Teil der Nachfrage zu Preisen unter dem Durchschnittkostenpreis des bisherigen Monopolisten auf sich ziehen zu können[49]. Spezifische Investitionen in *lokales Wissen* weist den "sunk costs"-Charakter auf und wirken als *Markteintrittsbarrieren*: So lange es einem Konkurrenten nicht gelang, die Kostenvorteile des gebietsansässigen Geldverleihers zu kompensieren, blieb das abgegrenzte Wirtschaftsgebiet für ihn unantastbar. Der ortansässige Geldverleiher hatte zudem Strategien und Methoden entwickelt, um seine Monopolstellung abzusichern, die Landwirte in eine *dauernde Abhängigkeiten* zu verwickeln und sich ihre transaktionsspezifischen Quasi-Renten anzueignen[50].

2.2.2. Genossenschaftsverfassung

Nach Bonus lässt sich *Identität* als Summe des Orientierungswissens eines einzelnen Wirtschaftssubjekts verstehen, was sich im Laufe der Zeit aus Werturteilen, Normen und Erfahrungen herausbildet, ohne dass individuelle Informationsaufnahme- und Informationsverarbeitungsprozesse erschwert werden. Die Ich-Identität beinhaltet "eine bestimmte Sicht der Welt, die sehr persönlich ist und sich von jener Umgebung markant unterscheiden kann"[51]. Die kollektive Identität bzw. das "Wir-Gefühl"[52] begründet eine Identifikation der Mitglieder mit den *Normen und Werten* der jeweiligen Organisation. Das genossenschaftliche Regelwerk (Organisationsverfassung) unterscheidet sich von anderen Organisationsformen im Bankenwettbewerb durch folgende identitätsstiftende Merkmale: lokale Verwurzlung, Eigentümer-Kunden-Identität, demokratische Organisationsstruktur sowie Ehrenamtlichkeit bei der Geschäftsführung und -kontrolle.

Lokale Verwurzelung und Eigentümer-Kunden-Identität

Bezüglich des Gesamtpreises einer Bankleistung berücksichtigen Kunden neben dem expliziten Marktpreis, der aus den Organisationskosten des Kreditinstituts resultiert, als zweite Komponente die mit der Transaktion verbundenen Aufwendungen: Distanzkosten und ex ante Transaktionskosten. Lokale Bindung ermöglicht, dass die genossenschaftliche Bankunternehmung kostengünstig über *kundenspezifischen Detailinformationen* aufgrund des engen Kontakts in der Region verfügt. In der Regel sind sich die Mitglieder gegenseitig bekannt. Örtliche, soziale und kulturelle *Nähe zum Kunden* sind hier von besonderer

---

[49] Siehe Ribbhege, 1987, S. 17 und 31f.
[50] Vgl. Faust, 1977, S. 336; Zörcher, 1996, S. 37ff.
[51] Bonus, 1994, S. 4.
[52] Draheim, 1955, S. 46f.

86

Bedeutung. Der Kunde der Kreditgenossenschaft hat keinen weiten Anreiseweg, und kann dort ohne Hemmungen seine Wünsche offenbaren, da ihm der Bankmitarbeiter aufgrund gleicher Sprache und Denkweise nicht als Fremder gegenüber steht. Die gegenseitige Bekanntschaft hat zur Folge, dass zum einen die Verwendung komplizierter und zeit-aufwendiger Kreditantrags- bzw. Abwicklungsformulare weitgehend entbehrlich ist, was die gesamte Abwicklung von Finanztransaktion vereinfacht und beschleunigt. Zum anderen führt sie dazu, dass notwendige, lokale Informationen über die Bonität und wirtschaftliche Situation der Mitglieder als potentielle Kreditnehmer schon vorab vorliegen. Kosten-günstiges lokales Wissen wird in erster Linie von Mitgliedern – zugleich als Eigentümer und/oder Einleger – an die genossenschaftliche Bankunternehmung weitergeleitet. Die Koordination der Leistungsbeziehungen zwischen den Mitgliederwirtschaften und dem Genossenschaftsbetrieb findet in einem Spannungsfeld kollektiver und einzelwirtschaftlicher Interessen statt. Aus der genossenschaftlichen Willens-bildung und der Eigentümer-Kunden-Identität ergibt sich die Möglichkeit der Wissenteilung und Koordination zwischen Mitgliedern und Bankbetrieb. Die notwendige Menge an Informationen resultiert aus der Zusammenlegung vieler Einzelinformationen, die jedes Mitglied über seine engere Nachbarschaft mitzuteilen weiß. Das Geschäftsgebiet gilt quasi als *'lokaler Informationspool'*, durch dessen Nutzung ex ante Transaktionskosten, u.a.: Such- Informations-, Verhandlungs- und Entscheidungskosten, für die Genossenschaftsbank und ihre potentiellen Einleger erheblich verringert werden. Es entstehen Kosten-ersparnisse möglich durch eine höhere Auslastung gegebenen Kapitalbestandes oder durch die Einsparung von Kapital bei gegebener Ausbringungsmenge. Genossenschaften schaffen damit Gewinnmöglichkeiten durch die Entwicklung einer *Sammlung lokal nutzbaren Wissens*, die sich aus der gleichzeitigen Verwertung transaktionsspezifischer Informationen von Mitgliedern ergeben. Eine Kooperation erscheint als vorteilhaft, wenn dadurch die *Quasi-Renten* der Mitglieder erhöht werden können. Von besonderer Bedeutung sind der Koordinationsmechanismus der Anweisungen und die damit verbundenen Informationsübertragungskanäle. So lange die Mitglieder direkt in der Geschäftsführung involviert sind (*Selbstverwaltung*), besteht kein Übertragungs-problem. Der gemeinsam getragene Genossenschaftsbetrieb kann das erforderliche Koordinationswissen grundsätzlich immer billiger als ein unabhängig externer Anbieter bereitstellen.

Reziproke soziale Beziehungen führen dazu, dass sich Kreditnehmer den ständigen *sozialen Überwachungs- und Sanktionsmechanismen* ausgesetzt sehen[53]. Damit sind Voraussetzungen für die Anwendung von einfachen, kostengünstigen und effektiven Kreditvergabe-technologien durch gegenseitige Solidarhaftung und Kontrolle zu schaffen. Gemeint ist der *Peer-Monitoring-Mechanismus*, dessen Effektivität einerseits von dem symmetrischen

[53] Vgl. Paaßen, 1991, S. 224f.

Informationsverteilungsgrad zwischen den Mitgliedern und andererseits vom Anreiz der nicht-kreditnehmenden Mitglieder zur Kontrolle kreditnehmender Mitglieder abhängt[54]. Hier wird ersichtlich, dass die gegenseitige Solidarhaftung und der *soziale Druck*, bestehend aus informellen Kontroll- und Sanktionspotentialen, auf das Prinzip der lokalen Verwurzelung und das Identitätsprinzip zurückzuführen sind. Die *Solidarhaftung* beinhaltete ursprünglich eine unmittelbare, beschränkte oder unbeschränkte Haftung der Mitglieder gegenüber den Gläubigern der Genossenschaft. "So war für Schulze die Solidarhaftung einzig ein Mittel zur Verringerung des Bankrisikos aus der Sicht der Einleger, für Raffeisen aber eine Komponente im sittlichen Ziel des Zusammenrückens der Mitglieder eines Darlehenskassenvereins"[55].

Mitgliederdemokratie

Die gleiche Teilnahmemöglichkeit aller Mitglieder in der Mitglieder-versammlung gewährleistet ihre Willensbildungs- und Einflussmöglichkeiten bei den Entscheidungsprozessen wichtiger geschäftspolitischer Maßnahmen[56]. Hier ist zu betonen, dass der Kontroll- und Sanktionsmechanismus der *Abwanderung* (Exit) im 19. Jahrhundert den Genossenschafts-mitgliedern nicht zur Verfügung stand, weil der Kreditbedarf der Mitglieder-wirtschaften als externe Finanzierung in einer Region nur durch ihre genossenschaftliche Bankunternehmung oder durch den lokalen Geldverleiher gedeckt werden konnte[57]. Es verblieb den Mitgliedern nur noch der typische Mechanismus der *Meinungsäußerung* (Voice), die einer demokratischen Organisationsstruktur bedarf.

Das *Demokratieprinzip* weist insofern vertrauensbildende Funktion auf und sichert, dass opportunistische Spielräume der Bankmanager aufgrund prekärer, transaktionsspezifischer Beziehungen mit Genossenschaftsmitgliedern zugleich als Bankkunden eingeschränkt werden. Die *aktive Partizipation* der Mitglieder, d.h. deren Teilnahme an Zielbildungs-, Entscheidungs- und Kontrollprozessen, ist von besonderer Bedeutung für die Wahrung des Förderzwecks und für die nachhaltige Entwicklung der Organisation als Ganzes.

Ehrenamtliche Tätigkeiten bei der Selbstverwaltung (Vorstand) und Selbstkontrolle (Aufsichtsrat) der Geschäftsführung.

Als ehrenamtliche Personen sind die aus dem Kreis der Mitglieder entstammenden Vertreter zu verstehen, damit das Ehrenamt unmittelbar an die *Mitgliederbasis* gebunden ist. Sie können entweder hauptamtliche oder nebenamtliche Tätigkeiten im Diente der Genossenschaft ausüben[58]. Die

---

[54] Vgl. Stiglitz, 1990.
[55] Werner, 1992, S. 539; Seit 1933 wurde dann ganz auf die Solidarhaftung verzichtet (vgl. Hoppert, 1992, S. 584).
[56] Siehe Bonus, 1994, S. 26ff.
[57] Vgl. Bonus, 1987, S. 14f.
[58] Vgl. Bialek, 1995, S. 162.

Ehrenamtlichkeit hat zur Folge, dass nur geringe Kosten für *Personalaufwand* anfallen. Andererseits wird die durch den Förderungsauftrag gewonnenen *nicht-pekuniären Anreize* wie Prestige oder soziale Anerkennung der Mitglieder im Vorstand- und Aufsichtsrat ihren Ermessensraum 'freiwillig' beschränken, ohne dass sie ihr idio-synkratisches Wissen für eigene Zwecke ausnutzen. Das auf den genossenschaftlichen Prinzipien der Selbstverwaltung und Selbstkontrolle beruhende Ehrenamt erweist sich als *"Hüter der Glaubwürdigkeit* nach ihnen und nach außen"[59].

2.2.3. Komparative Kostenvorteile

Mit der Gründung der genossenschaftlichen Finanzorganisationen gelang es, die nicht angreifbare Monopolstellung lokaler *Geldverleiher* zu durchbrechen. Aufgrund der Nutzung des regionalen Informationspools und des Peer Monitoring-Mechanismus können die Gesamtpreise von Finanzprodukten günstiger ausfallen als die des bisherigen Monopolisten. In bestimmten Situationen ist die Kreditgenossenschaft sogar in der Lage, neuen Kreditzugang für Unternehmer auch mit sehr geringeren Vermögensausstattungen zu schaffen, die sowohl von konventionellen Kreditbanken als auch von dem lokalen Geldverleiher aus ökonomischen Gründen ex ante abgelehnt sind. Die fremdkontrollierte Abhängigkeit vom lokalen Geldverleiher ist zwar durch die Gründung der genossenschaftlichen Bankunternehmung internalisiert, an der hinreichenden Bedingung eines natürlichen Monopols ändert sich jedoch nichts. Die kostengünstige Überwindung der Informations- und Anreizprobleme traditioneller genossenschaftlicher Finanzorganisationen führt dazu, dass in einem räumlich begrenzten Geschäftsgebiet wieder Subadditivität der Kostenstruktur vorliegt. Hierbei stehen die Mitglieder(wirtschaften) in der *internen Abhängigkeit* von der genossenschaftlichen Bankunternehmung. Mit dem Organisationsbeitritt erwerben Mitglieder *Geschäftsanteile*, die sie gleichzeitig zu Eigentümern und Eigenkapitalgebern machen und ihnen damit ermöglichen, Einfluss auf geschäftspolitische Maßnahmen selbst auszuüben. Die durch Mitgliederdemokratie und Selbstverwaltung bedingten (Mit-) Bestimmungsrechte dienen dazu, die entstandenen internen Abhängigkeiten zu neutralisieren. Die durch die Genossenschaftsverfassung hervorgerufene Identität gibt den Ausschlag für Funktionsfähigkeit dieser Organisationsform. 'Genossenschaftsgeist' und das damit verbundene Vertrauenskapital sowie wirtschaftliche Effizienz sind nach dieser Vorstellung miteinander zu verbinden[60]. Es handelt sich hier vor allem um die Bindungswirkung der ökonomischen Leistungsfähigkeit genossenschaftlicher Unternehmens-form. Der Wert des *Vertrauens* liegt für das Mitglied in der Möglichkeit, Informationsdefizite abzubauen und als transaktionskostensenkende Grundlage einer dauerhaften Geschäftsbeziehung nutzbar zu sein. Wichtige Faktoren, die

---

[59] Großfeld, 1988, S. 269.
[60] Vgl. Grosskopf/Schuler, 1988, S. 357.

das Entstehen eines Vertrauensvorschusses begünstigen, sind eine auf *Dauer* angelegte Geschäftsbeziehung, eine *gleichmäßige Machtverteilung* zwischen Transaktionspartnern und bekannte sowie *faire Regelungen* des Verhandlungsprozesses[61]. Traditionelle Kreditgenossenschaften können als eine "konkrete institutionelle Antwort auf die wirtschaftlichen Abhängigkeiten des Mittelstandes im 19. Jahrhundert" interpretiert werden[62].

Kreditgenossenschaften sind vermutlich aus der Notwendigkeit heraus entstanden, dass Kapitalgeber mit ihren (potentiellen) Kapitalnehmern *kundenspezifisches Wissen* benötigen, um Kredite zu vergeben. Mitglieder können die Finanzierungsfunktion billiger vornehmen als jeder anderer Kreditgeber, weil sie aufgrund der sehr hohen Marktaustrittkosten transaktionsspezifische Quasi-Renten durch die Finanzierung erzeugen und absichern können. Diese *ökonomischen Renten* stammen nicht wesentlich aus der Informationskostenersparnis und Zinssenkung, sondern aus der *erweiterten Handlungsmöglichkeiten* für die Genossenschafts-mitglieder, die durch die Finanzierung realisiert werden. Kreditgenossenschaften lassen sich nicht allein aus der Kostensenkung im Wettbewerb mit den Geldverleihern und konventionellen Kreditinstituten erklären, sondern mit der Erklärung einer *Koordinations-schwelle* zwischen der genossenschaftlichen Bankunternehmung und ihren Mitgliedern, als Eigentümern und/oder Kunden, um sich die ökonomischen Quasi-Renten aus der Finanzierung der Handlungsmöglichkeiten anzueignen[63].

Der Hauptvorteil aus gemeinsamem Handeln in einer Genossenschaft liegt in der Internalisierung wichtiger Transaktionen in den gemeinsam getragenen Betrieb, wobei die Eigentümer weiterhin die transaktionsspezifischen Ressourcen besitzen. Fungiert die genossenschaftliche Bankunternehmung als Transaktionspartner, helfen die *Organisationsbeziehungen* (u.a.: Wahl-/Abwahl, Geschäftsführung, Kontrolle) und die damit verbundenen *Mitbestimmungsrechte* den Mitgliedern, Abhängigkeiten und Unsicherheiten aus opportunistischem Verhalten der Bankunternehmung zu vermindern. Durch die vertikale Integration vermeiden sie potentielle Bedrohungen ihrer Quasi-Renten durch Außenstehende. Auf der Kostenseite ist möglicher organisationsinterner Opportunismus zu verbuchen.

3. Strukturelle Problemfelder

3.1. Interne Effizienznachteile

Die Gründung einer genossenschaftlichen Organisation ist allerdings nur in den Fällen effizient, "in denen die Zusatzkosten aus den entstehenden internen Abhängigkeits-beziehungen durch die Kosteneinsparungen aus der

---

[61] Vgl. Albach, 1980, S. 6f.
[62] Bonus, 1987, S. 16.
[63] Vgl. Schreiter, 1994, S. 520ff.

90

Internalisierung externer Abhängigkeiten mindestens kompensiert werden. Zwischen beiden Abhängigkeitsarten besteht eine Trade-off-Beziehung, deren Nettoeffekt vor allem von der Mitgliederzahl abhängt. Je kleiner die Mitgliederzahl einer Genossenschaft ist, um so konzentrierter sind ceteris paribus die Verfügungsrechte an der Gesellschaft und umso besser funktioniert die soziale Kontrolle unter ihren Mitgliedern, wodurch die internen Abhängigkeiten begrenzt werden"[64]. Offensichtlich existiert ein grundsätzliches Dilemma zwischen *Größenwachstum* genossenschaftlicher Bankunternehmung und zunehmenden Organisationsproblemen. Solange Genossenschaften jedoch eine kritische Größe nicht überschreiten, dürfte die Genossenschaftsverfassung dafür sorgen, dass interne Anreiz- und Kontrollprobleme nicht überhand nehmen[65]. Die *räumliche Ausdehnung* des Geschäftsgebietes, die *Verbreitung der Mitgliederbasis* und die damit verbundene zunehmende *Interessenheterogenität* führen zu abnehmenden persönlichen Bindungen, zum geringeren sozialen Gruppendruck, und demzufolge zum erschwerten Erschließen des lokalen Informationspools sowie zur verminderten Effektivität sozialer Überwachungs- und Durchsetzungsmechanismen.

Potentielle *Kontrolldefizite* ergeben sich erstens aus der *Kontrolle des Managements* bzw. des Vorstands durch die einzelnen Mitglieder, d.h. Agency-Probleme zwischen der genossenschaftlichen Bankunternehmung und den Mitgliedern, zweitens aus der *gegenseitigen Haftung und Kontrolle* zwischen den Mitgliedern untereinander, d.h. Agency-Probleme zwischen der Gruppe von Mitgliedern als Kreditnehmern und der Gruppe von Mitgliedern als Spareinlegern/Eigentümern. Letztlich sind Agency-Probleme zwischen der Kreditgenossenschaft als Ganzes und den *externen Refinanzierungs- organisationen* zu erwähnen[66]. In diesem Kontext sind folgende Fragen von besonderer Bedeutung:

- Auf welche Weise können Zielkonflikte, vor allem zwischen der Gruppe von Mitgliedern als Kreditnehmern und der Gruppe von Mitgliedern als Spareinleger/ Eigentümer, bewältigt werden?

- Sind die organisatorischen Regelungen in der Lage, die Bindung der genossenschaftlichen Bankunternehmung an den Förderauftrag zu gewährleisten?

Ein Handeln der Geschäftsleitung als Agent im Auftrag der Mitglieder als Prinzipal wird durch eigene Zielvorstellungen der Genossenschaftsmanager beeinflusst. Für die Mitglieder als Eigentümer entsteht damit ein Kontrollproblem. Die Einschränkung des Handlungs-spielraums der Geschäftsführung ist jedoch nur organisationsinternen Überwachungs- und Durchsetzungsmechanismen ausgesetzt, weil zusätzliche *externe (marktliche) Kontroll-*

---

[64] Picot et al., 1999, S. 181.
[65] Vgl. Münkner, 1989, S. 24.
[66] Vgl. Geis, 1990, S. 43ff.

potentiale (Kapitalmarkt oder Markt für Unternehmensübernahmen) aufgrund der genossenschaftsspezifischen Organisationsstruktur nicht zur Verfügung stehen. Hier bedarf es angemessenen Anreiz- und Überwachungsstrukturen mit entsprechenden institutionellen Vorkehrungen in den Statuten der Genossenschaft, um die Kontrollaktivitäten und Anstrengungen von Mitgliedern zu fördern und zu motivieren, sowie opportunistisches Verhalten der Geschäftsführung abzuschrecken. Die Wahrnehmung von *Mitbestimmungsrechten* seitens der Mitglieder muss gegeben und sichergestellt werden. Die möglicherweise entstehenden Agency-Probleme können potentielle Nachteile erzeugen, die Effizienzvorteile genossenschaftlicher Organisationsform überkompensieren (negative kollektive Nettovorteile).

Weiterhin können interne Effizienznachteile durch eine *heterogene Bedürfnisstruktur* unter den Mitgliedern hervorgerufen werden[67]. Infolge unterschiedlicher *Zeitpräferenzen* bei einzelnen Mitgliedern kann die variable Mitgliederstruktur dazu führen, dass zum einen solche Mitglieder mit hoher Gegenwartspräferenz nur eine kurzzeitige Mitgliedschaft anstreben, um einen zeitweiligen Vorteil zu erlangen; und dass sie gegen jedes profitable Investitionsprojekt mit erst möglichen Auszahlung bei einer dauerhaften Mitgliedschaft zum anderen stimmen. Kollektiv ineffiziente Entscheidungen können demzufolge in der Generalversammlung getroffen werden. Außerdem ergibt sich eine Mehrprinzipal-Problematik, wobei ein einzelnes Mitglied versucht, Einfluss auf den Vorstand so zu nehmen, dass sein individuelles Interesse die höchste Priorität eingeräumt wird. *Kontraproduktive Beeinflussungsaktivitäten* umfassen all jene ineffizienten Maßnahmen von Mitgliedern (u.a. Versprechen, Bestechung, Erpressung etc.) mit dem Zweck, Einfluss auf die Entscheidungen des Vorstandes zuungunsten anderer Mitglieder auszuüben. Möglicherweise bilden manche Mitglieder Koalitionen zu Lasten der übrigen Mitgliedern. Nicht zu vermeiden sind negative externe Effekte zwischen den Genossen aufgrund potentiellen Widerspruchs zwischen der individuellen Rationalität des einzelnen Genossen und der kollektiven Rationalität der Bankunternehmung[68].

3.2. Mangelnde Diversifikation und Kapitalknappheit

Eine grundlegende Voraussetzung für die Effektivität des Bankmanagements von Liquiditäts- und Kreditausfallrisiken ist die hinreichende Diversifikation des Kreditportfolios, wobei notwendige Bedingungen dafür, u.a. die Unabhängigkeit von finanzierten Investitions-projekten und eine hinreichend große Anzahl von Kreditnehmern, in einer primären Kreditgenossenschaft nicht immer erfüllt sind. Hochgradige *Korrelation* von Investitions-projekten und damit verbundenen Risiken rekurrieren auf die hohe *Homogenität* der Mitglieder infolge der lokalen Verwurzelung, weil kreditnehmende Mitglieder in einer Region oftmals

---

[67] Vgl. Wagner, 1988, S. 56.
[68] Vgl. Kräkel, 1990, S. 351ff.

ähnliche Berufstätigkeiten ausüben oder ähnlichen exogenen Risiken ausgesetzt sind[69]. Das *Identitätsprinzip*, Mitglieder gleichzeitig als Eigentumsträger und Kunden der Bankunternehmung, führt dazu, dass aufgrund der beschränkten Anzahl von Transaktionspartnern mit der Bankunternehmung die potentiellen qualitativen Vermögens-transformationsleistungen (Losgrößen-, Fristen- und Risikotransformation) begrenzt sind[70]. Dies betrifft vor allem die Möglichkeit der *Einlagenmobilisierung* von den Genossenschaftsmitgliedern.

Um gegen Bankrisiken vorzusorgen, besteht weiterhin die Möglichkeit, dass einzelne lokale Kreditinstitute über einen ausreichend größeren, gesicherten *Eigenkapitalbestand* verfügen müssen, weil sie höhere Risiken im Aktivgeschäft gegenüber anderen konventionellen Banken aufweisen. Das sich aus Geschäftsguthaben der Mitglieder ergebende Betriebkapital (gezeichnetes Kapital) und der Reservefonds bilden das *Eigenkapital* einer genossenschaftlichen Bankunternehmung[71]. Da Kapital bei der förderwirtschaftlichen Zwecksetzung einen 'dienenden Charakter' innewohnt, sind die Geschäftsguthaben keine Kapitalanlagen sondern finanzielle Beiträge[72]. Das Entgelt für die Bereitstellung der *Geschäftsguthaben* findet seinen Niederschlag in dem Anspruch auf Beteiligung an den Kooperationserträgen, die nicht nur aus der Kapitalbeteilung sondern auch aus der Betätigung individueller Austauschbeziehungen mit dem Genossenschaftsbetrieb resultieren[73]. Die Einzahlungen der Mitglieder können als Betriebsvorschüsse für die Zeitdauer der Mitgliedschaft interpretiert werden[74]. Sie widerspiegeln aber auch den Anspruch des jeweiligen Mitglieds auf Rückzahlung bei seinem Ausscheiden. Zum einen muss die sich aus dem Auszahlungsanspruch der ausscheidenden Mitglieder ergebende *Variabilität* des Eigenkapitalbestandes zwingend durch dauerhafte Gewinnthesaurierung bzw. Bildung von Rücklagen in der Form von Reservefonds aufgefangen werden. Zum anderen reichen beim wachsenden Kreditbedarf und bei komplexeren, nicht überschaubaren Finanzverträgen das ständig schwankende Betriebkapital nicht aus, so dass die Rücklagen eine immer größere Rolle als Finanzierungsquelle spielen[75]. Die dauerhafte Bildung der *unteilbaren Reservefonds* führt dazu, dass die benötigte Kapitalbasis im Laufe der Zeit gesichert werden kann. Die finanzielle Eigenmacht der Bankunternehmung wird dabei verstärkt und zum Teil gegenüber Genossenschaftsmitgliedern verselbstständigt. Kapitalinteressen treten offensichtlich in den Vordergrund. Der Kontrollmechanismus durch drohende Abwanderung (Exit) und damit verbundenen Kapitalentzug versagt bei relativ

---

[69] Vgl. Vollmer, 2000, S. 70.

[70] Vgl. Krahnen/Schmidt, 1999, S. 19.

[71] Vgl. Kluge, 1991, S. 151f.

[72] Dies bedeutet "die Überlassung von Kapital zur Herstellung bzw. Aufrechterhaltung der Betriebsbereitschaft" (Bialek, 1995, S. 151).

[73] Vgl. Vierheller, 1983, S. 29.

[74] Vgl. Paulick, 1956, S. 182.

[75] Vgl. Höser, 1989, S. 93.

hohen Reservefonds[76]. Hier stehen sich die Erfordernisse genossenschaftlicher Finanzorganisation nach einer gesicherten, stabilen Eigenkapitalbasis und die Interessen der Mitglieder nach einer *personalistisch* ausgestalteten (Kapital-)Beteiligung gegenüber. Bei zunehmendem Umfang des Kapitalbedarfs ist die Entscheidung zugunsten der Orientierung an Mitgliederbedürfnissen auszuweichen. Agency-Probleme zwischen der genossenschaftlichen Bankunternehmung und Mitgliedern wurden verstärkt, weil die Kontroll-möglichkeit der Geschäftsführung durch die einzelnen Mitglieder bei zunehmender *finanzieller Unabhängigkeit* der Bankunternehmung entzogen wurde. Zum einen beinhaltet die Unteilbarkeit der Rücklagen eine "induzierte Mitgliederbindung"[77], weil das unteilbare Eigenkapital sich zwar im Gesamt-eigentum der Mitglieder befand, jedoch ihrem unmittelbaren, wechselbedingten Zugriff entzogen war. Zum anderen ist die Bedeutung der solidarischen, gegenseitigen Haftung und Kontrolle aufgrund der steigenden Reservefonds möglicherweise zur Disposition gestellt.

Skaleneffekte bei der Risikovorsorge können genutzt werden, indem die lokalen Organisationen sich im *genossenschaftlichen Verbund* gegenseitig gegen Liquiditäts- und Kreditausfallrisiken versichern. Sie sind selber Mitglieder in einer (über)regionalen Verbund- und Verbandorganisationen. Die *kollektiven Versicherungssysteme* und die Gewährung *externer Finanzierungsquelle* können dazu führen, dass das Risikomanagement einer einzelnen Primärgenossenschaft mit hoher *Verhaltensunsicherheit* aufgrund verminderter Anreize zur Wahrnehmung der finanzintermediären Funktion verbunden ist.

4. Fazit

Die institutionenökonomische Darstellung traditioneller Kreditgenossenschaften als finanzintermediäre Kooperationsform mit dem Zweck zur Koordination der Abwicklungen von Finanztransaktionen und zur Steuerung des Verhaltens der beteiligten Wirtschaftsakteure verschafft die Möglichkeit, die Entstehung der kreditgenossenschaftlichen Organisationsform aufgrund ihrer ökonomischen Vorteilhaftigkeit zu erklären sowie ihre strukturellen Effizienznachteile zu identifizieren. Eine besondere Rolle spielt das *kostengünstige Erschließen lokaler Informationskanäle*. Eine Kreditgenossenschaft kann sich auf einen lokalen Informationspool und auf soziale Überwachungs- und Durchsetzungsmechanismen (Organisationskultur) stützen, so dass diese Organisationsform aufgrund komparativer Kostenvorteile gegenüber anderen Wettbewerbern die vernachlässigten potentiellen Kreditnehmer bedienen könnten, obwohl diese nur über geringeres Vermögen bzw. geringere dingliche Sicherheiten verfügen. Ökonomische Vorteilhaftigkeiten einer genossenschaftlich organisierten Finanzorganisation bestehen in der Einbehaltung der *Selbständigkeit* von Mitgliederwirtschaften und in der vertikalen *Integration* in die Bank. Nur wenn

---

[76] Vgl. Bänsch, 1972, S. 22.
[77] Grosskopf, 1990, S. 134.

diese beiden Determinanten gegeben und mittels einer angemessenen Organisationsstruktur miteinander verbunden sind, kann von einer 'funktionsfähigen' Kreditgenossenschaft gesprochen werden. Diese ist demnach vornehmlich durch ein Merkmal gekennzeichnet, das sie im Wirtschaftsleben eindeutig abgrenzt: die unerlässliche *Mitgliederwidmung*. Sie äußert sich zum einen in dem Förderzweck, der einzig auf die Bedürfnisse der Mitglieder zugeschnitten ist und daher als Förderwirtschaftlichkeit bezeichnet wird. Daneben wird die unmittelbare *Partizipation* der Mitglieder an den Willensbildung- und Entscheidungsprozessen der Geschäftsführung auf einer *demokratischen Basis* erfordert. Die Mitgliederwidmung, die regionale Bindung und die demokratische Verfassung begründen schließlich die spezifische *Genossenschaftsidentität*. Die Genossenschaft als finanzintermediäre Kooperationsform erweist sich als ein entwicklungsfähiges Konzept unter bestimmten Bedingungen nur dann, wenn diese Identität aufgebaut und bewahrt werden können.

Die Funktionsweise einer Kreditgenossenschaft beruht auf der spezifischen *Eigentums-* und *Leistungsbeziehungsstruktur* zwischen den Mitgliedern und der gemeinsam getragenen Bankunternehmung, die ständig dem Marktwettbewerb und den Umfeldanforderungen ausgesetzt ist. Wichtig ist, dass der *Fördererfolg* den *Markterfolg* voraussetzt. Bei dieser Kooperationsform handelt es sich primär nicht um Hilfe für soziale Schwache, sondern um die Erschließung von Finanztransaktionsmöglichkeiten in *Selbsthilfe*. Genossenschaften zielen nur auf Teilnehmer des Wirtschaftsprozesses ab, die zur Selbsthilfe in der Lage sind und sich am neu entstehenden Reichtum in einer sich wandelnden Wirtschaftsordnung partizipieren wollen und können. Friedrich Wilhelm Raiffeisen und Herrmann Schulze-Delitzsch stellten ihre Kreditgenossenschaften erst auf reine Selbsthilfe um, als sie erkennen mussten, dass sie die auf *Fremdhilfe* beruhenden (Finanz-) Organisationen nicht stabilisieren konnten[78].

Zentrales Element der kreditgenossenschaftlichen *Unternehmensstrategie* ist das Mitglied, das im Prinzip zugleich als Eigentümer und Transaktionspartner des Genossenschaftsbetriebes fungiert (Identitätsprinzip). Neben der Sicherung der langfristigen Leistungsfähigkeit der genossenschaftlichen Bankunternehmung über eine angemessene *Generierung ökonomischer Renten* sollte sich die Erfüllung der *Mitgliederbedürfnisse* als die oberste Priorität erweisen. Eine Kernkompetenz hat die genossenschaftliche Bankunternehmung im Umgang mit ihren Mitgliedern, deren Umsetzung einer markt- und mitgliederorientierten Geschäftspolitik bedarf. Der Aufbau langfristig angelegter Bank-Kunden-Beziehung erweist sich als ein wichtiger Unternehmenserfolgsfaktor im dynamischen Wettbewerbsprozess. Lokale Kreditgenossenschaften agieren vor Ort als selbständige und kleine Finanzintermediäre. Den ökonomischen Vorteilhaftigkeiten der Kleinheit, Selbstständigkeit und der lokalen Markt- und

---

[78] Vgl. Trosky, 1996, S. 130.

Kundennähe stehen die betriebsgrößenbedingten Restriktionen bei den geschäftspolitischen Aktivitäten und damit bei geringeren Risikodiversifikationen gegenüber. Mit zunehmender Unternehmensgröße, im Hinblick auf Geschäftsvolumen bzw. Mitgliederzahl, und damit einhergehenden Informationsdefiziten, mit steigender Heterogenität sowie mit Motivationsverlusten wird die Generierung stabiler Kooperationserträge durch zusätzliche Verhandlungs- und Kontrollkosten und Effizienzminderung erschwert.

Die internen Effizienzprobleme einer lokal agierenden, genossenschaftlichen Bankunternehmung, nämlich Kontrolldefizite, mangelnde Risikodiversifikation und Eigenkapitalknappheit, können z.T. durch den Aufbau eines überregionalen Finanzverbunds gelöst werden; d.h. diese können durch *zwischenbetriebliche Kooperationen* lokaler Kreditinstitute gelindert werden, indem sie sich zu einem Finanzverbund zusammenschließen. Die Verbundzusammenarbeit ermöglicht den ortsgebundenen Kreditgenossenschaften zugleich die Generierung von Vorteilen der Kleinheit und die Partizipation an Größenvorteilen. Zu fundamentalen Charakteristika einer lokalen Kreditgenossenschaft gehören die Mitgliederförderung, das Prinzip der Kleinheit und Dezentralität, die lokale Verwurzelung und die Mitgliederdemokratie. Diese passen aber kaum zu einer großen, unübersichtlichen Betriebsgröße. Mittels vertikaler und horizontaler Arbeitsteilungen innerhalb eines (so genannten) *demokratischen Unternehmensnetzwerks* können lokale Kreditgenossenschaften zum einen ihre Leistungserstellungsprozesse und zum anderen ihre offerierten Produkte quantitativ und qualitativ verbessern. Die überregionalen Verbundunternehmen, d.h. überregionale genossenschaftliche Zentralbanken und Prüfungsverbände, dienen mittelbar oder unmittelbar letztlich dem Hauptzweck, die aktuellen und potentiellen Mitgliederbedürfnisse lokaler Finanzintermediäre zu erfüllen (*Fördererfordernis*). Sie haben weiterhin die Aufgabe, die Leistungsfähigkeit einzelner Netzwerkmitglieder langfristig zu erhalten und zu steigern und damit die Wettbewerbsfähigkeit des genossenschaftlichen Verbundsystems als Ganzem zu stärken (*Markterfordernis*). Auf diese Weise können diese kleinen und selbständigen genossenschaftlich organisierten Finanzintermediäre die Größen- und Synergievorteile nutzen, ohne ihre Vorteile der lokalen Markt- und Kundennähe und der dezentralen Flexibilität aufgeben zu müssen.

Das Ergebnis der ökonomischen Analyse besteht somit darin, dass sich die Kreditgenossenschaft als geeignet für die Verfolgung wirtschaftlicher Kooperationsziele erweisen kann und als eigenständige Organisationsform auch legitimiert wird. Institutionelle und technologische *Veränderungen* entziehen sich als externe Rahmenbedingungen weitestgehend einer direkten Beeinflussung; eine Kreditgenossenschaft kann daher in der Regel nur eine Reaktion auf sie sein. Das bedeutet dann allerdings auch, dass bei einem Wegfall entsprechender Umweltsituationen die Existenz und das Bestehen der Kreditgenossenschaft als kooperative Finanzorganisationsform nicht zwangsläufig gesichert sind. Entfällt die ökonomische Vorteilhaftigkeit der

Selbständigkeit von Mitgliederwirtschaften und/oder der vertikalen Integration in die genossenschaftliche Bankunternehmung, ist ihre Daseinberechtigung in Frage gestellt. Die Kreditgenossenschaft wird nur dann längerfristig eine Perspektive haben können, wenn sie über eine eigenständige Rechtsform verfügt, die ihre Wesenmerkmale unterstützt und so in ihrer Identität bestärkt. Zwischen der Funktionsfähigkeit genossenschaftlicher Kooperationsform und deren Rechtsform besteht eine enge Wechselbeziehung. Es besteht daher ein ordnungspolitischer Handlungsbedarf. Ohne ein angemessenes Organisationsrecht kann keine Kreditgenossenschaft ihre ökonomischen Kooperationsvorteile ausnutzen. Dabei soll sich die Erkenntnis einstellen, dass das Genossenschaftsgesetz zwar ein reines *Organisationsgesetz* ist. Demzufolge kann es lediglich den Rahmen für finanzintermediäre Kooperationen setzen; keinesfalls ist es als eine Art der Handlungsanweisung für ihre Umsetzung geeignet. Wenn die Kreditgenossenschaft eine Kooperationsform sein soll, darf ihr förderwirtschaftlicher Charakter nicht nur per se unterstellt werden, sondern muss institutionell – und das heißt dann durch entsprechende Regelungen – verankert werden. Es wurde in der Arbeit aufgezeigt, dass eine *personalistische (Vereins-)Struktur* mit den betriebswirtschaftlichen Notwendigkeiten *wettbewerbsfähiger Bankunternehmung* verbunden werden soll. Die personenbezogenen Strukturelemente sind geeignet, die Mitglieder unmittelbar in die geschäftspolitischen Entscheidungsprozesse einzubeziehen und dadurch deren Förderzweck institutionell zu belegen. Es wird erwartet, dass die genossenschaftliche Finanzorganisationsform mittels einer derartigen Stärkung ihrer Glaubwürdigkeit ein stärkeres *gesellschaftspolitisches Verständnis* gewinnen würde. Zugleich bedeutet es, dass eine Kreditgenossenschaft dauerhaft ihre Wettbewerbsfähigkeit nachweisen muss. Zwar ist nicht auszuschließen, dass diese Organisations- und Rechtsform auch als ein Mittel der Wettbewerbsbeschränkung Verwendung findet. Genossenschaften können in diesem Sinne kein wirksames Mittel zum künstlichen Schutz wettbewerbsunfähiger Unternehmen sein sondern nur ein Instrument zur Ermöglichung einer besseren Entwicklung wirtschaftlich existenzfähiger Einzelwirtschaften. Zur Verhinderung eines solchen Missbrauchs bedarf es geeigneter rechtlich-institutioneller Vorkehrungen. Zusammenfassend betrachtet kommt der genossenschaftlichen Kooperationsform eine ordnungspolitische bzw. gesamtwirtschaftliche Bedeutung zu.

Kapitel IV: Wettbewerbspotentiale genossenschaftlicher Finanz- und Verbundorganisationen: Eine kompetenzbasierte Perspektive

Nach Fischer werden genossenschaftliche Finanzsysteme in einzelnen Ländern der Welt zwischen föderativen (federated-network) und atomisiert agierenden Strukturen (atomizied-competitive) unterschieden. Erstere, genossenschaftliche Finanzverbundsysteme, finden sich in Deutschland, Frankreich, Holland, Österreich, Quebec/Kanada etc. Letztere existieren in England, Italien, Spanien, USA etc[1]. *Föderative Verbundsysteme* lassen sich als eine spezifische zwischenbetriebliche Kooperationsform auffassen, die auf Freiwilligkeit beruht und sich als einen auf Dauer angelegten Zusammenschlusses mehrerer rechtlich und wirtschaftlich selbstständiger Unternehmen zum Zweck einer gemeinsamen (Teil-)Aufgabenerfüllung interpretieren lässt[2]. Die Kooperation im Verbund ermöglicht den kleinen, selbständigen und ortgebundenen Genossenschaften zugleich die Generierung von Vorteilen der Kleinheit und die Partizipation an Größenvorteilen[3]. Lokal agierende Institute werden somit auf (über-)regionaler Ebene von Zentralbanken, Prüfungsverbänden und anderen Spezialinstituten unterstützt[4]. Auf diese Weise können diese kleinen und selbständigen genossenschaftlich organisierten Finanzintermediäre die Größen- und Synergievorteile nutzen, ohne ihre Vorteile der lokalen Markt- und Kundennähe und der dezentralen Flexibilität aufgeben zu müssen[5]. Die Oberbauinstitute dienen mittelbar oder unmittelbar letztlich dem Hauptzweck, die aktuellen und potentiellen Mitgliederbedürfnisse lokaler Kreditgenossenschaften zu erfüllen (*Fördererfordernis*). Sie haben weiterhin die Aufgabe, ihre Leistungsfähigkeit langfristig zu erhalten und steigern und damit die Wettbewerbsfähigkeit des genossenschaftlichen Verbundsystems als Ganzen zu stärken (*Markterfordernis*)[6].

---

[1] Vgl. Fischer, 2002, S. 1ff.; vgl. dazu auch MacPherson, 1998. Zur Entwicklung und Struktur des deutschen genossenschaftlichen Finanzverbundsystems sei verwiesen auf u.a. Müller, 1976, S. 67f.; Schierenbeck, 1988, S. 9ff.; Kluge, 1991, S. 252ff; Aschhoff/Henningsen, 1995, S. 55ff.; Klingenberger, 1998, S. 4ff.; Polster, 2001, S.294ff. Zur vergleichenden Analyse der kreditgenossenschaftlichen Systeme in Westeuropa siehe Sommer, 1998.

[2] Vgl. Lehmann, 1965, S. 41f.; Müller, 1976, S. 8f. Zur allgemeinen Analyse der zwischenbetrieblichen Kooperationen vgl. Rotterring, 1993.

[3] Vgl. Wiedemann, 1992, S. 15; Bonus et al., 1999, S. 26f..

[4] Zur begrifflichen Bestimmung zum genossenschaftlichen Finanzverbund siehe Edenhofer, 1994; vgl. dazu auch Brazda/Schediwy, 1998. In der vorliegenden Arbeit konzentriert sich die Analyse vorwiegend auf (über-)regionale Zentralbanken in Bezug auf die Leistungsbewirkungsfunktion und Prüfungsverbände in Bezug auf die Leistungssicherungsfunktion (als Oberbauunternehmen einer traditionellen föderativen Verbundorganisation). Die anderen Verbundunternehmen sowie Spezialinstitute werden nicht explizit betrachtet.

[5] Vgl. Bonus, 1990.

[6] Helmut Wagner spricht in diesem Zusammenhang vom traditionalen und institutionellen Selbstverständnis der Kreditgenossenschaften (vgl. Wagner, 1988, S. 57f.)

Im Mittelpunkt dieses Kapitels stehen die folgenden zwei miteinander verknüpften Fragestellungen:

a) Wie lassen sich *anhaltende Wettbewerbsvorteile* genossenschaftlicher Kooperationsform auf lokaler Ebene sowie deren Determinanten identifizieren und charakterisieren?

b) Wie können *zwischenbetriebliche Kooperationen* auf Verbundebene zur Stärkung und Sicherung der *Leistungsfähigkeit* der Primärorganisationen beitragen?

Ausgehend von der gegebenen Problemstellung, die sich als Fragen nach der Quelle nachhaltiger Wettbewerbsvorteile und nach dem Beitrag der Verbundkooperation zur Förderung der lokalen Kreditgenossenschaften zusammenfassen lässt, sollte sich das vorliegende Kapitel auf die Behandlung der Natur der unternehmensexternen und -internen *Determinanten anhaltender Wettbewerbsvorteile* kreditgenossenschaftlicher Kooperationsform, der *Motive* für die Zusammenarbeit im Finanzverbund und der Betrachtung der *funktionalen Aufgaben* der (über-)regionalen *Verbundunternehmen* in einem strategischen Zusammenhang konzentrieren.

Eine Analyse ökonomischer Wettbewerbsvorteile ist Hauptforschungsgegenstand des strategischen Managements[7]. Die Quellen von Unternehmenserfolgen sind auf externe Faktoren (Market-based View) und/oder auf interne Faktoren (Resource-based View) zurückzuführen. Für die vorliegende Arbeit ist eine *integrative Betrachtungsweise* auf markt- und ressourcenorientierte Konzepte anzuraten, wobei die Fokussierung auf die zweite Sichtsweise als Ausgangspunkt der theoretischen Überlegungen abgehoben wird. Erhebliche Fortschritte des strategischen Managements sind der Entwicklung des Resource-based View innerhalb der letzten zwei Dekaden zugeschrieben. Nach einer lang vorherrschenden unternehmensexternen Marktorientierung der Industrieökonomik bereichert sich diese Disziplin um eine ökonomisch fundierte Sichtweise der wettbewerblichen Bedeutung unternehmensspezifischer Charakteristika. Gegenüber der (Neuen) Industrieökonomik mit ihrer Analyse des (unvollkommenen) Wettbewerbs auf *Produktmärkten* kann die ressourcenorientierte Sicht ihren Fokus auf den Wettbewerb um distinktive Ressourcen und Kompetenzen auf *Faktormärkten* ins Feld führen. Aus dieser Perspektive beruhen Wettbewerbsvorteile auf unternehmensspezifischen Ressourcen/ Kompetenzen, die für die Funktionserfüllung erforderlich sind und zugleich in irgendeiner Form einzigartig sind, d.h. von anderen Konkurrenten zumindest kurzfristig nicht imitiert, substituiert oder angeworben werden können (Abschnitt 1). Nach Nelson müsse eine dynamische Theorie der Firma auf die drei Merkmale, nämlich *Marktpositionierung/-struktur*, *Unternehmensstrategie* und verfügbare *Ressourcen*-(bündel), abstellen, um die (nachhaltige) Existenz

---

[7] Vgl. Barney, 1991, S. 99.

einer bestimmten Organisationsform adäquat zu erklären [8]. Sie bilden die wichtigsten Eckpfeiler für die Erreichung andauender Wettbewerbsvorteile. Der aus den theoretischen Grundlagen der Resource-based View weiterentwickelte Kernkompetenzansatz hat sich im Zusammenhang mit seiner Integration in die Theorie der Unternehmensnetzwerke große Verbreitung gefunden (Abschnitt 2).

Zur Analyse der Wettbewerbsfähigkeit genossenschaftlichen Kooperationen in einer sich ändernden Umwelt ist jedoch konzeptionell notwendig, nach den vorhandenen Kernkompetenzen zu fragen [9]. Die strategische Ausrichtung lässt sich aus ressourcenorientierten Ansätzen vorwiegend auf der Unternehmens-ebene zu beurteilen, weil Leistungsprogramm, Organisationsstruktur und -ablauf von der spezifischen Ressourcenausstattung und dem Ressourceneinsatz der jeweiligen Unternehmen(-sform) abhängen. Es lassen sich jedoch auf allgemeiner Ebene einige Grundüberlegungen plausibilisieren. Hierbei können aus Gründen der Veranschaulichung organisationsbedingte Kompetenzfelder auf exemplarischer Ebene vorgestellt, und weiterhin Möglichkeiten und Problemfelder der Ressourcen- und Kompetenztransfer innerhalb des genossenschaftlichen Unternehmensnetzwerks skizziert werden (Abschnitt 3).

1. Resource-based View als Analyseinstrument

Ressourcenorientierte Ansätze gehen auf Selznick und Penrose zurück, die bereits gegen Ende der 50er Jahre den Zusammenhang zwischen Ressourcen und Erfolgen eines Unternehmens erkannten. Die Grundidee liegt darin, ökonomische Erfolge nicht durch die Positionierung am Produktmarkt sondern durch die Einzigartigkeit im Hinblick auf die Quantität und Qualität der unternehmensspezifischen Ressourcen und Fähigkeiten zu begründen. Unternehmen lassen sich als Ansammlung von produktiven Ressourcen auffassen [10]. Der Ansatz wurde in den letzten zwei Dekaden durch wichtige Arbeiten von Wernefelt, Barney, Grant, Peteraf, Hamel und Prahalad weiterentwickelt [11]. Die *zwei Haupterkenntnisse* des Resource-based View bestehen in der Erforschung der ressourcenbedingten Erfolgsursachen einzelner Unternehmen (Erklärungsziel) und in der Ableitung von Maßnahmen zur Erfolgserzielung (Gestaltungsziel). Als Ausgangsbasis dient hier die *Heterogenitätsthese*, nachhaltige Unterschiede konkurrierender Unternehmen und deren Erfolge hervorhebt.

1.1. Heterogenität und Rentenkonzept

Im Gegensatz zur klassischen neoklassischen Annahmen der vollkommenen (Faktor-)Märkte und der homogenen Produktionstechnologien, wodurch die Koordination wirtschaftlicher Aktivitäten auf die Festlegung von Mengen und Preisen reduziert und damit zwangsläufig von homogenen Unternehmen

---

[8] Vgl. Nelson, 1991, S. 69f.
[9] Vgl. Collis/Montgomery, 1997, S. 82.
[10] Vgl. Selznick, 1957, S. 49ff.; Penrose, 1959, S. 25ff.
[11] Vgl. Wernefelt, 1984; Barney, 1991; Grant, 1991; Peteraf, 1993; Hamel/Prahalad, 1995.

abstrahiert wird[12], geht der Resource-based View von der *Heterogenität*sthese aus, die sich in erster Linie auf die Prämissen *unvollkommener Ressourcenmobilität* und *asymmetrischer Verteilung* von Informationen, Wissen und Fähigkeiten auf individuelle Wirtschaftsakteure stützt [13]. Aufgrund der beschränkten (kognitiven) Rationalität der Wirtschaftssubjekte, der hohen Komplexität der Umwelt und der individuellen ökonomischen Zielsetzungen werden voneinander abweichende Erwartungen gebildet und idiosynkratische Entscheidungen getroffen. Zum Zweck der Zielerfüllung dienen den Entscheidungsträgern ihre knapp verfügbaren Ressourcen/Inputgüter. Unter den Bedingungen der Marktvollkommenheit könnten Ressourcen grundsätzlich über den Beschaffungsmarkt handelbar und erwerbbar sein, und würde der Preis den zukünftigen erwarteten Erträgen entsprechen. Unternehmen könnten nur 'normale Gewinne' realisieren, weil Kosten für den Ressourcenerwerb jeglichen überdurchschnittlichen Teil des antizipierten Gewinns von vornherein kompensieren würden. Dauerhaft überdurchschnittliche Gewinne entstehen nur dann, wenn Unternehmen *unterschiedliche* Gewinnerwartungen bezüglich der einzusetzenden Ressourcen aufweisen und/oder dauerhaft über *einzigartige*, nicht handelbare Ressourcen verfügen. Je unvollständiger der Faktormarkt ist, desto größer ist die Wahrscheinlichkeit, dass diese Ressource einen andauernden Wettbewerbsvorteil begründet. Ressourcen bilden aus dieser Sicht die Grundlage für die Einzigartigkeit und Unterscheidbarkeit von Unternehmen im unvollkommenen Wettbewerb.

Die *Einzigartigkeit* eines Unternehmens kennzeichnet den Sachverhalt, dass es sich von seinen Konkurrenten in nachhaltiger Weise durch seine Leistungsfähigkeit abhebt. Die Bewertung komparativer Wettbewerbsvorteile konkurrierender Unternehmen erfolgt im Resource-based View durch das *Rentenkonzept*. Der Rentenbegriff statt des Gewinnbegriffs verwendet, um zu verdeutlichen, dass die Existenz ökonomischer Renten, die über den normalen bzw. durchschnittlichen Gewinn in einer Branche hinausgehen, deren Niveau bei vollkommenem Wettbewerb (auf Produkt- und Faktormärkten) erreicht würde, keine neuen Konkurrenten induziert, die den überdurchschnittlichen Gewinn wieder aufzehren [14]. Aus Resource-based View lässt sich die Erwirtschaftung ökonomischer Renten zurückführen auf:

- die natürliche oder künstliche Knappheit wertvoller Ressourcen (Knappheitsrente, u.a.: Ricardo- und Monopolrente) und/oder

---

[12] Zur Homogenitätsprämisse vgl. z.B. Varian, 1994, S. 486f.; Zur kritischen Diskussion vgl. Nelson, 1991, S. 64ff.

[13] Zur Heterogenitätsannahme vgl. Penrose, 1966, S. 75; Barney, 1991, S.99ff.; Peteraf, 1993, S.180; Foss, 1997, S. 6ff.

[14] Vgl. Peteraf, 1993, S. 180, Fn. 4; Grant, 1995, S. 118; Bamberger/Wrona, 1996, S. 130ff.

- die effiziente Ressourcendisposition (Einsatz/Kombination) durch aktive Leistung des Managements und aufgrund der asymmetrischen Verteilung von Wissen und Können (Unternehmerrente) und/oder
- die kreative Erschaffung neuartiger produktiver Ressourcen (Schumpeterrente)[15].

Nach Barney sind solche Ressourcen *wertvoll*, die Einfluss auf die Erfolgssituation eines Unternehmens ausüben. Diese Ressourcen rufen eine Erlössteigerung oder eine Kostensenkung hervor: "In particular, a firm's resources are valuable if, and only if, they reduce a firm's cost or increase its revenues compared to what would have been the case if this firm did not posses those resources"[16].

Ressourcenbasierte Wettbewerbsvorteile sind in diesem Zusammenhang zum einen auf die Senkung der (Durchschnitt-)Kosten und zum anderen auf die Schaffung von Zeitmonopolen zurückzuführen[17]. Die beschränkte Verfügbarkeit wertvoller Ressourcen für den Leistungserstellungsprozess kann als ihr unelastisches Angebot oder *Knappheit* interpretiert werden. Die Ressourcenknappheit ermöglicht solchen Unternehmen die Erwirtschaftung ökonomischer Renten, die die Gestalt von *Ricardorente* aufweisen, weil der Bestand wertvoller Ressourcen(-bündel) gar nicht oder jedenfalls nicht kurzfristig ausgeweitet werden kann. Der Marktpreis bleibt davon unberührt, weil es anderen Wettbewerbern nicht möglich ist, qualitativ gleichwertige Ressourcen bzw. Substitute zur Anwendung zu bringen[18]. Der Wettbewerbsvorteil gegenüber Konkurrenten wird zum Beispiel durch eine vorteilhafte Kostensituation (niedrigere Durchschnittskosten) begründet. Eng verwandt mit Ricardorenten sind *Quasi-Renten*, deren Existenz in der Spezifität einer Ressource begründet liegt. Spezifität besteht darin, dass eine bestimmte Ressource enge Einbindung in ein bestimmtes Unternehmen aufweist, weil seine Konkurrenten keine Verwendung für diese Ressource haben oder Ressourcen für diese Unternehmen von viel geringerem Wert sind. Der Wert einer Quasi-Rente lässt sich aus der Differenz der Erlöse zwischen dem unternehmensspezifischen Einsatz und der nächstbesten Verwendungsmöglichkeit eines Inputgutes berechnen[19]. Im Gegensatz zu Ricardo- und Quasi-Renten beruhen *Monopolrenten* auf einer bewussten Beschränkung des Angebots infolge der Ausnutzung der Marktmachtposition, die nicht nur von strikten Monopolen sondern auch von oligopolistischem Wettbewerb hervorgerufen wird. Durch implizite oder explizite Kartellabsprachen, staatliche Regulierung, Mobilitätsbarrieren u.ä. gelingt den Oligopolisten die Erwirtschaftung der Monopolrenten,

---

[15] Vgl. Knyphausen-Aufseß, 1997, S. 460f.; Fischer/Nicolas, 2000, S. 227ff.
[16] Barney, 1996, S. 147, H.v.i.O.
[17] Vgl. Proff, 2000, S. 142.
[18] Vgl. Schoemaker, 1990, S. 1179ff.; Peteraf, 1993, S. 180f.; Winter, 1995, S. 154ff.
[19] Vgl. Klein et al., 1978, S. 298; Mahoney/Pandian, 1992, S. 364; Peteraf, 1993, S. 184.

solange neue Konkurrenten von einem Markteintritt abgehalten werden können. Monopolistische Renten resultieren aus dem Überschuss des Gesamterlöses über die Grenzkosten, den der Monopolist aufgrund seiner Marktmachtstellung erzielt. Während industrieökonomische Markteintritts- und Mobilitätsbarrieren zu verhindern suchen, dass alle Unternehmen die gleiche Marktposition haben, schützen ressourcenbedingte Barrieren davor, dass sich die Ausstattung und der Zugang wertvoller Ressourcen desjenigen Unternehmens angleichen [20]. Die *Unternehmerrente* kommt zustande, wenn Unterschiede zwischen unternehmerischen Erwartungen über den Wert einer Ressource in einer späteren Verwendung vorliegen und es zumindest einen Unternehmer gibt, potentielle Erfolge besser einschätzen kann als andere. Je größer die Unsicherheit über die mit der Ressource verbundenen Ertragschancen ist, desto mehr fließt die ökonomische Rente dem Unternehmen zu, der bereits ist, diese Unsicherheit zu absorbieren[21]. Die Generierung ökonomischer Renten bildet die Grundlage für die Erzielung nachhaltiger Wettbewerbsvorteile und für das unternehmerische Streben nach wettbewerbsrelevanten Ressourcen(-bündeln). Das Rentenkonzept kann somit als ein Versuch zur Operationalisierung eines *Erfolgsmaßstabs* heterogener Unternehmen interpretiert werden[22].

Die Heterogenität schlägt sich nicht nur in der unterschiedlichen Ausstattung mit Ressourcen nieder sondern auch in den individuellen und organisationalen *Fähigkeiten*[23], sich:

a) gegenüber Konkurrenten bei (annähernd) gleichen Geschäftsfeldern und Leistungsangeboten durch das *Leistungserstellungsvermögen* und die Nutzung dieses Potentials zu differenzieren;

b) im Vergleich zu Konkurrenten andere Geschäftsfelder zu erschließen und dabei den Nachfragern andere, einzigartige *Leistungen* anzubieten. Aus der Kundensicht bedeutet diese Abhebung einen signifikant wahrnehmbaren *Zusatznutzen*.

---

[20] "A Key Difference between entry barriers and barriers to imitation is that though the former are prone to free-riding, the latter are endogenous and idiosyncratic (...)" (Bharadwaj et al., 1993, S. 86, H.v.i.O.).

[21] Die Unternehmerrente entsteht auch dann, wenn unvollkommene Faktormärkte in dem Sinne funktionieren, dass Ressourcen angeworben werden können. Aufgrund der asymmetrischen Erwartung kauft der "besser informierte" Unternehmer die benötigten Inputgüter jedoch "zu billig" ein (siehe Rumelt, 1987).

[22] Vgl. Knyphausen-Auseß, 1997, S. 462.

[23] Vgl. Hamel/Prada, 1995, S. 40; Freiling, 2001, S. 170. Schulze unterscheidet zwischen den zwei Denkschulen: "The first school – labelled the structural school – focuses upon the problems of identifying resources (...) and how to generate sustainable advantage from such resources. The second school – labelled the process school – focuses upon the problems of creating rent-generating resources (...)" (Schulze, 1994, S. 127, H.v.i.O.). Im Gegensatz zu Ersterem hängt der Erfolg eines Unternehmens – aus der prozessorientierten Sichtweise – nicht nur von seinen verfügbaren Ressourcen(-bündeln) sondern entscheidend davon ab, wie diese eingesetzt und weiterentwickelt werden.

Diese einzigartigen Fähigkeiten, die den Einsatz bzw. die Nutzung verfügbarer Ressourcen möglichst in besserer Art und Weise als vorhandene und potentielle Konkurrenten lösen können, rekurrieren häufig nicht auf Blaupausen, sondern können nur über einen Zeitraum generiert bzw. angeeignet werden[24]. Sie bilden eine Verbindung zwischen Ressourcen und den zu lösenden Unternehmensaufgaben und stellen wiederum unternehmensspezifische Ressourcen dar, die als Quelle von Wettbewerbsvorteilen angesehen werden. Argumente bezüglich der Fragestallung, warum sich Unternehmen differenzieren, konzentrieren sich demzufolge um einen *evolutionären Entwicklungsprozess*, indem sich Unternehmensfähigkeiten und -wissen vollziehen. Die Komplexität der Umwelt inklusive der Ungewissheit zukünftiger Entwicklung, die beschränkte Rationalität und die ungleiche Verteilung von Informationen, Wissen und Fähigkeiten individueller Entscheidungsträger führen zu unterschiedlichen Handlungsspielräumen und (irreversiblen) Entscheidungen und somit zu diversen Entwicklungspfaden konkurrierender Unternehmen, die den Einsatz, die Akkumulation und die Generierung von Ressourcen(-bündeln) zum Gegenstand haben[25]. Die zielgerichtete Absicherung und Weiterentwicklung der Ressourcenbasis in allgemeinen und die durch Innovationen neu entstehenden Ressourcen(-bündel) in besonderem können als Determinanten des Schumpeter'schen *schöpferischen Unternehmertums* identifiziert werden[26]. Die Heterogenität resultiert *ex post* zwangläufig aus den komplexen unterschiedlichen Entwicklungsprozessen einzelner Unternehmen. Dies findet sich *ex ante* in Unterschieden der unternehmensspezifischen Ausstattung, Beschaffenheit und Kombination der Ressourcen, sowie der erbrachten Produkte/Leistungen.

1.2. Arten und Eigenschaften der Unternehmensressourcen

In der Literatur gibt es bislang keine einheitliche Definition des Ressourcenbegriffes. Dazu existieren vielfältige Auffassungen. Eine Übereinstimmung scheint in erster Linie darauf zu beruhen, dass das Begriffverständnis sehr breit ausgelegt ist und Ressourcen einen Beitrag zur Wertschaffung eines Unternehmens sowie zur Erlangung seiner nachhaltigen Wettbewerbesvorteile leisten[27]. Es ist zweckmäßig, den strategischen Aspekt der Generierung von anhaltenden Wettbewerbsvorteilen zunächst aus dem zugrunde liegenden Definitionsansatz auszuklammern. Damit können die notwendigen Eigenschaften von Ressourcen herausgearbeitet werden. Um die Abgrenzung zu konzeptionell höher angesiedelten Konstrukten, wie den (Kern-) Kompetenzen,

---

[24] Vgl. Conner, 1991, S. 123f.; Zu Knyphausen-Aufseß, 1994, S. 83; Rumelt, 1995, S. 102.

[25] Vgl. Nelson/Winter, 1982, S, 99ff.; Nelson, 1991, S. 69.

[26] Vgl. Schneider, 1997, S. 60; Moran/Ghoshal, 1999, S. 393ff.

[27] Zu umfassenden Diskussionen des Ressourcenbegriffes vgl. Rasche, 1994, S. 38ff.; Freiling, 2001, S. 73ff.
Verschiedene Klassifizierungen sind zu finden bei Bamberger/Wrona, 1996, S. 132ff; Barney, 1996, S. 142ff.; Collis/Montgomery, 1997, S. 28f.; Grant, 1998, S. 111ff.

zu erleichtern, wird der Ressourcenbegriff in der vorliegenden Arbeit relativ eng ausgelegt.

Ressourcen werden als physische, finanzielle und humane Inputgüter/ Einsatzfaktoren verstanden, die eines Unternehmens zur Verfügung steht und im *Leistungserstellungsprozess* mittelbar oder unmittelbar eingesetzt werden[28]. Die Verfügungsgewalt über Ressourcen ist nicht daran gebunden, dass das Unternehmen auch deren sämtlichen Property-Rights innehat. *Sach*ressourcen bestehen aus allen Vermögensgegenständen des Unternehmens. Sie umfassen in erster Linie die materiellen Inputfaktoren für den Leistungserstellungsprozess. Zu diesen zählen ebenso immaterielle Aktiva (z.B. Patente). Die *finanziellen* Ressourcen unterscheiden sich dadurch, ob sie dem Unternehmen zur Durchführung der Leistungserstellung oder durch den Verkauf der erbrachten Leistungen zufließen. Bei Ersteren handelt es sich um Finanzierungsmittel (Eigen- oder Fremdkapital) und bei Letzten um Erlöse. *Human*ressourcen sind zum einen als individuelles Humankapital der Mitglieder/Mitarbeiter und zum anderen als *Organisationskapital* aufzufassen. Dies lässt sich als personen-übergreifende, für die Durchführung des Leistungserstellungsprozesses eingesetzte Fähigkeiten und Fertigkeiten verstehen. Diese entstehen die im Zuge der Zusammenlegung der individuellen Humanressourcen und sind nicht im Besitz einzelner Mitglieder und nicht beliebig einsetzbar sondern an bestimmten Verwendungen im Unternehmen gebunden[29].

Kompetenzen sind als kohärente Bündelungen/Kombinationen von Ressourcen aufzufassen, die zur Erfüllung bestimmter Unternehmensaufgaben geeignet sind [30]. Sie stellen in erster Linie auf diejenigen individuellen und organisationalen Fähigkeiten und Fertigkeiten ab, vorhandene Ressourcen zu kombinieren und zu verwenden, so dass sich das Unternehmen gegenüber den Konkurrenten bewähren kann. Kompetenzen geben Aufschluss darüber, ob und inwieweit dieses imstande ist, einerseits Ressourcen einer zielgerichteten *Verwendung* zuzuführen und andererseits durch Ressourcen hervorgerufene, verfügbare *Handlungspotentiale* zu erschließen. Ob und in welchem Umfang dieser Möglichkeit Gebrauch gemacht wird, hängt von den auf den Ressourcen/ Kompetenzen basierenden Leistungserstellungsprozessen und von der Umsetzung in Produkten ab. Mangelt es der Unternehmung an Kompetenzen, bleiben vorhandene ressourcenbedingte Erfolgspotentiale ungenutzt [31]. In

---

[28] Jay B. Barney definiert Ressourcen als "(...) all of the financial, physical, human, and organizational assets used by a firm to develop, manufacture, and deliver products or services to its customers" (Barney, 1995, S. 50, H.v.i.O.).

[29] Siehe auch Kapitel II, Abschnitt 5.2.4.

[30] Vgl. McGrath et al., 1995, S. 254; Seifert, 1995, S. 118; Hungenberg, 2000, S. 99. Der Kompetenzbegriff des Resource-based View ist von dem der Organisationslehre zu trennen, wobei Kompetenz als Aufgabenzuweisung und Delegation von Entscheidungsbefugnis aufzufassen ist (vgl. Freiling, 2001, S. 24).

[31] Vgl. Seisreiner, 1999, S. 186f.; Freigling, 2001, S. 25.

folgendem soll sich die weitere Untersuchung auf die Fragestellung konzentrieren, welche Eigenschaften die Unternehmensressourcen besitzen müssen, (a) um ökonomische Vorteile zu *erlangen*, und (b) um die einmal geschaffenen Wettbewerbsvorteile möglicherweise mitte- bis längerfristig zu *schützen*.

Distinktivität

Distinktivität stellt das Charakteristikum derjenigen *wertvollen* und *knappen* Ressourcen/Kompetenzen dar, die in der Lage sind, einen Beitrag zur Generierung von nachhaltigen Wettbewerbsvorteilen zu leisten [32]. Ein Wettbewerbsvorteil ist *nachhaltig*, wenn das Unternehmen ihn über einen längeren Zeitraum hinweg gegenüber seinen Konkurrenten aufrechterhalten kann, das heißt, wenn die realisierten überdurchschnittlichen Gewinne nicht durch die angelockte Konkurrenz aufgezehrt werden. Die Möglichkeiten zur Generierung ökonomischer Renten bestehen für eine Unternehmung nicht mehr, wenn es gegenwärtigen und neuen Konkurrenten gelingt, distinktive Ressourcen/Kompetenzen nachzuahmen, zu substituieren oder zu akquirieren. Es ist daher erforderlich zu versuchen, Konkurrenten von der Nutzung der distinktiven Ressourcen/Kompetenzen möglichst dauerhaft auszuschließen [33]. Dies ist der Fall, wenn Ressourcen/Kompetenzen nicht imitierbar bzw. substituierbar sind, und/oder nicht von Konkurrenten abgeworben werden, d.h. nicht handelbar- oder transferierbar sind. *Langfristig* ist jede Monopolstellung angreifbar, wenn alle Unternehmen Zugang auf die gleichen Ressourcen haben bzw. über bestimmte Kompetenzen verfügen. Allerdings kann es durchaus der Fall sein, dass eine begrenzte Anzahl von Unternehmen imstande sind, ökonomische Renten zu erwirtschaften, solange das Angebot die Nachfrage nicht befriedigt [34]. Nicht-Imitierbarkeit, Nicht-Substituierbarkeit und Nicht-Transferierbarkeit stellen die notwendigen Charakteristika dar, die die Distinktivität von Ressourcen/ Kompetenzen konstituieren[35].

Imitierbarkeit und Substituierbarkeit

Es ist offensichtlich, dass der Wert einer Ressource negativ mit der Imitations- bzw. Substitutionsmöglichkeit durch Konkurrenten korreliert [36]. *Nicht-Substituierbarkeit* bedeutet, dass es nicht ähnliche Ressourcen/Kompetenzen geben darf, die die erbrachten Leistungen annähernd gleichwertig erfüllen können, und darf auch keine anderen Optionen bestehen dürfen, mit denen der

---

[32] Vgl. Bamberger/Wrona, 1996, S. 140; Börner, 2000, S. 6. Distinktive Kompetenzen sind eher distinktive Ressourcenbündel als Bündel distinktiver Ressourcen. Um Distinktivität zu erzeugen, reicht bei Kompetenzen z.B. aus, eine distinktive Ressource aufzuweisen (vgl. Börner, 2000, S. 80).

[33] Siehe Teece et al., 1997.

[34] Vgl. Barney, 1991, S. 107; Peteraf, 1993, S. 181.

[35] Vgl. Dierickx/Cool, 1989, S. 1507ff.; Barney, 1991, S. 105ff.; Rasche, 1994, S. 70ff.; Bamberger/Wrona, 1996, S. 137ff.

[36] Zur Imitierbarkeit und Substituierbarkeit vgl. Barney, 1991, S. 107ff.

gewünschte Effekt realisiert wird[37]. Die *Nicht-Imitierbarkeit* beschreibt den Sachverhalt, dass die Fähigkeiten zur Generierung ökonomischer Renten eines Unternehmens nicht durch ein anderes Unternehmen ohne weiteres kopierbar sein dürfen. Der Schutz vor *Nachahmungen* besteht zum einen in den *künstlich* erzeugten Barrieren (Patent-schutz, Schutz von Marken und Warenzeichen u.a.) und zum anderen in der Natur der Ressourcen. Vier Quellen für solche *natürliche Imitationsbarrieren* kommen hier in Betracht: kausale Ambiguität, soziale Komplexität, Pfadabhängigkeit, und Akkumulationseffekte[38].

Kausale Ambiguität kennzeichnet den Umstand, indem kausale Zusammenhänge zwischen Ressourcen und ökonomischer Rente selbst in dem Unternehmen nicht eindeutig identifiziert werden können. Aufgrund der Unkenntnisse über erfolgsgenerierende Ursachen-Wirkungs-zusammenhänge erschwert sich eine Nachahmung durch Konkurrenten. Die Ursache des Wettbewerbsvorteils ist nicht transparent. Die durch *Transparenzgefälle* hervorgerufene kausale Mehrdeutigkeit ermöglicht dem jeweiligen Unternehmen, einen Wissensvorsprung um interne Gegebenheiten gegenüber der Konkurrenz aufzubauen. Die Art und der Umfang beeinflussen die Erfolgschancen von Imitations- und Substitutionsbestrebungen seitens der Konkurrenz. *Externe* bzw. *interne* Intransparenz gilt insofern als *Schutzmechanismen* vor Imitation und/oder Substitution [39]. Kausale Ambiguität liegt insbesondere bei langfristig aufgebautem, spezifischem/implizitem Wissen 'tacit knowdledge'[40] in Bezug auf das Organisationskapital vor[41].

Soziale Komplexität besteht in den vielfältigen Interdependenzen der eingesetzten Ressourcen im Leistungserstellungsprozess. Eine Imitation oder Substitution kann zum Scheitern verurteilt sein, weil der Zusammenhang der zielgerichteten Bündelung von Ressourcen unbekannt ist bzw. die Bündelungsprozesse unvollständig beobachtbar sind, oder weil Konkurrenten nicht den Zugriff auf alle relevanten Ressourcen bzw. Kompetenzen haben. Beispiele dafür sind die Reputation oder das auf viele Köpfe verteilte Wissen eines Mitarbeiterteams, das aber nicht zusammen abgeworben werden kann[42].

In allgemeinem bedeutet die *Pfadabhängigkeit*, dass die gegenwärtige Situation eines Unternehmens das Vorhandensein sowie die Verwendungsmöglichkeit seiner verfügbaren Ressourcen vom historischen Entwicklungspfad abhängig

---

[37] Vgl. Knyphausen-Aufseß, 1997, S. 468.
[38] Zur ausführlichen Diskussion unterschiedlicher Isolationselemente, die zur Schaffung und Sicherung nachhaltiger Wettbewerbsvorteile in Form von Schutzmechanismen vor Akquisitions-, Imitations- und/oder Substitutionsbemühungen seitens der Konkurrenten beitragen, sei auf Freiling, 2001, S. 104ff. verwiesen.
[39] Vgl. Grant, 1991, S. 125.
[40] Vg. Spender, 1993, S. 26; Rasche, 1994, S. 119; Zur ausführlichen Diskussion über implizites bzw. tazites Wissen vgl. Freiling, 2001 S. 112ff.
[41] Vgl. z.B. Rasche, 1994, S. 76; Hennemann, 1997, S. 80.
[42] Vgl. Barney, 1991, S. 110f.; Dierickx/Cool, 1989, S. 1508.

sind, und dass die gegenwärtige Situation wiederum Einfluss auf die zukünftigen Entwicklungen nimmt. Von besonderer Bedeutung sind die Fragen, worauf derartige Abhängigkeiten zurückgehen und welche Konsequenzen dadurch entstehen können. Die Antwort lässt sich auf solche Interdependenzen zwischen wirtschaftlichen Entscheidungen eingehen, die den Handlungsspielraum einzelner Unternehmen einschränken[43]. Pfadabhängigkeit findet sich vor allem in den vergangenen getätigten, *irreversiblen Investitionen*, die die Gestalt der versunkenen Kosten aufweisen und somit den Einfluss auf die gegenwärtigen und zukünftigen Unternehmenserfolgssituationen nehmen[44].

Den Eigenheiten der Prozesse der *Ressourcenakkumulation* sind die Grenzen und Möglichkeiten einer Imitation und/oder Substitution ausgesetzt. Dazu zählen ausgelöste Effekte wie: abnehmende Effizienz bei Reduktion des Zeitaufwandes, Multiplikationseffekte durch Erreichung einer kritischen Masse, die Komplementarität sowie die Erosionsgefahr von Ressourcen. *Akkumulationseffekte* stehen in engem Zusammenhang mit Erfahrungskurven-, Skalen- und Synergieeffekten[45].

Transferierbarkeit

Je stärker die Transferierbarkeit eingeschränkt ist, um so eher werden Konkurrenten davon abgehalten, sich der entsprechenden Ressource/Kompetenz zu bemächtigen[46]. Die Grenzen der Transferierbarkeit von Ressourcen sind durch deren Immobilität bestimmt, die als Voraussetzung für den Schutz vor Bestrebungen der gegenwärtigen und potentiellen Konkurrenten zur Akquisition unternehmensspezifischer Ressourcen/Kompetenzen gilt[47]. Die *Ressourcenimmobilität* wird zum einen durch die Nichteinräumung von Property-Rights und zum anderen durch die Spezifität einer Ressource/Kompetenz hervorgerufen. Die erste Möglichkeit zur Unterbindung von Akquisitionsbemühungen besteht im direkten Ausschluss konkurrierender Unternehmen vom Zugang bzw. der Nutzung distinktiver Ressourcen/ Kompetenzen. Den beschränkten Möglichkeiten zur Definition/Zuweisung von *Property-Rights* kommt dabei eine besondere Rolle zu. Ein vorteilhafter Zugriff auf eine bestimmte Ressource besteht dann, wenn diese oder deren Nutzungsrecht zu besonderen Konditionen erworben bzw. bei elastischem Angebot ein exklusives Zugriffsrecht auf eine spezielle Qualität gesichert werden kann. Wettbewerber können dieselbe Ressource entweder überhaupt nicht oder nur zu viel höheren Kosten und/oder sehr hohem Zeitaufwand erwerben. Dies hängt eng mit der

---

[43] Vgl. Knyphausen, 1993, S. 776; Hennemann, 1997, S. 202.
[44] In diesem Kontext sei es auch auf die theoretische Auseinandersetzung um das organisationale Commitment (Selbstbindung) verwiesen (vgl. Ghewamat, 1991; Pedell, 2000).
[45] Vgl. Dierickx/Cool, 1989, S. 1507f.; Prahalad/Hamel, 1990, S. 82; Rasche, 1994, S. 80f.; Bürki, 1996, S.134ff. Zum Konzept der Erfahrungskurve vgl. Henderson, 1974.
[46] Vgl. Grant, 1991, S. 126f.
[47] Vgl. Peteraf, 1993, S. 182f.

künstlich erzeugten Knappheit von Ressourcen durch staatliche Eingriffe oder durch privatwirtschaftliche Kartellbildungen zusammen[48].

Die *Spezifität* liegt vor, wenn eine Ressource/Kompetenz keiner oder geringeren Verwendungsmöglichkeit außerhalb des jeweiligen Unternehmens zugeführt wird. Mit zunehmender Spezifität steigt die *Quasi-Rente* an[49]. Spezifität entsteht als Folge spezifischer Investitionen und/oder durch das Zusammenwirken bestimmter Ressourcen/Kompetenzen. Im ersten Fall stellt sich die Frage, ob und inwieweit die Erträge aus einer getätigten Investition von der Fortsetzung der betreffenden Aktivitäten abhängen. Im letzten Fall wird von *kospezialisierten* Ressourcen/Kompetenzen gesprochen, die bei gemeinsamer Verwendung bestimmter Ressourcen einen höheren Wert generieren können als bei separatem Gebrauch. Demzufolge kann die Unternehmung ihre verfügbaren, spezifischen Ressourcen/Kompetenzen in einer Art und Weise an sich binden, die die Kontinuität der Leistungserstellung wünschenswert erscheinen lässt. Die Spezifizität einer Ressource/Kompetenz sowie die daraus resultierende Produktivität entstehen erst im Kontext zum Unternehmen und nicht durch die eingesetzte Ressource/Kompetenz selbst. Diese Art der (Unternehmens-) Spezifität stellt den Charakter von "Sunk Costs" aufgrund irreversibler Investitionen dar, d.h. eine gewisse "Lock-in"-Situation[50]. Die fortwährende Kostenwirkung ergibt sich dadurch, weil für unternehmensspezifische Ressourcen/Kompetenzen alternative Verwendungszwecke nicht bestehen oder diese nicht auf einem Sekundärmarkt veräußert werden könnten. Die enge Einbindung spezifischer Ressourcen/Kompetenzen in ein Unternehmen impliziert somit eine gewisse Einzigartigkeit. In diesem Kontext hängt die Spezifität eng mit den Imitationsbarrieren der sozialen Komplexität und der Pfadabhängigkeit zusammen[51].

1.3. Zwischenfazit

Ressourcenorientierte Ansätze sind ökonomisch fundiert und konzentrieren sich auf die Analyse der unternehmensinternen Faktoren bezüglich des *SWOT-Ansatzes*, die die Erfolgspotentiale einer Unternehmung und damit ihre nachhaltigen Wettbewerbsvorteile determinieren[52]. In einer Weiterentwicklung bietet der Resource-based View Ansatzpunkte für die Integration mit anderen theoretischen Forschungsrichtungen, u.a. der Neuen Institutionenökonomik[53] und der Industrieökonomik[54].

---

[48] Siehe insbesondere Dierickx/Cool, 1989; Peteraf, 1993.

[49] Vgl. Rumelt, 1987, S. 143; Grant, 1995, S. 147.

[50] Vgl. Klein et al., 1978, S. 301.

[51] Zur ausführlichen Diskussion über Ressourcenspezifizität vgl. Itami, 1987, S. 13; Grant, 1995, S. 128; Hunt/Morgan, 1995, S. 12.

[52] Vgl. Mahoney, 1995, S. 91; Bamberger/Wrona, 1996, S. 390; Freiling, 2001, S. 80f.

[53] Vgl. Mahoney/Pandian, 1992; Conner/Prahalad, 1996; Foss, 1996.

[54] Vgl. Conner, 1991; Porter, 1991; Mahoney/Pandian, 1992; Bamberger/Wrona, 1996; Börner, 2000.

Als Anhaltspunkte für theoretische Integrationsversuche von ressourcen-orientierten und institutionenökonomischen Ansätzen zur einer *Theorie der Firma* dienen die drei theoretischen Konzepte: Spezifizität, Quasirente sowie Effizienz- und Unternehmerrente. Die transaktionsbezogene *Spezifizität* stellt lediglich eine Variante der Ressourcenspezifizität im Sinne der Resource-based View dar, die den Immobilitätsgrad einer wertvollen Ressource darstellt. Um den Aneignungsanteil der aus transaktionsspezifischen Investitionen und der damit verbundenen Abhängigkeit resultierenden *Quasi-Rente* zu sichern, bedarf es ex-post institutionellen Mechanismen zum Schutz vor opportunistischem Verhalten der organisations*internen* Transaktionspartner. Aus ressourcen-orientierter Sicht dienen die Isolationsmechanismen zur Sicherung der Quasi-Renten vor *externen* Konkurrenten. Während die *Effizienzrente* durch institutionelle Anreiz- und Überwachungsmechanismen hervorgerufen wird, die das *Wollen* (Motivationsproblem) des Managements bewirken, bezieht sich die durch Asymmetrieverteilung von Informationen, Wissen und Fähigkeiten hervorgerufene *Unternehmerrente* auf das *Können* des Managements (Fähigkeitsproblem), Unternehmensressourcen effizient zu disponieren. Diese zwei Forschungsrichtungen stellen komplementäre Analyseinstrumente im Rahmen der Theorie der Firma dar.

Gegenüber dem Market-based View mit primärer Betonung der Marktstruktur versetzt der Resource-based View die Bedeutung von Unternehmensressourcen in den Mittelpunkt der Analyse. Der Ressourcenansatz zeichnet sich dadurch aus, dass gerade nicht einzelne Ressourcen/Kompetenzen sondern deren Zusammenwirken in den Vordergrund gestellt werden. Die Erfolgspotentiale und damit auch die (andauernden) Wettbewerbsvorteile eines Unternehmens sind aus dieser Sicht nicht allein durch marktstrukturbedingte Faktoren wie Marktanteile, Monopolmacht oder Markteintritts- und Immobilitätsbarrieren determiniert. Nachhaltige Wettbewerbsvorteile können daraus resultieren, dass zumindest eine einzigartige Ressource/Kompetenz den Konkurrenten entweder nicht zugänglich oder aber für sie nicht in gleichem Maße wertvoll ist. Bei Ersterem ist es anderen Unternehmen nicht möglich, gleichwertige oder ähnliche Ressourcen/Kompetenzen einzusetzen. Bei Letzterem handelt es sich darum, dass die Ressourcen aufgrund produktionstechnischer Gegebenheiten nicht gleichermaßen gewinnbringend eingesetzt werden können, weil diese an eine unternehmensspezifische Verwendung gebunden sind. Dabei wir eine *Ankopplung an die Unternehmensziele* hergestellt. Dem Aufbau und der Pflege andauernder Wettbewerbsvorteile wird besondere Aufmerksamkeit geschenkt. Die von den Ressourcen/Kompetenzen ausgehende Betrachtung ergänzt den bisherigen dominierenden Market-based View. Diese beiden Sichtweisen stellen keine ausschließenden Alternativen dar, sondern dienen sich zu einer umfassenden Sicht für das Verständnis der Quellen andauernder Wettbewerbs-vorteile mit unterschiedlichen Ausgangs- und Schwerpunkten. Einerseits bietet eine günstige Positionierung am Markt nur dann ein Wettbewerbpotential, wenn das betrachtete Unternehmen über die zur Leistungserstellung notwendigen

Ressourcen verfügt. Andererseits bilden distinktive Unternehmensressourcen nur dann Erfolgspotentiale, wenn erstellte Leistungen/Produkte eine gewinnträchtige Marktpositionierung versprechen. Beide markt- und ressourcenorientierte Aspekte stellen die zwei Seiten einer Medaille dar und sollten daher simultan berücksichtigt werden. Der Auffassung einer komplementären Sichtsweise der Market-based View und Resource-based View folgend, stellt die *strategische Unternehmensführung* ein umfassendes Konzept dar, das die externe Marktpositionierung und die ressourcenbedingte Leistungsfähigkeit als gleichberechtigte und interdependente Bereiche integriert [55]. Nach dieser Auffassung weist der Strategieprozess eine Evaluation von distinktiven Ressourcen/Kompetenzen auf, welche die Grundlage für dauerhafte Wettbewerbsvorteile darstellt. Damit einher geht eine Abkehr von der Betrachtung Chandler's, wonach die Struktur der Strategie folgt: "structure follows strategie". Statt der Reihenfolge 'strategische Planung → interne Anpassung → Handlung' gilt die 'interne Kompetenz → strategische Planung → Handlung' als analytische Ausgangshypothese [56]. Mit diesem Perspektivenwechsel rückt nach langer Zeit der einseitigen Orientierung nach Marktstruktur-/positionierung die einzigartigen Unternehmensressourcen stärker in den Mittelpunkt der strategischen Analyse [57]. Die strategische Unternehmensführung lässt sich damit interpretieren als die "(...) aktive, bewusste Steuerung, Koordination und Kontrolle der langfristigen Unternehmensentwicklung unter Berücksichtigung externer Umweltbeziehungen und interner Unternehmensprozesse und -strukturen" [58]. Die *strategische Analyse* bildet das Fundament für den gesamten Managementprozess und soll darauf zielen, auf Grundlage einer differenzierten Analyse der Umweltchancen und -risiken sowie der internen Gegebenheiten des Unternehmens, dauerhafte Erfolgs- und Wettbewerbspotentiale zu suchen, auszubauen und zu erhalten.

Die *Umweltanalyse* ist darauf gerichtet, Anzeichen für eine Bedrohung und/oder neue Handlungsmöglichkeiten für Unternehmen zu untersuchen. Anzuführen sind z.B. technologischer Forschritt, gesellschaftliche und politische Veränderungen. *Unternehmensanalyse* soll Situation interner Ressourcenbasis aufzeigen, d.h. distinktive Ressourcen und (Kern-)Kompetenzen identifizieren [59].

Richtig ist zweifellos, dass sich die Unternehmensstruktur und -strategie wechselseitig beeinflussen und dass neuartige Strategien die vorhandenen Strukturdeterminanten bei einer Strategieimplementierung berücksichtigen

---

[55] Vgl. Barney, 1991, S. 106; Bamberger/Wrona, 1996, S. 146ff.; Hungenberg, 2000, S. 101; Michael E. Porter sah auch in dem Ressourcenansatz einen weitgehenden Erklärungsgehalt bezüglich des zeitraum-bezogenen Prozesses, wie Unternehmen die Voraussetzungen für die Realisierung einer vorteilhaften Wettbewerbsposition schaffen (vgl. Porter, 1991, S. 108).

[56] Vgl. Chandler, 1962/1988, S. 14ff.; Thiele, 1997, S. 18.

[57] Vgl. Staehle, 1996, S. 584.

[58] Knaese, 1996, S. 5, H.v.i.O.

[59] Vgl. Steinmann/Schreyögg, 1997, S. 154ff.

müssen [60]. *Strategien* sollen in folgendem als Mittel zur Erfüllung des (längerfristigen) Organisationszwecks aufgefasst werden.

2. Kernkompetenzen, Ressourcenentwicklung und Unternehmensnetzwerke

Den Weg der Integration des Market-based View und Resource-based View geht der *Kernkompetenzansatz*. Nach Prahalad und Hamel lassen sich Kernkompetenzen als die einzigartigen Fähigkeiten eines Unternehmens auffassen, die auf dem kollektiven organisatorischen und technologischen Wissen basieren und dem Unternehmen einen nachhaltigen Wettbewerbsvorteil generieren. Die Analyse konzentriert sich in erster Linie auf die organisationalen Fähigkeiten (a) zur Integration unterschiedlicher Technologien in Leistungserstellungsprozessen, (b) zur Koordination ökonomischer Aktivitäten und (c) zum kollektiven Lernen[61]. Der Kernkompetenzansatz zielt darauf, die wertvollen und knappen Ressourcen eines Unternehmens auf die Kernkompetenzen zu lenken, um den Wettbewerbsvorteil dauerhaft zu sichern. Die Identifizierung von Kernkompetenzen soll als Instrument zur Unterstützung der strategischen Ausrichtung des Unternehmens verstanden werden. Von *strategischer Relevanz* sind diejenigen distinktiven Ressourcen/Kompetenzen, die gegenwärtig und zukünftig zur Erzielung von nachhaltigen Wettbewerbspotentialen geeignet sind[62].

Nach Picot und Hardt lassen sich Ressourcen/Kompetenzen eines Unternehmens, in Bezug auf die Unterscheidungsmerkmale der *Spezifität* und der strategischen Relevanz, nach Kern-, Komplementär- und Peripheriekompetenzen differenzieren[63]:

- *Kern*kompetenzen sind solche distinktive Kompetenzen, die Werte schaffen und die nachhaltige Leistungs- und Wettbewerbsfähigkeit des Unternehmens generieren. Diese müssen folgende Anforderungen erfüllen: (a) die Persistenz gegenüber Imitations-, Substitutions- und Abwerbungsbemühungen seitens der Konkurrenten (*Distinktivität*); (b) die Generierung eines signifikanten *wahrnehmbaren Kundennutzen* in einem oder besser in verschiedenen (Absatz-)Märkten, den Konkurrenten nicht offerieren können. Das heißt, die Kunden müssen bereits sein, für den durch diese Kernkompetenz begründeten *Zusatz*nutzen zu zahlen. Kernkompetenzen erfordern in der Regel spezifischer Investitionen und zeichnen sich demzufolge durch eine hohe Spezifität und einen ausgeprägt hohen strategischen Stellenwert aus;

---

[60] Vgl. Sydow, 1992a, S. 119.
[61] Vgl. Prahalad/Hamel, 1990, S. 79ff. "Core Competencies are the collective learning in the organization, especially how to coordinate diverse production skills and integrate multiple streams of technology" (ebenda, S. 82).
[62] Vgl. Picot, 1991, S. 346.
[63] Vgl. Picot/Hardt, 1998, S. 631f.

- *Komplementär*kompetenzen sind durch mittlere Ausprägung der Spezifizität und der strategischen Bedeutung gekennzeichnet. Sie unterstützen maßgeblich die eigentliche Kernleistung, und ermöglichen erst einer sinnvollen Nutzung der Kernkompetenzen im Leistungserstellungsprozess. Infolge der sich wandelnden Umwelt ändert sich auch das Verhältnis zwischen Kern- und Komplementärkompetenzen im Zeitablauf;

- *Peripherie*kompetenzen nehmen für die strategischen Entscheidungen der Unternehmung eine eher ergänzende Stellung ein. Sie tragen zur Abrundung der Gesamtleistung bei und weisen eine gering ausgeprägte Spezifizität auf.

Aus der Kernkompetenzperspektive liegt der Unternehmenserfolg nicht allein im Auf- und Ausbau sowie im effizienten Einsatz von distinktiven Ressourcen/ Kompetenzen im Leistungserstellungsprozess, sondern besteht auch daraus, die Allokation und Steuerung von Unternehmensressourcen auf das System der *strategischen Ziele* abzustimmen[64]. Kernkompetenzen können in drei Bereichen wirksam werden

- Marktbearbeitung und Kundenkontakt (Market-access),

- Koordination verschiedener Unternehmensaktivitäten (Intergrity-related),

- unmittelbare Nutzenstiftung für Kunden (Funktionality-related)[65].

Für die *Strategieformulierung* einer Unternehmung fordert der Kernkompetenzansatz die Konzentrierung von Kernkompetenzen und die Ausgestaltung der Organisationsstruktur und -abläufe so, dass Kernkompetenzen erhalten, fortentwickelt und neu erworben werden[66]. Durch das Streben zur Reduzierung von Unsicherheit im wirtschaftlichen Handeln und die gezielte Nutzung von Wissensvorsprüngen durch *aktives Management* können die Voraussetzungen zur Realisierung von nachhaltigen Wettbewerbsvorteilen geschaffen werden[67]. Die Optionen des Erwerbs *produktiven Wissens* stehen den Gefahren des unbeabsichtigten Wissensabflusses gegenüber.

Ressourcenentwicklung bezieht sich auf Prozesse zum Aufbau, Erhalt und Erweiterung der Ressourcenbasis eines Unternehmens. Aufgrund der Abnutzung, insbesondere der physischen Ressourcenaufzehrungen, werden ständige Investitionen benötigt, um die Ressourcenbasis zu erhalten[68]. Zudem besteht die Notwendigkeit zur Anpassung des Ressourcenpools aufgrund der Umweltentwicklung oder zum Aufbau neuer Ressourcen/Kompetenzen[69]. Diese

---

[64] Vgl. Schulze, 1995, S. 127.

[65] Vgl. Hamel, 1994, S. 16.

[66] Vgl. Grant, 1991, S. 114ff.; Hamel/Prahalad, 1994, S. 221ff.

[67] Vgl. Frost, 1998, S. 135.

[68] Vgl. Grant, 1991, S. 124f.

[69] Vgl. Collis/Montgomery, 1995, S. 122.

können selbst erstellt, über den Markt beschafft oder über verschiedene Arten von Unternehmenskooperationen erlangt werden[70]. Die *interne* Ressourcengenerierung bezieht sich auf die Beschaffung und Integration eingesetzter Ressourcen/Kompetenzen sowie auf die Rekombination der vorhandenen Ressourcenbasis.

Bei *externer* Ressourcengenerierung bestehen folgende Möglichkeiten[71]:

- Durch eine zwischenbetriebliche Zusammenarbeit können fehlende Ressourcen/Kompetenzen erworben werden (Kooperation),

- Es wird versucht, die erwünschte Ressource/Kompetenz mit Unterstützung des Unternehmens, das über diejenige benötigte Ressource/Kompetenz verfügt, zu replizieren (Imitation/Substitution).

- Mit dem Unternehmen, das über die zu erwerbende Ressource/Kompetenz verfügt, zusammenschließen oder übernehmen (Fusion und Übernahme).

Insbesondere ist im Rahmen der Zusammenführung ressourcenorientierter Ansätze mit der Theorie der Unternehmensnetzwerke die Überlegung aufgegriffen worden, indem Wettbewerbsvorteile im Hinblick auf die externe Ressourcenentwicklung durch Kooperationen erzielt werden können. *Zwischenbetriebliche Kooperationen* reicht von lockerer Zusammenarbeit in bestimmten Tätigkeitsbereichen, wie Lizenzverträgen, Joint Ventures, Konsortien, gezielter Kapitalbeteiligung an einem anderen Unternehmen etc., bis zu hoch komplexen Organisationsformen, wie Franchise-Organisationen, Genossenschaften, Netzwerke, Strategische Allianzen, Leveraged-Buyout-Gesellschaften (LBO), Spin-offs, virtuelle Unternehmen etc. Während Erstere häufig kurz- bis mittelfristiger Natur sind und auf die Umsetzung eines bestimmten Projektes oder den befristeten Austausch fehlender Ressourcen/ Kompetenzen abstellen, richten sich Letztere nach einer weitreichenden und dauerhaften Zusammenarbeit[72]. Durch die gemeinsame Nutzung der zusammengelegten Ressourcen können die Kooperationspartner mehr erreichen, als dies im Alleingang möglich wäre. Zwischenbetriebliche Kooperationen in allgemeinem und Unternehmensnetzwerke in besonderem können als die Reaktion auf die weitreichenden Veränderungen der institutionellen und technologischen Rahmenbedingungen interpretiert werden. Die Existenz sowie das Entstehen kooperativer Organisationsformen sind auf folgende *ökonomische Vorteile* zurückzuführen: (a) die Kostendegression durch Skalen- und Synergie-effekten sowie durch die effiziente Lösung von Anreiz- und Informations-problemen, (b) die Risikodiversifikation und/oder (c) die Überwindung von Ressourcenakkumulationsschranken[73]. Auf der Ebene der Unternehmens-kontrolle über das spezifische Ressourcen- und Kompetenzportfolio lässt sich

---

[70] Vgl. Bamberger/Wrona, 1996, S. 141.
[71] Vgl. Chi, 1994, S. 272f.
[72] Vgl. Picot et al., 1997, S. 133ff.
[73] Vgl. Rotering, 1993, S. 32ff.; Bailing, 1997, S. 74ff.

die Quelle von Wettbewerbsvorteilen sehen. Bei Kooperationen im strategisch relevanten Bereich erweist sich die spezielle Problematik darin, dass sowohl die vollständige Kontrolle als auch die Einzigartigkeit distinktiver Ressourcen/ Kompetenzen gefährdet wird. Hold-Up und Outlerning erscheinen hier als besonders relevante Problemfelder.

In der Literatur wird es in erster Linie zwischen dynamischen und strategischen Netzwerken unterschieden. Nach Sydow lässt sich ein *Unternehmensnetzwerk* auffassen als "(...) eine auf die Realisierung von Wettbewerbsvorteilen zielende Organisationsform ökonomischer Aktivitäten (...), die sich durch komplexreziproke, eher kooperative denn kompetitive und relativ stabile Beziehungen zwischen rechtlich selbständigen, wirtschaftlich jedoch zumeist abhängigen Unternehmen auszeichnet"[74]. Während sich *dynamische* Netzwerke durch die geringe Wertschöpfungstiefe einzelner Netzwerkpartner, die Existenz von Koordinationsagenten (Brokers), die Bevorzugung von Marktmechanismen gegenüber hierarchischer Planung und Kontrolle und den massiven Einsatz moderner Informations- und Kommunikationstechnologien auszeichnen[75], werden ökonomische Aktivitäten in einem *strategischen* Netzwerk durch ein oder mehrere sogenannte „Hub Firms" koordiniert und strategisch geführt[76]. Die *fokale Unternehmung* hat die Aufgabe wahrzunehmen, Teilleistungen der Netzwerkmitglieder zu bündeln sowie eine strategische Ausrichtung zu finden, und verbindlich für alle Netzwerkmitglieder festzulegen. Aufgrund der Langfristigkeit der Kooperationsbeziehungen über Netzwerkorganisation bedingt und bewirkt die Führungsrolle der Hub Firm eine Gleichrichtung der Gesamtstrategien der Netzwerkteilnehmer[77]. Diese ist von zentraler Bedeutung für die Erzielung dauerhafter Wettbewerbspotentiale einzelner Netzwerk- mitglieder und der Netzwerkorganisation als Ganzes[78]. Bei der zwischenbetrieblichen Kooperationsform des strategischen Netzwerks handelt es sich um rechtlich selbständige, wirtschaftlich interdependente Mitglieder, die sich auf bestimmte Teile einer Wertschöpfungskette spezialisieren und eine gemeinsame *kollektive Strategie* verfolgen[79]. Nach Bresser sind kollektive Strategien systematische Vorgehensweisen, die von mehreren Beteiligten gemeinsam entwickelt und implementiert werden sowie der Stabilisierung und der Beherrschung interdependenter Aufgabenumwelten dienen sollen. Kollektive Strategien sind durch zunehmende Interdependenzen zwischen den beteiligten Unternehmen und damit steigende Entscheidungsunsicherheiten sowie Flexibilitätsnachteile gerechtfertigt. Diese stellen auf horizontale und/oder

---

[74] Sydow, 1993, S. 79, H.v.i.O; Siehe auch Jarillo, 1988, S. 32.
[75] Vgl. Miles/Snow, 1986, S. 64f.
[76] Vgl. Sydow, 1992, S. 81.
[77] Vgl. Jarillo, 1993, S. 136.
[78] "Essential to the concept of strategic network ist hat of 'hub firms', which is the firm that in fact, set up the network, and takes a pro-active attitude in the care of it" (Jarillo, 1988, S. 32, H.v.i.O.)
[79] Vgl. Bresser, 1992, S. V.

vertikale Zusammenarbeit ab und können als Ergebnis mehrerer Netzwerks-
strategien der Beteiligten die Wettbewerbsposition der einzelnen Teilnehmer
sowie die des gesamten Unternehmensnetzwerks verbessern. Kollektive
Strategien können dazu führen, die Wettbewerbsstrategien beteiligter
Unternehmen zu ergänzen oder zu ersetzen[80]. Ein wesentlicher Unterschied
zwischen der Netzwerkorganisation und einer traditionellen *Konzernstruktur*
besteht darin, dass die Hub Firm nur bedingt weisungsberechtigt ist. Weil
Unternehmensnetzwerk Merkmale einer Kooperationsform zwischen Markt und
Hierarchie aufweist, ist eine Beschränkung der Weisungsgewalt mit einem
Verzicht auf hierarchische Elemente verbunden. Ihm stehen die Vorteile
marktlicher Koordination entgegen. Als Beispiele für strategische Netzwerke
können Franchisesysteme angeführt werden[81]. *Ökonomische Vorteile*, die aus
der Mitgliedschaft in einem strategischen Netzwerk resultieren, bestehen in
dem Zugang zu neuen Absatz-/Faktormärkten, den Spezialisierungsvorteilen
durch Konzentration auf Kernkompetenzen, den Kostenvorteilen durch statische
(Fixkostendegressionseffekte) und/oder durch dynamische (Lernkurveneffekte)
Skaleneffekte, (d) der Verteilung der Erfolgsrisiken sowie der *strategischen
Flexibilität*[82]. Unter Letzterem soll die Fähigkeit eines Unternehmens
verstanden werden, an die sich wandelnden Umweltsituationen anzupassen.
Durch die erhöhte strategische Flexibilität wird ein relativer Wettbewerbsvorteil
der Netzwerkbeteiligten generiert. Diese hängt offensichtlich ab von der Art und
der Zahl der Bindungen der beteiligten Unternehmen im jeweiligen
Strategischen Netzwerk[83].

Im Gegensatz zu dynamischen und strategischen Netzwerken stellen
demokratische bzw. *kooperative* Unternehmensnetzwerke wie z.B. das deutsche
Sparkassen-System sowie das genossenschaftliche Finanzverbundsystem auf die
folgenden Strukturmerkmale ab. Die wirtschaftliche Selbständigkeit und die
damit verbundene Geschäftsautonomie der einzelnen Basisorganisationen, das
Bekenntnis zur gegenseitigen Nichtausbeutung zwischen Netzwerkmitgliedern,
die gemeinsame Vertrauensbasis, die offene Mitgliedschaft sowie das Prinzip
der Demokratie etc. Es gibt hier keine Hub Firm, sondern die *Willensbildung*
erfolgt prinzipiell *von unten nach oben*[84].

---

[80] Vgl. Carney, 1987, S. 341; Bresser, 1989, S. 545.

[81] Vgl. Sydow, 1993, S. 29ff.; Bülow, 1995, S. 245ff.

[82] Vgl. Backhaus/Meyer, 1993, S. 333; Grichnik/Börner, 1999, S. 13f.

[83] Vgl. Sydow, 1991, S. 34.

[84] Der Begriff der *kooperativen Netzwerke* – im Sinne von Birgitta Wolff und Rahild
Neuburger – ist mehr oder weniger irreführend, weil es sich bei dynamischen und
strategischen Netzwerken auch um solche zwischenbetrieblichen Kooperationsformen
handelt, deren Willensbildungs- und Entscheidungsprozesse sowie Kapitalbeteiligungen
jedoch von oben nach unten verlaufen; M.a.W.: Diese Netzwerkorganisationen sind nicht
basisdemokratisch geführt (siehe Wolff/Neuburger, 1995, S. 86). Zur Analyse des deutschen
Sparkassen-Verbundsystems aus institutionenökonomischer Sicht vgl. Langschied, 1993
sowie aus Resource-based View vgl. Zmuda/Börner, 2000; Zu genossenschaftlichem

Aus dem *Resource-based View* ermöglichen netzwerkartige Kooperationsformen den beteiligen Unternehmen, eigene hochspezifische und strategisch
bedeutsame Kern-kompetenzen zu pflegen und gleichzeitig die notwendigen
Komplementärkompetenzen zu ergänzen und zu erweitern[85]. Eine verstärkte
Ausrichtung an unternehmensinterne Ressourcenausstattung erscheint gerade
aufgrund einer sich wandelnden Wirtschaftsordnung ratsam, weil es dabei
immer unwahrscheinlicher ist, dass die externe Markt-/Branchen-aktivität
aufgrund der zunehmenden Komplexität der Umweltbedingungen und damit
verbundenen Unsicherheit über zukünftige Erfolgspotentiale die primäre Quelle
anhaltender Wettbewerbsvorteile sein wird[86]. Unter solchen Bedingungen
scheint sich das Unternehmensnetzwerk als die adäquate kooperative
Organisationsform zu bewähren, in dem sich die *korporativen Wirtschaftsakteure*[87] auf ihre Kernkompetenzen fokussieren und unterstützende Leistungen
von den Netzwerkpartnern beziehen können. Das Umweltrisiko wird auf
verschiedenen Schultern verteilt, und das institutionelle Netzwerkarrangement
(Netzwerkverfassung) sorgt für eine Begrenzung opportunistischen Verhaltens
der Mitglieder. Die Bereitstellung und Nutzung von Komplementärkompetenzen in Netzwerkorganisationen kann einen maßgeblichen Beitrag zur
Kompetenzentwicklung einzelner Unternehmen leisten, ohne dass dadurch das
Potential zur Erzielung von Unternehmenserfolgen zwangsläufig gemindert
werden muss[88]. Ein netzwerkartiges Arrangement beruht auf der Verknüpfung
komplementärer Aktivitäten der Netzwerkbeteiligten in einer unternehmens-
übergreifenden Wertkette zur Umsetzung der kollektiven Strategien. *Funktionell*
gilt es, die Wertaktivitäten nach den aus den jeweiligen Kernkompetenzen
abgeleiteten Ressourcen/Kompetenzen der Mitglieder im kollektiven Leistungserstellungsprozess zu integrieren. Netzwerkorganisationen erlauben die
Optimierung der Wertketten und damit die Erhöhung der Ressourceneffizienz
über die Unternehmensgrenzen hinweg soweit, wie spezifische Investitionen
ermöglicht werden. Die verbleibenden Flexibilitätsvorteile ergeben bei
Kooperationen im Netzwerk aus erhöhter Reversibilität, geringerer Kapital-
bindung, erhöhter Autonomie sowie besserem Schutz der distinktiven
Ressourcen/Kompetenzen. *Kulturell* gilt es, aufbauend auf den gemeinsamen
Wertorientierungen und Grundvorstellungen über die Funktionswahrnehmung
eine übergreifende Identität des Unternehmensnetzwerks (*Network Identity*) zu
etablieren[89]. Unternehmensnetzwerk kann nur eine vorteilhafte Organisationsform sein, wenn ihre Spezialisierungs- und Flexibilitätsvorteile nicht durch

---

Finanzverbund in Deutschland vgl. Hellinger, 1999, S. 330ff. sowie in Österreich vgl. Theurl,
2001, S. 5f.
[85] Vgl. Miles/Snow, 1995, S. 7ff.; Picot et al., 1999, S. 190ff.
[86] Vgl. Staehle, 1994, S. 578f.; Rasche, 1994, S. 15f.
[87] Siehe Kapitel II, Abschnitt 5.2.1.
[88] Vgl. Gulati et al., 2000; Die Netzwerkperspektive sieht Kooperationen im Kern als
Möglichkeit des externen Erwerbs von Ressourcen und Wissen an (vgl. Grant, 1996, S. 383).
[89] Vgl. Grachnik/Börner, 1999, S. 15.

steigende Koordinations- und Kontrollkosten innerhalb der Netzwerkorganisation kompensiert werden. Ein erfolgreiches Unternehmensnetzwerk ist
dadurch gekennzeichnet, *dezentrale* Willensbildungs- und Entscheidungs-
mechanismen und *hierarchische* Elemente in ein ausgewogenes Verhältnis zu
bringen.

3. Kompetenzfelder genossenschaftlicher Finanz- und Verbund-organisationen

In diesem Abschnitt wird der Versuch unternommen, den Kernkompetenzansatz
auf die kreditgenossenschaftliche Kooperationsform zu übertragen. Diese
Vorgehensweise liegt der These zugrunde, dass die ökonomischen Erfolge eines
Unternehmens in erster Linie auf ihren ressourcenbedingten Wettbewerbsvorteilen beruhen. Das Hauptproblem der Übertragung besteht in der
strategischen Analyse [90] der distinktiven Ressourcen/Kompetenzen, deren
Ermittlung in drei Schritten erfolgt:

- Im ersten Schritt werden die wichtigsten Bankfunktionen ermittelt, die
  sich auf Allokations- und Koordinationsfunktionen beziehen. Während
  Erstere die Kapital- und Risikoallokation umfassen, erstreckt sich Letztere
  auf alle zur Senkung von Finanztransaktionskosten beitragenden
  Leistungen;

- Im zweiten Schritt wird analysiert, welche Kernkompetenzen einer Bankunternehmung zur Erfüllung dieser Funktionen erforderlich sind;

- Im dritten Schritt sollen die möglichen Kompetenzfelder der
  genossenschaftlichen Finanz- und Verbundorganisationen diskutiert
  werden. Dabei sollen Bereiche skizziert werden, die Kernkompetenzen
  beinhalten können. Aufgegriffen werden wettbewerbswirksame Strukturmerkmale dieser besonderen Kooperationsform. Hierbei wird zwischen
  Kompetenzfeldern auf der lokalen Ebene und auf der Verbundebene
  unterschieden. Die zu identifizierenden Kompetenzfelder bilden häufig
  die Quellen von Wettbewerbspotentialen kreditgenossenschaftlicher
  Kooperationsform.

3.1. Funktionen und Kernkompetenzen Bankunternehmung

Ökonomische Vorteile einer Organisationsform sind sowohl aus dem Resource-
based View als auch aus der Neuen Institutionenökonomik auf die
Marktunvollkommenheit und die *Asymmetrieverteilung* von Informationen,
Wissen und Fähigkeiten der Wirtschaftsakteure zurückzuführen. Für die
Analyse der Erfolgs- und Wettbewerbspotentiale der genossenschaftlichen

---

[90] Zu den vier Phasen eines Strategieprozesses gehören u.a. Zielbildung, strategische Analyse,
Strategieformulierung und Strategieumsetzung (vgl. Welge/Al-Laham, 1996, S. 96f.)

Kooperationsform ist es daher erforderlich, bis zu ihrer Rolle bzw. Funktionen der Finanzintermediation bei Marktunvollkommenheit zurückzugehen[91].

Die relative *Knappheit* von Ressourcen (Einsatzfaktoren sowie Güter/Dienstleistungen) stellt das grundlegende Wirtschaftsproblem dar. Diese lässt sich durch Arbeitsteilung und Produktionsumwege bewältigen. Durch *Arbeitsteilung* können Spezialisierungsvorteile und die damit verbundene Produktivitätssteigerung hervorgerufen werden. Zugleich entstehen Aufwendungen bei Tausch- und Abstimmungsprozessen (Transaktionskosten). Zunehmende Arbeitsteilung führt zu vermehrten Tauschprozessen, die ihrerseits koordiniert und gesteuert werden müssen und damit verbundene Ressourcen verbrauchen. Ein Anstieg der Tauschvorgänge sieht sich größerer Unsicherheit ausgesetzt, weil vertragliche Abmachungen von Tauschpartnern nicht zwangläufig eingehalten werden. *Produktionsumwege*[92] ergeben sich aus der Verwendung der vorhandenen Ressourcen zur Produktion von Investitionsgütern, wodurch sich eine größere Menge an zukünftigen Gütern/Dienstleistungen herstellen lässt. Produktionsumwege verlangen gegenwärtigen Konsumverzicht und Bewältigung von Unsicherheiten, die auf die nicht eindeutige Prognostizierbarkeit der zukünftigen Umweltentwicklungen und des Verhaltens der Transaktionspartner. Die Produktivitätssteigerungen, die aus der Kombination von Arbeitsteilung und Produktionsumwegen resultieren, konfrontieren jedoch mit umfangreichen Allokations- und Koordinationsproblemen. Diese Probleme entstehen, wenn die Ressourcen nicht automatisch ihrer nutzenmaximierenden Verwendungsmöglichkeiten zugeführt werden können. *Allokationsprobleme* entstehen, wenn Präferenzen individueller Wirtschaftsakteure unterschiedlich sind, und/oder wenn Informationen über die Nutzungsmöglichkeiten ungleichmäßig verteilt sind, und/oder wenn Wirtschaftsakteure über Ressourcen verfügen, die von den anderen besser informierten nutzbringender verwendet werden können. *Koordinationsprobleme* ergeben sich daraus, dass der Ressourcentransfer größere (Transaktions-)Kosten verursacht als der zu erzielende Nutzenzuwachs oder der Ressourcenbesitzer nicht ausreichend an der Nutzensteigerung beteiligt wird. Verbesserungen an

---

[91] Die *funktionale Sichtweise* stellt nicht die Organisationen selbst, sondern die von ihnen zu erfüllenden Funktionen in den Mittelpunkt der Betrachtungen. Bankenwettbewerb findet aus der funktionalen Perspektive nicht nur zwischen allen Kreditinstituten statt, sondern umfasst auch alle Organisationen, die Bankfunktionen erfüllen. Aus dieser Sichtweise lässt sich auch die von institutionellem Wandel geprägte Dynamik des Wettbewerbsprozesses erfassen. Die zu erfüllenden Funktionen bleiben im Zeitablauf weitgehend konstant, währen die Finanzorganisationen selbst einem vergleichsweise schnellen Wandel unterliegen. Die funktionale Sichtweise unterstellt, dass sich bei freiem Wettbewerb die Organisationen den Funktionen anpassen. Bei unvollkommenem Wettbewerb dauert eine Anpassung der Organisationen an die Funktionen unter Umständen länger. Längerfristig ist aber davon auszugehen, dass sich institutioneller Wandel vollzieht, wenn sich Funktionen ändern (vgl. Merton/Bodie, 1995).

[92] Vgl. Böhm-Bawerk, 1889, S. 143ff.

119

Allokations- und/oder Koordinationsproblemen setzen aber auch effiziente Risikoteilung voraus. Erfolgsrisiken können im Prinzip durch Diversifikation, Versicherung und Risikohandel (Hedging) zum Teil reduziert oder gar eliminiert werden[93].

Finanzintermediäre spielen eine wichtige Rolle bei der Bewältigung dieser ökonomischer Probleme, in dem sie Kapitalgeber (als Überschusseinheit) und Kapitalnehmer (als Defiziteinheit) durch intertemporale Koordination ihrer Investitions- und Konsumpläne zusammenbringen, d.h. den *intertemporalen* und *interpersonalen Transfer* von Finanzressourcen ermöglichen. Sie treten als effiziente Vertragspartner zwischen Angebot- und Nachfrageseite auf und gestalten Finanztitel, die den Präferenzen der beteiligten Wirtschaftsakteure in Bezug auf Kapitalbetrag, Fristigkeit, Risiko sowie räumliche Verfügbarkeit entgegenkommen. Die *Allokationsfunktion* besteht darin, Präferenzausgleichleistungen in Form von Transformation der Losgrößen, Fristen, Risiken und Räumlichkeit zu erbringen. Die *Koordinationsfunktion* besteht darin, Kapitalgeber und Kapitalnehmer zu Tauschhandeln zusammenzuführen. Letztere stellt sich auf organisatorische Lösungen von Informations- und Anreizproblemen ab. In der Theorie der Finanzintermediation lässt sich die Existenz der Bankunternehmung in ihrer Fähigkeiten begründen, dass sie die Allokations- und Koordinationsfunktionen produktiver, mit hinreichenden Risikodiversifikationsmöglichkeiten und zu geringeren (Produktions- und Transaktions-)Kosten als Finanzmärkte oder andere finanzintermediäre Organisationsformen ausüben, das heißt: dass sie die mit den Kernfunktionen verbundenen Leistungen effizienter erbringen können[94].

In der Literatur finden sich die (Kern)Funktionen der Banken als Finanzintermediäre in[95]:

- der Reduzierung von vertragsunvollständigkeitsbedingten Ertragsrisiken (als *Versicherer gegen Illiquiditäts- und Kreditausfallrisiken*).

- dem Abbau asymmetrischer Verteilung von Informationen und Wissen zwischen Kapitalgebern und Kapitalnehmern (Bankunternehmung als *Informationsproduzent*);

- der flexiblen Anpassung an externen Veränderungen mithilfe von Nachverhandlungen (als *Partner in langfristigen Finanzbeziehungen*);

Daraus lassen sich die drei bankwirtschaftlichen Kompetenzfelder ableiten: die *Informations-, Beziehungs-* und *Risikomanagementkompetenz*, die miteinander

[93] Vgl. Mason, 1995, S. 162ff.
[94] Vgl. Burghof/Rudolph, 1996, S. 6ff.; Böhme, 1997, S. 37ff.; Hartmann-Wendels et al., 1998, S. 83ff.
[95] Vgl. Neuberger, 1994, S. 31ff.; Burghof/Rudolph, 1996, S. 13ff.; Freixas/Rochet, 1999; S. 15ff.

120

in engen Interdependenzen stehen und somit komplementäre Wirkungs-zusammenhänge aufweisen[96].

Aufgrund der Besonderheit der Finanztransaktionen als intertemporale, interpersonale Ressourcentransfer, wobei Leistungen und Gegenleistungen zeitlich auseinander fallen, haben Finanzverträge langfristigen und unvollständigen Charakter. Die auf Vertragsunvollständigkeit beruhenden Probleme können gelöst werden, in dem Banken ex post die Möglichkeiten der Nachverhandlungen und Anpassung vertraglicher Vereinbarungen an geänderten Umweltbedingungen zur Verfügung stellen. Spezifisches bzw. idiosynkratisches Wissen der besonderen Umstände von Ort und Zeit weist in diesem Kontext einen hohen Stellenwert auf. Bankmitarbeiter erwerben sich langfristig nicht nur wirtschaftliche sondern auch persönliche Informationen über Kunden, die eine wichtige distinktive Ressourcenart darstellen. Das im Umgang mit langfristigen Finanzbeziehungen angeeignete Wissen und Erfahrungen und die effiziente Nutzung relevanter Informationen, um den individuellen Kundenbedarf zu erfassen und zu decken, bilden die *Informations-* und *Beziehungskompetenz* einer Bankunternehmung. Dadurch wird ermöglicht, langfristige Kunden-beziehungen zu stabilisieren und gegen Angebote der Konkurrenz zu immunisieren. Eine langfristige Bindung bzw. Loyalität können Einfluss auf Wohlverhalten bezüglich der vertraglichen Verpflichtung und Rücksichtnahme auf die Interesse der Vertragspartner nehmen. Kundenspezifische Informationen ermöglichen Banken, besondere Leistungen mit signifikantem Kundennutzen zu generieren. Zum einen werden Bedürfnisse nach Kapitalanlage und -aufnahme zusammengeführt. Zum anderen werden die Bonitätsprüfung und die laufende Kreditüberwachung von der Bankunternehmung unternommen. Eine Bank wird in diesem Kontext als Koalition zur Ausnutzung der Skalenerträge beim Abbau von Informationsasymmetrien bezeichnet [97]. Sie erwirbt dabei besondere Fähigkeiten und das Wissen darüber, wie Risiken zu bewerten und Kredite zu überwachen sind. Erfolgreiche Bonitätsprüfung setzt Beschaffung und Auswertung relevanter Informationen über wirtschaftliche und persönliche Kreditwürdigkeit potentieller Schuldner voraus. Die Einschätzung des Kreditrisikos erfordert besonderen Fähigkeiten der Bankmitarbeiter in erster Linie bei der Erfolgs- und Finanzanalyse der Kreditnehmer, die maßgeblich auf Erfahrungswissen, Intuition und Prognosefähigkeit der individuellen und organisationalen Humanressourcen beruhen[98]. Die *Risikomanagementkompetenz* einer Bank besteht in ihrer Fähigkeit, Gesamtrisiken über funktionsfähige

---

[96] Zur ausführlichen Diskussion sei auf Hellinger, 1999, S. 186ff.; Bonus et al., 1999, S. 21ff. verwiesen.
[97] Vgl. Vollmer, 1999, S. 18.
[98] Vgl. Knaese, 1996, S. 83ff; Diese Analyse bezieht sich auf eine systematische Untersuchung zur Erzielung möglichst zuverlässiger Aussagen über die wirtschaftliche Analyse der Kreditnehmer – über die Vermögens-, Finanz- und Ertragslage – im besonderen Hinblick auf ihre zukünftigen Zahlungsfähigkeit und Rentabilität der Investitionsprojekte.

Bewertungs- und Kontrollverfahren und geeignete Diversifikation des Kreditportfolios zu begrenzen. Die Risikomanagementkompetenz steht dabei in engem Zusammenhang mit der Informations- und Beziehungskompetenz.

Eine Bank gilt als Informationssammelstelle für potentielle Anleger, denen es die qualitative Beurteilung über die Zuverlässigkeit der Bank genügt. Sie begeben sich in eine Abhängigkeitsrelation zu der Bankunternehmung, respektiv deren Mitarbeitern [99]. Der Vertrauenswürdigkeit in *Bank-Kunden-Beziehung* kommt hier ein zentraler Stellenwert zu. Als das Ergebnis über Jahre hinweg akkumulierter Erfahrungen besitz das Vertrauen den Charakter, schwierig zu imitieren. Die strategische Bedeutung der Qualität der Bankmitarbeiter besteht darin, dass sie nicht allein über fachliche Fähigkeiten sondern auch *soziale Kommunikationsfähigkeit* verfügen müssen. Damit können effiziente Informationstransfer gewährleistet werden [100]. Die Bankmitarbeiter fungieren als *Wissensmanager* für Kunden, in dem *individuelle Problemlösungen* in Finanzierungs- und Anlagemöglichkeiten beraten werden. Kundenindividuelle Beratung stellt eine Kernleistung der Bank dar. Die Erzeugung und Bewahrung von Verlässlichkeit in prekären Bank-Kunden-Beziehungen durch Auf- und Ausbau der Reputation bzw. des *Vertrauenskapitals* in Form von System-vertrauen [101] bilden eine erfolgsgenerierende Kompetenz.

3.2. Lokale Kreditgenossenschaften

In folgenden sollen organisationsspezifische Kompetenzfelder heraus-kristallisiert werden, die in enger Nähe zu den Strukturmerkmalen der lokalen Kreditgenossenschaften und der (über-) regionalen Verbundorganisation stehen und durch ihre prozessuale Verknüpfung zu Kern-kompetenzen führen können. In der Literatur sind die ökonomischen Vorteile der Kreditgenossenschaften erstens auf die lokale Markt- und Kundennähe, zweitens auf die exklusive Mitgliedschaft und demokratische Mitbestimmung und drittens auf die Zusammenarbeit im genossenschaftlichen Finanzverbund zurückzuführen [102]. Es ist zu fragen, ob und inwieweit diese organisationsformbedingten Vorteile zur strategischen Grundausrichtung beitragen können.

3.2.1. Markt- und Kundennähe

(Traditionelle) Kreditgenossenschaften tätigen als Finanzintermediäre in einem geografisch beschränkten Geschäftsgebiet. Die wertvollste Ressource einer Kreditgenossenschaft liegt in *lokalen* Informationen bzw. *spezifischem*

---

[99] Vgl. Büschgen, 1995, S, 19.

[100] Vgl. Knaese, 1996, S. 60.

[101] Bei *Systemvertrauen* handelt es sich um gelerntes Vertrauen der Wirtschaftsakteure gegenüber einer bestimmten Organisation, das sich auf ihre Leistungsfähigkeit und die Funktionsfähigkeit ihrer Anreiz- und Überwachungsmechanismen bezieht (vgl. Sydow, 1995, S. 188).

[102] Vgl. Aschhoff/Hensingsen, 1995, S. 88; Bonus/Greve, 1996, S. 280; Bonus et al., 1999, S. 24f.; Hellinger, 1999, S. 258ff.

Wissen[103]. Die Generierungs- und Nutzungsmöglichkeiten dieses "plastischen Produktionsfaktors"[104] hängen von der lokalen Verwurzelung und der Betriebsgröße ab. Ökonomische Vorteile aufgrund der *Kleinheit* und *Selbständigkeit* ortgebundener Kreditinstitute resultieren aus der lokalen Marktkenntnis, der persönlichen Kundennähe und der großen Entscheidungs- und Handlungsflexibilität. Aus einer ständigen Präsenz vor Ort – vor allem in ländlichen Gebieten – werden ökonomische Vorteile in stabilen und dauerhaften Bank-Kunden-Beziehungen abgeleitet. Eine zügige und umfassende Information der Mitglieder und ihrer Vertreter über das Geschehen bei ihrem Organbetrieb trägt wesentlich zur Bildung der Vertrauensbeziehung zwischen Mitgliedern und der genossenschaftlichen Bankunternehmung bei. Die gemeinsame Bindung des Managements mit Kunden/Mitgliedern aufgrund der *lokalen Verwurzelung* ermöglicht der genossenschaftlichen Bankunternehmung, Informationsvorteile aufzubauen, einzelne Kunden- bzw. Mitgliederbedürfnisse aufzudecken sowie individuelle Problemlösungen zu entwickeln. Durch die Nutzung lokaler Informations- und Wissensvorteile über die Stärken und Schwächen der eigenen Region, die sich aus persönlichen Beziehungen zwischen Kunden und Bankmitarbeitern ergeben, werden geschäftspolitische Maßnahmen gezielt eingesetzt. Intensiver persönlicher Kontakt und Beratungsleitungen vor Ort können für Kunden/Mitglieder (Mehr-)Wert an sich haben. Räumliche Nähe, lokale Kundenfokussierung und persönliche Integration in die Region können eine spezifische Kundenzufriedenheit beeinflussen, die die konventionellen Kreditinstitute nicht erzielen können. Die enge Bank-Kunden-Beziehung, die persönliche Beratung, die individuelle Vertragsgestaltung sowie die Konzentration auf die *Hausbankfunktion* bilden die Stärken dieser lokalen Finanzintermediäre[105].

Die Vorteile des kostengünstigen lokalen Informationspools, der Kleinheit und Selbständigkeit genossenschaftlicher Kreditinstitute dienen jedoch nur als notwendige Bedingung für die Generierung ihrer nachhaltigen Erfolgspotentiale. Notwendig ist ebenfalls die *aktive Leistung des Managements*, lokale Informationen und Wissen – meist impliziter Natur – in effizienter Weise für die Leistungserstellung zu nutzen. Lokale Integration der Mitarbeiter leistet einen positiven Beitrag zu einem wachsenden Vertrauensverhältnis. Der Aufbau und

---

[103] Vgl. Bonus, 1986, S. 318.

[104] Zum Plastizitätscharakter von Produktionsfaktoren vgl. Alchian/Woodward, 1987, S. 115ff.

[105] Eine *Hausbankbeziehung* stellt einen langfristig angelegte Kooperation zwischen einem Kreditinstitut und Unternehmen dar. Der größte Teil des Kredit- bzw. Finanzierungsdienstleistungsbedarfs des Unternehmens wird von der Hausbank gedeckt. Aufgrund der dauerhaften und engen Bindung verfügt die Bank über einen besonders guten Informationsstand bezüglich der wirtschaftlichen Lage und Entwicklung der Kunden und hat ein gutes Vertrauensverhältnis zwischen Vertragspartnern aufgebaut. Für Unternehmen besteht der Anreiz, vorübergehende Schwierigkeiten in Krisensituationen durch finanzielle Hilfestellung der Hausbank zu federn (vgl. Fischer, 1990, S. 3f.).

die Pflege des *lokalen Beziehungsnetzwerks* durch ständige Vor-Ort-Kontakte der Bankmitarbeitern mit ihren Kunden/Mitgliedern stellen daher ein spezifisches Kompetenzfeld dar, die aus der räumlichen Markt- und Kundennähe, dem Erfahrungswissen und der persönlichen Bank-Kunden-Beziehungen resultiert. Den *Humanressrorcen* kommt hier eine besondere Rolle zu[106].

3.2.2. Exklusive Mitgliedschaft und demokratische Mitwirkung

Als Möglichkeiten zum Artikulieren von Unzufriedenheit der Mitglieder einer Organisation dienen die Kontroll- und Sanktionsmechanismen der Abwanderung (Exit) und Meinungsäußerung (Voice) im Sinne von Hirschman. Ist ein Mitglied als Kunde mit der Leistung der Bankunternehmung nicht zufrieden, dann wechselt es zur Konkurrenz. Ist die *Abwanderung* jedoch nicht möglich, weil die damit verbundenen (Wechsel-)Kosten zu hoch sind oder keine Alternative existiert, so bleibt noch der zweite Mechanismus der *Meinungs-äußerung*. In Genossenschaften ist Ersteres über die freiwillige, offene Mitgliedschaft, Letzteres über die demokratischen Mitbestimmungsrechte zu verwirklichen[107].

Bei einer *klassischen* Kreditgenossenschaft stellt der Organisationszweck vornehmlich auf materielle Förderungen der Mitglieder ab. Für die Mitglieder war das lokale Kreditinstitut den einzigen Zugang, über günstige Konditionen an Kredite zu gelangen. Die gemeinsam betriebene Bankunternehmung widmet sich stärker dem Mitgliederinteresse als der Gewinnorientierung, ohne dabei die betriebwirtschaftlichen Notwendigkeiten im Hinblick auf die Markt-anforderungen zu vernachlässigen. Über die *Mitgliedschaft* wird die Basis des Systemvertrauens auf den zwei Ebenen auf- und ausgebaut, zum einen in täglichen Geschäftsbeziehungen (Mitglieder als *Kunden*) und zum anderen in der Rolle der Mitglieder als *Miteigentümer*. Die *aktive Partizipation* der Mitglieder an den demokratischen Willenbildungs- und Entscheidungsprozessen nimmt einen besonderen Einfluss auf den Prozess der Herausbildung des genossenschaftlichen Systemvertrauens[108].

Durch eine intensive Mitgliederbindung profitiert die Bankunternehmung von einem direkten *Informations- und Wissenstransfer* zwischen Kunden/ Mitgliedern und Bankmitarbeitern, die einerseits zur Senkung von Transaktions-kosten und andererseits zur Eröffnung neuer Ertragspotentiale durch ständige Anpassung an gegenwärtigen und zukünftigen Kundenbedürfnissen führen kann. Von der Kundenseite offeriert die genossenschaftliche Bankunternehmung die Möglichkeit, die finanztransaktionsspezifische, latente Kundenabhängigkeit von der Bankunternehmung über die Mitgliedschaft abzusichern. Der sich daraus

---

[106] Vgl. Bonus, 1987, S. 16.
[107] Zur Genossenschaft als demokratische Unternehmensorganisation vgl. z.B. Viehoff, 1980, S. 9; Vierheller, 1983.
[108] Vgl. Schröder, 1997, S. 153f.

ergebende *Zusatznutzen* ist auch auf die durch lokale Verankerung bedingten Informationsvorteile und auf das damit verbundene institutionelle Vertrauen zurückzuführen. Auf die Bedeutung der Leistungs- und Beratungsqualität der Bankunternehmung vor Ort wird ebenfalls hingewiesen[109].

Die exklusive Mitgliedschaft stellt in Verbindung mit dem Identitätsprinzip eine einzigartige *Differenzierungsmöglichkeit* gegenüber Wettbewerbern dar und kann zu einem strategischen Wettbewerbspotential in bezug auf langfristig angelegte Bank-Kunden-Beziehungen führen[110]. Obwohl die formale Mitgliedschaft und die demokratische Mitwirkung weder imitierbar, substituierbar noch transferierbar sind, ergibt sich daraus nicht zwangläufig ein *wahrnehmbarer Kundennutzen* oder die Möglichkeit der Markterschließung. Die genossen-schaftliche Bankunternehmung sollte die spezifische Mitgliedschaft zu einem übergreifenden *Konzept einer mitgliederorientierten Geschäftspolitik* auf- und ausbauen, die primär auf die Bedürfnisse der Mitglieder abzielt und somit im Einklang mit dem Organisationszweck steht. Dadurch erscheint es möglich, einen zusätzlichen, wahrnehmbaren Kundennutzen generieren zu können. Eine materielle Förderung durch (traditionelle) Kreditgenossenschaften konnte von den Kunden als Mitgliedern direkt wahrgenommen werden. Als Ansatzpunkte für die Generierung eines materiellen *Mehrwertes* bei den Mitgliedern dienen u.a. die Gewinnverteilung, die Gewährung mitgliederexklusiver Leistungs-angebote oder Konditionsvorteile. Die Wahrnehmbarkeit der Vorteilhaftigkeit durch Zusatznutzen nimmt mit der materiellen/immateriellen Förderung zu/ab. Den wahrgenommenen Erwartungswert bestimmen dabei die individuelle kognitive Fassbarkeit des Kooperationsergebnisses sowie dessen Wirkungen auf die individuellen Kooperationsmotive, insbesondere Möglichkeiten alternativer Handlungen einzelner Mitglieder als Kunden[111].

Ein aktives Mitgliedermarketing in Verbindung mit Stärkung der demokratischen Willensbildung und Mitbestimmung erscheint als wichtiger Ansatz zur *Kundenbindung* und damit zur Erschließung langfristiger Erfolgspotentiale für die genossenschaftliche Bankunternehmung. Die Multiplikatorwirkung zufriedener Mitglieder ermöglicht zusätzlich, weitere Ertragspotentiale der Mitgliederorientierung zu generieren. Dem Kompetenz-feld des *mitgliederorientierten Beziehungsmanagements* wird in diesem Kontext einer besonderen Rolle zugeschrieben[112]. Beziehungsmanagement lässt sich nach Diller und Kusterer auffassen als "Gesamtheit der Grundsätze, Leitbilder und Einzelmaßnahmen zur langfristigen zielgerichteten Anbahnung, Steuerung und Kontrolle von Geschäftsbeziehungen (...)"[113]. Ziel des Beziehungs-

---

[109] Vgl. Hahn, 1980, S. 50.

[110] Vgl. Heinke, 1994, S. 13.

[111] Vgl. Louis, 1979, S. 257ff.

[112] Zur ausführlichen Diskussion über das Kernkompetenzfeld des *mitgliederorientierten Beziehungs-managements* in Kreditgenossenschaften vgl. Hellinger, 1999, S. 229ff.

[113] Diller/Kusterer, S. 212; Zitiert nach Pester, 1993, S. 109.

managements besteht in der Erreichung einer hohen *Informations-* und *Beziehungskompetenz*, die zu größeren Verhandlungserfolgen und Synergieeffekten sowie zu einer Erhöhung der strategischen Kooperationsstabilität und -effektivität führen können. Letzteres beschreibt den Sachverhalt, dass die Anspruchsniveaus der relevanten Interessengruppen (Stakholdergruppen) eines Unternehmens erfüllt sind [114]. Im Prinzip generiert somit das Beziehungsmanagement eine Art der Organisationsidentität (Corporate Identity) für Geschäftsbeziehungen. Den Begriff der *Genossenschaftsidentität* liegt dieser nahe, weil die genossenschaftliche Bankunternehmung ihre Hauptaufgabe der Mitgliederförderung in erster Linie über Kapitalbeziehung (Mitglieder als Eigentümer) und/oder Leistungsbeziehungen (Mitglieder als Kunden) innehat. Die Organisationsbeziehungen wie (Ab-)Wahl, Delegation, Leitung und Kontrolle sind der demokratischen Genossenschaftsverfassung ausgesetzt.

3.3. Kooperation im genossenschaftlichen Finanzverbund

Um den Wettbewerbsvorteil der Markt- und Kundennähe nutzen zu können, müssen lokal agierende Kreditgenossenschaften relativ klein und selbständig sein. Um jedoch anspruchsvolleren Bedürfnissen der Mitglieder/Kunden und Markterfordernissen gerecht zu werden, ist eine gewisse Betriebsgröße erforderlich. Bei gleichbleibender Größe sinkt die Zahl der Kreditnehmer, während das durchschnittliche Kreditvolumen pro Kunde steigt. Aufgrund der im Laufe der Zeit abnehmenden kreditfinanzierten Projekte ist das Gesamtrisiko genossenschaftlicher Bankunternehmungen weniger breit gestreut. Die abnehmende Risikodiversifikation kann andererseits dadurch verstärkt werden, wenn Mitglieder relativ homogener Berufsstruktur bzw. ähnlichen exogenen Risiken, z.B. Naturkatastrophen oder Tierseuchen im Agrarbereich, ausgesetzt sind. Demzufolge steigen die zu kalkulierenden Risikokosten. Dieses Dilemma kann über vertikale und horizontale Kooperationsbeziehungen im genossenschaftlichen Finanzverbund gelöst werden, indem zum einen die Erfolgsrisikoallokation mithilfe des *regionalen Liquiditätsausgleichs* über Zentralbanken verbessert und zum anderen die relativ geringe Risikostreuung der lokalen Finanzintermediäre mit Hilfe einer *Kreditversicherung* – in Gestalt der verbundinternen Sicherungseinrichtung – ausgeglichen wird. Steigende Betriebsgröße bzw. steigender Komplexitätsgrad der Geschäftsvorgänge stehen den kognitiven Fähigkeiten der (ehrenamtlichen) Aufsichtsräten im Hinblick auf die Kontrolltätigkeiten der Geschäftsführung gegenüber. Hier bedarf es organisationsexterner Überwachung/Revision, Beratung, Bildung sowie Interessenvertretung. Diese Aufgaben nehmen die (über-)regionalen *Prüfungsverbände* wahr.

Wesentliche Merkmale der kreditgenossenschaftlichen Verbundkooperationsform sind die Dezentralität und Freiwilligkeit, wobei die dezentrale Steuerung auf der freiwilligen Kooperation der Primärorganisationen mit den

---

[114] Vgl. Scholz, 1987, S. 23ff.

Verbundunternehmen und zwischen den Verbundunternehmen untereinander beruht. Ökonomische Aktivitäten werden nicht von der Oberbauebene ausgelöst, sondern jeweils von den selbständigen lokalen Einheiten [115]. Effizientere Leistungserstellungsprozesse beruhen auf der Selbständigkeit und Flexibilität lokaler Kreditinstitute in Verbindung mit der Arbeitsteilung und Spezialisierung im Verbundsystem. In Analogie zur kreditgenossenschaftlichen Kooperationsform auf lokaler Ebene verfügt die Verbundkooperation über folgende zentrale, ökonomische Vorteile, die im interdependenten Beziehungsgeflecht stehen [116]:

- die Nutzung von Größen- und Synergievorteilen bei Beibehaltung von Vorteilen der Kleinheit und dezentraler Flexibilität,

- Einflussnahme auf Wettbewerbsgeschehen durch Gegenmachtbildung

- Absicherung transaktionsspezifischer Quasi-Renten durch Internalisierung externer marktlicher Abhängigkeiten und somit die Reduzierung von Transaktionskosten,

- Flexibilitätsvorteile aufgrund der dezentralen Organisationsstruktur, und

- die gleichzeitige Generierung und Verwertung von generellem Wissen durch (über-) regionale Verbundunternehmen und von spezifischem Wissen durch lokal agierende Kreditinstitute.

Durch Zusammenarbeit im Verbund verfügen lokale Kreditgenossenschaften über eine distinktive Kompetenz, die sich zu einer Kernkompetenz ausbauen lässt, wenn daraus Marktpotentiale erschlossen und nachhaltiger Kundennutzen generiert werden. In diesem Kontext kann der Finanzverbund als ein *demokratisches Unternehmensnetzwerk* betrachtet werden, in dem mehrere wirtschaftlich und rechtlich selbständige Unternehmen zur Leistungserstellung beitragen. Die Integration in die Verbundorganisation ermöglicht den lokalen Kreditinstitute, ohne dass sie ihre ortsgebundene Präsenz und Eigenständigkeit verlieren. Der Finanzverbund ermöglicht den einzelnen lokalen Kreditinstituten, funktionale Vorteile (Skalen- und Synergieeffekte) großer Unternehmenseinheiten zu nutzen, sowohl hinsichtlich des Bankleistungssortiments als auch der Konditionsgestaltung konkurrenzfähig zu bleiben, um die (finanziellen) Bedürfnisse ihrer Mitglieder möglichst optimal befriedigen zu können.

Die folgende Analyse zielt darauf, aus systematischer Netzwerkperspektive Regelungen der Koordination und der Steuerung einzelner Verbundmitglieder aus der Struktur der Netzwerkmitglieder und -beziehungen herauszuarbeiten. Darauf aufbauend soll das *Kompetenzfeld der Verbundkooperation* begründet werden. Die genossenschaftliche Verbundorganistion kann *funktional* als Finanzdienstleiter und *institutionell* als zwischenbetriebliche Kooperation interpretiert werden.

---

[115] Vgl. Selbach, 1991, S. 191f.
[116] Vgl. Eschenburg, 1971, S. 15ff.; Boettcher, 1980, S. 31ff.; Engelhardt, 1989, S. 115 ff.; Bonus, 1990, S. 192ff.

3.3.1. Verbundwirtschaftliche Organisationsprinzipien

Genauso wie die lokalen Kreditgenossenschaften ihren Mitgliedern gegenüber zur Erfüllung des Förderauftrages verpflichtet sind, so haben die überregionalen Zentralbanken und andere Verbundunternehmen die Hauptaufgabe, die *Wettbewerbsfähigkeit* der lokalen genossenschaftlichen Bankunternehmungen zu gewährleisten und zu verbessern. Der *Förderauftrag* bezieht sich auf die unterstützende Bereitstellung von Finanzdienstleistungen, die lokal agierende Kreditinstitute selbst nicht erstellen können bzw. die mit kostengünstigen Konditionen angeboten sind, gemäß den Bedürfnissen und Anforderungen der unterliegenden Ebene. Derartige Verbundleistungen umfassen in erster Linie die Geschäftsbereiche der Liquiditätssammlung und des Liquiditätsausgleiches, die Kreditversorgung angeschlossener Mitglieder, konsortiale Kreditgewährung an Großkunden in Gemeinschaft mit lokalen Kreditgenossenschaften, Unterstützung des Zahlungsverkehrs (Clearing), Abwicklung des Wertpapier- und Auslandgeschäfts, Vermögens- und Anlageberatung sowie Immobilien-vermittlung[117]. Das Identitätsprinzip beinhaltet die Parallelität zwischen (Eigen-) Kapitalbeteiligung (Mitglieder als Eigentümer) und Geschäftsverbindung (Mitglieder als Kunden). Die Förderverpflichtung, die lokale Kreditinstitute gegenüber ihren Mitgliedern erfüllen müssen, hat die Verbundorganisation als Ganzes gegenüber den Primärorganisationen. Alle verbundinternen wirtschaftlichen Aktivitäten zielen darauf, die Mitgliederwirtschaften der lokalen Kreditgenossenschaften mittelbar oder unmittelbar zu fördern. Als Grundlage für die vertikale und horizontale Zusammenarbeit im Verbund[118] dienen die selbst auferlegten, idealtypische Konventionen bzw. *Organisations- prinzipien*, u.a. das Prinzip der Subsidiarität, das Regionalprinzip, das Prinzip der Dezentralität, das Demokratieprinzip, das Prinzip der Freiwilligkeit, das Prinzip der Verbundtreue und das Verursachungsprinzip[119].

Das *Subsidiaritätsprinzip* regelt eine klare *vertikale Aufgabenverteilung* und Zuständigkeit der Verbundmitglieder und beinhaltet, "(...) dass eine Arbeits- teilung zwischen Kreditgenossenschaften und Zentralbanken dergestalt erfolgt, dass die Zentralbanken für die lokalen Finanzintermediäre die Aufgaben übernehmen, die von diesen nicht oder nur in unzureichendem Maße erbracht werden können (...)"[120]. Bei der vertikalen Zusammenarbeit mit (über-) regionalen Zentralbanken geht es darum, den lokalen Kreditgenossenschaften einen dauerhaften, sicheren Zugang zum Geldmarkt zu verschaffen (*Leistungsbewirkungsfunktion*). Die Hauptaufgaben des Oberbaus bestehen darin, Hilfestellung für Primärorganisationen bei finanziellen Liquiditäts-

---

[117] Vgl. Pohl, 1983, S. 269f.

[118] „Der genossenschaftliche Verbund ist die spezifische Form einer auf Freiwilligkeit beruhende Zusammenarbeit der Genossenschaften auf horizontaler und vertikaler Ebene" (Schultz/Zerche, 1981, S. 82).

[119] Vgl. Büschgen, 1989, S. 4; Boele, 1995, S. 13; Grichnik/Börner, 1999, S. 3.

[120] Bester, 1981, S. 99.

engpässen zu bieten und den Liquiditätsausgleich zwischen ihnen sicherzustellen. Die Zentralbanken fungieren als Zulieferer und übernehmen die Dienstleistungsfunktionen für die Primärstufe. Dem Subsidiaritätsprinzip entsprechend ist die Verbundorganisation als Ganzes so angelegt, dass die *Entscheidungs- und Kontrollrechte* von unten nach oben verlaufen. Dieses Prinzip betont zum einen die Eigenständigkeit und Selbstverantwortung der primären Kreditgenossenschaften und zum anderen den Hilfs- und Unterstützungscharakter der Oberbauorganisationen. Die Verbundleitungen sollen nur als 'Hilfe zur Selbsthilfe' gelten. Es ist durch die drei genossenschaftlichen S-Grundprinzipien (Selbsthilfe, Selbstkontrolle und Selbstverwaltung) ausgeprägt und muss als Orientierungsmaßstab in der Aufgabenverteilung zwischen primären und höher liegenden Verbund-mitgliedern gelten. Diese Orientierung erfordert, dass die Geschäftspolitik des Oberbaus auf die Interesse der primären Mitglieder auszurichten ist. Verbundunternehmen weisen den dienenden Charakter der lokalen Institute und demzufolge keinen isolierenden Selbstzweck auf. Die vertikale Kooperation über Zentralbankorganisation ist in erster Linie auf die *Betriebsgrößennachteile* einzelner, relativ kleiner Primärorganisationen zurückzuführen:

- Die Leistungserstellung einer lokal agierenden Kreditgenossenschaft kann nicht ausschließlich durch das Mitgliedergeschäft und unter Risiko-aspekten sinnvoll mit begrenztem Nichtmitgliedergeschäft erreicht werden;

- Die recht homogene Mitgliederstruktur kann zeitweilig oder auch dauerhaft zu einer Lastigkeit von Aktiv- oder Passivgeschäften führen;

- Bestimmte Geschäfte können wegen ihres Umfangs oder ihrer wachsenden Komplexität und Risiken einzelner Kreditgenossenschaften nicht allein bzw. nur durch Zusammenarbeit mit anderen abgewickelt werden[121].

Die Funktionsausgliederung bei lokalen Kreditgenossenschaften auf höher gelagerte Stufen zielt ausschließlich auf eine insgesamt effizientere Abwicklung der Aufgaben durch gemeinsame Verbundeinrichtungen. Zu fragen ist lediglich, wer dann letztlich welche Aufgaben im Rahmen der Verbundkooperation übernimmt. Es gilt: Je geringer ausgeprägt die Größeneffekte auf der Primärebene sind, umso bedeutsamer ist der Gesamtverbund für die Leistungs-erstellung. Andererseits entfällt die zwingende Notwendigkeit zur Ausschöpfung von Größeneffekten auf Primärebene. Damit steigt aber im Gegenzug der Zwang, zur Ausschöpfung der Verbundvorteile, den Verbund unter Beachtung des Subsidiaritätsprinzips auszubauen. Augrund ihres geringeren Geschäfts-umfangs sind kleinere Primärbanken vergleichsweise stärker auf die Verbund-

---

[121] Vgl. Wagner, 1988, S. 55.

unterstützung angewiesen als größere Institute und damit in ein größeres internes Abhängigkeitsverhältnis eingebunden[122].

Die *horizontale* Verbundkooperation ist durch das *Prinzip der Solidarität* gekennzeichnet, das in der Weise gilt, dass die lokalen Kreditgenossenschaften innerhalb eines Garantie-verbunds (Garantiefonds) füreinander zuhaften haben. Der Garantiefonds beruht auf den eingezahlten Beiträgen der angeschlossenen Primärorganisationen. Zu den Stützungsmassnahmen für bedürftige Beteiligte gehören Barzuschüssen, Darlehen, Bürgschaften und Garantien [123]. Das genossenschaftliche Institutsicherungssystem bietet einen umfassenden Gläubigerschutz für die Verbundorganisation als Ganzes. Die (klassischen) Aufgaben (über-) regionaler Verbände bestehen in der Prüfung/Revision (*Leistungssicherungsfunktion*), der Interessenvertretung, der Beratung und der Schulung der angeschlossenen Mitgliedergenossenschaften[124].

Die *dezentrale* Verbundstruktur stützt sich auf das *Demokratieprinzip*. De jure entwickeln sich die Willensbildungs-, Einfluss- und Kontrollmöglichkeiten im Verbundsystem den Eigentumsverhältnissen folgend von *unten nach oben*, dadurch die beherrschende Stellung eines Zentralinstituts ausgeschlossen werden kann [125]. Träger der Gesamtgewalt aller Verbundstufen sind die Mitglieder, wobei sie diese an die Organe Vertreterversammlung, Vorstand und Aufsichtsrat delegieren[126]. Dem genossenschaftlichen Finanzverbund steht somit diametral entgegen der Verlauf der Entscheidungs- und Weisungsbefugnis wie auch der Kapitalbeteiligungen im Konzern. Grundlegendes Charakteristikum des genossenschaftlichen Finanzverbunds und Unterscheidungsmerkmal zur Konzernorganisation ist die ausgeprägte *Dezentralität*. Der dezentrale Finanzverbund soll den einzelnen Kreditgenossenschaften auf lokaler Ebene ermöglichen, "sich den Gegebenheiten ihres überschaubaren Marktes flexibel anzupassen und aufgrund detaillierter Kenntnis dieses Marktes die sich bietenden Chancen optimal zu nutzen"[127]. Die Vorteilhaftigkeit der Kleinheit ist andererseits auch auf das *Prinzip der Regionalität* zurückzuführen, wonach das Geschäftsfeld einer lokalen Kreditgenossenschaft geografisch eng begrenzt sein soll[128].

---

[122] Vgl. Grosskopf, 1995, S. 60f.

[123] Vgl. Horlacher, 1980, S. 1559.

[124] Vgl. Schierenbeck, 1988, S. 24f.

[125] Vgl. Viehof (1980), S. 120. Nach Thomas Edenhofer gibt es im deutschen kreditgenossenschaftlichen Verbundsystem faktisch keine zentrale Weisungsbefugnis von unten nach oben und umgekehrt sowie keine Verpflichtung zur Kooperation. Die Verbundmitglieder sind rechtlich sowie wirtschaftlich mehr oder weniger unabhängig. Die Verbundorganisation als Ganzes stellt den Konsens zwischen der Notwendigkeit zur Koopeartion und dem Autonomiestreben dar (Vgl. Edenhofer, 1994, S. 268f.).

[126] Vgl. Syndikus, 1992, S. 61.

[127] Kremer, 1984, S. 55.

[128] Vgl. Tebroke, 1993, S. 17.

Verbundwirtschaftliche Kooperationsbeziehungen beziehen sich zum einen auf die zwischen den lokalen Kreditgenossenschaften und zum anderen auf die zwischen Primär- und Oberbauorganisationen. Verbundmitglieder arbeiten *freiwillig* zusammen und es werden ihnen spezifische quantitative und qualitative Vorteile gewährt. Die Subsidiarität und Freiwilligkeit setzen *dezentrale* Entscheidungsstruktur und selbständige Mitgliederwirtschaften voraus, um die Fähigkeit und Motivation dezentraler Mitglieder zu gewährleisten. Freiwilligkeit darf aber nicht interpretiert werden, dass Primärorganisationen die freie Wahl zwischen Verbundunternehmen und Fremdinstituten haben. Eine derartige unzulängliche *Verbunduntreue* von unten nach oben bringt gleichermaßen Schäden wie die Nichtbeachtung des Subsidiaritätsprinzips von oben nach unten [129]. Die Ausnutzung von Kooperationsverteilen im Verbund setzt demzufolge die strikte Einhaltung der *Verbunddisziplin* voraus. Die Grundregeln der freiwilligen Zusammenarbeit sind so zugewährleisten, dass die lokalen Einheiten von den Verbundunternehmen dominiert werden. Die potentielle Gefahr liegt in der stärkeren Funktionsauslagerung zu einer Gewichtsverschiebung zugunsten der Verbund-unternehmen und in dem daraus resultierenden Autonomieverlust auf Primärebene. Die Interpretation des Förderauftrags der Verbundorganisation bedeutet auch, dass keine Ungleichbehandlung hinsichtlich des Leistungs-angebotes erfolgen darf. Nach dem *Verursachungsprinzip* darf *keine Quersubvention* betrieben werden, weil ineffiziente Mitgliederunternehmen auf Dauer der gesamten Verbundorganisation schaden. Die damit verbundene Konsequenz resultiert aus dem möglichen Austritt der sich ungerecht behandelt fühlenden Kreditgenossenschaften. Der Kontroll- und Sanktionsmechanismus der 'Abwanderung' stellt die Funktionsfähigkeit einer demokratisch strukturierten Kooperationsorganisation sicher[130].

3.3.2. Finanzverbund als demokratisches Unternehmensnetzwerk

Netzwerkstrukturen blicken im genossenschaftlichen Finanzsektor in Deutschland auf eine lange Tradition zurück[131]. Bereits Ende des 18. und Anfang des 19. Jahrhunderts entwickelte sich der genossenschaftliche Finanzverbund zu einer netzwerkartigen Kooperationsform. Im Hinblick auf die vertikale Arbeitsteilung regelt das Subsidiaritätsprinzip die Kooperations-beziehungen zwischen Primärorganisationen und (über-)regionalen Zentral-banken. Die Leistungserstellung der lokalen Kreditgenossenschaften wird durch die Zentralbank(en) ergänzt, in dem nur solche Geschäfte betrieben werden, die den lokalen kapazitäts- oder regionalbedingt allein nicht möglich sind. Das Regionalprinzip regelt die horizontale Arbeitsteilung zwischen den

---

[129] Vgl Lipfert, 1990, S. 219.

[130] Vgl. Pester, 1993, S. 64.

[131] Netzwerkartige Strukturen finden sich in den beiden Finanzverbundsystemen der deutschen Bankwirtschaft, u.a.: kreditgenossenschaftliches und Sparkassen-System seit geraumer Zeit (vgl. Martin, 1994, S. 82ff.; Hellinger, 1999, S. 330ff.)

Finanzorganisationen auf der jeweiligen Stufe des Verbund-systems. Diese operieren idealtypisch getrennt nach geografisch abgegrenzten Geschäfts-gebieten. (Über-)Regionale Prüfungsverbände stellen zusätzliche Kontroll-möglichkeiten der Geschäftsführungen auf lokaler Ebene zur Verfügung. Die Leistungen von Oberbau-organisationen, u.a. Zentralbanken, Prüfungsverbände, Sicherungseinrichtungen, stellen aus der Sicht einzelner primären Finanz-organisationen jeweils *Komlementärkompetenzen* dar. Mit der Wahrung der Dezentralität bei gleichzeitiger Konzentration der Kräfte auf spezifische Kompetenzfelder versucht der genossenschaftliche Finanzverbund den volatileren Marktanforderungen gerecht zu werden. Die Kooperationsaktivitäten im Verbund betreffen somit nicht die gesamte Wertkette der Beteiligten sondern beschränken sich auf einzelne Unternehmensaufgaben.

Eine distinktive Kompetenz lokalen Kreditinstituts liegt in der organisationalen Fähigkeit, *Vor-Ort-Informationen* kostengünstig zu generieren und effizient zu nutzen. Die darauf aufbauende, organisationale Wissensbasis ist zu einem großen Teil spezifischer, impliziter Natur[132]. Durch (über-)regionale Verbund-unternehmen wird das generelle/explizite Wissen in standardisierter Form bereitgestellt. Die Vorteilhaftigkeit der genossenschaftlichen Verbund-organisation als Kooperationsform zwischen Markt und Hierarchie besteht in der Generierung und gleichzeitigen Nutzung spezifischen, impliziten Wissens vor Ort und generellen, expliziten Wissens der Zentrale[133]. Vorteile der Kleinheit werden mit Vorteilen der Größe verbunden. Die wertvollste Ressource der primären Kreditgenossenschaften besteht in ihrer *Beziehung zu Mitgliedern*. Die Konzentration auf die Kernkompetenzfelder, nämlich die lokale Markt- und Kundennähe sowie die exklusive Mitgliedschaft und demokratische Mitwirkung, führt zu Auslagerungsmöglichkeiten der Komplementär- bzw. Peripherie-kompetenzen. Während Letztere über den Markt zugekauft werden können, erfordert der Bezug von Komplementärkompetenzen über verbundinterne Zuliefererunternehmen, u.a. Zentralbanken und Prüfungsverbände, sowie institutionelle Absicherungsmechanismen, um den *potentiellen Missbrauch* entstehender interner Abhängigkeiten abzuschrecken und zu sanktionieren.

Aus der Kundensicht ist es unerlässlich, dass der genossenschaftliche Finanz-verbund in der *öffentlichen Wahrnehmung* als eine geschlossene Einheit angesehen wird. Nach außen muss es ein Signal gegeben sein, dass die lokalen Kreditgenossenschaften nicht allein dastehen, sondern Teil einer leistungsfähigen Verbundorganisation sind, auf die sich Kunden bzw. Mitglieder verlassen können. Nur so ist es möglich, *Systemvertrauen* als Marken-namenkapital (Brand Name) aufzubauen und aufrechtzuerhalten. Es gibt wichtige Gründe für die Abstimmung der lokalen und überregionalen Strategien. Wenn der genossenschaftliche Finanzverbund als basisdemokratisches,

---

[132] Vgl. Bonus, 1994, S. 482.
[133] Vgl. Greve/Polster, 2000, S. 206ff.

kooperatives Unternehmensnetzwerk[134] betrachtet wird, lassen sich folgende Fragen stellen: (a) Wo ist die strategische Führungsrolle der fokalen Unternehmung institutionell angesiedelt? (b) Wie kann die demokratische Legitimität institutionell abgesichert werden?. Während der Willensbildungs- und Entscheidungsprozess in einem strategischen Netzwerk (zum Beispiel eines Franchising-Netzwerkes) von oben nach unten verläuft, geht dieser im basisdemokratischen Unternehmensnetzwerk von unten nach oben. Die Langsamkeit demokratischer Willensbildungs- und Entscheidungsstruktur kann insofern Nutzen bringen, wenn Argumente und Interessen von vielen Netzwerkmitgliedern berücksichtig werden. Zum Schluss sind einerseits in die Entscheidungs- und Handlungsmöglichkeit mehr Informationen eingeflossen, als dies bei einem 'Schnellschuss auf hierarchischem Weg' wäre. Andererseits erhöht sich die *Akzeptanz der Netzwerk-mitglieder* sowie die Bereitschaft, sich mit neuen Ideen anzufreuen (Erfüllung des Konsensprinzips).

Im Hinblick auf die strategische Rolle einer fokalen Unternehmung wären (regionale bzw. überregionale) Zentralbanken nicht geeignet, weil sie als Zulieferer der einzelnen Netzwerkunternehmen auf lokaler Ebene sind und daher die transaktionsspezifische Abhängigkeit ausnutzen würden, falls die Zentralbanken die strategische Führung übernähmen. Eine andere Alternative findet sich im "*Parlament der Primärkreditgenossenschaften*" nach dem Model des holländischen Rabo-Bank-Systems[135], wo die lokalen Kreditinstitute im Zentrum der Machtausübung stehen. Das Parlament sollte die Aufgabe wahrnehmen, die für alle Netzwerkmitglieder verbindliche Strategie festzulegen. Eine Kontrollinstanz sollte dann auch aufgebaut werden, um operative ökonomische Aktivitäten zu überwachen und Trittbrettfahrerverhalten zu sanktionieren. Die Sicherungseinrichtung müsste dann stehen. Die Notwendigkeit der Kontrolle bezieht sich auf die Sicherung der Qualität und die Durchsetzung der Mindeststandards, auf den einheitlichen Marktaustritt zum Schutz des Vertrauenskapitals und auf den verantwortungsvollen Umgang mit Risiken durch einzelne Netzwerkmitglieder. Damit könnte die Systemreputation nach ihnen und nach außen partizipiert werden. Erreicht würde hierdurch, dass der Finanzverbund als ein *einheitliches Erscheinungsbild* in der Öffentlichkeit wahrgenommen würde. Die Leistungs- und Wettbewerbsfähigkeit der kreditgenossenschaftlichen Verbundorganisation als Ganzes ist nicht nur von der Kooperationsbereitschaft bzw. -fähigkeit der Verbundmitglieder sondern auch von deren *Image* innerhalb der Gesellschaft abhängig.

4. Fazit

Die Existenzberechtigung der *Kreditgenossenschaft* als finanzintermediäre Kooperationsform wird begründet, wenn folgende Voraussetzungen zu erfüllen sind:

---

[134] Siehe Abschnitt 2.
[135] Zur Diskussion über Rabbobank-System in Holland vgl. Böger, 1987, S. 19.

- Notwendige Bedingung: Sie muss die finanzintermediären Funktionen einer *Bankunternehmung* wahrnehmen können, nämlich die Mobilisierung und Allokation monetärer Ressourcen, die Transformation von Losgrößen, Fristen, Risiken und Informationen, die Evaluierung und Selektion unternehmerischer Persönlichkeiten und Innovationsideen;

- Hinreichende Bedingung: Sie muss über eine kompatible Organisationsverfassung, über ein produktives Organisationskapital, zu dem in erster Linie unternehmensspezifische Ressourcen und (Kern-)Kompetenzen gehören, und über eine tragfähige Unternehmensstrategie verfügen, damit sie längerfristig *wettbewerbsfähig* bleiben kann.

Es wurde aufgezeigt, dass es zur Analyse der Wettbewerbsfähigkeit jedoch konzeptionell notwendig ist, nach den unternehmensspezifischen Ressourcen bzw. (Kern-) Kompetenzen zu fragen. Die Leistungsfähigkeit einzelner Unternehmen(-sformen) wird von verschiedenen interdependenten Einflussfaktoren getrieben, die sich unter solchem radikalen institutionellen Strukturwandel wie in Transformationsprozessen vollziehen. Stattdessen wurden in der Arbeit nur jenige Faktoren beispielhaft herausgestellt werden, die für die genossenschaftlich organisierten Finanzintermediäre besonders relevant sind und bei denen allgemeine Kernkompetenzfelder bzw. -defizite vermutet oder konstatiert werden. Aus der (a) lokalen Markt- und Kundennähe, (b) der exklusiven Mitgliedschaft und demokratischen Unternehmensverfassung und (c) der Verbundkooperation können die potentiellen *Kernkompetenzfelder* kreditgenossenschaftlicher Kooperationen abgeleitet werden. Die von überregionalen Verbundunternehmen angebotenen Leistungen, unter anderem Liquiditätsausgleich, Refinanzierung, verbundinterne Prüfung und Revision, stellen aus der Sicht einzelner lokaler Kreditinstitute jeweils *Komplementärkompetenzen* dar. Die Kooperationsbeziehungen im Verbund betreffen somit nicht die gesamten Leistungserstellungsprozesse der Beteiligten, sondern beschränken sich nur auf einzelne Unternehmensaufgaben. Es ist zu berücksichtigen, dass der genossenschaftliche (Finanz-)Verbund, betrachtet als netzwerkartige Kooperationsform, nur *eine* Möglichkeit der *externen Ressourcengenerierung* für die beteiligten Verbundmitglieder darstellt.

Kooperationsvorteilen stehen jedoch strukturelle Probleme im Unternehmensnetzwerk gegenüber. Es ist offensichtlich, dass steigende Komplexität der Kooperationsart und damit auch veränderte Kooperationsqualität die Anforderungen an die Geschäftsführung und die Struktur der Zusammenarbeit erhöhen. Strukturelle Probleme eines genossenschaftlichen Finanzverbunds bestehen:

- zum einen in der *externen Marktanforderung*, wie Effizienz- und Konkurrenzaspekt im Hinblick auf Unterschiede der Betriebsgrößen und des Leistungsvermögens zwischen den Verbundmitgliedern untereinander und zwischen dem Verbund als Ganzem und seinen Wettbewerbern;

- zum anderen in der *internen Organisationsanforderung*, nämlich Gesichtspunkte der Machtverhältnisse und demokratischen Einflussmöglichkeiten im Hinblick auf die Schwierigkeit der Abstimmungs- und Entscheidungsprozesse und auf die Koordination ökonomischer Aktivitäten.

Die Forderung nach gemeinschaftlicher Aufgabenerfüllung im genossenschaftlichen Verbund deutet ebenso wie das traditionelle Demokratieprinzip auf eine gleichberechtigte Beziehung der vertikalen und horizontalen Zusammenarbeit hin. Eine solche aber bedarf der *Gegenseitigkeit*, die auf die wechselseitigen Einflussnahmen im Willensbildungs- und Entscheidungsprozess abstellt. Bei wechselseitig beteiligten Unternehmen sind trotz Gegenseitigkeit im Kapitalbesitz und in der Verantwortung einseitige Abhängigkeiten nicht ausgeschlossen. Kooperationen verstärken somit *Abhängigkeiten* zwischen selbständigen Wirtschaftseinheiten im genossenschaftlichen Verbund. Je nach Intensität der Zusammenarbeit variieren dabei die Abhängigkeitsgrade. Die Gegenseitigkeit der Abhängigkeit, d.h. die verbundwirtschaftliche Interdependenz, ist für eine Kooperation unerlässlich. Denn erst dann werden reziproke Beeinflussungsmöglichkeiten durch institutionelle Kontroll- und Sanktions-vorkehrungen entstehen können, die sowohl für stabile Kooperationsbeziehungen nötig sind als auch der Autonomie/Selbständigkeit der Beteiligten gewährleistet. Soll eine Kooperationsform langfristig stabil sein, ist es nicht notwendig, dass alle Mitglieder in gleichem Maße profitieren, aber eine Erfolgszuteilung entsprechend ihren einzelnen Erwartungen/Zielsetzungen und Beiträgen/Engagement in der Kooperation sollte für jeden gegeben sein. Die Vereinbarung von Organisationsregelungen zur Verteilung möglicher Kooperationserträge ist hierfür eine Voraussetzung. Die *institutionelle Stabilität* steht der *Handlungsflexibilität* gegenüber, weil gleichgewichtige Abhängigkeit mit geringerer Flexibilität einhergeht und umgekehrt.

Betrachtet man den strukturellen Aufbau genossenschaftlicher Finanz- und Verbundorganisationen als Bestandteil einer marktorientierten Wirtschafts-/Wettbewerbsordnung und somit als eine reale Alternative zu den anderen Organisationsstrukturen konkurrierender Bankengruppen, so schließt sich die Frage ihrer zukünftigen Wettbewerbsfähigkeit in einem *gesamtwirtschaftlichen Kontext* an. Die Verbundorganisation als Ganzes ist zwar hierarchisch aufgebaut, aber die Beteiligungsstruktur unterscheidet sich grundlegend vom idealtypischen Konzern. Überregionale Zentralbanken sollen eigentlich als Gemeinschaftseinrichtungen die Töchter der dezentralen lokalen Einheiten sein, die geschäftspolitisch die Basis der Verbundorganisation darstellen. Betrachtet man den Willensbildungs- und Entscheidungsprozess in seiner grundsätzlichen Form, so geht dieser von der geschäftspolitisch gesehen untersten Ebene aus. Alle Kreditinstitute sind rechtlich selbständig, aber über die Kapitalbeteiligungen per Mitgliedschaften sowie durch privatrechtliche Vertragsregelungen miteinander verbunden. Die Eigentümerstruktur, die Organisations-

und Rechtform und das vom Förderauftrag geprägte Zielsystem sind die grundlegenden verbundwirtschaftlichen Rahmenbedingungen, sie beeinflussen somit die Funktionsfähigkeit des Koordinations- und Kontrollmechanismus des gesamtem Verbunds. Gerade in der wirtschaftlichen und rechtlichen Unabhängigkeit der dezentral, lokal agierenden Kreditinstitute, wird der entscheidende Vorteil der Verbundorganisation gesehen. Durch diese Konstruktion erhofft man die Vorteile der Dezentralität, besonders der (Kern-) Kompetenz der lokalen Kunden- und Marktnähe, ausnutzen zu können, aber gleichzeitig die Nachteile der geringeren Betriebsgröße und Risiko-diversifikation lokaler Finanzintermediäre zu vermindern. Der genossen-schaftliche Finanzverbund als Ganzes sollte dazu dienen, die Erfolgspotentiale der Mitgliederunternehmen nachhaltig zu verbessern. Der Aufbau, die Aufrechterhaltung und die Verbesserung der *Wettbewerbsfähigkeit* einzelner Verbundmitglieder und des Finanzverbunds als Ganzem bilden den *strategischen Kern*.

Kapitel V: Institutioneller Strukturwandel und Transformation der monetären Ordnung: Eine ordnungsökonomische Perspektive

Der derzeitige Übergang zur Marktwirtschaft in den Transformationsländern[1] unterstreicht in dramatischer Form die Bedeutung der Spielregeln bzw. – ordnungstheoretisch formuliert – der Interdependenz von Wirtschaftsordnung und anderen Gesellschaftsordnungen. Der Mangel an klaren institutionellen Rahmenbedingungen bzw. an stabilen Spielregeln, welche die Risiken für die Wirtschaftsakteure überschaubar halten, hat sich in den Entwicklungs- und Transformationsländern als wichtigstes Hindernis auf dem Weg zu einer marktorientierten Wirtschaftsordnung und zur Restrukturierung der Volkswirtschaften erwiesen[2]. Infolge der Abschaffung der alten Koordinations- und Steuerungsstrukturen und aufgrund der so genannten Pfadabhängigkeit institutioneller Entwicklung entstand beim Übergang zur Marktwirtschaft die Problematik *eingeschränkter institutioneller Konsistenz*, die System-transformationen kurz- bis mittelfristig erheblich erschweren dürfte. Die bisherige Entwicklung lässt vermuten, dass der Transformationsprozess nicht nur durch ökonomische Faktoren determiniert wird, sondern dass von soziokulturellen Einflussgrößen ebenfalls erhebliche Effekte ausgehen. Die Bedeutung dieses Problems variiert jedoch von einem Land zum anderen.

Das vorliegende Kapitel behandelt vor allem ordnungs- und institutionen-ökonomische Aspekte der Systemtransformation in *allgemeinem* sowie den Wandel der *monetären* Ordnungen in besonderem. *Systemtransformation* im engeren Sinn kann als ein intendierter institutioneller Wandel verstanden werden, der die beiden grundlegenden relevanten Erkenntnisziele der *Neuen Institutionenökonomik* – 'Choice of Rules' und 'Choice within Rules' – betrifft. Im ersten Abschnitt werden weiterhin ökonomische Aspekte im Hinblick auf die Stabilität und den Wandel von Institutionen behandelt. Im zweiten Abschnitt wird der Versuch unternommen, gegenwärtige 'Transformationskrisen' aus der Sicht der Neuen Ordnungsökonomik zu erklären, wobei das auf dem 'Washington Consensus' beruhende transformationspolitische Standardkonzept und dessen Theoriedefizite in Bezug auf Probleme des Systemwandels hinterfragt werden. Eine Schlüsselrolle hinsichtlich der Transformationspolitik fällt der Schaffung einer leistungsfähigen Wettbewerbs-, Privatrechts- und Geld-ordnung in allgemeinem, sowie der Neubildung von marktorientierten Institutionen/Organisationen in besonderem zu. Gegenstand des dritten Abschnitts ist die Transformation der monetären Ordnung im Rahmen eines umfassenden Systemwandels, die auf die Schaffung einer funktionsfähigen marktorientierten Geldordnung abzielt. Um institutionelle Hindernisse und

---

[1] Für eine Auflistung der im Transformationsprozess befindlichen Länder siehe IMF, 2000; Zu den ost- und südostasiatischen Transformationsländern gehören China, Vietnam, Laos und Kambodscha.

[2] Vgl. Schleinitz ,1998, S. 46f.

Verhaltensweisen der Wirtschaftssubjekte beim Übergang zu einer marktorientierten Wirtschaftsordnung (besser) verstehen und erklären zu können, beschäftigt sich dieser Abschnitt zunächst mit der Behandlung begrifflicher Definitionen monetärer Ordnung und monetärer Institutionen sowie mit den Aufgaben des Finanzsektors in einer marktorientierten Wirtschaftsordnung. Weiterhin wird die monetäre Ausgestaltung in einer planorientierten Wirtschaftsordnung ausgearbeitet. Dabei werden vor allem das Phänomen monetärer Überversorgung im Sozialismus näher betrachtet, sowie dessen Bestimmungsfaktoren analysiert. Es folgen theoretische Überlegungen zur monetären Transformation in allgemeinem und zur Reform des Bankensystems in besonderem. Im vierten Abschnitt wird die bisherige, entwicklungs- und transformationspolitische Kontroverse über Development Finance behandelt.

1.   Neue Institutionenökonomik als transformationstheoretischer Ansatz

1.1. Systemtransformation als institutioneller Strukturwandel

Systemtransformation umfasst alle Übergangsprozesse auf dem Weg zur Marktwirtschaft in den Ländern, die eine Art von *sozialistischem* Modell praktiziert haben. Für eine wissenschaftliche Behandlung des Problems ist diese Begriffsbestimmung zu allgemein, weil sie nicht deutlich genug den Ausgangspunkt und das Ziel der Umgestaltungsprozesse formuliert. Der Zugang zu einer Theorie der Transformation der Wirtschaftssysteme muss deshalb von einem wissenschaftlich fundierten *Systemverständnis* ausgehen, und dies möglichst von einer Systemtheorie, aus der heraus Ausgangspunkt und Ziele erklärt und die Transformationsprozesse definiert werden können. Da es bekanntlich sehr unterschiedliche Ansätze zur Erklärung von Wirtschaftssystemen gibt, hängen Darstellung und Erklärung des Transformationsprozesses selbst von diesen Ansätzen ab[3].

Die Transformationsländer sind übereinstimmend dadurch gezeichnet, dass die Zielvorstellungen darin liegen, zentrale sozialistische Planungssysteme aufzugeben und eine *Marktwirtschaft* einzuführen. Allerdings ist eine derartige Kennzeichnung nicht hinreichend, da es viele unterschiedliche Formen von marktwirtschaftlichen Systemen gibt[4]. Insofern ist der *Übergang zur Marktwirtschaft* eine noch nicht ausreichend präzisierte Zielvorstellung. In diese müssen auch Teile des wirtschaftlichen Systems einer Marktwirtschaft als *Realsystem* aufgenommen werden. Reale Wirtschaftssysteme unterliegen einem permanenten Entwicklungsprozess. Ausgehend von der Erfahrung, dass es grundsätzlich verschiedene Wirtschaftssysteme gibt, wird hier speziell ein Vorgang untersucht, in dem aufgrund fundamentaler Veränderungen und Neuorientierungen ein Wirtschaftssystem auf eine andere Systemkonstellation und auf einen anderen Systemtyp hinentwickelt werden soll. So wird

---

[3] Vgl. Paraskewopoulos, 1991.
[4] Die Vielfalt von Marktwirtschaftssystemen in USA, Deutschland, Japan, Schweden usw. illustriert diesen Aspekt (vgl. Wagener, 1993, S. 4).

Transformation als ein besonderer Fall der allgemeinen *gesellschaftlichen* Evolution[5] verstanden. Diese zeichnet sich dadurch aus, dass ein Wechsel des grundlegenden Systems beabsichtigt ist, der eine multivariable Veränderung wirtschaftlicher und gesellschaftlicher Verhältnisse in einer relativ kurzen oder doch überschaubaren Zeit nach sich zieht. Dabei gehen die entscheidenden Impulse von *zentralen politischen* Stellen aus, die bestimmte Zielvorstellungen erreichen wollen, die sie meist mit Hilfe autoritärer Mittel durchzusetzen suchen[6]. Die Besonderheit gegenüber einer allgemeinen wirtschaftlichen und gesellschaftlichen Entwicklung besteht darin, dass ein Systemwechsel intendiert wird, dass ihn starke politische Kräfte initiieren und antreiben, nicht aber viele kleine und oft unauffällige Impulse, die den eigentlich *spontanen* Entwicklungsprozess kennzeichnen. Daraus folgt, dass die Transformation als ein realer Prozess der Gestaltung der Wirtschafts- und Gesellschaftsverhältnisse verstanden werden muss, der von politischen Entscheidungen zur Transformation geprägt, aber nicht mit ihr gleichzusetzen ist.

Marktwirtschaften sind in den Ländern, in denen sie existieren und funktionieren, im Laufe eines längeren *historischen* Prozesses entstanden. Das der Wirtschaftstheorie zugrunde liegende Marktwirtschaftsmodell kann allerdings nicht die gesamte Realität der Wirtschaftsgesellschaft widerspiegeln, weil die Prämissen der mikro- und makroökonomischen Theorie in der Wirklichkeit nicht oder nur teilweise erfüllt oder nicht herstellbar sind. Manche notwendigen Voraussetzungen für das modellgerechte Funktionieren der Marktwirtschaft, z. B. in bezug auf politische Verhältnisse, Kultur, Mentalität, werden von ökonomischen Modellen in der Regel nicht erfasst. Das ökonomische Mainstream-Gebäude (Neoklassik) beschäftigt sich eher mit der Funktionsweise bzw. mit den *Ursachen* und Auswirkungen für den Wandel historisch gewachsener Organisationsstrukturen und Institutionen als mit dem Problem der *optimalen Ausgestaltung* der *institutionellen Rahmenbedingungen* gesellschaftlichen Wirtschaftens[7].

Schon die Dominanz des staatlichen Einflusses und die Entwicklung anderer starker gesellschaftlicher Gruppen im Transformationsprozess machen stärker als bei kontinuierlich ablaufenden evolutionären Prozessen den engen Zusammenhang mit anderen gesellschaftlichen Teilsystemen deutlich. So hat die Entwicklung den ordoliberalen Topos der "*Interdependenz der Gesellschaftsordnungen*" in der Eucken'schen Tradition wieder zu einer zentralen Fragestellung gemacht[8]. Er liegt darin zu fragen, inwieweit Wirtschaftsreformen im

---

[5] *Evolution* wird als Transformation eines Systems in der Zeit durch *endogen erzeugten Wandel* angesehen. Sie ist als prinzipiell offener Prozess mit Potential zu Neuem zu verstehen (vgl. Witt, 1992, S. 29).
[6] Vgl. Haffner, 1992, S. 146.
[7] Vgl. Lösch, 1993, S. 18ff.
[8] Generell besteht eine Wechselwirkung zwischen Wirtschafts- und Gesellschaftsordnung, wobei sich die letzte etwa auf die sittliche und moralische Ordnung, auf die religiöse

140

Sinne der Systemtransformation an politische, rechtliche und andere Teilsystem-reformen geknüpft sind, oder – umgekehrt – welcher Zusammenhang zwischen ihnen besteht und ob möglicherweise sogar eine Rangordnung der gesellschaftlichen Teilreformen besteht[9]. Euckens *"konstituierende Prinzipien"*[10] bieten, trotzt mancher Unvollkommenheiten, durchaus Anhaltspunkte für die Ermittlung der für die Herstellung einer marktwirtschaftlichen Ordnung zu schaffenden Strukturen[11]. Will man jedoch konkrete Aufschlüsse über die zu ergreifenden Maßnahmen und die im Transformationsprozess zu setzenden Prioritäten erlangen, ist es zweckmäßig, von einem *dynamischen Marktwirtschaftsmodell* auszugehen, an dem deutlich wird, wie sich in der Marktwirtschaft funktionale Strukturen und das Verhalten der Wirtschafts-subjekte gegenseitig beeinflussen, damit das erwünschte Ergebnis, die effiziente Bereitstellung von Gütern und Diensten zur Befriedigung sozialer und individueller Bedürfnisse, erreicht wird. Die Umrisse eines solchen Marktwirtschaftsmodells lassen sich noch am besten mit Hilfe der so genannten kybernetischen Systemtheorie[12] darstellen. Im Mittelpunkt dieses Modells stehen die einen gesamtwirtschaftlichen *Regelmechanismus* konstituierenden Märkte (für Güter, Dienstleistungen und Produktionsfaktoren). Dieser Regelmechanismus sorgt für ein gesamtwirtschaftliches Gleichgewicht. Wesentliche *Prämissen*, u. a. vollständige Konkurrenz, vollständige Information, Abstraktion von Raum und Zeit, sind in der Realität nicht gegeben und auch nicht herstellbar. Somit erweisen sich die zentralen Paradigmen der "westlichen" Wirtschaftstheorie für die praktische Frage nach der funktionsnotwendigen Struktur des Regelsystems Marktwirtschaft nur bedingt als hilfreich. Andererseits beansprucht die marktwirtschaftliche Ordnung empirische Geltung und Evidenz. Dieser Widerspruch lässt sich überbrücken, indem man die *Märkte* als Subsysteme des Regelmechanismus begreift, deren Aufgabe es ist, auf Informationen zu reagieren und für die übrigen Subsysteme Informationen zu liefern, also indem man die *(komparativ-)statische* Betrachtungsweise der

---

Ordnung, die politische Ordnung u.a. berufen. Weil Eucken sich auf die Wirtschaft bezog, musste er eine Interdependenz der Ordnungen konstruieren. Eine isolierte Wirtschaft besteht nur in unserer Vorstellung, da die Gesellschaft aus einem einheitlichen Prozess besteht. Mit dem Hinweis auf die Interdependenzen der Ordnungen ist deshalb offenbar gemeint, dass freiheitliche Ordnung als Ganzes unteilbar ist. Immer handelt es sich um ein Sachproblem, das wegen der Interdependenzen der Ordnungen für das gesamte menschliche Leben mitbestimmend ist (vgl. Hoppmann, 1995, S. 48ff.).

[9] Vgl. Haffner, 1992, S. 145.

[10] Zu *"konstituierenden Prinzipien"* einer "Politik der Wettbewerbsordnung" gehören das Primat der Währungspolitik, die offenen (Wettbewerbs-)Märkte, das Privateigentum (später nach Friedrich A. von Hayek genannt Sondereigentum), die Vertragsfreiheit, die Haftung und die Konstanz der Wirtschaftspolitik (vgl. Eucken, 1952/1990, S. 254ff.).

[11] Vgl. Hoppmann, 1995, S. 51ff.

[12] Das heißt "(...) die Vorstellung von der Marktwirtschaft als einem homöostatischen (gleichgewichts-orientierten, automatisch Informationsverarbeitenden) Regelmechanismus" (Lösch, 1993, S. 19, H.v.i.O.).

141

Wohlfahrts- und Gleichgewichtstheorie verlässt und die Interaktion der Wettbewerbsmärkte als *"Entdeckungsverfahren"* begreift[13].

Doch auch dann ist es nicht einfach, die institutionellen Voraussetzungen dafür abzuleiten, dass die Märkte als Subsysteme eines gesamtwirtschaftlichen Regelmechanismus in der gewünschten Weise funktionieren und damit gewährleisten, dass die Wettbewerbsfunktionen[14] als Ergebnisse des gesamtwirtschaftlichen Regelmechanismus eintreten. Es gibt Überlegungen über die wettbewerbsoptimale Ausgestaltung der *Property-Rights* (Handlungs- und Verfügungsrechte) solcher Ressourcen, die Möglichkeiten zu wirtschafts-politischer Einflussnahme auf die Marktformen und die Verhaltensweisen der individuellen Wirtschaftsakteure und für die Ausgestaltung der rechtlich-politischen Ordnung als Grundlage der Wettbewerbsordnung bieten. Es ist kaum möglich, die Funktionsvoraussetzungen für den marktwirtschaftlichen Regelmechanismus vollständig und in allen Details darzustellen. Das bedeutet, dass sich die Wirtschaftstransformation an institutionellen Rahmenbedingungen bestehender Marktwirtschaften ausrichten muss. Andererseits darf diese Orientierung nicht bedenkenlos erfolgen, da *nicht alle* bestehenden Institutionen hinsichtlich der Funktionsfähigkeit des marktwirtschaftlichen Regelmechanismus *optimal* sind. Auch dürften gelegentlich einfachere Institutionen denkbar sein, die möglicherweise unter den Verhältnissen eines Transformationslandes bessere Ergebnisse erwarten lassen als eine unüberlegte Übernahme *komplizierter* Institutionen etablierter Marktwirtschaften[15]. Eine Imitation der Institutionen bestehender Marktwirtschaften bedeutet somit nicht, dass die Ergebnisse denen erfolgreichrer westlicher Länder ähneln müssen; denn es "(...) sind zwar die Regeln dieselben, nicht aber die Durchsetzungsmechanismen, die Durchsetzungsmodalitäten, die Verhaltensnormen und die subjektiven Modelle der Akteure. Daher werden sowohl die jeweiligen tatsächlichen Anreizordnungen und die feststellbaren Folgen politischer Maßnahmen verschieden sein"[16].

Hauptkriterium für die Schaffung der institutionellen Rahmenbedingungen der Marktwirtschaft ist die *Funktionalität von Wettbewerbsmärkten*. Entscheidend ist also die Funktionalität der Strukturen in Bezug auf einen Regelmechanismus.

---

[13] Ideen wie das Konzept der "spontanen Ordnung" von Friedrich August von Hayek (Hayek, 1969) oder der verfassungsökonomische Ansatz von James Buchanan (Buchanan, 1987) können als wertvolle Ergänzungen und Erweiterungen der traditionellen ordnungstheoretischen Sichtweise betrachtet werden; und das, "was bei Eucken als "Statik" verstanden und kritisiert wurde, lässt sich (...) besser als "Stabilität" beschreiben" (Eger/Nutzinger, 1999, S. 13f.; H.v.i.O.).
[14] Dazu gehören z. B. Produktion nach den Wünschen der Verbraucher, optimale Allokation der Ressourcen, Anpassungsflexibilität, technischer Fortschritt, hohe Faktorauslastung, Kontrolle wirtschaftlicher Macht, Verteilung nach Leistungsbeiträgen (vgl. Schmidt, 1999, S. 37).
[15] Vgl. Kunze, 1999, S. 7.
[16] North, 1992, S. 120, H.v.i.O.

Die wirtschaftlichen Rahmenbedingungen müssen so ausgestaltet werden, dass der Regelmechanismus bei nutzenmaximierendem Verhalten der Wirtschaftssubjekte optimal funktioniert, d.h. dass er die erwünschten statischen und dynamischen Effizienzergebnisse hervorbringt[17]. Die *Neue Institutionenökonomik* hat in den letzten Jahren Erkenntnisfortschritte für die Lösung dieses Problems gebracht. Ihre jüngeren theoretischen Ansätze kennzeichnen sind vor allem durch eine konsequente individual- und entscheidungstheoretische Fundierung der Ordnungstheorie, durch die Dynamisierung der Ordnungstheorie anhand der Theorie des institutionellen Wandels und durch die Erweiterung der Ordnungstheorie um politische Ordnungselemente und Koordinationsmechanismen gekennzeichnet[18]. Ausgangspunkt für die Erklärung sozialer Ordnungsphänomene ist das eigeninteressierte und rational entscheidende Individuum, das die anstehenden Alternativen innerhalb bestehender Restriktionen nach Präferenzen und Nutzen-Kosten-Kalkülen bewertet. Die *Entstehung* und die *Änderung von Regeln* werden *als ökonomisches Entscheidungsproblem* verstanden, das Zustandekommen und Wandel gesellschaftlicher Ordnungen mit den Mitteln der ökonomischen Theorie erklärt. Weil es zudem die mit den institutionellen Rahmenbedingungen vorgegebenen Anreize und Restriktionen sind, die das Handeln der Politiker entscheidend bestimmen, fällt den Regeln und den Verfahren, die das Verhalten der *politischen Akteure* untereinander und in den Beziehungen zur Wirtschaft koordinieren, eine Schlüsselrolle zu.

Nach Bohnet und Reichhardt kennzeichnet sich das *Erkenntnisobjekt* der Transformationstheorie i.v.S. durch "(...) Veränderungen der politischen, rechtlichen, wirtschaftlichen und gesellschaftlichen Ordnungen"[19]. Insofern weisen die Transformationstheorie und die Neue Institutionenökonomik ein übereinstimmendes Erkenntnisobjekt auf, da die Veränderungen im Verlauf einer Systemtransformation als institutioneller Wandel zu verstehen sind[20]. An dieser Stelle wird Transformation verstanden als "jede Substitution von – auch einzelnen – ordnungskonstituierenden Merkmalen durch andere (...), durch die die alte (Teil-)Ordnung durch eine Neue abgelöst wird. Dabei sollte das Ziel einer vollständigen Transformation hin zur Marktwirtschaft zumindest erkennbar sein"[21]. Ergänzt sei vermerkt, dass bei den hier angestellten Überlegungen nicht der Anspruch einer geschlossenen Transformationstheorie erhoben wird, sondern dass lediglich Ansätze in dieser Richtung intendiert sind.

---

[17] Vgl. Lösch, 1993, S. 21.
[18] Siehe z.B. Leipold, 1989.
[19] Bohnet/Reichhardt, 1993, S. 205, H.v.i.O.
[20] Beschränkt wird sich in dieser Arbeit primär auf Veränderungen der Wirtschaftsordnung, dabei werden die Interdependenzen zu anderen Ordnungen – vor allem zur politischen Ordnung – auch mit berücksichtigt. Das wirtschaftliche Ordnungsproblem soll nicht isoliert und losgelöst vom staatlichpolitischen Ordnungsproblem untersucht werden (vgl. Leipold, 1989, S. 136).
[21] Bohnet/Ohly, 1992, S. 28, H.v.i.O.

1.2. Konzept pfadabhängiger Entwicklung

Institutionen stellen *Spielregeln*[22] der Gesellschaft dar, die jegliche Art von Beschränkungen der Gestaltung menschlicher Interaktionen beinhalten. Infolgedessen gestalten sie die Anreize im zwischenmenschlichen Tausch, sei in kultureller, politischer oder wirtschaftlicher Art. Institutioneller Wandel bestimmt die Art und Weise der Entwicklung von Gesellschaften und ist deshalb der Schlüssel zum Verständnis historischen Wandels. Nach North[23] setzt die *Theorie des institutionellen Wandels* eine Theorie des Bevölkerungswandels, eine Theorie der Vergrößerung des Wissensstandes und eine Institutionentheorie als Kernstück der Analyse voraus. Die Institutionentheorie besteht wiederum aus einer Theorie der Eigentumsrechte, des Staates und der Ideologie. Als erklärungsbedürftig gelten in dieser Theorie im engeren Sinne nicht Wandel und Strukturbruch, sondern die *Stabilität* von unterschiedlichen institutionellen Arrangements und Ordnungen über längere Zeiträume selbst bei erwiesener Suboptimalität[24]; die Entwicklung von institutionellen Arrangements weist pfadabhängigen Charakter auf. Pfadabhängigkeit heißt, dass Geschichte von Belang ist.

Verlaufs- bzw. *Pfadabhängigkeit* beinhaltet jedoch eine Einschränkung der vorgestellten Entscheidungsmenge und eine Verbindung dieser Entscheidungen über die Zeit. Allgemeines Kennzeichen von Pfadabhängigkeit wird so dargestellt, dass "(...) historische Bedingungen (...) aktuelle Entscheidungen und über diese die zukünftigen Entwicklungsrichtungen"[25] determinieren. Ein einmal eingeschlagener Entwicklungspfad bestimmt die Richtung, die durch Netzwerkeffekte bestätigt wird, Lernprozesse in Organisationsarrangements auslöst sowie ein historisch abgeleitetes subjektives kognitives Modellieren von Problemen bedeutet. Ein solches Konzept erklärt auch die Verfolgung unproduktiver Pfade, denn zunehmende Erträge bei gegebenen institutionellen Arrangements, die produktive Tätigkeiten hemmen, lassen Organisationen und *Interessengruppen* entstehen, die ein vitales Interesse an der Aufrechterhaltung der Beschränkungen haben; suboptimale Pfadentwicklungen werden vom Militär, von religiösen Einrichtungen oder schlicht vom *Beharrungsvermögen* von Umverteilungsorganisationen dauerhaft gehalten und ideologisch immunisiert, ohne jedoch die ökonomische Rationalität zu erhöhen.

Zwischen *Stabilität* und *Flexibilität* von Institutionen existiert immer ein *Spannungsfeld*, dessen Formen sich einerseits bezüglich der Funktion von Regeln und andererseits bezüglich der Funktion von Veränderungen der Regeln

---

[22] Eine Spielregel ist eine "Regel für das Entscheiden von Individuen in sich wiederholenden mehrpersonellen Entscheidungssituationen, die soweit allgemeine Anerkennung erlangt hat, dass die Individuen bestimmte wechselseitige Verhaltenserwartungen besitzen" (Elsner, 1987, S. 5).
[23] Siehe North, 1992.
[24] Ebenda, S. 3ff.
[25] Leipold, 1996, S. 95, H.v.i.O.

unterscheiden lassen. Die Funktion von Institutionen, strategische Unsicherheit zu reduzieren, unterliegt einer Nebenbedingung, nämlich ausreichende Freiheitsspielräume für die Wirtschaftsakteure zu gewährleisten. Zu starke Beschränkung der Handlungsmöglichkeiten führt jedoch dazu, Möglichkeiten und Anreize dezentralen Wissenserwerbs und dezentraler Wissensverbreitung negativ zu beeinflussen[26]. Dieses Spannungsfeld zwischen Stabilität und Flexibilität existiert, weil auf der einen Seite die Effizienz von Institutionen auf ihrer Persistenz basiert, d.h. auf der Notwendigkeit relativ unveränderter Regeln über eine gewisse Mindestlaufzeit, während auf der anderen Seite verlangt wird, den Wandel von Regeln nicht völlig auszuschließen, um die notwendige Flexibilität des Regelmechanismus zu wahren. Die die Stabilität tragenden Eigenschaften umfassen zum einen die *Allgemeinheit* und zum anderen die *Gewissheit* von Regeln; die *Offenheit* von Regeln gehört zur Eigenschaft, die dem Erfordernis der Flexibilität Rechnung trägt. Nachhaltige Entwicklung einer Volkswirtschaft erfordert demzufolge einen durch die Ober- und Untergrenze strategischer Unsicherheit bestimmten Korridor, in dem sich die Volkswirtschaft bewegt; "Während die obere Grenze das Höchstmaß an strategischer Unsicherheit angibt, das noch mit einer zufriedenstellenden Stabilisierung der Erwartungen vereinbar erscheint, gibt die untere Grenze das Mindestmaß strategischer Unsicherheit an, das vorhanden sein muss, um noch genügend Freiheitsspielräume und damit Raum für Wandel zu lassen"[27].

Eine Erklärung der institutionellen Stabilität und des institutionellen Wandels beruht auf der Betonung der ökonomischen Konsequenzen unterschiedlicher Institutionen, die das individuelle Handeln von Wirtschaftsakteuren beeinflussen, aber auch von diesem wiederum beeinflusst werden. Die Stabilität von Institutionen beruht auf den *kognitiven Beschränkungen* der Individuen in Bezug auf die Aufnahme und Verarbeitung von Informationen[28]. Individuen können nicht alle theoretischen Handlungsmöglichkeiten in ihren Konsequenzen für den eigenen Nutzen berücksichtigen, weil zum einen das Eintreten zukünftiger Umweltereignisse unsicher ist (Problem der *Unsicherheit*), und zum anderen der Wissenstand begrenzt ist, welche Handlungsmöglichkeiten im großen und ganzen zur Verfügung stehen (Problem der *Komplexität*). Der *Regelmechanismus* stabilisiert sich dann so lange, bis die Opportunitätskosten der Einhaltung von Regeln zu einer kritischen Obergrenze gelangen. Unter

---

[26] Zur Problematik des konstitutionellen Wissensmangels und des Wissenserwerbs sowie der transaktions-senkenden Wirkung von Institutionen siehe Streit/Wegner, 1989.

[27] Kiwit/Voigt, 1995, S. 120.

[28] Gekennzeichnet sind kognitive Fähigkeiten und Fertigkeiten individueller Wirtschaftsakteure zum einen durch individuelle Veranlagung und zum anderen durch individuellen Wissensstand als Folge von Bildung und Erziehung, die wiederum von innerfamiliären Beziehungen (auf der individuellen Ebene als erste Stufe des Sozialisierungs-prozesses jeweiligen Individuums) sowie von Kultur, Ideologie oder Religion (auf der gesellschaftliche Ebene als zweite Stufe des individuellen Sozialisierungsprozesses) beeinflusst sind (vgl. auch Hemmer, 1998, S. 2).

dieser kritischen Grenze antizipieren die Wirtschaftssubjekte 'befriedigende' institutionelle Lösungen und akzeptieren Abweichungen vom Optimum mit wesentlich gelassener Toleranz. Wenn die Opportunitätskosten der Regeleinhaltung über diese kritische Grenze hinausgehen, dann bestehen folgende Handlungsmöglichkeiten für ein Individuum: (a) Einhaltung der Regeln trotzt hoher Kosten, (b) Regelbruch, oder (c) Beeinflussung zur Regeländerung (institutioneller Wandel). Jedes Individuum handelt unterschiedlich bezüglich seiner einzelnen Erwartungswerte bzw. subjektiven Anspruchsniveaus. Sehr wahrscheinlich ist das Individuum beim institutionellen Wandel nicht der einzige Nutznießer, es entsteht demzufolge das Problem *kollektiven Handelns*[29].

Hierbei ergeben sich folgende Überlegungen:

• Regeln werden von einem einzelnen Wirtschaftsakteur nur in Frage gestellt, wenn er mit seiner ökonomischen Situation – gemessen an seinem Anspruchsniveau – unzufrieden ist, d.h. wenn eine *positive Anspruchsdiskrepanz* vorliegt, die durch die ökonomischen Folgen einer einzelner Regel oder eines Regelsystems erklärt wird;

• Je weniger Individuen zur Überwindung des Problems *kollektiven Handelns* bei der institutionellen Änderung bereit sind, umso höhere Stabilität weisen Institutionen auf.

Neben der beschränkten Rationalität, dem Problem kollektiven Handelns und der Unzulänglichkeit des ökonomischen Kalküls bei niedrigen (subjektiven) Opportunitätskosten gehört zu den Faktoren, die Einfluss auf Stabilität und Wandel von Institutionen ausüben, die mögliche *institutionelle Pfadabhängigkeit*, die auf einem sich selbst verstärkenden Mechanismus beruht. Nach Kiwit und Vogt gehören zu den denkbaren Ursachen einer institutionellen Pfadabhängigkeit u.a.: hohe spezifische Investitionen sowohl in Sach- als auch in Humankapital, Lerneffekte und Netzwerkeffekte[30]. Ein *Netzwerkeffekt* ist dadurch charakterisiert, dass sich der Nutzen der Teilnehmer eines Netzwerks positiv mit der Zahl der Nutzer ändert. Es handelt sich um strategische Interdependenzen, die sich bei der Etablierung einer institutionellen Regelung durch Netzwerkeffekte bilden. Netzwerkeffekte unterliegen typischerweise einer kritischen Untergrenze der Regelmäßigkeit; das bedeutet, erst wenn sich eine bestimmte Anzahl von Wirtschaftsakteuren an die Regelung hält, ist es vorteilhaft (effizient) für jeden weiteren Akteur, dieser Regelung zu folgen.

Die mögliche Pfadabhängigkeit des institutionellen Wandels steht im engen Zusammenhang mit der *Pfadabhängigkeit kognitiver Fähigkeiten*[31]: Kulturell tradierte oder auf direktem experimentellem Lernen beruhende Wahrnehmungen

---

[29] Siehe Olson, 1968.
[30] Vgl. Kiwit/Voigt, 1995, S. 128ff.; Leipold, 1996, S. 109f.
[31] In dem ökonomischen Mainstream (Neoklassik) wird der Koordinationsmangel sowohl auf der Individualebene als auch auf der Kollektivebene nicht als Problematik kognitiver Fähigkeiten behandelt (vgl. Kiwit, 1994, S. 106).

und Erfahrungen führen zur Herausbildung neuronaler Verknüpfungen und spielen eine entscheidende Rolle für die Identifikation im Selektionsprozess nützlicher Informationen, damit zukünftige Handlungsalternativen abgeleitet werden können[32]. Sind die kognitiven Fähigkeiten pfadabhängig, so ergibt sich auch eine kognitive Verankerung von Institutionen. Für den institutionellen Wandel sind aus dieser Sicht besonders folgende Aspekte von Bedeutung, wobei der Schlüssel zum Verständnis der Pfadabhängigkeit hier hauptsächlich in der Kultur und in Lernprozessen gesehen wird:

- Die Bedeutung der *Kommunikation* und des *kulturellen Hintergrundes*: Aus der Pfadabhängigkeit der Wahrnehmung ergeben sich konvergierende interne (subjektive) Modelle. Zugleich lassen sich kulturell tradierte Wahrnehmungen durch Institutionen über Ausschluss von Handlungsmöglichkeiten ändern;

- Der konfliktvorbeugende Effekt der *Pfadabhängigkeit* der Wahrnehmungen sowie gesellschaftliches Spannungsfeld zwischen Stabilität und Flexibilität: Einerseits führt ein gemeinsames kulturelles Vorverständnis auf Grund der Pfadabhängigkeit der Wahrnehmung zur Reduzierung der Menge aufzunehmender und zu verarbeitender Informationen. Andererseits können sich gemeinsame Ansichten und Überlegungen nur langsam wandeln, da deren Lernprozess sich in einem pfadabhängigen Kontext stattfindet;

- Die unterschiedlichen Auswirkungen der *Beschränkung menschlicher Wahrnehmungen*: informelle Institutionen weisen ein größeres Beharrungsvermögen als formelle Institutionen auf. Demzufolge ist die Steuerbarkeit sozialer Prozesse mittels formeller Institutionen beschränkt[33].

Ein weiterer Aspekt betrifft die Frage, zugunsten welcher Art von Institutionen der Prozess institutionellen Wandels selektieren wird. Dies hängt wiederum von den Spielregeln (Wettbewerbsbedingungen) ab, unter denen sich der institutionelle Wettbewerb vollzieht. Adäquate *Regeln für institutionellen Wettbewerb* sorgen dafür, dass sich die jeweiligen – im ökonomischen Sinne – 'effizienten' Institutionen erfolgreich durchsetzen und überleben können. "Soll der Wettbewerb zwischen Institutionen zum Wohle der betroffenen Personen wirken, so muss auch dieser Wettbewerb unter Regeln stehen, die Leistungswettbewerb fördern"[34]. Hier geht es um einen *ordnungspolitischen* Ansatz, der die Eigenschaft hat, "wettbewerbliche Prozesse durch die Wahl geeigneter Wettbewerbsregeln zu kanalisieren, (...) im Sinne eines Bemühens darum, dem Prozess allgemeine, als wünschenswert angesehene Funktionseigenschaften zu

---

[32] Kumulatives und selektives Lernen wird durch die Generationenübergreifende Weitergabe von Wissen beeinflusst, das in kulturellen Institutionen gespeichert ist (vgl. Leipold, 1996, S. 100).

[33] Vgl. North, 1992, S. 54.

[34] Vanberg, 1996, S. 119.

geben, seinen konkreten Verlauf aber offen zu lassen"[35]. Ein solcher ordnungspolitischer Zugang zur Frage des institutionellen Wandels und des institutionellen Wettbewerbs greift wieder auf die Rolle des politischen Prozesses – d.h. des Staates – zurück. Die ursprüngliche Sicht des institutionellen Wandels von North wird dann zusätzlich erweitert, indem zum einen die Kalküle staatlichen Handels im Sinne der Public Choice, und zum anderen ideologische Einflüsse berücksichtigt werden[36].

Die *Transformation* von Wirtschaftssystemen rekurriert nicht auf kleine Änderungen innerhalb eines etablierten stabilen Wirtschaftssystems, sondern auf grundlegende institutionelle Änderungen zentraler Systemkomponenten, die zur fundamentalen Veränderung von Verhaltensstrukturen der betroffenen Menschen und zum Aufbau neuer marktorientierter Verhaltensstandards führen können[37]. In diesem Kontext dürfte die *Pfadabhängigkeit institutionellen Systemwandels* eine besondere Rolle in den folgenden Bereichen spielen :

* Geschichte und Tradition, wobei historische *Anfangsbedingungen* für das Einschlagen eines Entwicklungspfades von Belang sind;

* Generierung wechselseitig verlässlichen *Vertrauens* als wesentliche Funktion der Institutionen, aus der positive Netzwerkexternalitäten und damit steigende Erträge entstehen können;

* *Machtfaktoren* als zentrale Ursache für die pfadabhängige Entwicklung von institutionellen Rahmenbedingungen.

2. Ordnungspolitische Zentralaufgaben

2.1. Interdependenz von Gesellschaftsordnungen

Vertreter des *'Washington Consensus'*[38], der als Synonym für den Konsens über entwicklungs- und transformationspolitische Reformprogramme, u.a. der Weltbankgruppe und des Internationalen Währungsfonds, zu verstehen ist, richten ihr Hauptaugenmerk vor allem auf die folgenden drei Reformpakete: makroökonomische *Stabilisierung*, mikroökonomische *Anpassungen im Sinne der Liberalisierung und Privatisierung* und der möglichst zeitnahe Aufbau *marktorientierter rechtlich-institutioneller Rahmenbedingungen*[39]. Dieser eher ablaufpolitisch orientierte Konsens geht u.a. von der Einstellung aus, dass

---

[35] Ebenda, H.v.i.O.
[36] Siehe North, 1994.
[37] Vgl. Eger/Nutzinger, 1999, S. 40.
[38] Der Begriff 'Washington Consensus' wurde Ende der 80er Jahre von John Williamson eingeführt (vgl. Williamson, 1990).
[39] Es handelt sich um geringfügige Modifikationen der vom Internationalen Währungsfonds und Weltbankgruppe empfohlenen Wirtschaftsreformprogramme für Entwicklungsländer (vgl. Schöppenthau, 1992; Edwards, 1995); Zur ausführlichen Diskussion über die zentralen Konzeptionen praktizierter Stabilisierungs- und Strukturanpassungspolitiken von IMF und Weltbank vgl. Gans/Evers, 1990, S. 16ff.

- die konsequente Durchsetzung der allgemeinen *Deregulierung* der Wirtschaft und der (Wieder-)Herstellung von *Privateigentum* von *entscheidender Bedeutung* für (wirtschaftliche) Transformationserfolge sei;

- funktionierende *Wettbewerbsmärkte automatisch* durch die 'Unsichtbare Hand' hergestellt werden können (Überzeugung von den Selbstheilungskräften des Marktes);

- die Etablierung von marktorientierten *institutionellen Rahmenbedingungen* als *wenig problematisch* angesehen wird[40].

Wirtschaftspolitische Anwendungen des auf Erkenntnissen neoklassischer Mikroökonomik und neuklassischer Makroökonomik basierenden Konzepts konzentrieren sich vor allem auf die Ebene ökonomischer Wahlhandlungen ('Choice within Rules'). Weit verbreitet waren/ sind unter wirtschaftspolitischen Beratern zum einen die *universelle Anwendung* (uniforme Dosierung) des wirtschaftspolitischen Instrumentariums ohne Berücksichtigung von unterschiedlichen landesspezifischen institutionellen Ausgangssituationen und zum anderen der Glaube an die weitgehende *Planbarkeit* des Ordnungswechsels[41].

Obwohl diese am 'Washington Consensus' orientierten transformationspolitischen Reformmaßnahmen 'warmherzig und konsequent' in vielen Transformationsökonomien verfolgt wurden, blieben die wirtschaftlichen Erfolge weit hinter den anfänglichen Erwartungen sowohl der Ökonomen als auch der Bevölkerung zurück. Nachdem man zunächst ein Wirtschaftswunder infolge des Systemwechsels erhofft hatte, wird nun häufig von *'Transformationskrisen'* gesprochen[42]. Charakteristisch dafür sind Produktionsrückgänge, anhaltend hohe Inflationsraten und Arbeitslosigkeitsniveaus, schleppende Privatisierungsprozesse, Rückgang von ausländischen Direktinvestitionen, Verbreitung des "Syndroms des Misstrauens"[43] in der Bevölkerung, wachsende organisierte Kriminalität und Schattenwirtschaft etc. Zudem sind die Reformergebnisse in den einzelnen Ländern trotz der 'uniformen Dosierung' höchst unterschiedlich ausgefallen[44]. Häufig neigt man bei der Erklärung von institutionellen bzw. wirtschaftlichen Defiziten in transformierenden Ökonomien dazu, die maßgebliche Ursache im Politikversagen zu sehen, weil die Politik nicht genug entschlossen war, die empfohlenen Reformrezepte zu verfolgen[45]. Zu fragen ist, ob und inwieweit die Ursachen des Phänomens der 'Transformationskrise' eher im Versagen der

---

[40] Die Annahme, dass die rechtlich-institutionelle Infrastruktur innerhalb eines Jahres nach schlichter Übernahme von institutionellen Systemen westlicher Industrienationen etablieren ließe, war anfänglich sehr verbreitet (vgl. z. B. Sachs, 1990, S. 19).
[41] Vgl. Streit/Mummert, 1996, S. 9.
[42] Vgl. Leipold, 1999, S. 134.
[43] Sztompka, 1995, S. 254.
[44] Siehe IMF, 2000.
[45] Vgl. Leipold ,1999, S. 136.

politischen Reformbemühungen oder doch eher in *Theorie*defiziten der bisherigen transformationspolitischen Reformprogramme des 'Washington Consensus' liegen können.

Die *Neoklassik* erweist sich – zumindest in ihrer klassischen Mainstream-Form – aufgrund ihres *methodischen Prinzips der institutionellen Neutralität* außer Stande, die beobachtbaren Transformationsprozesse angemessen zu erklären[46]. Die völlige Ausblendung institutioneller Rahmenbedingungen bzw. Arrangements aus der ökonomischen Analyse geht auf die üblichen Annahmen der neoklassischen Theorie zurück, wie z.B. eindeutige Festlegung und Zuordnung der Property-Rights, perfekte Rationalität, vertragstreue Verhaltensweise der Wirtschaftssubjekte und Nicht-Existenz der Transaktionskosten. Vorgeschlagen wird für die transformationsökonomische Analyse der Verzicht auf das *Effizienz-Kriterium* und der Ersatz durch das Kriterium der Funktionsfähigkeit eines Wirtschaftssystems, wobei auf Euckens Funktionsprinzipien von Wirtschaftsordnungen/-systemen abgehoben wird[47].

Die *traditionelle Theorie ordoliberaler Wirtschaftspolitik* in der Tradition von Walter Eucken und Friedrich A. von Hayek bietet im Grunde eine ordnungspolitische Option, die den Trade-off zwischen einem Minimalstaat-Liberalismus (im Sinne von Laisser-faire) und einem Maximalstaat-Sozialismus (Interventionismus) nicht quantitativ sondern qualitativ überwinden könnte. Es handelt sich um die Förderung der *Funktionsfähigkeit* der Marktwirtschaftsordnung in allgemeinem sowie der Funktionsweise von Wettbewerbsmärkten durch adäquate politische Gestaltung des institutionellen Umfelds in besonderem. Nach Pies ergibt sich die unzulängliche Leistungsfähigkeit eines Wirtschaftssystems aus "politischen Blockaden", die wiederum auf "Denkblockaden" zurückzuführen sind[48]. Infolgedessen besteht die Aufgabe der Ordnungstheorie darin die genannten Denkblockaden aufzubrechen. Die Aufgabe der Ordnungspolitik liegt darin, "ordnungstheoretische Erkenntnisse so umzusetzen, dass die politischen und schließlich wirtschaftlichen Blockaden überwunden werden können"[49]. Diese Theorie geht von den dualistischen Idealtypen (Leitbildern) der Steuerungssysteme bzw. der Ordnungen aus, die sich als 'wohlfunktionierende' und 'ethisch akzeptierte' Steuerungssysteme ausweisen. Die Unterscheidung der für die Ordnungstheorie der Wirtschaftssystemgestaltung aufbereiteten *Idealtypen* geht in hohem Maße auf subjektive Vorgaben zurück. Diese traditionelle Ordnungstheorie räumt zum einen dem Effizienzkriterium und zum anderen dem Denken in Leitbildern einen wichtigen Platz ein. Aus dem Rekurs auf Werte ergibt sich die Problematik des

---

[46] Vgl. Streit, 1995, S. 68.
[47] Vgl. z. B. Riese, 1991, S. 125ff.
[48] Pies, 1998, S. 98f.
[49] Ebenda, S. 110.

150

Werturteils, die allerdings schwerwiegende methodische Probleme hervorruft, weil die Werturteile nicht auf rein wissenschaftlicher Ebene beruhen[50].

Die *Neue Ordnungstheorie* oder 'Ordnungsökonomik', die sich als wirtschafts- wissenschaftliche Synthese zwischen der traditionellen Ordnungstheorie, institutionen- und verfassungsökonomischen Ansätzen verstehen lässt, basiert auf dem 'Kriterium der Ordnungskonformität' bzw. dem 'Konsenskriterium' (statt den Effizienzkriterien) als normative Kriterien zur Beurteilung und Gestaltung von Wirtschaftsordnungen[51]. Begründet wird das *Ordnungs- konformitätskriterium* damit, dass "(...) die institutionellen Rahmenbedingungen einer arbeitsteiligen Volkswirtschaft aufeinander abgestimmt und nach bestimmten Grundprinzipien gestaltet sein müssen, um Einheitlichkeit und innere Widerspruchslosigkeit der jeweiligen Wirtschaftsordnung zu gewährleisten. Die einzelnen Institutionen und Ordnungsformen einer Wirtschaftsordnung müssen miteinander kompatibel sein"[52]. Das Buchanan'sche *Konsenskriterium* lässt sich als eine konsistente Erweiterung des Pareto- Kriteriums für Institutionen interpretieren[53]: "Mit Hilfe dieses Konzepts lassen nun (wirtschafts-)politische Maßnahmen oder Regeln danach beurteilen, ob sie regel- bzw. institutionskonform sind. Zur Bewertung bestimmter Maßnahmen oder Regeln wird also stets auf konsensfähige Institutionen höherer Ordnung rekurriert. Das Beurteilungskriterium besteht in der Zustimmung der Individuen zu (Verfassungs-)Regeln, nicht zu einzelnen Maßnahmen oder Endzuständen"[54].

Die sich aus dem *Konsenskriterium* ergebende Ebenen-Hierarchie von Ordnungen oder institutionellem Rahmen fordert, dass Interdependenzen zwischen den Ordnungsebenen nicht ausgeschlossen werden, und dass sich die methodische Analyse auf den Schwerpunkt der *Wirkungsrichtung* von äußerer (höher liegender) Ebene auf innere Ebene konzentriert[55]. Die hierarchische Gliederung umfasst:

• Den *exogenen Naturrahmen* (i.S. von nicht beeinflussbarem Rahmen, u.a. unbekannten Naturgesetzen, gegebenem Potential an nicht erneuerbaren Ressourcen);

• Die *kulturelle Ordnung* (Rahmen informeller Institutionen);

• Das institutionelle Umfeld *(rechtlich- institutionelle Rahmenbedingungen)*;

• Die Ebene *formeller institutioneller Arrangements/Organisationen* (u.a.: Wettbewerbs-Märkte und Unternehmen).

[50] Vgl. Herder-Dorneich, 1999, S. 131f.
[51] Vgl. Hoppmann, 1995; Schüller, 1999.
[52] Feldmann, 1999, S. 51, H.v.i.O.
[53] Siehe Buchanan, 1987.
[54] Erlei et al., 1999, S. 20, H.v.i.O.
[55] Vgl. ebenda, S. 23ff.

Das *Wirtschaftssystem* eines Landes lässt sich als eine Teilmenge des Gesellschaftssystems verstehen, das durch die Wirtschaftsakteure, die Wirtschaftsordnung und die politisch-rechtliche Ordnung geprägt ist[56]. In der Abbildung 5 werden *Interdependenz gesellschaftlicher Ordnungen* aufgezeigt, wobei die *Menschen* – als Träger von Bedürfnissen, Fähigkeiten und Ressourcen sowie als Abwickler von Austauschbeziehungen – die Rolle der Hauptakteure darstellen. Die *Wirtschaftsordnung*, als Kernstück des Wirtschaftssystems, beinhaltet die Gesamtheit aller (formellen) Institutionen, welche die wirtschaftlichen Entscheidungs- und Handlungsspielräume der Wirtschaftssubjekte abgrenzen[57]. Dieses Verständnis liegt der Unterscheidung von institutionellem Umfeld (auf konstitutioneller Ebene) und institutionellen Arrangements (auf post-konstitutioneller Ebene) zugrunde[58]. Es ist offenkundig, dass eine ganz klare Trennung zwischen den Ordnungen schwierig oder fast unmöglich darzustellen ist.

Abbildung 5: Interdependenzen von Gesellschaftsordnungen

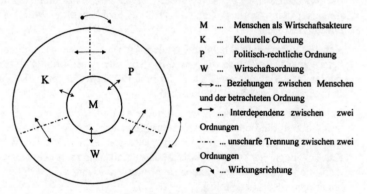

M ... Menschen als Wirtschaftsakteure
K ... Kulturelle Ordnung
P ... Politisch-rechtliche Ordnung
W ... Wirtschaftsordnung
←→ ... Beziehungen zwischen Menschen und der betrachteten Ordnung
←→ ... Interdependenz zwischen zwei Ordnungen
---- ... unscharfe Trennung zwischen zwei Ordnungen
↶ ... Wirkungsrichtung

Quelle: Eigene Darstellung.

Die Besonderheit der Systemtransformation als grundlegender Wandel des gesamten Wirtschafts- und Gesellschaftssystems ergibt sich daraus, dass simultane einschneidende Veränderungen einerseits in allen Gesellschaftsordnungen und andererseits auf sowohl konstitutioneller als auch auf postkonstitutioneller Ebene zusammentreffen und sich gegenseitig beeinflussen,

---

[56] Vgl. Schüller, 1999, S. 7ff.
[57] Vgl. Tietzel, 1991, S. 5.
[58] Das institutionelle Umfeld besteht aus "(...) jenen grundsätzlichen politischen, sozialen und rechtlichen Regelungen, welche die Voraussetzungen für Produktion, Tausch und Handel bilden (...) Ein institutionelles Arrangement ist ein Arrangement zwischen einzelnen Entscheidungseinheiten einer Ökonomie, das regelt, auf welche Weise diese Einheiten miteinander kooperieren und/oder miteinander in Wettbewerb treten können." (David/North, 1972, S. 6f.; zitiert nach Williamson, 1991, S. 26, H.v.i.O.).

wobei diese beiden Ebenen über die politische Schiene verknüpft sind. Aus ordnungs- und institutionenökonomischer Sicht sind Problemfelder im Hinblick auf 'Washington Consensus'-Reformprogramme auf die folgenden Ursachen zurückzuführen:

(i) Vernachlässigung der zum Beginn des Transformationsprozesses vorhandenen, landes-spezifischen institutionellen *Ausgangsbedingungen*;

(ii) Vernachlässigung des Zusammenhangs zwischen *spontaner* und *gesetzter* Ordnung, i.e.S. zwischen kultureller Ordnung und Wirtschaftsordnung[59];

(iii) inadäquate Berücksichtigung des *Interdependenzproblems* zwischen Wirtschaftsordnung und politischrechtlicher Ordnung[60];

(iv) Illusion eines mikroökonomischen Anpassungsautomatismus, i.S.v. Überschätzung der Selbstheilungskräfte der (Wettbewerbs-)Märkte[61].

Die Ursachen (i) bis (iii) können als die Problematik "*eingeschränkter institutioneller Konsistenz*"[62] im Transformationsprozess identifiziert werden, auf die wiederum die exzessiv hohen Transformations- und damit auch Anpassungskosten zurückgehen[63]. Diese Problematik wird dadurch gekennzeichnet, dass

- sich die Wirtschaftsakteure bei vielen Entscheidungen nach ihren 'alten' (gewohnten) *Verhaltensmustern* aus dem alten institutionellen Rahmen richten (Gültigkeit von 'alten' *formellen* Institutionen, die aus der Planwirtschaftsordnung stammen);

- sich aus dem *temporären Nebeneinander* von alten und neuen (*formellen*) Institutionen eine neuartige Anreizstruktur ergibt, deren Ergebnisse weder der 'alten' Wirtschaftsordnung mit planwirtschaftlichem institutionellem Rahmen noch der 'neuen' Wirtschaftsordnung mit marktwirtschaftlichem institutionellem Rahmen zugeordnet werden könnten (Gültigkeit eines neuartigen Institutionenmix);

- sich möglicherweise *Konflikte* zwischen 'neuen' *formellen* und 'alten' *informellen* Institutionen entwickeln (Inkonsistenz von Institutionen).

Sowohl für informelle Institutionen (ethische Regeln, Sitten, Konventionen), formelle privat organisierte institutionelle Arrangements als auch für formelle Regeln positiven Rechts (institutionelle Rahmenbedingungen) müssen sich *kritische Massen* bilden. Das bedeutet, dass es eine bestimmte Mindestzahl von individuellen Wirtschaftsakteuren geben muss, die diese Regeln befolgen, damit

---

[59] Vgl. Leipold, 1999.
[60] Vgl. Streit/Mummert, 1996.
[61] Vgl. Brockmeier, 1998, S. 85ff.
[62] Theurl, 1997, S. 141; Ähnlich verwendete Bezeichnungen dafür sind u.a. "institutionelles Vakuum" (Streit/Mummert ,1996, S. 11), oder "institutionelles Interregnum" (Brockmeier, 1998, S. 9).
[63] Vgl. Bohnet/Reichardt, 1993.

Regelmäßigkeit hergestellt wird. In den wirtschaftspolitischen Reformmaßnahmen treten häufig solche Missverständnisse auf, die auf derartigen
Vorstellung stützen, dass "(...) Märkte Wunder wirkten, sobald alle politisch
motivierten Kontrollen beseitigt sind. Wie Hayek und viele andere dargelegt
haben, erfordert es mehr als Freiheit von politischen Eingriffen, wenn Märkte
funktionieren sollen. Selbst wenn das wesentliche Rahmenwerk (die "Gesetze
und Institutionen", eingeschlossen der Schutz von Eigentum und Vertrag)
eingerichtet ist, muss auch ein allgemein befolgtes Bündel von Regeln gelten,
eine Ethik, die das individuelle Verhalten beschränkt (...). Regeln dienen als
Restriktionsparameter von Verhalten, aber gleichzeitig auch der bewussten,
wenn auch implizierten Überzeugung, dass andere in gleicher Weise
Restriktionen unterliegen"[64].

Die Identifikation von vergangenem Erbe und der Ungewissheit über zukünftige
Umweltzustände als Hemmnisse für eine effiziente und schnelle System-
transformation ist mehr oder weniger tautologisch. Das Vermächtnis aus der
Vergangenheit der Transformationsländer sind *Verhaltensstrukturen*, die den
Übergang zur Marktwirtschaft erschweren. Zu nennen sind hauptsächlich
Verhaltenseigenschaften des alten Systems: die auf einem verzerrten
Preissystem basierenden Produkt- und Kapitalstrukturen der Wirtschaft, die
Kapitalknappheit und das Fehlen funktionierender Finanzmärkte, das Fehlen
einer Klasse von aktiven Unternehmern, das Fehlen von Arbeitsmärkten,
öffentlichen Rücklagen und privaten Ersparnissen, Investitionen, Risiko-
bereitschaft, das Fehlen einer bürgerlichen Gesellschaft, das Fehlen einer
rationalen Verwaltung, insbesondere eines produktiven Steuersystems, der
Mangel an Wettbewerbsbewusstsein und -fähigkeit, das Eindämmen von
Schwarzmärkten etc[65].

Aufgrund der *Pfadabhängigkeit institutioneller Entwicklung* dürfte der
Übergang zu einer marktorientierten Wirtschaftsordnung bei einer derartigen
(unvermeidbar) eingeschränkten institutionellen Konsistenz kurz- bis
mittelfristig erheblich erschwert sein. Die Pfadabhängigkeit kann daher als
zentrale Ursache der *institutionellen Unvollkommenheiten* gesehen werden. Für
politische Entscheidungsträger in den Transformationsökonomien und für
transformationspolitische Berater ist es bereits erwiesen, dass ihre Bemühungen
um bewusste Gestaltbarkeit von rechtlich-institutionellen Rahmenbedingungen
engen Grenzen gesetzt sind[66]. In diesem Zusammenhang zielt Systemtransformation in erster Linie auf die *qualitative* Aufgabe als Gestaltungsproblem (Ordnungspolitik) und nur mittelbar auf die quantitative Aufgabe
(Ablaufpolitik), wobei die Setzung marktorientierter rechtlich-institutioneller
Rahmenbedingungen und ablaufpolitische Reformmaßnahmen voraussetzen,
dass die "ordnungspolitische Gesamtentscheidung" sowie "Interdependenz von

---

[64] Buchanan, 1999, S. 25, H.v.i.O.
[65] Vgl. Wagener, 1993, S. 16.
[66] Vgl. Feldmann, 1997, S. 96f.

Ordnungen" in Erwägung gezogen werden. Besonders wichtig ist es, die "(...) gestaltende und ordnende Kraft der verantwortlichen (politischen Entscheidungsträger) auf der Basis ihrer sittlich-kulturellen Grundeinstellungen und ihrer davon bestimmten politisch-moralischen Willens- und Überzeugungskraft für Art und Reichweite des institutionellen Wandels (...)", insbesondere des Transformationsprozesses adäquat einzuschätzen[67]. Die auf der Basis des 'Washington Consensus' empfohlenen, eher quantitativ orientierten Reformprogramme sollten in einem (willkürlichen) *erweiterten* Kontext verstanden werden (siehe Übersicht 4).

Übersicht 4: Erweiterter 'Washington Consensus' in ordnungsökonomischem Verständnis

Reformprogramm	im engeren Sinne	im weiteren Sinne	konstitutive Institution
(monetäre) Stabilisierung	Schaffung einer funktionsfähigen monetären Ordnung		*Geld*
Liberalisierung	binnen- und außenwirtschaftliche Liberalisierung zur Schaffung offener (Wettbewerbs-)Märkte	Schaffung einer leistungsfähigen Wettbewerbsordnung	*(Wettbewerbs-) Märkte*
Privatisierung	Schaffung eines leistungsfähigen Privatsektors	Schaffung einer Privatrechtsordnung	*Privateigentum*

Quelle: Eigene Darstellung.

Zu den (wieder-)herzustellenden konstitutiven Institutionen einer marktorientierten Wirtschaftsordnung gehören das *Privateigentum*, die *(Wettbewerbs-)Märkte* und das *Geldwesen*, auf die die transformationspolitischen Reformprogramme abzielen sollten[68]. Die Behandlung der wirtschaftspolitischen Maßnahmen zur Schaffung einer leistungsfähigen Privatrecht- und Wettbewerbsordnung ist Gegenstand des kommenden Unterabschnitts. Die Transformation der monetären Ordnung und hier insbesondere die Reform des Bankensystems sind Gegenstand des dritten Abschnitts.

---

[67] Schüller, 1999, S. 20; H.v.i.O.

[68] Karl Marx glaubte nämlich, dass die Beseitigung des Privateigentums, des Marktes und des Geldes eine notwendige Bedingung für ein sozialistisches Gesellschafts- bzw. Wirtschaftssystem wäre, indem es keine Klassen und daher auch keine sozialen Konflikte gäbe (siehe Albert, 1999, S. 99).

2.2. Marktwirtschaft als Privatrechts- und Wettbewerbsordnung

Die elementaren konstitutionellen Regeln eines marktorientierten Wirtschaftssystems rekurrieren prinzipiell auf den Grundsatz der Unverletzlichkeit des *Privateigentums*, den Grundsatz der *Vertragsfreiheit*[69] und die *Haftung* des einzelnen Wirtschaftssubjekts für die bei der Ausübung von privaten Property-Rights entstehenden Handlungskonsequenzen. Eine marktorientierte Wirtschaftsverfassung als elementare Rechtsordnung, in der die Systeme von Eigentums- und Verfügungsrechten und Vertragsrechtssysteme von größter Bedeutung sind, müsste sich dabei zusammensetzen:

- aus *garantierten Rechten zu autonomem, eigenverantwortlichem Handeln* in Bezug auf die wechselseitige Anpassung autonomer Wirtschaftssubjekte auf Wettbewerbs-märkten[70];

- aus *möglichst wirksamen Überwachungs- und Durchsetzungsmechanismen* zur Verhinderung bzw. zur Einschränkung der willkürlichen Nutzung der zugleich mit der Handlungsfreiheit entstehenden Machtpositionen.

Die Antwort auf die Frage, inwieweit einmal zugeordnete *Eigentums- und Verfügungsrechte* gesichert sind, geht zum einen auf die *Ausbeutungsgefahr* durch andere Wirtschaftsakteure und zum anderen auf die Enteignungsgefahr durch den Staat zurück. Während die erste Gefahr sich bis zu einem gewissen Maß durch *(Leistungs-)Wettbewerb* als Kontroll- und Sanktionsmechanismus einschränken lässt, setzt die Behandlung der zweiten Gefahrquelle nicht nur eine Trennung zwischen dem durch den Staat und dem durch das Privatrecht geregelten gesellschaftlichen Beziehungsnetzwerk[71] sondern auch eine *glaubhafte Selbstverpflichtung des Staates* voraus, das Privateigentum zu achten und zu sichern[72].

Die Umgestaltung und Durchsetzung eines auf Privateigentum ausgerichteten verbindlichen Rechtssystems, die Umverteilung von Property-Rights, die Neubildung und Umstrukturierung von Institutionen rechtlich-politischer und wirtschaftlicher Ordnung sind höchst komplexe Aufgaben. Regelkanalisierende Institutionen reduzieren *Komplexität* und beeinflussen die aktive Suche nach handlungsrelevanten Informationen, d.h. den individuellen *Wissenserwerbsprozess*. Aus einem grundlegenden Wandel von vor allem *formellen* Institutionen ergibt sich eine Destabilisierung von Erwartungen und erheblichen Kosten beim Kennenlernen des neuen institutionellen Umfelds, weil sich das

---

[69] Dieses Prinzip beinhaltet die Gewährleistung freiwilliger, gegenseitig einvernehmlicher Übertragbarkeit von Eigentums- und Verfügungsrechten.

[70] Hayek sprach in diesem Zusammenhang von einer "Katallaxie" (siehe Hayek, 1976, S. 108f.).

[71] Siehe Böhm, 1966.

[72] "Florierende Märkte erfordern nicht nur das entsprechende System von Verfügungsrechten und Vertragsrecht, sondern auch eine sichere politische Grundlage, die die Macht des Staates, Vermögen zu enteignen, strenge Grenzen zieht" (Weingast 1993, 298; zitiert nach Richter/Furubotn 1999, 290).

Erlernen nicht nur auf den Erwerb von neuen Spielregeln, sondern auch auf das *Einüben* dieser Regeln erstreckt. *Zeit* ist bei der künstlichen Schaffung von formellen Institutionen der knappste Faktor. Die in den Traditionen und in der Kultur eines Landes verankerten *informellen* Institutionen sind kurz- bis mittelfristig aufgrund der Pfadabhängigkeit und des größeren Beharrungsvermögens kaum zu verändern. Es wird häufig darauf hingewiesen, dass der Übergang zur Marktwirtschaft ein sehr langwieriger Prozess sei und die Systemtransformation nicht mit einem Schlag erreicht werden könne, weil "(...) mit der Einführung von privaten Eigentumsrechten und freien Preisen nicht zugleich ein funktionierender Wettbewerb entsteht. Die Transaktionskosten eines marktmäßigen Leistungsaustausches erweisen sich gerade zu Beginn des Transformationsprozesses vielfach als sehr hoch. Das diagnostizierte Marktversagen ist im wesentlichen eine Folge der sich noch auswirkenden Relikte der hierarchisch organisierten Kommandowirtschaft, so auch der unvollständigen und asymmetrischen Information in Händen der Wirtschaftsakteure"[73]. Von vielen wird gefordert, dass sie ihre bisherigen Positionen sowie Privilegien, Verhaltensweisen und Gewohnheiten aufgeben und sich umstellen. Da ist es nur zu verständlich, wenn sich einzelne Individuen diesen Anforderungen gerne entzieht und die Lasten lieber anderen aufbürden möchten. Dementsprechend ist die Systemtransformation nicht einfach und verursacht erhebliche *individuelle* und *soziale Kosten.*

Privat organisierte institutionelle Arrangements können eine Schnittstelle zwischen informellen und formellen Regeln darstellen. Die Erfolge der Systemtransformation hängen auch entscheidend von den Selbstbildungsprozessen marktorientierter Organisationen, u.a.: Wettbewerbsmärkte und Unternehmen. Funktionierende *Wettbewerbsmärkte* verbessern die Versorgung der Konsumenten, sie erfüllen damit "die Solidaritätsfunktion des Wettbewerbs"[74]. Einerseits werden durch Wettbewerbsprozesse das Zustandekommen von Transaktionen innerhalb bestehender Handlungsalternativen (statischer Aspekt), und andererseits neue Austauschmöglichkeiten geschaffen (dynamischer Aspekt). Wettbewerb und *Dezentralisierung* ersparen zum einen Überwachungsund Durchsetzungskosten, tragen zum anderen zur rascheren *Anpassung* wirtschaftlichen Verhaltens an tatsächliche oder erwartete Veränderungen im System bei. Güter-, Arbeits- und Finanzmärkte sind Ergebnisse sehr komplexer Evolutionsprozesse, in denen genau definierte Eigentums- und Haftbarkeitsregeln, Glaubwürdigkeiten, Erwartungen, stabile Politiken und verlässliche Verwaltungen usw. eine wichtige Rolle spielen. Daran mangelt es den Transformationsländern hauptsächlich, was zu sehr hohen *individuellen Transaktionskosten* führt[75]. Gelingt es nicht, das *Vertrauen* der Wirtschaftssubjekte *in die Wirtschaftsreformen* oder die zukünftigen Einkommen zu

---

[73] Kloten, 1991, S. 27, H.v.i.O.
[74] Müller-Armack 1974, 122.
[75] Vgl. Krug 1991, S. 46.

sichern, werden längerfristige Unternehmensengagements zurückgezogen und die unternehmerischen Aktivitäten auf kurzfristige spekulative Gewinn-gelegenheiten orientiert. Der hohe *Konzentrationsgrad* der Wirtschaft (in Form vertikaler Integration), Arbitragegeschäfte und Rent-seeking sowie die Herausbildung von Marktsurrogaten in der Schattenwirtschaft sind als individuell rationales Verhalten zu verstehen, das eigene institutionelle Regelungen schafft, damit individuelle Transaktionskosten in der Übergangszeit vermindert werden. Diese "organisatorischen Lösungen" erweisen sich im Vergleich zu einem funktionierenden Marktsystem gesamtwirtschaftlich als weniger effizient[76].

Im Hinblick auf die Reformprogramme zur (Wieder-)Herstellung des *Privateigentums*, ist zu berücksichtigen, dass dieses zwar als eine notwendige, jedoch nicht als eine hinreichende Voraussetzung für ein marktwirtschaftliches System gilt. Notwendig ist ebenfalls die erfolgreiche Etablierung eines marktorientierten institutionellen Umfelds, das eine nachhaltige Leistungs- und Funktionsfähigkeit der transformierenden Ökonomie konstituiert und fördert (als Hauptaufgabe der *Ordnungs*politik). Die *ablauf*politischen Maßnahmen und Regeln sollen den Beitrag leisten, "(...) Selbstkoordination durch Markt-transaktionen und Selbstkontrolle durch Wettbewerb zu erleichtern bzw. zu sichern"[77]. Eine adäquate Gesetzgebung könnte selbst bei unverändertem technischem Wissen die Gesamtproduktivität einer Volkswirtschaft verbessern. Andererseits könnte eine unangemessene Ordnungspolitik den neuesten technologischen Wissenstand unwirksam machen. "Ordnungspolitik (entweder im Sinne der Schaffung oder Wiederherstellung einer effizienteren Markt-wirtschaft zum Zwecke der Transaktionskostensenkung oder im Sinne einer Verringerung institutioneller Hindernisse für die Nachfrage nach Arbeitskräften oder den Einsatz von Kapital) kann unter bestimmten Umständen wirksamer und billiger sein als quantitative Wirtschaftspolitik (...). Diese Art institutioneller Reform ist unter anderem von entscheidender Bedeutung für die Transformation (planorientierter Wirtschaftssysteme) (...) in produktive marktwirtschaftliche Systeme"[78]. Dem Aufbau *rechtlich-institutioneller Rahmenbedingungen* ist demzufolge absolute Priorität einzuräumen; sie stellt die Voraussetzungen für das Gelingen der übrigen Reformen dar. Nach Apolte gehören zu diesem Aufgabenbereich u.a.[79]:

- Etablierung oder Reorganisation von *parafiskalischen* Organisationen,

- Etablierung eines adäquaten *Staatssektors*,

- Etablierung von fairen Bedingungen (Spielregeln) für einen *Privatsektor* u.a.: vertikale und horizontale Entflechtung von Unternehmen, formelle und

---

[76] Ebenda, S. 48.
[77] Streit/Mummert, 1996, S. 10, H.v.i.O.
[78] Richter/Furubotn, 1999, S. 68, H.v.i.O.
[79] Apolte, 1992, S. 12.

materielle Privatisierung von Staatsunternehmen sowie Neuaufbau und Ausbau des privaten Unternehmenssektors, institutionelle Reform im Finanzsektor sowie Neubildung marktorientierter Finanzorganisationen.

Charakteristisch für den Transformationsprozess sind die *Instabilität* des institutionellen Umfelds sowie die erschwerte Bildung *längerfristiger Erwartungen* in Bezug auf unternehmerisches Vertragsgestalten. "So verlangt eine Unternehmensgründung bei unzureichendem Schutz des Privateigentums eine höhere Risikobereitschaft vom Gründer als in einer Phase, in der die eigentumsrechtlichen Rahmenbedingungen eindeutig fixiert sind. Die Rahmenbedingungen wirken somit als Regulativ für Gründungsentscheidungen. Dementsprechend ist davon auszugehen, dass Gründertypen im Transformationsverlauf mit sich verändernden Rahmenbedingungen variieren"[80]. Zusammen mit institutionellen Reformen auf der Unternehmensebene, u.a.: Aufbau eines geeigneten Wirtschaftsrechtsystems (Wettbewerbs-, Handels-, Eigentums-, Insolvenzrecht), Aufbau eines funktionsfähigen Steuersystems (Unternehmens-, Einkommen-, Verbrauchsteuern), Restrukturierung und Privatisierung von Staatsunternehmen, sollte im Rahmen des Auf- und Ausbaus des privaten Unternehmenssektors die *Unternehmensgründungspolitik* einen besonders hohen Stellenwert einnehmen. Die transformationspolitischen Bereiche zur Förderung der Unternehmensgründung betreffen Privatisierungspolitik, Kapitalhilfe- und Kreditpolitik, spezielle Wettbewerbspolitik, Gründungsberatung und -schulung etc., an denen es in den meisten Transformationsländern noch weitgehend mangelt[81].

3. Monetäre Ordnung

3.1. Geldordnung in der Marktwirtschaft

Die *monetäre Ordnung* einer Volkswirtschaft ist zusammengesetzt aus allen Institutionen, die die Verhaltensregeln und die dazugehörigen Überwachungs- und Durchsetzungsmechanismen für monetäre Interaktionen zum Ausdruck bringen[82]. Sie beeinflusst daher die Steuerung und Kontrolle von Gemeinschaftshandeln und damit die Kosten ökonomischer Koordination. Monetäre Ordnung rekurriert zum einen auf die *Geld-* und *Währung*sordnung

---

[80] Hartwig et al., 1998, S. 219. Die Autoren teilen *Gründertypen* in Idealisten, Hasardeuren und Existenzbedrohter auf. Je nach der Phase (Antizipationsphase, Experimentierphase und Expansionsphase als relevante Phasen im Transformationsprozess) würde der eine oder andere Typ überwiegen, wobei das einzelmarktorientierte Marktphasenkonzept von Ernst Heuß auf die gesamte Wirtschaftsordnung übertragen wird (siehe Heuß, 1965). Zu den individuellen Gründermerkmalen gehören u.a.: die Motivation in Form des Wunsches nach Selbstverwirklichung oder in Form der Gewinnerzielungsabsicht (schnelle Arbitrage oder dauerhafte Einkommenssicherung), die Kompetenz des Gründers als Handlungsfähigkeit auf der Grundlage von Erfahrungen und/oder erworbenem Wissen und die durch Gewinnaussicht beeinflusste Risikobereitschaft.

[81] Vgl. Schlotter, 1994; IMF, 2000.

[82] Vgl. Theurl, 1999, S. 152f.

und zum anderen auf die *Finanz*ordnung, damit es auf eine Trennung der Finanztransaktionen zwischen Privat- und Staatsektor abgehoben wird. Nach Rudolf Richter muss eine funktionsfähige Geld- und Währungsordnung folgende *Anforderungen* erfüllen[83]:

- Erwartungen von Wirtschaftsubjekten zu stabilisieren und Unsicherheit zu mindern;

- institutionelle Rahmenbedingungen für ein flexibles, situationsgerechtes und systemstabilisierendes Handeln auf der post-konstitutionellen Ebene bereitzustellen;

- den Präferenzen der Akteure in der Währungsgemeinschaft entsprechen. Eine Währungsgemeinschaft ist zusammengesetzt aus jenen Wirtschaftsakteuren, die ein 'gemeinsames Geld' verwenden, d.h. der Geldbenutzer lässt sich als Mitglied einer Währungsgemeinschaft auffassen.

Unabhängig von jeder Wirtschaftsordnung ergeben sich aus der Verwendung der konstitutiven Institution *'Geld'* folgende allgemeine ökonomische Vorteile:

- Vermittlung kostenloser Informationen bezüglich der Geldpreise,

- Einsparung von Transaktionskosten (u.a.: Informations- und Suchkosten) und von Lagerhaltungskosten, und

- Möglichkeit kostengünstiger Aufbewahrung von Gütern unter bestimmten Voraussetzungen, z. B. konstante Kaufkraft[84].

Wirtschaftsubjekte erwarten von Geld als Institution zur Vermittlung koordinationsrelevanter Informationen, dass es die Erfüllung der *Geldfunktionen* (allgemeines Tauschmittel, Wert-aufbewahrungsmittel, Rechnungseinheit und gesetzliche Zahlungsmittel) sowohl in der Gegenwart als auch in der Zukunft erfüllt. *Geldwertstabilität* hängt eng mit der Sicherung von Eigentums- und Verfügungsrechten zusammen[85]. Geldverwendung weist in der *Markt-wirtschaft* folgende Merkmale auf: zum einen werden die informations- bzw. transaktionssenkenden Wirkungen des Geldes systematisch genutzt; zum anderen gilt die Steuerung der Geldversorgung als aktive und eigenständige Aufgabe. Modernes Geld ist *Bankgeld*, das zum einen originäres Geld (Banknoten von Zentralbank) und zum anderen subsidiäres Geld (Bankeinlagen bei Geschäftsbanken) umfasst. "Benutzt wird Geld im Vertrauen darauf, dass es auch in Zukunft als Geld Verwendung findet"[86]. Demzufolge ist das *Vertrauen* der Wirtschaftsakteure eine notwendige Bedingung für die Funktions- und Leistungsfähigkeit der monetären Ordnung.

---

[83] Vgl. Richter, 1988.
[84] Vgl. Paraskewopoulos, 1990, S. 17f.
[85] Vgl. Issing, 1997.
[86] Richter, 1994, S. 38.

Das *Finanzsystem* bzw. der *Finanzsektor* eines Landes lassen sich als eine Teilmenge des gesamten Wirtschaftssystems verstehen, die durch die Wirtschaftsakteure und die monetäre Ordnung geprägt ist. In einem Marktwirtschaftssystem bestehen seine Hauptaufgaben in[87]:

- der Bereitstellung einer effizienten *finanziellen Infrastruktur*[88] mit funktionsfähigem Zahlungssystem;

- Vermittlungsfunktionen (regionaler und sektoraler Ressourcenallokation);

- Transformationsfunktionen (Transformation von Losgrößen, Fristen, Risiken und Informationen);

- der Schöpfung von Finanzvermögen;

- finanzintermediären Innovationsfunktionen[89].

Für die bisherigen Erfolge der Marktwirtschaft sind der Leistungswettbewerb in allgemeinem und der Wettbewerb im Bereich der Finanzierung privater Unternehmen in besonderem verantwortlich. Der Wettbewerb bezieht sich sowohl auf die Seite der *Finanzkapitalbildung*, d.h. die für die privaten Investitionen erforderliche Ersparnisbildung und ihren verschiedenen Anlageformen, als auch auf die Seite der *Realkapitalbildung*, die Auswahl unterschiedlicher Investitionsprojekte und ihrer Finanzierung. Die (professionellen) Kapitalgeber üben dabei die Funktion als "*Anwälte des Kapitals*" aus[90]. Eine erfolgreiche Lösung des Problems der Investitionsplanung und -finanzierung lässt sich dabei als Überwindung des *Marktversagens*, in Form fehlender oder nicht funktionsfähiger Warentermin- und/oder Dienstleistungsmärkte interpretieren. Die Geschichte zeigt, dass private Unternehmen, die durch ein Netzwerk relationaler dauerhafter Geschäftsbeziehungen/Verträge verbunden sind, diese in der Regel besser wahrnehmen können als der Staat. "Eine besondere Rolle spielen dabei die 'Anwälte des Kapitals': im Management der Banken und Kapitalsammelstellen, als Darlehensgeber oder Anteilseigner oder deren Vertreter, als Lieferanten und Abnehmer usw. Kapitalmarkt oder Banken, je nachdem wie die Finanzierung von Unternehmen organisiert ist, stehen dabei im Vordergrund"[91]. Der

---

[87] Vgl. Geis, 1975, S. 72f.

[88] Nach Geis lässt sich die *finanzielle Infrastruktur* eines Wirtschaftssystems definieren als "Summe aller Finanzierungsinstitutionen, Finanzmärkte, Finanzinstrumente, finanzwirtschaftliche Normen und Verhaltensweisen" (ebenda). Ihre Aufgaben bestehen darin, zum einen finanzielle Disziplin im Unternehmenssektor geltend zu machen, und zum anderen staatliche Wirtschaftspolitik mit einem angemessenen und effizienten Rahmen zur wirksamen Durchsetzung der Geld- und Währungspolitik auszustatten.

[89] King und Levine weisen in ihrem endogenen Wachstumsmodell den Finanzintermediären die Aufgabe zu, die insbesondere auf die Evaluierung und Selektion der Unternehmenspersönlichkeiten und Innovationsideen – entsprechend der Schumpeter'schen Sichtweise – rekurriert (vgl. King/Levine, 1993).

[90] Vgl. Hinds, 1990.

[91] Richter, 1994, S. 37.

bedeutende Stellenwert der Banken wird hier illustriert: "Eine wichtige Gruppe unter den 'Anwälten des Kapitals' sind die Gelddarlehensgeber. Sie bestimmen letztlich die Härte der Bilanzbeschränkung der Unternehmung (...;) es sind die ernstzunehmenden wirtschaftlichen Erwartungen, von denen sich die Anwälte des Kapitals leiten lassen"[92].

3.2. Geldordnung in der Planwirtschaft

Eine *idealtypische* Planwirtschaftsordnung beruht auf die folgenden Grundprämissen:

a) Sämtliche benötigte *Informationen* stehen für die Zentralplanstelle zur *Verfügung*. Individuelle Präferenzen der Wirtschaftssubjekte, Produktionstechnologien, -mittelmengen etc. sind bekannt. Sowohl Motivations- als auch Anreizprobleme sind implizit mit der Annahme vollständiger Informationen ausgeschlossen, weil vollständige Überwachung und Kontrolle sowie Sanktionen für Fehlverhalten vorausgesetzt werden. Es existiert kein Freiraum für Opportunismus.

b) *Informationsbeschaffung* sowie *-verarbeitung* erfolgen reibungslos. Es existieren keine (ex ante) Transaktionskosten.

c) *Exogene Störungen*, ausgehend beispielsweise von den außenwirtschaftlichen Beziehungen, werden nicht berücksichtigt.

Unter diesen Annahmen wird der Gesamtnutzen aller Individuen optimiert sowie die höchstmögliche Wohlfahrt erreicht. Güter und Ressourcen werden durch konkrete Mengenangaben und -anweisungen – nicht über Einkommen und Preise auf entsprechenden Märkten – den einzelnen Wirtschaftssubjekten zugeteilt. Die Zentralplanstelle kann als eine spezielle Art eines *imaginären Auktionators* im Sinne des Walras-Modells bezeichnet werden. Dieser ruft zwar keine Preise aus, dafür tauscht er unter Beachtung der Grenznutzen und damit implizit der Schattenpreise anstelle der einzelnen Individuen stellvertretend für die ganze Gesellschaft. Die möglichen Funktionen des Geldes sind demzufolge in diesem optimalen System überflüssig. Geld ist in dem Sinne *passiv*, dass es keinen eigenständigen Einfluss auf ökonomische Prozesse ausübt.

Die monetäre Ordnung in einer planorientierten Wirtschaftsordnung ist darauf ausgerichtet, das System der zentralen Planung zu ergänzen und zu unterstützen. Die Trennung zwischen Finanz-, Geld- und Währungsordnung ist systembedingt verschwommen, sie sind gleichzusetzen. Die Geldemission und das einstufig organisierte Bankensystem sind zentralisiert. Dieses Monobanksystem setzt sich aus einer *Zentralbank* und vielen *Filialen* zusammen. Es fungiert gleichzeitig als Emissions- und Geschäftsbank. Neben der Staatsbank und deren Filialen, durch die das Geldemissions-, Kredit-, Verrechnungs- und Kassensystem des Planwirtschaftssystems gebildet wird, existieren noch die direkt der Staatsbank und/oder den Branchenministerien untergeordneten *Spezialbanken*, u.a.:

---

[92] Ebenda, H.v.i.O.

Investitions-, Handels-, Landwirtschafts-, Außenwirtschaftsbanken sowie Sparkassen für private Haushalte[93].

Von zentraler Bedeutung ist die Trennung von Bar- und Buchgeldkreislauf (s. Abbildung 6). Der *Buchgeldkreislauf* besteht vorwiegend aus dem gesamten zwischenbetrieblichen sowie dem finanziellen Zahlungsverkehr zwischen den Banken und den Betrieben. Sämtliche Geschäftsbeziehungen eines Betriebes laufen über eine einzelne Bankfiliale, die dadurch in der Lage ist, die bargeldlos erfolgenden Zahlungseingänge und -ausgänge, sowie den geplanten Kreditverkehr zu kontrollieren. Entstehende Störungen des Planes lassen sich anhand des Zahlungsverkehrs einfach feststellen und der vorgesetzten Behörde melden. Der *Bargeldkreislauf* ist zusammengesetzt aus allen übrigen Zahlungsvorgängen wie Lohnzahlungen, Zahlungen im Einzelhandel, Konsumausgaben der privaten Haushalte, Ein- und Auszahlungen bei den Sparkassen, Geschäftsabwicklungen zwischen Einzelpersonen sowie Zahlungen in der Parallel- oder Schattenwirtschaft. Die Zielsetzung der Staatsbank besteht darin, diese beiden Kreisläufe möglichst vollständig zu kontrollieren, um eine mögliche Gefährdung der Planerfüllung durch Ungleichgewichte zwischen Geldangebot und Geldnachfrage zu vermeiden. Um die strikte Trennbarkeit von Buch- und Bargeldkreislauf zu erhalten, wurde eine Reihe gesetzlicher Bestimmungen erlassen, wie z.B. das Verbot der Bargeldhaltung in den Betrieben oder das Verbot zur gegenseitigen Einräumung von Lieferantenkrediten[94].

In einer *real* existierenden Welt entstehen jedoch folgende Probleme:

a) Für die einzelnen Wirtschaftsakteure bestehen starke Anreize zur Übermittlung verzerrter Informationen, weil sie sich durch fehler- oder lückenhafte Angaben besser stellen können. Diese *systematische Verzerrung* der Informationen gilt sowohl für die Nachfrage nach öffentlichen als auch für die nach privaten Gütern. Diese Problematik verschärft sich im großen Ausmaß in einer dynamischen Betrachtungsweise.

b) Die meisten Informationen sind nicht kostenlos verfügbar. Verhandlungsprozesse zwischen einzelnen Wirtschaftsakteuren benötigen knappe Ressourcen, so dass *Transaktionskosten* entstehen. Dazu kommen die Kosten der Informationsübermittlung und -speicherung.

c) Austauschverhältnisse können bei der Planung des *Außenhandels* nicht einseitig von der zentralen Planungsbehörde festgesetzt werden. Fehlende Einschätzungen führen dann zum falschen Plan.

---

[93] Vgl. Thieme, 1991, S. 649.
[94] Siehe insbesondere Haffner, 1985.

163

Abbildung 6: Institutionelle Ausgestaltung des Geldsystems in der Planwirtschaft

BUCHGELDKREISLAUF   **BARGELDKREISLAUF**

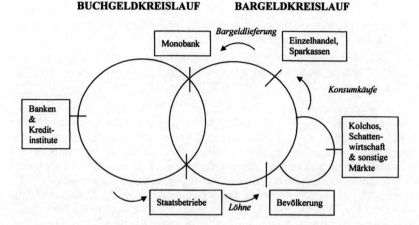

Quelle: Haffner, F. (1985): Monetäre Zentralplanung und Volkswirtschaftsplanung. In: H.J. Thieme (Hrsg.): Geldtheorie. Baden-Baden, S. 201.

Aufgrund der *Asymmetrie* der Informationen, der Existenz von *Transaktionskosten* und *opportunistischem Verhalten* übersteigt eine (relativ) vollständige, wahrheitsgemäße Erfassung und Verarbeitung der Informationen in Bezug auf alle ökonomischen Größen die begrenzte Kapazität der Zentralplanbehörde. Der passive Charakter des Geldes wird aufgehoben, indem sich das nominale Geldangebot als *endogene Variable* erklären lässt. Seine Höhe wird nicht nur durch das Verhalten der zentralen Planinstanz, sondern auch durch das Verhalten anderer Wirtschaftsakteure – vor allem der Staatsbetriebe – determiniert. In der real existierenden zentralgelenkten Volkswirtschaft wurde die Steuerbarkeit der Geldmengen-entwicklung der Staatsbank erschwert. Ihre Ursachen lagen nach Michler und Thieme[95] in:

- den *außerplanmäßigen Kreditschöpfungsprozessen* rational handelnder Staatsbetriebe, die ihre bestehenden Dispositions- und Handlungsspielräume bei der Planaufteilung und Planrealisierung ausnutzen (Phänomen der "weichen Pläne")[96];

---

[95] Vgl. Michler/Thieme, 1991, S. 309ff.
[96] "Unter weichen Plänen versteht man die Gesamtheit aller Bemühungen der Betriebe, sich leicht erfüllbare Planauflagen zu verschaffen" (Wagner, 1968, S. 287).

164

- den durch die *Konkursunfähigkeit* von Staatsbetrieben bedingten *weichen Budgetrestriktionen*[97] und der Unwirksamkeit geld- und kreditpolitischer Instrumente zur Beschränkung von Einflüssen der Staatsbetriebe auf die übermäßige Kreditvergabe;

- der prinzipiellen direkten Finanzierung steigender *Nettoverschuldung des Staates* über die Notenpresse der Staatbank.

- der unkontrollierbaren Umlenkung der Produkte und Ressourcen von der (offiziellen) Volkswirtschaft in die *Schattenwirtschaft* bzw. Parallelwirtschaft.

Im Zusammenhang mit jahrzehntlanger Bevorzugung der Produktionsgüterindustrie (insb. der Schwerindustrie) zu Lasten der Konsumgüterindustrie und dem mangelnden Anreiz zu bedarfsgerechter Produktion führte die monetäre Steuerungsproblematik zur monetären Über-versorgung, durch die ein exzessives Inflationspotential hervorgerufen wurde. Dieses *Inflationspotential* ist zusammengesetzt aus *zurückgestauter* (Kassenhaltungs-)Inflation und *versteckter* Inflation. Erzwungene Akkumulationsprozesse von Kassenbeständen sowie der Kaufkraftüberhang rufen zum einen Ausweichreaktionen der rational handelnden Wirtschaftsakteure auf halblegale oder illegale Märkte hervor, und bewirken zum anderen negative Angebotsreaktionen der Haushalte auf den Arbeitsmärkten. Versteckte Inflation verursachte eine reale Umverteilung von Einkommen und Vermögen von den Geldhaltern zu den staatlichen Geldproduzenten sowie von den Beziehern staatlich festgelegter Lohn-, Zins- und Mieteinkünfte zu den Nutznießern der versteckten Preiserhöhungen[98]. Beim Übergang zur Marktwirtschaft wird die monetäre Überversorgung zu einem dramatischen Hemmnis. Bei der *Liberalisierung geldwirtschaftlicher Parameter* (wie Marktpreise, Löhne und Zinsen) lösen unvermeidbare Inflationsakzelerationen schwere ökonomische und vor allem soziale Verwerfungen aus. Dies verstärkt weiterhin das Misstrauen der Wirtschaftssubjekte gegenüber dem Finanz- bzw. Bankensystem. Weitere große Herausforderungen für die Reform des Finanzsystems entstehen durch die Unzulänglichkeit des Wissens über das Funktionieren und über die Aufgaben des neu zu etablierenden zweistufigen Bankensystems, über Geld- und Kreditmärkte, sowie über die geldpolitischen Instrumente und ihre ökonomischen Effekte und Zusammenhänge in einer marktorientierten Wirtschaftsordnung.

3.3. Transformation der monetären Ordnung

Monetäre Transformation bzw. Transformation der monetären Ordnung sind als intendierter Wandel von monetären Institutionen aufzufassen. Ihre Hauptzielsetzung besteht darin, "die monetären Institutionen der Planwirtschaft zu

---

[97] Zum Konzept der weichen Budgetrestriktionen und den Zusammenhängen zwischen "weichen Budgetrestriktionen" und "weichen Plänen" in der Planwirtschaft vgl. Kornal, 1980.

[98] Vgl. Thieme, 1991, S. 638f.

beseitigen und solche an ihre Stelle zu setzen, die marktwirtschaftsgerechte Anreize beinhalten, die also in der Lage sind, ein marktwirtschaftskonformes Geld (...) bereitzustellen"[99]. Geld hat in der Planwirtschaft in erster Linie den Funktionen der Verrechnung und der gesetzlichen Zahlungsmittel gedient. Zahlungsverpflichtung, zurückzahlbare Kredite sowie die strikte Trennung der Gläubiger- und Schuldnerposition wurden weitgehend aufgehoben. Rentabilitätskriterien sowie Finanzdisziplin, im Sinne der Haftung eingegangener Zahlungsverpflichtungen, spielten keine (große) Rolle; vielmehr diente das Finanz- bzw. Bankensystem der Erfassung und Buchung realwirtschaftlicher Prozesse, die ihrerseits durch den aktuellen Plan festgelegt waren. Der wesentliche Ansatzpunkt der *monetären Transformationspolitik* rekurriert auf die Restitution der traditionellen Geldfunktionen und der geldwirtschaftlichen Parameter, zu deren Durchsetzung zugleich ein Rückzug des Staates aus den entsprechenden Märkten notwendig ist. Die Funktions-bedingungen des Finanzsystems werden sowohl von der Qualität der heimischen Währung als auch von der Funktionsfähigkeit geldwirtschaftlicher Parameter erheblich mitbestimmt. Darüber hinaus sind die *ordnungspolitischen* Rahmenbedingungen von großer Bedeutung; dazu zählen die konkreten Regulierungen und Reglementierungen der Finanztransaktionen, die Privatisierungspolitik, der rechtliche Schutz des Privateigentums an Produktiv-vermögen sowie die staatliche Absicherung der Gläubiger-rechte. Für die Leistungsfähigkeit des heimischen Finanzsektors ist die Möglichkeit der Integration in die internationalen Finanzmärkte mitentscheidend[100]. Verursacht wurden die monetären Fehlentwicklungen in einem planorientierten Wirtschafts-systemen nicht nur von der monetären Ordnung, sondern auch von dem Zusammenwirken mit *nicht-monetären* Institutionen, die umgewandelt werden müssen. Zu diesen gehören alle Verfügungs-, Planungs-, Koordinations- und Verantwortungsregeln, die Einfluss auf die Härtung der Budgetrestriktionen haben. Mit Beginn der Systemtransformation musste folglich eine grundlegende Revision der Funktionen der monetären Ordnung vollzogen werden.

Zu den wichtigsten Elementen der monetären Transformation gehören zum einen die monetäre Stabilisierung und zum anderen die *Etablierung marktorientierter monetärer Institutionen*, d.h. die Setzung marktorientierter institutioneller Rahmenbedingungen durch den Staat, die Etablierung eines zweistufigen Bankensystems mit entsprechenden Aufsichts- und Überwachungs-strukturen zur Förderung des (Leistungs-)Wettbewerbs im Finanzsystem und die Neubildung von organisierten Finanzmärkten, u.a.: Geld-, Kredit- und Kapital-märkten. Die dritte Ecksäule der monetären Transformation bezieht sich auf die *Budget-konsolidierung*, d.h. den Abbau der weichen Budgetrestriktionen von Staatsunternehmen und das Verbot der direkten Finanzierung staatlicher Budgetdefizite durch die Zentralbank. Die Erfahrung in vielen Entwicklungs-

---

[99] Theurl, 1997, S. 146f., H.v.i.O.
[100] Vgl. Schrooten, 2000, S. 122f.

und Transformationsländern hat gezeigt, dass die *monetäre Stabilisierung* eine unabdingbare Bedingung für weitere Reformschritte im Rahmen der Transformation der monetären Ordnung in einzelnem und des Wirtschaftssystems in allgemeinem ist. Für weitere Wirtschaftsentwicklung fällt die finanzintermediäre Funktion der Bankorganisationen eine Schlüsselrolle zu. Banken als *Finanzintermediäre* leisten folgende wichtige Funktionen, u.a.: Mobilisierung von Ersparnissen, effiziente Allokation von Finanzressourcen, Versicherung gegen Liquiditätsrisiken und delegierte Überwachung der Geschäftstätigkeit kreditnehmender Unternehmen. Insgesamt erleichtern sie das *Risikomanagement* in einer Volkswirtschaft; dadurch steigen das Finanztransaktionsvolumen und damit die wirtschaftliche Aktivität. Weiterhin weisen Banken und andere Finanzintermediäre eine entscheidende Bedeutung für die Umstrukturierungs- und Privatisierungsprogramme auf, weil sie Unternehmen im Transformationsprozess durch die Bereitstellung von Risikokapital finanziell unterstützen. Sie sollen für die *Einhaltung harter Budgetbeschränkungen* sorgen[101]. Eine Sonderbehandlung der Reform des Bankensystems ist Gegenstand des nächsten Unterabschnitts.

3.4. Reform des Bankensystems

Das Bankensystem muss sich im Rahmen der monetären Transformation einer fundamentalen Umstrukturierung unterziehen, indem das Kreditmonopol der Zentralbanken sowie der von ihnen abhängigen monopolistischen Finanzinstitutionen aufgehoben und ein *zweistufiges* Bankensystem geschaffen wird. Die Einführung einer wirksamen Bankenaufsicht und die Abschreibung uneinbringlicher Forderungen gehören zu den vorrangigen Aufgaben. Eine marktorientierte Ressourcen- und Kreditallokation muss für Banken attraktiv sein, um die Voraussetzungen für eine wirksame Geldpolitik zu schaffen. Das Monobanksystem wird in eine Zentralbank und ein im Wettbewerb stehendes Geschäftsbanksystem aufgegliedert, und es werden die Entscheidungsregeln für die Zentralbank festgelegt. Die *Zentralbank* muss über das Monopol der Produktion und die Vernichtung der Basisgeldmenge sowie entsprechende Instrumente zur Steuerung der Tauschgeldmenge verfügen, und der Zugriffs des Staates auf die Geldemission muss institutionell eingeschränkt werden. Die Zentralbank muss rechtlich (möglichst) unabhängig sein oder darf zumindest nicht mehr direkt dem Finanzministerium unterstellt werden. Der Aufbau einer wirksamen *Bankenaufsicht* ist von entscheidender Bedeutung für eine effiziente und nachhaltige Entwicklung des gesamten Finanzsektors.

Die Funktion der Zentralbank als *lender of last resort* dient der Aufrechterhaltung der Elastizität des Geldangebots für das Bankensystem als Ganzes, um die Zahlungsunfähigkeit des gesamten Systems zu verhindern. Diese Funktion unterliegt jedoch dem moral hazard-Problem einzelner Geschäftsbanken, riskante Geschäftspolitik zu betreiben. Hier zeigt sich die

---

[101] Vgl. Nuti 1993.

Notwendigkeit der Überwachung einzelner Finanzorganisationen durch die staatliche Aufsicht der Kreditinstitute, die den Rahmen für den Geschäftsverkehr festlegt und für gleichberechtigten (Leistungs-)Wettbewerb unter den Banken Sorge trägt[102].

Geschäftsbanken müssen Kredite an Unternehmen strikt und allein nach ökonomischen Kriterien (Rentabilität, Risiken, Kreditwürdigkeit etc.) vergeben und insbesondere einer zentralen Kapitallenkung entzogen werden. Dies ist ein langwieriger Prozess und verlangt große Anstrengungen, Willen und Entschlossenheit seitens der Finanzinstitutionen: "Diese strikte institutionelle Trennung der Geldangebotssteuerung einerseits und der Kapitallenkung andererseits ist zentrale Voraussetzung dafür, das Allokationsproblem (...) besser zu lösen, aber keineswegs hinreichend dafür, den diagnostizierten Kreditautomatismus zu durchbrechen"[103].

Hohe Transaktionskosten im tief greifenden Umgestaltungsprozess des Finanz- und Bankensystems sind wegen rechtlicher und wirtschaftlicher Unsicherheiten nicht vermeidbar. Sie bestehen zum einen aus *hohen Informationskosten* bei der Kreditvergabe, aufgrund schwieriger Bonitätsprüfung potentieller Kreditnehmer, und zum anderen aus den *hohen Durchsetzungskosten,* aufgrund schwieriger Verwertbarkeit von *Sicherheiten* infolge unzureichender gesetzlicher Grundlagen, inkonsequenter Anwendung von Gesetzen seitens der Gerichte sowie zögerlichen Vollzugs vollstreckbarer Titeln[104]. Eine schwerwiegende Problematik ergibt sich aus dem *politischen Widerstand* gegen weitere Reformen, dessen Argumente auf der Vermeidung einer großen Konkurswelle der (staatlichen) Unternehmen, einschließlich der Banken, sowie der damit verbundenen erhöhten Arbeitslosigkeit beruhen[105].

Zwischenfazit: Folgende Aspekte sind für die *reale Ausgestaltung* des Finanz-/ Bankensystems einer marktorientierten Volkswirtschaft von besonderer Bedeutung[106]:

- Das Wissen der Wirtschaftssubjekte und wirtschaftspolitischen Entscheidungsträger über geldtheoretische Zusammenhänge. Dieses Wissen entwickelt sich gleichzeitig mit dem institutionellen Wandel einer Wirtschaftsordnung und der entsprechenden wahrgenommenen Problemlagen.

---

[102] Zu den wichtigsten Elementen einer Kreditaufsicht gehören die gesetzliche Festlegung und Kontrolle   a) des maximalen Verhältnisses von Eigenkapital einer Bank zum maximalen Geschäfts- bzw. Kreditvolumen, b) der maximalen Relation zwischen Eigenkapital und Refinanzierungskontingent bei der Zentralbank, c) der maximalen Kredithöhe pro Kreditnehmer bezüglich des verfügbaren Eigenkapitals einzelner Bank, und d) der kongruenten Fristigkeitsstruktur.
[103] Thieme,1991, S. 646, H.v.i.O.
[104] Vgl. Müller 1995.
[105] Vgl. z. B. Koop/Nunnenkamp 1994, 70f.
[106] Vgl. Wentzel, 1995, S. 46ff.

- Die *Anreizstrukturen,* die auf Kredit- und Geldproduktion von Wirtschafts-subjekten einwirken und damit die Entwicklung des Geldangebots determinieren; dabei sollte aber stets eine deutliche Trennung zwischen den Geschäftsbanken und der politischen Instanz der Geldemission (staatlichen Notenbank/ Zentralbank) gegeben sein.

- *Einflussmöglichkeiten* der politischen Entscheidungsprozesse auf die institutionellen Rahmenbedingungen, die die Verhaltensweisen der Wirtschaftsakteure determinieren; von besonderer Bedeutung sind Stabilitätsprobleme bei der Abgrenzung zwischen Politik und Wirtschaft auf, da die Politik über Mittel verfügt, Wettbewerbsmechanismen zu beeinträchtigen.

- Die Entscheidung für die Organisation des Finanzsektors als markt-orientiertes oder bankorientiertes System bzw. des Geschäftsbankensektors als Universal- oder Trennbanksystem.

4. Development Finance als Finanzsystementwicklung

Development Finance lässt sich als jenes Forschungs-/Arbeitsgebiet auffassen, das sich mit Funktionsweise und den Funktionsbedingungen des monetären Sektors und mit den finanzsektorpolitischen Reformmaßnahmen in Entwicklungs- und Transformationsländern beschäftigt[107]. Theoretische Konzepte sowie die daraus resultierenden wirtschaftspolitischen Implikationen lassen sich nach Vogel und Adam in das "Directed Credit Paradigm" (DCP) und das "Financial Market Paradigm" (FMP) unterteilen[108]. Die kommende Diskussion in diesem Abschnitt dient sich vor allem als eine kritische Zusammenfassung von theoretischen Argumenten, die vor allem in der entwicklungsökonomischen Literatur zu finden sind.

Das *Directed Credit Paradigm* dominierte auf in den ersten drei Dekaden nach dem zweiten Weltkrieg, d.h. von Anfang der 50er Jahre bis Ende der 80er Jahre, und ist durch die Vorstellung geprägt, dass das Hauptproblem der wirtschaftlichen (Unter-)Entwicklung in einem allgemeinen Kapitalmangel zu sehen ist, der zu geringerem Einkommen und damit verbunden zu einer geringen volkswirtschaftlichen Ersparnis und letztlich zu einem geringeren Wirtschaftswachstum führt. Es wurde davon ausgegangen, dass die Bevölkerung in Entwicklungsländern aufgrund ihrer geringen Einkommen nicht in der Lage ist, das für die angestrebte 'Wirtschaftsentwicklung' benötigte Sparkapital zu bilden[109]. Die entstandene volkswirtschaftliche Sparlücke sollte vor allerm durch

---

[107] Die Bedeutung des Begriffs "finance" lässt sich entweder im engeren Sinne als Zuführung von Finanzierungs-mitteln für Investitionsvorhaben oder im weiteren Sinne als der monetäre Sektor als Ganzes und dessen volkswirtschaftliche Bedeutung auffasen (siehe Schmidt, 2001).

[108] Vgl. Vogel/Adams, 1997; Siehe auch Armbruster, 1990, S. 140ff.; Long, 2002.

[109] Die These des "Teufelkreis der Armut" ist auf Nurkse zurückzuführen (vgl. Nurkse, 1953; siehe auch Meier, 1989).

massiven Transfer ausländischen Kapitals geschlossen werden[110]. Finanzsektor-politische Maßnahmen sind gekennzeichnet durch tief greifende Staatseingriffe in das gesamte Wirtschaftsystem und durch die (großzügige) Bereitstellung subventionierter Finanzierungsmittel[111]. Dem monetären Sektor wurde damals keine Aufmerksamkeit gewidmet, weil seine Bedeutung für die wirtschaftliche Entwicklung nicht erkannt wurde. Das Problem der Development Finance wurde als ein Problem der Kapitalversorgung/-transfer aufgefasst[112]. Zwei Phasen sind zu unterscheiden:

- Im Zeitraum von Anfang der 50er Jahre bis Anfang der 70er Jahre wurde die Finanzierung großer (staatlicher) Industrialisierungs- und Infrastruktur-projekte bzw. Unternehmen hervorgehoben, um über so genannte "trickle down-Effekte" die wirtschaftliche und soziale Situation breiter Bevölkerungsschichten zu verbessern. Dabei wurde der Begriff 'Development' mit wirtschaftlichen Wachstum bzw. mit der Steigerung der Industriegüter-produktion gleichgesetzt;

- Im Zeitraum von Mitte der 70er Jahre bis Ende der 80er Jahre wurden zinsgünstige Kredite auch an (privatwirtschaftliche) Klein- und Kleinstunternehmen kanalisiert, um neben den ökonomischen (Wachstums-) Zielen eine sozial ausgewogene Entwicklung zu erreichen[113].

Die weit verbreitete praktische Akzeptanz und die Überzeugung des Directed Credit Paradigm wurde damals durch neomaxistische und strukturalistische entwicklungstheoretische Ansätze gestützt[114]. Massive staatliche Interventionen in das gesamte Wirtschaftssystem bzw. in die Allokation monetärer Ressourcen wurden dadurch gerechtfertigt, dass in den unterentwickelten Ökonomien ein Anreizsystem flexibler Marktpreise nicht funktioniert, weil sich die Wirtschaftssubjekte dort *nicht ökonomisch rational* verhielten. Maßnahmen zur Verbesserung der Funktionsfähigkeit des Marktpreismechanismus wären

---

[110] Vgl. Schmidt, 2001a, S. 51.

[111] Das Argument des subventionierten Kapitals wurde durch theoretische Überlegungen der monetären Wachstumstheorie gestützt, deren Modelle eine substitutive Beziehung zwischen Geldhaltung und privater Realkapitalbildung unterstellen. Negative Anreize für die Haltung von Bargeld oder Sichtguthaben können insofern durch niedrige Zinsen und/oder durch Inflation gesetzt werden.

[112] Vgl. z.B. Schmidt, 2001, S. 642.

[113] "Social Equity and Economic Growth" war ein Rede-Titel des damaligen Weltbankpräsidenten Robert S. McNamara vor dem Board of Governors der Weltbank im Jahre 1972 (vgl. Arndt, 1987, S. 97).

[114] Siehe z.B. Paraskewopoulos, 1997. Nach Jungfer hat die strukturalistische Denkrichtung mit ihren verschiedenen Varianten die theoretischen Grundlagen der Entwicklungspolitik in den westlichen Ländern und internationalen Institutionen, u.a. Weltbank und IMF, bis Mitte der achtziger Jahre beeinflusst. Neostrukturalismus ist mit den Namen von Entwicklungstheoretikern wie Rosenstein-Rodan, Nurske, Lewis, Prebisch, Singer, Mydral, Chenery etc. verbunden. Dieser weist mehr Ähnlichkeiten mit dem Neomarxismus als mit den liberalen marktwirtschaftlichen Theorieansätzen auf (vgl. Jungfer, 1991, S. 15).

170

unnütz. Bei *Marktversagen* muss der Staat einspringen. Es wird in diesem Zusammenhang von einem 'Dirigismusdogma' gesprochen[115].

Die auf der staatlichen Lenkung der Kreditvergabe an ausgewählte Wirtschaftssektoren bzw. Zielgruppen basierende Finanzsektorpolitik führte nicht nur zu vergrößerten Haushaltsdefiziten, verstärktem Druck auf die Preissteigerungsrate und rapid steigender Auslandsverschuldung, sondern trug auch zu negativen Verteilungseffekten und zu einer schwerwiegenden Gefährdung der Finanzierung von (Verteilungs-) Organisationen wie staatlichen Geschäfts- und Entwicklungsbanken oder Nicht-Regierungsorganisationen (NGOs) bei, die für die Kanalisierung subventionierter Ressourcen zuständig waren. Letztere war in erster Linie auf die schlechte Rückzahlungsmoral der Kreditnehmer und/oder die kostenineffiziente Geschäftspraxis der Kapitalgeber zurückzuführen, so dass man statt von einer Kreditvergabe besser von *Geldverteilung* spricht[116]. In der Folge der internationalen Schuldenkrise zu Anfang der 80er Jahre sah man sich nach und nach gezwungen, die allein auf makroökonomische Wachstumsaspekte abstellende Ausrichtung von wirtschaftlichen Entwicklungsproblemen abzuwenden.

Die genaue Datierung des Paradigmenwechsels zum *Financial Market Paradigm* ist schwierig. Er wird in Literatur durch die Arbeiten von Ronald McKinnon und Edward Shaw markiert[117]. Aus ihrer Sicht erweisen sich die traditionellen makroökonomischen Theorieansätze, die eine staatlich induzierte Niedrigzinspolitik beinhalten, für die Analysen und Politikempfehlungen in den Entwicklungsökonomien als ungeeignet, weil diese Volkswirtschaften mit einem nicht nur wenig entwickelten, sondern in der Regel auch stark reglementierten (intermediären) Finanzsektor konfrontiert sind. Shaw und McKinnon stellten heraus, dass die staatlichen Eingriffe in den monetären Sektor wachstumshemmend wirken (repressed finance), und Wachstumsimpulse grundsätzlich von einer Liberalisierung und Deregulierung des Finanzsektors ausgehen.

Nach dem DCP zielen staatliche Eingriffe in der Regel darauf ab, durch eine niedrige bzw. negative Realverzinsung die Investitionstätigkeit zu fördern und zudem die Kredite einer staatlich präferierten Anwendung zuzuführen. Der geringe Entwicklungsstand des Finanz-sektors ruft jedoch hervor, dass die der Liquiditätspräferenz- und Portfoliotheorie zugrunde liegende Annahme der Substituierbarkeit von Geldhaltung, Finanz- und Sachaktiva aufgehoben wird.

[115] Vgl. Lal, 1985; Siehe auch Görgens, 1997, S. 262f.
[116] Vgl. Vogel/Adams, 1997, S. 5. Eine umfassende empirische Untersuchung aus den frühen 90er Jahren zeigt, dass sich die Verwaltungs- und Risikokosten pro einem US-Dollar austehenden Kredits selbst bei den besten kreditvergebenden NGOs in Lateinamerika auf fast einen US-Dollar pro Jahr beliefen (vgl. Schmidt/Zeitzinger, 1996). Die Auswirkungen subventionierter Kreditprogramme im (ländlichen) Finanzsektor ist ein wichtiger Bestandteil des Forschungsprogramms der Wissenschaftler der Ohio State University (vgl. Von Pischker, 1991)
[117] Vgl. Shaw, 1973; McKinnon, 1973. Siehe auch Fry, 1995, S. 20ff.

An ihre Stelle tritt die Komplementarität von Geldhaltung und Realkapital-bildung. Geldhaltung führ damit nicht automatisch zu einer Verringerung der Realkapital-bildung[118]. Nach McKinnon und Shaw reagiert sowohl die Investitionstätigkeit als auch die Ersparnisbildung auf Änderungen realer Zinsen. Bei steigenden Zinssätzen erfolgt eine Portfolioumschichtung von Sparen in Sachvermögen auf Sparen in Finanzvermögen. Bei gegebenem Realeinkommen steigt die Ersparnisbildung mit den Zinsen auf die Geldhaltung[119].

Durch *staatliche Eingriffe* in die Kreditvergabe werden nicht nur die Qualität sondern auch die Quantität der Realkapitalakkumulation und damit die gesamtwirtschaftliche Entwicklung negativ beeinflusst. Es wird in diesem Zusammenhang von *Staatsversagen* gesprochen[120]. Für die wirtschaftliche (Unter-)Entwicklung wurden darüber hinaus das Fehlen des finanz-intermediären Systems (McKinnon) und die Unzulänglichkeit des intermediären Finanzsektors (Shaw) verantwortlich gemacht. Die *Kreditrationierung* und die Fehlallokation monetärer Ressourcen lassen sich aus dieser Sicht zum größten Teil auf die politischen Vorgaben und die geschäft-politischen Entscheidungen der Kreditinstitute zurückführen. Soweit die Kreditvergabe unter diesen Umständen überhaupt nach ökonomischen, kostendeckenden Kriterien erfolgt, würden vorwiegend risikoarme und damit verbunden weniger rentable Investitionsprojekte von bereits bekannten Unternehmen finanziert[121]. Shaw weist weiterhin darauf hin, dass die interventionsbedingte Kreditrationierung sehr anfällig gegen Korruption ist[122]. Das Sparen in wenig rentables Sachvermögen, die staatlich kontrollierte Kreditrationierung, die kosten-ineffiziente Kreditvergabepraxis und die Korruptionsgefahr führen dann zu einer Verschlechterung der Qualität und einer geringeren Menge an Investitionen in Realkapital.

Von der *Liberalisierung* des Finanzsektors, insbesondere der Zinsfreigabe, sind verschiedene Effekte zu erwarten: Infolge der (stark) steigenden Realzinsen wird die Spartätigkeit angeregt, die zu einer Ausweitung der Investitionstätigkeit führt. Darüber hinaus kommt es zu einer Erhöhung des Transaktionsvolumens und zu einer Verbesserung der allokativen Effizienz der Kreditvergabe. Liberalisierung und Deregulierung sind demzufolge nicht nur mit einer quantitativen Ausweitung der Spar- und Investitionstätigkeit sondern auch mit einer qualitativen Verbesserung bei der Auswahl der Investitionsprojekte

---

[118] Vgl. McKinnon, 1973, S. 55f. Nach McKinnon besteht eine substitutive Beziehung zwischen Geld und Realkapital nur in einer Ökonomie mit den Anlagemöglichkeiten: Realkapitalbildung (Investition), vollständig liquiden Mitteln (Bargeld, Sichteinlagen) und Staatsanleihen, soweit diese für konsumtive Zwecke verwendet werden.

[119] Vgl. McKinnon, 1973, S. 67; Shaw, 1973, S. 62f.

[120] Vgl. McKinnon, 1986, S. 206.

[121] Vgl. Shaw, 1973, S. 85f.

[122] Ebenda, S. 90.

verbunden; diese beiden Effekte führen in der Folge zu einem höheren gesamtwirtschaftlichen Wachstum. Im besonderen Maße gilt für jenige Volkswirtschaft mit "*repressivem Finanzsektor*", weil hier diese zusätzlichen Impulse für eine Verbesserung der Finanzintermediation zu erwarten sind[123]. Ökonomen und Entwicklungspolitiker stimmen mehrheitlich drüber ein, dass Märkte und relative Preise ihre Schlüsselrolle in der Koordinierung des Handelns individueller Wirtschaftssubjekte übernehmen sollten, um eine von Staatseingriffen freie Allokation monetärer Ressourcen zu erreichen[124]. Das Problem der Development Finance wird damit als ein Problem der Gestaltung eines funktionsfähigen (intermediären) Finanzsystems angesehen[125].

Shaw benutzte für seinen Ansatz den Begriff "debt intermediation view", während er keynesianische und monetäre Wachstumsmodelle mit dem Begriff "wealth view" belegt[126]. Als Parallele zu früheren entwicklungstheoretischen Ansätzen wurde hier ebenfalls eine weitgehende *Homogenität* des Produktionsfaktors 'Kapital' angenommen. In einer Welt ohne Transaktionskosten sorgt der Mechanismus der relativen Preise dafür, dass nach dem Tausch auf den Gütermärkten die Kapitalrentabilität in allen Verwendungen gleich ist und dass es damit keinen Spielraum für Wohlfahrtsteigerungen durch z.B. Kapitalallokation über Nicht-Markt-Organisationen gibt. Wenn (Finanz-)Märkte reibungslos funktionieren, ist die Existenz der Institution 'Geld' und der Finanzintermediäre theoretisch nicht gerechtfertigt. Die Auseinandersetzung mit der Funktionsfähigkeit des (intermediären) Finanzsystems sei in diesem Kontext überflüssig. Immerhin hat Shaw versucht, in seinem "debt intermediation"-Ansatz die Marktunvollkommenheit und damit die Existenz der Finanzintermediäre zu erklären. Nach seiner Ansicht sind Entwicklungsökonomien gekennzeichnet durch (a) Marktfragmentierung infolge der Existenz unterschiedlicher Preise für Güter, Arbeit und Kapital, (b) kurze Zeithorizonte der Wirtschaftsakteure, (c) unvollkommene Anpassungen an relative Preise und (d) begrenzte Ressourcenmobilität. Daraus folgt, dass Investitionsmöglichkeiten nicht homogen sind und unterschiedlichen Risikoeinschätzungen von Kapitalgebern und Investoren unterliegen. Durch Finanzintermediäre

---

[123] Von einer Verbesserung der Finanzintermediation werden grundsätzlich drei Effekte erwartet: eine Erhöhung der Ersparnisbildung, eine Steigerung der allokativen Effizienz bei der Kreditvergabe und eine Ausweitung des Transaktionsvolumens (siehe auch Spellmann, 1976).

[124] "The problem of economic development can only be solved by an economic system with freely operating markets and a government that undertakes a minimum of functions" (Toye, 1987, S. vii).

[125] Die Arbeiten von McKinnon und Shaw stellen in erster Linie auf die Wirkungsweise der finanziellen Repression und der Finanzsektorliberalisierung in einer geschlossenen Volkswirtschaft ab. Versuche zur Erweiterung dieser theoretischen Modellansätze wurden vor allem von Kapur und Mathieson unternommen (vgl. Kapur, 1985; Mathieson, 1980).

[126] Vgl. Shaw, 1973, S. 17.

173

werden *interregionale und intersektorale* Unterschiede in den Renditen der Investitionsvorhaben verringert[127].

Erhebliche *Kritik* an der Finanzmarktliberalisierung kam vor allem von den Neostrukturalisten, deren Ansätze davon ausgehen, dass bei Portfolioentscheidungen der Anleger die Differenzen zwischen den Kapitalmarktzinsen, den Depositenzinsen und den Opportunitätskosten der Geldhaltung berücksichtigt werden. Veränderungen der Kapitalmarktzinsen bewirken demzufolge nicht nur die Realkapitalakkumulation sondern auch die Nachfrage nach Bargeld und Depositen. Ein Anstieg der Depositenzinsen, z.B. infolge der Liberalisierung, führt zunächst zu einer Portfolioumschichtung zwischen Bargeld und Depositen. So lange sich die zinsinduzierte Portfolioumschichtung nur auf diese beiden Aktiva beschränkt, sind nicht zwangläufig negative Wachstumseffekte zu erwarten. Nur wenn Portfolioentscheidung zuungunsten des Kapitalmarktes, d.h. zu einem Abzug der Aktiva aus dem Kapitalmarkt, getroffen wird, führt die Kapitalverknappung dann zu einer Verteuerung der Investitionstätigkeit und zur Verhinderung der gesamtwirtschaftlichen Aktivität. Eine Liberalisierung führt vor diesem Hintergrund dann zum geringeren Wirtschaftswachstum, falls sie mit einer Erhöhung der Realzinsen auf dem Geldmarkt verbunden ist. Dagegen wirken Staatseingriffe in den Zinsmechanismus wachstumsbelebend, weil niedrig gehaltene Realzinsen auf dem Geldmarkt auch dann zu einer hohen Investitionstätigkeit und zu wirtschaftlichen Wachstum führen kann[128].

Die Kritik an der Liberalisierung der Finanzmärkte gewann eine neue Dimension durch die mikroökonomisch fundierte und bahnbrechende Arbeit von Stiglitz und Weiss im Jahre 1981, die den Zusammenhang zwischen der Höhe der Realzinsen und dem Kreditvergabeverhalten der Banken untersucht. Nach McKinnon und Shaw wurde die Ansicht vertreten, dass Finanzintermediäre wie Banken dann auf den lokalen Kreditmärkten mit kostendeckenden Finanzprodukten tätigen, wenn keine staatlichen Eingriffe in die Finanzsphäre, etwa Zinsbeschränkungen, existieren. Stiglitz und Weiss haben gezeigt, dass gewinnorientiert operierende Kreditinstitute ihre Kreditvergabe weniger nach dem Marktzins sondern vor allem nach Risikokriterien richten. Bei Finanztransaktionen sieht sich jeder Kapitalgeber mit den Problemen der Adverse Selection und Moral Harzard konfrontiert. Die mit einer Liberalisierung verbundenen steigenden Realzinsen führen – aus der Sicht der Finanzintermediäre – zu einem Rückzug der Investoren mit relativ sicheren Projekten, während Hazardeure höhere Kreditkosten hinzunehmen bereit sind, weil höhere Realzinsen in der Regel von Investoren mit einem höheren

---

[127] Ebenda, S. 75.
[128] Vgl. Van Wijnbergen, 1983. Neostrukturalistische Modellansätze basieren im wesentlichen auf der Grundlage der Tobinschen Portfoliotheorie und setzen die Existenz verschiedene Anlagemöglichkeiten, u.a. auch Börsen und informelle Finanzarrangements, voraus.

Kreditausfallrisiko akzeptiert werden. Unter Berücksichtigung des Risikoaspekts kann es für eine Bankunternehmung rational sein, (a) trotzt der signalisierten Zahlungsbereitschaft der Kapitalsuchenden von einer Kreditvergabe abzusehen, da sich andernfalls das Problem der Adverse Selection verschärfen würde, und (b) sich an dem erwarteten risikobereinigten Ertrag des zu finanzierenden Investitionsprojekts zu orientieren. Aus der Sicht der potentiellen Kapitalnehmer würde dieses Bankverhalten wie eine *Kreditrationierung* wirken.

Die Grundaussage von McKinnon und Shaw, dass Liberalisierung und Deregulierung des Finanzsektors zu verbesserten Wachstumsbedingungen führen können, wird in den neueren Modellen finanzieller Entwicklung im wesentlich bestätigt, die auf der Grundlage der endogenen Wachstumstheorie basieren[129]. Diese Ansätze fokussieren nicht in erster Linie auf das Wachstumsproblem nachholender Ökonomien, sondern stellen einen allgemeinen Zusammenhang zwischen der gesamtwirtschaftlichen Entwicklung und der *Finanzintermediation* dar, in der eine Erscheinungsform des *technischen Fortschritts* gesehen wird[130]. Während die Arbeiten von McKinnon und Shaw vor allem die negativen Wirkungen finanzieller Repression auf das gesamtwirtschaftliche Wachstum betonen, stehen im Mittelpunkt des Modells von King und Levine die Zusammenhänge zwischen der Wirtschaftsentwicklung, der unternehmerischen Innovationstätigkeit und der Leistungsfähigkeit des (intermediären) Finanzsystems. Die *finanzielle Repression* verringert den realen Nettoertrag aus der Innovationstätigkeit und wirkt wie eine Besteuerung der Innovationen[131]. Nach Marco Pagano lässt die finanzielle Repression grundsätzlich die Finanztransaktionskosten steigen und wirkt folglich wachstumshemmend. Er weist explizit darauf hin, dass die Leistungsfähigkeit des Finanzsektors maßgeblich auch von den wirtschaftspolitischen Rahmenbedingungen abhängig ist[132]. Der Begriff der *finanziellen Repression* wird in diesem Zusammenhang allerdings weiter gefasst; Darunter werden alle Staatseingriffe in die Finanzsphäre subsumiert, die zu einer Verteuerung nicht staatlich induzierter Finanztransaktionen führen und eine ineffiziente Kreditvergabe begünstigten. Die einzelnen Instrumente der finanziellen Repression sind als eine Behinderung des Zustandekommens freiwilliger Finanzverträge aufzufassen. Finanzielle Repression kommt in diesem weiteren Sinne auch durch die Nicht-Durchsetzbarkeit rechtlich-institutioneller

---

[129] Vgl. Pagano, 1993; King/Levine, 1993. Im Gegensatz zur neoklassischen Wachstumstheorie geht die endogene Wachstumstheorie davon aus, dass die volkswirtschaftliche Wachstumsrate endogen bestimmt und folglich wirtschafpolitisch beeinflusst werden kann. Kernpunkt der endogenen Wachstumstheorie bilden die Faktoren Humankapital und Wissen, die sowohl durch gezielte Forschungs- und Entwicklungsinvestitionen als auch durch "lerning by doing" entstehen. Die große Bedeutung des technischen Fortschritts für langfristiges Wirtschaftswachstum wird hervorgehoben (siehe z.B. Seiter, 1995).

[130] Für eine aufschlussreichen Überblick siehe Levine, 1997.

[131] Vgl. King/Levine, 1993.

[132] Vgl. Pagano, 1993, S. 68f.

Rahmenbedingungen, eine mangelhafte staatliche Garantie der Eigentums- und Verfügungsrechte, oder durch Schaffung differenzierter Spielregeln für einzelne Akteure im Finanzsektor zustande[133].

Finanzmarktunvollkommenheit und die damit verbundene Kreditrationierung sind, wie gezeigt wurde, nicht ausschließlich auf staatliche Interventionen im Finanzsektor zurück-zuführen. Die radikale Sichtweise, dass die Liberalisierung des Finanzsektors mit einem 'völligen Rückzug des Staates' aus dem Wirtschafssystems gleichzusetzen ist, ist nicht haltbar. Es sind vielmehr die Zusammenhänge zwischen dem Erfolg der Reform des Finanzsystems, den makroökonomischen Stabilisierungsbemühungen und der gleichzeitigen Etablierung von leistungsfähigen institutionellen Rahmenbedingungen, insbesondere zur Regulierung des Finanzsektors, zu sehen[134]. Allerdings können finanzielle Unsicherheiten und Risiken, die auf die Informations- und Anreizprobleme sowohl von Kapitalnehmern als auch von Kapitalgebern zurückzuführen sind, durch staatliche Regulierungen nur begrenzt, nicht aber beseitigt werden. Der *Staat* muss sich selbst erst im Zuge des Entwicklungs- und Transformationsprozesses entwickeln. Bis die rechtlich-institutionellen Rahmenbedingungen 'stabil' sind, ist dieser zu einem erheblichen Teil der bestehenden Unsicherheiten und Risiken verantwortlich. In einem marktorientierten Wirtschaftsystem rekrutieren die ökonomischen Funktionen des *intermediären Finanzsystems* in allgemeinem und des Bankensystems im besonderen aus Informationsproduktion, Unternehmenskontrolle und Risiko-diversifizierung. Durch die Bündelung der gesamtwirtschaftlichen Ersparnissen, die effiziente risikobereinigte Kreditvergabe und die Sammlung von damit gewonnenen Erfahrungen kann eine Steigerung des gesamtwirtschaftlichen Finanztransaktionsvolumen und eine Verbesserung der Risikodiversifikation erreicht[135]. Folgende wichtige Aspekte sind bei der Reform des Finanzsystems bzw. bei der *Etablierung einer funktionsfähigen Geldordnung* in Entwicklungs- und Transformationsökonomien zu berücksichtigen:

• *Geldwertstabilität* ist eine notwendige Bedingung für die Funktionsfähigkeit des monetären Sektors, damit das *Vertrauen* der Wirtschaftssubjekte in die marktwirtschaftskonstitutive Institution 'Geld' bzw. in das Finanzsystem gewonnen werden kann.

---

[133] Vgl. Schrooten, 2000, S. 71.

[134] McKinnon und Shaw haben darauf hingewiesen, dass die Umstände, unter denen eine Liberalisierung des Finanzsektors stattfindet, erheblich die gesamtwirtschaftliche Entwicklung beeinflussen würde. Nach ihnen setzt der Erfolg einer Liberalisierung in erster Linie die Stabilität der makroökonomischen Rahmenbedingungen, u.a. Preisniveaustabilität, voraussetzt. Ohne Preisniveaustabilität werden die Sparer auch nach einer Zinserhöhung inflationssichere Aktiva der Depositenbildung bei den (existierenden) Finanzintermediären vorziehen (vgl. Mckinnon, 1973, S. 77f.; Shaw, 1973, S. 119ff.).

[135] Siehe Levine, 1997.

- Nicht nur stabiles Geld, sondern auch eine adäquate *institutionelle Finanzinfrastruktur* sind unabdingbare Voraussetzungen für eine effiziente Kapitalallokation und die Förderung der Ersparnisbildung.

- Funktionsfähige *ordnungspolitische Rahmenbedingungen* und *Aufsicht(ten)* für Finanzdienstleistungen sollen die Unabhängigkeit, die Zuverlässigkeit und den Leistungswettbewerb des monetären Systems gewährleisten.

- Eine ausschlaggebende Rolle spielt dabei die Bildung des *Humankapitals*. Fehlende Fachkenntnisse der Bankmitarbeiter sowie unterqualifiziertes Bankmanagement erweisen sich als eines der größten Hindernisse bei der Reform des Finanzsektors. Bei der Implementierung neuer formeller monetärer Institutionen wird verlangt, das Wissen um die neuen Techniken, Informationstechnologie, Gesetze und Managementmethoden zu verbreiten und zu fördern, sowie diese Regeln adäquat an die landesspezifische Situation (einschließlich der *kulturellen Ordnung*) anzupassen.

- Für eine nachhaltige Wirtschaftsentwicklung kommt der *Mobilisierung inländischer Finanzressourcen* eine besondere Rolle zu. Es handelt sich dabei auch um die Integration der Schattenwirtschaft und der sonstigen informellen Märkte.

- Der Auf- und Ausbau marktwirtschaftlicher Organisationen, im Sinne von Finanzmärkten und -intermediären, stellen einen weiteren wichtigen Eckpfeiler dar. Wenn die Finanzintermediation als eine Art technischen Fortschritts betrachtet wird, sollte die *Innovationsförderung* nicht nur auf neuere Produkten/Dienstleistungen oder Techniken abzielen, sondern auch auf die Vielfalt von Unternehmensstrukturen. Die *Heterogenität institutioneller Arrangements* unterliegt der evolutionären Entwicklung; sie fordert und fördert wiederum den Leistungswettbewerb.

Kapitel VI: Systemwandel und Finanzsektorreform in Vietnam

Südostasien ist eine dynamische Wachstumsregion. Allerdings konnte Vietnam über einen langen Zeitraum hinweg nicht an dem wirtschaftlichen Wachstum partizipieren. Erst nach Einleitung der Reformen seit 1986 hat Vietnam eine beachtliche Dynamik entwickelt, die in kürzester Zeit unter ungünstigsten Umständen zu bemerkenswerten Erfolgen geführt hat. Dies ist umso beachtlicher, da bis 1993 keine Hilfe von dem westlichen Ausland gewährt wurde, und die früher erhebliche Unterstützung der Sowjetunion seit 1990 ausblieb. Im Gegensatz zu anderen europäischen Transformationsökonomien gelang es Vietnam den Zerfall des sozialistischen Ostblocks ohne nennenswerte Nachteile zu überstehen.

Bereits im Jahre 1986 entschloss sich die Regierung in Hanoi zu einer grundlegenden Kurskorrektur, die unter dem Namen "DOI MOI" (Erneuerung) internationale Anerkennung fand und im Jahre 1989 in einer zweiten Stufe intensiviert wurde. Es gelang Vietnam beispielsweise, den Verlust der Märkte in ehemaligen RGW-Staaten durch neue Absatzgebiete im konvertiblen Währungsbereich nicht nur zu kompensieren, sondern die Ausfuhren im Zeitraum 1988-1992 zu verdreifachen. War Vietnam vor 1989 noch auf Lebensmittelimporte angewiesen, so hat es sich inzwischen zum Nettoexporteur und zum zweitwichtigsten Reisexporteur der Welt entwickelt (hinter Thailand). Der Regierung ist es zudem gelungen, die Inflation unter Kontrolle zu halten; konnte man Ende der 80er Jahre noch von einer Hyperinflation (mit über 500 % jährlich) sprechen, ist die Geldentwertungsrate mittlerweile auf unter 5 % geschrumpft. Die durchschnittliche Steigerung des realen Bruttoinlandprodukts (BIP) lag in den 90er Jahren bei etwa 7,4 % p.a. Trotz nicht zu bestreitender Erfolge ist auf die von Kritikern besonders hervorgehobenen Probleme hinzuweisen: spürbare Defizite der rechtlichen Rahmenbedingungen, schleppende Privatisierung von Staatsunternehmen, wenig funktionierende Wettbewerbs- und Geldordnung.

Zwei wichtige Aspekte prägen den einzigartigen Doppelcharakter der Wirtschaftsentwicklung Vietnams: zum einen die Systemumwandlung von einer planorientierten in eine marktorientierte Wirtschaftsordnung (Aspekt der *Transformation*spolitik), und zum anderen der Wandel einer traditionellen Gesellschaft in eine moderne (Aspekt der *Entwicklung*spolitik). Die *nachhaltige* Lösung der Transformations- und Entwicklungs-probleme Vietnams setzt allerdings die Implementierung einer konsequenten Ordnungspolitik im allgemeinen sowie die Etablierung einer leistungsfähigen monetären Ordnung im besonderen voraus, die es in Vietnam wie auch in anderen Transformations- und Entwicklungsökonomien noch weitgehend mangeln.

Das vorliegende Kapitel konzentriert sich vor allem auf die Analyse der monetären Transformation im Rahmen des umfassenden Systemwandels Vietnams. Im zweiten Abschnitt werden die wichtigen Aspekte im Hinblick auf die wirtschaftlichen Reformbemühungen seit der Wiedervereinigung im Jahre 1975 und insbesondere auf die Reform- und Öffnungspolitik "DOI-MOI" seit 1986 angesprochen. Gegenstand des dritten Abschnitts ist der Wandel der monetären Ordnung, wobei sich dessen normative Zielsetzung als die Schaffung einer funktionsfähigen marktorientierten Geldordnung verstehen lässt. Die Analyse konzentriert sich zum einen auf die monetäre Stabilisierung und zum anderen auf die Reform des Bankensystems[1]. Weiterhin werden strukturelle Problemfelder im formellen Finanz-/Bankensektor herausgearbeitet. Anschließend wird die ländliche Finanzinfrastruktur kurz behandelt und der People's Credit Funds-Ansatz kurz vorgestellt.

1. DOI-MOI-Politik

Nach dem Ersten Indochina-Krieg (1946 bis 1954) und der daraus resultierten Zweiteilung des Landes wurde in Nordvietnam gegen Ende 50er Jahre die zentralgelenkte Planwirtschaft nach Vorbild und mit Hilfe der Sowjetunion eingeführt, die aber wegen der Ausdehnung des Zweiten Indochina-Krieges (1964 bis 1975) auf das ganze Land nur bis Mitte 60er Jahre andauerte. Im Jahre 1975 endete der dreißigjährige Kampf um die Einheit und nationale Unabhängigkeit Vietnams. Reformversuche Ende der siebziger und Anfang der achtziger Jahre, ein planorientiertes Wirtschafssystem nach der Wiedervereinigung zu etablieren, haben sich als gescheitert erwiesen und führten zu einer krisenhaften Wirtschaftsentwicklung. Gegenüber den meisten anderen Mitgliedländern des Rates für gegenseitige Wirtschaftshilfe (RGW) existierte zu keiner Zeit in Vietnam ein funktionsfähiges System der Planwirtschaft. Die zentrale Planung wurde hauptsächlich im Staatssektor umgesetzt, in dem im Jahre 1986 lediglich 14,7 % aller Erwerbstätigen beschäftigt waren, und dessen Anteil am Bruttoinlandsprodukt nur 37,6 % betrug[2]. Die wirtschaftspolitischen Maßnahmen – u.a.: (Zwangs-)Kollektivierung in der Landwirtschaft, Abschaffung von Privatbesitz im Handel und in der Industrie, einseitige Verwendung der ohnehin geringen Finanzierungsmitteln zum Aufbau einer kapitalintensiven Schwerindustrie – führten im Zusammenhang mit dem amerikanischen Wirtschafts- und Handelsembargo[3] zur rapiden Verschlechterung der Lebensbedingungen der Bevölkerung sowie zur Unterversorgung mit Grundbedürfnissen[4]. Im Zusammenhang mit der fast vollständigen Isolation gegenüber der westlichen Welt und China geriet

---

[1] Reformmaßnahmen zur *Budgetkonsolidierung* werden in der vorliegenden Arbeit nur insofern behandelt, als dass sie einen direkten Bezug auf die zwei anderen Ecksäulen der monetären Transformation aufweisen. Zur vertieften Behandlung der Reform des Finanzsystems Vietnams sei auf Duong, 1995; Hauskrecht, 1998; IMF, 1997/2002; SBV, 1996; World Bank, 1995/2000 verwiesen.

[2] GSO, 1991.

[3] Dieses blockierte auch alternative Kredite für (Wieder-)Aufbauprogramme der internationalen Finanz- und Entwicklungshilfeinstitutionen, u.a.: Internationale Währungsfonds, Weltbank, Asiatische Entwicklungsbank.

[4] Vgl. Vo, 1990, S. 58ff.

Vietnam seit 1979 in die einseitige wirtschaftliche Abhängigkeit von der Sowjetunion und anderer Ostblockstaaten. Trotz massiver Hilfe der Sowjetunion[5] wuchs das Bruttoinlandprodukt zwischen 1976 bis 1980 gerade um 0,2 %, und hatte in den Jahren 1978-1980 sogar negatives Wachstum (siehe Tabelle 1)[6]. Im Jahre 1985 betrug das Pro-Kopf-Einkommen 101 US-Dollar; es blieb auf dem gleichen Niveau wie im Jahre 1976 und sank sogar auf 91 US-Dollar im Jahre 1980[7]. Die jährliche Veränderungsrate des (offiziellen) Konsumentenpreisindex variierte im Zeitraum von 1976 bis 1985 zwischen 119% und 192 %.

Tabelle 1:Entwicklung des Bruttoinlandsprodukts, Inflation und
Bargeldemission im Zeitraum 1976-1985

	1976	1977	1978	1979	1980	1981	1982	1983	1984	1985
BIP-Index (1976=100) [a]	100	104,7	105,8	104,0	100,2	102,5	111,6	119,6	129,5	136,9
Konsumentenpreisindex offiziell (1976=100) [b]	100	n.a.	n.a.	n.a.	n.a.	313,4	n.a.	n.a.	1400	2390
Jährliche Veränderungsrate [a]										
Offizieller Preisindex	121,9	118,6	120,9	119,4	125,2	169,5	195,4	149,5	169,4	191,6
Freier (Markt-)Preisindex	150,3	138,0	139,0	140,0	143,8	147,4	165,0	157,5	176,3	154,7
Bargeldemission (1976=100) [c]	100	129	135	181	261	n.a.	n.a.	n.a.	n.a.	n.a.

Quelle: a) GSO 1990, 1991, 1996; b) SBV, 1996, S. 248; c) Nguyen, 1998, S. 18.

Seit dem Beschluss der Politik der Erneuerung 'DOI-MOI', d.h. der Strategie der konsequenten wirtschaftlichen Systemtransformation, auf dem VI. Parteitag im August 1986 befindet sich das noch weitgehend agrarisch geprägte Vietnam[8] in einem umfassenden Wandel seines Wirtschafts- und Gesellschaftssystems[9]. Es ist daher zu berücksichtigen, dass die Prozesse institutionellen Wandels in Vietnam sowohl mit Transformations- als auch mit Entwicklungsproblemen konfrontiert sind[10].

---

[5] Nach Hofmann erreichte die wirtschaftliche und militärische Unterstützung einen Rekordbetrag in einer Höhe von zwei Mio. US-Dollar pro Tag. Die sowjetische Hilfe wurde im Dezember 1990 vollständig eingestellt (Hofmann, 1994).

[6] GSO, 1991.

[7] Vgl. Vo, 1990, S. 105 und S. 160.

[8] Im Jahre 1986 waren 72,9% aller Erwerbstätigen in der Land- und Forstwirtschaft tätig, die einen Beitrag von 43,2% am gesamten BIP leistete (GSO, 1991).

[9] Die Problemanalyse dieses Parteitages lautet: "Der Mechanismus der von der Zentrale gesteuerten Planwirtschaft konnte die Dynamik der Wirtschaftsentwicklung nicht fördern, er schwächte sogar die Wirtschaft. Er beschränkte die Nutzung und Entwicklung der verschiedenen Wirtschaftsfaktoren, reduzierte die Arbeitsproduktivität und Qualität der Produktion, führte zu einem Chaos bei der Güterverteilung und verursachte damit viele negative Erscheinungen in der Gesellschaft " (zitiert nach Köppinger, 1995, S. 28).

[10] Siehe auch Fforde et al., 1996, S. 16ff.

Die ordnungs- und stabilisierungspolitischen Reformbemühungen im Rahmen der Erneuerungspolitik, die Ende der achtziger Jahre bis Anfang der neunziger Jahre schrittweise eingeleitet wurden hat dem Land in den neunziger Jahren große wirtschaftliche Erfolge gebracht. Zudem gehören u.a.:

- Dekollektivierung und Rückkehr zu Familienbetrieben in der Landwirtschaft,

- schrittweise Reduzierung der Planvorgaben für Staatsbetriebe,

- Einführung der Gewerbefreiheit im Zusammenhang mit der Ermutigung des privaten Sektors,

- Preis-, Lohn- und Handelliberalisierung, Öffnung gegenüber den ausländischen Investoren,

- Auflösung des Monobanksystems zugunsten eines zweistufigen Finanzsystems, restriktive Geld- und Fiskalpolitik etc.

Vor allem ist die Armutsquote kräftig zurückgegangen: von 75 % im Jahre 1988 auf 58 % im Jahre 1993 und 37 % im Jahre 1998[11]. Der Gini-Koeffizient blieb auf einem relativ geringeren Niveau von ca. 0,35 in diesem Zeitraum konstant[12]. Die Wachstumsrate des Bruttoinlandsprodukts lag im Durchschnitt der neunziger Jahre bei beachtlichen 7,4 Prozent. Nach galoppierender Inflation wurde ab Mitte der neunziger Jahre weitgehend Stabilität erreicht. Vietnam wandelte sich von einem permanenten Reisimporteur zum zweigrößten Reisexporteur der Welt (im Jahre 2001). Auch ausländische Unternehmen fanden bald Interesse an dem Land, was sich in einem anschwellenden Strom von ausländischen Direktinvestitionen niederschlug. Von der Asienkrise, die Länder wie Thailand, Malaysia, Indonesien massiv traf, wurde Vietnam nur gestreift.

Die insgesamt positive Entwicklung der neunziger Jahre darf nicht darüber hinwegtäuschen, dass die gravierenden wirtschaftlichen Strukturprobleme des Landes ungelöst bleiben. Nach wie vor ist Vietnam ein seht armes Land. Die Armutsquote konnte zwar halbiert werden, liegt aber noch auf einem relativ hohem Niveau. Im Pro-Kopf-Einkommen erreicht Vietnam[13] gerade einmal ein Fünftel des Niveaus von Thailand und ein Zehntel dessen von Malaysia. Seit dem Ausbruch der Finanz- und Wirtschaftskrise in Südostasien lässt die Dynamik der vietnamesischen Wirtschaft nach. Die Wachstumsrate hat sich seit ihrem Maximum in 1995 sukzessiv halbiert und lag im Jahre 1999 nur noch bei 4,8 Prozent. Dies ist zugleich der niedrigste Wert der neunziger Jahre. Weitere Reformbemühungen zur *nachhaltigen* Wirtschaftsentwicklung und Armuts-

---

[11] Die Armutsquote misst den Anteil der Haushalte, deren Einkommen nicht ausreicht, Nahrung im Wert von 2100 Kalorien pro Person und Tag zu kaufen und andere notwendige Ausgaben, z.B. für Kleidung und Wohnraum zu tätigen.

[12] Vgl. GSO, 1994/2000; Siehe auch Dollar, 2002, S. 12.

[13] Ende 2001 betrug das vietnamesische Pro-Kopf-Einkommen 392 US-Dollar.

bekämpfung setzen jedoch eine funktionsfähige Geld- und Währungsordnung bzw. ein intaktes Finanzsystem voraus, an dem es in Vietnam wie auch in anderen Transformationsländern noch weitgehend mangelt[14].

2. Transformation der monetären Ordnung

Der wesentliche Ansatzpunkt der monetären Transformationspolitik rekurriert auf die Restitution der traditionellen Geldfunktionen und geldwirtschaftlicher Parameter (wie Preise, Löhne und Zinsen), zu deren Durchsetzung zugleich ein Rückzug des Staates aus den entsprechenden Märkten notwendig ist. Die Funktionsbedingungen des Finanzsystems werden sowohl von der Qualität der heimischen Währung als auch von der Funktionsfähigkeit geldwirtschaftlicher Parameter erheblich mitbestimmt. Darüber hinaus sind die *ordnungspolitischen* institutionellen Rahmenbedingungen von großer Bedeutung. Dazu zählen die konkreten Regulierungen und Reglementierungen der Finanztransaktionen, die Privatisierungspolitik, der rechtliche Schutz des Privateigentums an Produktivvermögen sowie die staatliche Absicherung der Gläubigerrechte. Für die Leistungsfähigkeit des heimischen Finanzsektors ist die Möglichkeit der Integration in die internationalen Finanzmärkte mitentscheidend[15].

2.1. Monetäre Stabilisierung

Die Entwicklung der monetären Transformation in Vietnam war charakterisiert durch einen gradualistischen Reformansatz und ein generelles Primat der monetären Stabilität[16]. Die Implementierung konsistenter makroökonomischer Stabilisierungsprogramme zielt auf die monetäre Stabilisierung – nach innen (Preisniveaustabilität) und nach außen (Wechselkursstabilität) – als Voraussetzung für weitere Reformschritte, die der ganzen Systemtransformation gewährleistet. Während die Stabilitätspolitik darauf gerichtet ist, den Geldüberhang abzubauen und damit ein monetäres Gleichgewicht herzustellen, sollen Geld- und Wechselkurspolitik und/oder einkommenspolitische Flankierungsmaßnahmen dieses Gleichgewicht dauerhaft sichern[17]. Die Sicherstellung der *Geldwertstabilität* soll das Vertrauen der Bevölkerung an die einheimische Währung erhöhen, den Monetisierungsprozess ökonomischer Transaktionen verstärken und dem Dollarisierungsprozess entgegenwirken.

Bis Ende 1988 existierte in Vietnam neben der Planwirtschaft eine *Parallelwirtschaft*, in der sich inoffizielle, freie marktorientierte Preise bildeten, und die ihren Niederschlag vor allem in der Landwirtschaft, im Handel- und Dienstleistungssektor fanden (siehe Tabelle 1). Die wirtschaftlichen Reformversuche, u.a. die Einführung des sogenannten Auftragssystems in der Landwirtschaft Ende 1979 und des Doppelplansystems in den Staatsbetrieben

---

[14] Siehe z.B. Holden/Prokopenko, 2001; Vgl. dazu Sultan/Michev, 2000; Reininger et al., 2001.

[15] Vgl. Schrooten, 2000, S. 122f.

[16] Vgl. Wolff, 1997, S. 46.

[17] Vgl. Hartwig, 1995.

im Jahre 1980 führte zu einer schnellen Ausweitung und Legalisierung der Parallelwirtschaft und zur starken Verdrängung der Planwirtschaft. In dem Auftragsystem mussten die Bauernhaushalte einen vorher festgelegten Teil ihrer Ernte zu einem Planpreis an den Staat verkaufen. Der restliche Teil konnten sie frei zur Verfügung stellen, d.h. auf dem freien Markt veräußern. Das gleiche galt auch für das Doppelplansystem für Staatsunternehmen. Diese Reformmaßahmen zielten darauf, angemessene Anreizstruktur durch z.b. Anpassung der Löhner und Gehälter an jeweiligen Produktivitätsniveau zu schaffen, und die offiziellen Produktpreise an die freien Marktpreise der Parallelwirtschaft anzugleichen.

In Vietnam trat das Phänomen zurückgestauter Inflation vor allem in der Periode 1975-1980 auf. Aufgrund unkontrollierbarer Steigerung der Lohnfonds und unbegrenzter Monetisierung der Budgetdefizite haben mehrere wirtschaftliche Reformbemühungen im Zeitraum 1981-1985 zur Eingliederung der Parallel-wirtschaft in die Planwirtschaft bzw. zur Anpassung der offiziellen Preise an freien (Parallelmarkt-)Preisen zunichte gemacht[18]. Der *Geldüberhang* war zum einen auf die unkontrollierte Steigerung der Ausgaben vom staatlichen Unternehmenssektor, infolge der 'weichen Budgetrestriktionen', sowie die unbegrenzte direkte Finanzierung des Haushaltsdefizits durch Notenbank-emission, und zum anderen auf die undurchführbare Aufrechterhaltung der strikten Trennung zwischen Bargeld- und Buchgeldkreislauf zurückzuführen[19].

Zu den grundsätzlichen Strategien zur Abschöpfung monetärer Überliquidität gehören eine Währungsreform, eine Politik der Anpassungsinflation und eine Hochzinspolitik. Der ökonomische Kern einer Währungsreform besteht im direkten Abbau des nominellen Geldbestandes. Anpassungsinflation bezieht sich auf die Freigabe der Preise, ohne die vorhandene Geldmenge zu reduzieren; sie setzt voraus, dass der ausgelöste Inflationsprozess und die damit einhergehende Abwertung des Wechselkurs kontrollierbar sind. Für die Transformations-ökonomien liegt die Gefahr der Währungsreform in der Flucht in Sachvermögen und/oder in ausländischer Währung. Bei einer willkürlichen Heraufsetzung von Preisen im Rahmen der Anpassungsinflation besteht die Gefahr der Verselbstständigung bzw. Beschleunigung des Inflationsprozesses als Folge enttäuschter Erwartungen. Bei einer Hochzinspolitik besteht die Gefahr, dass die Investitionen zurückgehen[20].

Die *Währungsreform* im Herbst 1985 war der erste Versuch einer Reduzierung des hohen Geldbestandes in Vietnam. Der Umstellungssatz betrug 1:10 bei einer Höchstsumme von 20.000 Vietnam Dong (VND). Die verbleibenden Einlagen sollten eingefroren, stillgelegt und erst später umgestellt und freigegeben werden. Der Reformversuch wurde leider im Vorfeld bekannt, und war am Ende eine reine Währungsumstellung. Der Verlust des Vertrauens in die inländische

---

[18] Vgl. Nguyen, 1998, S. 18ff.
[19] Siehe Kapitel V, Abschnitt 3.2.
[20] Siehe z.B. Wentzel, 1996, S. 88ff.

Währung (VND) führte zusammen mit der verstärkten Finanzierung des Budgetdefizits durch Geldschöpfung zu einem enormen Anstieg der Inflationsrate auf 587,3 % im Jahre 1986. Die Politik der *Anpassungsinflation* wurde in der Zeit von 1987 bis Anfang 1989 unternommen, deren Ergebnis einerseits in der Reduzierung der Inflation auf über 400 % niederschlug, andererseits waren Nominallöhne im Staatssektor sowie Defizite der Leistungs- und Zahlungsbilanz gestiegen, und führten zur fortgesetzten Monetisierung des Staatsbudgets und zur Abwertung der inländischen Währung[21]. Vom Frühjahr bis zum September 1989 wurden die Zinssätze dramatisch erhöht, um positive Realzinssätze durchzusetzen. Einerseits waren die Ergebnisse erfreulich. Die jährliche Inflationsrate sank von 410,9 % in 1988 auf 34,7 % in 1989. Die Abwertungsspirale konnte durchgebrochen werden. Im Zeitraum vom März 1989 bis zum Januar 1990 stiegen die Zeitdepositen bei staatlichen Geschäftsbanken um 335%. Die Bildung von Drei-Monate-Depositen der privaten Haushalte stieg um 630 %, während die der Staatsbetriebe nur um 185 % zuwuchs[22]. Andererseits werden die Kredit-institute mit einem enormen Kostenanstieg konfrontiert. Dies ließ sich zum einen auf negative Zinsspannen zwischen Kredit- und Einlagenzinssätzen, zurückführen. Zum anderen waren die Banken erheblichen Kreditverlusten aufgrund der gewaltigen gestiegenen Realschuld kreditnehmender Staatsbetriebe ausgesetzt, weil die Erhöhung der Zinssätze anstatt auf frisches Zentralbankgeld viel mehr auf die bestehenden Kreditbestände angewendet wurde[23]. Während die vier neu entstandenen staatseigenen Banken[24] durch die Refinanzierung der State Bank of Vietnam (SBV) gesichert und ihre Kosten zum Teil durch das Staatbudget übernommen wurden, waren die 'nichtstaatlichen' Kreditinstitute (u.a. 17 neugegründete private Banken, ca. 7000 frühere ländliche und ca. 500 städtische Kreditgenossenschaften) von der *Refinanzierung*smöglichkeit der SBV abgeschnitten[25]. Dies führte im Zusammenhang mit den unzulänglichen rechtlichen Rahmenbedingungen, der mangelhaften Bankenaufsicht und der untreuen Geschäftsführung einzelner Kreditinstitute zum Zusammenbruch faktisch des gesamten ehemaligen kreditgenossenschaftlichen Systems[26].

Die vier staatlichen Geschäftsbanken verstanden sich immer noch als verlängerter Arm der Regierung. Die finanzielle Disziplin ließ sich nicht weiter aufrechterhalten, und hohe Inflationsraten waren wieder zu verzeichnen. Zur Verhinderung unkontrollierter Ausweitung der Geldmenge wurden seit März

---

[21] Siehe SBV, 1996, S. 231ff.

[22] Vgl. Seibel, 1996, S. 37.

[23] Vgl. Hauskrecht, 1998, S. 47f.

[24] Das Monobanksystem Vietnams wurde im Jahre 1988 zugunsten eines marktorientierten zweistufigen Bankensystems aufgelöst. Erst nach der Verabschiedung der zwei Bankendekrete in 1990 können die 4 neu gegründeten, staatseigenen Geschäftsbanken ihre Funktion als "eigenständige" Kreditinstitute wahrnehmen (Vgl. Duong, 1995, S. 191f.).

[25] SBV, 1996, S. 275.

[26] Vgl. Fforde et al., 1995, S. 265.

1989 zum einen die Ober- und Untergrenzen für Aktiva- und Passivazinssätze, und zum anderen die Refinanzierungskontingenten für einzelne Geschäftsbanken bei einheitlichem Refinanzierungssatz festgelegt. Dieses Steuerungsverfahren führte im Zusammenspiel mit noch relativ hohen Inflationsniveaus (1990: 67,1 %, 1991: 67,5 %) zu negativen Realzinsen. Die vier staatseigenen Geschäftsbanken verfügten über das meiste *Refinanzierung*spotential der SBV; sie vergaben Kredite ausschließlich an Staatsbetriebe, denen im Zeitraum 1990-1991 über 90 % des gesamten Kreditvolumens zugute kam. Bis zum April 1994 blieben die privaten Banken de facto von der Refinanzierungsmöglichkeit der SBV ausgeschlossen. Das Verhältnis zwischen den Zeitdepositen in VND (in der Regel nur dreimonatiger Laufzeit) und das Geldmengenaggregat M2 (ohne Fremdwährungsdepositen) betrug ca. 17 % im Zeitraum 1989-1990, und sank sogar auf 15 % im Zeitraum 1991-1992. Diese ungünstige Relation ist ein deutlicher Indikator für die schwache Wertaufbewahrungsfunktion der inländischen Währung. Das geschöpfte Zentralbankgeld gelang nicht wieder als Einlagen zurück zu den Geschäftsbanken sondern erhöhte die Bargeldhaltung. Im Jahr 1991 stieg die Relation der Dollareinlagen zu der Geldmenge M2 bzw. zu den Gesamtdepositen sogar auf 41,1 % bzw. 61,5 %. Die verstärkte Dollarnachfrage ist auf die Flucht aus der inländischen Währung (VND) zurückzuführen[27].

Seit Ende 1991 begann die Phase der aktiven Geld- und Wechselkurspolitik, die konsequent an dem Geldwertstabilitätsziel ausgerichtet ist. Die unorthodox anmutende Politik der *Bargeldverknappung* wurde eingeführt, indem maximale Bargeldreserven für alle Staats-betriebe und Geschäftsbanken festgelegt wurden. Staatsunternehmen waren gezwungen, alle über dem Kassenlimit liegenden Bargeldbestände bei den Geschäftsbanken einzulegen. Bankeinlagen wurden nicht nur mit den Mindest- sondern auch mit Überschussreserveforderungen belegt. Eine kurzzeitige Einstellung der Refinanzierung von der SBV fand um den Jahreswechsel 1991/1992 statt. Die einzige Möglichkeit für Unternehmen und Geschäftsbanken, an inländische Währung (VND) zu gelangen, war der Umtausch von US-Dollar in VND an den zwei neu eröffneten Devisenbörsen in Hanoi und Ho-Chi-Minh-Stadt. Diese zwei Devisenbörsen operierten nur bis September 1994, d.h. bis zur Eröffnung des Interbankmarktes für ausländische

---

[27] Nach Edward wird der Anteil der Fremdwährungsdepositen an der Geldmenge M2 als erster Dollarisierungsgrad einer offenen Volkswirtschaft definiert (Edward, 1992, S. 1ff.). Zur Bewertung der Wertaufbewahrungsfunktion der inländischen Währung wird zusätzlich noch den Anteil der Devisendepositen an den Gesamtdepositen (als zweiter Dollarisierungsgrad) verwendet, dessen Aussagekraft jedoch begrenzt wird, weil unbekannte Sortenmenge von der Bevölkerung aufgrund des mangelnden Vertrauens in das Bankensystems weiterhin gehalten wird. In Vietnam wurde das im Umlauf befindliche Sortenvolumen für das Jahr 1995 in einer Größenordnung von 2 bis 5 Mrd. US-Dollar geschätzt. Der von der Bevölkerung gehaltene Goldbestand betrug zu dieser Zeit nicht weniger als 3 Mrd. US-Dollar. Das Geldmengenaggregat M2 mit bzw. ohne Fremd-währungsdepositen betrug in demselben Jahr ca. 4,8 bzw. 3,8 Mrd. US-Dollar (vgl. IMF, 1996, S. 32).

185

Währung. Aufgrund des hohen Devisenangebotsüberschusses wertete die inländische Währung im Zeitraum 1992/1993, nominal gegenüber dem US-Dollar, auf (siehe Tabelle 2). Der nominale Wechselkurs sank auf ca. 11.000 VND/US-Dollar und blieb auf diesem Niveau bis zum Anfang 1996. Die Inflationsrate betrug 17,5 % im Jahre 1992, und sank auf 5,2 % im Jahre 1993. Positive reale Zinssätze können seit Anfang 1992 erreicht werden. Einerseits wurden vom Ende 1991 bis zum Ende 1995 die Ober- bzw. Untergrenzen für Kredit- bzw. Einlagenzinssätze festgesetzt. Andererseits wurden die staatlichen Geschäftsbanken von der SBV mit jeweiligen, maximal vorgegebenen Refinanzierungskontingenten zu einzelnen Refinanzierungssätzen unter den maximal zulässigen Einlagenzinsen versorgt. Die Verschuldung der Geschäftsbanken bei der SBV wurde attraktiver, dies ermöglichte die Durchführung einer aktiven Zinspolitik von seitens der SBV bis zum April 1994[28].

Tabelle 2: Jährliche Veränderungsrate des Bruttoinlandsprodukts, Konsumentenpreisindex und nominalen Wechselkurses im Zeitraum 1986 – 2002

	1986	1987	1988	1989	1990	1991	1992	1993	1994	1995
BIP, real [a]	3,4	3,7	5,0	8,0	5,1	6,0	8,6	8,1	8,8	9,5
Inflationsrate [a]	587,3	416,7	410,9	34,7	67,1	67,5	17,5	5,2	14,4	12,7
Wechselkurs, nominal [b] (VND/US-Dollar)	-	-	-	36,7	66,3	78,2	-13,1	-1,0	5,7	-0,3

	1996	1997	1998	1999	2000	2001	2002	2003	2004	2005
BIP, real [a]	9,3	8,2	5,8	4,8	6,7	6,9	7,1	7,3	7,8	8,4
Inflationsrate [a]	4,5	3,6	8,6	-0,2	-0,6	-0,4	4,0	3,2	7,7	8,3
Wechselkurs, nominal [b] (VND/US-Dollar)	1,2	10,2	13,0	1,0	3,5	3,9	2,0	1,6	0,8	0,9

Quelle: a) GSO, Statistical Yearbooks, 1991, 2001, 2002; IMF, Vietnam: Selected Issues and Statistics, 1998, 2002, 2003; SBV, 1996, Annual Reports 1994-2000; b) IMF, 1998, 2002, 2003,2006; WB, 1995; Eigene Berechnung.

Die direkte *Finanzierung des Staatshaushaltsdefizits* durch Notenbankemission wird seit Ende 1991 eingestellt. Seitdem wird die Neuverschuldung des Staatshaushalts ausschließlich durch Emission von Schatzwechseln bzw. staatlichen Wertpapieren finanziert. Die (verdeckte) Finanzierung des Haushaltsdefizits in den Jahren 1994-1995, indem das Finanzministerium US-Dollar gegen VND umtauschte, verursachte die Wiederbelebung der Inflation (1994: 14,4 %, 1995: 12,7 %). Um den Geldmengeneffekt zu sterilisieren, wurden bis Mitte 1997 zum einen die Refinanzierungszinssätze 100 % an die Kreditzinssätze der Geschäftsbanken gekoppelt; zum anderen legte die SBV individuelle Refinanzierungskontingenten für einzelne Kreditinstitute fest. Die Anwendung

---

[28] Vgl. Nguyen, 1998, S. 138.

eines einheitlichen Refinanzierungszinssatzes für alle Geschäftsbanken wurde im Juli 1997 eingeführt. Ab Mitte 1996 wird die Inflationsrate auf unter 10 % gesenkt.

Die hohen Inflationsraten in der Anfangsphase der Transformation rekurrieren nicht nur auf den vererbten Geldüberhang sondern auch auf den vererbten Vergabemechanismus des (staatlichen) Geschäftsbankensektors. Die Erfahrung in vielen Transformations- und Entwicklungsländern hat gezeigt, dass die monetäre Stabilisierung eine unabdingbare Bedingung für weitere Reform-schritte im Rahmen der Transformation der monetären Ordnung im einzelnen und des Wirtschaftssystems im allgemeinen ist. Für die weitere Wirtschafts-entwicklung fällt den Banken als Finanzintermediäre eine Schlüsselrolle zu, die folgende Funktionen erfüllen müssen: Mobilisierung von Ersparnissen, effiziente Allokation monetärer Ressourcen, Risikodiversifikation und Unternehmenskontrolle. Insgesamt erleichtern sie das Risikomanagement in einer Volkswirtschaft; dadurch steigen das Finanztransaktionsvolumen und die wirtschaftlichen Aktivitäten. Weiterhin kommt den Banken und anderen Finanzintermediären eine besondere Rolle für die Umstrukturierungs- und Privatisierungsprogramme zu, weil sie Unternehmen im Transformationsprozess durch die Bereitstellung von *Risikokapital* finanziell unterstützen. Sie sollen für die Einhaltung *harter Budgetbeschränkungen* sorgen[29].

2.2. Reform des Bankensystems

Im Gegensatz zu anderen osteuropäischen Transformationsländern wies Vietnam in der Ausgangssituation ein rudimentäres, unterkapitalisiertes Finanzsystem auf. Bis 1988 existierte ausschließlich das Monobanksystem, das sich aus der State Bank of Vietnam (SBV), ihren 45 Niederlassungen auf Provinzebene und den zwei von ihr gesteuerten Spezialbanken, u.a. der Bank für Investition und Entwicklung (BIVD) sowie der Außenhandelsbank (Vietcombank), zusammensetzte. (Ländliche) Kreditgenossenschaften wurden in Nordvietnam seit 1956 und in Südvietnam seit 1983 errichtet. Ende der 1980er Jahre waren 7.180 ländliche Kreditgenossenschaften registriert. Ihre Hauptfunktionen bestanden in der Ersparnissammlung von privaten Haushalten und in der Kreditzuteilung primär an kleinere landwirtschaftliche Staatsbetriebe und Produktionsgenossenschaften[30].

Die SBV stellte im Einklang mit dem Wirtschaftsplan die Schnittstelle zwischen Planungs- und Budgetierungsprozessen und den Staatsbetrieben dar. Die finanziellen Ressourcen wurden administrativ zugeteilt. Kreditprüfung, Risikomanagement und andere prägende Elemente des Bankenwesens waren irrelevant. Im Prinzip hatte die SBV die drei folgenden Hauptfunktionen zu erfüllen:

- die direkte Monetarisierung des Staatshaushalts,

---

[29] Vgl. Kapitel V, Abschnitt 3.
[30] Siehe Duong, 1995; SBV, 1996, 258ff.

- die Kreditvergabe an Staatsunternehmen, die nach dem jährlichen zentralen Kreditplan gerichtet war, und

- die Zurückführung von Überschüssen von wirtschaftlichen Einheiten, u.a. Staatsbetrieben und privaten Haushalten, in den Staatshaushalt.

Die Staatsbank unterlag vollständig den Anweisungen der Regierung, und verfügte nur über begrenzte Möglichkeit zur Steuerung der Geldmenge und Kreditschöpfung. Zum einen galten ihre 45 Niederlassungen in den Provinzen faktisch nur als Durchleitungsstellen von Finanzierungsmitteln, und zum anderen wurden sie von den politischen Entscheidungsträgern der einzelnen Provinzregierungen beeinflusst. Dies erschwerte zusätzlich die Steuerungsmöglichkeit der Staatsbank im Hinblick auf ihre geldpolitischen Maßnahmen. Im Zusammenhang mit der monetären Überversorgung vergrößerten sich die Parallelwirtschaft, das Ausweichen der Vermögensbildung in Gold, Dollar und Sachwerten und die Unter-versorgung der nichtstaatlichen Unternehmen[31] mit Finanzdienstleistungen. Ihr Kreditbedarf wurde ausschließlich über den informellen Finanzsektor gedeckt, u.a.: über Verwandtschafts- bzw. Bekanntschaftskreis, über autochthone Spar- und Kreditringe 'HUI' oder 'HO' sowie über lokale Geldverleiher[32].

Das Monobanksystem wurde im Jahre 1988 zugunsten eines marktorientierten, zweistufigen Bankensystems aufgelöst. Die Staatsbank Vietnams wurde zur *Zentralbank* umgestaltet, ihre Aufgaben liegen in erster Linie in der Gewährleistung der monetären Stabilität und in der Aufsichtsfunktion über den Banken- und Kreditsektor. Gegründet wurden die vier staatseigenen Geschäftsbanken zum einen durch die Umwandlung der zwei Spezialbanken und zum anderen durch die Ausgliederung der zwei Kreditabteilungen der Staatsbank in die Agrarbank (VBA, später VBARD) und die Bank für Industrie und Handel (Incombank)[33]. Erst nach der Verabschiedung der zwei Verordnungen über Zentralbank und Kreditinstitute im Mai 1990 konnten diese tatsächlich als eigenständige Institutionen operieren. Diese Dekrete schafften die ersten rechtlichen Rahmenbedingungen im Hinblick auf die Geschäftstätigkeiten der Staatsbank als Zentralbank und Aufsichtsorgan und auf die der Geschäftsbanken als *Universalbank*. Diese erlaubten auch die Neugründung von nicht staatlichen Kreditinstituten, unter anderem den privaten Aktienbanken, Joint-Venture-Banken, genossenschaftliche Kreditinstitute (People's Credit Funds/Volkskreditkassen), sowie die Niederlassung von Filialen und Repräsentanten ausländischer Geschäftsbanken. Mit dem Inkrafttreten von 'The

---

[31] Vor 1988 existierten in Vietnam offiziell keine Privatunternehmen, abgesehen von den Familiebetrieben und den quasi-privatwirtschaftliche Unternehmen, die vor allem in Südvietnam infolge der Zwangskollektivierung 1975/76 verstaatlicht worden waren, und als Genossenschaften unter der Leitung der alten Eigentümer weitergeführt wurden.

[32] Vgl. Radke, 1992.

[33] Aus der Gliederung aus der SBV ergibt sich noch die Gesellschaft für Gold und Juwelen, die jedoch in der Arbeit nicht weiter berücksichtigt werden kann.

Law on the State Bank Vietnam' und 'The Law on Credit Institutions' zum 1. Januar 1998 wurde dann eine umfassende rechtliche Grundlage für das Finanz- bzw. Bankensystem geschaffen. Der intermediäre Finanzsektor hat sich seitdem beachtlich diversifiziert. Ende 2001 bestand der intermediäre Finanzsektor aus den 52 privaten Aktienbanken, den vier Joint-Venture-Banken, dem genossenschaftlichen Finanzsystem 'People's Credit Funds' (mit einer Zentralbank und 906 lokalen Kredit-instituten), den 27 Filialen bzw. 42 Repräsentativen ausländischer Geschäftsbanken, den drei Finanzgesellschaften und einer Versicherungsgesellschaft sowie dem dominierenden staatlichen Geschäftsbankensektor. Die vier größten staatseigenen Banken verfügten im Jahre 2001 über ein relativ umfangreiches Branchennetzwerk auf Provinz- und Distriktebenen, und erreichte einen Marktanteil von 75 % gemessen an der konsolidierten Bankbilanz und einen Marktanteil von 73 % gemessen an Kreditvolumen. Zu dem staatlichen Geschäftsbankensektor gehören weiterhin die 'Bank for the Poor', gegründet im Jahre 1996, und die 'Bank for House Development in the Mekong Delta', gegründet im Jahre 1998[34].

Zu den organisierten Finanzmärkten gehören die der Interbank Market in Domestic Currency (errichtet im Juli 1993), der Interbank Foreign Exchange Market (errichtet im Oktober 1994), der Wertpapiermarkt (1995) und die im Juli 2001 neu etablierte Börse in Ho-Chi-Minh-Stadt. Die schleppenden Privatisierungs- und Umstrukturierungsprozesse des staatlichen Unternehmenssektors führten dazu, dass Ende 2001 nur sieben neu entstandenen Aktiengesellschaften an der Börse teilnehmen dürften. Das durchschnittliche tägliche Handelsvolumen erreichte eine geringfügige Summe von 0,5 Mio. US-Dollar. Dessen Marktwert belief sich auf ca. 20 Mio. US-Dollar, d.h. nur ca. 0,1 % des Bruttoinlandprodukts im Jahre 2001. Die seit 1992 von der SBV emittierten Staatsanleihen werden überwiegend von dem (staatlichen) Geschäftsbankensektor absorbiert. Ihr Volumen erreichte Ende 2000 nur einen Anteil von 3,4 % am BIP, während das Verhältnis zwischen der konsolidierten Geschäftsbankbilanz und dem BIP ca. 52 % betrug. Aufgrund der noch sehr geringeren, gesamtwirtschaftlichen Bedeutung des Finanzmarktsektors sollte kurz- bis mittelfristig der intermediäre Finanzsektor, insbesondere der Geschäftsbankensektor, die Hauptrolle bei der Mobilisierung und Allokation von Finanzressourcen spielen[35].

2.3. Strukturelle Problemfelder

Die bisherige Entwicklung des Finanzsystems Vietnams lässt sich erstens durch geringeren Grad der Finanzintermediation, zweitens durch beschränkte Steuerungs- und Aufsicht-möglichkeiten der SBV und drittens durch prekäre

---

[34] Auf ausführliche Diskussion über Organisationsstruktur und Funktionsweise einzelner Kreditinstitute sei auf World Bank, 1995 und Klump et al., 1998 verwiesen.

[35] Vgl. IMF, 2002, S. 70.

Lage des staatlichen Geschäftsbankensektors und der privaten Aktienbanken kennzeichnen.

Dem vietnamesischen Bankensystem ist es bisher nur in unzureichendem Maße gelungen, Sparmittel zu mobilisieren. Obwohl sich die inländische Sparquote von 6,8 % (1989) auf 19,1 % (1998) und auf 27,3 % (2000) kontinuierlich erhöhte, bleibt das inländische Spar-potential weiterhin unausgeschöpft. Im Jahre 1994 wurde das private Sparvermögen in einer Höhe von ca. 1 Milliarden US-Dollar geschätzt; Davon wurden ca. 400 Mio. US-Dollar in Gold und nur ca. 300 Mio. US-Dollar in Bankguthaben gehalten[36]. Die Gründe liegen in erster Linie in dem mangelnden *Vertrauen* der Bevölkerung in das Finanz- bzw. Bankensystem und in der unzulänglichen *finanziellen Infrastruktur* vor allem im ländlichen Raum[37]. Diese Defizite wirken dem vereinfachten Zugang zu Bankdienstleistungen und dem Auf- und Ausbau marktorientierter Finanzorganisationen entgegen, die durch unzulängliche ordnungspolitischen Rahmenbedingungen charakterisiert sind.

In folgendem soll die *Leistungsfähigkeit* des vietnamesischen Finanzsystems anhand eines Indikatorensatzes untersucht werden, der sich auf den Monetisierungsgrad, die finanzielle Tiefe und die Tätigkeiten des Geschäftsbankensektors (u.a. Mobilisierung und Kreditvergabe) bezieht. Im Mittelpunkt steht die Frage, inwieweit sich der Geschäftsbankensektor verstärkt der Finanzierung des aufstrebenden Privatsektors gewidmet hat. Von 1989 bis 1998 verharrte der *Monetisierungsgrad*, als Anteil der liquiden Mitteln (Geldmenge M1) am Bruttoinlandprodukt (BIP) verstanden, auf einem niedrigen Niveau von 12,1 % (1989) und 20,1 % (1991). Die resistente Lage der Monetisierung wurde Ende der neunziger Jahre aufgebrochen und zeigt eine Tendenz zur Verbesserung (1999: 17,4 %, 2000: 21,3 %, 2001: 24,3 %). Die *finanzielle Tiefe*, gemessen an Anteil der Geldmenge M2 am BIP, blieb unter 30 % und erreichte den Tiefstand von 23,0 % im Jahre 1995. Sie verbessert sich seit 1996 mit der höchsten Steigerungsrate im Jahre 1999. Die finanzielle Tiefe betrug 51,9 % im Jahre 2000 und 60,1 % im Jahre 2001 (siehe Tabelle 3).

Der schrittweise Übergang zur *aktiven finanzintermediären* Rolle des Geschäftsbankensektors findet seinen Niederschlag in der abnehmenden Bedeutung der Zentralbankkredite am gesamten Kreditvolumen bzw. in der zunehmenden Mobilisierung der Termin- und Spareinlagen (Zeitdepositen) sowie in der gestiegenen Kreditvergabe der Geschäftsbanken an den Nichtbankensektor. Der Anteil der Zentralbankkredite am gesamten Kreditvolumen verringert sich im Zeitablauf kontinuierlich von 43,4 % im Jahre 1989 auf 2,8 % im Jahre 2000. Der Anteil der Zeitdepositen bzw. der Anteil der Geschäftsbankkredite am BIP erhöhte sich von 14,4 % bzw. 23,6 % auf 35,8 %

---

[36] Siehe GSO, 1994.

[37] Nach Wolff sind weniger als 10% der Bevölkerung überhaupt mit Bankdienstleistungen in Berührung gekommen sind (Wolff, 1997, S. 36). Nur ca. 27% ländlicher Haushalter hatten in 1994 formellen Kreditzugang. In 1997/1998 stieg dieser Anteil auf 49% (GSO, 2000).

190

bzw. 41,6 % zwischen 1990 und 2001. Der Anteil der Geschäftsbankkredite an den Privatsektor am Bruttoinlandsprodukt erhörte sich signifikant von 1,3 % im Jahre 1990 auf 23,9 % im Jahre 2001; Dies bedeutet eine Erhöhung des Anteils der Bankkredite an den Privatsektor von 5,6 % im Jahre 1990 auf 57,5 % im Jahre 2001.

Tabelle 3: Ausgewählte monetäre Indikatoren im Zeitraum 1986-2001

	1989	1990	1991	1992	1993	1994	1995	1996	1997	1998	1999	2000	2001
Monetäre Tiefe (M1/BIP)	12,1	12,7	20,1	17,9	16,3	15,4	13,4	13,8	14,0	13,1	17,4	21,3	24,3
Finanzielle Tiefe (M2/BIP) a)	26,4	27,1	26,5	23,1	22,4	24,1	23,0	23,8	26,0	28,0	40,4	51,9	60,1
Anteil der Zeit-depositen an BIP	14,3	14,4	6,4	5,2	6,1	8,7	9,6	10,0	12,0	14,9	23,0	30,6	35,8
Anteil der SBV-Kredite an Gesamtkrediten	43,4	41,2	29,3	27,3	14,8	10,6	6,6	9,6	6,3	7,8	0,2	2,8	1,5
Anteil der GB-Kredite an BIP b)	25,4	23,1	18,5	15,4	19,9	22,3	20,6	20,3	21,3	22,5	29,1	36,1	41,6
Anteil der GB-Kredite an Privat-sektor an BIP	1,8	1,3	1,3	2,5	5,6	7,6	8,0	8,9	10,0	9,6	14,6	19,3	23,9
Zinsspanne c)	-70,6	-27,2	-8,5	10,9	10,1	10,1	10,1	6,8	4,6	5,0	7,7	5,5	3,8

Quelle: IMF 1997, 2002; SBV 1994-2000; WB 1995, 2002; Eigene Berechnung.

a) *Aufgrund der Kurzfristigkeit der Depositen wird M3 mit M2 gleichgesetzt; in der Statistik wird nur M2 ausgewiesen.*

b) *Lokale und regionale genossenschaftliche Finanzorganisationen gehören nach vietnamesischer Klassifikation nicht zu dem Geschäftsbankensektor.*

c) *Die Zinsspanne ist die Differenz zwischen kurzfristigen Krediditzinsen (unter 1 Jahr) und Drei-Monate-Einlagenzinsen.*

Als weiterer Indikator der Bewertung der Funktionsfähigkeit des intermediären Finanzsektors dient die (durchschnittliche) *Zinsspanne,* die sich aus der Differenz zwischen Aktiva- und Passivazinsen ergibt. Theoretisch lässt sich die Effizienz einer Bankunternehmung als die Fähigkeit zur Lösung von Informations- und Anreizproblemen verstehen. Die Zinsspanne wird als Näherungswert für finanzintermediäre Kosten aufgefasst. Eine eindeutige Verbesserung der Finanzintermediation lässt sich durch die abnehmende Tendenz der Zinsspanne von ca. 10 % p.a. (1992-1995) auf 5,5 % p.a. (2000) und 3,8 % p.a. (2001) erkennen. Die negative Zinsspanne zwischen 1989 und 1991 lässt sich in erster Linie auf die hohen Inflationsraten in diesem Zeitraum zurückzuführen. Allerdings ist die Aussage nur beschränkt gültig, weil Zins-spannen nicht nur auf die Funktionsfähigkeit der Finanzintermediäre sondern auch auf die staatliche Festsetzung der Zinsober- und/oder Zinsuntergrenzen zurückgehen. Solche direkten Staatseingriffe in die Geschäftspolitik der Banken sind ein typisches Merkmal einer Volkswirtschaft für *finanzielle Repression*[38].

In der Übersicht 5 wird die Entwicklung der *Zinsliberalisierung*sbemühungen im Rahmen der Finanzsektorreform in Vietnam dargestellt. Bis Juni 2001 galt die Festsetzung von Ober- und/oder Untergrenzen der Aktiva- bzw. Passivazinssätze als das geldpolitische Haupt-instrument der SBV. In ihrer geldpolitischen Ausrichtung auf das Ziel der Preisniveaustabilität hat die Staatsbank Vietnams schrittweise indirekte geldpolitische Steuerungs-möglichkeiten eingeführt[39]. Einlagenzinssätze für juristische oder private Personen sowie nach Fristen (Sichteinlagen, Drei-, Sechs- und Zwölf-Monate-Deposten) sind zu differenzieren.

Übersicht 5: Chronologie der Zinsliberalisierung in Vietnam

	1989 bis November 1991	Dezember 1991 bis Dezember 1995	Januar 1996 bis Juli 2000	Ab August 2000
		Direkt		
Zinssteuerungs-mechanismen	Ober- und Unter-grenzen der Kredit- & Einlagenzinssätze	a) Obergrenzen der Kreditzinssätze b) Untergrenzen der Einlagenzinssätze	a) Obergrenzen der Kreditzinssätze b) Durchschnittliche Zinsspanne	Indirekt
Differenzierung der Einlagen-zinsen	a) nach Fristigkeit (Sicht-, 3-, 6-Monate-, & 1-Jahr-Einlagen) b) nach juristischen Personen (Unternehmen) oder privaten Personen			
Differenzierung der Kreditzinsen	a) nach Fristigkeit (kurz- & langfristig) b) nach Branchen (Landwirtschaft, Industrie, Handel)	a) nach Fristigkeit (kurz- & langfristig) b) Aufhebung der Differenzierung nach Branchen ab März 1993	nach Fristigkeit (kurz- & langfristig)	

Quelle: Eigene Darstellung.

Die Mobilisierung der Einlagen in ausländischer Währung ist seit April 1998 bis zu einer von der SBV festgesetzte Obergrenze genehmigt. Der Anteil der Fremdwährungsdeposten am Geldmengenaggregat M2, der sich Mitte der neunziger Jahre auf eine Höhe von 20-24 % stabilisierte, stieg auf 34,4 % im Jahre 2001. Nach IMF dürfte die Ursache dieser signifikanten Erhöhung vor allem in der Reintermediation des nicht zu unterschätzenden im Umlauf befindlichen Sortenvolumens liegen, das zumeist von privaten Haushalten gehalten wird. Dies wies zum einen auf das wieder gewonnene Vertrauen des Publikums in das Bankensystem und zum anderen auf die bisweilen fehlenden Alternativen der Finanzanlagen hin.

---

[38] Siehe Kapitel V, Abschnitt 4.
[39] Zur ausführlichen Diskussion der geldpolitischen Instrumente im Transformationsprozess siehe Wentzel, 1996, S. 102ff.

Weitere Ursachen sind die Abwertungserwartung der inländischen Währung, die hohen Exportleistungen im Zeitraum 1999-2001 sowie die schrittweise Reduzierung der relativen Differenz von Einlagenzinssätzen in VND und US-Dollar[40].

Die willkürliche Festsetzung von verschiedenen Obergrenzen der Kredit-zinssätze, die sich in erster Linie auf Branchenkriterien (Landwirtschaft, Industrie, Handel & Tourismus) bezog, wurde im März 1993 aufgehoben; Seitdem erfolgt die Differenzierung der Aktivzinsen nur nach Fristigkeit (kurz- oder langfristig). Seit Ende 1993 dürfen auch inländische Unternehmen Kredite in ausländischer Währung aufnehmen. Höchstzinsgrenzen für Kredite in inländischer bzw. in ausländischer Währung wurden im August 2000 bzw. im Juni 2001 aufgehoben. Dies ermöglicht den Finanzintermediären eine adäquate Flexibilität in ihren Transformationsfunktionen.

Eine funktional *unabhängige* Geld- und Währungspolitik und eine effiziente *Bankenaufsicht* von seiten der SBV sind nicht gewährleistet, da die rechtlichen Rahmenbedingungen der Zentralbank nur einen geringeren eigenständigen Entscheidungsspielraum zugestehen. Sie gilt weiterhin als ein Sonderorgan der Regierung und unterliegt mehr oder weniger ihren Anweisungen. Bestimmte geldpolitische Entscheidungskompetenzen sind der nationalen 'Volks-vertretungsversammlung' vorbehalten. Die Zinspolitik und Devisenreserve-politik werden von einem Regierungsgremium vorgeschlagen[41]. Auf der lokalen Ebene setzen die Provinzregierungen ihre politische Einflussnahme auf die Geschäftstätigkeiten der Zentralbankfilialen fort, wodurch eine wirksame Geldpolitik und Bankenaufsicht fast unmöglich wären. Die beschränkten Sterilisierungsmöglichkeiten der Staatsbank sind darauf zurückzuführen, dass die Geldmengensteuerung bis Mitte 2001 überwiegend auf direkten geldpolitischen Instrumenten beruhte, währen die indirekten Steuerungs-instrumente noch nicht eingeführt werden oder sehr eingeschränkt effektiv sind.

Die staatlichen Banken leiden unter einem hohen Bestand *uneinbringlicher Forderungen* an dem staatlichen Unternehmenssektor. In folgendem soll es zwischen dem Problem der aus der Planwirtschaftsphase entstandenen notleidenden Kredite (stock problem) und dem der hinzugekommenen notleidenden Kredite im Laufe des Transformationsprozesses (flow problem) unterschieden werden. Der vietnamesische Staat hat das *Altschulden*problem des staatlichen Unternehmenssektors vom Staatshaushalt auf die vier staatlichen Banken abgewälzt. Ende 1991 wurde ein Ausgleichverfahren eingeleitet: Die Schulden zwischen einzelnen Staatsunternehmen sowie die zwischen denen und der Staatsbank zu dem Bilanzstichtag 31.12.1991 saldiert. Zu diesem Zeitpunkt betrugen die Altschulden ca. 30% der gesamten Forderungen der Zentralbank an die vier staatseigenen Geschäftsbanken. Etwa 1.200 Mrd. VND (ca. 113,7 Mio.

---

[40] Vgl. IMF, 2002, S. 17ff.
[41] Vgl. Nguyen, 1998, S. 28f.

US-Dollar) blieben als uneinbringbare Forderungen an Staatsunternehmen in den Bilanzen dieser Geschäftbanken verbucht. Im Jahre 1992 überstiegen alle notleidenden Kredite die Eigenkapitalbasis der staatlichen Geschäftsbanken. Diese Bilanzposten wurden auf Regierungsbeschluss eingefroren. Das Volumen der Altschulden stieg im Jahre 1993 weiter an, weil das im diesem Jahr verabschiedete Konkursrecht nicht durchgesetzt werden konnte (zugunsten vieler quasibankrotter Staatsunternehmen), und die Zinszahlungen für die uneinbringbaren Kredite noch einmal unter Regierungsbeschuss ausblieben. Auf Druck der Regierung und der SBV mussten diese Geschäftsbanken das Umschuldungsverfahren verstärkt anwenden. Diese Vorgehensweise verschleiert erheblich die gesamte Höhe der uneinbringbaren Forderungen. Weiterhin leiden Sie unter neuen Belastungen aus spekulativen Immobiliengeschäften und kurzfristigen Handelsfinanzierungen. Im Jahr 2000 machten der staatliche Bankensektor und die privaten Aktienbanken 82,4 % bzw. 15,2 % aller notleidenden Kredite des gesamten Bankensystems aus[42]. Im Zeitraum von 1996 bis 2001 dürfte der Anteil notleidender Kredite an den gesamten ausstehenden Forderungen der staatlichen Geschäftsbanken nach der vietnamesischer Klassifikation (Vietnamese Accounting Standard) über 10 % bzw. nach internationalen Standards (International Accounting Standard) über 30 % liegen. Seit 1998 sind verschiedene Reformmaßnahmen zur Restrukturierung des Bankensystems eingeleitet worden. Die erforderlichen Kosten der Abschreibungen auf Altschulden und der Kapitalbedarf für eine Aufstockung der Eigenkapitalbasis der staatlichen Geschäftsbanken und privaten Aktienbanken belaufen sich nach Angaben des IMF auf zusammen etwa 7 % des BIP[43].

Die vietnamesischen Geschäftsbanken, vor allem die staatlichen Banken, könnten bzw. wollten (immer) noch an der überkommen, nicht an Risiko- und Rentabilitätskriterien orientierten Kreditvergabepraxis festhalten; Viele Staatsunternehmen können demzufolge weiterhin ihren eigenen Handlungsspielraum bezüglich der 'weichen Budgetrestriktionen' ausnutzen. Es fehlt eine *marktorientierte Kreditkultur*, in der Geschäftsbanken nach marktwirtschaftlichem Kosten-Nutzen-Kalkül Kredite an staatliche *und* private Unternehmen geben. Die unzulängliche finanzielle Infrastruktur führt im Zusammenhang mit fehlenden Besicherungsmöglichkeiten des privaten Unternehmenssektors, u.a. Familiebetriebe und kleine und mittlere Unternehmen (KMU), die zumeist in der Landwirtschaft tätig sind, zur Unterfinanzierung ihrer Investitionen. Sie sind von den formellen Zugängen zu Finanzdienstleistungen, u.a. Spar- und Kreditprodukten, weitgehend ausgeschlossen. Die dennoch erzielten hohen wirtschaftlichen Wachstumsraten, der zunehmende Beitrag des aufstrebenden Privatsektors an der Volkswirtschaft und der unzulänglicher Zugang zu formellen Finanzprodukten weisen darauf hin, dass die

---

[42] Vgl. CIEM, 2001, S. 94.
[43] Vgl. IMF, 2002, S. 8f.

privatwirtschaftlichen Investitionstätigkeiten immerhin noch verstärkt auf die Eigenfinanzierung bzw. auf die Fremdfinanzierung über den informellen Finanzsektor angewiesen waren und sind. Vor allem kann der Finanzierungsbedarf für mittel- und längerfristige Investitionen (über 1 Jahr) bislang nur in sehr geringerem Umfang gedeckt werden[44].

3. Ländliche Finanzinfrastruktur

3.1. Reorganisation des ländlichen Finanzsystems

Die Umsetzung der Politik des 'DOI-MOI' führte zu einem weitreichenden Wandel der Landwirtschaft. Die früheren kollektivierten Formen, u.a. (Zwangs-) Produktionsgenossenschaften, wurden aufgegeben. Familienbetriebe können sich (wieder) als die wichtigste Organisationsform der landwirtschaftlichen Produktion etablieren. Die im Zuge der Dekollektivierung entstandenen Familienbetriebe benötigen ein *effektives Finanzwesen* um ihr wirtschaftliches Potential voll auszunutzen und so der ländlichen Bevölkerung ein ausreichendes Einkommensniveau zu ermöglichen. Im ländlichen Raum leben etwa 12 Mio. Haushalte (von insgesamt 15 Mio. Haushalten) bzw. ca. 60 Mio. Einwohner (77% der gesamten Bevölkerung). Von 39 Mio. Erwerbstätigen sind über 26 Mio. im landwirtschaftlichen Sektor tätig, der einen Beitrag von 23% am Bruttoinlandsprodukt und von 1/3 am Export leistet. Die durchschnittliche Wachstumsrate dieses Sektors betrug in der letzten Dekade 4,5%. Neunzigprozent aller armen Haushalte verteilen sich in 3/4 aller ländlichen Bevölkerung.

Ländliche Kreditgenossenschaften wurden in Nordvietnam seit 1956 und in Südvietnam seit 1983 errichtet. Ende der 1980er Jahre waren 7.180 ländliche und ca. 500 neu gegründete städtische Kreditgenossenschaften registriert, die isoliert von einander auf einem begrenzten Geschäftsgebiet operierten. Die Neuzulassung und die Aufsicht erfolgten vereinfachend nur durch die kommunale Verwaltungsebene. Im Zuge der monetären Stabilisierung waren sie zusammen mit 17 neu gegründeten nichtstaatlichen Kreditinstituten von der Refinanzierungsmöglichkeit der SBV abgeschnitten. Es führte im Zusammenhang mit der Unzulänglichkeit rechtlicher Rahmenbedingungen, der mangelhaften Bankenaufsicht und untreuen Geschäftsführung einzelner Kreditinstitute faktisch zum *Zusammenbruch* des ganzen kreditgenossenschaftliche Sektors. Ende 1989 waren gerade einmal noch 160 Kreditgenossenschaften aktiv. In Folge der Verabschiedung der zwei neuen Bankverordnungen im Jahre

---

[44] Gemäß der offiziellen Definition nach der Verordnung 90/2001/ND-CP gehören zu dem KMU-Sektor jenige Unternehmen, die ein registriertes Kapital von weniger als 10 Milliarden VND (667.000 US-Dollar) aufweisen, und in denen im Durchschnitt weniger als 300 Arbeitnehmer beschäftigt sind. Ende 2000 betrug der Anteil des KMU-Privatsektors am BIP weniger als 10%. In ihm arbeiten ca. 10 Mio. Beschäftigten (23% aller Erwerbstätigen); Im nichtlandwirtschaftlichen Sektor sind 25% aller Familiebetriebe und 18,7% aller KMUs tätig (vgl. WB et al., 2000).

1990 erhielten nur noch 80 von ihnen die Lizenz, ihre Geschäfte weiter-
zuführen[45].

Ländliche *Familiebetriebe* und erste *private Kleinunternehmen*, die zu jener Zeit
errichtet wurden, waren besonders die Leittragenden dieses Zusammenbruchs.
Zu diesem Zeitpunkt war der kreditgenossenschaftliche Sektor ihre einzige
Alternative zu formellen Finanzdienstleitungen. Ihr Kreditbedarf wurde fortan
ausschließlich über den *informellen Finanzsektor* gedeckt, u.a.: über
Verwandtschafts- bzw. Bekanntschaftskreis, über autochthone Spar- und
Kreditringe (ROSCAs) und über lokale Geldverleiher, die im Zeitraum 1992-
1993 73 % aller Kredite im ländlichen Gebiet bereitstellten.

Die gravierende Unterversorgung mit *Finanzprodukten* gilt insbesondere für
ländliche Gebiete, aber auch für städtische Klein- und Kleinstunternehmen.
Darüber hinaus ist es dem Bankensektor bislang nur völlig unzureichend
gelungen, *Sparmittel* für den Entwicklungsprozess zu mobilisieren. Die Lücke
im Zugang zu formellen Finanzdienstleistungen kann auch nicht durch die
staatseigenen Geschäftsbanken − u.a. die "Vietnam Bank for Agriculture and
Rural Development" (VBARD), gegründet im Jahre 1990, und "Vietnam Bank
for the Poor" (VBP), gegründet im Jahre 1995 − und die 19 privaten ländlichen
Aktienbanken, neugegründet seit 1993, geschlossen werden. Erstere nicht wegen
ihrer spezifischen Geschäftsausrichtung, da sich die *VBARD* auf größere
Agrarbetriebe und Exportgeschäfte konzentriert. Die *VBP* deshalb nicht, weil sie
monofunktionell auf die Durchleitung subventionierten Kredits ausgerichtet ist
und damit kontraproduktive Auswirkungen auf das Finanzwesen auswirken
kann. *Ländliche Aktienbanken* sind meistens unterkapitalisiert und von der
Refinanzierungsmöglichkeit der VBARD abhängig.

3.2. Der People's Credit Funds-Ansatz

Seit 1993 wird unter Federführung der State Bank of Vietnam der schrittweise
Neuaufbau eines *genossenschaftlichen Finanzverbunds* betrieben, das sich unter
technischer Unterstützung der internationalen Organisationen der Entwicklungszusammenarbeit (GTZ, CIDA) an das deutsche Verbundsystem der Volks- und
Raffeisenbanken sowie das kanadische Dejardins-Modell anlehnt. Die neuen
marktorientierten genossenschaftlichen Bankunternehmungen stehen rechtlich
auf der Grundlage des *Gesetzes für Kreditinstitute* und des seit Januar 1997 in
Kraft getretenen *Genossenschaftsgesetzes*, das ihre Gründung auf freiwilliger
Basis ermöglicht. Der Aufbau des *People's Credit Funds*-Netzwerks zielt auf
eine breit angelegte Bereitstellung von Spar- und Kreditprodukten für die Masse
der Bevölkerung, die bisher vorwiegend auf den informellen Finanzsektor
angewiesen ist. Es wird mit positiven Wirkungen auf das wirtschaftliche
Wachstum und damit letztlich auf den Wohlstand der betroffenen Zielgruppen
und Regionen gerechnet. Damit soll auch eine Reduktion des Wachstums-

---

[45] Zu Beginn des Jahres 1997 waren 78 von ihnen in neue genossenschaftliche Finanzorganisationen (People's Credit Funds) überführt worden.

gefälles zwischen ländlichen und urbanen Regionen erreicht werden. Aus gesamtwirtschaftlicher Sicht sollen die genossenschaftlich organisierten Kreditinstitute als Bestandteil einer umfassenderen finanziellen Infrastruktur einen gewichtigen Beitrag zur Mobilisierung und Allokation inländischer Finanzressourcen. Dies ist von zentraler Bedeutung für den weiteren Verlauf des Transformationsprozesses, da eine nachhaltige wirtschaftliche Entwicklung primär an die Mobilisierung heimischer Ressourcen gebunden ist. Darüber hinaus sollen People's Credit Funds als *lokale Finanzintermediäre* zur Entwicklung einer effizienten Finanzinfrastruktur im Rahmen der Reform und Modernisierung des gesamten vietnamesischen Bankensektors beitragen.

Das People's Credit Funds-System ist derzeit in zwei *Ebenen* untergliedert (s. Abbildung 7):

(1) Auf der *lokalen* Ebene agieren die lokalen People's Credit Funds (PCFs), die für die direkten Geschäftsbeziehungen mit den Haushaltsmitgliedern verantwortlich sind.

(2) Auf der *nationalen* Ebene wurde die genossenschaftliche Zentralbank (Central People's Credit Funds, CCF), die als die Dachorganisation im August 1995 errichtete. Ihre Aufgaben bestehen darin, einen Risiko- und Liquiditätsausgleich sowie die Refinanzierung im ganzen System sicherzustellen.

Im Prinzip sieht der *Gründungsprozess* wie folgt aus: Interessenten schließen sich zusammen und bauen ein lokales Kreditinstitut auf bzw. neue Mitglieder treten bei. In der Realität geht die Initiative zum Aufbau eines lokalen People's Credit Fund sowohl von der SBV aus und als auch von interessierten Personen auf lokaler Ebene. Die SBV eruiert mit Hilfe der lokalen Verwaltung den Bedarf und die Entwicklungschancen eines lokalen Kreditinstituts in einem gewissen Geschäftsgebiet. Die Mindestanzahl von potentiellen Gründungsmitgliedern (15 Personen) ist die Voraussetzung zur Gründung einer lokalen Volkskreditkasse. Diese Personen müssen "wohlhabender" als der Durchschnitt der Gemeinde sein, da für das vorgeschriebene Gründungskapital mindestens 100 Millionen VND (ca. 6.700 US Dollar) erforderlich sind. Daher wird von jedem Gründungsmitglied der Erwerb von Mindestgeschäftsanteilen im Wert von 6,7 Mio. VND (ca. 444,2 US Dollar) verlangt. Wie die schnelle Ausweitung der lokalen People's Credit Funds belegt (von 49 PCFs in 49 Provinzen im Oktober 1994 auf 906 PCFs in 53 Provinzen im Dezember 2001), scheint es keine Probleme zu bereiten, jeweils die Gründungsmitglieder zu finden und das vorgeschriebene Grundkapital (Statuskapital) zu erhalten. Wenn eine lokale Kreditkasse registriert ist und die Lizenz für das Bankgeschäft erhalten hat, kann sie neue Mitglieder aufnehmen. Grundsätzlich können alle Personen, einschließlich der "ärmeren" Haushalte, Mitgliedschaft zu bekommen. Mitglieder müssen mindestens einen nominalen Geschäftsanteil ohne Gewinnbeteiligung – Qualification Share – im Wert von 50,000 VND (ca. 3,3 US Dollar) erwerben. Darüber hinaus können sie auch weitere gewinnbehaftete

Geschäftsanteile – Permanent Shares – zeichnen, deren Nominalwert sich zwischen 100.000 VND, 200.000 VND, 500.000 VND oder sogar bis 1 Mio. VND variieren kann. Jede lokale PCF hat natürlich als autonomes Kreditinstitut das Recht, jeden Antragsteller im Hinblick auf Leumund, Selbsthilfepotential sowie wirtschaftliche Lage zu prüfen. In allgemeinem werden jedoch alle Anträge auf Mitgliedschaft akzeptiert. Ende 2001 wurden insgesamt 178 Mrd. VND (ca. 11,8 Mio. US-Dollar) auf das Grundkapital aller lokalen Kreditkassen eingezahlt. Davon betrug der Gesamtwert gewinnbehafteter Geschäftsanteile 137,6 Mrd. VND (ca. 9.1 Mio. US-Dollar); Dies bedeutet, dass jede lokale PCF über ein durchschnittliches Statuskapital im Wert von 194,5 Mio. VND (ca. 12.895 US-Dollar) bzw. über "Permanent Shares" im Wert von 151,9 Mio. VND (ca. 10.069 US-Dollar) verfügte.

Die *genossenschaftliche Zentralbank* CCF wird in der Rechtsform der Aktienbank betrieben. Jedes lokale People's Credit Fund kann Mitglied der CCF sein. Sie muss einen Geschäftsanteil im Wert von 10 Mio. VND an der Zentralkasse zeichnen. Allerdings sind in dieser Phase des Aufbaus und Stärkung des gesamten genossenschaftlichen Finanzsystems sind die SBV und die anderen staatlichen Geschäftsbanken mit höheren Anteilen an der Zentralkasse beteiligt als die Mitgliederkassen. Dies spiegelt die Tatsache wieder, dass der Aufbau der People's Credit Funds sowohl Elemente des staatlichen Eingriffes als auch die der Partizipation der "Grassroots" Mitglieder kombiniert. Ende 2001 betrug das Grundkapital 114 Milliarden VND (ca. 7,6 Mio. US Dollar), wovon die SBV insgesamt einen Anteil von 72 % hält. Von den lokalen Kreditinstituten waren bis dahin erst 8,5 Milliarden VND eingezahlt worden, d.h. 7,5 % des Statuskapitals. Die restlichen Beteiligungen gehören den 4 staatlichen Geschäfts- und 2 privaten Aktienbanken, die eine Obergrenze von 30% des Statuskapitals nicht überstreiten dürfen. Langfristig sollen die gesamten Geschäftsanteile den lokalen Kreditinstituten übertragen werden.

Durch einen behutsamen Aufbau des Netzwerks der Volkskreditkassen sollen einerseits vorsichtig *Erfahrungen* gesammelt werden, andererseits soll das bei der Bevölkerung das verloren gegangene *Vertrauen* in die genossenschaftliche (Finanz-)Organisationsform wieder-hergestellt werden. Vor diesem Hintergrund wurden diese Institute nicht als 'Credit Cooperatives', sondern als 'People's Credit Funds' genannt. Die Staatsbank Vietnams wollte bei Neuzulassung von Kreditkassen kein Risiko eingehen; sowohl die Kapitalbasis der Gründer als auch das lokal verfügbare Einlagenpotential müssen daher "über-durchschnittlich" sein. Eine Ausdehnung auf "sehr arme" Gemeinden ist bisher erst für die kommenden Jahre vorgesehen. Ende 2002 besteht das kreditgenossenschaftliche Verbundsystem aus einer CCF mit 23 Branchen auf regionaler Ebene[46] und aus 888 lokalen PCFs. Die (Haushalts-)Mitgliederzahl

---

[46] Die 21 ehemaligen regionalen Kreditkassen (RCF) wurden aber bis Ende 2001 auf die zentrale Kreditkasse (CCF) fusioniert, und fungieren fortan als regionale Branchen der zentralen Kasse.

lag bei 850.781 mit einer jährlichen durchschnittlichen Wachstumsrate von über 200 %; Dies bedeutet, dass 6,7 % aller Haushalte im ländlichen Gebiet in insgesamt 51 Provinzen vom genossenschaftlichen Finanzsektor bedient wurden. Obwohl in der Konsolidierungsphase vom Ende 1998 bis zum Ende 2001 insgesamt 71 lokalen PCFs ihre Geschäftslizenzen entzogen wurden, stiegen zwar stetig die Mitgliederanzahl von 646.701 in 1998 auf 807.546 in 2001 und auf 850.781 in 2002. Das übermäßige Wachstum von Mitgliederanzahl (über 200 % p.a.) gegenüber dem der Institutanzahl (58 % p.a.) kann als ein Indikator für die Attraktivität und gute Reputation dieser genossenschaftlichen Finanzorganisationsform interpretiert werden.

Das genossenschaftliche PCF-System basiert in erster Linie auf dem Grundprinzip: so weit wie möglich lokale Ressourcen zu mobilisieren, auch von Nicht-Mitgliedern. Im Gegensatz zu den ebenfalls im ländlichen Bereich operierenden staatlichen Banken VBARD und VBP gelang es den Kreditkassen in relativ kurzer Zeit, *Sparmittel* der Bevölkerung in einem erheblichen Umfang anzuwerben. Zum Jahresende 2001 beliefen sich die Spareinlagen auf 2.347,3 Mrd. VND (155, 6 Mio. US-Dollar). Eines der größten Nachteile liegt darin, dass gar keine mittel- bis langfristigen Sparprodukte angeboten sind. Daher waren im Durchschnitt über 80 % aller mobilisierten Mittel als Sichteinlagen oder Termineinlagen mit einer Laufzeit von unter einem Jahr gehalten werden. Weitere Grundsätze der Volkskreditkassen bestehen darin, *Geschäftsgebiet* gesetzlich nur auf einer Kommune – als kleinste Verwaltungseinheit in Vietnam – beschränkt zu sein und *Kreditgeschäfte* nur mit Mitgliedern zu betreiben. Der persönliche Leumund des Antragstellers ist daher ein ganz wichtiges Entscheidungskriterium. Eine notwendige Bedingung für die erfolgreiche Kreditbeantragung ist das 'letter of corfirmation' von dem Volkskomitee auf kommunaler Verwaltungsebene. Entscheidungen zur Vergabe größere Kreditbeträge, deren Grenzen unterschiedlich vom PCF zu PCF festgelegt sind und sich zwischen 5 bis 10 Mio. VND variieren, müssen in einem Kreditkomitee, u.a. Geschäftsführer, Kreditsachbearbeiter und Vorsitzendem des Aufsichtsrat getroffen sein. Gesetzlich dürfen Großkredite nicht mehr als 15 % des Eigenkapitals desjenigen Kreditinstituts überschreiten. Dingliche Sicherheiten sind verlangt, wenn der Kreditbetrag über 10 Mio. VND liegt. Da bis dato viele Kredite kurzfristiger Natur sind und deren Beträge nicht allzu hoch sind, ist die Stellung von Sachsicherheiten (noch) kein Problem. Nur langlebige Konsumgüter und landwirtschaftlicher Grund und Boden mit Nutzungsrecht – 'Red Book' – werden als Sicherheit akzeptiert. Falls in der Zukunft auch mittel- bis langfristige Kredite zur Verfügung gestellt werden, könnte die begrenzte Wiederveräußerungsmöglichkeit von landwirtschaftlichem Boden ein Hemmnis für deren Ausweitung darstellen. Das gesamte *Kreditportfolio* lag Ende 2001 bei 2.745,8 Mrd. VND (ca. 182 Mio. US Dollar). Auf der lokalen Ebene wurden in diesem Jahr 661.443 Kredite mit einem gesamten Volumen von 3.985,6 Mrd. VND (ca. 269,2 Mio. US Dollar) an

199

Mitglieder vergeben, d.h. 6 Mio. VND (ca. 399,5 US Dollar) pro Kredit im Durchschnitt . Die Ausfallquote blieb auf einem geringen Niveau von 2,16 %. Die lokalen People's Credit Funds bewirtschafteten einen Jahresgewinn von 59,8 Mrd. VND (ca. 4,04 Mio. US Dollar)[47]. Die allgemein hohen Wachstumsraten in der Landwirtschaft und des ländlichen Gewerbes in der letzten Dekade dürften weiterhin die Rückzahlungen erleichtert haben.

Es ist begrenzte Information über die *Mitgliederstruktur* der lokalen People's Credit Funds verfügbar. Sie kann nur indirekt über die Struktur der Kreditnehmer abgeleitet werden. Im Durchschnitt stammen ca. 57 % von ihnen aus landwirtschaftlichen Haushalten. Etwa 28 % betreiben Handel und mehr als 10 % sind als ländliche Handwerker einzustufen[48]. Aufgrund dieser beruflichen Vielfalt der Kreditnehmer können Bankrisiken, u.a. Liquiditäts- und Kreditausfallrisiken, gut diversifiziert werden, denen lokale Kreditinstitute mit besonders homogener Mitgliederstruktur ausgesetzt sind. Auf der einen Seite sind die Effekte der Saisonalität und Zeitgleichheit geringer, da der Spar- und Kreditbedarf der einzelnen Gruppen von Mitgliedern zu unterschiedlichen Zeitpunkten anfällt. Daher ist der Zu- und Abfluss von liquiden Mitteln gleichmäßiger verteilt. Auf der anderen Seite sind die Kredite zur Finanzierung von wirtschaftlichen Aktivitäten auf unterschiedliche Bereiche verteilt. Potentielle Ausfallsrisiken können so besser ausgeglichen werden.

Drei Merkmale charakterisieren den *PCF-Ansatz*:

(i) ein verbesserter *Zugang* zu Finanzdienstleistungen auf lokaler Ebene für Sparer und Kreditnehmer;

(ii) eine *Risikodiversifikation* durch die überregionale Verbundorganisation;

(iii) eine verbesserte Spareinlagen*mobilisierung* und Kredit*rückzahlungsmoral*.

Den Aufbau kann man als eine Kombination einer *Finanzsystementwicklung* von oben und von unten bezeichnen. Die People's Credit Funds sind als *mitgliederorientierte* Finanzorganisationen konzipiert, die die Ersparnisse ihrer Mitglieder mobilisieren und nach marktwirtschaftlichen Grundsätzen der Kostendeckung arbeiten. Prinzipiell sollen sie unabhängig von Subventionen des Staates arbeiten. Da die Mitglieder Eigentümer dieser Finanzorganisation sind, haben sie das Recht, am Entscheidungsprozeß zu partizipieren. In dieser Hinsicht ist der Aufbau der Volkskreditkassen ein Ansatz der genuinen Entwicklung *von unten*. Die Initiative zur Errichtung der Kreditkassen ist von der *Staatsbank Vietnams* ausgegangen. Sie unterstützt sehr intensiv die Bereiche der Koordination, Überwachung und Personalausbildung in der Anfangsphase. Insofern ist der PCF-Ansatz ein treffendes Beispiel für einen Finanz-

---

[47] Quelle: Cooperative Credit Institutions Department (CCID), State Bank of Vietnam (SBV), Stand: 31.12.2001. Der nominale Wechselkurs betrug 15.084 VND/US-Dollar am Jahresende bzw. 14.806 VND/US-Dollar im Jahresdurchschnitt.
[48] Siehe Anhang 2.

institutionsaufbau *von oben.* Der Top-Down-Approach wird verstärkt durch das Fehlen von eigenen verbundinternen Sicherungseinrichtungen, nämlich Einlagensicherung, Risikofonds, und Verbandstrukturen mit den Funktionen wie Interessenvertretung, Training, Prüfung und Controlling. Wie geplant sollen diese Institutionen in den kommenden Jahren aufgebaut werden[49].

---

[49] Siehe CCID, 2001/2003.

Abbildung 7: Organigramm des People's Credit Funds-Systems

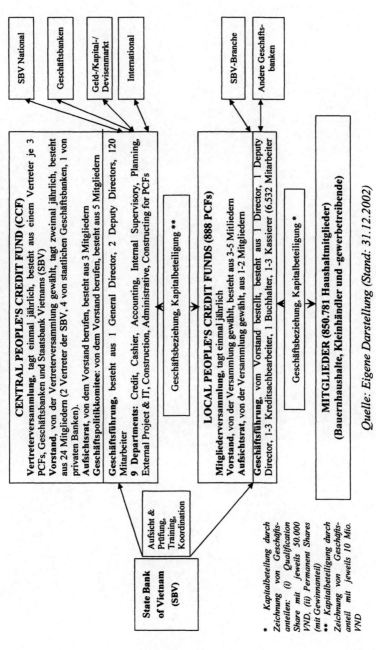

Quelle: Eigene Darstellung (Stand: 31.12.2002)

Kapitel VII: Entwicklungspotential des People's Credit Funds-Systems: Eine strategische Wettbewerbs- und Strukturanalyse

In dem vorliegenden Kapitel handelt es sich um eine umfassend angelegte Darstellung und Beurteilung des vietnamesischen People's Credit Funds-Systems im Hinblick auf die *Wettbewerbsfähigkeit* seiner rechtlich und ökonomisch selbständigen Verbundmitglieder. Ziel des Kapitels ist die Aufdeckung vorhandener und potentieller Wettbewerbsvorteile und -nachteile genossenschaftlicher Kreditinstitute, um Vorschläge für die strategischen Handlungsoptionen auf den einzelnen Verbundebenen zu machen. Angestrebt ist dabei nicht nur eine Diagnose der Ist-Situation sondern auch die Erarbeitung fundierter Grundlagen für zukünftige Strategie- und Strukturentscheidungen.

Der Aufbau des Kapitels ist wie folgt konzipiert. Der *erste* Abschnitt befasst sich mit der allgemeinen Zielkonzeption eines genossenschaftlich organisierten Kreditinstituts und Verbundsystems, mit den rechtlichen Rahmenbedingungen und den Aufgabenbereichen der einzelnen Verbundebenen. Einer Analyse der Entwicklung des PCF-Systems im Zeitraum von 1994 bis 2002 schließt sich eine Aufnahme des Status Quo an. Zur Beurteilung der Wettbewerbssituationen genossenschaftlicher Kreditinstitute erfolgt im *zweiten* Abschnitt ein Vergleich mit den anderen Banken(-gruppen), insbesondere mit der Vietnam Bank for Agriculture and Rural Development (VBARD) als ihrem Hauptwettbewerber im ländlichen Raum. Im *dritten* Abschnitt sollen offenkundige und latente Strukturprobleme auf den verschiedenen Ebenen des PCF-Systems beleuchtet werden:

- bei den lokalen Peole's Credit Funds (PCFs), die in regionale Wirtschafts-kreisläufe eingebunden sind und die Funktion der finanzintermediären Bankunternehmung ausüben; und

- im Oberbau der genossenschaftlichen Zentralbank (CCF), deren Hauptaufgabe in der Bereitstellung des verbundinternen Liquiditäts-ausgleichs und Zahlungsverkehrs besteht.

Kennzeichnend für das genossenschaftliche Finanzsystem Vietnams ist, dass seine gesamtwirtschaftliche Bedeutung aus den kumulierten Geschäftsvolumina einer Vielzahl zum Teil sehr kleiner und selbständiger Unternehmenseinheiten, insbesondere auf der lokalen Verbundebene, ergibt. Durch die Integration in den Finanzverbund, d.h. durch die Inanspruchnahme von verbundinternen Leistungen, können einzelne lokale Kreditinstitute ihre strukturellen Nachteile kompensieren und ihre Wettbewerbsfähigkeit nachhaltig aufrechterhalten. Die aktuellen Governance Strukturen im genossenschaftlichen Finanzverbund sollen hierfür herausgearbeitet werden. Dabei wird der Blickwinkel der lokalen Verbundebene eingenommen. Aus dieser Sicht werden die bestehenden Einfluss- und Kontrollmöglichkeiten im Hinblick auf die verbundinternen Geschäftsbeziehungen erörtert. Es soll analysiert werden, ob lokale People's

Credit Funds benachteiligt und in ihrer Mitwirkung auf die Geschäftspolitik der überregionalen Zentralinstitute eingeschränkt sind. Aufbauend auf den Ergebnissen der Wettbewerbs- und Strukturanalysen werden im *vierten* Abschnitt Vorschläge zu strategischen Handlungsoptionen für die einzelnen Verbundebenen unterbreitet.

1. Aufbau, Struktur und Stellung

1.1. Genossenschaftliche Zielkonzeptionen

Als Ausgangspunkt der Strategie- und Strukturdiskussion dient das Oberziel der *Wettbewerbsfähigkeit*. Genossenschaftliche Ziele beziehen sich zum einen auf die Mitgliederorientierung und zum anderen auf die Marktorientierung. Das Zielsystem sollte sich immer an den Grundwerten einer genossenschaftlichen Finanzorganisation als *Personalverein mit Bankunternehmung* ausrichten[1]. Die Grundausrichtung sollte darin bestehen, längerfristig wettbewerbsfähig zu bleiben; d.h. genossenschaftliche Kreditinstitute müssen die sich ändernden Mitgliederbedürfnisse und Marktanforderungen auf einer nachhaltigen Art und Weise erfüllen. Das Organisationszielsystem ist in diesem Sinne nicht als statisches Konstrukt zu betrachten ist, sondern sollte stets dynamisch den aktuellen Umfeldentwicklungen angepasst werden. Entsprechend dem stetigen Wandel der Mitgliederbedürfnisse unterliegt das Angebot an Bank- und Finanzdienstleistungen der genossenschaftlichen Kreditinstitute einer ständigen Anpassung an diesen Veränderungen.

1.1.1. Mitgliederorientierung

Die Genossenschaft ist eine privatrechtliche Organisationsform, allerdings mit einer spezifischen Zielsetzung, dem Förderauftrag. Dieser leitet sich aus dem Paragraph §1 des Genossenschaftsgesetzes (GenG) sowie aus den Artikeln 2-4 der "Regierungsverordnung über Organisation und Operationen der People's Credit Funds (48/2001/ND-CP)" ab. Danach sind sie *kooperative Kreditinstitute*, die nach den Grundsätzen der Freiwilligkeit, Selbstverwaltung und Selbstverantwortung und mit dem Hauptziel der Förderung der Mitgliederwirtschaften betrieben sind. Die strikt privatwirtschaftliche und mitgliederorientierte Ausrichtung grenzt die People's Credit Funds von anderen Unternehmensformen ab. Worin genau die Förderung der Mitglieder bestehen soll, lässt der Gesetzgeber offen. Der Begriff der Mitgliederförderung bedarf demzufolge einer Auslegung.

Anstatt wie üblich bei staatlichen und privaten Geschäftsbanken zu überlegen, welche Kunden für den Kauf von Finanzprodukten in Frage kommen, steht im Vordergrund eine Analyse des Mitgliederbedarfs. Die Geschäftsführung macht sich zuerst ein Bild von den persönlichen Verhältnissen und der aktuellen Versorgungssituation von Mitgliedern, um darauf aufbauend dem Mitglieder-kreis Lösungsvorschläge zu unterbreiten. Nach der erfolgreichen Problemlösung

---

[1] Siehe Kapitel II, Abschnitt 5.4.

und Zusammenstellung der Produkte setzt die Stufe der Produktion ein. Den Abschluss bildet schließlich der Verkauf. Die Mitgliederorientierung bedeutet nicht eine einmalige Verkaufsaktivität, sondern kontinuierliche Betreuung. Denn im Zeitablauf können neue Mitgliederbedürfnisse auftreten, die entweder Umstrukturierungen in den bisher genutzten Produkten erforderlich machen oder zusätzliche, neue Geschäftsfelder ermöglichen.

Der Umfang der Zielerreichung bzw. die Erfüllung des Förderauftrags sind jedoch von den Mitgliedern zu beurteilen. Für das genossenschaftliche Bankmanagement ist es wichtig, den Grad der Zustimmung seiner Mitglieder zu erkennen und bei Abweichungen von dem Förderauftrag Korrekturen und Anpassung vorzunehmen. Der *Zustimmungsgrad* kann an drei Kriterien gemessen werden: durch den Umfang der Inanspruchnahme der angebotenen Leistungen, durch eine aktive Partizipation an den Willenbildungs- und Entscheidungsprozessen in der Mitgliederversammlung oder Geschäftsführung (*Voice*) sowie im Extremfall durch den Austritt aus der Organisation (*Exit*)[2].

1.1.2. Marktorientierung

Die *Leistungsfähigkeit* einer genossenschaftlichen Bankunternehmung – im Hinblick auf die organisationsexternen Marktanforderungen – lässt sich an ihren wirtschaftlichen Zielen, nämlich Rentabilität, Wachstum und Risiko, messen. Es gelten für jedes genossenschaftliche Kreditinstitut die gleichen Bedingungen wie für andere Finanzintermediäre in einer marktorientierten Wirtschaftsordnung. Die Geschäftsführung muss angesichts der Existenzsicherung ein bewusst ertragsorientiert ausgerichtetes Zielsystem erstellen. Von den drei Größen der marktorientierten Ziele kommt der Wirtschaftlichkeit und der Sicherheit die überragende Bedeutung zu. Wachstum darf nur insoweit angestrebt werden, als die notwendige Mindestrentabilität nicht unterschritten wird. Auch die Übernahme von Risiken ist strikt in Abhängigkeit der damit verbundenen Ertragschancen zu sehen. Darüber hinaus dürfen diese einen festgelegten Rahmen nicht überschreiten, um die Sicherheit der Kreditinstitute und ihre Existenz nicht zu gefährden. Die Sicherstellung der Zielerreichung soll durch ein effizientes Anreiz- und Überwachungssystem unterstützt werden, das die Geschäftsführung mit den notwendigen entscheidungsrelevanten Steuerungs-informationen versorgt.

Es ist zu differenzieren zwischen dem Marktbereich, der mit den Mitgliedern/ Kunden in unmittelbarem Kontakt steht und dem Bereich der Leistungs-erstellung. Während das Marktergebnis den Marktbereich erforderlich macht, fällt das Produktivitätsergebnis in den Verantwortungsbereichen der Produkt-hersteller, d.h. der lokalen und überregionalen Kreditinstitute. Der Marktbereich kann dabei sowohl die Produkte von der eigenen Bankunternehmung als auch von der genossenschaftlichen Zentralbank beziehen. Die Leistungserstellung ist

---

[2] Siehe Hirschmann, 1974.

daher organisatorisch vollkommen von den Marktbereichen zu isolieren. Bedingt durch das wirtschaftliche und institutionelle Umfeld, in das jedes genossenschaftliche Kreditinstitut eingebettet ist, können Vorteile für die Mitglieder insbesondere über ein effizientes Kostenmanagement und damit verbundenen eine effiziente Leistungserstellung erzielt werden. Denn nur geringe Gestaltungsspielräume bestehen bei der Auswahl des Leistungs- angebotes im normalen Bankgeschäft lokaler Kreditinstitute. Von der Erwirtschaftung ist aber die Verteilung des erzielten Gewinns zu trennen, der gemäß dem Förderauftrag den Mitgliedern zugute kommen soll.

1.1.3. Wettbewerbsfähigkeit als strategisches Organisationsziel

Der *Gesamterfolg* einer genossenschaftlichen Finanzorganisation wird nicht nur durch das sich in der Gewinn- und Verlustrechnung ergebende Betriebsergebnis determiniert, sondern hängt auch davon ab, inwieweit die *Genossenschafts mitglieder* im abgelaufenen Geschäftsjahr gefördert werden. Ein langfristig positiver *Markterfolg* ist erforderlich für die Weiterentwicklung der genossenschaftlichen Bankunternehmung und stellt somit die Existenz- voraussetzung dar. Die permanente Realisierung eines *Fördererfolgs* ist entscheidend für ihre Existenzberechtigung. Allerdings gewährleistet ein positiver Markterfolg nicht automatisch auch eine optimale Förderung der Genossenschaftsmitglieder.

Die geschäftspolitische Ausrichtung einer genossenschaftlicher Kreditinstitute mit einseitiger Orientierung nach Mitgliederbedürfnissen führt möglicherweise zu einer Weichenstellung für die Marktorientierung. Es können z.B. mit der Konzentration der Förderungspolitik auf einen bestimmten Mitgliederkreis – durch im Vergleich zu den Wettbewerbern höher/niedriger gesetzte Einlagen-/ Kreditzinssätze – *Opportunitätskosten* auftreten, die in dem entgangenen Umsatz bzw. Gewinn zu sehen sind. Andererseits sind aus dem Blickfeld der Mitgliederorientierung Opportunitätskosten zu berücksichtigen, falls der Förder- auftrag nicht hinreichend realisiert wird oder Fördermaßnahmen auch zugunsten der Kunden als Nichtmitglieder getroffen sind. Offensichtlich existiert ein *Trade Off* zwischen den Organisationszielen.

Der mögliche Konflikt "Markterfolg versus Fördererfolg" ist zum einen auf die heterogene Interessenlagen zwischen unterschiedlichen Mitgliedergruppen (als genossenschaftsspezifisches Konfliktpotential) und zum anderen auf das klassische Principal-Agent-Problem zwischen den Eigentümern und dem Bankmanagement zurückzuführen. Das Abwägungsproblem, welches Vorgehen im Hinblick auf Opportunitätskosten am günstigsten ist, ist von jedem genossenschaftlichen Kreditinstitut individuell zu lösen, weil sich Strukturen der Mitgliederbedürfnisse und Marktanforderungen eines Instituts zu denen eines anderen unterscheiden. Der Markterfolg stellt schließlich die *Existenzgrundlage* dar und schafft Voraussetzung für die Realisierung der Mitgliederförderung (siehe Abbildung 8).

Abbildung 8: Strategische Stoßrichtung im Hinblick auf Zielkomponenten eines genossenschaftlich organisierten Unternehmens

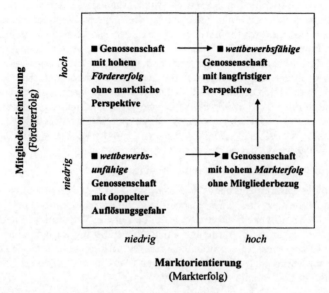

Marktorientierung
(Markterfolg)

Quelle: Eigene Darstellung.

Aus Abbildung 8 wird offensichtlich, dass eine *nachhaltige Wettbewerbs-fähigkeit* nur dann gegeben ist, wenn gewisse hohe Niveaus von Markt- und Fördererfolg zugleich erreicht werden. Die Realisierung nur einer Komponente des Zielsystems führt hingegen nicht zum langfristigen Gesamterfolg eines genossenschaftlich organisierten Unternehmens. Ein hoher Fördererfolg ohne einen entsprechenden Markterfolg beinhaltet für das einzelne Kreditinstitut mittel- bis langfristig die Gefahr der Auflösung aufgrund der geringeren (marktlichen) Effizienz. Ein hoher Markterfolg ohne Mitgliederbezug sichert kurz- bis mittelfristig die Marktposition im Vergleich zu den anderen Wettbewerbern, führt aber letztlich zu einer Situation, bei der divergierende Interessen, zum einen zwischen den Genossenschaftsmitgliedern und zum anderen zwischen den Mitgliedern und dem Bankmanagement, den Bestand der Genossenschaft gefährden. Eine doppelte Gefahr der Auflösung resultiert schließlich, wenn die Ausprägung beider Erfolgsdeterminanten gering ist[3]. Sobald der Erreichungsgrad der beiden Zielkomponenten als gering einzuschätzen ist, sollte zunächst der Versuch unternommen werden, den Markterfolg bzw. die Marktposition zu stärken.

---

[3] Vgl. auch Bänsch, 1983, S. 157ff.

Flexibilität und Erzielung eines *Ausgleiches* zwischen Mitglieder- und Marktorientierung weisen in diesem Kontext die primäre Priorität für die strategische Stoßrichtung genossenschaftlich organisierter Kreditinstitute auf. Dabei liegt die Vermutung nahe, dass die beiden Zielkomponenten der Wettbewerbsfähigkeit *auf mittel- bis langfristiger Sicht* positiv korreliert sind, weil eine hohe Wertigkeit des Fördererfolgs nachhaltig positive Triebskräfte des Markterfolgs induziert und umgekehrt. Ein solches Verfahren garantiert allen betroffenen Interessengruppen, nämlich den Mitgliedern, den Kunden, den Mitarbeitern und der Öffentlichkeit Verlässlichkeit und Vertrauenswürdigkeit in Bezug auf die Wettbewerbsfähigkeit genossenschaftlicher Kreditinstitute. Zusammenfassend sollte das Zielsystem eines genossenschaftlich organisierten Unternehmen darauf richten, eine *effiziente Form der Leistungserstellung zur Förderung der Mitgliederwirtschaften* zu gewährleisten.

1.2. Rechtlich-institutionelle Rahmenbedingungen

Aufgrund des Zusammenbruchs der *ehemaligen* Kreditgenossenschaften Anfang der 90er Jahre war die genossenschaftliche Finanzorganisationsform starker Kritik der Öffentlichkeit ausgesetzt. Die besondere Situation bezüglich des mangelnden Zugangs an formellen Finanzdienstleistungen, insbesondere im ländlichen Raum, veranlasste die vietnamesische Regierung, u.a. die State Bank of Vietnam (SBV), zu einem vorsichtigen Auf- und Ausbau eines *neuen* genossenschaftlich organisierten Finanzverbunds[4].

Typisch für die Entwicklung des People's Credit Funds-Systems ist die Dominanz der kommunalen Anbindung lokaler Kreditinstitute. Dabei besitz das *Regionalprinzip* ihre Gültigkeit durch die Verankerung in gesetzlichen Vorschriften[5]. Lokale PCFs wurden/werden in der Regel sehr intensiv von den regionalen Verwaltungsapparaten und den provinziellen Branchen der State Bank of Vietnam (SBV) unterstützt bzw. betreut. Ihre Entwicklung ist ohne eine starke Beeinflussung der zuständigen nationalen und regionalen Institutionen kaum vorstellbar. So wurden diese zum Akzelerator des Organisationsaufbaus. Ohne den Bedarf des Staates, eine den ideologischen Vorstellung entsprechende Organisations- und Rechtsform zur Bewältigung der mit dem Entwicklungs- und Transformationsprozess verbundenen Probleme zur Verfügung zu haben, wären vielleicht einige Entscheidungen des Staates im Zusammenhang mit dem Aufbau der Organisation nicht immer im Sinne von *"Grass Root-Demokratie"* ausgefallen[6].

Das Genossenschaftsgesetz (GenG), das Gesetz für Kreditinstitute und einzelne Verordnungen für das People's Credit Funds-System, die von der Regierung, der Staatsbank und des Finanzministeriums erlassen sind, bilden die institutionelle

---

[4] Siehe Kapitel VI, Abschnitt 3.
[5] Artikel 1, Dekret der SBV Nr. 09/2001/TT-NHNN vom 08.10.2001. Interkommunale People's Credit Funds dürften nur unter sehr strenger Auflage zugelassen werden.
[6] Expertengespräche.

Basis für diese Organisations- und Rechtsform. Eine höhere Priorität des Gesetzes über Kreditinstitute gegenüber dem Genossenschaftsgesetz wird im Falle unterschiedlicher Gesetzesauslegungen gewährt[7].

1.2.1. People's Credit Fund als Genossenschaft

Das wichtigste Unterscheidungskriterium genossenschaftlicher Kreditinstitute zu ihren Konkurrenten ist der Förderauftrag und die lokale Bindung an die ansässige Kommune, die die kleinste Verwaltungseinheit in Vietnam darstellt[8]. Für die Verbundorganisation als Ganzen besteht eine einheitliche Gesetzgebung, die Vorschriften für die einzelnen Mitglieder des Verbunds enthält, zum Teil wird aber durch sie auch die Zusammenarbeit und der Aufbau des Verbundes determiniert.

Der genossenschaftliche Förderauftrag ist ein wichtiger Bestandteil der genossenschaftlichen Rechts- und Unternehmensform und dient den Mitgliedern zur Abgrenzung von den anderen Gruppen im formellen Banksystem. Der Förderauftrag ist in §1 des Genossenschaftsgesetzes sowie in Artikel 2 der 'Regierungsverordnung über Organisation und Geschäftstätigkeit des People's Credit Funds' (48/2001/ND-CP) kodifiziert:

- "Die Genossenschaft ist eine autonome *wirtschaftliche Unternehmens-organisation* von Personen, die gemeinsame Bedürfnisse und Interessen haben und freiwillig ihr Kapital sowie ihre Arbeitskraft und Fähigkeit für Produktion, Handel und Dienstleistungen in die Genossenschaft einbringen, um sich gegenseitig zu helfen, die sozialen und wirtschaftlichen Bedingungen der Mitglieder zu verbessern und einen Beitrag für die Wirtschaftsentwicklung des Landes zu leisten". Die Grundsätze der "Autonomie" (§1 GenG), "Freiwilligkeit", "Demokratie", "Selbstverantwortung" und "gegenseitige Hilfe" (§7 GenG) gewährleisten der genossenschaftliche Organisations- und Rechtsform einen ausreichenden Handlungsspielraum für eigenverantwortliches und unternehmerisches Handeln. Die Selbstständigkeit und Selbstverwaltung der Genossenschaften werden im Hinblick auf das Verhältnis zwischen ihnen und dem Staat ausdrücklich festgehalten: "Die *Autonomie* und die Selbstverantwortung der Genossenschaften (...) werden vom Staat geachtet; der Staat mischt sich nicht in die Geschäftsführung (...) der Genossenschaften ein" (§5 GenG).

- "People's Credit Fund ist eine kooperative Finanzorganisationsform, die auf den Prinzipien der Freiwilligkeit, Selbstverwaltung und Selbst-verantwortung basiert. Ihre Zielsetzung besteht vor allem in der gegenseitigen Hilfe zwischen den Mitgliedern, um Vorteile der

---

[7] Artikel 71, Regierungsverordnung über Organisation und Geschäftstätigkeit des People's Credit Funds' (48/2001/ND-CP, in Kraft tretend seit 01.09.2001)
[8] Siehe General Statistic Office (GSO), 2002.

Kooperation als Ganzes und der einzelnen Mitglieder zu fördern, damit sie effizient bewirtschaften und ihren Lebensstandard verbessern zu können. Der People's Credit Fund muss nach dem *Kostendeckungsprinzip* operieren und einen Gewinn erwirtschaften, um sich zu entwickeln" (Artikel 2, 48/2001/ND-CP)[9].

Der Förderauftrag stellt somit das kodifizierte Auftragsziel der People's Credit Funds dar, zu dessen Erfüllung die Entscheidungsträger gesetzlich verpflichtet sind. Die Konkretisierung des Genossenschaftsgesetzes und der Regierungsverordnung Nr. 48/2001/ND-CP erfolgt im Rahmen der "Mustersatzung für People's Credit Funds" gemäß des SBV-Dekrets Nr. 1269/2001/QD-NHNN vom 08.10.2001.

Als Grundlage für die Bildung gemeinsamer Verbundunternehmen und Einrichtungen gelten der Paragraph §48 GenG, für den Aufbau überregionaler genossenschaftlicher Zentralbanken, und der Paragraph §49 GenG, für den (zukünftigen) Aufbau genossenschaftlicher Verbandstrukturen. Diese ermöglichen die Einübung verbundwirtschaftlicher Aktivitäten, u.a.: des Liquiditätsausgleichs, der Refinanzierung, der Prüfung und Revision, der Einlagensicherung sowie die Aus- und Fortbildung genossenschaftlicher Mitarbeiter. Der Artikel 9 der Regierungsverordnung (48/2001/ND-CP) weist offene Möglichkeiten zur Neuerrichtung von Sicherungseinrichtungen (Absatz 1b) sowie von Verbandstrukturen (Absatz 2) auf dem Grundsatz der gegenseitigen Hilfe zwischen den Verbundmitgliedern, auf. Die *Zusammenarbeit im Verbund* zielt darauf ab, eine sichere und nachhaltige Entwicklung einzelner genossenschaftlicher Kreditinstitute sowie des gesamten Finanzverbundsystems zu gewährleisten. Verbundeinrichtungen müssen die folgenden Aufgaben wahrnehmen:

- Bereitstellung des verbundinternen Liquiditätsausgleichs und Zahlungsverkehrs,

- Betriebwirtschaftliche Unterstützung lokaler Kreditinstitute und

- Interessenvertretung gegenüber der Öffentlichkeit und dem Gesetzgeber.

Während die erste Funktion den genossenschaftlichen Zentralbanken zugewiesen ist, sollten die zukünftig aufzubauenden Verbandstrukturen die zwei letzten Funktionen übernehmen. Die betriebswirtschaftliche Unterstützung sollte in der Aus- und Fortbildung, in der externen Rechnungslegung (verbundinternem Revisions- und Controllingsystem), in der Beratung bezüglich rechtlicher, organisatorischer und bankwirtschaftlicher Fragen sowie in der Förderung des Informations- und Erfahrungsaustauschs liegen. Für die Zusammenarbeit im Verbund finden sich entsprechende Regelungen der oben erwähnten Regierungsverordnung sowie in den Satzungen einzelner Verbundmitglieder. Alle diese Regelungen lassen einen Interpretationsraum für

---

[9] Eigene Übersetzungen aus dem vietnamesischen Text.

die konkrete Umsetzung dieser Grundsätze insbesondere in der Geschäftspolitik der einzelnen Verbundmitglieder.

Eng verknüpft mit dem *Förderauftrag* ist die gesetzliche Anforderung an die einzelnen Kreditinstitute, ihre wirtschaftliche Tätigkeit nicht primär unter das Ziel der *Gewinnerzielung* zu stellen. Dennoch weist eine angemessene Gewinnerzielung eine besondere Bedeutung auf, weil der Fortbestand einer genossenschaftlichen Bankunternehmung und damit verbunden die Erfüllung des Förderauftrags gesichert werden können. Die in der Formulierung implizit enthaltene Option der Gewinnerzielung in angemessener Höhe wird *als Mittel zum Zweck* der Erfüllung des kreditgenossenschaftlichen Förderauftrags interpretiert[10]. Das Kostendeckungs- und Wirtschaftlichkeitsprinzip muss dem Auftrag zur Förderung der Mitgliederwirtschaften unterliegen. Die Zulässigkeit des Nichtmitgliedgeschäfts und der Anstellung externen Managers als Nichtmitglied müssen schließlich dem Ziel der Mitgliederorientierung dienen.

1.2.2. People's Credit Fund als Kreditinstitut

Nach den Paragraphen §§ 12, Absatz 1 und 20, Absatz 5 des Gesetztes für Kreditinstitute (The Law on Credit Institutions) wird der People's Credit Fund als *"genossenschaftliches Kreditinstitut"* definiert, das Bankaktivitäten betreibt und dem Gesetz über Kreditinstitute sowie dem Genossenschaftsgesetz unterliegt. Er wird durch juristische Personen, Privatpersonen und Haushalte auf Basis der Freiwilligkeit und der gegenseitigen Hilfe gegründet, um ihre eigenen Wirtschaften zu fördern. Zu den genossenschaftlichen Kreditinstituten gehören 'Genossenschaftsbanken', 'People's Credit Funds', 'Kreditgenossenschaften' und sonstige Formen. Die lokalen PCFs werden nach dieser Definition nicht als 'Geschäftsbank' klassifiziert, so dass ihre Finanzdienstleistungen nur auf Einlagenmobilisierung, Kreditvergabe und Abwicklung nationalen Zahlungsverkehrs beschränkt sind. Direkter Zugriff auf Geldmarktmittel sowie Abwicklung internationalen Zahlungsverkehrs sind beispielsweise nicht erlaubt. Längerfristig würden diese Einschränkungen die Entwicklung der PCFs hin zu vollwertigen Universalbanken verhindern. Andererseits liegen eine konkrete Definition der bzw. Vorstellung über Rechtsform der (zukünftigen) 'Genossenschaftsbank' jedoch nicht vor[11]. Hinsichtlich der *Prüfungs- und Aufsichtsregelungen* werden die People's Credit Funds ohne jede Einschränkungen wie eine normale Geschäftsbank behandelt (§§117-123). Im folgenden sollen u.a. wichtige Regelungen bezüglich der Eigenkapitalbasis, Solvabilitätsrichtlinie, Nichtmitgliedergeschäfte, Mindestreserve, Gewinnausschüttung sowie der Einlagensicherung erörtert werden.

Gemäß der Regierungsverordnung Nr. 82/1998/NDCP vom 03.10.1998 darf das *Grundkapital,* definiert als Summe aller Geschäftsguthaben der Mitglieder, bei lokalen PCFs bzw. bei der CCF eine Grenze von 100 Mio. VND bzw. 100 Mrd.

---

[10] Regierungsverordnung Nr. 48/2001/ND-CP, Artikel 2 und 9.
[11] Expertengespräche.

VND nicht unterschreiten, während diese bei anderen Kreditinstituten zwischen 5 Mrd. VND (ländliche private Aktienbank) und 2.200 Mrd. VND (VBARD) fest sind. Die Eigentümer der lokalen PCFs sind private und juristische Personen, die ihre Mitgliedschaft durch die Zeichnung von Geschäftsanteilen ohne Gewinnbeteiligung (*Qualification Shares*), mit einem Mindestwert von 50.000 VND, und von weiteren Geschäftsanteilen mit Gewinnbeteiligung (*Permanent Shares*) erwerben[12]. Das Geschäftsguthaben eines individuellen Mitglieds darf 30 % des Grundkapitals nicht überschreiten[13]. Aus der Mitgliedschaft folgt eine Haftung je Mitglied in nomineller Höhe der eingezahlten Geschäftsanteile (Geschäftsguthaben). Eine Nachschusspflicht im Konkursfall ist für die Mitglieder ausgeschlossen[14]. Das haftende Eigenkapital (Eigenmittel) besteht aus dem Grundkapital und den Rücklagen. Alternative Eigenkapitalinstrumente sind gesetzlich nicht erlaubt. Die Stärkung der Eigenmittelbasis ist demzufolge weitgehend auf die Zeichnung neuer Geschäftanteile oder auf die Zuführungen zu den Rücklagen durch Gewinnthesaurierung beschränkt. Die Tatsache, dass bei Kündigung der Mitgliedschaft die genossenschaftliche Bankunternehmung das eingezahlte Geschäftsguthaben des ausscheidenden Mitglieds unter Beachtung bestimmter Bedingungen zurückzahlen muss, begründet die Variabilität dieser Eigenkapitalkomponente[15]. Demzufolge kommt den offenen Rücklagen eine besondere Bedeutung zu. Sonderregelungen zur Steuervergünstigungen in der Pilotphase[16] haben im erheblichen Maße zur Bildung von Rücklagen genossenschaftlicher Kreditinstitute beigetragen. Ende 2000 beliefen sich die kumulierten Rücklagen lokaler PCFs auf 47,1 Mrd. VND und wiesen damit einen Anteil von 21 % an den kumulierten Eigenmitteln auf.

Die *Solvabilitätsrichtlinie* beinhaltet die Festlegung von Risikomaßstäben zur Verbesserung der Kapitalbasis und Stabilität der Kreditinstitute. Der Solvabilitätskoeffizient wird errechnet, indem die Eigenmittel in Beziehung zu den risikotragenden Aktiva gesetzt werden[17]. Gemäß der Verordnung der State Bank of Vietnam SBV Nr. 297/1999/QD-NHNN5 vom 25.08.1999 darf der

---

[12] Siehe auch Kapitel VI, Abschnitt 4.2.

[13] Artikel 2, Absatz 2.2, Dekret der SBV Nr. 09/2001/TT-NNNN.

[14] Artikel 23, Absatz 4, Regierungsverordnung Nr. 48/2001/ND-CP.

[15] Artikel 2, Absatz 2.3, Dekret der SBV Nr. 09/2001/TT-NNNN. Das Geschäftsguthaben könnte an andere Mitglieder übertragen werden. Die Rückzahlung des Geschäftsguthabens und der damit verbundenen Gewinnbeteiligung hängt jedoch von der Finanzierungs- und Geschäftslage der genossenschaftlichen Bankunternehmung in dem jeweiligen Geschäftsjahr ab.

[16] In den ersten fünf Geschäftsjahren fallen lokalen PCFs keine Gewinnssteuern an. Für die Jahre 1999 und 2000 mussten sie nur 50% ihrer eigentlichen Gewinnssteuersumme entrichten.

[17] Um den unterschiedlichen Risiken Rechnung zu tragen, werden die risikotragenden Aktiva anhand entsprechender Sicherheitskriterien wie Fristigkeit, Absicherung in verschiedenen Risikoklassen eingeteilt und entsprechend gewichtet. Erst werden die gewichteten Ergebnisse in den Solvabilitätskoeffizienten einbezogen.

Anteil der Eigenmittel am Risikovolumen die achtprozentige Grenze nicht unterschreiten. Dies entspricht einer Ausleihgrenze von höchstem den 12,5 fachen der Eigenmittel. Im Hinblick auf die Fristentransformation darf das Verhältnis zwischen kurzfristigen Verbindlichkeiten (unter 12 Monate) und mittel-/langfristigen Forderungen (über 12 Monate) nicht mehr als 10 % betragen[18]. Gemäß der Verordnung der SBV Nr. 296/1999/QD-NHNN5 vom 25.08.1999 und des Dekrets der SBV Nr. 09/2001/TT-NHNN vom 08.10.2001 darf die Höchstgrenze für einen *einzelnen Großkredit* nicht mehr als 15 % der Eigenmittel betragen. Für Institute mit Schwierigkeiten bei der Erfüllung dieser Normen bieten sich grundsätzlich zwei Lösungswege: entweder die Erhöhung der Eigenmittel oder aber eine Reduzierung der anrechnungspflichtigen Geschäfte bzw. eine Umstrukturierung in risikoärmere Gewichtungsklassen. Beide Wege führen zu einer Ertragsbelastung der People's Credit Funds. Das zusätzliche Eigenkapital muss verzinst werden, während eine Reduzierung des Aktivgeschäftes zu sinkenden Zinserträgen führt. Vorhandene Ertragspotentiale müssen ausgenutzt werden.

In der Regel können genossenschaftliche Kreditinstitute (auf lokaler und zentraler Verbundebene) Passivgeschäfte mit *Nichtmitgliedern* betreiben. Allerdings dürfte bei lokalen PCFs das Verhältnis zwischen Einlagen von Nicht-mitgliedern und Gesamteinlagen die Grenze von 30 % nicht überschreiten[19]. Kredite an Einlagenkunden und arme Haushalte dürften unter der Auflage vergeben werden, nur wenn Sparbücher der Nichtmitglieder als Sicherheit gepfändet sind oder der Anteil der Kredite an arme Haushalte an Gesamtforderungen nicht höher als 10 % ist[20]. Das Aktivgeschäft mit Nichtmitgliedern darf die CCF nur so lange treiben, als der Anteil dieser Kredite an gesamten Forderungen nicht höher als 30 % liegt[21].

Für die CCF gelten die gleichen Regelungen über *Mindestreserve* wie bei der VBARD und andere ländliche private Aktienbanken. Gemäß der Verordnungen der SBV Nr. 191/1999/QD-NHNN1 vom 31.05.1999 und Nr. 560/2001/QD-NHNN vom 27.04.2001 liegt der Mindest-reservesatz für Sichteinlagen und Termineinlagen kurzfristiger Natur bei 2 % (3 % für andere Kreditinstitute). Für Einlagen mit Laufzeit über 12 Monate bzw. für alle Einlagenarten bei lokalen PCFs und der VBARD fällt jedoch keine Mindestreserve an. Als Bemessungs-grundlage für die *Gewinnausschüttung* dient das individuelle Volumen von Geschäftsanteilen mit Gewinnbeteiligung. Die Höhe auszuschüttender Dividenden darf sich höchstens auf den durchschnittlichen Kreditzinssatz in

---

[18] Dieses Verhältnis lag bei anderen staatlichen und privaten Geschäftsbanken zwischen 20 % und 25 %
[19] Punkt 4.1.a des Dekrets der SBV Nr. 09/2001/TT-NHNN.
[20] Artikel 38 der Regierungsverordnung Nr. 48/2001/ND-CP.
[21] Ebenda, Artikel 42.

dem jeweiligen Berichtjahr belaufen. Seit Anfang 2000 sind lokale PCFs Mitglieder des staatlichen *Einlagensicherungssystems*[22].

1.3. Arbeitsteilung und Aufgabenbereiche

Schon in den anfänglichen Entwicklungsjahren hat sich herausgestellt, dass die lokalen People's Credit Funds schnell an ihre Grenzen stießen. Zur Deckung des Liquiditätsbedarfs und zur Abwicklung des Geldausgleichs wurden 'Regional People's Credit Funds' gegründet, denen auf staatliches Betrieben durch SBV die Errichtung 'Central People's Credit Fund' folgte. Mit dieser Entwicklung wurde der Grundstein für den Aufbau des dreistufigen genossenschaftlichen Finanzverbundes gelegt, der nur bis Ende 2001 seine Gültigkeit besaß. Seit Frühjahr 2002 erfolgt die Reorganisation des PCF-Systems in eine zweistufige Verbundstruktur. Die CCF übernimmt die Zentralbankfunktion für alle angeschlossenen Kreditinstitute[23]. Veränderungen der wirtschaftlichen und institutionellen Rahmenbedingungen und strategische Überlegungen im Finanzverbund sollten neue Abgrenzungen des Aufgabenspektrums der lokalen People's Credit Funds und der CCF zur Folge haben.

1.3.1. People's Credit Fund (PCF)

Die Basis eines genossenschaftlichen Finanzverbundes bilden die von den lokalen (Haushalt-) Mitgliedern errichteten People's Credit Funds. Sie sind kommunal agierende Bankunternehmung und haben die Aufgabe zu erfüllen, Fördernutzen für ihre Mitglieder zu generieren. Der Wohnsitz in einer Kommune, im Prinzip als Geschäftsgebiet eines lokalen Kreditinstituts, ist die Voraussetzung für eine Mitgliedschaft in diese Finanzorganisation. Der Einzugbereich ist gesetzlich der geografischer Abgrenzung ausgesetzt. Geschäfte sind untersagt, die vor allem ständig und/oder in größerem Umfang außerhalb des erlaubten Geschäftsgebiets liegen. Hierdurch ist eine Standortverlagerung oder eine Geschäftsgebietsvergrößerung für lokal agierende Kreditinstitute praktisch unmöglich.

Die Bedürfnisprüfung zur Gründung eines lokalen Kreditinstituts wird von der State Bank of Vietnam übernommen, frei von administrativen Zwängen der ansässigen Verwaltungsapparate und nur allein nach betriebswirtschaftlichen Gesichtspunkten. Für die Zulassung wird eine von der SBV 'akzeptierte Liste' von Finanzgeschäften vereinbart, die ihrem Umfang noch nicht nach dem Tätigkeitsfeld einer Universalbank entspricht. Lokale People's Credit Funds

---

[22] Der Beitragssatz der Einlagensicherung beträgt 0,15% der durchschnittlichen Verbindlichkeiten gegenüber Kunden. Die Höchstgrenze einzelnen gesicherten Einlagenvolumens liegt bei 30 Mio. VND. Bis Ende 2001 wurden 5.969 Mio. VND für 739 Kunden mit 1.011 Sparkonten bei 17 insolventen PCFs ausgezahlt, die bis dahin nur 5,5 Mio. VND für die Einlagensicherung bezahlt haben (vgl. Nguyen, 2001, S. 4 und 6).

[23] Über die zwei- bzw. dreistufige Struktur des vietnamesischen genossenschaftlichen Finanzverbundes sind in der Vergangenheit intensive Diskussionen geführt worden (vgl. z.B. Boschert, 1998).

dürfen nur Geschäfte betreiben, die explizit durch ihre Satzungen sowie die *'akzeptierte Liste'* erlaubt sind. In allgemeinem werden folgende Bankgeschäfte zugelassen: Entgegennehmen von Einlagen und anderen rückzahlbaren Geldern, Ausleihungen, Dienstleitungen zur Durchführung des Zahlungsverkehrs, Bürgschaften und Übernahme von Verpflichtungen. Für darüber hinausgehende Transaktionen benötigen lokale PCFs eine Ausnahmegenehmigung von der SBV. Die wichtigsten Einschränkungen der Geschäftspolitik liegen in dem Verbot oder Begrenzung von folgenden Geschäften: Handel für eigene Rechnung oder im Auftrag der Kundschaft (Geldmarktinstrumente, Geldwechselgeschäfte, Termin- und Optionsgeschäfte, Wechselkurs- und Zinssatzinstrumente, Wertpapiergeschäfte), Finanzierungsleasing, Ausgabe und Verwaltung von Zahlungsmitteln, Teilnahme an Wertpapieremission und den verbundenen Dienstleistungen, Wertpapieraufbewahrung, Portfolioverwaltung und -beratung sowie Handelauskünfte, Schließfachverwaltungsdienste etc.

Um ein vielfältiges Bankleistungsangebot offerieren zu können, sind lokale Kreditinstitute für Geschäfte, die sie nicht selbst anbieten oder ausführen dürfen, auf die Zusammenarbeit mit der genossenschaftlichen Zentralbank angewiesen. Damit ist neben der geographischen Begrenzung ihrer Geschäftätigkeit auch die Arbeitsteilung in bestimmten Geschäftsfeldern gesetzlich determiniert. Es sind somit Geschäftsfelder danach zu unterscheiden, ob die Arbeitsteilung im Verbund auf gesetzlichen Vorgaben beruht oder ob sie aus ökonomischen Gründen auf die CCF übertragen wurden.

1.3.2. Central People's Credit Fund (CCF)

Die Central People's Credit Fund wurde auf staatliches Betreiben im August 1995 gegründet. Gründungsmitglieder waren neben den 91 lokalen PCFs und RCFs, die State Bank of Vietnam, die vier staatlichen Geschäftsbanken und die zwei privaten Aktienbanken. Seit Anfang 2000 behält die CCF die Rechtsform der Aktiengesellschaft und wird nach genossenschaftlichen Prinzipien gemäß des seit 1998 in Kraft tretenden Genossenschaftsgesetzes (GenG) organisiert. Zu ihren Funktionen zählt neben der überregionalen *Liquiditätsausgleich-funktion* und dem Halten von Liquiditätsreserven für den gesamten Finanzverbund auch der *Zugang zu den Geldmärkten*. Die CCF als genossenschaftliche Zentralbank sorgt für den Liquiditätsausgleich zwischen den angeschlossenen Kredit-instituten, die ihre Liquiditätsüberschüsse bei der CCF anlegen und bei Bedarf Refinanzierungsmöglichkeiten erhalten konnten. Neben der Liquiditäts-ausgleichfunktion zählen die Leistungen zur Abwicklung des Zahlungsverkehrs, die Vermittlung von öffentlichen Fördermitteln, das Konsortialkreditgeschäft und die Wertpapierverwaltung zu den Aktivitäten der CCF. In diesen Geschäftsbereichen übernimmt sie die Funktionen, Kapazitäten bereitzustellen, die ihre angeschlossenen Kreditinstitute benötigen, um die lokalen Märkten effizient bedienen zu können. Diese Funktionen sind aus dem gesetzlichen Förderauftrag und der Satzung abgeleitet. Das Direktgeschäft bzw. Eigengeschäft soll die CCF nur dort betreiben, wo die lokalen PCFs ihre

Kunden nicht zufrieden stellend bedienen können, und muss jedoch in enger Absprache mit den ansässigen Kreditinstituten erfolgen.

Neben dem Genossenschaftsgesetz (GenG) bilden das Gesetz über Kreditinstitute, das Dekret 155/QD-NH17 und das Dekret 48/2001/ND-CP den rechtlichen-institutionellen Rahmen der CCF, die Gestaltung der Organe und der Binnenstruktur. Die Organisationsverfassung wird durch die einzelne Satzung näher bestimmt. Zentrale Organe der CCF sind die Vertreterversammlung, der Aufsichtsrat, der Vorstand und das ständige Komitee für Geschäftspolitik. Die *Vertreterversammlung* wählt den Aufsichtsrat und den Vorstand, der wiederum über die Zusammenfassung des Geschäftspolitikkomitees entscheidet. Die Gruppe der Mitglieder setzt sich nach der Umstrukturierung der Oberbaustufe im Juni 2002 aus 896 lokalen PCFs, vier staatlichen Geschäftsbanken, zwei privaten Aktienbanken und der State Bank of Vietnam[24]. Die Vertreterversammlung tagt einmal jährlich und besteht aus einem Vertreter je drei PCFs und den restlichen Mitgliedern. Der *Vorstand* ist das Geschäftsführungs- und Vertretungsorgan der Genossenschaft. Der Vorstand tagt einmal jährlich und ist zusammengesetzt aus 24 Mitgliedern, u.a. auch zwei Vertretern der SBV, vier von staatlichen Geschäftsbanken und einem von privaten Aktienbanken. Der *Aufsichtsrat* besteht aus drei Mitgliedern und übernimmt die Kontrollfunktion gegenüber der Tätigkeit des Vorstandes. Das *Geschäftspolitikkomitee* wird von dem Vorstand berufen und setzt sich aus fünf Mitgliedern zusammen. Dieses Komitee berät gemeinsam mit dem Vorstand über grundlegende geschäftspolitische Entscheidungen[25].

1.3.3. Finanzverbund als hybride Organisationsform

Die Möglichkeit der Expansion durch internes Wachstum war den lokalen PCFs durch die gesetzliche Begrenzung der kommunalen Gebietskörperschaft nicht möglich. Die damit verbundenen Geschäftsbeschränkungen führen ebenfalls zu einer Eingrenzung des bankwirtschaftlichen Bestätigungsfeldes, der Aufbau einer Universalbank war nicht möglich. Man muss andere Auswege aus diesen institutionellen Gegebenheiten suchen.

Eine Alternative zur verbundwirtschaftlichen Zusammenarbeit wäre die Beschaffung der für die bankmäßige Entwicklung lokaler PCFs notwendigen Produkte über den *Markt*, um die Vorteile von Economies of Scale and Scope auszunutzen. Auch Marktpartner können (theoretisch) diese realisieren und über die Preise an die Abnehmer weiter geben[26]. Man hätte die zum Teil bestehenden Geschäftsbeziehungen mit den staatlichen Geschäftsbanken (wie mit der VBARD) bzw. den privaten Aktienbanken ausbauen können. Bei einer solchen

---

[24] Central Credit Fund (CCF), 2002.
[25] Vorsitzende des Vorstands und Aufsichtrats, Generaldirektor, stellvertretende Generaldirektoren sowie der Leiter der Buchhaltungsabteilung waren Mitarbeiter bzw. sind Vertreter der SBV (vgl. auch Nguyen, 2000, S. 36).
[26] Vgl. Williamson, 1990, S. 104ff.

marktlichen Zusammenarbeit ist vor allem zu befürchten, die wirtschaftliche Eigenständigkeit zu verlieren. Die Agrarbank kann nicht als Marktpartner akzeptiert werden, weil sie nicht als Garant für die Versorgung der Bauernhaushalte, Gewerbetreibenden sowie Klein- und Kleinstunternehmen mit Finanzdienstleistungen dienen konnte. Wenn der Marktpartner nur mit einigen lokalen PCFs zusammenarbeitet, ist seine Abhängigkeit diesen gegenüber gering und deshalb die Tendenz zu opportunistischem Verhalten groß. Eine notwendige Bedingung für den institutionellen Vorteil einer Zusammenarbeit ist das *Vertrauen* der Teilnehmer zueinander, also die Abwesenheit opportunistischen Verhaltens. Vertrauen mindert die Notwendigkeit von Kontrollaktivitäten und senkt damit die Kontrollkosten. Da auch die Informations- und Anbahnungskosten, die bei einem Marktbezug von Finanzdienstleistungen anfallen, gering sind, hat die Internalisierung der Finanztransaktion über Verbundkooperation relative Vorteile gegenüber einer Marktbeziehung, weil lokale PCFs nicht bei jedem Geschäftsabschluss erneut einen Partner suchen und sich über dessen Seriosität informieren. Sie führen notwendige Transaktion mit dem angeschlossenen Zentralinstitut (RCF/CCF) aus. Weil sie auch an deren Gewinn beteiligt sind, wurde das Verhandeln um den Preis der einzelnen Transaktion weniger wichtig. Genossenschaftliche Zentralbanken wurden ins Leben gerufen, um dem Problem der geringeren Bonität der lokal agierenden Kreditinstitute bei der Beschaffung von Finanzmitteln auf dem Geldmarkt zu begegnen. Hier hatten viele PCFs die gleichen Probleme, womit der Weg zur Errichtung genossenschaftlicher Zentralbanken im Zusammenhang mit der staatlichen Unterstützung sehr kurz war.

Die Zusammenarbeit im genossenschaftlichen Finanzverbund ist im Wesentlichen durch das Regionalprinzip, das Prinzip der Dezentralität und Eigenständigkeit sowie das Subsidiaritätsprinzip charakterisiert. Nach dem *Regionalprinzip* werden die Aktivitäten lokaler PCFs auf einem eng begrenzten Wirtschaftsraum, in einer Kommune, beschränkt, der gesetzlich im Hinblick auf verwaltungsmäßige Regelungen festgelegt ist. Innergenossenschaftliche Konkurrenz durch Doppelpräsenz lokaler PCFs soll durch dieses Prinzip vermieden werden. Nach dem Prinzip der *Dezentralität* operieren lokale Kreditinstitute autonom und selbständig in uneingeschränkter Eigenverantwortung bei der Bearbeitung ihrer Geschäftsgebiete. Durch die Zugehörigkeit zum Finanzverbund können ihre Vorteile der Kleinheit, und damit verbunden der Flexibilität, sowie ihre Markt- und Kundennähe mit den Größenvorteilen durch verbundwirtschaftliche Zusammenarbeit kombinieren. Als Hauptmerkmal der (vertikalen) Aufgabenverteilung und Zusammenarbeit dient das *Subsidiaritätsprinzip*. Es beinhaltet, dass bestimmte wirtschaftliche Aufgaben genau dann von dem Oberbau übernommen werden, wenn die lokalen PCFs diese Aufgaben nicht mehr effizient erfüllen können oder wollen und damit ihre insgesamt wirtschaftliche Abwicklung für die Mitglieder möglich ist. Der genossenschaftlichen Oberbaustufe wird eine Leistungsergänzungs- und Unterstützungsfunktion zugewiesen, die komplementär zur Geschäftstätigkeit

218

des angeschlossenen lokalen Kreditinstituts ist und daher als *Komplementär-kompetenz* aus der Mitgliedersicht betrachtet wird. Andererseits sind die *Kernkompetenzen* der dezentral und lokal agierenden Bankunternehmung sowohl im Hinblick auf die Effizienz als auch auf den Mitgliederbedarf von besonderer Bedeutung[27].

1.4. Aktuelle Entwicklung

Nach dem Zusammenbruch der ehemaligen Kreditgenossenschaften im Jahre 1991 konnte die dadurch verschärfte Unterversorgung mit Finanz-dienstleistungen, insbesondere in ländlichen Gebieten, nicht durch staatliche Geschäftsbanken, wie die VBARD oder private Aktienbanken geschlossen werden. Anfang der 90er Jahre wurde der Kreditbedarf städtischer Klein- und Kleinstunternehmen sowie ländlicher Familiebetriebe ausschließlich über den informellen Finanzsektor gedeckt, u.a. über Verwandtschafts-/Bekanntschafts-kreise, über autochthone Spar- und Kreditringe und über lokale Geldverleiher [28].

Im Zuge der tiefgreifenden Reform des Bankensystems beschloss die vietnamesische Regierung im Jahre 1993 den vorsichtigen Aufbau eines neuen genossenschaftlichen Finanzsystems, indem das "Testing Project of People's Credit Funds" implementiert wurde. Das *Pilot-Projekt* beruhte rechtlich auf dem Dekret Nr. 390/Ttg des Premierministers vom 27.07.1993 sowie auf begleitenden Verordnungen und Maßnahmen[29]. Es wurde durch ein interministerieller Lenkungsausschuss (Central Steering Commitee on Testing People's Credit Funds) unter der Federführung der SBV mit Vertretern der Finanz-, Justiz- und Agrarministerien und des Bauernverbands begleitet und koordiniert. Die People's Credit Funds tragen die Rechtsform der eingetragenen Genossenschaft auf der Grundlage des seit Januar 1997 in Kraft getretenen Genossenschaftsgesetzes und unterliegen dem seit Oktober 1998 in Kraft getretenen Gesetz über Kreditinstitute sowie der staatlichen Aufsicht durch SBV. Der Aufbau des PCF-Systems sollte auf die Mobilisierung inländischer Finanzressourcen, die Bereitstellung von (formellen) Finanzdienstleistungen, die Linderung der Armut, und die Verdrängung der informellen Kreditvergabe-praxis mit Wucherzinsen abzielen.

In Tabelle 4 finden sich wichtige Indikatoren der Entwicklung des People's Credit Funds-Systems im Zeitraum 1994-2002[30]. Nach der *ersten* Pilotphase mit der Etablierung von 49 PCFs in 14 Provinzen hat sich der Lenkungsausschuss im Oktober 1994 für die Expansion des genossenschaftlichen Systems in anderen Provinzen entschieden. Es wurde von seiten der SBV geplant, bis Ende

---

[27] Vgl. Kapitel IV, Abschnitt 3.3.
[28] Siehe Kapitel VI, Abschnitt 4.1. und Abschnitt 5 (Exkurs 2) dieses Kapitels.
[29] Eine Systematik rechtlicher Grundlagen über das People's Credit Funds-System findet sicht in den von der SBV herausgegebenen drei Bänden (vgl. SBV, 1995).
[30] Siehe auch Anhang 1.

2000 etwa 3.000 lokale Kreditinstitute und 20-25 regionale Zentralbanken etablieren zu lassen[31].

Tabelle 4: Entwicklung des PCF-Systems im Zeitraum 1994-2002

	1994	1995	1996	1997	1998	1999	2000	2001	2002
Anzahl lokaler PCFs	179	567	847	936	977	964	959	906	888
Anzahl genossenschaftlicher Zentralbanken (incl. Filialen)	-	6 (7)	10 (11)	13 (14)	20 (21)	22 (23)	22 (23)	1 (24)	1 (24)
Anzahl der (Haushalt-) Mitglieder bei lokalen PCFs	46.0 45	153.901	378.978	522.080	646.701	727.098	797.069	807.546	850.781
Gesamtanzahl vergebener Kredite von lokalen PCFs	n.v.	268.448	606.963	677.717	734.796	746.481	711.769	661.443	660.361
Gesamtvolumen vergebener Kredite von lokalen PCFs, in Mrd. VND (Mio. USD)[32]	n.v.	824,5 (74,7)	2.135,4 (193,6)	2.678,7 (228,3)	3.156,9 (237,4)	3.617,1 (259,4)	3.996,9 (282,1)	3.985,6 (270,7)	4.900,1 (320,7)
Kreditbetrag im Durchschnitt, in Mio. VND (in USD)	n.v.	2,9 (261)	3,5 (316)	4,0 (322)	4,3 (309)	4,8 (345)	5,6 (387)	6,0 (399)	7,4 (484)
Bilanzsumme, konsolidiert, in Mrd. VND (Mio. USD)[33]	n.v.	453,7 (41,2)	1.228,7 (106,8)	1.542,4 (125,5)	1.873,6 (134,9)	2.295,2 (163,6)	2.903,2 (204,9)	3.256,8 (215,9)	-
Kredite an Kunden, konsolidiert, in Mrd. VND (USD)	72,5 (6,6)	396,1 (36,0)	1.121,7 (100,6)	1.375,4 (111,9)	1.690,2 (121,7)	1.972,6 (140,6)	2.404,2 (165,7)	2.745,8 (182,0)	3.524,7 (228,8)
Einlagen von Kunden, konsolidiert, in Mrd. VND (USD)	55,2 (5,0)	299,9 (27,2)	792,1 (71,0)	1.031,8 (83,9)	1.320,4 (95,1)	1.692,7 (120,7)	1.896,8 (130,7)	2.375,8 (157,5)	3.073,5 (199,5)
Kreditausfallquote - lokale PCFs	0,7%	0,5%	1,2%	3,5%	3,8%	3,7%	3,4%	2,2%	1,4%
- CCF	-	0,0%	0,0%	0,1%	0,1%	0,1%	0,3%	2,1%	2,1%
Jahresüberschuss, in Mrd. VND (Mio. USD)	2,9 (0,3)	16,8 (1,5)	47,4 (4,3)	56,1 (4,8)	52,3 (3,9)	66,0 (4,7)	61,6 (4,4)	72,0 (4,9)	86,8 (5,7)

Quelle: Department of Credit Cooperative Institutions/State Bank of Vietnam (DCCI/SBV); Central Credit Fund (CCF); Eigene Berechnung.

Die *zweite* Pilotphase schloss im Januar 2000 ab. Gemäß der Verordnung des Zentralkomitees Nr. 57-CT/TW vom 10.10.2000 wurde das People's Credit

---

[31] Vgl. Boschert et al., 1997, S. 1.

[32] Der nominale Wechselkurs der vietnamesischen Währung gegenüber dem US-Dollar (VND/USD) betrug – im *Periodendurchschnitt*: 11.038 (1995), 11.033 (1996), 11.706 (1997), 13.297 (1998), 13.944 (1999), 14.168 (2000), 14.725 (2001) und 15.279 (2002).

[33] Der nominale Wechselkurs der vietnamesischen Währung gegenüber dem US-Dollar (VND/USD) betrug – am *Ende der Periode*: 11.045 (1994), 11.015 (1995), 11.150 (1996), 12.291 (1997), 13.890 (1998), 14.028 (1999), 14.514 (2000), 15.084 (2001) und 15.403 (2002).

Funds-System bis Ende 2001 konsolidiert und von einer dreistufigen in eine zweistufige Verbundstruktur umgewandelt. Nach Informationen der SBV bezüglich der internen Evaluierung des gesamten PCF-Systems wurden bis Ende September 2000 insgesamt 371 People's Credit Funds, d.h. etwa 39 % aller 960 lokalen Kreditinstitute, als problematisch eingestuft. Davon waren 67 PCFs von einer möglichen Zwangsauflösung betroffen. Durch mehrere Expertengespräche wurde festgestellt, dass die geringe Leistungsfähigkeit lokaler Kreditinstitute in erster Linie auf der Ebene der genossenschaftlichen Unternehmensführung lag. Als Hauptursachen für die Schließung bzw. den Geschäftslizenzentzug von lokalen PCFs wurden die Untreue des Bankmanagements, die fachlich ungenügende Qualifikation des Personals sowie die mangelnden organisationsinterner Kontroll- und Sanktionsmechanismen identifiziert. Hinzufügend sind Verletzungen demokratischer Genossenschaftsprinzipien und schwerwiegende Verstöße gegen rechtliche Verordnungen zu nennen. Letztere umfassen u.a. die Kreditvergabe an Kunden als Nicht-Mitglieder, das Betreiben von unzulässigen Geschäften, Verstoß gegen die Eigenkapital- und Solvabilitätsrichtlinien, die Anwerbung von außerhalb des zugelassenen Geschäftsgebiets wohnenden Mitgliedern etc. Die hohe Kreditausfallquote, definiert als Verhältnis zwischen der überfälligen Kreditsumme und dem ausstehenden Kreditbestand, im Durchschnitt über 3 % im Zeitraum von 1997 bis 2000 sei Indikator für die schlechte Kreditqualität. Ende 2000 wiesen etwa 27 % bzw. 12 % aller lokalen PCFs eine Kreditausfallquote von über 3 % bzw. über 10 % auf[34]. Bis heutzutage hat sich diese Konsolidierungs- und Umstrukturierungsphase noch nicht vollzogen. Seit Oktober 2003 sollen Neugründungen lokaler PCFs wieder zugelassen werden[35].

Kennzeichnend für den genossenschaftlichen Finanzverbund bis Ende 2001 war der dreistufige Aufbau. Die dezentral operierenden lokalen People's Credit Funds bilden die Basis und erste Stufe. Sie tragen in der zweiten Stufe auf provinzieller Ebene die Regional People's Credit Funds. Auf der nationalen Ebene operiert das genossenschaftliche Spitzeninstitut, die Central People's Credit Funds (siehe Abbildung 9). Die geschäftspolitische Zusammenarbeit war auf der Provinzebene unterschiedlich organisiert. Zum Teil ist sie dreistufig über die 21 regionalen Zentralbanken (RCFs,) an denen 681 lokale Kreditinstitute (PCFs) unmittelbar beteiligt waren. In 32 Provinzen/Städten arbeiteten 278 lokale Kreditinstitute direkt mit der nationalen Zentralbank (CCF) zusammen. Das Verbundsystem operiert damit in 53 – von insgesamt 61 – Provinzen in Vietnam.

---

[34] Vgl. DCCI, 2001.
[35] VET, 24.10.2003. Die von der SBV genehmigte Gründungslizenz sollte jedoch auch mit zuständigen Verwaltungsorganen (u.a. People's Commitee) der jeweiligen Provinz/Stadt abgestimmt werden.

221

Ende 2002 gehörten zu dem genossenschaftlichen Finanzverbund[36]:

- 888 lokale PCFs, die sich in 53 Provinzen/Städten ansiedeln; und
- eine genossenschaftliche Zentralbank, die neben dem Hauptsitz in Hanoi über 22 regionale Zweigstellen verfügt und zuständig für den verbundinternen Liquiditätsausgleich in den weiteren 30 Provinzen ist.

Kreditvergabe und Einlagenmobilisierung bilden die *Kerngeschäfte* der lokalen PCFs. Diese können die geographische Nähe zu ihren Kunden bzw. Mitgliedern nutzen. Informationsvorteile im Hinblick auf kostengünstig beschaffbare Kenntnisse über (potentielle) Kreditnehmer und ihre persönliche ökonomische und soziale Situationen sowie das Wissen um regionale Besonderheiten und Wirtschaftlage sind wesentliche Faktoren für den Erfolg zu identifizieren[37]. Enge Verflechtungen innerhalb lokaler Akteursnetzwerke helfen, bestehende Informationsasymmetrien abzubauen oder zu überwinden. Entscheidungsträger lokaler Kreditinstitute gehen davon aus, dass ökonomische Renten aufgrund relativ geschlossener und wenig kompetitiv regionaler Märkte erzielbar sind.

Abbildung 9: Die ehemalige dreistufige Verbundstruktur des PCF-Systems

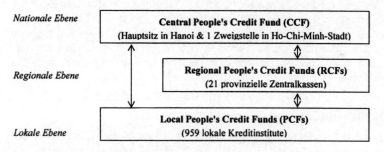

Quelle: Eigene Darstellung (Stand: Ende 2000).

Die Passivseite setzt sich aus Sicht-, Termin- und Spareinlagen – vor allem in kurzfristiger Natur – zusammen. Die Sparprodukte bestehen ausschließlich aus Spareinlagen mit dreimonatiger Kündigungsfrist. Absolut betrachtet, betrug der Einlagenbestand von Nichtbanken im Dezember 2002 über 2.370,3 Mrd. VND (153,9 Mio. US-Dollar) bei einem prozentualen Gesamtzuwachs zum Vorjahr von 21,4 %. Die hohe Wachstumsrate der Einlagen in den letzten fünf Jahren, die sich auf ein durchschnittliches Niveau von 19,9 % trotz sinkender Tendenz der Institutzahl von 977 im Jahre 1998 auf 888 im Jahre 2002 belief, ist zum einen auf die zunehmende Sparquote und zum anderen auf das verbesserte

---

[36] Vgl. DCCI, 2003.
[37] Expertengespräche.

Vertrauen der Bevölkerung an diese neuen genossenschaftlichen Kreditinstituten zurückzuführen. Ende 2002 hatte die lokale Verbundebene ein akkumuliertes Volumen von 3.089,1 Mrd. VND (200,5 Mio. US-Dollar) an ca. 850.000 Mitglieder vergeben[38]. Über die Hälfte der Kredite entfällt auf die im landwirtschaftlichen Bereich tätigten Haushalte. Kreditvergabe an Gewerbetreibende und Handwerker macht einen Anteil von über 35 % aus[39].

Lokale PCFs bedienen insgesamt 5 % aller 15 Mio. Haushalte in Vietnam und sind z.Z. neben den ländlichen privaten Aktienbanken (RSHBs) der einzige *formelle Zugang* für (ländliche) Familiebetriebe/Unternehmen und (städtische) Kleinst- und Kleinunternehmen auf der *kommunalen Ebene*[40]. Sie operieren in ca. 9,1 % aller 10.533 Kommunen in Vietnam. 75 % aller lokalen Kreditinstitute operieren im ländlichen Raum. In dem Zeitraum von 1995-2002 wurden insgesamt 5.085.978 Kredite an (Haushalt-)Mitglieder mit einem gesamten Volumen von 25.595,2 Mrd. VND (ca. 1,867 Mrd. US-Dollar) vergeben. Im Gegensatz zu den anderen staatlichen Banken, u.a. die Bank for Agriculture and Rural Development (VBARD) sowie die Vietnam Bank for the Poor (VBP), gelang es den genossenschaftlichen Kreditinstituten, vom Anfang an inländische Finanzressourcen der Bevölkerung in einem erheblichen Umfang zu mobilisieren. Der ausstehende Bestand konsolidierter Spareinlagen erhöhte sich stetig und belief sich Ende 2002 auf 3.073,5 Mrd. VND (ca. 199,5 Mio. US-Dollar). Das Mobilisierungspotential dürfte bei weitem noch nicht ausgeschöpft sein[41]. Das People's Credit Funds-System erwirtschaftet in diesem Jahr insgesamt 86,8 Mrd. VND (5,7 Mio. US-Dollar). Die Eigenkapitalrendite betrug 13,9 % bei der CCF und 37,6 % auf der lokalen Verbundebene.

2. Wettbewerbspositionen genossenschaftlicher Kreditinstitute

2.1. Indikatoren zur vergleichenden Effizienzanalyse

Die positive Entwicklung des genossenschaftlichen Verbundsystems in den letzten Jahren war unter anderem der Anlass, eine Untersuchung zur Wettbewerbsituation innerhalb des Bankensektors Vietnams durchzuführen. Ein entscheidender Grund für diese Entwicklung liegt in dem starken Anstieg des Einkommens breiter Bevölkerungsschichten und in der hohen Akzeptanz dieser "neuen" Organisations- und Rechtsform. Daraus ergab sich eine erhörte Sparfähigkeit, die diesen Kreditinstituten zugute kam. Es stellt sich die Frage, ob diese Entwicklung als externer Faktor angesehen wird, der Einfluss auf alle Kreditinstitute in dem Land gleichermaßen nahm. Immerhin geht die Problematik des *Vergleichs verschiedener Bankengruppen* durch quantitative Messzahlen darauf zurück, dass sie verschiedene Organisations- und

---

[38] Siehe Anhang 1.
[39] Siehe Anhang 2.
[40] Siehe Abschnitt 5 (Exkurs 2) und Anhang 4.
[41] Vgl. DCCI, 2001.

Rechtsformen aufweisen und damit verbunden über eine unterschiedliche Effizienz bzw. Leistungsfähigkeit verfügen.

Als Vergleichmaßstab zur Beurteilung der Effizienz von alternativen Organisationsformen dienen häufig die Entwicklung von Marktanteilen und die Ertragslage. Obwohl sich das ausgeprägte Volumendenken als Ursache von Fehlsteuerungen, besonders im Bankenbereich, herausgestellt hat, scheint die Entwicklung der Marktanteile für einen externen Vergleich immer noch interessant[42]. Dies ist auf die Tatsache zurückzuführen, dass bei langfristigen Betrachtungen eine Mindesteffizienz der Unternehmen durch das Bestehen am Markt nachgewiesen ist und der ständig wachsende *Marktanteil* die Akzeptanz der Geschäftspolitik durch den Kunden widerspiegelt. Die *Ertragslage* stellt eine sinnvolle Vergleichgröße dar, weil sich in ihr die Auswirkungen der Geschäftspolitik finden und der Ertrag als eine der wichtigsten Zielgrößen des Bankmanagements und der Anteilseigner in einer privatwirtschaftlichen Unternehmung anzusehen ist. Obwohl genossenschaftliche Kreditinstitute eine besondere Zielkonzeption für ihre wirtschaftliche Tätigkeit aufweisen, soll ein Vergleich mit den anderen Bankengruppen vorgenommen werden, um eine Grundlage für weitere Analyse der Auswirkungen des genossenschafts-spezifischen Zielsystems zu schaffen. Durch die Verwendung des Betriebs-ergebnisses und des Jahresüberschusses im Verhältnis zum Geschäftsvolumen für einen langfristigen Zeitraum fallen Manipulationen des Ertragsausweises im Rahmen der Bankbilanzpolitik weniger stark ins Gewicht.

Bei Kreditinstituten ist die Verwendung der Eigenkapitalrendite als Indikator für den Unternehmenserfolg u.a. mit dem Nachteil verbunden, dass die *Geschäftrisiken* nicht adäquat berücksichtigt werden können[43]. Aus der Sicht der Kapitalgeber, u.a. Eigentümern und/oder Einleger, soll eine Rendite aus ihrer Investition erwartet werden, die höher ist als die risikobereinigten Kapitalkosten, d.h. als bei einer risikolosen Anlage am Geld- oder Kapitalmarkt. Die Kernproblematik der Bankunternehmung als Finanzintermediäre wird hier erkannt. Sie stellen nur eine attraktive Alternative für Anleger als Kapitalgeber dar, wenn sie über Möglichkeiten verfügen, einen besseren Kapitalzugang anzubieten oder Bankrisiken besser zu diversifizieren als ihre Konkurrenten. Eine Bankunternehmung kann sich gegenüber anderen Kreditinstituten

---

[42] Erste Schritte zum theoretischen Konzept der Unternehmensstrategie waren mit der *Erfahrungskurve* verbunden, die den Zusammenhang zwischen der Entwicklung der Kosten mit der produzierten Menge, d.h. economices of scale, beschreibt. Die Kernaussage der Erfahrungskurve ist, dass mit einer Zunahme des kumulierten Produktionsvolumens die Durchschnittskosten pro Einheit fallen. Die Folge daraus ist, dass Zielsetzung einer jenen Unternehmung darin besteht, einen möglichst hohen Anteil an der Gesamtproduktion zu haben, damit die Durchschnittkosten gesenkt werden zu können (vgl. Kreikelbaum, 1993, S. 77ff.).

[43] Vgl. Kirsten, 1995. Zur ausführlichen Diskussion über Vor- und Nachteile des Eigenkapitalrendiekonzepts siehe z.B. Popp, 2001, S. 25ff.

abgrenzen, wenn es ihr gelingt, sich durch spezielle Kenntnisse, Service, Qualität, Risikomanagement etc. positiv zu positionieren, um komparative Wettbewerbsvorteile zu erreichen. Ökonomische Renten für genossenschaftliche Bankunternehmung, auch wie für andere Geschäftsbanken, ergeben sich nur, wenn die Finanzmärkte unvollkommen sind, und wenn sie einen komparativen Vorteil im Erkennen, Bewerten, Tragen und Bewirtschaften finanzieller Risiken nicht nur gegenüber Konkurrenten, sondern auch gegenüber ihren Kapitalgebern aufweisen. Die Existenz ökonomischer Vorteile ist dabei umso wahrscheinlicher, je größer die Bedeutung der Faktoren wie Transaktionskosten, staatliche Eingriffe, Marktmacht oder Image bei dem einzelnen Kreditinstitut ist. Diese Voraussetzungen sich unabhängig von der rechtlichen Ausgestaltung eines Kreditinstituts[44].

Zur Klärung des Unternehmenserfolges erweist sich eine Betrachtung von Vergleichgrößen, u.a. Marktanteilen und Ertragskennziffern, als nur bedingt aussagefähig, weil diese Maßstäbe auch von endogenen und exogenen Faktoren abhängig sind, die den Unternehmenserfolg beeinflussen. Während als endogene Faktoren alle Dispositionsspielräume des Managements berücksichtigt werden, z.B. die unternehmerische Zielsetzung, die Preispolitik, die Sortimentpolitik oder die Frage der unternehmerischen Zusammenarbeit, sind exogene Faktoren von der Unternehmensleitung nicht unmittelbar zu beeinflussen, z.B. die allgemeine Wirtschaftsentwicklung, die rechtlich-institutionellen Rahmenbedingungen oder das Verhalten der Konkurrenten und Kunden, die nicht als direkte Reaktionen auf die Geschäftspolitik gesehen werden. Als Privilegien des PCF-Systems sind u.a. Regelungen über Steuervergünstigungen, über Mindestreserve sowie staatliche Unterstützung durch Bildungsmaßnahmen, durch Etablierung einer speziellen Abteilung bei der SBV "Department of Cooperative Credit Institutions (DCCI)" zu nennen. Vorteile der PCFs aus einem geringeren Zwang zur Gewinnerzielung entsprechend ihrem satzungsgemäßen Förderauftrag sind eher theoretischer Natur. Eine Wettbewerbsverzerrung ergäbe sich nur, wenn das entwicklungspolitische "Breitweite-Ziel" (*Outreach*) zu Lasten der Wirtschaftlichkeit auf sich ziehen würden. Dieses Verhalten kann allerdings in der vorliegenden Untersuchung nicht festgelegt werden, wie das Niveau der Ertragslage des PCF-Systems in Relation zu seinen Konkurrenten zeigt[45].

Eine ex post-Betrachtung zur Leistungsfähigkeit eines einzelnen Unternehmens bzw. einer gesamten Unternehmensgruppe kann nur eine eingeschränkte Aussagekraft besitzen, weil empirisch die ceteris paribus-Bedingungen keine Gültigkeit besitzen und die Organisationsstruktur den Unternehmenserfolg nicht unabhängig von anderen Faktoren auswirkt. Andererseits stellt sich das Problem, anhand welcher Größe der Unternehmenserfolg gemessen werden

---

[44] Siehe Kapitel II, Abschnitt 5.3. und Kapitel IV, Abschnitt 3.1.
[45] Siehe Anhang 5-1 und 5-2.

kann. Dies tritt insbesondere in den Fällen auf, in denen unterschiedliche Zielsetzungen der Mitgliedergruppen als Stakeholder[46] bestehen oder diese nicht sinnvoll operationalisierbar formuliert sind.

Der externe Beobachter hat den Nachteil, nur Informationen in Bezug auf die Jahresabschlüsse der Kreditinstitute bewerten zu können. Trotzt aller dieser Einwände soll hier eine *ex post-Betrachtung* der Entwicklung des PCF-Systems vorgenommen werden. Über längere Zeiträume können bestimmte Aussagen über den Erfolg bzw. Misserfolg eines Unternehmens oder einer Unternehmensgruppe gewonnen werden. Man muss sich mit Indikatoren behelfen, die näherungsweise den *Effizienzvergleich* zwischen verschiedenen Bankengruppen ermöglichen. Im folgenden werden die Wettbewerbsposition des PCF-Systems durch die Bestimmung nach den Marktanteilpositionen, die Bewertung der Ertragsstrukturen und des Risikoaspektes dargestellt, um die tatsächliche Bedeutung des genossenschaftlichen Verbundsystems im Vergleich zu konkurrierenden Kreditinstituten im allgemeinen sowie der VBARD als Hauptwettbewerber im besonderen widerzuspiegeln. Bei der Berechnung der Marktanteilwerte wird auf die bilanziellen Größen Kredite an und Einlagen von Nichtbanken Bezug genommen.

2.2. Marktanteil

Ende 2000 verteilten sich die Markanteile der einzelnen Bankengruppen gemessen an Krediten an Nichtbanken (in Gesamthöhe von 158.124 Mrd. VND) folgendermaßen: Die sechs staatlichen Geschäftsbanken vereinten einen Marktanteil von 72,2 %, wobei die VBARD den größten Anteil von 23,4 % aufwies. Der private Bankensektor besaß den restlichen Marktanteil von 27,8 %, davon private und halbstaatliche Aktienbanken: 10,5 %; ausländische Banken: 13,2 %; Joint Venture-Banken: 2,6 %; und das PCF-System: 1,5 % Das genossenschaftliche Verbundsystem machte einen Anteil von 8,6 % aller Kredite in inländischer Währung (in Gesamthöhe von 28.049 Mrd. VND) aus, die von dem nicht-staatlichen Geschäftsbankensektor in diesem Jahr gewährt wurden[47]. Eine andere Betrachtungsweise kommt dann zum Tragen, wenn die Marktanteile mit der Anzahl der Institute in den jeweiligen Bankengruppen kombiniert werden. Der Anteil des staatlichen Bankensektors verteilt sich auf die sechs größten Geschäftsbanken in Vietnam, der Anteil der privaten und halbstaatlichen Aktienbanken auf 43 Kreditinstitute, der der ausländischen Banken auf 26 Institute, der der Joint Venture Banken auf 4 Institute und der Anteil des PCF-Systems auf 981 (lokale und überregionale) Kreditinstitute (siehe Abbildung 10).

---

[46] Unter Stakeholder sind all jenen Personen zu verstehen, die explizite oder implizite Ansprüche an die Unternehmung stellen können. Sie sind heterogen und verfolgen folglich unterschiedliche Interessen.

[47] Eigene Berechnung. Vgl. auch IMF, 2002, S. 74; WB, 2002, S. 9.

226

Der formelle Finanzsektor im ländlichen Raum besteht aus der VBARD, der VBP, den 19 privaten Aktienbanken und den lokalen Peoples' Credit Funds. Ihre Marktanteile gemessen an der Anzahl der Haushaltkreditkunden lassen sich in der Tabelle 5 erfassen[48]. Ähnlich wie auf gesamtwirtschaftlicher Ebene agieren die zwei staatlichen Banken, VBARD und VBP, als größte Anbieter von Finanzdienstleistungen im ländlichen Raum, die Ende 1999 zusammen einen Kundenstamm von ca. 6,34 Mio. Haushalten vereinten; d.h.: ca. 89 % aller ländlichen Kreditkunden, die vom formellen Finanzsektor versorgt wurden. Die VBARD repräsentiert als die landesweit größte Universalbank einen Marktanteil von 27 %, gemessen an allen Haushalten, bzw. von 56 %, gemessen an ländlichen Haushalten mit formellem Kreditzugang. Die VBP vergab subventionierte Kredite ausschließlich an arme Haushalte. Im Jahre 1999 wurden insgesamt 2,4 Mio. Kunden bedient, die ca. 66 % aller armen ländlichen Haushalte ausmachten[49]. Die jährliche Wachstumsrate der Kundenzahl betrug im Zeitraum 1996-1999 im Durchschnitt ca. 27 %.

Abbildung 10: Marktanteile der Bankengruppen gemessen an Krediten an Nichtbanken

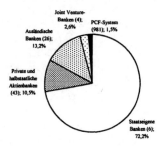

Quelle: Eigene Berechnung (Stand: Ende 2000)

Neben den 19 ländlichen Aktienbanken sind lokale People's Credit Funds die einzigen Finanzintermediäre, die auf kommunaler Ebene präsent sind. Geschäftsaktivitäten der ländlichen privaten Aktienbanken sind beschränkt auf ca. 10.000 Kunden. Sie wiesen schließlich einen sehr geringen Anteil von 0,14 % an ländlichen Kunden mit formellen Kreditbeziehungen auf. Die rasante Entwicklung des genossenschaftlichen Finanzverbunds hat dazu geführt, dass lokale PCFs ihren Kundenstamm von 268.448 Kreditkunden im Jahre 1995 auf

---

[48] Siehe auch Exkurs (Abschnitt 6).
[49] Im Jahre 1999 wurden insgesamt 3,552 Haushalte im ländlichen Raum als arme Haushalte eingestuft (vgl. Integrated and Information Department of GSO, 2001, S. 1007).

746.481 im Jahre 1999 mit einer jährlichen durchschnittlichen Wachstumsrate von 45 % steigerten. Sie bedienten damit ca. 11 % aller Haushalte, die im Jahre 1999 Kredite vom formellen Sektor aufgenommen haben. Im Durchschnitt betrugen die von PCFs vergebenen Kredite 345 US-Dollar. Der durchschnittliche Kreditbetrag lag damit auf einem höheren Niveau als von der VBARD (300 US-Dollar) und der VBP (110 US-Dollar).

Tabelle 5: Marktanteile formeller ländlicher Finanzintermediäre gemessen an der Kreditkundenzahl (Ende 1999)

	Lokale PCFs	Ländliche Aktienbanken	VBARD	VBP	Insgesamt
Anzahl der vom Kreditinstitut bedienten Haushalte, in Mio.	0,747	0,010	4,000	2,335	7,092
Anteil an allen Haushalten (15. Mio. Haushalten)	4,98 %	0,07 %	26,67 %	15,57 %	47,28 %
Anteil an ländlichen Haushalten (12 Mio. Haushalten)	6,23 %	0,08 %	33,3 %	19,46 %	59,1 %
Anteil an ländlichen Haushalten mit Zugang zum formellen Finanzsektor	10,53 %	0,14 %	56,40 %	32,92 %	100,00 %
Durchschnittlicher Kreditbetrag, in US-Dollar	345	n.v.	300	110	n.v.

Quelle: DCCI/SBV; ADB (2001);Hoang et al. (2001); Eigene Berechnung.

Die Entwicklung der Marktanteile, gemessen an Einlagen von und Krediten an Nichtbanken im Zeitraum 1995-2000, des PCF-Systems der VBARD und der VBP – in einem gesamtwirtschaftlichen Kontext – findet sich in der Tabelle 6.

Obwohl die VBP kurz nach ihrer Gründung im August 1995 einen erheblichen Marktanteil bezüglich der Kreditgeschäfte von über 3 % erreichte, kommt ihr das Einlagengeschäft nur eine geringere Bedeutung zu. Ihre Refinanzierung ist vor allem auf die Verbindlichkeiten gegenüber Banken angewiesen[50]. Der Marktanteil des PCF-Systems gemessen an Einlagen von Nichtbanken erhöhte sich von 0,9 % im Jahre 1995 auf 1,8 % im Jahre 1998. Die Kundeneinlagen stellen die Hauptrefinanzierungsquelle für lokale People's Credit Funds dar[51]. Die sinkende Tendenz der Marktanteile des PCF-Systems und der VBARD gemessen an Einlagen von und Kredite an Nichtbanken seit 1999 war in erster Linie auf den erhöhten Anteil ausländischer Währungen an den Bankgeschäften zurückzuführen, weil diese beiden Bankengruppen ihre Geschäfte fast ausschließlich in inländischer Währung VND betrieben[52]. Der Marktanteil des PCF-Systems gemessen an Kredite an Nichtbanken blieb bis Ende 2002 auf einem konstanten Niveau von 1,5 %[53].

---

[50] Vgl. Hoang et al., 2001, S. 62.
[51] Vgl. Tabelle 15 in der vorliegenden Arbeit.
[52] Siehe Anhang 5-1.
[53] Ebenda.

Tabelle 6: Entwicklung der Marktanteile des PCF-Systems, der VBARD und der VBP im Hinblick auf Einlagen- und Kreditgeschäfte mit Nichtbanken

Jahr	Einlagen von Nichtbanken			Kredite an Nichtbanken		
	PCF-System	VBARD	VBP	PCF-System	VBARD	VBP
1995	0,9 %	33,8 %	n.v.	0,9 %	32,5 %	n.v.
1996	1,9 %	32,5 %	0,0 5%	2,2 %	34,9 %	3,5%
1997	1,8 %	31,7 %	0,04 %	2,2 %	33,1 %	3,6%
1998	1,8 %	28,5 %	0,04 %	2,3 %	33,5 %	4,3%
1999	1,4 %	21,1 %	0,03 %	1,7 %	26,2 %	3,5%
2000	1,1 %	17,9 %	n.v.	1,5 %	23,8 %	n.v.

Quelle: DCCI/SBV; ADB (2001); Hoang et al. (2001); Eigene Berechnung.

Als Ergebnis der Marktanteilanalyse kann festgehalten werden, dass das People's Credit Funds-System in einer Gesamtbetrachtung als eine nicht zu unterschätzende Anbietergruppe einzuordnen ist. Seine herausragende Bedeutung resultiert vor allem aus der ausgeprägten regionalen Verankerung, welche die Geschäftsaktivitäten der lokalen Kreditinstitute kennzeichnet. Zu erwarten ist, dass zukünftig das PCF-System zur Aufrechterhaltung sowie zur Verbesserung ihrer Wettbewerbsfähigkeit diejenige Palette von Finanz-dienstleistungen anbieten, die eine verstärkte nationale Präsenz erfordert und fördert.

2.3. Ertrags- und Risikolage

Die vergleichende Analyse der Ertragslage und Risiken mit der VBARD lässt neben einer marktanteilbezogenen Untersuchung Rückschlüsse über die Wettbewerbspositionen der genossenschaftlichen Kreditinstitute auf den einzelnen Verbundebenen zu[54]. In dem Zeitraum von 1997 bis 2000 werden folgende Kennzahlen als Vergleichsgrößen herangezogen: der Zinsüberschuss, der Provisionsüberschuss, der Verwaltungsaufwand und der Jahres-überschuss vor Steuern – jeweils in Relation zu der jahresdurchschnittlichen Bilanzsumme. Als Risikogrößen dienen zum einen die Eigenkapitalquote[55] und zum anderen die Kredit-ausfallquote. Um einen adäquaten Maßstab für den Vergleich zu

---

[54] Vgl. Anhang 5-1, 5-2 sowie Anhang 3-1, 3-2, 3-3.
[55] Aufgrund des Datenmangels dient die Eigenkapitalquote als Bezuggröße für den Solvabilitätskoeffizient, der das Verhältnis der risikotragenden Aktiva und außerbilanziellen Positionen zu dem Eigenkapital beschreibt. Damit wird die (In-)Solvenz eines Kreditinstituts beurteilt und die Ausstattung einer Bankunternehmung mit haftenden Eigenmitteln sichergestellt. Laut Solvabilitätsrichtlinie müssen risikotragende Aktiva mit mindestens 8 % Eigenmitteln unterlegt sein (Dekret der SBV Nr. 297/1999/QD-NHNN5 vom 25.08.1999).

229

gewinnen, werden die Daten für die lokale und regionale Verbundebene in einer kumulierten Größe zusammengefasst (siehe Tabelle 7)[56].

Tabelle 7: Ausgewählte Ertrags- und Risikogrößen im Zeitraum 1997-2000

(Periodendurchschnitt, in Prozent)	Reingewinnspanne	Bruttozinsspanne	Zinsertrag	Zinsaufwand	Bruttobedarfsspanne	Personalaufwand	Sonstiger Verwaltungsaufwand	Provisionsspanne	Eigenkapitalrendite	Aufwandsrentabilität	Eigenkapitalquote	Kreditausfallquote
Lokale Ebene, PCFs	2,38	5,97	16,54	10,58	3,32	1,81	1,52	0,11	26,11	54,66	9,05	3,60
Regionale Ebene, RCFs	1,33	2,91	11,79	8,88	1,52	0,70	0,82	0,08	28,39	50,98	4,75	1,03
Nationale Ebene, CCF	4,08	4,92	8,77	3,86	1,28	0,37	0,90	0,47	11,66	25,75	33,53	0,15
VBARD	-0,69	3,81	11,61	7,80	3,14	2,18	0,96	0,49	-42,67	73,89	3,38	12,4

Quelle: DCCI/SBV; ADB (2001);Eigene Berechnung.

Gemessen an der Reingewinnspanne vor Steuern dokumentiert sich die eindeutig schwächere Ertragskraft der VBARD in einem vierjährigen Durchschnittwert von -0,7 % gegenüber 2,4 % für lokale PCFs, 1,3 % für RCFs und 4,1 % für die CCF. Zurückzuführen sind diese Differenzen auf die Unterschiede, die bei den Größen der Bruttozinsspanne, Bruttobedarfsspanne und Provisionsspanne erkennbar sind. Verantwortlich für die negative Reingewinnspanne der VBARD wurde neben dem hohen Verwaltungsaufwand (3,1 %) und Personalaufwand (2,2 %) auch eine sehr schlechte Kreditqualität gemacht, die ihren Niederschlag in einem besonders hohen Bestand fauler Kredite fand. Die Ausfallquote lag zwischen 9,7 % (1999) und 19,5 % (2000). Die durchschnittliche Aufwandsrentabilität der VBARD lag bei 73,9 % gegenüber dem geringeren Niveau von 54,7 % der lokalen Verbundebene, 51 % der regionalen Ebene und 25,8 % der CCF[57]. Derzeit profitieren lokale PCFs im Vergleich zu Wettbewerbern von hohen Zinsüberschüssen, die zum Teil auch auf die existierende Unvollkommenheit lokaler Märkte zurückzuführen sind.

---

[56] Vgl. Anhang 5-1.
[57] Die Aufwandsrentabilität gibt den Anteil der allgemeinen Verwaltungsaufwendungen an den Erträgen aus Bankgeschäften an und entspricht der internationalen "cost-income-ratio". Ihre Veränderung spiegelt eine Verbesserung oder Verschlechterung der Effizienz des operativen Geschäfts wider.

Der Anteilwert der Provisionsüberschüsse der lokalen und regionalen Verbundebene von ca. 0,1 % lag recht deutlich unter dem Wert von ca. 0,5 % der CCF (0,47 %) und der VBARD (0,49 %). Vergleicht man das Verhältnis zwischen Provisions- und Zinsüberschüssen, so betrug dieses Verhältnis 1,8 % bei lokalen PCFs und 2,8 % bei regionalen Zentralbanken, während es bei 9,6 % für die CCF und 12,9 % für die VBARD lag. Der Schwerpunkt der Ertragserzielung liegt bei lokalen und regionalen Kreditinstituten eindeutig im zinsabhängigen Geschäft, während für die CCF und die VBARD die *Provisionsgeschäfte* eine stärkere Bedeutung erlangt haben. *Einlagen- und Kreditgeschäfte* können demzufolge als Hauptgeschäftsfelder der lokalen und regionalen Verbundebene identifiziert werden.

Für lokale Peopel's Credit Funds stellen Depositen die wichtigste Refinanzierungsquelle dar. Die hohe Wachstumsrate der Verbindlichkeiten gegenüber Nichtbanken von über 20 % wies auf das geschickte Ausnutzen des künstlichen Wettbewerbsvorteils lokaler PCFs hin, weil sie bis Juni 2002 über eine höhere Einlagenzinsobergrenze verfügten als die der VBARD. Obwohl der Zinsaufwand im Vergleich zu anderen Verbundebenen sowie zu der VBARD deutlich höher lag, gelang es den lokalen Kreditinstituten aufgrund ihrer besseren Erwirtschaftung von Zinserträgen eine Bruttozinsspanne von ca. 6 % zu erzielen. Bei den Zinserträgen ist allerdings ein langsamer Trend der Annäherung zu der VBARD zu erkennen[58]. Der über Jahre deutlich höhere Zinsüberschuss bei lokalen PCFs gibt Anlass, diesen im Zusammenhang mit dem genossenschaftlichen Förderungsauftrag kritisch zu hinterfragen. Der Grund für den anhaltend hohen Zinsüberschuss kann zum einen in der Kreditrationierungspraxis konventioneller Geschäftsbanken und zum anderen in der Struktur der Geschäftsgebiete liegen. Vor allem im ländlichen Raum haben lokale PCFs nach wie vor eine stärkere Marktmacht, weil sie neben den ländlichen Aktienbanken als die einzigen formellen Finanzintermediäre auf kommunaler Ebene agieren und im wesentlichen nur mit den Filialen der VABRD auf der Distriktebene konkurrieren. Hieraus kann gefolgert werden, dass die relativ höheren Zinsmargen aus einer monopolistischen bzw. oligopolistischen Marktstruktur im Zusammenhang mit eingeschränkter Markttransparenz auf der Kundenseite erzielt werden[59]. Stark belastend auf den Reingewinn vor Steuern der lokalen PCFs wirken sich zum einen die allgemeinen Verwaltungsaufwendungen und zum anderen die verschlechterte Kreditqualität in dem betrachteten Zeitraum aus. Letztere findet sich in der

---

[58] Siehe Anhang 5-2.
[59] Der hohe Zinsüberschuss kann zum einen auf geringere Einlagenzinssätze oder/und zum anderen auf höhere Kreditzinssätze zurückzuführen sein. Erstere betrifft solche Mitglieder als Einlagenkunden, letztere solche als Kreditnehmer. Ob die folgende These haltbar ist, dass lokale Bankunternehmung ihre Monopolstellung zuungunsten bestimmter Mitglieder- bzw. Kundengruppen im Hinblick auf die Zinskonditionen ausnutzt und damit den Förderauftrag verletzt, wird jedoch in dem Kapitel VIII überprüft.

erhöhten Ausfallquote sowie in der hohen Risikovorsorge, deren Anteil an dem Betriebsergebnis vor Risikovorsorge etwa 60 % in den Jahren 1999/2000 ausmachte. Die Konsolidierungsmaßnahmen der SBV, u.a. auch die Zwangsschließung von 'wirtschaftlich ungesunden' lokalen Peopels's Credit Funds, haben dazu geführt, dass die Kreditausfallquote auf der lokalen Verbundebene von über 3 % in dem Zeitraum 1997-2000 auf 1,4 % am Jahresende 2002 reduziert wurde.

Die CCF war im betrachteten Zeitraum nach den gewählten Indikatoren das erfolgreichste Kreditinstitut. Ihre gute Ertragskraft resultierte aus dem relativ höheren Zins- und Provisionsüberschuss sowie dem geringeren Verwaltungsaufwand. Ihre Nachteile bei den zins-abhängigen Erlösgrößen wurden durch sehr günstige Refinanzierungskosten kompensiert, die einerseits auf den hohen Bestand von Eigenmitteln und andererseits auf die geringeren Zins-konditionen externer Finanzierungsmittel zurückgingen. Die Verbindlichkeiten gegenüber den internationalen EZ-Organisationen – u.a. Asian Development Bank (ADB), Intergovermental Agency of France (AIF) etc. – beliefen sich Ende 2000 auf 181,2 Mrd. VND und wiesen damit einen Anteil von 37,9 % an der gesamten Bilanzsumme auf. Der Verwaltungsaufwand und der zugehörige Personalaufwand waren bei der CCF (1,3 % bzw. 0,4 %) deutlich niedriger al bei den lokalen PCFs (3,3 % bzw. 1,8 %) sowie bei der VBARD (3,1 % bzw. 2,2 %). Ihre hohe Eigenkapitalquote von 33,5 % führte dazu, dass die CCF trotzt besserer Bruttogewinnspanne nur eine vergleichsweise geringere Eigenkapital-rendite von 11,7 % gegenüber 26,1 % für lokale PCFs sowie 28,4 % für RCFs aufwiesen.

Die regionalen Zentralbanken (RCFs) stellten das schwächste Glied in dem gesamten genossenschaftlichen Verbund dar. Ihre vergleichsweise höhere Eigenkapitalrentabilität war vor allem auf die niedrige Eigenkapitalquote von ca. 4,8 % zurückzuführen. Durch die Umstrukturierung des Oberbaus zu einer zweistufigen Verbundstruktur wurden strukturelle Nachteile der regionalen Oberbaustufe im Hinblick auf ihre geringe Kapitalausstattung, kleine Betriebsgröße[60] und die damit verbundenen Wirtschaftlichkeitsprobleme beseitigt. Allerdings muss die CCF mit einer schlechtere Kreditqualität verbuchen, weil der Altbestand fauler Kredite der ehemaligen regionalen Zentralbanken übernommen wurde. Die Kreditausfallquote der CCF lag in den Jahren 2001/2002 bei 2,1 % und ist wesentlich höher als das durchschnittliche Niveau von 0,2 % im Zeitraum von 1997 bis 2000[61].

---

[60] Ende 2000 lag die Bilanzsumme der RCFs zwischen 6,5 und 51,7 Mrd. VND. Die durchschnittliche Bilanzsumme belief sich auf 26,1 Mrd. VND gegenüber dem Durchschnittwert von 2,8 Mrd. VND lokaler Bankunternehmung sowie 479,8 Mrd. der CCF.
[61] Siehe Tabelle 4.

3. Strukturelle Problemfelder im genossenschaftlichen Finanzverbund

3.1. Mitgliederinteresse, Kooperationsrente und Organisationsverfassung

Um die Wettbewerbsfähigkeit langfristig sicherzustellen, sollten Unternehmen über funktionsfähige *Organisationsverfassung* verfügen, um *Interessenausgleich* zwischen den Organisationsmitgliedern zu ermöglichen. Sie sollen auch dazu dienen, bestimmte Mechanismen zu bereitstellen, um Ansprüche verschiedener Interessengruppen an die Unternehmensführung durchzusetzen. Eigentums- und Verfügungsrechte, Regelungen über Entscheidungsfindung, Kontrolle, Haftung, Konfliktlösung sowie Kommunikation gehören zu den wesentlichen Elementen einer Organisationsverfassung. Ihre Institutionalisierung ist erforderlich, weil asymmetrische Verteilungen von Informationen, Wissensständen und individuellen Fähigkeiten zwischen *heterogenen* Wirtschafsakteuren sowie *opportunistisches* Verhalten zu unterstellen sind.

Unter den Mitgliedern eines Unternehmens soll nicht nur *Konsens* über die Erwirtschaftung möglichst hoher Kooperationsrenten sondern auch über deren Aufteilung herrschen. Im Hinblick auf die geschäftspolitische Ausrichtung können *Einfluss- und Kontrollmöglichkeiten* der Mitglieder grundsätzlich über drei Kanäle eingebracht werden:

- über ihre formelle Mitbestimmung an der Entscheidungsfindung,

- ihre informellen Einflüsse auf die Geschäftsführung, und/oder

- den Kauf und Verkauf von Verfügungsrechten über zusammengelegte Ressourcen auf entsprechenden Märkten.

Diese drei Kanäle stehen nicht in jeden Unternehmens- bzw. Rechtsformen zur Verfügung. Mit der Festlegung der Organisationsregeln fallen gleichzeitig auch solche *Organisationskosten* an, die durch die Mechanismen der Entscheidungsfindung und von den vorhandenen Spielräumen beteiligter Mitglieder bestimmt werden. Die dazugehörigen Koordinations- und Motivationskosten sind von einander abzugrenzen. Letztere entstehen dann, wenn nicht alle Konsequenzen einer Entscheidung von den Entscheidungsträgern zu tragen sind. Organisationsregeln haben im Prinzip die Funktion, Handlungen der Wirtschaftsakteure in eine Richtung zu kanalisieren, die von der Gesamtheit gewollt ist. Damit existiert ein enger Zusammenhang mit der Koordinationsfunktion, die sicherstellt, dass die arbeitsteiligen Austauschbeziehungen aufeinander abgestimmt werden. *Governance Strukturen* enthalten daher unabhängig von ihrer Ausgestaltung solche Regeln, die die Arbeitsteilung zwischen beteiligten Wirtschaftsakteuren entweder direkt festlegen oder indirekt beeinflussen[62].

Die Governance Strukturen genossenschaftlicher Kreditinstitute sind noch wenig untersucht und kennzeichnen sich durch viele Besonderheiten, die sie

---

[62] Siehe Kapitel II, insb. Abschnitt 5.2.3.

deutlich von anderen Organisations- bzw. Rechtsformen unterscheiden. Zu ihren Charakteristika gehören unter anderem:

- die zusammenhängenden Eigentums- und Leistungsverhältnisse (Identitätsprinzip),

- die Mechanismen demokratischer Entscheidungsfindung und Überwachung, sowie

- das Fehlen marktlicher Kontroll- und Sanktionsmechanismen[63].

Genossenschaftlich organisierte Unternehmen sind dadurch gekennzeichnet, dass alle Eigentums- und Verfügungsrechte (Property-Rights) bei ihren Mitgliedern angesiedelt sind, was grundsätzlich eine effiziente Disposition über den zusammengelegten Ressourcenpool fordert. Die damit verbundene weite Streuung der Property-Rights sowie die Art und Weise der demokratischen Entscheidungsfindung führen dazu, dass Spannungen zwischen Eigentümern mit unterschiedlich hohen Kapitalanteilen zum einen vermieden werden. Zum anderen existiert für Genossenschaftsmitglieder mit geringeren Geschäfts- anteilen jedoch keine angemessene Anreizintensität zur Ausübung ihrer Mitbestimmungs- und Kontrollrechte, weil die Property-Rights verdünnt sind. Dies ermöglicht anderen Akteuren, ihre individuellen Interessen mit Nachdruck in den Vordergrund zu stellen. Diese Aktivitäten können sowohl von der Geschäftsführung als auch von einer bestimmten Mitgliedergruppe, die durch eine besondere Konkretisierung der Inhalte des Förderauftrages gekennzeichnet ist.

Das Spezifische Merkmal einer genossenschaftlichen Bankunternehmung im Hinblick auf das *Identitätsprinzip* findet sich in erster Linie in ihrer Geschäftspolitik, die sich nicht nur nach Interessen ihrer Eigentümer sondern auch nach denen der Mitglieder als Leistungsbezieher ausrichten soll. Genossenschaftsmitglieder lassen sich im allgemeinen in drei Interessen- gruppen einteilen: dividendenorientierte Mitglieder, Mitglieder als Einlage- kunden oder als Kreditnehmer. Asymmetrische Informationsverteilung erleichtert die Orientierung an einer Interessengruppe mit nachteiligen Effekten für andere Mitglieder.

Die Identität von Eigentümern, Kunden und Entscheidungträgern nimmt Einfluss darauf, dass jene, die von der Entscheidung betroffen sind, diese treffen und dafür haften. Die Interessenheterogenität, die Zulassung von Geschäft mit Kunden als Nicht-Mitgliedern, die Unternehmensführung von organisations- externen Managern sowie die faktisch geringere Partizipation der Mitglieder an den Entscheidungs-, Kontroll- und Sanktionsprozessen können die Funktions- fähigkeit des expliziten Bestandteils der genossenschaftlichen Governance Strukturen verwässern oder sogar unwirksam machen.

---

[63] Siehe Kapitel III, Abschnitt 3.

Im Folgenden können nicht alle Probleme behandelt werden. Im Fokus der empirischen Untersuchung stehen die Interessen der Genossenschaftsmitglieder, ihre Eigentums-, Leistungs- und Abhängigkeitsbeziehungen und ihre Machtbildungsmöglichkeiten gegenüber der genossenschaftlichen Bankunternehmung auf der lokalen bzw. überregionalen Verbundebene. Nur wenn Mitglieder auf die Geschäftspolitik den Einfluss nehmen *können* und *wollen*, wird die Wettbewerbsfähigkeit einzelner genossenschaftlicher Finanzorganisationen und die des gesamten Verbunds gewahrt. Die Strukturanalysen sollen als Ausgangspunkt für strategische Überlegungen dienen, weil bestehende Governance Strukturen sowie eine zeitgemäße Operationalisierung der Mitgliederbedürfnisse und der Förderleistungspotentiale für die strategische Ausrichtung von entscheidender Bedeutung sind.

3.2. Lokale Verbundebene

3.2.1. Mitgliederbedarfstruktur und Förderungspotentiale

Gemäß des *Identitätsprinzips*, das besagt, dass Eigentümer einer genossenschaftlichen Bankunternehmung zugleich auch ihre Kunden sind (Einleger/Kreditnehmer) können die Förderleistungen abzielen auf:

- die Gruppe der Eigentümer, die Anspruch auf Gewinnbeteiligung haben (Permanent Shares);

- die Gruppe der Einleger, wobei das Passivgeschäft nicht nur mit Mitgliedern sondern auch mit Nichtmitgliedern betrieben wird: und

- die Gruppe der Mitglieder als Kreditnehmer.

Die geschäftspolitische Ausrichtung ist davon abhängig, (a) welche bestimmte Interessengruppe gemäß des demokratischen 'Ein-Mann-Eine-Stimme-Prinzips' in der Mitgliederversammlung dominieren würde, und (b) ob und inwieweit diese Mitgliedergruppen ihren Einfluss auf das alltägliche Bankmanagement ausüben könnte. Eine repräsentative Untersuchung zum Förderauftrag in Form einer schriftlichen Befragung der 298 lokalen People's Credit Funds im September 2000 zeigt folgende Hauptergebnisse (siehe Tabelle 8)[64]:

- Als Gründe für den Eintritt in die Genossenschaft wurden aus der Sicht des *Bankmanagements* der Kreditbedarf, der Einlagenbedarf, die Teilhabe an der Gewinnausschüttung sowie der Bedarf an andere Finanzdienstleistungen identifiziert. Über 77 % bzw. 66 % aller befragten Manager und Mitarbeiter sehen in der Bereitstellung von Bankkrediten

---

[64] Es handelt sich hier um eine Teilbewertung der schriftliche Befragungsaktion, die von dem SBV-GTZ-Büro in Hanoi und von der DCCI/SBV im September 2000 durchgeführt wurde. An dieser beteiligten sich insgesamt 298 lokalen PCFs in 14 Provinzen Vietnams, u.a.: Son La, Bac Ninh, Vinh Phu, Nam Dinh, Thai Binh, Nghe An, Binh Thuan, Quang Tri, Lam Dong, Binh Duong, Tay Ninh, An Giang, Bac Lieu.
Für die freundliche Unterstützung bei der Einsicht in die Fragebögen bin ich Herrn Ernst-Eberhardt Kopf und seinen Projektmitarbeitern sehr dankbar.

235

und/oder in der Dividendenausschüttung genossenschaftsspezifische Förderleistungen, während eine Förderung der Mitglieder über Einlagenprodukte nur 46 % aller Befragten für wichtig halten. Provisionsgeschäfte als mögliches Förderungsinstrument wurde nur bei 29 % der Befragten wahrgenommen.

- Als außer-ökonomischer Grund für den Eintritt wurde der Wunsch zur gegenseitigen Hilfe genannt (63 % aller befragten Bankmitarbeiter). Ob es sich hier um ein altruistisches Verhalten oder um Prestige handelt, ist jedoch nicht eindeutig festzustellen[65].

Tabelle 8: Dimensionen des wahrnehmbaren Kundennutzens bei Geschäftsbeziehung mit lokalen PCFs im Hinblick auf Kredit- und Einlagengeschäfte

(Anteil an allen befragten lokalen PCFs)	Kreditgeschäft	Einlagengeschäft
Zugangsvorteil	69 %	44 %
Konditionsvorteil	32 %	73 %
Qualitätsvorteil	79 %	79 %
Exklusivvorteil der Mitgliedschaft	63 %	47 %

Quelle: Repräsentative Umfrage durch SBV-GTZ-Projektbüro und DCCI; Eigene Bewertung.

- Aus der Sicht der *Mitglieder* liegen die Gründe für ihre Kreditaufnahme in den günstigen Zinskonditionen (32 % aller Befragten), in dem einfachen und flexiblen Kreditvergabeverfahren (79 %) und in dem mangelnden Kreditzugang (69 %). Letztere geht auf die fehlende Sachsicherheit der Kreditnachfrager (31 %) oder auf die nicht durch Kreditsicherheit bedingte schlechte Bonität bei Wettbewerbern (38 %) zurück. Etwa Zweidrittel (63 %) der Befragten sehen in der Kreditbeziehung mit ihrer genossenschaftlichen Bankunternehmung einen exklusiven Vorteil der Mitgliedschaft. Darüber hinaus wird von Eindrittel aller Befragten der Vorteil des Mehrfachkredits angeführt, in dem der vom lokalen PCF vergebene Kreditbestand ihren Kapitalbedarf ergänzen sollte, der von den anderen Kreditinstituten nicht vollständig gedeckt wurde.

- Aus der Sicht der *Depositenkunden* liegen die komparativen Vorteile lokaler PCFs in den attraktiven Zinskonditionen (73 % aller Befragten), in der Markt- und Kundennähe (80 %), in dem einfachen Einlagen- und

---

[65] Bei mehreren Gesprächen mit Vorständen lokaler PCFs in der Quang-Tri-Provinz ist es nicht auszuschließen, dass der Beitritt vieler wohlhabender Mitglieder auf Prestigegründe zurückzuführen ist. Siehe auch Wolz, 2001, S. 112f.

Abhebungsverfahren (79 %) sowie in der Einlagensicherung (80 %)[66]. Über die Hälfte (56 %) aller Befragten halten für nicht richtig, dass der mangelnde Zugang zu anderen alternativen Anlagen bzw. Kreditinstituten einen Grund für den komparativen Vorteil lokaler Institute bei Passivgeschäft darstellt. Nur 47 % der befragten Kunden und Mitglieder stufen die Anlagemöglichkeit bei lokalen PCFs als eine genossenschafts-spezifische Förderleistung ein.

Zusammenfassend kann festgelegt werden, dass Kreditbeziehung und Gewinnbeteiligung die breiteste Akzeptanz unter den oben genannten möglichen Förderleistungen finden. Für Kreditnehmer gelten jedoch nicht in erster Linie die Zinskondition und der Kreditzugang als die wichtigsten Transaktions-bedingungen. Eine unbürokratische und flexible Vergabetechnologie wird hier besonders hochgeschätzt, dadurch Transaktionskosten und verbundene Opportunitätskosten (im Sinne von Zeit- und Distanzkosten) bei einem Kreditvertragsabschluss mit lokal agierenden Kreditinstituten möglichst gering gehalten würden[67]. Durch das eng abgegrenzte regionale Geschäftsgebiet läst sich zusammen mit der persönlichen Kenntnis der sozialen und ökonomischen Verhältnisse untereinander eine ausreichende Kreditsicherheit auch ohne aufwendige Bonitätsprüfungssysteme gewähren. Sowohl aus der Sicht des Bankmanagements als auch aus der Kundensicht wird die Förderleistung in dem Einlagengeschäft wenig wahrgenommen. Die besseren Passivzinskonditionen im Vergleich zur VABRD sind eher auf die staatlich festgesetzte höhere Zinsobergrenze zurückzuführen, die einen künstlichen Wettbewerbs-vorteil bei der Einlagenmobilisierung für lokale PCFs verschafft[68]. Die Kundennähe sowie ein schnelles und einfaches Verfahren bei der Anlage und Bargeldabhebung machen die genossenschaftliche Bankunternehmung besonders atraktiv. Die Neuanordnung seit Ende 2001, dass Einlagenkunden als Nichtmitglieder Kredite aufnehmen dürften, bietet die genossenschaftliche Geschäftsführung ein enormes Entwicklungspotential im Hinblick auf die Vergrößerung des Geschäftsvolumens sowie auf die Anwerbung neuer Mitglieder. Der Wegfall der Zinsobergrenzeregelung im Rahmen der Liberalisierung des Finanzsektors stellt kurz- bis mittelfristig jedoch keine große Herausforderung für lokale PCFs dar, weil die geringe Wettbewerbsintensität aufgrund der sehr schwachen

---

[66] Seit Anfang 2000 sind alle lokale PCFs Pflichtmitglieder in dem staatlichen Einlagensicherungssystem.

[67] Kreditbearbeitungszeit beträgt bei lokalen PCFs im Durchschnitt zwei bis drei Tage, während die bei einer Branche der VBARD mindestens 10 Tage bis zu einem Monat dauern kann (vgl. Wolz, 2001, S. 99/120ff.)

[68] Ein besserer Handlungsspielraum für lokale Kreditinstitute bei der Einlagenmobilisierung, der aus der Zinsobergrenzeregelung resultierte, wurde von 67% aller befragten Bankmanager bestätigt.

finanziellen Infrastruktur im ländlichen Raum noch für einen längeren Zeitraum ausbleibt[69].

3.2.2. Konfliktpotentiale aus divergierenden Interessenlagen

Konfliktfelder zwischen den verschiedenen Interessengruppen, das heißt die Gruppe der Mitglieder als Kreditnehmer, die der Eigentümer mit Gewinnbeteilung (Permanent Shares) und die des Bankmanagements können anhand der Entwicklung der Eigenmittel und deren Komponenten, dazu der Geschäftsguthaben und der Reserven zur Kapitalaufstockung, untersucht werden (Tabelle 9).

Geschäftsguthaben, definiert als Summe aller individuellen Geschäftsanteile, bilden das Grundkapital einer genossenschaftlichen Bankunternehmung, die sich zwischen 'Qualification Shares' und 'Permanent Shares' unterscheiden lassen. Erstere sollen mindestens 50.000 VND betragen und gelten als eine Art von 'Eintrittsgeld', das jedes Mitglied zahlen muss, um an den genossenschaftlichen Förderleistungen teilzuhaben. Letztere weisen einen ähnlichen Charakter wie die Beteiligungen an einer Kapitalgesellschaft auf, deren Zweck in einer hohen Kapitaldividende liegt. Hier lässt sich eine finanzielle Beteiligung der Mitglieder bei entsprechender Vergütung als eine Form der Förderung formulieren, weil Dividenden als finanzielle Leistungen eine Verwendung entsprechend den individuellen Präferenzen derjenigen Kapitalgeber gestatten. Die Permanent Shares bilden damit eine Anlageform, die Konkurrenten – u.a. staatliche Geschäftsbanken – nicht bieten können.

Reserven zur Kapitalaufstockung stellen eine Art der Gewinnrücklagen dar, die durch Einbehaltung von Teilen des Jahresüberschusses nach Steuern (Reingewinn) entstehen. Sie enthalten nur diejenige Beiträge, die aus Unternehmensergebnissen gebildet worden sind, und unterliegen einer strengen Zweckbindung. Als Reserven sind zwei Arten von Rücklagen in der Bilanz auszuweisen: gesetzliche Gewinnrücklagen und Rücklagen aus Gewinnsteuer-vergünstigungen. Gemäß Dekrets des Finanzministeriums Nr. 97/2000/TT-BTC vom 12.10.2000 muss die jährliche Zuführung der gesetzlichen Rücklage mindestens 5 % des erwirtschafteten Reingewinns betragen. Als Obergrenze für die Höhe der gesetzlichen Rücklagen gilt der Nominalwert des Grundkapitals (als Summe der Geschäftsguthaben). Reserven zur Kapitalaufstockung sind für die Substanzerhaltung und den Gläubigerschutz einer genossenschaftlichen Bankunternehmung von grundlegender Bedeutung, weil sie den stabilsten Teil der Eigenmittel darstellen. Im Gegensatz zu Geschäftsguthaben bleibt der Bestand der Reserven, unabhängig von Fluktuationen der Mitgliederzahl, stets in voller Höhe erhalten, weil seine Auflösung ausschließlich zur Deckung bilanzieller Verluste zulässig ist.

---

[69] Siehe Exkurs 2.

238

Tabelle 9: Entwicklung der Geschäftsanteile und Rücklagen
im Zeitraum 1994-2002

	1994	1995	1996	1997	1998	1999	2000	2001	2002
Anteil an Eigenmitteln									
Geschäftsguthaben der Mitglieder	99,7 %	99,4 %	98,5 %	91,7 %	86,4 %	81,1 %	78,7 %	n.v.	n.v.
Qualification Shares	n.v.	11,5 %	19,2 %	15,1 %	16,9 %	17,2 %	17,6 %	n.v.	n.v.
Permanent Shares	n.v.	87,9 %	79,4 %	76,6 %	69,5 %	63,9 %	61,1 %	n.v.	n.v.
Reserven zur Kapitalaufstockung	0,3 %	0,6 %	1,4 %	8,3 %	13,6 %	18,9 %	21,3 %	n.v.	n.v.
Jährliche Veränderungsrate									
Geschäftsguthaben der Mitglieder	-	341,3 %	109,9 %	34,3 %	14,1 %	3,3 %	10,0 %	2,3 %	12,5 %
Qualification Shares	-	-	253,7 %	13,9 %	35,8 %	11,8 %	15,6 %	n.v.	n.v.
Permanent Shares	-	-	91,2 %	39,3 %	9,9 %	1,2 %	8,5 %	n.v.	n.v.
Reserven zur Kapitalaufstockung	-	865,6 %	381,2 %	719,8 %	97,2 %	53,3 %	27,8 %	n.v	n.v.
Zahl der (Haushalt-) Mitglieder lokaler PCFs	46.045	153.901	378.978	522.080	646.701	727.098	797.069	807.546	850.781
Kumuliertes Grundkapital, in Mio. VND	10.782	47.585	99.892	134.189	153.149	158.137	173.926	177.974	200.149
Grundkapital je lokale PCF im Durchschnitt, in Mio. VND	60,2	83,9	117,9	143,4	156,8	164,0	181,4	196,4	225,4
Jahresüberschuss je lokale PCF im Durchschnitt, in Mio. VND	16,2	22,4	40,7	42,0	39,2	51,6	45,0	66,0	84,8
Jahresüberschuss je Einheit des Grundkapitals im Durchschnitt	0,269	0,267	0,345	0,293	0,250	0,315	0,248	0,336	0,376

Quelle: DCCI/SBV; CCF; Eigene Berechnung.

Das Grundkapital ist nominell nicht konstant, sondern stellt einen variablen Teil der Eigenmittel dar. Das variierende Geschäftsguthaben, die offene Mitgliederzahl und die mögliche Kündigung der Mitgliedschaft, die mit der Rückzahlung der Geschäftsanteile zum Nominalwert verbunden ist, lassen die Eigenmittelkomponente aus individuellen Geschäftsguthaben schwanken. Theoretisch bedeuten diese Schwankungen für jede genossenschaftliche Bankunternehmung ein gewisses Eigenfinanzierungsrisiko. Die Empirie zeigt, dass mögliche Zu- und Abgänge von Geschäftsguthaben lokaler People's Credit Funds zumindest gleich hoch sind, sich kompensieren, und/oder die Substitution durch Einzahlung neuer Geschäftsanteile gesichert wird, so dass die entstehenden Eigenkapitalschwankungen nicht ins Gewicht fallen. Sowohl die Gesamtzahl der Mitglieder als auch das kumulierte Grundkapital aller lokalen PCFs sind stetig gestiegen. Die kontinuierliche nominale Erhöhung des Grundkapitals in den letzten Jahren sind überwiegend auf die Zeichnung von neuen gewinnbehafteten Geschäftanteilen (Permanent Shares) zurückzuführen. Aufgrund der fehlenden Daten über die Mitgliederstruktur lässt es sich daraus vermuten, dass der Anteil der Genossenschaftsmitglieder als Eigentümer mit Gewinnbeteiligung (Permanent Shares) zurückgedrängt würde. Ob diese Entwicklung einen negativen Einfluss auf die Gewinnlage lokaler Kreditinstitute ausübt, lässt sich aus der steigenden Tendenz des durchschnittlichen Jahresüberschusses je Einheit der Geschäftsanteile nicht ohne weiteres schließen.

Die positive Entwicklung der Gewinnlage lokaler People's Credit Funds kann auch dadurch erklärt werden, dass sich diese Kreditinstitute zum Teil durch ihre sehr kostengünstig zur Verfügung stehenden Rücklagen refinanzieren ließen. Der stetig zunehmende Anteil der Reserven an den gesamten Eigenmitteln weist auf mögliche Konfliktsituationen hin, die aus divergierenden Interessenlagen zwischen dem genossenschaftlichen Bankmanagement und den Mitgliedern entstehen können. In diesem Kontext stellt sich die Frage, ob und inwieweit die Organisationsstrukturen lokaler PCFs durch interne Überwachung von Eigentümern oder aber durch externe Kontrolle von Kapitalmärkten bzw. von Produkt- und Arbeitsmärkten erfolgen. Tendenziell schwächen sich die internen Kontroll- und Sanktionsmöglichkeiten durch Eigentümer infolge (a) des erhöhten Rücklagenbestands, (b) der vermehrten Anstellung von externen Managern sowie (c) der steigenden Komplexität der Geschäftsvorgänge, so dass die Mitglieder wenig oder nicht in der Lage sind, Einfluss auf die geschäftspolitischen Entscheidungsprozess ausüben zu können. Verstärkte Kontroll- und Sanktionsmechanismen über Wettbewerb zwingt die Geschäftsführung jener Bankunternehmung zu Kostenreduktion, weil sie erwirtschaftete Überschüsse u.a. zur Verbesserung der Eigenkapitalbasis benötigen, um den Fortbestand der Bankunternehmung zu gewährleisten. Um die eigene Reputation zu steigern und verbesserte Chancen auf dem Arbeitsmarkt zu erhalten, ist für junge Bankmanager ein positiver Geschäftsbericht am Jahresende wichtig.

Die genossenschaftliche Geschäftsführung kann aber eigene Zielvorstellungen verfolgen, die von den Interessen der Mitglieder abweichen. Zum einen können Kontrollversuche in der Mitgliederversammlung oft daran scheitern, dass es dem Bankmanagement gelingt, seine Geschäftsaktivitäten als optimale Förderung darzustellen. Zum anderen erscheinen die Abwanderung durch Mitgliedschaftskündigung und der damit verbundene Kapitalentzug ausscheidender Mitglieder nicht als ein wirksames Kontroll- und Sanktions-potential, solange das Grundkapital durch Mitgliederzuwächse in denjenigen Wachstumsphasen kompensiert wird. Das Abwanderungspotential verschlechtert sich auch, wenn die finanzielle Unabhängigkeit der genossenschaftlichen Bankunternehmung durch ihren sehr hohen Rücklagenbestand errecht hat, was aus der empirischen Analyse (noch) nicht bestätigt wurde. Kurz- bis mittelfristig stellt der oben erwähnte potentielle Konflikt zwischen Mitgliedern/ Eigentümern und Bankmanagement kein großes Problem dar. Eine repräsentative Analyse der Mitarbeiter- und Eigentümerstruktur zeigt,

- dass im Durchschnitt nur 13 % der Mitarbeiter eines lokalen Instituts keine Genossenschaftsmitglieder waren;

- dass im Durchschnitt die fünf größten Eigentümer einen kumulierten Anteil ihrer Geschäftsguthaben am Grundkapital derjenigen lokalen People's Credit Fund von etwa 50 % aufwiesen. Die meisten von den 5 größten Eigentümern waren zu diesem Zeitpunkt tätig als Vorstandvorsitzende oder in der Geschäftsführung. Nur in 5 Fällen von insgesamt 94 befragten lokalen PCFs war niemand der 5 größten Eigentümer bei dem Bankmanagement zu verzeichnen (siehe Tabelle 10)[70].

Tabelle 10: Präsenz der fünf größten Anteilseigner in der Geschäftsführung

Anzahl der in der Geschäftsführung tätigen Personen, die zu den 5 größten Eigentümern lokaler PCFs gehören.	0	1	2	3	4	5
Anzahl der betroffenen lokalen PCFs	5	18	17	22	16	16
Anteil an der gesamten Stichprobe	5,3 %	19,1 %	18,1 %	23,4 %	17,0 %	17,0 %

Quelle: GTZ-SBV-Büro; Eigene Berechnung.

3.2.3. Betriebsgröße

Der Wachstumsprozess der lokalen People's Credit Funds, im Hinblick auf das Geschäftsvolumen und Anzahl der Mitglieder, hält in dem Betrachtungszeitraum unvermindert an. Der Trend geht zur größeren durchschnittlichen Bilanzsumme sowie zur höheren Zahl der (Haushalt-) Mitglieder je Kreditinstitut (siehe Tabelle 11).

Trotzt der sinkenden Zahl von Kreditinstituten in den letzten 5 Jahren ist der Zuwachs an neue Mitglieder ungebrochen und deutet darauf hin, dass das ökonomische Interesse der Bevölkerung an die neue genossenschaftliche Organisations- und Rechtsform hoch ist. Im Durchschnitt betrug die Mitgliederzahl 958 Haushalte je Kreditinstitut, was ca. 72 % des durchschnittlichen Haushaltsbestandes in einer Kommune (Landesdurchschnitt: 1.335 Haushalte je Kommune) ausmachte. Als Möglichkeit zur Erweiterung der Kundenbasis gilt neben der Aufnahme neuer Mitglieder die Akquisition von Einlagenkunden, die nicht unbedingt Mitglieder sein und innerhalb des Geschäftsgebiets des jeweiligen lokalen Kreditinstituts wohnen müssen. Bei wachsender Mitglieder- und Kundenzahl sinkt für die Geschäftsleitung oft die Transparenz der geschäftspolitischen Maßnahmen. Marktbedürfnisse und Risiken sind schwieriger zu beurteilen, Entscheidungsprozesse sind stärker formalisiert und verlaufen teilweise bürokratischer. Der Verlust persönlicher Nähe und damit die Einschränkung der Möglichkeiten zur Einschätzung der

---

[70] Es handelt sich hier um eine Teilbewertung der obern genannten schriftlichen Befragung, die im September 2000 von dem GTZ-SBV-Projekt und der CCID/SBV durchgeführt wurde.

241

individuellen Kundensituation bzw. des Erkennens von Veränderungen auf den regionalen Märkten scheinen die größten Gefahren zu sein. Bereits in den anfänglichen Jahren haben lokale PCFs eine Betriebsgröße erreichen, wobei die Mitgliederzahl je Kreditinstitut im Durchschnitt über 100 Mitglieder liegt und damit eine Mitgliederversammlung in Form einer Vertreterversammlung erlaubt ist. Entscheidend ist in diesem Zusammenhang, dass potentielle Entfremdungswirkungen aufgrund von Mitgliederzuwachs und der Delegation von Entscheidung und Kontrolle durch eine *Intensivierung der Kommunikation* zwischen der Geschäftsführung und ihren Mitgliedern/Eigentümern vorgebeugt werden können.

Tabelle 11: Betriebsgröße der lokalen People's Credit Funds im Hinblick auf die Mitgliederzahl und Bilanzsumme im Zeitraum 1994-2002

	1994	1995	1996	1997	1998	1999	2000	2001	2002
Zahl der lokalen PCFs	179	567	847	936	977	964	959	906	888
Zahl der (Haushalt-) Mitglieder von lokalen PCFs	46.045	153.901	378.978	522.080	646.701	727.098	797.069	807.546	850.781
Mitgliederzahl je PCF, im Durchschnitt	257	271	447	558	662	754	831	891	958
Addierte Bilanzsumme, in Mio. VND	83.707	448130	1.133.333	1.474.392	1.857.242	2.290.469	2.678.301	2.959.084	3.573.778
Durchschnittliche Bilanzsumme je Kreditinstitut, in Mio. VND	467,6	790,4	1.338,1	1.575,2	1.901,0	2.376,0	2.792,8	3.266,1	4.024,5

Quelle: DCCI/SBV; CCF; Eigene Berechnung.

Ende 2000 betrug die durchschnittliche Bilanzsumme eines lokalen Kreditinstituts etwa 2.793 Mio. VND (ca. 192,4 Mio. US-Dollar). Die durchschnittliche Betriebsgröße lokaler PCFs ist somit klein im Verhältnis zu ihren Wettbewerbern. Eine (Distrikt-)Branche der VBARD erreichte Ende 2000 im Schnitt eine Bilanzsumme von ca. 8.529 Mrd. VND, eine private Geschäftsbank 2.504 Mrd. VND. Etwa 80 % aller lokalen PCFs wiesen in diesem Jahr eine Bilanzsumme von weniger als 4.500 Mio. VND auf. Die vergleichsweise geringere Betriebsgröße lokaler Kreditinstitute läst sich vermuten, dass sie mit einem strukturbedingten Kostennachteil konfrontierten[71].

---

[71] Der Vorteil der größeren Betriebsgröße ergibt sich aus Skalen- und Verbundeffekten (Economies of Scales and Scope), die sich positiv auch auf Personal- sowie Sachaufwendungen auswirken. Die These, dass lokale People's Credit Funds nicht mit optimaler

Eine wachsende Betriebsgröße durch Ausbau der Geschäftbeziehungen mit neuen Mitgliedern bzw. Kunden könnte den Fixkostenblock, dessen Hauptkomponenten aus Sach- und Personalaufwendungen bestehen, im Verhältnis zur Gesamtleistung senken, was aufgrund der gesetzlichen Beschränkung des Geschäftsgebiets nicht immer zulässig ist. Darüber hinaus ermöglicht eine wachsende Betriebsgröße allein noch keine zukunftsorientierte Geschäftspolitik, denn der Ausbau des Aktivgeschäfts setzt zugleich die Erhöhung der Eigenkapitalbasis voraus.

3.2.4. Personal und Arbeitsproduktivität

Ende 2000 belief sich der akkumulierte Personalstand auf der lokalen Verbundebene auf 6.574 Beschäftigte, einschließlich der Vorstandvorsitzenden. Die Geschäftsführung einer genossenschaftlichen Bankunternehmung wird von dem Vorstand bestellt und setzt sich im Prinzip aus einem Direktor, einem stellvertretenden Direktor, eins bis drei Kredit-sachbearbeitern, Inspektoren, Buchhaltern sowie eins bis zwei Kassierern zusammen. In manchen kleinen Kreditinstituten übernehmen Vorstandvorsitzende zugleich die Funktion des Direktors (siehe Tabelle 12)[72].

Tabelle 12: Personalstruktur auf der lokalen Verbundebene

	Vorstand-vorsitzender	Direktor	Kreditsach-bearbeiter	Inspektor	Buchhalter	Sonstiges	Insgesamt
Anzahl	947	943	1.261	1.226	1.213	984	6.574
Anteil am gesamten Personalstand	14,4 %	14,3 %	19,2 %	18,6 %	18,5 %	15,0 %	100,0 %

Quelle: DCCI/SBV; Eigene Berechnung (Stand: Ende 2000).

Weil Vorstände und Direktoren auch an der Kreditvergabe beteiligt sind, nimmt der Anteil der Beschäftigten in der Bearbeitung des Kreditgeschäfts über 48 % des gesamten Personalstands ein. Das Rechnungswesen sowie die Innenrevision/ Inspektion halten jeweils einen Anteil von mehr als 18 % der Beschäftigten. Der restliche Personalbestand umfasst neben den Kassierern sonstige Bürokräfte. Die drei letztgenannten Bereiche variieren mit der Betriebsgröße der jeweiligen lokalen Kreditinstitute. Betrachtet man die Qualifikation der Beschäftigten, so zeigt sich, dass über 67 % der Beschäftigten im Jahre 2000 das Abitur abgelegt hatten. Der Anteil der Absolventen von Berufs- oder Fachhochschulen lag bei 24,5 % Niedrig ist auch der Anteil der Hochschulabsolventen innerhalb der Mitarbeiterschaft; dieser lag lediglich bei 7,5 %. Neben der schulischen und

---

Betriebsgröße operieren, d.h. unter der Anwendung einer Leistungserstellungstechnologie mit nicht-konstanten Skalenerträgen, wird in dem kommenden Kapital VIII überprüft.
[72] Vgl. DCCI, 2001.

beruflichen Grundqualifikation kommt der ständigen Fort- und Weiter-bildung hohe Bedeutung zu. Der Anteil der Mitarbeiter lokaler Kreditinstitute, die einen von der DCCI organisierten Fortbildungskurs besucht hatten, lag Ende 2000 bei ca. 76 v.H, davon hatten 20% einen Grundkurs und 56 % den Aufbaukurs belegt. Die Kurse zielen darauf ab, fachliche Kenntnisse über Buchführung, Kreditbearbeitung und Kredit-management, interne Kontrolle sowie sonstige Verwaltungstätigkeiten zu vermitteln[73].

Die Arbeitsproduktivität, gemessen an der Bilanzsumme pro Mitarbeiter, betrug etwa 410 Mio. VND Ende 2002 (gegenüber 2.544 Mio. VND pro Mitarbeiter der VBARD). Jeder Kreditsachbearbeiter vergab im Durchschnitt 1.867 Mio. VND (gegenüber 5.285 Mio. VND bei VBARD). Es lässt sich vermuten, dass der deutliche Rückstand der lokalen Kreditinstitute bei dieser Kennzahl zum einen auf ihre vergleichsweise kleinere Betriebsgröße und zum anderen auf die mangelhafte Qualifikation der Mitarbeiter lokaler People's Credit Funds zurückzuführen ist. Ein weiterer Erklärungsgrund dafür ist die geringfügige Entlohnung für das Bankmanagement im PCF-System, die vor allem nach dem gesetzlichen Tarif für Beschäftigte im öffentlichen Sektor gerichtet ist, d.h.: fixe Gehaltsbestandteile in der Entlohnung dominierten[74]. Der variable Bestandteil der Gesamtvergütung lässt sich nach Betriebsergebnis sowie Ergebnissen von Personalberurteilung der Mitgliederversammlung bemessen. Aus den fixen Vergütungsstrukturen kann sich ein moralisches Risiko bei den Mitarbeitern ergeben. Durch fehlende leistungsorientierte Lohnbestandteile und häufig beschlossene Zielvorgaben für einzelne Beschäftigte haben sie die Möglichkeit, sich im Team in Bezug auf Qualität oder Quantität ihrer Arbeit zu verstecken. Durch diese so genannten Shirking-Verhalten besteht die Gefahr, dass die Leistungen und die damit verbundenen Erträge der lokalen Bankunternehmung sinken, während die Personalkosten gleich bleiben. In der Folge sinken die Arbeitsproduktivität und das Betriebsergebnis[75].

---

[73] Kosten dieser Fort- und Weiterbildungskurse wurden zum Teil über die Bildungsfonds lokaler PCFs gedeckt, die gesetzlich aus mindestens 28,5 % des erwirtschafteten Jahresüberschusses (nach Steuern) zu bilden sind. Zum größten Teil wurden/werden sie durch die SBV finanziert. Nach Angaben der SBV beliefen sich ihre dafür verwendeten Subventionskosten bis Juni 2001 auf etwa 23 Mrd. VND (ca. 1,8 Mio. USD).

[74] Problematik des unterbezahlten Tarifs gegenüber dem des "reinen" privaten Sektors wurde oft in den Vordergrund vieler Diskussionen bzw. internen Konferenzen gerückt. Die staatliche Regulierung bezüglich der Entlohnung lässt sich auch dadurch erklären, dass viele PCF-Mitarbeiter auch ehemaligen Beschäftigten der SBV bzw. anderer staatlicher Institutionen waren (Experten-Gespräche).

[75] Das klassische Principal-Agent-Problem besteht darin, dass der Arbeitgeber hohe Kontrollanstrengungen aufwenden muss, um die Leistungen und das Arbeitsverhalten seinen Mitarbeiter zu überwachen. Selbst bei Nachweis mangelhafter Leistungen verfügt der Arbeitgeber bei fixer Entlohnung kaum über Möglichkeiten, den Arbeitnehmer durch seine Vergütung zu motivieren oder zu sanktionieren.

3.3. Verbundwirtschaftliche Leistungs- und Abhängigkeitsbeziehungen

Ziel wird es in folgendem sein, Überlegungen über Elemente der Kooperations-beziehungen zwischen der als genossenschaftliche Bankunternehmung auf *Verbundebene* fungierten Central People's Credit Fund und den lokalen People's Credit Funds als Eigentümern und/oder Kunden anzustellen. Diese sollen sich in erster Linie darauf konzentrieren, ob und inwieweit die vorhandenen Verbundstrukturen den lokalen Kreditinstituten ermöglichen, die durch die Zusammenarbeit im Verbund entstandene Abhängigkeit gegenüber der genossenschaftlichen Zentralbank abzusichern. Das Problem besteht darin, dass die CCF aufgrund ihrer spezifischen Eigentums- und Verfügungsstruktur ihre geschäftspolitischen Maßnahmen nicht ausschließlich an den Verbund-mitgliedern ausrichtet und nur eigene Zielvorstellungen verfolgt, die in Einzelfällen sogar im Konflikt zu den Interessen der lokalen Verbundmitglieder verlaufen können. Die Verfassung eines Unternehmens wird durch seine Mitglieder geprägt, die nach festgelegten Spielregeln untereinander Geschäftsbeziehungen pflegen und Leistungen für sie und ihre Kunden erbringen. Die lokalen PCFs und die CCF haben sich auf ein Regelsystem geeinigt, an dem sie ihre Tagesgeschäfte ausrichten. Im Idealfall sollen lokale Kreditinstitute diejenigen Einheiten darstellen, die im Auftrag ihrer Haushaltsmitglieder die Gestaltung des verbundwirtschaftlichen Regelsystems wesentlich mitbestimmen können.

In folgendem sollen aufgezeigt werden, in welchem Verhältnis zu der CCF sich die lokalen PCFs befinden. Ein zentrales Element der genossenschaftlichen Verbundkooperation besteht in der *Eigenständigkeit* und der rechtlichen *Selbständigkeit* der Verbundmitglieder. Ihre tatsächliche Entscheidungsfreiheit und wirtschaftliche Autonomie werden allerdings durch bestehende Eigentums- und Leistungsbeziehungsstrukturen eingeschränkt. Der Grad der *Abhängigkeit* in einer (Tausch-)Beziehung zwischen Verbundmitgliedern kann über die strategische Bedeutung sowie über transaktionsspezifische Risiken beschrieben werden. Die Beziehung zu einem Kooperationspartner erlangt *strategische Bedeutung*, wenn die zu erzielende Kooperationsrente langfristig von dem Bestand dieser Beziehung abhängt; d.h. wenn die CCF einen wesentlichen Beitrag zur Mitgliederförderung lokaler People's Credit Funds leistet, bei denen keine oder nur wenige alternativen Marktpartner in Bezug auf die Refinanzierungs- bzw. Liquiditätsausgleichfunktionen vorhanden sind. Je wichtiger verbund-interne Geschäftsbeziehungen für lokale Kreditinstitute sind und je wahrscheinlicher die Gefahr des *Hold-up* durch Vertragspartner oder die Gefahr eines *moralischen Risikos* entstehen können, desto höher ist der *Absicherungsbedarf*. Die Abhängigkeit der lokalen PCFs von der CCF wird im folgenden anhand der aufgezeigten Dimensionen analysiert.

Die *Eigentumsstruktur* der genossenschaftlichen Zentralbank wird im wesentlich durch die State Bank of Vietnam bestimmt, die Ende 2002 über 72 % des Grundkapitals der CCF (83 Mrd. VND von 114 Mrd. VND Eigenkapital) hielt.

245

Die Summe der Geschäftsanteile aller lokalen PCFs belief sich auf 8,5 Mrd. VND und machte damit nur 7 % des Kapitals der CCF aus. Die weiteren Anteile verteilten sich auf die vier stattlichen Geschäftsbanken und die zwei privaten Aktienbanken (siehe Abbildung 11).

Abbildung 11: Anteilseigner-Struktur der genossenschaftlichen Zentralkasse (CCF)

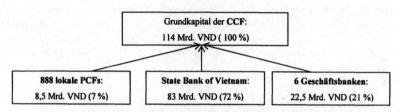

Quelle: Eigene Darstellung (Stand: Dezember 2002).

Aufgrund der geringen Teilhabe an der Eigentumsstruktur sind lokale PCFs aus der Sicht der Anteilseigner auch wenig daran interessiert, die Gestaltung der verbundwirtschaftlichen Leistungsprogramme zu beeinflussen. Die bestehende Informationsasymmetrie in Folge der geringeren Mitarbeiterqualifikation lokaler Kreditinstitute verhindert, das Verhalten der CCF umfassend auf der lokalen Verbundebene zu bewerten. Die Voraussetzungen für ein opportunistisches Verhalten in Form eines moralischen Risikos sind gegeben. Die CCF besetzt in erster Linie mit ihren Dienstleistungen an die lokalen PCFs die Geschäftsfelder der Anlage von Depositenüberhängen und der Bereitstellung günstiger Refinanzierungsmittel, die der risiko- und ertragsoptimalen Gestaltung von Bilanzstrukturen dienen, da allein aufgrund des örtlichen Kundengeschäfts kein finanzielles Gleichgewicht gegeben ist. Von aktueller strategischer Bedeutung für lokale PCFs sind insbesondere die Leistungen in Verbindung mit dem Kreditgeschäft, dessen zentrale Anliegen in der Risikoteilung und der Gestaltung umfangreicher Finanzarrangements besteht. Die strategische Bedeutung hängt davon ab, wie die CCF zukünftig ihre Dienstleistungspalette gestaltet. Übernimmt sie zunehmend Geschäftsbeziehungen mit verbund-externen Kunden und kann sie den Liquiditätsausgleich unter den angeschlossenen Verbundmitgliedern nicht adäquat sicherstellen, verliert die Leistungsbeziehung der lokalen PCFs zur CCF an strategischer Relevanz. Inwiefern eine prekäre Bindung aus der Leistungsbeziehung mit der CCF entsteht, ist von der Intensität der Verknüpfung der Geschäftsprozesse abhängig. Die CCF könnte die Abhängigkeit lokaler Kreditinstitute zu ihrem Vorteil ausnutzen, die Refinanzierungskonditionen neu verhandeln und sich einen Großteil der Quasirente aneignen. Hinzufügend sehen sich lokale Kreditinstitute mit einem Informationsdefizit konfrontiert. Es besteht die Gefahr des moralischen Risikos. Die Verknüpfung aus erforderlichem Ermessensspielraum und die bestehenden Informationsasymmetrien führen allerdings dazu, dass bei der Geschäftsbeziehung zur CCF eine prekäre Bindung der lokalen Kreditinstitute gesprochen werden kann. Der zugestandene Ermessensspielraum bezieht sich auf die Gestaltungsfreiheit der genossenschaftlichen Zentralbank bei verbundpolitischen Entscheidungen.

Ein Anhaltpunkt für die geschäftspolitische Bedeutung ergibt sich aus den *Bilanzsummen* der einzelnen Verbundmitglieder. Es werden zum einen die kumulierten Bilanzsummen und zum anderen die durchschnittlichen Bilanzsummen zwischen der Oberbaustufe (CCF/RCFs) und der Primärstufe verglichen. Die *kumulierten* Bilanzsummen lassen erkennen, dass die Primärebene nach wie vor die wirtschaftliche Basis des genossenschaftlichen Finanzverbunds ist (siehe Tabelle 13)[76].

Tabelle 13: Vergleich der lokalen PCFs und der genossenschaftlichen Zentralinstitute anhand der Bilanzsummen

	Primärebene (Lokale PCFs)			Oberbauebene (CCF/RCFs)		
Jahr	Anzahl	Bilanzsumme (kumuliert, in Mio. VND)	Durchschn. Bilanzsumme (in Mio. VND)	Anzahl	Bilanzsumme (kumuliert, in Mio. VND)	Durchsch. Bilanzsumme (in Mio. VND)
1995	576	448.130	778	6	172.472	28.745
1996	847	1.133.333	1.338	10	345.935	34.594
1997	940	1.474.392	1.569	13	494.771	38.290
1998	977	1.857.242	1.901	20	726.126	36.306
1999	964	2.290.469	2.376	22	926.709	42.123
2000	959	2.678.301	2.793	22	1.027.252	46.693
2001	906	2.959.084	3.266	1	911.062	911.062
2002	888	3.573.778	4.025	1	1.352.106	1.352.106

Quelle: DCCI/SBV; CCF; Eigene Berechnung.

Ende 2002 belief sich das akkumulierte Depositengeschäft lokaler People's Credit Funds auf 2.370 Mrd. VND (ca. 155 Mio. USD) und machten damit 77 % aller von dem Finanzverbund mobilisierten Spareinlagen aus[77]. Um darüber hinaus von einem Machtpotential der lokalen PCFs sprechen zu können, wird die Aggregation der marginalen Beiträge bzw. Stimmen zu einem Gruppenpotential benötigt. Das Problem der Differenzierung von Mitgliederinteressen wird hier ersichtlich. Im Hinblick auf die Heterogenität der 888 lokalen PCFs

---

[76] Die Kritik an einer Doppelzählung der Volumina bezüglich der kumulierten Bilanzsumme steht dem Argument entgegensteht, dass der Finanzverbund als eine besondere Organisationsform keinen Konzern mit einheitlicher Willenbildung darstellt, sondern aus rechtlich und weitgehend wirtschaftlich selbständigen Kreditinstituten besteht.
[77] Siehe Anhang 1.

kann eine weitgehende Ziel- und Interessenidentität, die die Bildung eines Machtpotentials der Primärebene abhängig macht, nicht ohne weiteres vorausgesetzt werden[78]. Das geringe Machtpotential der Primärebene findet sich auch im Vergleich der *durchschnittlichen* Bilanzsummen mit denen der genossenschaftlichen Oberbauinstitute. Weil der Oberbau nicht auf den marginalen Beitrag einzelner PCFs angewiesen ist, wird aus der isolierten Einzelstimme bzw. dem Einzelbeitrag eines lokalen Kreditinstituts kein nennenswertes Machtpotential erwachsen können. Auf allen Verbundebenen, u.a. lokaler, regionaler und nationaler Ebene, entwickelten sich sowohl die kumulierten Bilanzsummen als auch die durchschnittlichen positiv. Die CCF konnte ihre geschäftspolitische Bedeutung vor allem dadurch steigern, dass sie seit Ende 2001 die Bankgeschäfte der 21 regionalen Zentralkassen (RCFs) übernahm. Damit ist das Bilanzsummenwachstum der CCF zu einem guten Teil durch die konsolidierte Addition der Bilanzsummen aller übernommenen RCFs entstanden.

Die Entwicklung von Geschäftsbeziehung zwischen den einzelnen Verbundebenen wird in Tabelle 14 hervorgehoben.

Tabelle 14: Verbundwirtschaftliche Geschäftsbeziehungen anhand der Kredit- und Einlagengeschäfte der Oberbauinstitute

Jahr	Bilanz-summe (in Mio. VND)	Regionale Ebene (RCFs)				Bilanz-summe (in Mio. VND)	Nationale Ebene (CCF)					
		Anteil an der Bilanzsumme					Anteil an der Bilanzsumme					
		Forderungen an		Verbindlichkeiten gegenüber			Forderungen an			Verbindlichkeiten gegenüber		
		PCFs	Nicht-mitglied	PCFs	Nicht-mitglied		PCFs	RCFs	Nicht-mitglied	PCFs	RCFs	Nicht-mitglied
1996	168.880	82,1 %	8,6 %	0,4 %	46,6 %	177.055	48,5 %	31,5 %	11,2 %	n.a.	n.a.	n.a.
1997	224.737	85,6 %	3,0 %	4,3 %	41,7 %	270.034	42,8 %	33,3 %	3,0 %	0,1 %	0,0 %	9,2 %
1998	381.128	71,6 %	0,8 %	13,9 %	13,1 %	344.998	34,6 %	44,4 %	6,9 %	1,8 %	5,8 %	8,2 %
1999	504.192	67,1 %	5,0 %	15,6 %	14,9 %	422.517	18,4 %	49,4 %	7,3 %	5,3 %	4,9 %	7,9 %
2000	547.516	77,8 %	7,1 %	9,0 %	19,8 %	479.736	19,0 %	48,7 %	10,5 %	0,5 %	0,0 %	5,4 %
2001	-	-	-	-	-	911.062	59,5 %	-	20,5 %	7,9 %	-	46,5 %
2002	-	-	-	-	-	1.352.106	46,5 %	-	34,5 %	7,1 %	-	52,0 %

Quelle: DCCI/SBV; CCF; Eigene Berechnung.

Lag das Verhältnis der Bilanzsummen der CCF zu der Gesamtheit der RCFs im Jahre 1995 noch bei 1 : 0,42, so kehrt sich das Verhältnis seit Ende 1997 um. Im Jahre 2000 betrug die Relation der Bilanzsummen 1 zu 1,14. Damit liegt die

---

[78] Die Heterogenität lokaler PCFs findet ihren Niederschlag z.B. in den Durchschnittwerten der Mitgliederzahl, der Bilanzsumme etc. je nach Regionalverteilung (vgl. Anhang 5).

Bilanzsumme der CCF deutlich unter den aufaddierten Bilanzsummen der 21 RCFs. An der Entwicklung der Bilanzsummen und der Geschäftsbeziehungen des Oberbaus mit lokalen PCFs lässt sich ablesen, dass im Machtgefüge zwischen den drei Verbundebenen Verschiebungen stattgefunden haben, und dass sich damit die Struktur der Einflussbeziehungen verändert hat, die sich mit dem genossenschaftlichen Ideal der dezentralen Willensbildung von 'unten nach oben' vereinbaren lässt. Die Umstrukturierung des Oberbaus zugunsten einer zweistufigen Verbundstruktur wird in diesem Zusammenhang in Frage gestellt. Weiterhin wurden verbundexterne Geschäftsbeziehungen verstärkt betrieben, besonders bei der Einlagenmobilisierung.

Die geschäftpolitische Bedeutung des Oberbaus aus der *Sicht lokaler PCFs* wird auch in der Tabelle 15 dargestellt, in der ihre kumulierte Bilanzstruktur analysiert wird.

Tabelle 15: Bilanzstruktur der lokalen Verbundebene
im Hinblick auf verbundinterne Liquiditätsausgleichbeziehungen

Jahr	Anteil lokaler PCFs als Verbund-Mitglieder	Anteil an der Aktiva	Anteil an der Passiva		
		Forderungen an Oberbau	Verbindlichkeiten ggü. Oberbau	Verbindlichkeiten ggü. Kunden	Eigenmittel
1996	75,2 %	0,01 %	24,72 %	58,68 %	9,69 %
1997	78,5 %	0,65 %	20,88 %	61,28 %	9,93 %
1998	79,4 %	3,20 %	21,12 %	64,03 %	9,54 %
1999	85,2 %	4,41 %	18,17 %	65,72 %	8,51 %
2000	85,5 %	1,91 %	19,31 %	63,98 %	8,25 %
2001	93,2 %	2,41 %	18,31 %	65,98 %	n.v.
2002	100,0 %	2,69 %	n.v.	66,33 %	n.v.

Quelle: DCCI/SBV; CCF; Eigene Berechnung.

Bis Ende 2000 war der genossenschaftliche Oberbau nicht in der Lage, Spareinlagen von der Bevölkerung sowie überschüssige Mitteln von den angeschlossenen Verbundmitgliedern zu mobilisieren. Nach Schätzung des DCCI haben lokale PCFs und RCFs Ende 2000 insgesamt 129.555 Mio. VND (ca. 4,8 % der Bilanzsumme) bei verbundexternen Kreditinstituten angelegt. Als Ursachen kann die unterentwickelte Zahlungsverkehrstruktur, der damit verbunden hohe Zeit- und Gebührraufwand sowie unattraktive Zinskonditionen der CCF identifiziert werden[79]. Auf der Passivseite wurden lokale PCFs vor allem durch mobilisierte Spareinlagen refinanziert, die etwa zwei Drittel ihrer

---

[79] Vgl. DCCI, 2001. Zu diesem Zeitpunkt lagen Einlagenzinssätze gemäß staatlicher Zinsregulierungen im ländlichen Raum höher als die in Städten.

kumulierten Bilanzsumme ausmachten. Refinanzierungsmittel von Oberbau-
organisationen (RCF/CCF) hatten nur einen Anteil von ca. 20 %, obwohl immer
mehr lokale PCFs an den Verbund angeschlossen sind. In diesem Kontext stellt
der Liquiditätsausgleich überregionaler Kreditinstitute nur *Komplementär-
leistungen* für die lokale Verbundebene dar. Von einer strategischen
Abhängigkeit lokaler PCFs an dem genossenschaftlichen Oberbau kann keine
Rede sein[80].

4. Strategische Handlungsoptionen

4.1. Marktpositionierung

Der Erfolg von Kreditinstituten als Anbietern von Finanzdienstleistungen hängt
sehr stark vom Verhalten der Kunden, also von den Nachfragern, ab. Für
genossenschaftliche Kreditinstitute ist die Kunden-/Mitgliederorientierung nicht
nur ein elementarer Bestandteil des Organisationszielsystems, sondern stellt den
Schlüssel dar, um nachhaltige Wettbewerbsvorteile zu generieren. Der Zugang
zu formellen Finanzdienstleistungen und die Produkt-preise als Kostengrößen
gegenüber Kunden stellen kurzfristig den Wettbewerbsfaktor dar. Mittel- bis
längerfristig kommt der *Kundenbindung* eine besondere Bedeutung zu. Voraussetzung für die Erzielung von Wettbewerbsvorteilen durch Kundenorientierung
ist die Differenzierung gegenüber anderen Anbietern durch eine an dem
Kundennutzen ausgerichtete ganzheitliche *Unternehmensstrategie*. Es handelt
sich um die Entwicklung eines strategischen Ansatzes zur Erzielung von
dauerhaften Wettbewerbsvorteilen gegenüber Konkurrenten.

Nach Porter besteht die Wettbewerbsfähigkeit in niedrigeren Kosten oder in
höherem Grad der Differenzierung. Aus den zwei möglichen Grundtypen der
Wettbewerbsvorteile, d.h. Kosten- oder Differenzierungsvorteil, ergeben sich
drei generische Strategietypen zu unterscheiden: Kostenführerschaft,
Differenzierung und Nischenpolitik[81]. Während die Kostenführerschaft das Ziel
verfolgt, der kostengünstigste Anbieter in der Branche/im Markt zu werden, von
dem (annähernd) gleichwertige Produkte aus Abnehmereinschätzungen
angeboten werden, beinhaltet die Differenzierung, dass sich die Unternehmung
durch die Einmaligkeit ihres Leistungsangebots abheben soll. Die Strategie der
Konzentration auf Schwerpunkte unterscheidet sich von den beiden oben
erwähnten Strategietypen durch die Ausrichtung auf Teilsegmente innerhalb
einer Branche. Dabei kann sich ein Anbieter auf eine bestimmte Abnehmer-

---

[80] Die These, dass verbundwirtschaftliche Geschäftsbeziehungen einen Einfluss auf die
Leistungsfähigkeit lokaler PCFs nehmen, wird in dem kommenden Kapitel VIII überprüft.

[81] Vgl. Porter, 1992, S. 31f. Nach Porter, der sich mit den Wechselwirkungen zwischen
Wettbewerbsstrategie und Marktstruktur beschäftigte, ist der Wettbewerb nicht allein eine
Auseinandersetzung mit den vorhandenen Konkurrenten am Markt, sondern durch die
folgenden Faktoren beeinflusst: Verhandlungsmacht der Zulieferer, Verhandlungsmacht der
Kunden, potentielle Bedrohung durch Substitution und Markteintrittbarrieren gegenüber
potentiellen Konkurrenten. Die fünf genannten Wettbewerbskräfte bestimmen schließlich die
Attraktivität einer Branche, gemessen an der langfristigen Rentabilität.

gruppe, auf besondere Bestandteile des Leistungsprogramms oder auf räumlich abgegrenzte Märkte beschränken[82]. Genossenschaftliche Kreditinstitute zielen vor allem auf potentielle Kundengruppen im ländlichen Raum. Folglich beschränkt sich das Spektrum ihrer Marktpositionierungsstrategien auf die Alternative der Konzentration auf Schwerpunkte. Der betrachtete Zeitraum von 1993 bis Ende 2002 war gekennzeichnet durch eine weitgehende Segmentierung der Finanzmärkte. Es bestanden eine eindeutige Produkt-differenzierung und Marktschranken sowohl ökonomischer, sozialer als auch räumlicher Art. Der Wettbewerb zwischen Kreditinstituten war gering. Im geschäftspolitischen Entscheidungsfeld rücken die kundenpräferenzorientierte *Differenzierungsstrategie* bei lokalen PCFs sowie die *Kostenführerstrategie* bei der CCF in den Mittelpunkt (siehe Abbildung 12).

Die Strategie der *Differenzierung* besteht darin, einige Produktmerkmale so zu gestalten, dass Kreditinstitute beim Kunden besonderen Nutzen stiften und eine Abgrenzung gegenüber ihren Wettbewerbern ermöglichen. Lokale People's Credit Funds haben es geschafft, bei Kunden bzw. Mitgliedern Präferenzvorteil aufzubauen. Zur Erreichung eines nachhaltigen Kundennutzens muss hinsichtlich der Kostenstruktur eine in etwa mit dem Wettbewerber vergleichbare Situation vorliegen, um die Vorteile der Differenzierung zu optimieren. Es folgt daraus, dass sämtliche Rationalisierungsmöglichkeiten hinsichtlich einer effizienteren Produktionstechnologie ausgenutzt werden müssen. Die Strategie der *Kostenführerschaft* zielt darauf ab, umfassende Kostenvorteile gegenüber den Konkurrenten durch technologische Überlegenheit oder durch Ausnutzung von Kostendegressionseffekten, u.a. Skalen- und Verbund-, und Synergievorteilen, in der Produktion in Verbindung mit einer strengen Kostenkontrolle im Verwaltungsbereich zu erlangen. Kostenvorteil bedeutet, dass die genossenschaftliche Zentralbank in ihrem speziellen Kundensegment Finanzdienstleistungen günstiger als andere bestehende Kreditinstitute bereitstellen kann.

Zur Erzielung überdurchschnittlicher Gewinne ist es gleichzeitig erforderlich, dass angebotene Produkte/Dienstleistungen kaum Unterschiede zur Konkurrenz hinsichtlich der Qualität und Konditionen aufweisen. Ansonsten würde der Kostenvorteil zumindest in bestimmten Geschäftsbereichen aufgezehrt werden. Die Strategie der Kostenführerschaft kann aufgrund der Besonderheiten der Finanzdienstleitungen längerfristig nicht relevant bzw. durchsetzbar angesehen werden, weil sich die Organisations- und Produktionskosten nicht beliebig senken lassen.

---

[82] Zur allgemeinen Kritik an das Porter's Konzept der generischen Wettbewerbsstrategien siehe z.B. Becker, 1993, S. 328ff.

Abbildung 12: Strategische Stoßrichtung im Hinblick auf die Marktpositionierung

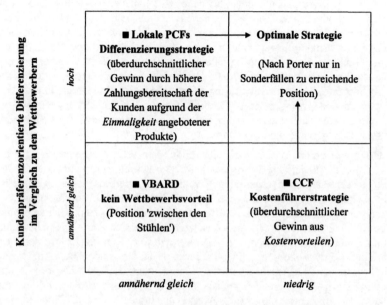

annähernd gleich   *niedrig*

Kosten im Vergleich zu den Wettbewerbern

Quelle: Eigene Darstellung.

Eine *Konzentration auf Differenzierungsschwerpunkte*, die in ausgewählten Finanzprodukten oder in bestimmten Zielgruppen für die Mitgliederwidmung liegt, erscheint für genossenschaftliche Kreditinstitute möglich. Die Differenzierung ist nicht nur auf besondere Gestaltungsmerkmale einzelner Bankleistungen bzw. das gesamte Leistungsprogramm zu beziehen, sondern lässt sich auch auf das verbesserte Image genossenschaftlicher Kreditinstitute zurückführen. Lokale People's Credit Funds haben in wichtigen Teilmärkten im ländlichen Raum, u.a. Einlagen- und Kreditgeschäfte, bedeutende Marktanteile erreicht und sind bestrebt, unterproportionale Marktanteile auch im Provisionsgeschäft durch verstärkte Anstrengungen zu steigern. Wettbewerbsvorteile durch Differenzierung zu erzielen, liegt ausschließlich in der Gesamtheit der zu erbringenden Finanzdienstleistungen und somit in der Ausrichtung des genossenschaftlichen Kreditinstituts an den Kunden. Bei Finanzdienstleistungen handelt es sich – in Bezug auf die schwache finanzielle Infrastruktur im ländlichen Raum Vietnams – nur bedingt um Massenprodukte, sondern um heterogene Bankprodukte. Die Differenzierungsschwerpunkte liegen vor allem in einem *Zusatznutzen für Kunden*. Dieser Zusatznutzen kann, weil er auf organisations- und rechtformtypischen Besonderheiten der genossenschaftlichen Kreditinstitute aufbaut, von den Wettbewerbern nicht oder schwierig imitiert werden. Beispielsweise haben staatliche Geschäftsbanken keine Geschäftsanteile, die von Kunden als Mitglieder/Eigentümer gehalten werden, die noch immer in räumlicher Nähe zu ihrer Bankunternehmung leben und arbeiten. Hier bieten sich Anknüpfungspunkte für eine stärkere Informationspolitik, die die Kommunikation zwischen Mitgliedern und Bankmanagement verbessert und den Aufbau von Vertrauen fördert. Genossenschaftliches Kreditinstitut sollte Wert auch auf die aktive Mitwirkung der Mitglieder an den Willenbildungs- und Entscheidungs-prozessen legen. Dadurch kann die (Geschäfts-)Beziehung der Mitglieder zur Bankunternehmung gefestigt werden, positive Rückwirkungen auf das Bankgeschäft sind zu erwarten.

Der Differenzierungsansatz von Porter bildet damit den Ausgangspunkt für die strategische Ausrichtung genossenschaftlicher Kreditinstitute sowohl auf der lokalen als auch auf der zentralen Verbundebene. Verbesserungspotentiale im Hinblick auf die Kosteneffizienz stellen für lokale People's Credit Funds weitere Handlungsspielräume dar, die künftig auch im Mittelpunkt einer strategischen Stoßrichtung stehen sollten. Als Zielsetzung der lokalen People's Credit Funds konnte daher die *Erhöhung der Kosteneffizienz* identifiziert werden, bei paralleler Erlössicherung und -steigerung. Dafür sind Maßnahmen zur Verbesserung der Arbeitsproduktivität und zum Ausbau des Provisionsgeschäfts zu empfehlen. Rationalisierungspotentiale sind erkennbar, die zum einen mit effizientem Ressourceneinsatz erschlossen werden. Zum anderen müssen lokale Kreditinstitute erheblich mehr Investitionen in die Qualifikation des Personals tätigen, um längerfristig bei anspruchvolleren Bankgeschäften wettbewerbsfähig zu bleiben. Das Instrument der genossenschaftlichen *Rückvergütung* erscheint in diesem Zusammenhang sinnvoll, um Anreize gegeben zu werden, damit die Realisierung von Größeneffekten durch möglichst viele Transaktionen mit Genossenschafts-mitgliedern als Kunden ermöglicht wird[83]. Hindernisse für die Durchsetzung der Differenzierungsstrategie in der Oberbaustufe bestehen in der weitgehenden Homogenität von Finanzdienstleistungen und in der weit verbreiteten Produktbündelung, weil die CCF und ihre regionalen Branchen in den städtischen Umfeldern einer höheren Wettbewerbsintensität ausgesetzt sind. *Differenzierung* gegenüber ihren Konkurrenten kann demzufolge nur in einem Bereich aufgebaut werden, der sich im Wesentlichen auf die Vermittlung eines positiven Gesamtbildes des genossenschaftlichen Finanzverbunds beschränkt.

---

[83] Das Instrument der *genossenschaftlichen Rückvergütung* stellt eine Form der Überschussverteilung dar, als eine Alternative zur Zahlung einer Dividende auf Geschäftsguthaben an Genossenschaftsmitgliedern. Die Höhe der Rückvergütung hängt von der Intensität der Geschäftsbeziehungen (z. B. in Höhe der Umsätze) zwischen der genossenschaftlichen Bankunternehmung und ihren Mitgliedern ab (vgl. z.B. Grosskopf, 1990, S. 164f.).

Hierfür bieten sich verschiedene Ansatzpunkte an. Die oberste Ebene strategischer Überlegungen setzt an der Abgrenzung unterschiedlicher Bankengruppen an. Die nächst tieferer Ebene besteht in der Differenzierung der lokalen Kreditinstitute. Die Profilierung einzelner Finanzprodukte oder spezieller Vertriebskanäle gilt als weitere Möglichkeiten. Dadurch könnte ein langfristiger Wettbewerbsvorteil aufgebaut werden, der nicht so schnell von der Konkurrenz nachgeahmt werden kann. Die Differenzierung über Produkte oder einen besonderen Vertrieb scheidet mittel- bis längerfristig aufgrund der fehlenden Neuerungen und leichter Reproduzierbarkeit durch die Konkurrenten auf lokaler Ebene aus. Daher muss eine erfolgreiche Differenzierungsstrategie zwangsläufig zumindest auf Verbundebene ansetzen. Allerdings fehlt bisher ein gemeinsam intergriertes Konzept, das den genossenschaftlichen Finanzverbund dem Kundenkreis als Einheit darstellt und nicht als loses Miteinander einzelner Kreditinstitute. Eine allgemein branchenweite Differenzierung würde für genossenschaftliche Kreditinstitute eine Strategie der bewussten Herausarbeitung und Betonung von Unterschieden zu konkurrierenden Banken bzw. Bankengruppen bedeuten.

Um die auf der Differenzierung beruhende Wettbewerbsfähigkeit nachhaltig zu gewähren, sollte genossenschaftsspezifisches *Organisationskapital* auf- und ausgebaut werden. Hierunter ist in erster Linie die Schaffung von Kernkompetenzen zu verstehen, die die Abhebung von Konkurrenten sichern und einen Zusatznutzen für Kunden/Mitglieder generieren. Damit wären die Wertschöpfungsprozesse bezüglich der einzigartigen Kombination von Finanzdienstleitungen im Kunden-/Mitgliederinteresse erreicht. Hierin liegt die wesentliche Grundlage des Unternehmenserfolgs. Wichtig ist, dass die Ganzheitlichkeit des Unternehmenshandelns im Vordergrund steht. *Unternehmensstrategien* sollten als Allokationsentscheidungen zur Erzielung von Unternehmensvorteilen die einzelnen Wertschöpfungsaktivitäten so konsistent zusammengeführt werden, dass ökonomische Renten geschaffen werden könnten[84]. Es handelt sich um mögliche Inhalte einer Differenzierungsstrategie bzw. um Leistungen, die konstruktionsbedingte Vorteile der genossenschaftlichen Finanzorganisationsform ausnutzen und die sich an den Markterfordernissen und Bedürfnissen der Mitglieder orientieren. Nur die Kombination des aufeinander abgestimmten Leistungsbündels generiert einen *unverwechselbaren Kundennutzen*. Genossenschaftliche Kreditinstitute können aufgrund ihrer spezifischen Organisations- und Rechtsform die realisierten ökonomischen Renten weiter an ihre Mitglieder geben. Dies beinhaltet, dass sich die genossenschaftliche Geschäftsführung konsequent an den Bedürfnissen, Wünschen und Erwartungen der Kunden/Mitglieder orientieren muss. Zu berücksichtigen ist, dass die Leistungserstellung kein einmaliger, sondern ein

---

[84] Vgl. Porter, 1996, S. 70; Siehe auch Milgrom/Roberts, 1990.

über lange Zeit kontinuierlich entwickelnder Prozess ist, der in jedem Kreditinstitut gelebt werden muss.

4.2. Verbundzusammenarbeit

Die Organisations- und Rechtsform der Genossenschaft gibt den lokalen PCFs formal unabhängig von ihrer Betriebsgröße die Möglichkeit, an der Willensbildung teilzunehmen und Einfluss auf die Geschäftspolitik der genossenschaftlichen Zentralbank zu nehmen. Eine Benachteiligung kleiner lokaler PCFs kann aufgrund der bestehenden formellen Verbundstrukturen nicht abgeleitet werden. Institutionelle Lösungsansätze zum Ausgleich der geringen Teilhabe an der CCF und des damit verbundenen geringen Anreizes, an der Willensbildung bei geschäftspolitischen Entscheidungen des Oberbaus teilzunehmen, können zum einen, was auf der bisherigen gesetzlichen Grundlagen noch nicht zulässig ist[85], in einer Erhöhung der direkten Beteiligung lokaler Kreditinstitute per Geschäftsanteile und zum anderen in der effizienten Gestaltung verbundinterner Geschäftsbeziehungen gesehen werden. Zu ihren wesentlichen Elementen gehören u.a. Produktmerkmale, Konditionen und Leistungsstandards, die Erlösströme, die Provisionssysteme und die verbundinternen Verrechnungspreise. Es geht um die Implementierung von *anreizkompatiblen Mechanismen*, die zum einen die Mitgliederförderung in das Zentrum der geschäftspolitischen Entscheidungen der CCF rücken und zum anderen die Wettbewerbsfähigkeit des genossenschaftlichen Finanzverbunds als Ganzes stärken. Wenn über die Beteiligung der Primärstufe an der CCF nachgedacht wird, geht es um eine Veränderung der *Eigentums- und Verfügungsrechtsstruktur* mit weit reichenden Konsequenzen. Die *aktive Partizipation* lokaler PCFs wird dann nur möglich sein, wenn Leistungsbeziehungen über ökonomische Anreize gesteuert werden, die in dem expliziten Bestandteil der Organisationsverfassung verankert sind. In einem solchen Umfeld von Handlungsspielräumen und Beteiligungsmöglichkeiten an den Entscheidungsprozessen und Kooperationsrenten können sich vielfältige informelle Elemente der Governance Strukturen herausbilden, die zum einen stabilisierend wirken, zum anderen die nötige Anpassungsfähigkeit an die sich ändernde Umwelt schaffen.

Die vertikale Verbundstruktur im Hinblick auf die Arbeitsteilung zwischen der lokalen und zentralen Ebene sollte durch die Gültigkeit des *Subsidiaritätsprinzips* geprägt werden. Dieses Prinzip besagt, dass lokale Kreditinstitute immer dann eine subsidiäre Unterstützung durch Verbundmitglieder der höher liegenden Ebene, die CCF in diesem Fall, erhalten, wenn sie allein aufgrund von Satzungsbestimmungen oder Wirtschaftlichkeitsüberlegungen zur Erstellung von Leistungen nicht imstande sind. Im Idealfall ist dadurch gewährleistet, eine Konkurrenzsituation zwischen den Verbundmitgliedern weitgehend auszuschließen. Das Subsidiaritätsprinzip ist allerdings nicht so zu interpretieren,

---

[85] Artikeln II.4, Absatz 4.2.b, Dekret der SBV Nr. 09/2001/TT-NNNN.

dass eine Konzentration von Leistungen, die kleinere Verbundeinheiten erbringen könnten, bei größeren Einheiten befürwortet wird, sobald eine optimale Leistungserstellung durch die erstgenannten nicht gegeben sind. Andererseits sind die größeren Einheiten verpflichtet, den kleineren Einheiten Hilfestellung anzubieten, damit diesen weiterhin die Erfüllung ihrer ursprünglichen Zielsetzungen möglich ist. Der Umfang, die Form sowie die Finanzierungsgestaltung der Verpflichtung sind nicht generell geregelt, sondern jeweils im Einzelfall zu verhandeln. Das Prinzip der Subsidiarität sollte im Zusammenhang mit dem *Regionalprinzip* als Orientierung für eine anzustrebende Form der *vertikalen Arbeiteilung* zwischen der lokalen und zentralen Verbundebene dienen.

Das *Mitspracherecht* der Mitglieder in den verschiedenen Gremien und die Struktur der Genossenschaftsorgane erlauben es den lokalen People's Credit Funds, die Abhängigkeit von der Geschäftspolitik der CCF durch ihr Mitwirken und ihre Kontrolle abzusichern. Es gilt allerdings nur so lange, wie die lokalen Kreditinstitute dies in ihrem Engagement selbst erfahren. Weil die Geschäftspolitik der CCF im Hinblick auf die Funktion als eine genossenschaftliche Zentralbank kaum durch den Wettbewerb kontrolliert wird, müssen hier andere Mechanismen für eine effiziente Kontrolle und Mitsprache geschaffen werden. Zum einen sollte ein intensiver Informationsaustausch mit den lokalen PCFs gewährleistet und zum anderen die Geschäftspolitik der genossenschaftlichen Zentralbank transparent vermittelt werden. Entscheidend für die Vertrauensbasis der Verbundmitglieder ist die Rechtsform der CCF als Genossenschaft. Sie ermöglicht im Idealfall die Mitbestimmung jeder Mitgliedsbank-unternehmung, unabhängig von ihren Geschäftsanteilen und ihrer Betriebsgröße. Wird dieses Idealbild in der Realität umgesetzt und können lokale Kreditinstitute eigene positive Erfahrungen mit der Funktionsfähigkeit des Kontrollsystems und dem Prozess der Willensbildung machen, entsteht dann Vertrauen in das System. Seine Existenz kann den Bedarf an Kontrollgremien zum Teil substituieren.

Genossenschaftskultur sollte den expliziten Bestandteil der Organisationsverfassung ergänzen. Stabilisierende informelle Institutionen sind in der CCF derzeit nicht besonders stark ausgeprägt. Eine Kontrollfunktion hat der Wettbewerb nur, wo die CCF als normale Geschäftsbank aktiv ist. Nach der Umstrukturierung von einem (gemischt) dreistufigen in einen zweistufigen Oberbau sind die internen Strukturen der CCF noch im Stadium der Entwicklung. Inwiefern in der aktuellen Situation bereits von einer gefestigten Verbundkultur und einem Wir-Gefühl zwischen lokalen PCFs und der CCF gesehen werden kann, ist schwer zu sagen. Aussagen zur Vertrauensbasis können ebenfalls nur hypothetisch gemacht werden. Durch das geringere Transaktionsvolumen im Rahmen des Liquiditätsausgleiches der letzten Jahre scheint das Vertrauen in die Leistungsfähigkeit der verbundinternen Einlagen- und Refinanzierungsgeschäfte (*Leistungsvertrauen*) zumindest in diesem

Geschäftsfeld erschüttert zu sein. *Personalvertrauen* muss sich die Geschäftsführung erst noch erarbeiten und im Ungang mit den lokalen PCFs bestätigen. Positiv wirkt sich hier die Ausrichtung der CCF, sich verstärkt um das Verbundgeschäft zu bemühen und sich in erster Linie als 'genossenschaftliche Zentralbank' für die lokalen Verbundsmitglieder und nicht nur als 'normale' Geschäftsbank zu positionieren. Das *Systemvertrauen* ist aus der Perspektive der angeschlossenen lokalen Kreditinstitute eher gering einzuschätzen. Ihr Mitspracherecht und ihr Einfluss auf die Geschäftspolitik der CCF beschränken sich im Moment nur auf die jährliche Vertreterversammlung, weil sie nur über einen geringen Anteil am Grundkapital der CCF verfügt, und weil die ehemaligen RCFs seit Anfang 2002 als Zweigstellen der CCF umgewandelt wurden. Zusammenfassend kann eine ausgeprägte Vertrauensbasis im Verhältnis zwischen lokalen PCFs und der genossenschaftlichen Zentralbank CCF nicht unterstellt werden. Informelle Kontroll- und Sanktionsmechanismen des genossenschaftlichen Verbundsystems sind derzeit kein Korrektiv, das den Bedarf an formellen Elementen unterstützen würde. In diesem Kontext sollte der Aufbau genossenschaftlicher *Verbandstrukturen*, insbesondere der verbundinternen Prüfungs- und Revisions- sowie Sicherungseinrichtungen, beschleunigt werden.

Im unmittelbaren Zusammenhang mit den vertrauensbildenden Maßnahmen steht der Aufbau einer genossenschaftsspezifischen *Organisationsidentität*. Die Verbund- bzw. Unternehmensidentität sollte nach innen und nach außen wirkend. Sie bietet den Mitarbeitern und Führungskräften Identifikationsmöglichkeiten und Richtlinien. Nach außen ist sie gleichzusetzen mit der Selbstdarstellung der genossenschaftlichen Kreditinstitute in einzelnem sowie des Finanzverbunds als Ganzes. Dieses Selbstbildnis resultiert sich in den bewussten oder auch unbewussten Vorstellungen der Mitarbeiter über ihre (lokale/zentrale) Bankunternehmung. Die Vorstellung impliziert, dass die Organisationsidentität mit dem 'Sollimage' genossenschaftlicher Kreditinstitute gleichgesetzt wird. So möchte sie auch in der Öffentlichkeit und von ihren Mitgliedern/Kunden gesehen werden. Ob sie tatsächlich auch so gesehen wird, zeigt sich im Vergleich des Selbstbildnis (Corporate Identity) mit dem Fremdbildnis (Corporate Image), das als Gesamtheit der bewussten und unbewussten Vorstellungen, die in der Öffentlichkeit über genossenschaftliche Finanz- und Verbundorganisation bestehen. Hierbei sind zwei Stufen zu unterscheiden. Zum einen die Identität des Finanzverbundes als Ganzen und zum anderen die Identität der einzelnen Verbundmitglieder. Dabei muss die Verbundidentität als übergeordnetes Vehikel stets als Teilmenge des Selbstbildnisses der einzelnen Unternehmenseinheiten gesehen werden.

Die Aufgabe beim Aufbau einer genossenschaftsspezifischen Identität besteht darin, das Selbstbildnis mit dem Fremdbildnis in Übereinstimmung zu bringen. Dabei stehen drei Parameter einer Strategie der Unternehmensidentität zur Verfügung: das Unternehmensverhalten, das Unternehmenserscheinungsbild und die Informations- und Kommunikationsinfrastruktur. Das *Unternehmensverhalten* stellt sich in die Verhaltensweisen dar, die unternehmensintern und - extern wahrgenommen werden. Dies zeigt sich insbesondere im Umgang genossenschaftlicher Bankunternehmung mit ihren Mitgliedern/Kunden und Mitarbeitern. Als Finanzdienstleister beschränkt sich die Prägung des *Erscheinungsbildes* des jeweiligen Kreditinstituts auf die Möglichkeiten des Firmenlogos, der Innen- und Außengestaltung der Arbeitsgebäude sowie das Erscheinungsbild der Mitarbeiter und des Vorstandes.

Eine offene *Informations- und Kommunikationspolitik* hat die Aufgabe, die Positionierung des genossenschaftlichen Finanzverbunds im Wettbewerb auf den Bankenmärkten zu unterstützen und eine positive Image-Bildung zu erreichen. Dadurch soll zum einen das Risiko einer negativen Beeinflussung des Unternehmensimages durch die Medien oder gesellschaftliche Interessengruppen gemindert werden. Gleichzeitig sollten Unterstützungspotentiale innerhalb der Gesellschaft identifiziert und mobilisiert werden, die den genossenschaftlichen Kreditinstituten sowohl bei der Bewältigung grundsätzlicher Auseinandersetzung als auch bei konkreten Krisensituationen helfen können. Aus der Mitgliedersicht gewährleistet eine offene Informationspolitik, aktiver an der Mitgliederversammlung und damit verbunden an den Ziel- und Strategiebildungsprozessen teilzunehmen, deren Wirkungen in positiven Vertrauenseffekten, einer Erhöhung der Mitgliederbindung im Sinne der Geschäftsbeziehungen und Kundenloyalität sowie in der Senkung der Transaktionskosten liegen. Allerdings ist zu berücksichtigen, dass sich neben positiven Effekten infolge einer verbesserten Selbstverwaltungsmitwirkung der Mitglieder eine offene Informationspolitik durchaus negativ auswirken kann. Wird beispielsweise vorzeitig die Schieflage der lokalen Bankunternehmung deutlich, droht ein Vertrauensentzug der Mitglieder und Kunden und somit eine Gefährdung der Geschäftsbeziehungen mit der schlimmsten Folge von einem Bankrun.

Die *verbundstrategische Ausrichtung* sollte sich darauf abzielen, den einzelnen Mitgliedern zu dauerhaften Wettbewerbsvorteilen zu verhelfen, die insgesamt zur Optimierung der Leistungserstellungsprozesse der zentralen und lokalen Bankunternehmung führen könnten. Es sollten strategische Vorteile eines genossenschaftlichen Finanzverbunds kombiniert werden, in dem die Größen-, Synergie-, und (Kern-)Kompetenzvorteile aller Verbundmitglieder genutzt werden, um die *Wettbewerbsfähigkeit* des gesamten genossenschaftlichen Finanzverbunds zu erhöhen. Die Frage nach den effizientesten Strukturen der genossenschaftlichen Finanz- und Verbundorganisationen kann immer nur konditional beantwortet werden. Sie ergibt sich stets in Abhängigkeit vom relevanten Gesellschafts- und Wirtschaftsumfeld. Die genossenschaftlich organisierten Kreditinstitute müssen sich dynamisch in ihrer Struktur und ihrer strategischen Ausrichtung dem ständigen Wandel der Mitgliederbedürfnisse und des bestätigten Umfelds anpassen.

5.   Exkurs: Finanzdienstleistungsanbieter im ländlichen Raum

In folgendem geht es um eine Darstellung der Kreditinstitute und Finanzarrangements, die aktiv im ländlichen Raum tätig und als (potentielle) Konkurrenten der People's Credit Funds anzusehen sind. Es wird unterschieden zwischen denen im formellen Finanzsektor, u.a. der Agrarbank VBARD, der VBP und der privaten ländlichen Aktienbanken, im semi-formellen Sektor, u.a. den sozialen Verbänden, u.a. der Frauenunion (VWU), dem Bauernverband (VFA), dem Jugendverband (VYU)und denen im informellen Sektor, u.a. Geldverleiher, Spar- und Kreditvereine sowie Finanzarrangement zwischen Verwandten, Freunden etc.

5.1.   Formeller Finanzsektor

Nach dem Zusammenbruch der ehemaligen Kreditgenossenschaften ist der Zugang zu dem formellen Finanzsystem für die Mehrheit der ländlichen Bevölkerung versperrt. Neue Institutionen und Organisationen mussten aufgebaut werden, die nicht nur das Vertrauen der Bevölkerung wiedergewinnen, sondern auch die Palette von ihren Finanzdienstleistungen in einer preisgünstigen und innovativen Form anbieten könnten. Zu den Hauptkonkurrenten der People's Credit Funds gehören die Bank for Agriculture and Rural Development (VBARD), die Vietnam Bank for the Poor (VBP), die seit Januar 2003 als Social Policy Bank (SPB) umbenannt wurde, und die 19 Rural Shareholding Banks (RSHBs).

Als Hauptmerkmale der staatlichen Banken VBARD/VBP sind die enge Zusammenarbeit mit den Massenorganisationen, u.a. Frauenunion, Bauernverband, Jugendverband etc., bei der Kreditvergabe und damit verbunden hohe Rückzahlungsquoten zu identifizieren[86]. Als rechtliche Rahmen-bedingungen für sie gelten das Zentralbankgesetz, das Gesetz für Kreditinstitute sowie begleitende Verordnungen von der Regierung, der SBV und des Finanzministeriums. Die privaten ländlichen Aktienbanken entstanden durch Reorganisation oder Zusammenschließung von ehemaligen ländlichen Kreditgenossenschaften. Die beschränkte Einlagenmobilisierung und die hohe Abhängigkeit an Refinanzierungsmitteln der VBRAD stellen die wichtigsten Hemmnisse für deren zukünftige Entwicklung dar[87].

5.1.1. Vietnam Bank for Agriculture and Rural Development (VBARD)

Bei allen staatlichen Geschäftsbanken sind typische Beispiele für hierarchisch organisierte Aufbaustrukturen zu finden. Hier bilden die Zentralinstitute mit dem Hauptsitz in Hanoi den Nukleus der Gesamtorganisationen. Strategische Entscheidungen werden letztlich von dem Vorstand getroffen. Das operative Geschäfts wird in den einzelnen Filialen auf der Provinz und Distriktebene dezentralisiert. Von den staatlichen Geschäftsbanken hat die VBARD das

---

[86] Vgl. ADB, 1997, S. 111.
[87] Siehe Llanto, 1999, S. 338; Vgl. auch Fallavier, 1998, S. 62ff.

Mandat für den ländlichen Raum. Sie wurde im Jahre 1988 aus der Abteilung für ländliche Kredite der SBV gegründet und arbeitet als erste Universalbank in Vietnam seit 1991 gemäß der Ministerrat-Verordnung 202/HDBT. Ihr geschäftspolitischer Schwerpunkt liegt auf dem Angebot von Finanzdienstleistungen an Haushalte und Unternehmen im ländlichen Raum, d.h. sowohl an Staatsunternehmen als auch an den aufstrebenden Privatsektor[88].

Der organisatorische Aufbau der VBARD ist gekennzeichnet durch das Regionalprinzip, die Zentrierung des Steuerungsbereiches, die Dezentralisierung des Marktbereiches und die dreistufige Struktur. Bei der Gründung übernahm sie das Zweigstellennetz der State Bank of Vietnam im ländlichen Raum. Im Laufe der vergangenen Jahre hat sich ihr Netzwerk stetig erweitert, und heutzutage ist VBARD die größte Geschäftsbank des Landes. Ende 2000 verfügte sie über eine Zentralstelle in Hanoi, zwei Hauptfilialen in Da-Nang-Stadt und Ho-Chi-Minh-Stadt, 58 Provinzbranchen, 689 Distriktbranchen, 1.282 interkommunale Branchen, 4 Transaktionszentren und 52 mobile Bankeinrichtungen. Die VBARD beschäftigt etwa 23.100 Mitarbeiter, 30 % davon sind Kreditsachbearbeiter[89].

Das oberste Führungsgremium bildet der jeweilige Vorstand, der als Instanz für die Aufgaben der Gesamtgeschäftsleitung übernimmt, das geschäftspolitische Oberziel und die einzelnen Zielvariablen festzulegen hat. Der Vorstand hat vor allem strategische Entscheidungen zu treffen. Darüber hinaus ist er in das operative Geschäft eingebunden wie der Kreditvergabe ab einer bestimmten Größenordnung, der Entscheidung über die Teilnahme an Konsortien etc. Unterstützt wird der Vorstand durch die Zentralstäbe, deren Fachbereiche den einzelnen Vorstandmitgliedern unterstehen. Die Provinzbranchen stellen die regionale Ebene der VBARD dar und sind direkt verantwortlich für untergliederte Branchen. Sie haben im Gegensatz zu den regionalen Zentralbanken des PCF-Systems (RCFs) auch eine Kontroll- und Überwachungsfunktion. Branchen auf der Distriktebene zeichnen sich durch ihre selbständige organisatorische Bewältigung sowie durch eine eigenständige Bilanzierung aus. Sie erstellen monatlich eine Bilanz und eine Gewinn- und Verlustrechnung, die für die jeweilige Provinzbranche zusammengefasst werden.

Um die Zahl ihrer Kunden im ländlichen Raum zu erhöhen, hat die VBARD eine Reihe von Innovationen eingeführt, wie z.B. mobile Bankeinrichtungen, einfach ausgestattete Verbindungsbüros auf Dorfebene, und insbesondere Finanzarrangements mit den auf Selbsthilfeprinzip beruhenden Spar- und Kreditgruppen/Solidaritätsgruppen (Joint Liability Groups). Darüber hinaus unterhält VBARD eine Reihe von Kooperationen mit Massen-organisationen, um kostengünstige Absatzkanäle zu schaffen. In diesem Zusammenhang muss

---

[88] Vgl. Abiad, 1996, S. 20; Zur differenzierten Fokussierung der Geschäftstätigkeiten staatlicher Geschäfts-banken siehe WB, 2002, S. 12.
[89] Vgl. ADB, 2000, S. 34.

betont werden, dass die VBARD zwar ihr Netzwerk erheblich ausgeweitet hat, aber die Zahl der Beschäftigten im gleichen Zeitraum um ein Viertel reduzierte. Auf der anderen Seite stieg die Zahl der (Kredit-)Kunden schnell an. Ende 2002 vergab die VBARD Kredite in einer Höhe von 88.379 Mrd. VND (5,7 Mrd. US-Dollar) und stellte Bankdienstleitungen für ca. 4 Mio. Haushalte bereit; d.h.: 33 % aller ländlichen Haushalte bzw. 56 % aller ländlichen Haushalte, die von formellen Kreditinstituten versorgt wurden[90].

Die wachsende Versorgung der ländlichen Haushalte und privaten Unternehmen mit Krediten spiegelt sich auch im wachsenden Anteil dieser am gesamten Kreditportfolio wieder. Bei den ersten Geschäftjahren Anfang der 90er Jahre vergab die Agrarbank Kredite fast ausschließlich nur an staatliche Unternehmen. Allerdings passte sie sich ohne große Verzögerung den sich wandelnden wirtschaftlichen Rahmenbedingungen an, als Familienbetriebe die treibende Kraft der landwirtschaftlichen Produktion bestimmen. Der Kunden-anteil der ländlichen Familiebetriebe und privaten Unternehmen, die über VBARD Zugang zu Krediten erhielten, stieg schnell an, und zwar von etwa 9 % im Jahre 1994 auf etwa 40 % im Jahre 1997. Während diese nichtstaatliche Kundengruppe im Jahre 1991 gerade 10 % der Gesamtkreditsumme erhielt, stieg ihr Anteil auf 65 % im Jahre 1993 und sogar 72 % im Jahre 1998[91]. Ebenfalls stieg der durchschnittliche Kreditbetrag an, und zwar von etwa 65 US-Dollar im Jahre 1991 auf etwa 300 US-Dollar im Jahre 1999. Dies weist darauf hin, dass zum einen der steigende Investitionsbedarf im ländlichen Raum reflektiert wird, und zum anderen ländliche Haushalte und private Unternehmen ihre Geschäftsbeziehungen zur VBARD intensiviert haben. Das Portfolio wird ganz eindeutig von den kurzfristigen Krediten bestimmt. Ende 1995 waren nur ca. 10 % aller Forderungen an Kunden von mittel- bis langfristiger Natur (über 12 Monate)[92]. Im Jahre 1997 erhöhte sich der Anteil mittel- bis langfristiger Kredite auf 39 % Bis Ende 1999 war die VBARD nicht in der Lage, finanzielle Ressourcen von der Bevölkerung in erheblichem Maße zu mobilisieren. Der Anteil kurzfristiger Depositen an Gesamtverbindlichkeiten gegenüber Kunden lag nur bei 86,3 % Als Ursachen für die beschränkte Mobilisierung mittel- bis längerfristiger Ressourcen sind vor allem die noch vorhandene Regelung der Kreditzinsobergrenze bis Juni 2002, das mangelnde Angebot an Finanz-produkten, das geringe Vertrauen der Bevölkerung gegenüber staatlichen Kreditinstituten sowie die große Distanz von lokalen Kommunen/Dörfern zur näher liegenden Zweigstelle der VBARD zu sehen (siehe Tabelle 16)[93].

---

[90] Siehe Tabelle 5.
[91] Vgl. ADB, 2000, S. 35.
[92] Vgl. Abiad, 1996, S .17.
[93] Vgl. Hoang et al., 2001, S. 57f.; Siehe auch Anhang 3.

261

Tabelle 16: Ausgewählte Indikatoren der VBARD im Zeitraum 1994-2002

	1993[a]	1994[a]	1995[b]	1996[b]	1997[b]	1998[b]	1999[b]	2000[c]	2001[c]	2002[c]
Gesamtforderungen (in Mrd. VND)	5.912	7.938	14.086	17.689	20.607	24.338	29.583	48.343	66.230	88.379
Gesamtverbindlichkeiten (in Mrd. VND)	3.712	5.766	11.351	13.479	17.850	21.510	25.111	54.925	73.600	100.078
Kreditausfallquote	16,3 %	3,2 %	4,5 %	n.v.	n.v.	4,5 %	n.v.	17,4%	n.v.	n.v.
incl. Altschulden	33,6 %	12,9 %	11,8 %			8,5 %		19,5%		

Quelle: a) CECARDE, 1997, S. 332f.; b) ADB, 2000, S. 39; c) VET, 2002/2003; Eigene Berechnung.

Die rapide Ausweitung des Kundenkreises der VBARD unter den ländlichen Haushalten konnte zum größten Teil dadurch erklärt werden, dass die VBARD bzw. die VBP Geschäftsbeziehungen mit jenen Haushalten erschloss, die über eine Solidaritätsgruppe auf freiwilliger Basis organisiert sind. Anfang 1997 arbeitet die Agrarbank mit etwa 150.000 Solidaritätsgruppen im ganzen Lande zusammen. Etwa 100.000 von diesen können als reine Kreditgruppen bezeichnet werden, während die restlichen 50.000 auch das Sparen fördern. Im Allgemeinen umfasst eine Solidaritätsgruppe 5 bis 30 Mitglieder. Die Verantwortung hinsichtlich der Rückzahlung von Krediten liegt ausschließlich bei der Gruppe. Die Mitglieder verpflichten sich zu einer gemeinsamen Verantwortung für die Rückzahlung. Der Bankangestellte steht im engen Kontakt mit den jeweiligen Leitern der Gruppen. Es gibt keine Gruppenkredite, sondern das einzelne Mitglied der Gruppe stellt seinen Antrag individuell. In den Gruppen, in denen auch gespart wird, hat jedes Mitglied sein eigenes Sparbuch. Alle diese Gruppen können als informelle Gruppen bezeichnet werden, da sie im strengen Sinne nicht registriert sind. Es genügt eine einfache Eintragung bei der Kommunalverwaltung. Alle diese Gruppen werden jedoch von einer der verschiedenen Massenorganisationen betreut und beraten. Mittel- bis längerfristig sollte die Geschäftspolitik der VBARD eher auf die mittleren und wohlhabenden Kundensegmente im ländlichen Raum ausstellen. In der Zukunft werden alle Geschäftsaktivitäten mit Solidaritätsgruppen auf die VBP/SPB übertragen.

Die höhere Kreditausfallquote, im Vergleich zu der des PCF-Systems, ist zum einen auf den hohen Bestand von Altschulden und zum anderen auf die unzulängliche Kreditvergabepraxis der Bankangestellte zurückzuführen. Die eingefrorenen Altschulden, in einer Höhe von 1.024 Mrd. VND, bestanden vorwiegend aus den uneinbringlichen Forderungen an land-wirtschaftliche Genossenschaften bereist vor der Bankgründung im Jahr 1988. Geringere Qualifizierung und mangelhafte Erfahrungen mit marktwirtschaftlichen Methoden stellen größte Hemmnisse für die weitere Entwicklung der VBARD in einzelnem und der staatlichen Geschäftsbanken im Allgemeinen dar. Schon im Jahre 1993 wurden 98 % der Kredite von den ländlichen Haushalten und privaten Unternehmen zurückgezahlt, aber nur 50 % der an staatliche Unternehmen vergebenen Kredite. Dieser Umstand erklärt auch, warum die VBARD ihre Geschäftsaktivitäten im nichtstaatlichen Sektor erheblich erweitert hat[94]. Ohne die öffentlich-rechtliche Trägerschaft und die Kapitalerhöhung durch den staatlichen Gewährträger in den letzten Jahren hätte die VBARD aufgrund des vollständigen Verzehrs der Eigenkapitalbasis infolge des hohen Bestands fauler Kredite Konkurs gemacht[95].

Die VBARD war die erste Geschäftsbank im Staatsbesitz, die durch eine internationale Buchprüfungsfirma geprüft wurde. Allerdings war es im Zusammenhang mit dieser Prüfung unmöglich, den Wert des Vermögens bzw. der gegebenen Sicherheiten abzuschätzen. Immerhin bildete sie zum ersten Mal in Vietnam Rücklagen für eventuelle Abschreibungen im Wert von 257 Milliarden VND[96]. Auch wenn die wirtschaftliche Situation der VBARD nicht so gut aussehen mag, wie sie in ihren eigenen Berichten ausgewiesen wurde[97], so scheint diese Institution doch auf einer soliden Basis zu stehen. Für die ländliche Bevölkerung ist sie der bedeutendste Finanzintermediär. Ohne sie wäre es unmöglich, auf breiter Basis die wirtschaftliche Situation der Haushalte und Unternehmen im ländlichen Raum in erheblichem Maße verbessert zu haben und zu verbessern. In den letzten Jahren war sie relativ erfolgreich, die marktorientierte finanzielle Infrastruktur im ländlichen Raum auf- und auszubauen.

5.1.2. Vietnam Bank for the Poor (VBP)/ Social Policy Bank (SPB)

Neben der VBARD ist die Vietnam Bank for the Poor der Hauptanbieter von *subventionierten Krediten* an ärmere Bevölkerungsschichten. Diese Kreditinstitute sollten sich in ihrem Ansatz und Kundenstamm gegenseitig ergänzen. Die VBP wurde im August 1995 per Dekret 525/TTG vom 31.08.1995 errichtet. Im Januar 1996 nahm sie ihren Geschäftsbetrieb auf. Bis Ende 2002 hat die VBP keine eigene Infrastruktur aufgebaut, sondern nutzte zur Durchführung ihrer Aufgaben das Zweigstellennetz und Personal der VBARD auf Provinz- und Distriktebenen. Für Kunden war daher das Bankpersonal, das sowohl die Aufgaben der VBARD als auch die VBP vor Ort bearbeitete, immer das gleiche.

---

[94] Sehr verbreitet war und ist bei vielen Mitarbeitern der staatlichen Geschäftsbanken die Anwendung des Begriffes "Verteilung von finanziellen Mitteln" statt "Kreditvergabe". Erstere ist auf die alte Denk- und Verhaltensweise des ehemaligen sozialistisch ausgeprägten Monobanksystems zurückzuführen.

[95] Während die VBARD Ende August 1998 Eigenmittel, u.a. gezeichnetes Kapital und Rücklagen, in Höhe von 3.247 Mrd. VND aufwies, belief sich der Bestand fauler Kredite (incl. eingefrorener Kredite) auf 7.875 Mrd. VND (vgl. ADB, 2000, S. 36). Ende 2002 stieg ihre Eigenkapitalbasis nach mehrmaligen Kapitalaufstockungen erst auf 3.750 Mrd. VND (ca. 245 Mio. US-Dollar).

[96] Vgl. FEER vom 16.10.1997.

[97] In den ersten Jahren der Geschäftstätigkeit 1990-1994 und in dem Zeitraum 1996-1998 hatte die VBARD Verluste zu verbuchen.

Allerdings konnten die Kunden zur gleichen Zeit nur von einer Bank einen Kredit erhalten, also von der VBARD oder der VBP[98].

Es ist die Hauptaufgabe der VBP, die Armut durch Gewährung von subventionierten Krediten an jene zu lindern, die sonst aufgrund fehlender Sicherheiten bzw. schlechter Bonität keinen Kredit von der VBARD sowie von anderen Kreditinstituten erhalten würden. Nur Haushalte, die unter der strikten vietnamesischen Definition als arm eingruppiert werden und Mitglied einer Solidaritätsgruppe sind, haben einen Anspruch auf solche Kredite. Durch sehr intensive Zusammenarbeit mit Massenorganisationen, u.a. der Frauenunion (VWU), der Jugendunion (VYU) oder dem Bauernverband (FA) können (Spar- und) Kreditgruppen in den strukturschwachen Gebieten organisiert werden, um armen Mitgliedern Kredite direkt zuzuteilen. Kredite werden nur für Produktionszwecke vergeben. In den meisten Fällen erhält der Kreditnehmer den Kredit nicht nur in bar, sondern in Form von Naturalien (Saargütern, Düngermitteln etc.). Die Vergabe von Krediten ist mit Beratungsdiensten koordiniert, um sicherzustellen, dass sie auch zu Einkommenssteigerungen führen (siehe Abbildung 13)[99]. Diejenigen, die die Voraussetzungen für die Zuteilung eines Kredites erfüllen, erhalten Kredite mit einer Zinsrate, die Mitte 2001 bei 0,5 % pro Monat lag. Diese Rate wird von der SBV vorgegeben und lag erheblich unter den Zinsraten, die von der VBARD und den lokalen PCFs verlangt wurden. Darüber hinaus brauchen die Kreditnehmer keine Gebühren zu zahlen[100].

Das Kreditgeschäft der VBP wuchs relativ schnell in allen Regionen des Landes. Zum 15. Mai 1996 hatten schon 731.000 Haushalte, die in 69.000 Solidaritätsgruppen organisiert waren, Kredite in Höhe von etwa 735 Milliarden VND erhalten. Die durchschnittliche Kredithöhe betrug 1 Millionen VND (90 US-Dollar) pro Haushalt. Die Rückzahlungsraten sind sehr gut, und überzogene Kredite sind die Ausnahme[101]. Zum 31. Dezember 1999 stieg die ausgeliehene Kreditsumme auf 2.335 Milliarden VND und die Zahl der Kreditnehmer auf ca. 2,3 Mio. Haushalte. Der durchschnittliche Kreditbetrag betrug 1,4 Mio. VND (ca. 110 US-Dollar)[102].

---

[98] Vgl. Hoang et al., 2001, S. 61ff.; Llanto, 1999, S. 337f.

[99] Als (absolut) arm werden jene Haushalte eingestuft, deren monatliches Einkommen einen bestimmten Wert, übertragen in eine Menge des Grundnahrungsmittels wie Reis, nicht übersteigt: (a) in städtischen Gebieten bis zu 25 kg pro Person; (b) in den ländlichen Regionen der Ebenen und des Mittelgebirges bis zu 20 kg pro Person; und (c) in den Bergregionen bis zu 15 kg pro Person. Für 1995 wird geschätzt, dass bei dieser Definition etwa 3.3 Millionen Haushalte (oder 22,8% aller Haushalte) als arm zu bezeichnen sind. Der überwiegende Anteil von ihnen lebt in den ländlichen Räumen (vgl. Ha, 1996, S. 25).

[100] Vgl. Hoang et al., 2001, S. 63.

[101] Vgl. Ha, 1996, S. 25.

[102] Vgl. Hoang et al., 2001, S. 64.

264

Abbildung 13: Kreditvergabemechanismus per Solidaritätsgruppe

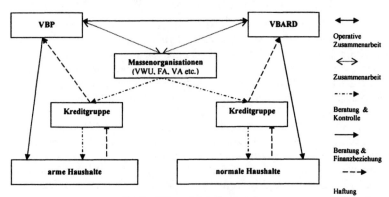

Quelle: Eigene Darstellung

Der Finanzrahmen, der der VBP zur Verfügung steht, deckt bei weitem nicht die Nachfrage. Der größte Teil ihrer Refinanzierungsmittel wird von der SBV und ausländischen Quellen zur Verfügung gestellt, die sich Ende 1999 auf 3.013 Mrd. VND beliefen und somit ca. 74 % der Bilanzsumme ausmachten. Nur ca. 1 % ihrer Kapitalbasis wird durch mobilisierte Spar-einlagen gedeckt. Um die Vorzugszinsen an die Kunden weitergeben zu können, ist VBP auf Subventionen der Regierung und Zuwendungen der SBV angewiesen. Über die Höhe der staatlichen Subventionen/Zuwendungen gibt es keine exakten Zahlen[103]. Das Hauptproblem der VBP bestand in der *mangelnden Nachhaltigkeit*. Verschiedene Faktoren wurden dafür verantwortlich gemacht:

- die auf Vorzugzinsen basierenden Erträge konnten die operativen Kosten nicht decken;

- die VBP war vollkommen abhängig von den subventionierten Refinanzierungsmitteln der Regierung und von der Personal- und Infrastruktur der VBARD;

- verschlechterte Kreditqualität der Solidaritätsgruppen führte zu einer höheren Ausfallquote; und

- die auf Bauernhaushalte ausgerichtete Vergabepolitik diskriminiert andere Ziel-gruppen, nämlich Gewerbetreibende und Familienunternehmen, im ländlichen Raum, die nichtlandwirtschaftliche Tätigkeiten ausüben[104].

Die Gründung einer eigenständigen Finanzorganisation, die *Social Policy Bank*, seit Anfang 2003 geht in diesem Kontext schon in eine richtige Richtung, um

---

[103] Als die jährliche Subventionssumme von dem Staat für die VBP wurden mehrere Hundert Milliarden VND geschätzt (vgl. Hoang et al., 2001, S. 64).
[104] Vgl. Llanto, 1999, S. 338.

den Gegensatz bei der Geschäftspraxis der zwei staatlichen Geschäftsbanken VBARD und VBP aufzuheben: auf der einen Seite der marktorientierte Kostendeckungsansatz der VBARD, auf der anderen der wohlfahrtorientierte Ansatz der ehemaligen VBP, der nur mit Subventionsmittel durchzuführen war.

5.1.3. Rural Shareholding Banks (RSHB)

Die Zahl der privaten Aktienbanken stieg im Rahmen der vietnamesischen Finanz-sektorreform schnell an. Ende 1998 waren 50 Aktienbanken im Lande registriert. Allerdings operieren nur 19 von diesen im ländlichen Raum. Die meisten Banken dieser Rechtsform sind im Süden des Landes zu finden. Im Hinblick auf die Eigentumsverhältnisse lassen sich drei Untergruppen von privaten Aktienbanken unterscheiden:

- Banken, deren Aktionäre ausschließlich staatliche Organisationen/ Unternehmen sind,

- Banken, deren Anteile sowohl von der öffentlichen Hand als auch von privaten Personen/Unternehmen gehalten werden, sowie

- Banken, die ausschließlich im Besitz privater Personen/Unternehmen sind.

Die ersten zwei Typen verfügen über eine relativ große Kapitalausstattung und operieren hauptsächlich in den Großstädten, u.a. Hanoi und Ho-Chi-Minh-Stadt. Als registrierte Universalbanken bieten sie eine vergleichsweise breite Palette von Finanzprodukten an. Ihre Geschäftsbeziehungen konzentrieren sich primär auf staatliche Großunternehmen.

Die meisten von den 19 ländlichen privaten Aktienbanken sind durch Reorganisation oder Zusammenschluss von ehemaligen ländlichen Kredit-genossenschaften entstanden. Ihre Kapitalausstattung ist gering und liegt zwischen 300 Mio. bis 3 Mrd. VND. Sie haben häufig mit Liquiditäts-schwierigkeiten zu kämpfen. Daher ist ihr regionales Einzugsgebiet stark eingeschränkt, in der Regel auf der (inter)kommunalen Ebene, und die Palette ihrer Dienstleistungen bescheiden[105]. Der Schwerpunkt der Kreditaktivitäten der ländlichen Aktienbanken liegt auf den Bauernhaushalten und Gewerbe-treibenden im ländlichen Raum. Kredite werden nur gegen Sicherheiten, z.B. Zertifikate über Landnutzungsrechte (Reed Books) oder langlebige Konsumgüter, und für eine kurze Laufzeit vergeben, d.h. für den Ankauf von Saatgut, Düngermitteln oder Insektiziden. Aufgrund der lokalen Verwurzelung und des vereinfachten Kreditantragsverfahrens können die Transaktionskosten deutlich reduziert werden. Nach anfänglichem Zögern fördern RSHBs auch die Mobilisierung von Spareinlagen. Die Rückzahlungsquoten der Kredite liegen auf einem hohen Niveau von 98,3%. Wie bei den lokalen People's Credit Funds

---

[105] Vgl. Abiad, 1995, S. 14.

liegen die Zinssätze für Kredite in der Regel höher als die der staatlichen Geschäftsbanken und geringer als die im informellen Sektor (siehe Tabelle 17).

Tabelle 17: Durchschnittliche Zinssätze der Kredite an ländliche Haushalte im Zeitraum 1997-1998

Finanzsektor	Informell			Formell und semi-formell		
Zinssatz, p.m.	3,95 %			1,26 %		
Akteur	Geld-verleiher	Verwandte, Freunde	ROSCAs	RSHBs & lokale PCFs	VBARD	Nationale Programme
Zinssatz, p.m.	4,56 %	2,63 %	3,69 %	1,59 %	1,27 %	0,87 %

Quelle: GSO (2000): Vietnam Living Standard Survey 1997-1998.

Die Kurzfristigkeit der Bankprodukte, die schwache Ressourcenmobilisierung und der beschränkte Zugang zu Geldmärkten stellen im Moment die größten Hemmnisse für die Entwicklung von ländlichen Aktienbanken[106]. Aufgrund ihrer hohen Abhängigkeit von der VBARD im Hinblick auf die Refinanzierung[107], ihrer lokalen Geschäftsgebietsbegrenzung und damit verbunden des sehr geringen Marktanteils[108] stellen ländliche private Aktienbanken kurz- bis mittelfristig keine ernstzunehmende Konkurrenz zu VBARD und lokalen People's Credit Funds dar. Es verbleibt ihnen eigentlich nur, deren Lücken zu füllen. So kommt man zu dem Urteil, dass den privaten Aktienbanken auf absehbare Zeit nur eine geringere Bedeutung als ländliche Finanzintermediäre zukommt.

5.2. Semi-formeller Finanzsektor

Obwohl das formelle Finanzsystem in den letzten Jahren erheblich ausgebaut wurde und auch weiterhin expandierte, kann die Nachfrage nach Finanz-dienstleistungen durch sie nicht gedeckt werden. Da die Masse der ländlichen Haushalte wegen mangelnder Sicherheiten bzw. unzulänglicher Bonitäts-prüfungsmethoden keinen Zugang zu Krediten erhalten würde, haben viele von ihnen Solidaritätsgruppen als Selbsthilfeeinrichtung aufgebaut bzw. sich bestehenden angeschlossen. Seit Beginn der 90er Jahre unterstützen die *Massen-organisationen* als soziale Verbände, z.T. mit Unterstützung ausländischer Nicht-Regierungs-Organisationen, den Aufbau von Spar- und Kreditgruppen. In der Anfangsphase lag der Schwerpunkt auf der Zuteilung von Krediten. Die meisten dieser Solidaritätsgruppen sind in der Regel mit der VBARD oder VBP verbunden. Für die Banken stellt die Geschäftsverbindung zu den Solidaritätsgruppen eine kostengünstige Art dar, zum einen neue Kunden im großen Maße zu akquirieren und zum anderen die damit verbundenen

---

[106] Vgl. Hoang et al., 2001, S. 65f.; McCarty, 2001, S. 11.

[107] Vgl. Abiad, 1995, S. 15.

[108] Siehe Tabelle 5.

Transaktionskosten auf ein geringeres Niveau als ohne Existenz solcher Gruppen zu senken. Eine ganze Reihe von Massenorganisationen sind auf dem Gebiet der Mikrokredite aktiv. Unter ihnen kommt der Frauenunion die wichtigste Bedeutung zu, geschätzt mit einem landesweiten Netzwerk von 11 Mio. weiblichen Mitgliedern. Zu den weiteren aktiven sozialen Verbänden gehören der Bauernverband sowie der Veteranenverband[109]. Diese sozialen Verbände beteiligen auch an bestimmten *nationalen Programmen zur Armutslinderung*, die sich auf die Zuteilung von staatlich subventionierten Mikrokrediten ohne Sachsicherheitsanforderung an bestimmte ärmere Schichten der Bevölkerung konzentrieren[110].

Zwar mag der Schwerpunkt etwas voneinander abweichen, aber im Prinzip ist der Ansatz aller sozialen Verbände relativ ähnlich. Sie führen selbst keine Finanzdienstleistungen aus, sondern handeln als Vermittler zwischen VBARD/VBP und ländlichen Haushalten. Gemeinsam mit der regionalen Verwaltung unterstützen die Massenorganisationen den Gruppenaufbau und betreuen die *Solidaritätsgruppen*. Ende 1999 waren allein 80.000 Gruppen unter dem Schirm der Frauenunion aktiv. Die Zahl der Mitglieder sowie der Gruppen lässt sich schwer bestimmen, da sich die Gruppen nur bei der jeweiligen Kommunalverwaltung eintragen lassen brauchen. Je nach dem spezifischen Programm bzw. Finanzierungsquelle sind die Verpflichtungen der Mitglieder unterschiedlich. Sie reichen von voller gegenseitiger Haftung innerhalb der Gruppe für jeden Kredit, den ein Gruppenmitglied aufgenommen hat, bis hin persönlicher Haftung für den eigenen Kredit. Kredite werden in der Regel nur auf individueller Basis und kurzfristig vergeben, d.h. mit einer Laufzeit von bis zu 12 Monaten. Neben der Befürwortung der Gruppe und der jeweiligen Massenorganisation wird bei jedem Kreditantrag auch eine Genehmigung von der lokalen Verwaltung verlangt[111].

Alle (Spar- und) Kreditgruppen sind dadurch charakterisiert, dass eine gewisse Solidarität unter den Mitgliedern aufgebaut werden muss, und dass sozialer Druck die dinglichen Sicherheiten ersetzen soll. Das Zusammengehörigkeitsgefühl innerhalb einer Gruppe wird meistens dann erreicht, wenn die folgenden Bedingungen erfüllt sind:

- regelmäßiges Treffen auf freiwilliger Basis;

---

[109] Vgl. Johnson, 1995, S.3ff.

[110] Zu den größten Nationalprogrammen gehören National Program for Hunger Eradication and Poverty Reduction (1998-2000), Program for Greening Barren Hills 81993-1998), National Program of Greening 5 Million Hectares of Forest und Program for Job Creation. Als Hauptkritikpunkt gilt die unzulängliche Nachhaltigkeit solcher Programme, die sich auf den Subventionscharakter der Kredite durch staatliche Hilfe und den mangelnden Anreiz an Mobilisierung inländischer Ressourcen zurückführen lassen (vgl. Hoang et al., 2001, S. 71; Llanto, 1999, S. 340).

[111] Vgl. Abiad, 1995, S. 46.

- festgelegte Gruppenregeln und offene Diskussionen;

- regelmäßiger Wechsel der verantwortlichen Positionen innerhalb der Gruppe aufgrund von Abstimmungen der Mitglieder;

- bei den Treffen die Spar- und Kreditaktivitäten hervorheben; und

- eine gewisse Homogenität unter den Mitgliedern, z.B. gleiche Nachbarschaft, Verwandtschaft, sozioökonomischer Status, etc.[112]

Ende 1999 wurden landesweit etwa 157.000 Spar- und Kreditgruppen mit insgesamt 1,622 Mio. (Haushalt-)Mitgliedern als Kreditnehmern registriert, die von den verschiedenen Massenorganisationen betreut wurden, u.a.:

- 82.032 Gruppen mit 803.534 Haushalten von der Frauenunion (VWU),

- 67.117 Gruppen mit 597.670 Haushalten vom Bauernverband (VFA),

- 1.685 Gruppen mit 54.333 Haushalten vom Jugendverband (VYU), und

- 9.536 Gruppen mit 207.293 Haushalten von den sonstigen Organisationen, z.B. den NGOs[113].

Es ist eine bemerkenswerte Beobachtung, dass auch in Vietnam die Armen sehr wohl in der Lage sind, Kredite aufzunehmen/zurückzuzahlen bzw. zu sparen. Besonders hohe Rückzahlungsraten sind die Regel bei den von Massenorganisationen betreuten Solidaritätsgruppen. Typischerweise schwanken sie zwischen 95 % und 100 %. Es lässt sich vermuten, dass für die ländliche Bevölkerung ein vereinfachter und regelmäßiger Zugang zu formellen Finanzdienstleistungen viel wichtiger als die Höhe der Produktpreise (u.a. Zinssätze) ist[114].

5.3. Informeller Finanzsektor

Trotz der Ausweitung des formellen und semi-formellen Finanzsektors in den letzten Jahren, wurde/wird ein nicht geringer Teil der Finanztransaktionen informell abgewickelt. Ebenso spielten/spielen informelle Finanzarrangements über u.a. Geldverleiher, Verwandtschafts- und Freundekreise sowie Spar- und Kreditvereine (ROSCAs) eine nicht zu unterschätzende Rolle für die ländliche Bevölkerung. Nach den zwei Untersuchungen "Vietnam Living Standard Survey" in den Zeiträumen 1992-1993 und 1997-1998 verringert sich der Anteil der Haushalte, deren Finanzierungsbedarf von dem informellen Sektor gedeckt wurde, von 73 % (1992-1993) auf 51 % (1997-1998). Der Marktanteil der Geldverleiher belief sich Ende 1993 auf 33 V.H und wurde Ende 1998 auf unter

---

[112] Vgl. Johnson, 1996, S. 10.
[113] Vgl. Nguyen, 2000, S. 21.
[114] Vgl. ADB, 1997, S. 111f.; Llanto, 1999. Kreditausfallrisiken werden z.B. bei den Solidaritätsgruppen der Frauenunion dadurch gemildert, dass die Frauenunion einen Kreditgarantiefonds in Höhe von 500 Millionen VND bei der VBARD unterhält (siehe Vo, 1996).

269

10 % zurückgedrängt. Fast unverändert blieb die Bedeutung der informellen Finanztransaktionen, die von Verwandten und Freunden sowie von den Spar- und Kreditvereinen getätigt wurden (siehe Tabelle 18).

Tabelle 18: Marktanteile ländlicher Finanzakteure/-arrangements, gemessen an der Zahl vergebener Kredite an private Haushalte

In Prozentsatz	VLSS 1992-1993	VLSS 1997-1998		
	Marktanteil	Marktanteil		Durchschnittlicher Kreditbetrag (in 1.000 VND)
Informeller Sektor	73,0 %	50,8 %		1,752
Geldverleiher	33,0 %	9,8 %		2,141
Verwandtschaften	40,0 %	41,0 %	24,2 %	1,861
Spar- und Kreditvereine			16,8 %	1,366
Formeller & Semiformeller Sektor	27,0 %	49,2 %		3,209
VBARD/VBP	23,0 %	40,0 %		2,230
PCFs & RSHBs	n.v.	2,2 %		3,512
Nationale Programme, NGOs et al.	n.v.	7,0 %		1,547

Quelle: GSO (1995/2000): Vietnam Living Standard Survey 1992-1993/1997-1998.

Der gegenseitige Geldverleih zwischen Verwandten, Freunden und Nachbarn stellt das wichtigste und kostengünstigste Finanzarrangement im informellen Sektor dar, dessen Marktanteil im Zeitraum 1997-1998 auf 24 % geschätzt wurde. Die Höhe der Zinsen der Geldverleiher hängt von der Art der sozialen Beziehung, des Leumunds des Kreditnehmers, der Kreditlaufzeit, etc. ab. Diese variieren zwischen zinslosen Darlehen bis zu Zinssätzen von über 100 % im Jahr[115]. In Vietnam existieren drei Typen von Geldverleihern. *Traditionelle Geldverleiher* bauen ihre Geschäftsbeziehungen auf gegenseitigem Vertrauen und auf lokal erworbenem Wissen über ihre (potentiellen) Kreditkunden auf. Das Kreditverfahren ist recht einfach und findet sich nicht in irgendeiner schriftlichen Form. Barkredite sind sehr kurzfristig, z.T. auch für nur einige Tage. Im Gegensatz zu dem ersten Typ verlangen *Pfandverleiher* bei der Kreditvergabe zusätzliche Sachsicherheiten, u.a. ein Landnutzungsrecht oder (langlebige) Konsumgüter. Zu dem letzten Typ gehören *private Händler*, die auf den (informellen) Beschaffungs- oder/und Absatzmärkten tätig sind. Vorschüsse bzw. Kredite sind in Bargeld oder Naturalien gezahlt; dies ist allerdings mit der Verpflichtung verbunden, dass Produkte bei der Ernte an den jeweiligen Händler verkauft werden. Da private Händler sich erst langsam etablieren, ist ihre Kapitalausstattung recht gering. Es ist davon auszugehen, dass ihre Bedeutung

---

[115] Vgl. auch Seibel, 1992, S. 73.

in den strukturschwachen Gebieten immer größer wird[116]. Der Durchschnittbetrag vergebener Kredite vom Geldverleihersektor lag auf einem höheren Niveau als der von anderen informellen Finanzierungsquellen. Die Zinsraten variierten zwischen 3 % und 10 % pro Monat.

Spar- und Kreditvereine (Rotating Saving & Credit Associations) haben eine lange Tradition in Vietnam[117]. Gewöhnlich werden sie im Norden als "Ho" bzw. "Phuong" und im Süden als "Hui" bezeichnet[118]. Jede Gruppe basiert auf dem Freiwilligkeitsprinzip, und hat eine überschaubare Anzahl von 5 bis 20 Mitgliedern, die untereinander ein gewisses Vertrauens-verhältnis aufweisen (müssen). Häufig wohnen sie in demselben Dorf oder Stadtviertel. Spar- und Kreditvereine fördern das Sparverhalten durch regelmäßige Einzahlungen und vergeben in Rotation Kredite nur an die eigenen Vereinsmitglieder. Die Entscheidung über die Höhe der Zinsraten, die Mitgliedschaft und die Kreditbeträge werden entweder von allen Mitgliedern gemeinsam getroffen, in einem Versteigerungsverfahren entschieden oder durch den Organisator/ Hauptperson der Gruppe festgelegt. Einzahlungen und Kredite können sowohl in Bargeld (Ho, Hui) als auch in Naturalien (Phuong) geleistet werden. Es gibt in allgemeinem zwei Typen, u.a.: Kreditvereine oder Unterstützungsvereine. Erstere zielen auf Befriedigung des Finanzierungsbedarfs bzw. auf zusätzliches Zinseinkommen überflüssiger liquider Mittel; letztere auf die gegenseitige Hilfe zwischen den Vereinmitgliedern, z.B. bei Hausbauen oder Ernte. Die Länge des Rotationszyklus, d.h. bis zu dem Zeitpunkt, an den jedes Mitglied einmal eine Auszahlung erhalten hat, schwankt in der Regel zwischen drei und fünf Monaten. Dann fällt die Gruppe auseinander oder beginnt mit einem neuen Zyklus von vorne. Während ländliche Haushalte meist dieses Finanzarrangement nutzen, um kurzfristige Liquiditätsengpässe zu decken, können diese Gruppen auch für die Finanzierung von langfristigen Investitionen genutzt werden. Dann kann eine Gruppe über mehrere Jahre hinweg bestehen[119].

Informelle Finanzarrangements sind durch zwei Aspekte gekennzeichnet. Zum einen basieren sie auf gegenseitigen persönlichen Kenntnissen und auf vollständiger Haftung. Zum anderen stehen die Zinsraten für Spareinlagen und Kredite im Durchschnitt über den Inflationsraten und erlauben somit, ökonomische Renten zu erwirtschaften sowie Vermögen zu bilden. In den vergangenen Jahren lagen sie im Durchschnitt über den Zinssätzen des formellen Finanzsystems[120].

---

[116] Vgl. McCarty, 2001, S. 38.
[117] Vgl. Luong, 1992, S. 58.
[118] "Ho" lässt sich aus dem vietnamesischen Begriff "Verwandtschaft" ableiten.
[119] Vgl. Abiad, 1996, S. 17; McCarty, 2001, S. 38f.
[120] Siehe Tabelle 17.

6. Schlussbemerkung

Es wurde festgestellt, dass die Entwicklung des vietnamesischen Finanzsystems im Hinblick auf die *ländliche Finanzinfrastruktur* in den letzten Reformjahren ganz erhebliche Fortschritte gemacht hat. Nach dem Zusammenbruch der ehemaligen Kreditgenossenschaften Anfang der 90er Jahre war das Vertrauen der Bevölkerung in den formellen Finanzsektor auf den Tiefstpunkt gefallen. Um den Bedarf der ländlichen Bevölkerung an Finanzdienstleistungen in einer solchen radikalen Umbruchsphase zu decken, musste ein marktwirtschaftliche Finanzsektor vom Grund auf aufgebaut werden. Zu den neu gegründeten Kreditinstituten gehören die Agrarbank (VBARD), die Entwicklungsbank (VBP/SPB), 19 private ländliche Aktienbanken und das People's Credit Funds-System. Mit der Unterstützung der Massenorganisationen, u.a. die Frauenunion (VWU), der Bauernverband (VFA), der Jugendverband (VYU), haben besonders die staatlichen Geschäftsbanken enge Verbindungen zu den privaten Haushalten im ländlichen Raum auf- und ausgebaut. Für Familiebetriebe und private Unternehmen ist es heute viel leichter als vor einem Jahrzehnt, Finanzdienstleistungen zu nutzen. Allerdings ist das Spektrum der angebotenen Finanzprodukte immer noch sehr begrenzt und von kurzfristiger Natur (mit Laufzeit von unter 12 Monaten). Die Mobilisierung von Spareinlagen steht erst am Anfang[121].

Eine der Hauptaufgaben des formellen Finanzsektors besteht darin, sich auf so eine effiziente Art und Weise zu entwickeln, um das Vertrauen der (ländlichen) Bevölkerung zu gewinnen und zu steigern. Zum anderen müssen Finanzprodukte den steigenden Bedürfnissen der ländlichen Bevölkerung angepasst werden. Bis heute existiert aufgrund der noch unterentwickelten finanziellen Infrastruktur keine hohe Wettbewerbsintensität innerhalb des formellen Finanzsektors. Kurz- bis mittelfristig sind formelle Kreditinstitute einer täglichen Konkurrenz durch informelle Finanzarrangements, u.a. lokale Geldverleiher, Spar- und Kreditvereine (ROSCAs) sowie Finanzarrangements zwischen Verwandten und Freunden, ausgesetzt. Es wurde u.a. mehrfach darauf hingewiesen, dass ein einfacher Zugang zu und die hohe Qualität von Finanzdienstleistungen für ländliche und städtische Familienbetriebe sowie private Unternehmen von größerer Bedeutung sind als deren Preise.

Seit 1993 wird unter Federführung der State Bank of Vietnam der schrittweise Neuaufbau eines *genossenschaftlich organisierten Finanzverbunds* betrieben, das sich unter technischer Unterstützung internationaler Organisationen der Entwicklungszusammenarbeit (GTZ, CIDA) an das deutsche Verbundsystem der Volks- und Raffeisenbanken sowie das kanadische Dejardins-Modell anlehnt. Die 'neuen' genossenschaftlichen Kreditinstitute stehen rechtlich auf der

---

[121] Zu berücksichtigen ist es, dass formelle Kreditinstitute bis Mitte 2002 die vorgegebenen Zinsobergrenzen der SBV einhalten mussten.

Grundlage des *Gesetzes für Kreditinstitute* und des *Genossenschaftsgesetzes*. Das *People's Credit Funds*-System ist derzeit in zwei *Ebenen* untergliedert:

(1) Auf der *lokalen* Ebene agieren die lokalen Kreditinstitute, People's Credit Funds (PCFs), die in regionale Wirtschaftskreisläufe eingebunden und für die direkten Geschäftsbeziehungen mit den Haushaltsmitgliedern verantwortlich sind.

(2) Auf der *nationalen* Ebene fungiert der im August 1995 errichtete Central People's Credit Fund (CCF) als genossenschaftliche Zentralbank. Seine Hauptaufgaben bestehen darin, den verbundinternen Liquiditätsausgleich und Zahlungsverkehr bereitzustellen.

Den Aufbau kann man als eine Kombination einer *Finanzsystementwicklung von oben und von unten* bezeichnen. Die People's Credit Funds sind lokale *genossenschaftliche* Finanzintermediäre und operieren nach marktwirtschaftlichen Grundsätzen, u.a. Kostendeckungsprinzip. Prinzipiell sollen sie unabhängig von Subventionen des Staates arbeiten. Da die Mitglieder Eigentümer der genossenschaftlichen Bankunternehmung sind, haben sie das Recht, am Entscheidungsprozeß zu partizipieren. In dieser Hinsicht ist der Aufbau der People's Credit Funds ein Ansatz der genuinen Entwicklung *von unten*. Die Initiative zur Errichtung der Kreditinstitute ist von der *State Bank of Vietnam* ausgegangen. Sie unterstützt sehr intensiv die Bereiche der Koordination, Überwachung und Personalausbildung in der Anfangsphase. Insofern ist der PCF-Ansatz ein treffendes Beispiel für das Institution Building *von oben*. Der Top-Down-Approach wird verstärkt durch das Fehlen von eigenen verbundinternen Sicherungseinrichtungen, nämlich Einlagensicherung, Risikofonds, und Verbandstrukturen mit den Funktionen wie Interessenvertretung, Training, Prüfung und Controlling. Wie geplant sollen diese Institutionen in den kommenden Jahren aufgebaut werden.

Drei Merkmale charakterisieren den *PCF-Ansatz*:

• ein verbesserter *Zugang* zu Finanzdienstleistungen auf lokaler Ebene für Sparer und Kreditnehmer;

• eine überregionale *Risikodiversifikation* durch die Verbundstruktur;

• eine verbesserte Spareinlagen*mobilisierung* und Kredit*rückzahlungsmoral*.

Als Ausgangspunkt der Strategie- und Strukturdiskussion im Kapitel VII soll das Oberziel der *Wettbewerbsfähigkeit* dienen. Die Orientierung des Zielsystems soll sich immer an den Grundwerten einer genossenschaftlichen Finanzorganisation als *Personalverein mit Bankunternehmung* ausrichten. Die Grundausrichtung soll darin bestehen, längerfristig wettbewerbsfähig zu bleiben; d.h. jedes einzelne genossenschaftliche Kreditinstitut muss organisationsinterne *Mitgliederbedürfnisse* und organisationsexterne *Marktanforderungen* auf einer nachhaltigen Art und Weise erfüllen. Das Organisationszielsystem sollte hier nicht als statisches Konstrukt betrachtet, sondern stets dynamisch den aktuellen

Umfeldentwicklungen angepasst werden. Entsprechend dem stetigen Wandel der Mitgliederbedürfnisse, unterliegt auch das Produktangebot der Banken einer ständigen Anpassung an diesen Veränderungen.

Ende 2002 gehörten zu dem Finanzverbund 888 lokale PCFs, die sich in 53 Provinzen/Städten ansiedelten, und die genossenschaftliche Zentralbank. Die CCF verfügt über ein Netzwerk vom Hauptsitz in Hanoi und 22 provinziellen Zweigstellen und ist für den verbundinternen Liquiditätsausgleich und den Zahlungsverkehr in den weiteren 30 Provinzen zuständig. Kreditvergabe und Einlagenmobilisierung bilden die Kerngeschäfte der lokalen Kreditinstitute, die vor allem von kurzfristiger Natur sind. Absolut betrachtet, betrug der Einlagenbestand von Nichtbanken im Dezember 2002 über 2.370,3 Mrd. VND (ca. 153,9 Mio. US-Dollar). Die hohen Wachstumsraten der Einlagen in den letzten fünf Jahren, die ein jahresdurchschnittliches Niveau von etwa 20 % trotzt sinkender Institutzahl von 977 im Jahre 1998 auf 888 im Jahre 2002 aufwies, ist zum einen auf die zunehmende Sparquote und zum anderen auf das langsam wieder gewonnene Vertrauen der Bevölkerung an diese neue Organisations- und Rechtsform.

Das übermäßige Wachstum von Mitgliederanzahl (über 200 % p.a.) gegenüber dem der Institutanzahl (58 % p.a.) kann als ein Indikator für die Attraktivität und gute Reputation der People's Credit Funds in der Bevölkerung interpretiert werden. Ende 2002 hatten lokale People's Credit Funds ein akkumuliertes Kreditvolumen von 3.089,1 Mrd. VND (ca. 200,5 Mio. US-Dollar) an etwa 850.000 Mitglieder vergeben. Über die Hälfte der Kredite entfällt auf die im landwirtschaftlichen Bereich tätigten Haushalte. Kreditvergabe an Gewerbe- treibende und Handwerker macht einen Anteil von über 35 % aus. In dem Zeitraum von 1995-2002 wurden insgesamt 5.085.978 Kredite an (Haushalt-) Mitglieder mit einem gesamten Volumen von 25.595,2 Mrd. VND (ca. 1,867 Mrd. US-Dollar) vergeben. Der ausstehende Bestand konsolidierter Spar- einlagen erhöhte sich stetig und belief sich Ende 2002 auf 3.073,5 Mrd. VND (ca. 199,5 Mio. US-Dollar). Das People's Credit Funds-System erwirtschaftete in diesem Jahr insgesamt 86,8 Mrd. VND (ca. 5,7 Mio. US-Dollar). Die Eigenkapitalrendite betrug 13,9 % bei der CCF und 37,6 % auf der lokalen Verbundebene. Sowohl der durchschnittliche Kreditbetrag als auch die Kredit- und Einlagenzinssätze der lokalen Kreditinstitute lagen auf einem höheren Niveau als die ihrer Konkurrenten im formellen Finanzsektor, vor allem der Vietnam Bank for Agriculture and Development (VBARD).

Zu den möglichen *Förderungsfeldern* genossenschaftlicher Kreditinsdtitute gehören der Zugang zu formellen Finanzdienstleistungen, die Zinskonditionen und die Produktqualität. Ergebnisse einer repräsentativen Untersuchung zum Förderauftrag in Form einer schriftlichen Befragung der 298 lokalen People's Credit Funds im September 2000 weisen darauf hin, dass Kreditbeziehung und Gewinnbeteiligung die breiteste Akzeptanz unter den Genossenschafts- mitgliedern im Hinblick auf den Zugangsvorteil zu finden sind.

Für Kreditnehmer gelten jedoch nicht in erster Linie die Zinskondition und der Kreditzugang als die wichtigsten Förderleistungen. Eine unbürokratische und flexible Vergabetechnologie wird hier besonders hochgeschätzt. Sowohl aus der Sicht des Bankmanagements als auch aus der Kundensicht wird das Förderungspotential im Einlagengeschäft wenig wahrgenommen. Die lokale Nähe genossenschaftlicher Kreditinstitute sowie ein schnelles und einfaches Verfahren bei der Anlage und Bargeldabhebung kommen den Einlegern eine besondere Bedeutung zu.

Während die aggregierten Marktanteile des People's Credit Funds-Sytems, gemessen an ausstehenden Krediten an und ausstehenden Einlagen von Nichtbanken, *gesamtwirtschaftlich* nur unter 2 % betrugen, resultiert seine herausragende Bedeutung vor allem aus der aus-geprägten regionalen Verankerung, welche die Geschäftsaktivitäten der 888 lokalen Kreditinstitute kennzeichnet. Lokale PCFs bedienten insgesamt 5 % aller 15 Mio. Haushalte in Vietnam und sind zur Zeit neben den ländlichen privaten Aktienbanken (RSHBs) der einzige *formelle Zugang* für (ländliche) Familiebetriebe und (städtische) Kleinst- und Kleinunternehmen auf der *kommunalen Ebene*. Der Anteil an ländlichen Haushalten mit Zugang zum formellen Finanzsektor lag sogar bei über 10 %. Lokale People's Credit Funds operieren in ca. 9 % aller 10.533 Kommunen in Vietnam. Dreiviertel aller lokalen Kredit-institute sind im ländlichen Raum angesiedelt. Als Ergebnis der Marktanteilanalyse kann festgehalten werden, dass das People's Credit Funds-System in einer Gesamt-betrachtung als eine nicht zu unterschätzende Anbietergruppe einzuordnen ist. Zu erwarten ist, dass genossenschaftliche Kreditinstitute zukünftig zur Aufrechterhaltung sowie zur Verbesserung ihrer Wettbewerbsfähigkeit jenige Palette von Finanzdienstleistungen anbieten, die eine verstärkte nationale Präsenz erfordert und fördert.

Die auf PCFs und VBARD bezogene Vergleichanalyse der Ertragslage und Risiken, lassen u.a. Rückschlüsse über die Marktpositionierungen der genossenschaftlichen Kreditinstitute auf den einzelnen Verbundebenen zu. Der untersuchte Zeitraum von 1993 bis Ende 2002 war gekennzeichnet durch eine weitgehende Segmentierung der Finanzmärkte. Es bestand eine eindeutige Produktdifferenzierung und es existierten Marktschranken ökonomischer, sozialer und räumlicher Art. Der Wettbewerb zwischen Kreditinstituten war gering. Im geschäftspolitischen Entscheidungsfeld rückte vor allem die kundenpräferenzorientierte *Differenzierungsstrategie* bei lokalen People's Credit Funds bzw. die *Kostenführerstrategie* bei der CCF in den Mittelpunkt. Die VBARD besaß eine so genannte Marktpositionierung 'zwischen den Stühlen' im Porter'schen Sinne. Der von Porter entwickelte Differenzierungsansatz bildet somit den Ausgangspunkt für die (wettbewerbs-)strategische Ausrichtung genossenschaftlicher Kreditinstitute sowohl auf der lokalen als auch auf der zentralen Verbundebene.

Verbesserungspotentiale im Hinblick auf die Kosteneffizienz stellen für lokale Kreditinstitute weitere Handlungsspielräume dar, die künftig auch in dem Mittelpunkt einer strategischen Stoßrichtung stehen sollten. Als Zielsetzung der lokalen People's Credit Funds konnte daher die *Erhöhung der Kosteneffizienz* identifiziert werden, bei paralleler Erlössicherung und -steigerung, z.B. durch Verbesserung der Arbeitsproduktivität sowie durch den Ausbau des Provisionsgeschäfts. Rationalisierungspotentiale sind erkennbar, die zum einem mit effizientem Ressourceneinsatz erschlossen werden. Zum anderen müssen lokale Kreditinstitute erheblich mehr Investitionen in qualifiziertes Personal tätigen, um längerfristig bei anspruchvolleren Bankgeschäften wettbewerbsfähig zu bleiben. Das Instrument der genossenschaftlichen *Rückvergütung* erscheint in diesem Zusammenhang sinnvoll, um Anreize zu geben, damit die Realisierung von Größeneffekten durch möglichst viele Transaktionen mit den Kunden/Mitgliedern ermöglicht wird. Hindernisse für die Durchsetzung der Differenzierungsstrategie in der Oberbaustufe bestehen in der weitgehenden Homogenität finanzieller Dienstleistungen und in der weit verbreiteten Produktbündelung, weil die genossenschaftliche Zentralbank und deren regionalen Zweigstellen meist in den städtischen Umfeldern einer höheren Wettbewerbsintensität ausgesetzt sind. *Differenzierung* gegenüber den Wettbewerbern kann demzufolge nur im solchen Geschäftsbereich aufgebaut werden, der sich im wesentlich auf die Vermittlung eines positiven Gesamtbildes des Finanzverbundsystems beschränkt. Allerdings fehlt bisher ein gemeinsames integriertes Konzept, das den genossenschaftlichen Finanzverbund dem Kundenkreis als echtes *einheitliches Erscheinungsbild* (Cooperative Network Identity) darstellt und nicht nur als loses Miteinander einzelner Kreditinstitute. Eine allgemein branchenweite Differenzierung würde für genossenschaftliche Verbundmitglieder eine Strategie der bewussten Herausarbeitung und Betonung von Unterschieden zu den konkurrierenden Banken(-gruppen) bedeuten. Es handelt sich um mögliche Inhalte einer Differenzierungsstrategie bzw. um solche Dienstleistungen, die die konstruktionsbedingten Vorteile der genossenschaftlichen Finanzorganisationsform ausnutzen und die sich an den Markterfordernissen und Bedürfnissen der Mitglieder orientieren. Nur die Kombination des aufeinander abgestimmten Leistungsbündels generiert einen *unverwechselbaren Kundennutzen*. Genossenschaftliche Kreditinstitute können aufgrund ihrer spezifischen Organisations- und Rechtsform die realisierten ökonomischen Renten weiter an ihre Mitglieder als Eigentümer und/oder Kunden zuteilen. Dies beinhaltet, dass sich das Bankmanagement konsequent an den Bedürfnissen, Wünschen und Erwartungen der Kunden/ Mitglieder orientieren sollte.

Analyseergebnisse der verbundwirtschaftlichen Leistungs- und Abhängigkeitsbeziehungen weisen darauf hin, dass eine ausgeprägte *Vertrauensbasis* im Verhältnis zwischen den lokalen Kreditinstituten und der genossenschaftlichen Zentralbank nicht unterstellt werden kann. Informelle Kontroll- und Sanktionsmechanismen des genossenschaftlichen Verbundsystems sind derzeit kein

Korrektiv, das den Bedarf an formellen Elementen der Verbund-Governance Strukturen unterstützen würde. Das Vertrauen der Basis zu dem Oberbau sollte auch durch die Form der *Willensbildung* in dem Finanzverbund gestärkt werden, damit die Basis und Spitze die jeweiligen Absichten und Bedürfnisse gegenseitig kennen und eine gegenseitige Kontrolle möglich wird. In diesem Kontext sollte der Aufbau genossenschaftlicher *Verbandeinrichtungen*, insbesondere der Prüfungs- und Revisions- und der Sicherungseinrichtungen, beschleunigt werden. Die *verbundstrategische Ausrichtung* sollte darauf abzielen, den einzelnen Mitgliedern zu dauerhaften Wettbewerbsvorteilen zu verhelfen, die insgesamt zur Optimierung der Leistungserstellungsprozesse einzelner Kreditinstitute führen könnten. Es sollten strategische Vorteile des genossenschaftlichen Finanzverbunds als eine netzwerkartige Form zwischenbetrieblicher Kooperation kombiniert werden, in dem die Größen-, Synergie- und (Kern-) Kompetenzvorteile aller Verbundmitglieder genutzt werden, um ihre *Leistungs-* und *Wettbewerbsfähigkeit* zu erhöhen.

Kapitel VIII: Zur Leistungsfähigkeit der genossenschaftlichen Bankunternehmung: Eine Data Envelopment Analysis der Kosteneffizienz lokaler People's Credit Funds

Lokale Kreditgenossenschaften lassen sich in der vorliegenden Arbeit als *finanzintermediäre Kooperationsform* verstehen, die in einem geografisch eingeschränkten Geschäftsgebiet operieren. Ihr Organisationszweck besteht darin, die Mitgliederwirtschaften zu fördern. In allgemeinem lässt sich die Förderung als der Auftrag an das genossenschaftliche Bankmanagement, Bedürfnisse der Mitglieder zu befriedigen[1]. Dabei handelt es sich in erster Linie um diejenigen Förderleistungen, die kapitalbezogen und/oder leistungsbezogen sind. Während die Kapitalbeteiligung der Mitglieder und damit verbunden die Gewinnausschüttung, den verfügungsrechtlichen Charakter der Miteigentümer widerspiegeln, beinhaltet die leistungsbezogene Förderung das *Identitätsprinzip*, das direkte wirtschaftliche Austauschbeziehungen zwischen der genossenschaftlichen Bankunternehmung und ihren Kunden/Mitgliedern darstellt. Die leistungsbezogene Mitgliederwidmung findet sich vor allem in der Bereitstellung von Finanzdienstleistungen, sowohl im Aktiv- als auch im Passivgeschäft, und bezieht sich u.a. auf Sortiment-, Qualitäts- und/oder Konditionsvorteile[2]. Die Verpflichtung genossenschaftlichen Bankmanagements lässt sich in zwei Richtungen konkretisieren:

(a)   *Mitgliederorientierung*, das heißt die Ermöglichung der Abwicklung der gegenwärtigen bzw. zukünftigen von Genossenschaftsmitgliedern nachgefragten Finanztransaktionen (Organisationsanforderung),

(b)   *Marktorientierung*, das heißt die effiziente Bewirtschaftung der genossenschaftlichen Bankunternehmung im Finanzsektor nach dem *Kostendeckungsprinzip* (Marktanforderung).

Erfolgreiche Mitgliederförderung setzt voraus, dass die Funktionsfähigkeit lokal agierender Bankunternehmung gewährleistet ist, weil für sie die gleichen Spielregeln wie für andere Finanzintermediäre in einer marktorientierten Wirtschaftsordnung gelten sollten[3]. Mit anderem Worte: der Fördererfolg setzt den Markterfolg voraus. *Wirtschaftspolitische Bewertungsverfahren* zur Analyse der Leistungsfähigkeit lokaler Kreditgenossenschaften müssen von der Prämisse ausgehen, dass das Bankmanagement ständig dem Kostendruck ausgesetzt ist. Aus methodologischen Gründen sollten sie die zwei folgenden theoretischen Anforderungen erfüllen: die Annahme der *Marktunvollkommenheit* und die Annahme der *Unternehmensheterogenität*, im Sinne der Heterogenität von unternehmensspezifischen Leistungserstellungstechnologien.

---

[1] Vgl. Kluge 1991, 17.
[2] Vgl. Hahn 1980, 19; Licht 1989, 14f.
[3] Vgl. Seuster 1980, 101.

Das vorliegende Kapitel zielt sich darauf, die Leistungsfähigkeit lokaler People's Credit Funds (PCF) in Vietnam zu untersuchen. Das Anliegen besteht darin, ihre Kostensituation anhand der Bilanz- und Erfolgszahlen für das Jahr 2000 zu analysieren, um damit das zukünftige Potential für Einsparungen im Hinblick auf Einsatzfaktorkosten abzuschätzen[4]. Für die Analyse der Kosteneffizienz wird mit der *Data Envelopment Analysis* (DEA)[5] ein auf der Methode der *linearen Programmierung* beruhendes Schätzverfahren verwendet, das die Gesamteffizienz, die Skaleneffizienz und die technische (X-)Effizienz der einzelnen genossenschaftlichen Kreditinstitute ermittelt[6]. Für jede in die Untersuchung einbezogene Entscheidungseinheit (Decision Making Unit) wird der dazugehörige *relative Effizienzwert* bei gleichzeitiger Identifizierung von Einheiten mit am besten praktizierenden Produktionstechnologien in der Beobachtungsmenge (Best Practices) bestimmt. Die Messung und die Analyse der (In-)Effizienz einzelner Kreditinstitute schafft eine Voraussetzung zur Identifikation und Ausnutzung von Kostensenkungspotentialen, um einerseits das Kostenmanagement lokaler People's Credit Funds zu verbessern und andererseits die Wettbewerbsfähigkeit des genossenschaftlichen Finanzverbundes als Ganzem zu steigern.

Faktoren, von denen ein Einfluss auf die technische X-(In-)Effizienz vermutet wird, werden anhand des Tobit-Modells ermittelt. Dazu gehören standortbezogene, verbundbezogene, bankspezifische und risikoinduzierte Variablen. Durch einige methodische Erweiterungen, nämlich die Integration einer nichtradialen mit einer radialen Effizienzmessungsmethode, die einer Allokationsanalyse von Einsatzfaktorkosten ermöglicht, und die Verwendung des DEA-Bootstrapp-Regression (DBR) soll in der vorliegenden Untersuchung gegenüber den bisher durchgeführten Studien die Darstellung des Leistungserstellungsprozesses der (genossenschaftlichen) Bankunternehmung verbessert werden, um damit die Aussagekraft der Ergebnisse zu erhöhen.

Der Aufbau des Kapitels ist wie folgt organisiert. Zunächst erfolgt im ersten Abschnitt eine Darstellung des verwendeten DEA-Verfahrens, bevor im zweiten Abschnitt der Datensatz vorgestellt wird. Im dritten Abschnitt werden die

---

[4] Siehe Kapitel VII, Abschnitt 4.1.
[5] Die Data Envelopment Analysis (DEA) als *nichtparametrisches Schätzverfahren* zur Bestimmung von Effizienzwerten geht auf Charner, Cooper und Rhodes (CCR) zurück, die für den multiplen Input-/Outputfall ein radiales Effizienzmaß berechnet (Charnes et al. 1978). Zur Einführung sei verwiesen auf Seiford/Thrall, 1990 und Cooper et al., 2000.
[6] Der Begriff der *X-(In-)Effizienz* geht auf Leibenstein zurück und beinhaltet sowohl *technische* als auch *allokative* Komponenten (siehe Leibenstein, 1966; Leibeinstein/Maital, 1992). Die X-Effizienz beschreibt, wie gut das Management einer Unternehmung in der Lage ist, die Kostensituation zu kontrollieren sowie Erträge zu generieren. Sie bildet zusammen mit der Größeneffizienz, u.a.: Skaleneffizienz und Verbundeffizienz, die Gesamteffizienz einer Unternehmung (vgl. Berger, 2000). Zur systematischen Diskussion über verschiedene Effizienztypen sei verwiesen auf Wutz, 2002, S. 18ff..

Ergebnisse präsentiert und diskutiert. Das Kapitel schließt mit dem Abschnitt 4 ab, der eine Zusammenfassung der Studie liefert.

1. Methodische Grundlagen

Die Bewertung der Leistungsfähigkeit bzw. die Erfolgsmessung stellen für wertschöpfende Entscheidungseinheiten (Decision Making Unit) eine zentrale Aufgabestellung dar, die aktuell im Rahmen von Benchmarking- bzw. Performance-Measurement-Verfahren behandelt wird[7,8]. Klassische Größen dafür sind unter anderem der Gewinn, Deckungsbeiträge, Rentabilitäten oder die (wertmäßige) Wirtschaftlichkeit. Letztere gibt das Verhältnis zwischen Erträgen und Kosten an. Es ist jedoch nicht möglich, die Leistungsfähigkeit einzelner (korporativer) Entscheidungseinheiten monetär zu bewerten, insbesondere dann, wenn aufgrund der Marktunvollkommenheit keine Informationen über Preise bekannt sind oder keine Marktpreise existieren. Fasst man *Wertschöpfung* als ein Transformations-prozess von Inputs in Outputs auf, dann kann auch die Betrachtung ihrer technologischen bzw. mengenmäßigen Komponente an sich von Interesse sein. Eine solche Betrachtung ist in der Regel ökonomisch motiviert und erwünscht. Als Kriterium der Erfolgsmessung können die Produktivität bzw. Effizienz dienen. Wesentliche Ergebnisse, die eine Effizienzmessung liefern soll, sind die Bewertung von Leistungserstellungsprozessen sowie die Aufdeckung von Stärken und Schwachstellen. Als weiterführende Ergebnisse werden für ineffiziente Entscheidungseinheiten auch konkrete Verbesserungsvorschläge sowie politische Handlungsempfehlungen gesucht.

Jedes *Effizienzmessungsverfahren* setzt das Vorhandensein eines Vergleich-maßstabes voraus, das die verschiedenen Aktivitäten ein und derselben DMU über Teilperioden eines längeren Zeitraumes hinweg herangezogen werden, oder die ökonomischen Aktivitäten der verschiedenen, jedoch prinzipiell ähnlichen

---

[7] Vgl. Klingebiel, 1999, S. 2f. Wertschöpfende Entscheidungseinheiten können ganze Volkswirtschaften und Branchen, private und öffentliche Unternehmen oder deren Subsysteme wie Werke, Abteilungen und einzelne Produktionsanlagen sein.

[8] Unter *Benchmarking* versteht man in allgemeinem den Vergleich eigener Leistungserstellungsprozesse bzw. Technologie mit denen von anderen Unternehmen bzw. Unternehmensteilen. Als Benchmarks werden die besten vergleichbar gemachten und gemessenen Leistungen betitelt (vgl. Watson, 1993; Bogan/English, 1994). Unter Performance-Measurement versteht man die aus Kennzahlen verschiedenster Dimensionen bestehende Systeme zur Beurteilung von Objekten, Prozesse oder Funktionen in Unternehmen. Im Gegensatz zu den monetären Kennzahlensystemen sollen zur Beurteilung nicht nur monetäre Größen sondern direkt Aktivitäten herangezogen werden, die die Leistungsergebnisse determinieren (vgl. Gleich, 1997). Ein bekanntes Konzept des Performance Measurement ist die Balanced Scorecard, bei der Leistungsindikatoren aus verschiedenen Kategorien definiert und möglichst gleichgewichtig nebeneinander gestellt werden. Wie bei vielen Performance-Measurement-Konzepten wird es auch auf eine Aggregation unterschiedlicher Kennzahlen zu einer Spitzenkennzahl verzichtet (vgl. Kaplan/Norton, 1992).

Entscheidungseinheiten. Der Begriff der Effizienz ist insofern *relativ*, als sie nur für den gewählten Vergleichmaßstab gilt. Für Entscheidungsträger stellt sich die Frage, ob eine hinreichende *Vergleichbarkeit* gegeben ist. Gerade für Effizienzanalysen zwischen unterschiedlichen Entscheidungseinheiten kann diese aufgrund der *unternehmensspezifischen* Verfügbarkeit und Verwendung von Ressourcen/Kompetenzen angezweifelt werden[9]. Aus wirtschaftswissenschaftlicher Sicht sind die Darstellung und Analyse von Produktions-/Leistungserstellungsprozessen bzw. der Beziehungen zwischen Faktoreinsatz (Input) und Ausbringung (Output) Gegenstand der produktionstheoretischen Ansätze, von denen sich die *Aktivitätsanalyse* als Rahmen für die Effizienzmessung geeignet erscheint. Zum einen ist es, das die Aktivitätsanalyse im Gegensatz zum traditionellen Produktionsfunktionskonzept nicht davon ausgeht, dass eine Spezifikation der Beziehung zwischen Inputs und Outputs sowie die grundlegenden Eigenschaften der zugrunde liegenden Produktionstechnologie bekannt sind. Zum anderen es ist, dass dieses *mengenbasierte* Analyseverfahren die Unterscheidung zwischen effizienten und ineffizienten Leistungserstellungstechnologien unternimmt, während Produktionsfunktionskonzept von vorn herein nur einer homogenen effizienten Technologie unterstellt[10]. Entscheidend für vergleichbare Effizienzindices sind die Technologien von zu untersuchenden Entscheidungseinheiten bzw. die damit verbundenen ökonomischen Eigenschaften[11].

1.1. Randfunktion und Effizienzmessungskonzepte

In der mikroökonomischen Theorie gibt die *Produktionsfunktion* die technisch und organisatorisch effiziente Transformation von Einsatzfaktoren in Produkte/Leistungen wieder. Sie beschreibt den maximal möglichen Output bei gegebenem Input bzw. den minimal möglichen Input zur Erreichung eines bestimmten Outputbündels. Auf dieser Grundlage können Effizienzbewertungen vorgenommen werden. Die Ermittlung der Produktions-funktionen erweist sich in der Empirie jedoch als schwierig, da diese nicht explizit gegeben sind.

Zur Bestimmung der Effizienz einer in die Untersuchung einbezogenen Unternehmung muss dann zwar die Technologie ihres Leistungserstellungsprozesses spezifiziert werden, die entweder durch eine explizit formulierte *Transformationsfunktion* oder mittels der *Technologiemenge* (im Sinne der Aktivitätsanalyse) erfolgen kann. Während Erstere eine konkrete Spezifizierung eines bestimmten Produktionsfunktionstyps erfordert, erfolgt bei Letzterem eine

---

[9] Vgl. beispielsweise Dyckhoff/Ahn, 1999.

[10] Für einen Überblick zur Aktivitätsanalyse vgl. z.B. Kistner, 1993. Siehe auch Koopmans, 1951; Farrel, 1957; Debreu, 1959; Wittmann, 1968.

[11] Es handelt sich um diejenigen Annahmen bezüglich der Skalenerträge (konstant, zunehmend oder abnehmend), der Kombinierbarkeit von angewendeten Technologien der Entscheidungseinheiten (additive, linear oder konvex), der Verschwendbarkeit von Inputs/Outputs sowie bezüglich der Kombinationen von den oben genannten Annahmen (siehe Dyckhoff/Allen, 1999; Scheel, 2000).

281

Gegenüberstellung aller technisch und organisatorisch realisierbaren Kombinationen von Inputs und Outputs[12]. Die effizienten Input-Output-Kombinationen stellen eine Teilmenge der Technologiemenge dar und werden in der grafischen Analyse durch eine *Frontier*- bzw. *Randfunktion* beschrieben, die als Referenzmaßstab für die Bestimmung der Effizienz dienen soll. Die Frontierfunktion stellt den geometrischen Ort dar, auf dem sich diejenigen Datenpunkte (Entscheidungseinheiten) befinden, die innerhalb der Beobachtungsmenge die relativ beste Performance aufweisen. Je nachdem, ob die Randfunktion in Form einer Kosten-, Umsatz- oder Gewinnfunktion formuliert wird, kann man zwischen Kosten-, Umsatz- oder Gewinneffizienz unterscheiden. Welches Effizienzkonzept verwendet wird, muss letztlich im Zusammenhang mit der jeweiligen Fragestellung beantwortet werden[13]. In folgendem soll sich die Arbeit auf die *Kosteneffizienz* konzentrieren, die sich aus einem Vergleich der tatsächlichen Kostensituation eines Unternehmens mit den geringsten möglichen Kosten der Einsatzfaktoren zur Bereitstellung eines gegebenen Outputvektors bestimmen.

Die mengenmäßige Darstellung der Technologie bietet die Vorteile, dass zum einen auf eine Spezifizierung der Produktionsfunktion verzichtet werden kann und zum anderen keine Verhaltensannahme der Unternehmung – u.a.: Gewinnmaximierung oder Kostenminimierung – notwendig ist[14]. Die in diesem Kapitel verwendete DEA-Methodik wird als ein nichtparametrisches Verfahren klassifiziert, weil es auf dem theoretischen Gerüst der Technologiemengen und damit auf dem Verzicht der ex ante Spezifizierung von Produktions-funktionen basiert.

Jede Entscheidungseinheit, deren Technologie zu einer bestimmten Technologiemenge bzw. Menge der Produktionsmöglichkeiten (Production Possibility Set) gehört, verbraucht m verschiedene Einsatzfaktoren, um die n verschiedenen Outputs herzustellen. Die Technologiemenge T_{PPS} wird definiert als die Menge aller möglichen Kombinationen von Input- und Outputvektoren.

$$T_{PPS} = \{(x,y) : x \in \Re_+^m, y \in \Re_+^n, y \text{ kann von } x \text{ produziert werden}\}^{15} \qquad (1.1)$$

Die Darstellung der Technologiemenge T_{PPS} lässt sich auch in Form von Input-bzw. Outputmenge formulieren. Während Erstere die Substitutions-möglichkeiten von verschiedenen Inputkombinationen zu einer gegebenen Outputkombination angibt, werden durch Letztere die unterschiedlichen Outputkombinationen zu einer gegebenen Inputkombination dargestellt[16]. Die

---

[12] Vgl. Chambers, 1988, S. 6.

[13] Vgl. Berger/Mester, 1997; Berger et al., 1999.

[14] Vgl. Coelli et al., 1995, S. 62.

[15] $\Re_{+(+)}^m$ stellt einen m-dimensionalen Euclidean-Raum – Menge mit m-Tupeln von nicht negativen (positiven) realen Werten – dar.

[16] Vgl. Färe et al., 1994, S. 7. Zur ausführlichen Formulierung der Axiomen für die Technologiemengen sei verwiesen auf Färe, 1988, S. 8ff.; Wutz, 2002, S. 9ff.

282

Inputmenge L(y) geht von einer gegebenen Outputkombination $y \in \Re_+^n$ aus und gibt alle Input-Kombinationen an, mit deren Hilfe der gewünschte Outputvektor hergestellt werden kann.

$$L(y) = \{x : (x, y) \in T_{PPS}\}, L(y) \subseteq \Re_+^m \qquad (1.2)$$

Eine äquivalente Darstellung der Produktionstechnologie kann über die Outputmenge P(x) erfolgen, die von einer gegebenen Inputkombination $x \in \Re_+^m$ ausgeht.

$$P(x) = \{y : (x, y) \in T_{PPS}\}, P(x) \subseteq \Re_+^n \qquad (1.3)$$

Ein Element (x,y) der Technologiemenge T_{PPS} stellt einen möglichen, aber nicht notwendiger-weise effizienten Leistungserstellungsprozess dar. In der Literatur wird die Effizienzmessung von zwei folgenden Konzepten ausgegangen:

(1) *Isoquantenkonzept*: Eine DMU mit der Technologie $T = \{x, y\} \in \Re_+^{m+n}$ wird dann als (*radial*) effizient eingestuft, wenn sich durch eine θ-proportionale Reduktion aller Inputs kein neuer Outputvektor y* < y ergibt, der gegenüber der Ausgangssituation für mindestens einen Output über ein geringeres Niveau verfügt. Der neue Inputvektor θx würde damit kein Element der ursprünglichen Inputmenge L(y) sein. Die Randfunktion stellt eine effiziente Menge dar und wird nach M.J. Farrel als Isoquante *IsoqL(y)* definiert[17].

$$IsoqL(y) = \{x : x \in L(y), \theta x \notin L(y), \forall\, 0 < \theta < 1\} \qquad (1.4)$$

(2) *Konzept der effizienten Inputmenge*: Bei diesem Konzept geht es nicht von einer proportionalen Reduktion der Inputfaktoren aus, sondern betrachtet eine Reduktion in den einzelnen Inputfaktoren. Ein Unternehmen mit der Technologie *T(x,y)* ist dann (*nichtradial*) effizient, wenn bereits eine Reduzierung eines einzelnen Inputfaktors zu einer Senkung des Outputniveaus führt. Dies entspricht dem von T.C. Koopmans vorgeschlagenen Effizienzbegriff (Pareto-Koopmanns-Effizienz), der einen Input-Output-Vektor dann als effizient einstuft, wenn die Erhöhung eines Outputs nur durch die gleichzeitige Senkung eines anderen Outputs oder Erhöhung eines Inputfaktors möglich ist[18].

$$EffL(y) = \{x : x \in L(y), x' \leq x \Rightarrow x' \notin L(y)\} \qquad (1.5)$$

Ein Vergleich der beiden Effizienzkonzepte zeigt, dass die effiziente Inputmenge *EffL(y)* eine Teilmenge der *IsoqL(y)* ist[19].

$$EffL(y) \subseteq IsoqL(y), \forall y \in \Re_+^n \qquad (1.6)$$

In der Literatur existiert eine Vielzahl von unterschiedlichen *Effizienzmaßen*, bei denen jeweils die Randfunktionen für die Effizienzermittlung als Referenzgröße dienen. Sie unterscheiden sich darin, welcher Abstand zwischen der Rand-funktion und der zu bewertenden Entscheidungseinheit als Maß verwendet

---

[17] Siehe Farrel, 1957. Vgl. auch Färe, 1988.
[18] Siehe Koopmans, 1951. Vgl. auch Lovell, 1993, S. 10; Westermann, 1996, S. 97.
[19] Vgl. Wutz, 2002, S. 14.

wird[20]. Es wird zwischen radialen und nicht-radialen Effizienzmaßen sowie zwischen parametrischen und nichtparametrischen Indices unterschieden. Die Ermittlung der Effizienzmaße wird mit Hilfe einer so genannten *Abstanzfunktion* (Distance Function) erfolgt, durch die für jedes Element der Technologie-menge T_{PPS} die Entfernung zur Randfunktion bestimmt wird. Abstandfunktionen erlauben die Abbildung einer Leistungserstellungstechnologie ohne dabei Annahmen bezüglich des Produzentenverhaltens (Kostenminimierung bzw. Gewinn- order Ertragsmaximierung) treffen zu müssen[21]. Nach R.W. Sherphard wird die (Input-) Abstandfunktion $D(x,y)$ ermittelt, die einen Wert für die Entfernung des Inputvektors zur Isoquante $IsoqL(y)$ angibt[22].

$$D(x,y) = \max\{\lambda : (x/\lambda) \in L(y)\} \qquad (2.1)$$

Der Kehrwert von $D(x,y)$ stellt das von G. Debreu und M.J. Farrel vorgestellte Maß für die Effizienz eines Unternehmens $E(x,y)$ dar[23].

$$E(x,y) = 1/D(x,y) = \min\{\lambda : \lambda x \in L(y)\} \qquad (2.2)$$

$E(x,y)$ nimmt dabei Werte zwischen 0 und 1 an. Je geringerer bzw. größerer der Wert von $D(x,y)$ bzw. $E(x,y)$ ist, desto effizienter ist die Technologie des jeweiligen Unternehmens. Für einen Wert von $D(x,y) = E(x,y) = 1$ liegt die jeweilige DMU auf der Randfunktion und wird als effizient eingestuft[24].

Zu den meist verwendeten Verfahren der Effizienzmessung anhand der Randfunktion gehören zum einen die *stochastisch ökonometrischen* Methoden – u.a.: der Stochastic Frontier Approach (SFA), der Thick Frontier Approach (TFA) und der Distribution-Free Approach (DFA) – und zum anderen die *nichtparametrischen* – u.a.: die Data Envelopment Analysis (DEA) und die Free Disposable Hull Analysis (FDH)[25]. Während sich ökonometrische Verfahren an *Durchschnitts*werten orientieren, die als stochastische Schätzwerte in vorher festgelegte Produktionsfunktion eingehen, resultiert ein Vorteil nicht-parametrischer Verfahren aus ihrer Programmformulierung, die einen *individuellen* Optimierungsverlauf für jede einzelne DMU in der Beobachtungs-

---

[20] Vgl. Scheel, 2000, S. 89f.

[21] Vgl. Färe/Primont, 1995, insbesondere Kapitel 2.

[22] Siehe Sherphard, 1953.

[23] Siehe Debreu, 1951; Farrel, 1957.

[24] Vgl. Färe/Primont, 1995, S. 29. Die Definition deckt nur einen teil eines breiteren Effizienzkonzepts ab, weil nicht nur eine Abweichung von der Randfunktion zu einer ineffizienten Technologie des Leistungserstellungsprozesses führen kann.

[25] Vgl. Berger et al., 1993; Berger/Mester, 1997. Zur ausführlichen Diskussion verschiedener Effizienzmessungsverfahren sei auf Mester, 1994 und Scheel, 2000 verwiesen. Zu den stochastisch ökonometrischen Methoden siehe Bauer, 1990 und Greene, 1993. Eine umfassende Übersicht über 130 Fallstudien im Bereich der Banken und Versicherungen aus 21 Ländern finden sich in Berger/Humphrey, 1997.

menge vorsieht, womit eine mögliche Fehlerquelle bereits im Vorfeld einer Analyse ausgeschlossen wird[26].

1.2. Data Envelopment Analysis

Für die Bestimmung von Effizienzwerten wird mit der *Data Envelopment Anlalysis* (DEA) ein nichtparametrisches, mathematisches Verfahren angewendet, das die gesamte technische Effizienz, die (reine) technische (X-) Effizienz und die Skaleneffizienz eines Unternehmens DMU_k ermittelt. Dieses Schätzverfahren basiert auf der Aktivitätsanalyse mithilfe der Technologiemengen und auf dem Verzicht der ex ante-Spezifizierung von Produktionsfunktionen. Dieses Verfahren transformiert mehrdimensionale (komplexe) Input- und Outputgrößen in eine einzige übersichtliche Maßzahl und informiert so in komprimierter Form über ökonomische Sachverhalte.

Die *(reine) technische Effizienz* stellt – im Hinblick auf die Inputorientierung – die Fähigkeit einer Unternehmung dar, zu einem gegebenen Outputbündel die für den Leistungserstellungs-prozess kostenminimale Kombination von Inputs herauszufinden und einzusetzen. Die *Skaleneffizienz* (Returns to Scale) stellt eine technisch optimale Betriebsgröße für bestimmte Kombinationen von In- und Outputs dar. Eine Unternehmung ist skalenineffizient, wenn durch eine Veränderung deren Betriebsgröße eine Kosteneinsparung realisiert werden kann. Bei zunehmenden (abnehmenden) Skalenerträgen führt eine Ausweitung (Reduktion) der Outputmengen zu sinkenden Durchschnittskosten[27].

Der Ausgangspunkt der DEA bildet eine Produktivitätskennzahl, die sich aus dem Verhältnis von Outputs zu Inputs einer wertschöpfenden Entscheidungseinheit bilden lässt[28]:

$$Produktivitätskennzahl = \frac{gewichtete\ Summe\ der\ Outputs}{gewichtete\ Summe\ der\ Inputs} \qquad (3.0)$$

In diesem Sinne ist eine (Unternehmungs-)Technologie effizient, wenn sie den höchsten Produktivitätswert in der Gesamtheit der Entscheidungseinheiten aufweist. Für alle ineffizienten Einheiten drückt die Produktivitätskennzahl ein Ineffizienzmaß aus. Die DEA-Methode erweitert die traditionellen Produktivitätsbetrachtungen zu multiplen Output- bzw. multiplen Input-Analysen. Sie generiert die Effizienzbewertungen, ohne dafür a priori Annahmen über Aggregationsgewichtungen oder Spezifikationen von funktionalen Zusammenhängen zwischen den multiplen Input- und

---

[26] Vgl. Grosskopf, 1986, S. 499. Zur vergleichenden Diskussion der relativen Vor- und Nachteile stochastischer und nichtparametrischer Verfahren siehe Seiford/Thrall, 1990.

[27] Ein anderes Konzept zur Ermittlung der Skaleneffizienz bezieht sich auf die *Economies of Scales*, die eine Minimalkostenkombination in Abhängigkeit von herrschenden Marktpreisen bestimmen (vgl. Banker, 1984, S. 35f.).

[28] Vgl. Coelli et al., 1995; Cantner/Hanusch, 1998.

Outputfaktoren zu benötigen[29]. Die *Randfunktion* wird dabei mit Hilfe der linearen Optimierung unter Nebenbedingungen durch einen *stückweise linearen Verlauf* angenähert. Die Optimierungsprobleme sind so formuliert, dass sie mit dem Simplex-Algorithmus einfach gelöst werden können. Die stückweise Linearität der Randfunktion ist dabei wenig restriktiv. Es wird dabei keine spezifische Produktionsfunktionsform zu Grunde gelegt, sondern die sich bildende Randfunktion wird als *empirische realisierbare* Referenztechnologien interpretiert[30].

Für die Generierung der empirischen Technologiemenge (Set of Empirical Production Possibilities) wird von einer Beobachtungsmenge mit p diversen Entscheidungseinheiten ausgegangen $S_{DMU} = \{DMU_1,...,DMU_p\}$. Für eine Entscheidungseinheit DMU_k, deren Leistungserstellungstechnologie sich durch einen m-dimensionalen Inputvektor x_k und einen n-dimensionalen Outputvektor y_k abbilden lässt ($T_k = \{x_k, y_k\} \in \Re_{++}^{m+n}$), ergibt sich das *radiale* DEA-Effizienzmaß wie folgt:

$$\underset{\Phi_k, \alpha_{ki}, \delta_{kj}}{Max} \ \Phi_k = \frac{\sum_{j=1}^{n} \delta_{kj} y_{kj}}{\sum_{i=1}^{m} \alpha_{ki} x_{ki}} \qquad \alpha_{ki} > 0, \delta_{kj} > 0, \forall \ i = 1,...,m; \ j = 1,...,n \qquad \text{(3.1), oder}$$

$$\underset{\Phi_k, \alpha_k, \delta_k}{Max} \ \Phi_k = \frac{\delta_k y_k}{\alpha_k x_k}$$

$$x_k = \{x_{k1},...,x_{km}\} \in \Re_{++}^{m}, \ y_k = \{y_{k1},...,y_{kn}\} \in \Re_{++}^{n} \qquad \text{(3.2.)}$$

$$\alpha_k = \{\alpha_{k1},...,\alpha_{km}\}^T \in \Re_{++}^{m}, \ \delta_k = \{\delta_{k1},...,\delta_{kn}\}^T \in \Re_{++}^{n}$$

Die Vektoren α_k und δ_k stellen die Gewichtungsvariablen der DMU_k dar, die die eingesetzten Inputs bzw. die produzierten Outputs bei der Errechnung des radialen Effizienzmaßes tragen. Für solche Inputs bzw. Outputs, die auf dem Markt gehandelt sind, können ihre Marktpreise als Gewichtungsfaktoren herangezogen werden. Bei der Nicht-Verfügbarkeit von (Markt-) Preisen aufgrund der Nicht-Handelbarkeit bestimmter Leistungen/Einsatzfaktoren, der Nicht-Ermittelbarkeit infolge der *Marktunvollkommenheit* oder der mangelnden Datenerfassung muss eine andere Lösung gefunden werden. Die Verwendung eines (einheitlichen) exogen festgelegten Gewichtungsbündel $G_k = \{\alpha_k, \delta_k\} \in \Re_{++}^{m+n}$ ist aus den methodologischen Gründen strikt abzulehnen, wenn die zu bewertenden Unternehmungen über *unterschiedliche* Produktionstechnologien verfügen. Die Annahme der *technologischen Heterogenität* soll hier gewährleistet werden[31]. Anstatt Gewichtungsfaktoren für jede Unternehmung a

---

[29] Vgl. Charner et al., 1985.
[30] Vgl. Grosskopf, 1986, S. 499.
[31] Vgl. auch Westermann, 1996, S. 80.

priori festzulegen, sollten sie so ermittelt werden, dass das Effizienzniveau bei den eingesetzten Inputs und produzierten Outputs maximiert wird. Für günstige Parameterausprägungen, d.h. für hohe Output- bzw. niedrige Inputniveaus, werden ex post relativ hohe Gewichtungsfaktoren ermittelt. Allerdings unterliegt die Wahl des Gewichtungsbündels der Nebenbedingung, dass keine andere Entscheidungseinheit mit dem für die untersuchte DMU_k bei optimalem Gewichtungsbündel das Effizienzmaß größer als Eins sein darf. Dies normiert das Effizienzmaß auf ein gewähltes Maximum von Eins. Die Gewichtungsfaktoren müssen positive Werte aufweisen, um sicherzustellen, dass alle Inputfaktoren im Leistungserstellungsprozess eingesetzt und alle Outputs hergestellt werden. Sie werden *nicht a priori* vorgegeben, sondern so individuell ermittelt, dass die Bewertung von Φ_k nicht durch andere Gewichtungsbündel zu verbessern ist. Für eine *ex post* Input- und Outputkombination $T_k\{x_k, y_k\}$ stellt der DEA-Effizienzwert eine Obergrenze des tatsächlich erreichbaren Effizienzniveaus der jeweiligen Unternehmung dar.

$$\text{NB:} \quad \frac{\sum_{j=1}^{n} \delta_{kj} y_{lj}}{\sum_{i=1}^{m} \alpha_{ki} x_{li}} \leq 1 \quad \forall\, l = 1,...,p \qquad \text{(3.3), oder}$$

$$\frac{\delta_k y_l}{\alpha_k x_l} \leq 1 \quad \forall\, l = 1,...p,\, x_l = \{x_{l1},...,x_{lm}\} \in \mathfrak{R}_{++}^m,\, y_l = \{y_{l1},...,y_{ln}\} \in \mathfrak{R}_{++}^n \qquad \text{(3.4)}$$

Für einen Wert $\Phi_k^* = 1$ wird die DMU_k als effizient eingestuft, weil keine andere $DMU_{l,l \neq k}$ unter Verwendung des optimalen Gewichtungsbündels $G_k^* = \{\alpha_k^*, \delta_k^*\}$ ein höheres Effizienz-niveau erzielen kann. Bei einem kleineren Wert als 1 existiert mindestens eine *Linearkombination* aus einer $DMU_{l,l \neq k}$ oder mehreren DMUs, die unter Verwendung des optimalen Gewichtungsbündels $G_k^* = \{\alpha_k^*, \delta_k^*\}$ ein höheres Effizienzniveau erreichen kann.

Die Data Envelopment Analysis zeichnet sich insbesondere dadurch aus, dass die zu ermittelnden Gewichtungsfaktoren ex post und objektiv ermittelt werden, d.h. jede einzelne Unternehmung unter Zugrundelegung der empirisch verfügbaren Daten von Inputs und Outputs auf die bestmögliche Weise beurteilt wird. Es wird dabei die Höhe der Effizienzmaße *ohne a priori-Annahmen* in Bezug auf die Spezifikation der Produktionstechnologien sowie auf die Präferenzen und Verhalten der Entscheidungsträger ermittelt. Die Festlegung der Gewichtungsfaktoren für unterschiedliche Leistungserstellungstechnologien und damit die Aussagen bezüglich der Effizienz einzelner Entscheidungs-einheiten können objektiv erfolgen, im Gegensatz zu einem meist von organisationsexternen Interessen geleiteten Abstimmungsprozess. Der essentiale Charakter des radialen DEA-Verfahrens besteht in der Reduktion des multiplen Input-/Outputfalles zu einer *virtuellen* Ein-Output/Ein-Input-Situation mittels eines optimalen Gewichtungsbündels. Das DEA-Effizienzmaß stellt die Quote aus diesem virtuellen Ein-Output und virtuellem Ein-Input dar. Die *Frontier-/ Randfunktion* lässt sich dabei aus den besten in der Stichprobe vertretenen Unternehmen "Best Practices" abbilden, die einen DEA-Effizientwert von Eins aufweisen. Ziel ist eine realistische Leistungs-bewertung, d.h. eine Bewertung anhand möglichst ähnlicher Objekte und nicht das Aufdecken extremer Leistungsunterschiede durch den Vergleich untereinander gar nicht vergleichbarer Objekte.

1.2.1. Das CCR-Modell von Charnes, Cooper und Rhodes

Weil das oben dargestellte Ungleichungssystem ein *nicht-lineares* Maximierungsproblem in Form einer Quotenformulierung darstellt, existiert neben dem optimalen Gewichtungsbündel $G_k^* = \{\alpha_k^*, \delta_k^*\}$ noch eine unendliche Menge von Lösungen.

$$\Gamma_k^M = \{G_k : G_k = \{\varepsilon\alpha_k^*, \varepsilon\delta_k^*\}, \forall \varepsilon > 0\} \tag{3.5}$$

Eine *repräsentative* Lösung lässt sich anhand der von A. Charnes und W.W. Cooper vorgestellten Transformation in ein lineares Ungleichungssystem finden, wobei die zu den Inputs gehörten Gewichtungsfaktoren die folgende Nebenbedingung zu erfüllen ist[32]:

$$\sum_{i=1}^{m} v_{ki} x_{ki} = v_k x_k = 1. \tag{3.6}$$

Das *CCR-Maximierungsproblem* lautet dann[33]:

$$\begin{aligned}
&\underset{\Phi_k, \mu_k, v_k}{Max} \ \Phi_k = \mu_k y_k, \\
&\mu_k y_l - v_k x_l \le 0 \quad \forall \, l = 1, ..., p, \\
&v_k x_k = 1, \\
&v_k \in \mathfrak{R}_{++}^m, \mu_k \in \mathfrak{R}_{++}^n
\end{aligned} \tag{3.7}$$

Das Modell (3.7) maximiert die Höhe des virtuellen Outputniveaus, während die gewichtete Summe der Einsatzfaktoren durch die Nebenbedingung auf 1 normiert wird. Dieses wird als *inputorientiertes* CCR-Modell oder als "*Multiplier Problem*" bezeichnet und besitzt wie jedes lineare Programmierungsproblem ein entsprechendes "*Dual Problem*" in Form eines Minimierungsansatzes[34].

---

[32] Siehe Charnes/Cooper, 1962.

[33] Dieses DEA-Standard-Modell wird zum ersten Mal von Charnes, Cooper und Rhodes im Jahre 1978 vorgestellt und deshalb auch als CCR-Modell in der Literatur genannt.

[34] Vgl. Seiford/Thrall, 1990, S. 11ff. Aufgrund der Dualität liefern das primale und duale Problem identische Lösungen. Aufgrund der geringeren Anzahl von Nebenbedingungen – (p+1) bei Ersterem und (m+n) bei Letzterem – weist im allgemeinen (p >> m+n) das duale Minimierungsproblem einen deutlich geringeren Rechenaufwand auf und wird dem Maximierungsprogramm im allgemeinen vorgezogen (vgl. Coelli et al., 1995, S. 141).

$$\underset{\theta_k.\lambda_k}{Min\,\theta_k},$$

$$Y^T \lambda_k \geq y_k,$$

$$\theta_k x_k - X^T \lambda_k \geq 0, \qquad\qquad (3.8)$$

$$\lambda_k = \{\lambda_{1k},...,\lambda_{pk}\} \in \Re_+^p$$

Der Effizienzwert einer Entscheidungseinheit DMU_k wird durch den zu lösenden optimalen Skalar θ_k^* ermittelt. Dieses radiale CCR-Maß gibt den Anteil der Inputs $\theta_k^* x_k$ an, der bei der Verwendung einer effizienten Technologie notwendig wäre, um gerade y_k zu produzieren. Im Einklang mit dem Isoquantenkonzept wird es durch den radialen DEA-Effizienzwert angegeben, auf wie viel Prozent des Ausgangsniveaus alle Inputfaktoren *proportional* reduziert werden können, ohne gleichzeitig eine Reduktion der Outputmengen hinnehmen zu müssen. Der anhand von (3.8) ermittelte CCR-Index entspricht damit dem in (2.2) vorgestellten Effizienzmaß von Debreu und Farrell und führt durch eine (proportionale) Verringerung der Inputfaktoren zu einer Projektion der Technologie der DMU_k auf die *stückweise lineare Randfunktion* $(\{x_{k1},...,x_{km}\} \xrightarrow{\text{pCCR}} \{\theta_k^{CCR} x_{k1},...,\theta_k^{CCR} x_{km}\})$. Das hier zugrunde gelegte radiale Effizienzmaß ermittelt bei einem bestimmten Outputlevel das Verhältnis zwischen den Inputs der Best Practices (Referenztechnologie) und den tatsächlichen Inputs der betrachteten Unternehmung. Der Vektor der Faktoren, mit denen die effizienten Entscheidungseinheiten (Efficient Peers) in die Berechnung der Referenz-Technologien (Frontier) eingehen, wird mit λ_k bezeichnet. Ein hoher Elementwert λ_{lk} sagt aus, dass die entsprechende Entscheidungseinheit DMU_l eine große Bedeutung für die Referenztechnologie hat.

Durch die Nebenbedingungen ist θ_k^* auf das Intervall von Null bis Eins beschränkt, wobei effiziente Entscheidungseinheiten den Effizienzwert von Eins aufweisen und auf der Randfunktion liegen, da eine Verringerung der Inputfaktoren ohne Reduktion von Outputs herbeizuführen nicht möglich ist. Der Wert von θ_k^* wird beim Vergleich von der DMU_k mit einem aus dem Gewichtungsvektor λ_k^* gebildeten virtuellen Vergleicheinheit bestimmt, wobei die zu bewertende DMU_k mehr produziert als die Vergleicheinheit und gleichzeitig deren Inputs mindestens so groß sind wie die gewichtete Summe ihrer Inputs. Für eine effiziente DMU_k besitzt das k-te Element des Gewichtungsvektors den Wert 1 ($\lambda_{kk}^* = 1$), während andere Elemente einen Null-Wert annehmen ($\lambda_{lk,l\neq k}^* = 0$). Für eine ineffiziente Unternehmung sind jene Elemente des Gewichtungsvektors positiv, die eine Referenzeinheit bei der Ermittlung des CCR-Maßes repräsentieren. Handelt es sich mehr als ein Element der Randfunktion, erfolgt die Bewertung anhand eines mit den Gewichtungsfaktoren gebildeten Durchschnittswertes. Ineffiziente DMUs besitzen kleinere Effizienzwerte als Eins. Entscheidungseinheiten auf den Endstücken der Randfunktion werden in der Literatur als *schwach effizient* "Weak Efficient" bezeichnet, weil sie hinsichtlich des Isoquantenkonzepts eine effiziente Lösung darstellt und zu der Randfunktion $IsoqL(y)$ gehört, während sie im Sinne des Konzepts der effizienten (Input-)Menge nicht mehr Elemente der Randfunktion $EffL(y)$ sind. Alle übrigen Entscheidungseinheiten der Randfunktion, die als Linear-kombination von anderen Entscheidungseinheiten dargestellt werden können, werden als *streng effizient* "Strong Efficient" eingestufft, weil sie den Verlauf der Randfunktion unmittelbar beeinflussen[35].

Weil vorhandene Informationen über das technische und organisatorische Wissen in Regel nicht ausreichend sind, um daraus eine exakte Beschreibung aller möglichen Input-Output-Transformationen abzuleiten, ist man für die praktische Durchführung von Effizienzmessung auf *Approximation* einer wahren aber *unbekannten* Technologiemenge angewiesen[36]. Die Approximation beruht üblicherweise zum einen auf den beobachteten Input-Output-Daten der Entscheidungseinheiten und zum anderen auf den Annahmen über strukturelle Eigenschaften der Technologiemenge. Bei dem CCR-Modell handelt es sich um die Annahmen über konstante Skalenerträge, konvexe Kombinierbarkeit und freie Verschwendbarkeit[37]. Die Zielfunktion entspricht dem Komplement eines *inputorientierten radialen* Effizienzmaßes[38].

1.2.2. Bestimmung der technischen Effizienz und Skaleneffizienz

Für das bisher vorgestellte CCR-Modell wurden Technologien mit konstanten Skalenerträgen unterstellt, das die gesamte Ineffizienz eines Leistungs-erstellungsprozess durch die Verschwendung von Einsatzfaktoren zuschreibt, indem zu einem gegebenen Outputvektor zuviel Einsatzfaktoren eingesetzt werden[39]. Besitzt eine Unternehmung nicht die optimale Betriebsgröße, so kann der momentane Outputbündel auch mit geringeren Inputkosten hergestellt werden. Ist die Technologie nicht durch konstante sondern z.B. durch sinkende Skalenerträge gekennzeichnet, so kann die Ermittlung der technischen Effizienz unter Verwendung des CCR-Modells zu einer Vermengung von (reiner) technischer Effizienz und Skaleneffizienz führen[40]. Die Erweiterung des oben dargestellten DEA-Standardmodells mit variablen Skalenerträgen wurde zuerst von Banker, Charnes und Cooper im Jahre 1984 unternommen, in dem eine Nebenbedingung in Bezug auf den Gewichtungsvektor in (3.8) hinzugefügt wurde. Das von ihnen vorgestellte BBC-Modell lautet dann:

---

[35] Siehe insbesondere Charnes et al., 1991.

[36] Rajiv Banker hat nachgewiesen, dass unter bestimmten Bedingungen die DEA-Randfunktion ein Maximum-Likelihood-Schätzer für die unbekannt wahre Funktion ist (vgl. Banker, 1993).

[37] Vgl. Shephard, 1953; Färe et al., 1994.

[38] Vgl. Scheel, 2000, S. 92ff.

[39] Vgl. z.B. Löthgren/Tambour, 1996, S. 3ff. Zur Analyse der Skaleneffizienz siehe auch Foersund, 1996; Fukuyama, 2000.

[40] Vgl. Banker et al., 1984, S. 1801.

$$\underset{\theta_k, \lambda_k}{Min}\,\theta_k,$$

$$Y^T \lambda_k \geq y_k,$$

$$\theta_k x_k - X^T \lambda_k \geq 0, \qquad\qquad\qquad (3.9)$$

$$e^T \lambda_k = 1,$$

$$\lambda_k = \{\lambda_{1k},...,\lambda_{pk}\} \in \mathfrak{R}_+^p$$

Durch die Nebenbedingung $\lambda_k e^T = 1$ wird die Technologie mit konstanten Skalenerträgen in eine mit variablen Skalenerträgen überführt. Um die Skaleneffizienz zu bestimmen, wird für jede Entscheidungseinheit DMU_k die Effizienz sowohl für den Fall der Technologie mit konstanten als auch mit variablen Skalenerträgen ermittelt. Bei voneinander abweichenden Effizienzwerten, verfügt das untersuchte Unternehmen nicht über die optimale Betriebsgröße. Die Höhe der Skalenineffizienz lässt sich aus dem Quotienten aus der technischen Effizienz unter konstanten Skalenerträgen θ_k^{CCR} und die unter variablen Skalenerträgen θ_k^{BBC} bilden.

$$SE_k = \frac{\theta_k^{CCR}}{\theta_k^{BBC}} \qquad\qquad\qquad (3.10)$$

Weist die zu bewertende Entscheidungseinheit DMU_k eine optimale Betriebsgröße auf und produziert damit unter konstanten Skalenerträgen ($\theta_k^{BBC} = \theta_k^{CCR}$), so muss $SE_k = 1$ sein. Mit zunehmender Abweichung von der optimalen Betriebsgröße sinkt der Skaleneffizienzwert. Bei $SE_k < 1$ kann die auftretende Skalenineffizienz als Folge sowohl einer zu großen als auch einer zu kleinen Betriebsgröße sein. Für die Unterscheidung dieser beiden Fälle ist ein weiteres lineares Optimierungsproblem mit nicht steigenden Skalenerträgen zu lösen.

$$\underset{\theta_k, \lambda_k}{Min}\,\theta_k,$$

$$Y^T \lambda_k \geq y_k,$$

$$\theta_k x_k - X^T \lambda_k \geq 0, \qquad\qquad\qquad (3.11)$$

$$e^T \lambda_k \leq 1,$$

$$\lambda_k = \{\lambda_{1k},...,\lambda_{pk}\} \in \mathfrak{R}_+^p$$

Liefern die Optimierungsprobleme (3.9) und (3.11) unterschiedliche Effizientwerte ($\theta_k^{BBC} \neq \theta_k^{NIRS}$), wird es durch die beiden Modelle an verschiedenen Randfunktionen bewertet und signalisiert damit steigende Skalenerträge. Bei übereinstimmenden Werten ($\theta_k^{BBC} = \theta_k^{NIRS}$) verfügt die zu bewertende Unternehmung eine Technologie mit sinkenden Skalenerträgen.

1.2.3. Analyse der Allokation von Einsatzfaktorkosten

In den vorangegangenen Abschnitten wurden die technische Effizienz und die Skaleneffizienz ermittelt, die unabhängig von Preisen bestimmt werden können. Im Falle der Verfügbarkeit von Inputpreisen kann die *allokative Effizienz* gebildet werden, die beschreibt, inwieweit die Zusammensetzung der verwendeten Inputmengen an die gegebenen Marktpreise angepasst ist, so dass die Gesamtkosten minimiert werden. Wenn ein Unternehmen gesamtkosten-ineffizient ist, kann man anhand der technischen und allokativen Effizienz-indices schlussfolgern, ob diese Ineffizienz auf einen übermäßigen Aufwand von Einsatzfaktoren und/oder auf eine falsche Kombination von Einsatzfaktoren zurückzuführen sein kann[41].

Im Falle der Nicht-Verfügbarkeit von *Inputpreisen* ist es jedoch möglich, eine Einsicht in die Allokation von Einsatzfaktoren anhand eines integrierten DEA-Verfahrens zu verschaffen, in dem sowohl radiale als auch nichtradiale Effizienzmessungen angewendet werden[42]. Dabei erfolgt ein Vergleich der radialen und nichtradialen Effizienzwerte, um Rückschlüsse für einzelne Einsatzfaktoren berücksichtigen zu können.

In dem Abschnitt 1.1. wurde auf die Unterscheidung zwischen schwach effizienten und streng effizienten Entscheidungseinheiten hingewiesen. Im Falle der radialen DEA-Effizienz-messung führt es zu einer Unterbewertung (Überbewertung) der Ineffizienz (Effizienz), wenn Unternehmen den DEA-Effizienzwert von Eins aufweisen und auf den Endstücken der Randfunktion liegen. Sie sind schwach effizient im Sinne des effizienten Inputmengekonzepts *EffL(y)*. Die Lage eines Unternehmens auf der Randfunktion stellt damit eine notwendige, jedoch keine hinreichende Bedingung für ein (streng) effizientes Unternehmen, wenn man der Pareto-Koopman-Effizienz unterstellt[43]. Die bisher ermittelten radialen Effizienzmaße können so genannte Schlupfvariablen "Slacks" in bestimmten Inputs innewohnen. (Input-)Slack beschreibt die Tatsache, dass ein bestimmter Input über den Faktor $(1 - \theta_k^*)$ hinaus verringert *oder* erhöht werden muss, damit sein Verbrauch dem der Referenztechnologie entspricht. Dieses Defizit kann überwunden werden, indem das nichtradiale Färe-Lovell-Verfahren angewendet werden[44].

Gegenüber der proportionalen Reduktion *aller* Einsatzfaktoren im Rahmen der radialen DEA-Effizienzmessung ermöglicht diese nichtradiale Methode eine Projektion des Inputvektors auf die Randfunktion, in dem eine Reduktion oder

---

[41] Zur Anwendung des DEA-Verfahrens zur Ermittlung der allokativen und Gesamt-kosteneffizienz siehe Cooper et al. (2000), S. 221ff.; Sengupta, 2000, S. 69.

[42] Siehe Ferrier et al., 1994. Zur Diskussion verschiedener nichtradialer Effizienzmessungs-verfahren im Rahmen der DEA, u.a.: Färe-Lovell-Modell und Additiv-Modell, vgl. auch Scheel/Scholtes, 2003, S. 153ff.

[43] Vgl. Charnes et al, 1985.

[44] Siehe Färe/Lovell, 1978.

Erhöhung *einzelner* Einsatzfaktoren erfolgt ($\{x_{k1},...,x_{km}\} \xrightarrow{P^{NR}} \{\theta_{k1}^{NR} x_{k1},...,\theta_{km}^{NR} x_{km}\}$).
Dies verändert damit den Mix von Einsatz-faktoren und eliminiert daher ihre einzelnen Slacks.

$$
\begin{aligned}
&\underset{\theta_k^{NR}.\lambda_k}{Min} \; \frac{e^T \theta_k^{NR}}{m}, \\
&Y^T \lambda_k \geq y_k, \\
&x_{ki}\theta_{ki}^{NR} - x_k^T \lambda_k \geq 0, \\
&\theta_{ki}^{NR} \leq 1, \quad \forall\, i = 1,...,p \\
&e^T \lambda_k = 1, \\
&\theta_k^{NR} = \{\theta_{k1}^{NR},...,\theta_{km}^{NR}\} \in \mathfrak{R}_{++}^m, \, \lambda_k = \{\lambda_{1k},...,\lambda_{pk}\} \in \mathfrak{R}_+^p
\end{aligned}
\qquad (3.12)
$$

Durch Vergleich des radialen Effizienzmaßes θ_k^{BBC} mit dem nichtradialen Effizienzmaß einzelner Inputs θ_{ki}^{NR} kann die Einsicht verschaffen werden, ob und inwieweit die Möglichkeit des potentiellen Kostensparens für jeden einzelnen i-ten Einsatzfaktor der zu bewertenden Entscheidungseinheit DMU_k besteht. Im Falle $\theta_k^{BBC} > \theta_{ki}^{NR}$ wird es darauf hingewiesen, dass eine übermäßige Ausgabe für den i-ten Einsatzfaktor in dem Sinne stattgefunden hat, dass eine Projektion auf die Randfunktion eine (Kosten-)Reduktion des i-ten Inputs bezüglich des radialen Effizienzmaßes bei der originalen Kombination von Einsatzfaktoren erfolgt. In ähnlicher Weise deutet $\theta_k^{BBC} < \theta_{ki}^{NR}$ auf eine untermäßige Aufwendung hin, während im Falle $\theta_k^{BBC} = \theta_{ki}^{NR}$ die Ausgabe für den jeweiligen Einsatzfaktor optimal war. Anhand des integrierten DEA-Verfahrens kann man lernen, ob ein besonderes Inputniveau in der Zukunft verringert, erhöht oder unverändert einzusetzen sein sollte. Für jede einzelne Unternehmung lassen sich damit *qualitative* Aussagen über seine Allokationssituation in mittelbarer Art und Weise ableiten.

Die nicht-radiale Gesamteffizenz lässt sich durch die Streichung der vierten Nebenbedingung in dem Ungleichungssystem (3.12) berechnen, wobei eine Produktionstechnologie mit konstanten Skalenerträgen unterstellt wird.

$$
\begin{aligned}
&\underset{\theta_k^{NR}.\lambda_k}{Min} \; \frac{e^T \theta_k^{NR}}{m}, \\
&Y^T \lambda_k \geq y_k, \\
&x_{ki}\theta_{ki}^{NR} - x_k^T \lambda_k \geq 0, \\
&\theta_{ki}^{NR} \leq 1, \quad \forall\, i = 1,...,p \\
&\theta_k^{NR} = \{\theta_{k1}^{NR},...,\theta_{km}^{NR}\} \in \mathfrak{R}_{++}^m, \, \lambda_k = \{\lambda_{1k},...,\lambda_{pk}\} \in \mathfrak{R}_+^p
\end{aligned}
\qquad (3.13)
$$

Die nicht-radiale Skaleneffizienz ergibt sich entsprechend der Gleichung (3.10) aus dem Verhältnis zwischen der Gesamteffizienz und der technischen Effizienz.

1.3. Ermittlung von Einflussfaktoren der DEA-Effizienz

1.3.1. Traditionelles "Two Step Approach"

Die Anwendung des DEA-Verfahrens in Kombination mit einer Regressionsanalyse ermöglicht, Einsicht in den Leistungserstellungsprozess einer Unternehmung zu verschaffen und die Antwort zu beantworten, welche Faktoren und inwieweit sie einen signifikanten Einfluss auf die (Kosten-)Effizienz ausüben. Ein typisches Verfahren in der Literatur der Data Envelopment Analysis stellt der traditionelle Zwei-Schritt-Ansatz "Two Step Approach" dar[45].

Um die Beziehung zwischen Einflussfaktoren und Effizienz zu bestimmen, erfolgt im ersten Schritt die Ermittlung der Effizienzmaße. In einem zweiten Schritt wird mit Hilfe einer Regression die Auswirkung bestimmter, theoretisch ableitbarer Faktoren auf die Effizienz untersucht und getestet, wobei die DEA-Effizienz die abhängige Variable und die Einflussfaktoren die unabhängigen Variablen darstellen. Eine Anwendung der konventionellen Kleinst-Quadrat-Regression (OLS) mit den DEA-Werten wird als ungeeignet angesehen, weil die Effizienzmaße bei einem Wert von 1 nicht normal verteilt sind, sondern sich an der oberen Grenze sammeln und damit zu einer *Schräge in der Verteilung* führen kann[46]. Dieses Problem entsteht insbesondere bei kleinen Datensätzen mit einer hohen Anzahl von effizienten Entscheidungseinheiten. Als Alternative zum herkömmlichen OLS-Schätzverfahren kann das Tobit-Modell "Censored Regression Model" dienen, bei der die zu erklärende Variable auf das Intervall von 0 und 1 beschränkt ist[47].

Ein weiteres ernstzunehmendes Problem bei der Anwendung des traditionellen Two Step Approach besteht darin, dass die Basis-Annahme der Unabhängigkeit von der zu erklärenden Variable (DEA-Werte) verletzt wird. Dies ist darauf zurückzuführen, dass es sich bei der DEA um *relative Effizienzindices* handelt[48]. Das Problem der *inhärenten Abhängigkeit* von DEA-Werten kann nach Mei Xue und Patrick Harker jedoch gelöst werden, indem die Bootstrap-Technik in die DEA-Regressions-Analyse integriert wird[49].

---

[45] Vgl. Grosskopf, 1996.

[46] Vgl. Lovell, 1994, S. 330.

[47] Vgl. z.B. Casus/Molyneux, 2000. Zu weiteren Lösungsmöglichkeiten gehören u.a. die logarithmierte Transformation und der Andersen-Petersen-Ansatz. Bei dem Transformationsansatz werden die Effizienzwerte logarithmiert und mit (-1) multipliziert (vgl. Lovell et al., 1994). Durch den Andersen-Petersen-Ansatz kann das Problem der Trunkierung gelöst werden, indem die Obergrenze von DEA-Maßen bei einem Wert von 1 aufgehoben wird (vgl. Andersen/Petersen, 1993).

[48] Für kritische Diskussion über Defizite des traditionellen "Two-Step-Appoach" vgl. Berger/Mester, 1997.

[49] Vgl. Xue/Harker, 1999, S. 4. Das *Bootstrap-Verfahren* wurde zum ersten Mal von Efron im Jahre 1979 eingeführt und dient zur Schätzung von Parametern, insbesondere zur nichtparametrischen Schätzung von Standardfehlern (vgl. Efron, 1979) bzw. von Residuen in

1.3.2. DEA-Bootstrap-Regressionsverfahren

Mit Hilfe des klassischen Regressionsverfahrens wird in der (wirtschafts-) wissenschaftlichen Forschung der Versuch unternommen, den Zusammenhang einer endogenen Variable (Regressand) und q exogenen Variablen (Regressoren) anhand einer Stichprobe von p Datenpunkten zu quantifizieren. Der funktionale Zusammenhang wird meist als linear angenommen, wobei ein stochastischer Störterm $\varepsilon \in \Re$ berücksichtigt wird. Die Regressionskoeffizienten sind in einem q-dimensionalen Vektor $\beta \in \Re^q$ zusammengefasst und geben die partiellen Ableitungen einer zu bestimmenden Regressionsfunktion nach den Regressoren an. Sie spiegeln damit die Richtung und die Stärke des Einflusses der erklärenden exogenen Variablen auf die zu erklärende endogene Variable wieder. Dieser Parametervektor, der dem durch das Regressionsmodell abgebildeten ökonomischen Zusammenhang zugrunde liegt, ist a priori nicht bekannt. Bei der numerischen Konkretisierung von β sind auch die theoretischen Grundlagen nur von begrenztem Nutzen, weil sie bestenfalls Aussagen über die Vorzeichen der Koeffizienten macht, die in vielen Fällen nicht einmal unbedingt gelten. Demzufolge ist der Einsatz stochastisch ökonometrischer Verfahren erforderlich, um konkrete Werte für die Regressionsparameter zu schätzen[50].

Es wird von einer Stichprobe von p Unternehmungen ausgegangen $S_{DMU} = \{DMU_1,...,DMU_p\}$. Jede Entscheidungseinheit verfügt über eine individuelle Technologie ($T_k = \{x_k, y_k\} \in \Re^{m+n}$). Es ist zu vermuten, das Niveau ihrer DEA-Effizienz durch verschiedene Einflussfaktoren ($V_k = \{v_1,...,v_q\} \in \Re_+^q$) zu erklären. Charakteristisch für die k-te DMU ist:

$$DMU_k = \{T_k, V_k\} \in \Re_+^{m+n+q} \qquad (3.14)$$

Anhand des CCR-Modells (3.8) werden Effizienzwerte einzelner Unternehmen ermittelt ($\theta = \{\theta_1,...,\theta_p\} \in \Re_{++}^p$). Es wird unterstellt, dass $\beta_0, \beta_1,...,\beta_q$ Regressionskoeffizienten in dem folgenden *Tobit-Modell* sind[51]:

$$y^* = -Ln\theta_k = \beta_0 + V_k^T\beta + \varepsilon_k, \quad k = 1,...,p, \ \beta_0 \in \Re, \ \beta = \{\beta_1,...,\beta_q\} \in \Re^q$$

$$y = 0, \quad wenn \ y^* \le 0 \ bzw. \ \theta_k \ge 1 \qquad (3.15)$$

$$y = y^*, wenn \ y^* > 0 \ bzw. \ \theta_k < 1$$

Durch eine entsprechende Transformation, bei der die technischen Effizienzindices logarithmiert und mit (-1) multipliziert werden, wird die abhängige Variable erzeugt. Die transformierten Werte sind linkszensiert bei einem Wert von 0 und können in einer *Maximum-Likelihood-Schätzung*

der Regressionsanalyse (vgl. Freedman, 1981). Dabei werden die Stichprobenwerte vervielfacht, hieraus werden dann die Stichproben mit Zurücklegung gezogen (Efron et al., 1993; Simar/Wilson, 1998).
[50] Zur ausführlichen Diskussion über verschiedene Annahmen des (klassischen) Linear-Regressions-Modells siehe insbesondere Greene, 2000, S. 213ff.
[51] Zum Tobit-Modell siehe z.B. Greene, 2000, S. 908ff.; Maddala, 1997, S. 149ff.

verwendet werden, wobei bei der Interpretation der Ergebnisse auf das geänderte Vorzeichen der Regressionskoeffizienten geachtet werden muss. Ein negatives (positives) Zeichen für einen Koeffizienten impliziert einen positiven (negativen) Zusammenhang zwischen der technischen Effizienz und der entsprechenden Einflussvariable[52]. Das *DEA-Bootstrap-Regressionsverfahren* erfolgt in 5 Schritten[53]:

Schritt 1: Es wird eine einfache F-Verteilung für die Stichprobe (Beobachtungsmenge) S_{DMU} konstruiert, wobei jede Entscheidungseinheit einer Wahrscheinlichkeit von 1/p annimmt.

Schritt 2: Es wird c Zufallsstichproben von der Größe p als wiederholte Stichprobenziehung mit Zurücklegung von der originalen Stichprobe S_{DMU} = $\{DMU_1,...,DMU_p\}$ simuliert:

$$S_r = \{DMU_{r1},...,DMU_{rp}\}, \quad r = 1,...,c$$
$$DMU_{rk} = \{T_{rk},V_{rk}\} \in S_{DMU}, \quad k = 1,...,p \tag{3.16}$$

S_r wird als die r-te Bootstrap-Stichprobe genannt.

Schritt 3: Für jede Bootstrap-Stichprobe S_r wird das BBC-Modell (3.9) angewendet, um Effizienz-Werte für alle p virtuellen Entscheidungseinheiten in dieser Stichprobe zu ermitteln ($\theta_r = \{\theta_{r1},...,\theta_{rp}\} \in \mathfrak{R}_{++}^p$).

Schritt 4: Für jede k-te Bootstrap-Stichprobe werden die Schätzwerte für die Koeffizienten $\beta_0,\beta_1,...,\beta_q$ in dem folgenden Tobit-Modell ermittelt:

$$y^* = -Ln\theta_{rk} = \beta_{r0} + V_{rk}^T\beta_r + \varepsilon_{rk}, k = 1,...,p,$$
$$y = 0, \text{wenn } y^* \le 0 \text{ bzw. } \theta_{rk} \ge 1 \text{ (technische Effizienz } \theta_{rk} = 1)$$
$$y = y^*, \text{wenn } y^* > 0 \text{ bzw. } \theta_{rk} < 1 \tag{3.17}$$
$$V_{rk} = \{v_{r1},...,v_{rq}\} \in \mathfrak{R}_+^q, \beta_r = \{\beta_{r1},...,\beta_{rq}\} \in \mathfrak{R}^q$$

Schritt 5: Es werden *Bootstrap-Schätzwerte* $\hat{se}_c(\hat{\beta}_s)$ für die Standardfehler von $\hat{\beta}_s$ ermittelt:

$$\hat{se}_c(\hat{\beta}_s) = (\frac{\sum_{r=1}^{c}(\hat{\beta}_{rs} - \bar{\beta}_s)}{c-1})^{1/2} \tag{3.18}$$

$$\bar{\beta}_s = \frac{\sum_{r=1}^{c}\beta_{rs}}{c}, \quad s = 1,...,q$$

---

[52] An dieser Stelle bin ich Dr. Stefan Klonner sehr dankbar für seine Diskussionsbereitschaft und Literatur-empfehlung.
[53] Vgl. Xue/Harker, 1999, S. 9ff.; Casu/Molyneux, 2000, S. 8ff.

Es wird anhand des T-Testes folgende Hypothesen geprüft:

$$H_0 : \beta_s = 0, \quad vs. \quad H_1 : \beta_s \neq 0. \tag{3.19}$$

Die dazugehörigen Test-Größen werden wie folgt ermittelt:

$$t_s = \frac{\bar{\beta}_s}{\hat{se}_c(\hat{\beta}_s)}, \tag{3.20}$$

und mit dem kritischen Wert $t_{\alpha/2}$ von der Studenten-Verteilung mit (p-q-1) Freiheitsgraden verglichen. Falls $|t| > t_{0.025}$, wird die Nullhypothese $H_0 : \beta_s = 0$ verworfen zugunsten $H_1 : \beta_s \neq 0$ mit einem Signifikanzniveau von 95%. Falls $|t| \leq t_{0.025}$ kann die Nullhypothese nicht abgelehnt werden.

1.4. DEA versus parametrische Schätzverfahren

Stochastisch ökonometrische Effizienzmessungsverfahren anhand der Randfunktion "Frontier Efficiency Methods" basieren auf einem a priori festgelegten funktionalen Zusammenhang zwischen Inputs und Outputs, und zielen damit auf das Ableiten eines *mittleren funktionalen Zusammenhangs* von Inputs zu Outputs ab. Diese gehen von der Homogenitätsprämisse der Produktionsfunktion aus[54]. Im Gegensatz dazu wird es im Rahmen der DEA auf eine a priori Spezifizierung der Produktionstechnologie verzichtet. Die nichtparametrische Frontier-/Randfunktion wird als eine die Beobachtungspunkte (Input-Output-Zusammenhang) *umhüllende Funktion* grafisch dargestellt, daher Data *Envelopment* Analysis. Nichtparametrische Konstruktionen der Technologiemengen beruhen üblicherweise auf dem *Prinzip der minimalen Extrapolation*: Zuerst werden die Struktureigenschaften der Produktionstechnologie unterstellt und anschließend wird die Technologiemenge als die kleinstmögliche Menge konstruiert, die bestimmte Technologieannahmen erfüllt.[55] Die Randfunktion wird aus linearen Teilstücken konstruiert, die die Best Practices verbindet, die Leistungen mit *unternehmensspezifischen* effizienten Technologien bereitstellen. Der Grad der Ineffizienz wird durch den Abstand der ineffizienten Einheiten von diesem Rand bestimmt.

Vorteil der *parametrischen* Verfahren ist es, dass stochastische Datenschwankungen relativ einfach berücksichtigt werden können und dass damit verbunden Daten- und Messfehler die Ergebnisse weniger verzerren als bei nichtparametrischen Verfahren. Wesentliche Nachteile der parametrischen Ansätze bestehen zum einen in der schwierigen Bestimmung bzw. Spezifikation der Produktionsfunktion. Zum anderen wird die durchschnittliche Produktionsfunktion auch aus ineffizienten Entscheidungseinheiten ermittelt wird, so dass die Effizienzwerte durch den Vergleich mit einem Durchschnitt und nicht mit einer Randfunktion von Best Practices zustande kommen, was zu einer

---

[54] Vgl. Greene, 1993, S. 70ff.
[55] Vgl. Banker et al., 1984.

Verzerrung der Ergebnisse führen kann. Da die DEA ein *nichtparametrisches* Verfahren ist, werden weder Annahmen über die spezifische Gestalt der Produktionsfunktion noch Annahmen über die Form der Verteilung des Ineffizienzterms benötigt, der im Rahmen stochastischer Schätzverfahren auftritt. Die Methode der DEA erlaubt es, den Erfolg einer Positionierung als Abstand zwischen dem effizienten Rand einer Menge von Produktions-möglichkeiten und einzelnen Entscheidungs-einheiten, die innerhalb der Beobachtungsmenge liegen, zu bestimmen. Hervorzuheben, dass das theoretische Konstrukt der effizienten Randfunktion nur anhand tatsächlicher Realisationen ermittelt wird. Der große Nachteil eines nichtparametrischen Verfahrens besteht in seinem *deterministischen Charakter*, der für eine größere Sensitivität von Effizienzwerten im Hinblick auf Daten- bzw. Messfehler und Ausreißer verantwortlich ist. Alle Abweichungen von der Randfunktion werden als Ineffizienz betrachtet. Stochastisch ökonomische Schätzverfahren weisen dagegen durch ihren *zweigeteilten Fehlerterm* die Fähigkeit auf, zwischen statistischem Rauschen durch Messfehler oder Zufallsschocks und Abweichungen von der durchschnittlichen Randfunktion zu trennen. Dabei wirken sich Fehlspezifikationen der Produktionsfunktion und der Verteilung des Ineffizienzterms verzerrend auf die stochastischen Effizienzmessungsergebnisse aus[56].

Eine durch Regressionsverfahren ermittelte Produktionsfunktion stellt lediglich eine durchschnittliche Funktion *"Average Practice"* dar, weil für alle Entscheidungseinheiten identische Funktionsparameter angenommen und Abweichungen von diesen als zufällig unterstellt werden. Von diesem durchschnittlichen Produktionszusammenhang gibt es positive und negative Abweichungen, während es von der *Best-Practice*-Funktion nur negative Abweichungen geben kann. DEA wird daher manchmal als Benchmarking-Verfahren zur Bestimmung von Best Practices angesehen. Die DEA kann entsprechend daher als analytisch-quantitative Erweiterung einfacher konzeptioneller Ansätze des Benchmarking bzw. Performance Measurement interpretiert werden[57]. Dieses nichtparametrische Analyseverfahren ist in der Lage, simultan mehrere Inputs und Outputs bei der Berechnung eines *relativen Effizienzmaßes* zu berücksichtigen, ohne dass hierzu auf Informationen über Preise zurückgegriffen werden müsste. Die DEA erlaubt die *Aggregation von Kennzahlen* in Bezug auf Input- und Outputfaktoren, die in (ganz) unterschiedlichen Maßeinheiten vorliegen. Ein Effizienzmaß aggregiert diese diversen Kennzahlen zu einer Spitzenkennzahl. Dieses Verfahren ermöglicht damit die Verwendung verschiedener ökonomischer Indikatoren, die leichter verfügbar, aussagefähig und damit für Erfolgsvergleiche wesentlich besser

---

[56] Vgl. Lovell, 1996, S. 336. Zu Ansätzen für den Einbezug *stochastischer Aspekte in die DEA-Modelle* siehe Banker, 1993; Gong/Sun, 1995; Grosskopf, 1996; Cooper et al., 1998; Gstach, 1998; Simar/Wilson, 1998; Post, 2001.

[57] Vgl. Fried et al, 1993a.

geeignet sind. Detaillierte Kenntnisse über den Ablauf der Leistungserstellungsprozesse innerhalb einer Unternehmung sind zunächst nicht notwendig.
Vielmehr sollen die Ergebnisse der Effizienzmessung Anlass dafür sein, die
internen Ablaufprozesse der effizienten Entscheidungseinheiten zu analysieren.
Die hierbei gewonnenen Erkenntnisse lassen sich dafür einsetzen, Leistungserstellungsprozesse ineffizienter Unternehmung zu verbessern.

Zusammenfassend ermöglicht die *mikroökonomisch fundierte* DEA einer
einfachen Handhabbarkeit bei der Suche nach *besten* statt durchschnittlichen
Zusammenhängen im Hinblick auf Technologiemenge und einer Orientierung an
realisierbaren statt hypothetischen Maßstäben. Die DEA-Effizienzmaße sind
empirisch ermittelte Abstand-Maße, weil sie als theoretische Bestimmungs-
größen für die Effizienz eines Leistungserstellungsprozesses mit a priori nicht
spezifischer Technologie entwickelt wurde[58]. Sind die Effizienzwerte einmal
ermittelt, steht das Instrumentarium der mikroökonomischen Produktionstheorie
zur Verfügung, um Hypothesen zu testen, Ergebnisse entsprechend
interpretieren und Handlungsempfehlungen ableiten zu können. Ziel der
kommenden Abschnitte ist es, mit der DEA ein bisher wenig beachtetes
Verfahren für ein systematisches und analytisch fundiertes Effizienzmessungs-
instrument fruchtbar zu machen. Bewertet wird die *Leistungsfähigkeit* lokaler
genossenschaftlicher Kreditinstitute in Vietnam auf der Basis ihrer Fähigkeit,
Finanzdienstleistungen mit *kosteneffizienter Technologie* bereitzustellen.

2. Beschreibung des Datensatzes

Dieser Untersuchung liegen die von der Department of Credit Cooperative
Institutions (DCCI) der Staatsbank Vietnams bereitgestellten Daten der Bilanzen
sowie Gewinn- und Verlustrechnungen (Bilanzstichtag: 31.12.2000) von 227
People's Credit Funds (PCFs) zugrunde, wodurch etwa 24 v.H. aller lokalen
genossenschaftlichen Kreditinstitute im Jahre 2000 berücksichtigt werden. Sie
verteilen sich in zehn Provinzen, jeweils (a) 99 PCFs in 2 Provinzen und 1
Großstadt (Hanoi) in Nordvietnam, (b) 75 PCFs in 3 Provinzen in Mittel-
Vietnam, und (c) 53 PCFs in 3 Provinzen und 1 Großstadt (Ho-Chi-Minh-Stadt)
in Südvietnam. Bei den Daten handelt es sich um testierte Bilanzzahlen, womit
das Problem von *Daten- und Messfehlern* und der damit verbundene Nachteil
der DEA-Methode, nicht zwischen Ineffizienz und Messfehlern unterscheiden
zu können, zum Teil entschärft werden. Die sich im folgenden ergebende
Auswahl und Anzahl der Modellvariablen (zwei bis drei Input- bzw.
Outputvariablen) ist im Vergleich zu der Größe des Datensatzes (mit 227
Beobachtungen) gering, so dass dies kein nennenswertes Problem von selbst-
identifizierenden Entscheidungseinheiten "Self-Identifiers" darstellen sollte[59].

Ergänzt sind neben den Bilanz- und Erfolgszahlen des Jahres 2000 weitere
relevante Daten, die von der DCCI und dem General Statistic Office (GSO) zur

---

[58] Vgl. Sherpard, 1953.
[59] Vgl. Bauer et al, 1997; Avkiran, 1999.

Verfügung gestellt wurden. Für jede lokale Kreditgenossenschaft werden die folgenden Kennzahlen benötigt, u.a.:

- Zinsaufwand, Personalaufwand, sonstige Verwaltungskosten und Aufwendungen für Sachanlagen, Immobilien, Abschreibungen etc.,

- Zinsertrag, Betriebsergebnis vor Steuern,

- gesamte Forderungen (Kredite an Mitgliedern),

- gesamte Verbindlichkeiten gegenüber Einlegern, die sich aus der Summe der Salden von Sicht-, Termin- und Spareinlagen ergeben,

- Bilanzsumme, haftendes Eigenkapital, Summe von permanenten Geschäftsanteilen (Permanent Shares),

- Summe überfälliger Forderungen (fauler Kredite ab 3 Monate),

- Anzahl der Mitglieder,

- Refinanzierungsbeziehung mit Oberbauinstitut (Regional Credit Funds (RCF) oder Central Credit Fund (CCF)),

- Einzugsgebiet (Stadt/Land),

- regionales Pro-Kopf-Einkommen.

Die Tabelle 19 enthält statistische Kennziffern zum verwendeten Datensatz. Der Einlagenzins wird als Quotient von Zinsaufwand und gesamten Verbindlichkeiten gebildet. Der Kreditzins ergibt sich aus dem Verhältnis zwischen dem Zinsertrag und den gesamten Forderungen. Die Eigenkapitalrendite ist die Quote aus dem Betriebsergebnis vor Steuern und dem haftenden Eigenkapital. Die Geschäftanteilquote resultiert sich aus dem Verhältnis zwischen der Geschäftsanteilsumme und dem Eigenkapital. Der Diversifikationsgrad ist der Quotient aus Krediten an Mitgliedern und Bilanzsumme. Die Kreditausfallquote bildet sich aus dem Quotient zwischen der Summe überfälliger Kredite und den gesamten Forderungen.

2.1. Wahl der Input- und Outputfaktoren – Zwei Bewertungsmodelle

Die mit der Modellierung des finanzintermediären Leistungserstellungs-prozesses verbundene *Spezifikation von Input- und Output-Variablen* besteht in der Literatur keine Einigkeit, und hat zu einer Entwicklung verschiedener Ansätze geführt, die auf diversen Annahmen bezüglich der Funktionen einer Bankunternehmung basieren. In der Mehrzahl bisheriger empirischer Untersuchungen werden der 'Intermediationsansatz' oder der 'Produktionsansatz' angewendet[60].

---

[60] Vgl. Berger et al., 1997.

Tabelle 19: Deskriptive Statistik des Datensatzes

Variablen		Bedeutung	Mini-mum	Maxi-mum	Mittel-wert	Std.-Fehler
x_1	Inputs	Zinsaufwand (Mio. VND) [a]	24,399	2.623,496	258,900	327,551
x_2		Personalaufwand (Mio. VND) [a]	10,425	333,461	61,073	51,589
x_3		Aufwendungen für Verwaltung, Sachanlagen & Immobilien (Mio. VND) [a]	5,036	518,085	51,189	65,218
y_1	Outputs	Kredite an Mitglieder (Mio. VND) [a]	461,000	30.375,000	3.406,167	3.529,063
y_2		Mobilisierte Einlagen (Mio. VND) [a]	234,286	29.158,000	2.498,224	3.157,327
y_3		Betriebsergebnis vor Steuern (Mio.VND) [a]	0,476	666,277	91,997	91,132
v_1	Standort-faktoren	Einzugsgebiet (Dummy-Variable) [b]	0,000	1,000	0,198	0,400
v_2		Pro-Kopf-Einkommen (logarithmiert) [c]	0,930	2,959	1,329	0,430
v_3	Verbund-beziehung	Refinanzierungsbeziehung (Dummy-Variable) [a]	0,000	1,000	0,789	0,409
v_4		Bilanzsumme (logarithmiert) [a]	6,345	10,436	7,939	0,705
v_5		Anzahl der Mitglieder (logarithmiert) [a]	5,549	9,100	6,815	0,578
v_6	Bank-spezifsche Faktoren	Diversifikationsgrad [a]	0,629	0,990	0,912	0,059
v_7		Geschäftsanteil-Quote [a]	0,242	0,889	0,569	0,133
v_8		Einlagenzins [a]	0,040	0,146	0,077	0,018
v_9		Kreditzins [a]	0,098	0,204	0,138	0,019
v_{10}		Eigenkapitalrendite [a]	0,004	1,223	0,352	0,171
v_{11}	Risiko-induzierte Faktoren	Eigenkapitalquote [a]	0,034	0,235	0,083	0,030
v_{12}		Kreditausfallquote [a]	0,000	0,125	0,013	0,017

Quellen: a) Department of Credit Cooperative Institutions (DCCI)/ State Bank of Vietnam; b) General Statistic Office, 2001; c) Nguyen et al. , 2002.

Bei dem von Sealey und Lindley entwickelten *Intermediationsansatz* wird eine Bankunternehmung als Finanzintermediär verstanden, die Einlagen mobilisiert und erworbene Finanzmittel in Kredite transformiert[61]. Sie fungiert als Vermittler zwischen Sparern und Investoren. Kernaussage dieses Ansatzes ist, dass Verbindlichkeiten notwendig sind, um Forderungen zu generieren. Dabei werden Einlagen, Verbindlichkeiten gegenüber anderen Kreditinstituten und die damit verbundenen Zinsaufwendungen in die Analyse einbezogen. Mobilisierte Finanzressourcen werden neben Arbeit und Sachkapital als Einsatzfaktoren angesehen. Darüber hinausgehende Dienstleistungen seitens der Bankunternehmung dürften bei einer strengen Auslegung nicht in der Analyse erfasst werden[62]. Der *Produktionsansatz* stellt demgegenüber direkt auf die Rolle einer Bankunternehmung als Anbieter von Finanzdienstleitungen ab. In diesem Fall sind alle getätigten Geschäfte, u.a.: Einlagen- und Kreditgeschäfte, als Outputs zu klassifizieren. Für die Analyse bleiben als Einsatzfaktoren lediglich Arbeit und physisches Kapital übrig. Dabei werden nur die operativen Aufwendungen berücksichtigt[63]. Während sich der Produktionsansatz eher bei einer Untersuchung von Bankfilialen geeignet erscheint, bei der das Management einer Bankfiliale wenig Einfluss auf die Entscheidung der Finanzierungsmittel hat, erfolgt eine Bestimmung der Effizienz auf der *Gesamtunternehmensebene* in der Regel mit Hilfe des Intermediationsansatzes[64]. In der Literatur wurde aufgezeigt, dass die Leistungen der Bank, u.a. Einlagen- und Kreditgeschäfte, für den Intermediationsansatz über die Summe der Kontensalden und für den Produktionsansatz über die Anzahl der Konten, als Approximation der Anzahl der Transaktionen, erfasst werden. Es besteht nach wie vor Klärungsbedarf bei einer einseitigen Anwendung eines bestimmten Ansatzes. Nach dem Vorschlag von Berger und Humphrey sollen beide Ansätze simultan angewendet werden, um die duale Rolle einer Bankunternehmung als Finanzintermediär und als Anbieter von Finanzdienstleistungen darzustellen[65].

Dem *integrierten Ansatz* folgend, werden in der vorliegenden Untersuchung mobilisierte Einlagen sowohl als Einsatzfaktor als auch als Output betrachtet[66]. Gemäß den Einsatzfaktoren im Leistungserstellungsprozess – u.a.: Finanzressourcen, Humanressourcen und physischem Kapital – sind der Zinsaufwand (x_1), der Personalaufwand (x_2) und der Sachaufwand (x_3), u.a.: Aufwendungen

---

[61] Vgl. Sealey/Lindley, 1977.

[62] Mittlerweile findet sich eine Modifizierung des Intermediationsansatzes, indem eine Approximation der Finanzdienstleistungen durch Provisionen und andere Erträge aus den zinsunabhängigen Geschäften vorgenommen wird (vgl. Hunter/Timme, 1995). Zu den weiterentwickelten Ansätzen gehören u.a. der 'Value Added Approach' sowie der 'User Cost Approach' (vgl. Berger/Humphrey, 1992).

[63] Vgl. z.B. Gilligan et al., 1984.

[64] Vgl. Berger/Humphrey, 1997.

[65] Ebenda.

[66] Vgl. z.B. Berger/Humphrey, 1992; Bauer et al, 1997; Esho, 2000.

für Immobilien, Sachanlagen, Abschreibungen etc. als Inputs zu definieren[67]. Das Augenmerk der vorliegenden Arbeit wird auf das *Kostenmanagement* gelegt. Durch eine Berücksichtigung der Zinsaufwendungen können die Gesamtkosten erfasst werden. Hierfür stellen die Aufwendungen eingesetzter Inputfaktoren die primären Entscheidungsvariablen des genossenschaftlichen Bankmanagements dar. Unterschiede in der Effizienz werden mit unterschiedlichen Management-Fähigkeiten begründet. Die *inputorientierte* Vorgehensweise ermöglicht, das maximal mögliche Einsparungspotential genossenschaftlicher Bankunternehmung bei einem konstantem Outputniveau zu bestimmen, um damit die eigene Wettbewerbsposition durch Kostensenkungen zu erhalten. Da die hier zu untersuchenden lokalen People's Credit Funds hinsichtlich der Organisationsform und Marktgegebenheiten eine vergleichsweise *homogene Gruppe* bilden, sei die Verwendung einer einheitlichen Randfunktion zulässig[68].

Das erste Bewertungsmodell (DEA-I) konzentriert sich auf die Analyse der Leistungs-fähigkeit lokaler People's Credit Funds aus *gesamtwirtschaftlicher Sicht*. Lokal agierende kreditgenossenschaftliche Finanzintermediäre sollen unter anderem intertemporale und interpersonale Transfer von Finanzressourcen ermöglichen, indem sie Kapitalgeber (Überschusseinheit) und Kapitalnehmer (Defiziteinheit) zum Tauschhandeln zusammen-führen. Sie treten als effizienter Vertragspartner zwischen beider Angebot- und Nachfrageseite durch Koordination von Investitions- und Konsumplänen der beteiligten Wirtschafts-akteure. Als Output-Variablen gelten zum einen die gesamten Forderungen an Mitglieder (y_1) und zum anderen die gesamten Verbindlichkeiten gegenüber Einlegern (y_2).

Im Unterschied zu anderen erwerbwirtschaftlichen Unternehmensformen unterliegen die Genossenschaften nicht primär dem Ziel der Gewinn-maximierung sondern dem *Auftrag zur Förderung* der Mitglieder. Der Auftrag zur Förderung der Mitgliederwirtschaften lässt sich in folgendem als die *kosteneffiziente* Bereitstellung von Finanzdienstleistungen entsprechend der Mitgliederbedürfnisse interpretieren. Dieser Organisationszweck soll auch durch die Auswahl der Outputfaktoren berücksichtigt werden. Nach Osterwald Hahn richtet sich der kreditgenossenschaftliche Förderauftrag nach Sortiment-,

---

[67] Für eine ähnliche Spezifikation der Inputvariablen siehe z.B. Laeven, 2000. In der bankwirtschaftlichen Literatur wird es im Hinblick auf Produktionsfaktoren einer Bankunternehmung zwischen technisch-organisatorischem und liquiditätsmäßig-finanziellem Bereich unterschieden (vgl. z.B. Börner, 1993, S. 146ff.). Während Ersterer alle Faktoren umfasst, die für die Aufrechterhaltung und Bereitstellung des Bankgeschäfts notwendig sind, und durch Aufwendungen aus dem operativen Bereich gekennzeichnet sind, besteht Letzterer aus dem monetären Bereich und wird durch Zinsaufwendungen erfasst (siehe auch Casus/Molyneux, 2000).

[68] Siehe auch Mester, 1997.

303

Qualitäts- und/oder Konditionsvorteilen[69]. Einen Versuch zur Quantifizierung der Mitgliederförderung unternahmen Fried et al. im Jahre 1993, wobei die Leistungsfähigkeit amerikanischer Credit Unions analysiert wurde[70]. Als Erfolgsindikatoren dienen die für die Mitglieder erbrachten Dienstleistungen genossenschaftlicher Bankunternehmung, die durch die Volumina und Zinssätze für Kredite und Einlagen einerseits und die Vielfalt und Menge der angebotenen Leistungen andererseits erfasst wurden. Der dargestellte Ansatz erweist sich für die vorliegende Untersuchung als nicht zweckmäßig, weil People's Credit Funds zum einen über sehr beschränkte Produktpalette verfügt, die vorwiegend sehr kurze Laufzeit aufweist. Zum anderen wurden Finanzressourcen nicht nur von Genossenschaftsmitgliedern mobilisiert, während Kredite ausschließlich nur an Mitglieder vergeben wurden. Es lagen keine Informationen über Einlagengeschäfte mit Nicht-Mitgliedern hinsichtlich der Volumina und Zinssätze vor. Die Verwirklichung des Förderauftrages könnte zunächst nur in mengenmäßigen Output-Indikatoren, d.h. in Salden vergebener Kredite und mobilisierter Einlagen, niederschlagen. Ein weiterer Schritt zur Identifizierung der genossenschaftlichen Förderungspolitik im Hinblick auf Konditionsvorteile erfolgt demnach im Abschnitt 3.3 des vorliegenden Kapitels. Aus methodischen Gesichtspunkten ist der von Fried et al. vorgestellte Free Disposal Hull-Ansatz (FDH) nicht praktikabel, da eine Verwendung von zu vielen Variablen (zwei Inputs und sechs Outputs) zur Verstärkung des Self-Identify-Problems führen könnte[71].

Im zweiten Modell zur Bewertung der Leistungsfähigkeit genossenschaftlicher Bankunternehmung aus der *Sicht der Mitglieder* (DEA-II) werden drei Outputkategorien nach bedarfbezogener Mitgliederstruktur unterschieden, zum einen die gesamten Forderungen an Mitglieder im Hinblick auf den Bedarf nach Kreditaufnahme (y_1) und zum anderen die mobilisierten Depositen im Hinblick auf die Nachfrage nach Einlagemöglichkeiten (y_2). Die dritte Outputkategorie bezieht sich auf das Charakteristikum der Mitglieder als Eigentümer ihrer genossenschaftlichen Bankunternehmung. Weil Daten über Dividendenausschüttung nicht Verfügbar sind, dient als Proxy-Variable das Betriebsergebnis vor Steuern (y_3). Die Outputgrößen werden so angewendet, dass es gilt: je größere Werte Outputfaktoren aufweisen, umso besser der Förderauftrag erfüllt wird.

Für eine Präsentation der Ergebnisse wurden die People's Credit Funds anhand ihrer Betriebsgröße im Hinblick auf die Bilanzsumme unterteilt. Tabelle 20 zeigt die Einteilung inklusive der Verteilung der 227 untersuchten PCFs.

---

[69] Vgl. Hahn 1980, 19.

[70] Vgl. Fried et al, 1993.

[71] *Free Disposal Hull* (FDH) ist eine spezielle Variante der nicht-parametrischen Data Envelopment Analysis. Das FDH-Verfahren unterstellt im Unterschied zur DEA keine *lineare Substitution* von Einsatzfaktoren und generiert demzufolge höhere durchschnittliche Effizienzindices (vgl. Tulkens, 1993).

Tabelle 20: Gruppeneinteilung im Hinblick auf die Betriebsgröße

Gruppe	1	2	3	4	5
Bilanzsumme (in Mio. VND)	bis 1.500	1.500-3.000	3-000-4.500	4.500-6.000	über 6.000
Anzahl der PCFs in der jeweiligen Größenklasse	43	89	45	20	30
Anteil an der gesamten Stichprobe	18,9 %	39,2 %	19,8 %	8,8 %	13,2 %

Quelle: Eigene Darstellung.

Bei dem verwendeten Datensatz kommt es zu einer Vermischung von Stromgrößen (Aufwendungen, Betriebsergebnis vor Steuern) und Bestandgrößen (Forderungen, Verbindlichkeiten). Dies stellt aber eine gängige Vorgehensweise in der empirischen Literatur dar und ist aus methodischer Sicht kein Problem, weil die Data Envelopment Analysis unterschiedlicher Maßeinheiten verarbeiten kann[72]. Die zwei verschiedenen Bewertungsmodelle sollen dazu dienen, um festzustellen, ob und inwieweit die Effizienz-ergebnisse im Rahmen der Analyse der Leistungsfähigkeit genossenschaftlicher Bankunternehmung aus unterschiedlichen Sichtweisen im Einklang stehen. Zum anderen soll die Robustheit von Effizienzindices im Hinblick auf das empirische DEA-Effizienzmessungsverfahren überprüft werden.

2.2. Wahl der Einflussfaktoren

In diesem Abschnitt werden Faktoren herangezogen, von denen ein Einfluss auf die reine technische Kosteneffizienz (X-Effizienz) unterstellt wird. Insgesamt werden zwölf Variablen berücksichtigt, die sich in vier Gruppen unterteilen lassen, nämlich standortbezogene, verbundbezogene, bankspezifische und risikoinduzierte Faktoren. Die Einflussvariablen sollen jedoch nicht vereinzelt sondern nur in einem zusammenhängenden, kausalen Kontext analysiert werden[73].

Standortfaktoren

Standortfaktoren bilden im Zusammenhang mit gesamtwirtschaftlichen und politischen Rahmenbedingungen externe Umfeldvariablen einer Bank-unternehmung[74]. Letztere sind in diesem Falle allen lokalen PCFs gleich ausgesetzt und haben dieselbe Wirkung für alle Entscheidungseinheiten. Standortfaktoren sind kurz- bis mittelfristig nicht veränderbar. Zum einen

---

[72] Vgl. Berger/DeYoung, 1997; Siehe auch Abschnitt 1.4. des vorliegenden Kapitels.
[73] Vgl. Berger et al., 1993, S. 245.
[74] Vgl. Büschgen, 1995, S. 197.

entziehen sie den direkten Einfluss des genossenschaftlichen Bankmanagements, zum anderen können sie den Geschäftserfolg bewirken[75]. Kann eine Bankunternehmung in einem wirtschaftlich schwachen Umfeld eine vergleichsweise hohe Effizienz erzielen, ist die Leistungsfähigkeit höher zu bewerten als derselbe Wert in einer wirtschaftlich starken Region. Um das Umfeld einer lokalen People's Credit Funds zu charakterisieren, werden zwei Variablen – u.a.: Lokalisierung des Geschäftsgebiets und regionales Pro-Kopf-Einkommen – herangezogen. Daneben könnten weitere Standortfaktoren existieren, für die allerdings keine Informationen vorlagen. Zu nennen sind beispielsweise die Größe des Einzugsgebietes, der Marktdurchdringungsgrad, die Mitgliederstruktur, die Wettbewerbsintensität etc.[76]

Ein gemeinsamer Aspekt genossenschaftlicher Finanzorganisationen besteht in der gemeinsamen Bindung der Organisationsmitglieder durch die lokale Verwurzelung. Zum einen führen die gegenseitige Bekanntschaft zwischen Organisationsmitgliedern in einem geografisch eingeschränkten Gebiet und damit verbunden die symmetrische Informations-verteilung zu komparativen Informations-, Kontroll-, und Durchsetzungsvorteilen für die jenige genossenschaftliche Bankunternehmung. Einerseits sind die Verwendung komplizierter und zeitaufwendiger Kreditantrags- bzw. Abwicklungsformulare weitgehend entbehrlich, was die gesamte Abwicklung von Finanztransaktionen vereinfacht und beschleunigt. Andererseits liegen notwendige Informationen über die Bonität und wirtschaftliche Situation der Mitglieder als potentielle Kreditnehmer schon vorab. Lokale Bindung ermöglicht dem Bankmanagement, kundenspezifisches Detailwissen aufgrund des engen Kontakts in der Region kostengünstig zu erwerben. Von besonderer Bedeutung sind der Koordinations-mechanismus der Anweisungen und die Informationsübertragungskanäle zwischen den aktiven, nicht-kreditnehmenden Mitgliedern (Eigentümern/ Einlegern) und der Geschäfts-führung. Zum anderen sehen sich Kreditnehmer dem ständigen sozialen Druck ausgesetzt, im Sinne von informellen Kontroll- und Sanktionsmechanismen. Damit sind Voraussetzungen für die Anwendung von einer kostengünstigen Kreditvergabetechnologie durch gegenseitige Solidarhaftung und Kontrolle zu schaffen (*Peer Monitoring*). Bei der Interpretation ist zu beachten, dass die technische Effizienz nicht nur auf die Höhe von standortbedingten Transaktionskosten zurückzuführen ist, sondern eventuell auch als Folge unterschiedlicher Wettbewerbsintensität identifiziert werden kann. Da die Anzahl an Konkurrenten in urbanen Geschäftsgebieten größer ist, wird eine tendenziell höhere Wettbewerbsintensität unterstellt. Dabei wird kosteninefiziente Bankunternehmung langfristig verdrängt.

Demgegenüber verhalten sich genossenschaftliche Kreditinstitute im ländlichen Raum wie ein natürliches Monopol, so dass Anreize zur kosteneffizienten

---

[75] Vgl. Coelli et al., 1995, S. 172.
[76] Vgl. Ebenda, S. 167; Wutz, 2002, S. 122ff.

Leistungserstellung wegen des mangelnden Wettbewerbs nicht besteht und zu sinkender Effizienz führen kann[77]. Der Einfluss des Einzugsgebiets auf die technische Effizienz kann aufgrund der beiden gegenläufigen Thesen a priori nicht eindeutig identifiziert werden. Es wird erwartet, dass der erste Effekt überwiegt, und damit die Variable insgesamt einen negativen Effekt auf die Effizienz ausübt. In die Regression wird eine Dummy-Variable für das *Einzugsgebiet* (v_1) integriert, um damit Unterschiede in der Effizienz durch das Geschäftsgebiet in Städten (1) oder in ländlichen Regionen (0) erklären zu können. Damit wird vermutet, dass genossenschaftliche Bankunternehmung in städtischen Gebieten geringere technische Effizienzwerte aufweisen als in ländlichen Gemeinden aufweist.

Einen entscheidenden Standortfaktor für Finanzdienstleiter stellen dar Vermögen und das Einkommen der Wirtschaftssubjekte dar, weil sie Einfluss auf die Nachrage nach Einlagemöglichkeiten ausüben[78]. Je höher dabei das verfügbare Einkommen ist, desto größer ist die Sparquote und damit die Nachfrage nach geeigneten Anlageformen. Informationen über das durchschnittliche *regionales Pro-Kopf-Einkommen* (v_2) der untersuchten Provinzen sind verfügbar aus dem vietnamesischen General Statistic Office[79]. Hinsichtlich der Bedeutung des regionalen durchschnittlichen Einkommens für die Effizienz der Bankunternehmung wird ein tendenziell positiver Einfluss vermutet. Ein wirtschaftlich intaktes Bankumfeld kann eventuell Fehler des Managements ausgleichen und damit zu einer höheren Effizienz führen.

Verbundbeziehung

Zum einen soll sich die Kooperation in einem genossenschaftlichen Finanzverbund darauf abzielen, lokale Kreditinstitute gegenseitig gegen Liquiditäts- und Kreditrisiken zu versichern. Die Liquiditätsausgleichfunktion soll von verbundinternen Oberbauinstituten wahrgenommen werden. Zum anderen kann die verbindliche Gewährung organisationsexterner Finanzierungs-quelle dazu führen, dass das Kreditvergabeverhalten lokaler Kreditinstitute mit Moral Hazard-Problem und mit verringerten Bemühungen zum Risiko-management konfrontiert ist. Ob und in wieweit die Verbundkooperation die Effizienz positiv oder negativ beeinflusst, ist aufgrund der beiden gegenläufigen Thesen a priori nicht ersichtlich. Durch Integration der *Verbundbeziehung* (v_3) soll untersucht werden, ob die Zusammenarbeit im genossenschaftlichen Finanzverbund Einfluss auf die technische Effizienz lokaler PCFs ausübt. Die Dummy-Variable nimmt einen Wert von Eins an, wenn die jeweilige Bankunternehmung im Laufe des Jahres von ihrem zugehörigen Oberbauinstitut, u.a. Regionalkreditkasse (RCF) oder Zentralkreditkasse (CCF), refinanziert

---

[77] Vgl. Esho, 2000, S. 957f.
[78] Vgl. Dietsch/Lozano-Vivas, 2000.
[79] Nguyen et al., 2002, S. 705 ff.

wurde. Falls der Anspruch auf verbundbezogene Refinanzierungsquelle nicht genommen wurde, hat die Variable einen Wert von Null.

Bankspezifische Faktoren

Aus entwicklungspolitischer Sicht sollen lokale People's Credit Funds den breiten Bevölkerungsschichten mit Finanzdienstleistungen bedienen, die bisher vorwiegend auf den informellen Finanzsektor angewiesen waren. Dies ist darauf zurückzuführen, dass sie aufgrund asymmetrischer Informationsverteilung und damit verbundener hoher Transaktions-kosten von konventionellen Kreditinstituten als kreditunwürdig einzustufen sind oder dass sich die finanzielle Infrastruktur noch als unterentwickelt erweist. Augrund der mangelhaften Kundendaten sollte die *Mitgliederzahl* (v_5) als Proxy-Variable für die Breitenwirkung genossenschaftlicher Finanzorganisationen gelten, obwohl die Anzahl der von genossenschaftlicher Bankunternehmung bedienten Kunden höher liegen dürfte, weil Einlagengeschäfte auch mit Nicht-Mitgliedern betrieben sind. Immerhin muss die Frage gestellt werden, ob ein ständiges Anwachsen von Mitgliedern einen negativen Effekt auf die Effizienz genossenschaftlicher Bankunternehmung ausübt. Die übermäßige Verbreitung der Mitgliederbasis sowie die räumliche Ausdehnung des Geschäftsgebiets könnten zur zunehmenden Interessenheterogenität zwischen kreditnehmenden und kapitalgebenden Mitgliedern (Einlegern/Eigentümern), zur abnehmenden persönlichen Bindung, zum geringeren sozialen Druck und demzufolge zum erschwerten Erschließen lokalen Informationspool sowie zum verminderten Effekt informeller Überwachungs- und Durchsetzungsmechanismen führen. Hier wird erwartet, dass ein negativer Zusammenhang zwischen der Mitgliederanzahl und der technischen Kosteneffizienz besteht.

Eine grundlegende Voraussetzung für effektives Bankmanagement ist die hinreichende Diversifikation des Kreditportfolios. Weil Mitglieder als Kreditnehmer in einem geografisch beschränkten Gebiet oftmals ähnliche Berufstätigkeiten ausüben oder exogenen Schocks gleichzeitig ausgesetzt sind, erweisen sich die von einer lokalen genossenschaftlichen Bankunternehmung finanzierten Investitionsprojekte als hochgradig korreliert. Die aus dem Identitätsprinzip und der lokalen Verwurzelung resultierenden Restriktionen der Risikodiversifikation sollten jedoch durch den Transaktionskostenvorteil genossenschaftlicher Bankunternehmung zum Teil kompensiert werden. Da relevante Informationen über Mitgliederstruktur bzw. Struktur der Kreditnehmer nicht verfügbar sind, sollte als Proxy-Variable für den *Diversifikationsgrad* (v_6) der Anteil vergebener Kredite an der Bilanzsumme gelten. Es wird vermutet, dass Bankunternehmung mit einem geringeren Diversifikationsgrad ein höheres Effizienzniveau aufweist[80].

---

[80] Vgl. auch McKillop et al., 2002, S. 1586.

Es ist offensichtlich, dass die aktive Partizipation der Miteigentümer an den demokratischen Entscheidungs- und Kontrollprozessen eine notwendige Bedingung für die Leistungsfähigkeit lokaler Kreditgenossenschaften darstellt. In dem Falle, dass die Eigentümer ihre gemeinsame Bankunternehmung selber führt, ist der Anreiz des Bankmanagements im Hinblick auf die Bonitätsprüfung und Überwachung der Kreditnehmer höher, bindet somit hohe individuelle Ressourcen und führt aufgrund der ehrenamtlichen Selbstverwaltung zu einem höheren Effizienzniveau. Als Indikator für die potentielle Mitglieder-partizipation wird in folgendem der Anteil der permanenten Geschäftanteile an dem haftenden Eigenkapital. Damit wird mit zunehmender *Geschäftsanteilquote* (v_7) tendenziell eine höhere Effizienz erwartet.

Die genossenschaftliche Bankunternehmung und der realisierte Markterfolg sind Mittel zum Zweck der Mitgliederförderung. Sie soll daher versuchen, generierte ökonomische Renten weiter an die Mitglieder zu geben, in Form geringerer Kreditzinssätze, höherer Einlagen-zinssätze und/oder höherer Dividenden. Inhärente Konflikte zwischen sowie Einflussmöglichkeiten unterschiedlicher Gruppen von Mitgliedern als Eigentümern, als (Netto-) Kreditnehmern und als (Netto-)Einlegern finden sich in den geschäftspolitischen Maßnahmen einer Kreditgenossenschaft, vor allem in ihrer Zins- und Dividendepolitik. Im Zusammenhang mit dem demokratischen Ein-Mann-Eine-Stimme-Prinzip sind aufgrund fehlender Daten über die Mitgliederstruktur sowie die Gewinn-ausschüttung jedoch a priori keine eindeutigen Erkenntnisse zu gewinnen, ob die jeweilige Kreditgenossenschaft und ihre Geschäftspolitik von Kreditnehmenden oder Kapitalgebenden dominiert sind. Hinzufügend sind Einlagengeschäfte mit Nicht-Mitgliedern zu erwähnen. A priori Annahmen über die Mitgliederstruktur bzw. damit verbunden Geschäftspolitik sind strikt abzulehnen[81]. In folgendem soll untersucht werden, ob die jeweilige genossenschaftliche Bankunternehmung Konditionsvorteile zugunsten der Kreditnehmer, der Einleger und/oder der Eigentümer betreibt. Es wird erwartet, dass die Effizienz genossenschaftlicher Bankunternehmung im positiven Zusammenhang mit dem Einlagenzinssatz (v_8), Kreditzinssatz (v_9), und der Eigenkapitalrendite (v_{10}) steht. Letztere gilt als Proxy-Variable für die auszuschüttende Dividende.

Risikoinduzierte Faktoren

Die Fähigkeit genossenschaftlicher Bankunternehmung zum *Management von Risiken* soll ein zentraler Punkt in der Modellierung des finanzintermediären Leistungserstellungsprozesses dargestellt werden. Die bisherigen Bewertungs-modelle haben jedoch den Risikoaspekt ausgeblendet, und können damit auch keine Aussage über den Zusammenhang von Risiko und Effizienz gemacht werden. Weil Bankunternehmung ihre Erträge durch das Eingehen höherer Risiken steigern kann, legt dies den Schluss nahe, dass der Risikoaspekt bei der Analyse der Einflussfaktoren auf die Effizienz berücksichtigt werden muss.

---

[81] Vgl. Emmons/Schmid, 2000.

309

Durch Integration von risikoinduzierten Faktoren soll untersucht werden, ob und inwieweit das Insolvenzrisiko und das Kreditausfallrisiko die technische Effizienz lokaler PCFs bewirken. Bei Ersterem handelt es sich um die Berücksichtigung der *Eigenkapitalquote* (v_{11}), gemessen durch das Verhältnis vom haftenden Eigenkapital und der Bilanzsumme. Das haftende Eigenkapital stellt zum einen eine alternative Finanzierungsform zu den Kundeneinlagen dar. Ohne eine entsprechende Eigenkapitalverzinsung fallen aus ökonomischer Sicht Opportunitätskosten für die Eigentümer der Bankunternehmung an. Daher muss neben den expliziten aufgeführten Aufwendungen ebenfalls Kosten des Eigenkapitals berücksichtigt werden. Zum anderen stellt das Eigenkapital eine Absicherung gegen Insolvenz dar und beeinflusst auch die Höhe der Risikoprämie des Fremdkapitals. Verluste infolge von Kreditausfällen müssen dadurch aufgefangen werden[82]. Je höher die Eigenkapitalquote einer Bankunternehmung ist, umso geringer ist das Risiko einer Insolvenz aufgrund fehlender Finanzierungsmittel. Weil das Kreditportfolio in Höhe und Zusammenfassung durch gesetzliche Regelungen, u.a. Eigenkapital- und Kreditrichtlinien, an die Höhe des Eigenkapitals gekoppelt ist, übt das Eigenkapital sowohl Einfluss auf das Risiko als auch auf die Kosten[83]. Die Vernachlässigung des Eigenkapitals scheint nur dann möglich, wenn es entweder nicht für die Kreditvergabe verwendet wird oder alle Banken gleichzeitig das kostenminimale Niveau an Eigenkapital einsetzen[84]. Die Eigenkapitalquote als Anteil des Eigenkapitals an der Bilanzsumme kann insofern kurzfristig nicht geändert werden und soll deshalb als exogener Faktor gelten, der Einfluss auf das Managementverhalten ausübt[85]. Es soll analysiert werden, ob eine Bankunternehmung mit niedriger Eigenkapitalquote geringeres Effizienzniveau aufweist als die sonstigen People's Credit Funds.

Durch die Berücksichtigung des Eigenkapitals bzw. der Eigenkapitalquote kann nur ein relevanter Bestandteil von Geschäftsrisiken berücksichtigt werden. Ein anderer Eckpunkt bildet das Kreditausfallrisiko, das die Qualität der Kreditvergabe darstellt. Bei der Erfassung der Forderungen an Mitglieder ist zu berücksichtigen, dass durch die hier angegebenen Salden keine Aussage über die Qualität der Kredite und damit die Wahrscheinlichkeit von Kreditausfällen gemacht werden kann. Diese Angabe wäre für die Analyse der Effizienz wichtig, weil eine negative Korrelation von Kosteneffizienz und Kreditqualität unterstellt wird[86]. Bankunternehmung, die weniger Aufwand in die Bonitäts-

---

[82] Vgl. Berger/Mester, 1997.
[83] Die Höhe der risikobehafteten Aktiva dürfen maximal das 25fache des haftenden Kapitals ausmachen, das im wesentlichen aus dem bilanziellen Eigenkapital besteht.
[84] Vgl. Mester, 1996.
[85] Aufgrund der genossenschaftlichen Rechtsform erfolgt eine Kapitalerhöhung nur durch Gewinnung neuer Mitglieder oder Bildung von Rücklagen.
[86] In der Bankliteratur finden sich zwei Hauptthesen im Hinblick auf den Zusammenhang zwischen Kreditqualität und Kostenmanagement: Hohe Kreditausfallquote ist zum einen auf

310

prüfung und Kreditkontrolle investiert und damit im Durchschnitt ein größeres Volumen an Kreditausfällen besitzt, wird im Vergleich zu einer Bankunternehmung mit sorgfältigerer Prüfung von Kreditanträgen und damit geringeren Kreditausfällen unter sonst gleichen Bedingungen als effizienter eingestuft. Al Proxy-Variable für die Qualität der Kredite gilt *Kreditausfallquote* (v_{12}) als der Anteil fauler Kredite (mit überfälliger Frist von über 30 Tagen) an den gesamten Forderungen an Kunden/Mitgliedern[87].

3. Ergebnisse und Diskussion

3.1. Analyse der Kosteneffizienz

Als Ausgangspunkt für die Darstellung der Ergebnisse dient die Gesamteffizienz, die anschließend in die reine technische Kosteneffizienz und Skaleneffizienz zerlegt wird, um unterschiedliche Effizienzniveaus begründen zu können. In der Tabelle 21 sollen radiale und nicht-radiale Effizienz-Indices zusammengefasst werden. In folgendem sollen Ergebnisse anhand des radialen DEA-Verfahrens diskutiert werden. Nicht-radiale Effizienzmaße werden in Klammern dargestellt und bei denjenigen Grundaussagen vorgezogen, falls radiale und nicht-radiale Ergebnisse unterschiedlich interpretiert werden können. Dies beruht darauf, dass es sich bei der nicht-radialen Randfunktion nur um Entscheidungseinheiten mit *streng effizienten Technologien* handelt.

Die radialen und nicht-radialen *Gesamteffizienzwerte* lassen sich durch Lösungen der linearen Ungleichungssysteme (3.8) und (3.13) ermitteln. Sie liegt im Durchschnitt über alle untersuchten People's Credit Funds bei einem OE-Wert von 82% (nicht-radial: 76,3%) bei dem ersten Bewertungsmodell (DEA-I) bzw. 85,7% (79%) bei dem Zweiten (DEA-II), was einem Kosteneinsparungspotential von 18% bzw. 14,3% der Gesamteffizienz entspricht. Mit anderem Worte: Würden alle lokalen People's Credit Funds effiziente Technologien wie die die Randfunktion bildenden Entscheidungseinheiten einsetzen, könnten 18 % (23,7 %) der gegenwärtigen anfallenden Kosten eingespart werden, ohne gleichzeitig das Outputniveau einschränken zu müssen. Dabei zeigen sich im Vergleich einzelner genossenschaftlicher Bankunternehmung erhebliche Unterschiede. So schwanken die OE-Werte zwischen 47,2 Prozent (ca. 46 %) und 100 Prozent. Die Streuung liegt zirka um 12 Prozent (ca. 14 %).

Zur Verdeutlichung des Rationalisierungspotentials werden die tatsächlichen Kosten den minimalen Kosten – bezüglich des ersten Bewertungsmodells DEA-I gegenüberstehen. Im Durchschnitt gaben die PCFs für die Einsatzfaktoren Finanz-, Humanressourcen und reales Kapital insgesamt 372,162 Mio. VND aus. Würden die untersuchten People's Credit Funds (radial) effizient operieren, könnten sie im Durchschnitt auf 304,352 Mio. VND reduzieren und damit

---

externe Umfeldfaktoren "bad luck" und zum anderen auf "bad management" zurückzuführen (vgl. Berger/DeYoung, 1997; Berger/Mester, 1997).
[87] Vgl. Molyneux et al., 1996, S. 155.

Kosteneinsparungen in Höhe von 66,989 Mio. VND realisieren. Der größte Betrag entfällt dabei auf die Zinsaufwendungen, wo Kosteneinsparungen von 46,602 Mio. VND verwirklich werden können. Eine proportionale Reduzierung der Personalkosten bzw. der Aufwendungen für reales Kapital führt zu Einsparungen von 10,993 Mio. VND bzw. 9,214 Mio. VND.

Tabelle 21: Gesamteffizienz, technische Kosteneffizienz und Skaleneffizienz

	MODELL I (DEA-I)		MODELL II (DEA-II)	
	Radial	Nicht-radial	Radial	Nicht-radial
GESAMTEFFIZIENZ (OE)				
Minimum	0.472	0.459	0.472	0.462
Maximum	1.000	1.000	1.000	1.000
Mittelwert	**0.820**	**0.763**	**0.857**	**0.790**
Standardabweichung	0.126	0.140	0.124	0.143
Anzahl effizienter PCFs	42	35	64	47
TECHNISCHE KOSTENEFFIZIENZ (TE)				
Minimum	0.477	0.461	0.481	0.469
Maximum	1.000	1.000	1.000	1.000
Mittelwert	**0.860**	**0.795**	**0.891**	**0.827**
Standardabweichung	0.125	0.144	0.116	0.146
Anzahl effizienter PCFs	68	53	96	77
SKALENEFFIZIENZ (SE)				
Minimum	0.534	0.597	0.591	0.597
Maximum	1.000	1.000	1.000	1.000
Mittelwert	**0.955**	**0.962**	**0.963**	**0.958**
Standardabweichung	0.064	0.067	0.062	0.074

Quelle: Eigene Berechnung[88].

Eine Untersuchung der Gesamteffizienz in Abhängigkeit von der Betriebsgröße weist drauf hin, dass sich ein u-förmiger Verlauf zeigt (vgl. Tabelle 22)[89]. Das größte durchschnittliche Effizienzniveau wird bei allen Modellvarianten in der vierten Größenklasse erreicht (Bilanzsumme von 4.500 bis 6.000 Mio. VND). Die Effizienzwerte schwanken beispielsweise mit über dreiprozentigem Punkt (DEA-I) bzw. über vierprozentigem Punkt (DEA-II) um den Mittelwert, so dass ein merklicher Unterschied für die einzelnen Gruppen in der Differenz gezeigt wird. In jeder Größenklasse sind effiziente PCFs mit einem Wert von Eins enthalten, wobei der relative Anteil effizienter Bankunternehmung in einzelner Gruppe unterschiedlich ausgefallen ist. Abgesehen von dem radialen DEA-II,

---

[88] Siehe Anhang 7-1.
[89] Für eine grafische Darstellung der Gesamteffizienz in Abhängigkeit von der Betriebsgröße siehe Anhang 8.

weisen die letzten 3 Gruppen (Bilanzsumme ab 3.000 Mio. VND) einen höheren Anteil effizienter PCFs im Vergleich zu dem Anteil der gesamten Stichprobe auf. Dies zeigt darauf, dass von der Bilanzsumme ein Einfluss auf die Höhe der Gesamteffizienz (OE) auszugehen scheint.

Um einen Einblick in die Ursache für unterschiedliche Niveaus der Gesamteffizienz zu verschaffen, wird die Zerlegung der Gesamteffizienz in die reine technische Kosteneffizienz (TE) und die Skaleneffizienz (SE) vorgenommen. Es ist zu berücksichtigen, dass aus dem Verlauf der Gesamteffizienz nicht den Verlauf der untergeordneten Komponenten geschlossen werden kann, sondern dieser vielmehr das Resultat gegenläufiger Werte der verschiedenen Effizienzindices ist. Die folgende Gleichung stellt den Zusammenhang zwischen der Gesamteffizienz und ihren verschiedenen Komponenten dar:

Gesamteffizienz (OE) = Technische Effizienz (TE) * Skaleneffizienz (SE).

Die radiale und nicht-radiale technische Effizienz (TE) wird durch Lösungen von linearen Problemen (3.9) und (3.12) ermittelt. Die Skaleneffizienz bildet sich aus dem Verhältnis von der Gesamteffizienz und der technischen Kosteneffizienz für die beiden DEA-Konzepte.

Der Großteil der Kostenineffizienz entfällt dabei auf den technischen Bestandteil. Der durchschnittliche TE-Wert beträgt 86 % (79,5 %) bei dem ersten Bewertungsmodell bzw. 89,1 % (82,7 %) bei dem zweiten Modell. Für die Skaleneffizienz ergeben sich durchwegs konstant hohe SE-Werte, und impliziert damit bei einem Durchschnitt von zirka 96 % ein aus einer "nicht optimalen" Betriebsgröße nur ein marginales Einsparungspotential von 4 %.

Ergebnisse der Effizienzanalyse zeigen, dass die technische Kosteninnefizienz mit einem Durchschnittwert von 14 % (20,5 %) bei dem DEA-I beziehungsweise 10,9 % (17,3 %) bei dem DEA-II das größte Potential für Kostensenkungen bietet, während die Skalenineffizienz nur eine untergeordnete Rolle spielt. Von den 277 lokalen Kreditinstituten sind insgesamt 68 (53) bei DEA-I bzw. 96 (77) mit einem technischen Effizienzwert von 1 als effizient einzustufen. Aufgrund der kleinen Werte für die Standardabweichung der Skaleneffizienz ist nur eine geringe Streuung der Effizienz um den Mittelwert festzustellen (DEA-I: 0,064 (0,067); DEA-II: 0,062 (0,074)).

313

Tabelle 22: DEA-Effizienzindices in Abhängigkeit von der Betriebsgröße

Bilanz-summe (in Mio. VND)	GESAMTEFFIZIENZ (OE) DEA-I Radial Mittelwert	Anteil*)	nicht-radial Mittelwert	Anteil**)	DEA-II radial Mittelwert	Anteil*)	nicht-radial Mittelwert	Anteil**)	TECHNISCHE KOSTENEFFIZIENZ (TE) DEA-I radial Mittelwert	Anteil*)	nicht-radial Mittelwert	Anteil**)	DEA-II radial Mittelwert	Anteil*)	nicht-radial Mittelwert	Anteil**)	SKALENEFFIZIENZ (SE) DEA-I radial	nicht-radial	DEA-II radial	nicht-radial
unter 1.500	0,786	9,3 %	0,725	9,3 %	0,848	18,6 %	0,792	16,3 %	0,856	27,9 %	0,780	20,9 %	0,880	32,6 %	0,820	25,6 %	0,921	0,934	0,965	0,968
1.500-3.000	0,824	14,6 %	0,761	12,4 %	0,838	21,3 %	0,765	18,0 %	0,842	18,0 %	0,771	13,5 %	0,867	28,1 %	0,793	22,5 %	0,979	0,986	0,968	0,966
3.000-4.500	0,829	24,4 %	0,789	20,0 %	0,900	44,4 %	0,809	20,0 %	0,847	28,9 %	0,801	22,2 %	0,932	60,0 %	0,873	42,2 %	0,979	0,985	0,966	0,932
4.500-6.000	0,843	30,0 %	0,789	25,0 %	0,904	25,0 %	0,847	25,0 %	0,880	45,0 %	0,810	30,0 %	0,930	55,0 %	0,876	50,0 %	0,959	0,973	0,971	0,968
über 6.000	0,830	26,7 %	0,765	20,0 %	0,833	40,0 %	0,792	33,3 %	0,925	60,0 %	0,868	53,3 %	0,891	63,3 %	0,840	56,7 %	0,897	0,887	0,937	0,947
Ins.	0,820	18,5 %	0,763	15,4 %	0,857	28,2 %	0,790	20,7 %	0,860	30,0 %	0,795	23,3 %	0,891	42,3 %	0,827	33,9 %	0,955	0,962	0,963	0,958

Quelle: Eigene Berechnung.

*) ... Anteil effizienter Kreditinstitute; **) ... Anteil streng effizienter Kreditinstitute

314

Analysiert man die Entwicklung der *technischen Effizienz* in Abhängigkeit von der Betriebsgröße, weist der u-förmige Verlauf darauf hin, dass aus der gesamtwirtschaftlichen Sicht das höchste durchschnittliche Effizienzniveau von 92,5 % (86,8 %) in der Größenklasse 5 (Bilanzsumme ab 6.000 Mio. VND) erreicht wird, während aus der Sicht der Mitglieder genossenschaftliche Bankunternehmung mit einer Bilanzsumme von 3.000 bis 6.000 Mio. VND am effizientsten (Gruppe 3: 93,3 % (87,3 %); Gruppe 4: 93 % (87,6 %)) operiert[90].

Für alle Modellvarianten weist die Gruppe 2 im Durchschnitt den geringsten Effizienzwert auf (DEA-I: 84,2 % (77,1 %); DEA-II: 86,7 % (79,3 %)). Der überdurchschnittliche Anteil effizienter PCFs von Gruppe 4 bis zu 5 – im Vergleich zu dem Anteil an der Gesamt-stichprobe – sowie die steigende Tendenz von Mittelwerten einzelner Gruppen deutet darauf, dass die technische Effizienz mit steigender Bilanzsumme zuzunehmen erscheint. Der u-förmige Verlauf der technischen Kosteneffizienz lässt sich aber auch auf plausible Argumente stützen. Als Ursache für die höhere Effizienz der relativ kleinen PCFs in der Gruppe 1 im Vergleich zu der Gruppe 2 wird die geringere Komplexität der Geschäftsprozesse und damit verbundene einfachere Koordination und Kontrolle der organisatorischen Abläufe innerhalb der Bankunternehmung gesehen[91]. Ein weiterer Vorteil liegt in dem besseren lokalen Informationspool mit der sich daraus ergebenden Möglichkeit, Finanzprodukte individuell auf Markgegebenheiten anpassen und auf Veränderungen der Nachfrageseite schnell reagieren können. Die hohe Effizienz relativ größerer PCFs wird auch dadurch erklärt, dass einerseits genossenschaftliche Bankunternehmung mit Bilanzsumme ab 3.000 Mio. VND komplexere Organisationsabläufe aufweist, und dass andererseits sie aber über gut ausgebildete Mitarbeiter verfügt. Vorteil bei der Rekrutierung von qualifiziertem Personal soll den Nachteil der hohen Organisationskosten überkompensieren. Aus der Sicht der Mitglieder verfügt die genossenschaftliche Bankunternehmung mit einer Bilanzsumme ab 6.000 Mio. VND über einen solchen Netto-Vorteil nicht mehr. Die durchschnittliche technische Effizienz der letzten Gruppe sinkt im Vergleich zu der Gruppe 4 merklich um über dreiprozentigen Punkt (radiales DEA-II: 3,9 %; nicht-radiales DEA-II: 3,6 %). Zusätzlich wird argumentiert, dass relativ große PCFs öfter in den Geschäftsgebieten angesiedelt sich, wo sie einem stärkerem Wettbewerb ausgesetzt sind und damit einem Zwang zu einem höheren Kostenbewusstsein unterliegen. Ob und in wieweit die räumliche Gegebenheit und andere Standortfaktoren einen Einfluss auf das Effizienzniveau ausüben, soll später im Rahmen der Regressionsanalyse untersucht werden.

[90] Siehe Anhang 9.
[91] Vgl. auch Berger, 2000.

315

Untersucht man die *Skaleneffizienz* in Abhängigkeit von der Bankunternehmungsgröße, deutet der Verlauf darauf hin, dass mit einem Durchschnittwert von 97,9 % für die Gruppe 2 (98,6%) und Gruppe 3 (98,5 %) eine optimale Betriebgröße bei dem DEA-I zu liegen scheint, während aus der Mitgliedersicht jedoch kein großer Effizienzunterschied genossenschaftlicher Bankunternehmung mit Bilanzsumme unter 6.000 Mio. VND herrscht[92]. Die Mittelwerte der Skaleneffizienz in den ersten 4 Gruppen variieren zwischen 96,5 % (Gruppe 1) und 97,1 % (Gruppe 4). Lokale People's Credit Funds mit einer Bilanzsumme ab 6.000 Mio. VND besitzen ein eindeutig geringeres Durchschnittniveau.

Um zu überprüfen, ob die anfangs steigende und mit zunehmender Betriebsgröße fallende Werte für die Skaleneffizienz ein Index dafür sind, das die kleinen PCFs im Bereich steigender Skalenerträge und die großen Banken im Bereich fallender Skalenerträge operieren, wird auf das in Abschnitt 2.3.2 vorgestellte Verfahren zurückgegriffen. Die Verteilung der untersuchten PCFs auf die Technologietypen:

- Technologie mit steigenden Skalenerträgen (IRS),

- Technologie mit konstanten Skalenerträgen (CRS) und

- Technologie mit sinkenden Skalenerträgen (DRS) bestätigt,

dass insgesamt die Technologie durch sinkende Skalenerträge gekennzeichnet ist, abgesehen von dem radialen DEA-I. Untersucht man die Entwicklung der Technologietypen in Abhängigkeit von der Unternehmungsgröße, wird es darauf hingewiesen, dass mit zunehmender Bilanzsumme die Technologie fallender Skalenerträge bei skaleninneffizienten PCFs überwiegt (vgl. Tabelle 23)[93].

Sind z.B. anhand des DEA-I am Anfang über 90,7 % der PCFs skaleninneffizient, von denen 97,4 % (71,8 %) der Bankunternehmung durch Technologie mit zunehmenden Skalenerträgen gekennzeichnet sind, so verringert sich der Anteil skaleninneffizienter PCFs auf 70 % (75 %) in der Größenklasse 4 und 73,3 % (80 %) in der Größenklasse 5. Gleichzeitig sinkt bzw. steigt der Anteil der Kreditinstitute mit zunehmenden bzw. abnehmenden Skalenerträgen auf über Nullprozent (4,2 %) bzw. 100 % (95,8 %) in der letzten Gruppe. Während in den ersten zwei Größenklassen (Bilanzsumme bis 3.000 Mio. VND) im Durchschnitt vorwiegend die Technologie steigender Skalenerträge herrscht, weisen die letzten drei Gruppen einen höheren Anteil der PCFs mit Technologie konstanter bzw. sinkender Skalenerträge im Vergleich zu dem der gesamten Stichprobe auf.

---

[92] Siehe Anhang 10-1.
[93] Für eine grafische Darstellung der Verteilung von Technologietypen in Abhängigkeit von der Betriebsgröße siehe Anhang 10-2 und 10-3.

Tabelle 23: *Technologietypen in Abhängigkeit von der Betriebsgröße*

Gruppe	Bilanz-summe (in Mio. VND)	DEA-I						DEA-II					
		Radial			Nicht radial			Radial			Nicht-radial		
		Anteil skalen-ineffizienter Kreditinstitute, davon			Anteil skalen-ineffizienter Kreditinstitute, davon			Anteil skalen-inffizienter Kreditinstitute, davon			Anteil skalen-ineffizienter Kreditinstitute, davon		
			IRS	DRS		IRS	DRS		IRS	DRS		IRS	DRS
1	unter 1.500	90,7%	97,4%	2,6%	90,7%	71,8%	28,2%	81,4%	42,9%	57,1%	83,7%	19,4%	80,6%
2	1.500 - 3.000	85,4%	71,1%	28,9%	87,6%	42,3%	57,7%	78,7%	68,6%	31,4%	82,0%	46,6%	53,4%
3	3.000 - 4.500	75,6%	17,6%	82,4%	80,0%	27,8%	72,2%	55,6%	20,0%	80,0%	80,0%	19,4%	80,6%
4	4.500 - 6.000	70,0%	21,4%	78,6%	75,0%	13,3%	86,7%	75,0%	6,7%	93,3%	75,0%	20,0%	80,0%
5	über 6.000	73,3%	0,0%	100%	80,0%	4,2%	95,8%	60,0%	11,1%	88,9%	66,7%	20,0%	80,0%
Insgesamt		81,5%	51,7%	48,3%	84,6%	37,4%	62,6%	71,8%	43,6%	56,4%	79,3%	30,2%	69,8%

Quelle: Eigene Berechnung.

3.2. Allokationsanalyse

Anhand des *radialen* DEA-Verfahrens könnte das Einsparungspotential prinzipiell durch eine *proportionale* Kostenreduktion aller Einsatzfaktoren erreicht werden. Dieses Verfahren ermöglichen jedoch keine Aussage darüber, ob und inwieweit die X-Ineffizienz durch die Zusammensetzung einzelner Einsatzfaktoren verursacht wird. Anhand einer Integration der radialen DEA-Methode und des nicht-radialen Färe-Lovell-Verfahrens sollen auch die Schlupfvariablen (Slacks) in den Aufwendungen einzelner Einsatzfaktoren ermittelt werden. Die Slacks sind theoretisch nicht nur bei den ineffizienten sondern auch bei radial effizienten PCFs vorhanden. Der Fall, dass eine Bankunternehmung auf der Randfunktion – i.S.v. Isoquantenkonzept – liegt, aber aufgrund von Slacks *allokativ* ineffizient arbeitet, spielt hier eine besondere Rolle. Sie wird als *schwach effizient* eingestuft. Eine durch Slacks verursachte Ineffizienz führt damit zu einer systematischen Überbewertung effizienter Entscheidungs-einheiten bei einer Orientierung an dem *radialen* Effizienzmessungskonzept. Der Anteil lokaler PCFs, die optimale Einsatzfaktorkosten aufweisen, liegt bei 26 % (DEA-I) bzw. 37,4 % (DEA-II) für *Zinsaufwand*, bei 23,8 % bzw. 34,8 % für *Personalaufwand* und bei 23,3 % bzw. 34,8 % für *Sachaufwand*. Von den 227 PCFs im Datensatz treten insgesamt 174 (DEA-I) bzw. 148 (DEA-II) mit Slacks auf, die sich ungleichmäßig auf die drei Einsatzfaktoren verteilen. Die beiden Bewertungs-modelle sind insgesamt mit übermäßigen Zinsaufwendungen sowie mit untermäßigen Aufwendungen für Personal und Sachkapital gekennzeichnet (vgl. Tabelle 24).

Tabelle 24: Allokation der Inputfaktorkosten in Abhängigkeit von der Betriebsgröße

DEA-I

Gruppe	Bilanzsumme (in Mio. VND)	ZINSAUFWAND Mittelwert	Anteil effizienter PCFs	PCF-Anteil mit Slacks	davon übermäßige Ausgaben	davon untermäßige Ausgaben	PERSONALAUFWAND Mittelwert	Anteil effizienter PCFs	PCF-Anteil mit Slacks	davon übermäßige Ausgaben	davon untermäßige Ausgaben	SACHAUFWAND Mittelwert	Anteil effizienter PCFs	PCF-Anteil mit Slacks	davon übermäßige Ausgaben	davon untermäßige Ausgaben
1	unter 1.500	0,848	23,3%	76,7%	45,5%	54,5%	0,787	20,9%	79,1%	82,4%	17,6%	0,706	20,9%	79,1%	79,4%	20,6%
2	1.500 - 3.000	0,874	15,7%	84,3%	29,3%	70,7%	0,774	14,6%	85,4%	75,0%	25,0%	0,667	13,5%	86,5%	85,7%	14,3%
3	3.000 - 4.500	0,864	24,4%	75,6%	23,5%	76,5%	0,779	22,2%	77,8%	74,3%	25,7%	0,759	22,2%	77,8%	80,0%	20,0%
4	4.500 - 6.000	0,859	35,0%	65,0%	53,8%	46,2%	0,803	30,0%	70,0%	57,1%	42,9%	0,768	30,0%	70,0%	78,6%	21,4%
6	über 6.000	0,948	56,7%	43,3%	30,8%	69,2%	0,849	53,3%	46,7%	85,7%	14,3%	0,808	53,3%	46,7%	100,0%	0,0%
Insgesamt		0,876	26,0%	74,0%	33,6%	66,4%	0,790	23,8%	76,2%	76,1%	23,9%	0,720	23,3%	76,7%	84,6%	15,4%

DEA-II

Gruppe	Bilanzsumme (in Mio. VND)	ZINSAUFWAND Mittelwert	Anteil effizienter PCFs	PCF-Anteil mit Slacks	davon übermäßige Ausgaben	davon untermäßige Ausgaben	PERSONALAUFWAND Mittelwert	Anteil effizienter PCFs	PCF-Anteil mit Slacks	davon übermäßige Ausgaben	davon untermäßige Ausgaben	SACHAUFWAND Mittelwert	Anteil effizienter PCFs	PCF-Anteil mit Slacks	davon übermäßige Ausgaben	davon untermäßige Ausgaben
1	unter 1.500	0,920	27,9%	72,1%	22,6%	77,4%	0,788	25,6%	74,4%	96,9%	3,1%	0,751	25,6%	74,4%	84,4%	15,6%
2	1.500 - 3.000	0,873	23,6%	76,4%	42,6%	57,4%	0,806	23,6%	76,4%	67,6%	32,4%	0,699	22,5%	77,5%	84,1%	15,9%
3	3.000 - 4.500	0,951	53,3%	46,7%	28,6%	71,4%	0,843	44,4%	55,6%	80,0%	20,0%	0,826	46,7%	53,3%	87,5%	12,5%
4	4.500 - 6.000	0,891	50,0%	50,0%	60,0%	40,0%	0,906	50,0%	50,0%	60,0%	40,0%	0,832	50,0%	50,0%	90,0%	10,0%
6	über 6.000	0,905	60,0%	40,0%	33,3%	66,7%	0,820	56,7%	43,3%	69,2%	30,8%	0,794	56,7%	43,3%	100,0%	0,0%
Insgesamt		0,903	37,4%	62,6%	36,4%	63,6%	0,821	34,8%	65,2%	75,2%	24,8%	0,758	34,8%	65,2%	87,4%	12,6%

Quelle: Eigene Berechnung.

Beim Vergleich mit der radialen technischen Effizienz finden sich Kostensenkungspotentiale im Durchschnitt weniger bei Finanzressourcen (DEA-I: 0,876 > 0,860; DEA-II: 0,903 > 0,891) und mehr bei Humanressourcen (DEA-I: 0,790 < 0,860; DEA-II: 0,821 < 0,891) sowie Sachkapital (DEA-I: 0, 720 < 0,860; DEA-II: 0,758 < 0,891). Für beide Bewertungsmodelle weist das Sachkapital das geringste durchschnittliche Effizienzniveau auf. Bei einer Untersuchung der Ressourcenallokation in Abhängigkeit von der Betriebsgröße kann man feststellen, dass der Anteil genossenschaftlicher Bankunternehmung mit optimalem Faktorkosteneinsatz bei steigender Bilanzsumme zunimmt[94]. In der Gruppe 4 ist eine Kostensituation zu beobachten, dass die dazugehörigen PCFs übermäßig für alle Einsatzfaktoren ausgaben. Eine ähnliche Situation wie bei der Analyse der technischen Effizienz liegt vor, indem die Gruppe 2 den höchsten Anteil genossenschaftlicher Bankunternehmung mit Slacks bei allen Einsatzfaktoren und Bewertungsmodellen innewohnt. Hier liegt die Vermutung nahe, dass genossenschaftliche Kreditinstitute mit einer Bilanzsumme zwischen 1.500 und 3.000 Mio. VND am stärksten von den unzulänglichen Management-Fähigkeiten getroffen wird. Die *X-Effizienz* erreicht in dieser Gruppe das geringste Niveau, zu der ca. 39,2 v.H. aller untersuchten People's Credit Funds gehören.

3.3. Analyse der Einflussfaktoren

In dem vorliegenden Abschnitt wird das *Tobit-Modell* im Zusammenhang mit dem von Xue und Harker vorgestellten *DEA-Boostrap-Regressionsverfahren* angewendet, um Verzerrungen der Ergebnisse infolge der zensierten Effizienzindices und ihren inhärenten Abhängigkeit zu minimieren. Im folgenden wird ein Regressionsmodell formuliert, wobei die Einflussfaktoren unabhängige Variablen darstellen und als abhängige Variable der negativ logarithmierte Wert der technischen Effizienz verwendet wird (siehe Anhang 12-6 und 12-7).

$$y^* = -Ln(\text{Effizienz}) = \beta_0 + \beta_1 * \text{Einzugsgebiet} + \beta_2 * \text{Einkommen} + \beta_3 * \text{Verbundbeziehung}$$
$$+ \beta_4 * \text{Bilanz} + \beta_5 * \text{Mitglied} + \beta_6 * \text{Diversifikationsgrad} + \beta_7 * \text{Geschäftsanteil}$$
$$+ \beta_8 * \text{Einlagenzins} + \beta_9 * \text{Kreditzins} + \beta_{10} * \text{Eigenkapitalrendite}$$
$$+ \beta_{11} * \text{Eigenkapitalquote} + \beta_{12} * \text{Kreditausfallquote} + \varepsilon$$

Die Regressionskoeffizienten und die damit verbundenen Parameter wurden mithilfe des *Maximum-Likelihood-Verfahrens* geschätzt und sind in Tabelle 25 wiedergegeben. Sowohl aus der gesamtwirtschaftlichen Sicht als auch aus der Mitgliedersicht sind von den angeführten Variablen die Bilanzsumme, der Diversifikationsgrad, der Kreditzins die Eigenkapitalrendite, die Eigenkapital-quote und die Kreditausfallquote signifikant. Alle übrigen Variablen besitzen keinen signifikanten Einfluss auf die technische Effizienz. Während ein

---

[94] Siehe Anhang 11-1 bis 11-4.

positiver Einfluss von der Anzahl der Mitglieder, der Geschäftsanteilquote und dem Einlagenzinssatz ausgeht, weisen die Koeffizienten der Standortfaktoren und Verbundbeziehung gegensätzliche Vorzeichen in den beiden Bewertungsmodellen auf. Ergebnisse des ersten Regressionsanalyse (TSA) lässt sich interpretieren, dass die *technische Effizienz* umso größer ist, je größer die Bilanzsumme, geringerer der Diversifikationsgrad, je geringer der Kreditzins, je größer die Eigenkapitalrendite, die Eigenkapitalquote und je schlechter die Qualität vergebener Kredite sind. Die DEA-Bootstrap-Regressionsanalyse (DBR) mit (c=)1000 Bootstrap-Stichproben deutet darauf hin, dass die Bilanzsumme und der Diversifikationsgrad – im Gegensatz zu der Ersten – neben den Standortfaktoren, der Verbundbeziehung, der Geschäftsanteil-Quote und dem Einlagenzinssatz keinen signifikanten Einfluss auf die technische Effizienz ausüben. Positiv korreliert mit der technischen Effizienz sind der Kreditzins, die Kapitalrendite, die Eigenkapitalquote und die Kreditausfallquote. Die Kosteneffizienz lokaler People's Credit Funds hängt demzufolge nicht davon ab, ob sie in ländlichen oder städtischen bzw. in "reichen" oder "armen" Regionen operieren. Überraschenderweise führt eine Refinanzierungsbeziehung mit der dazugehörigen Regional- bzw. Zentralkreditkasse jedoch nicht zur Verbesserung oder Verschlechterung der Kosteneffizienz lokaler Kreditinstitute. Die verbundwirtschaftliche Zusammenarbeit sollte in Frage gestellt werden, ob die genossenschaftlichen Oberbauinstitute ihre Zentralbank-funktionen richtig wahrgenommen und ausgeübt haben. Der nichtsignifikante Zusammenhang zwischen der Geschäftsanteilquote und Kosteneffizienz konnte dadurch erklärt werden, dass alle untersuchten Kreditinstitute von Eigentümern verwaltet wurden, die relativ hohe permanente Geschäftsanteile besitzen. Die geringen Werte für den Bestimmungskoeffizienten R^2 (0,356 für DEA-I und 0,236 für DEA-II) zeigen, dass die erklärte Variation durch die angegebenen Einflussfaktoren gering ist. Eine Begründung dafür besteht darin, dass es neben den aufgeführten Variablen eine Reihe weiterer Faktoren bestehen, die hier aufgrund des beschränkten Datensatzes nicht untersucht werden konnten. Die Ergebnisse decken sich somit mit den theoretischen Erwartungen.

Tabelle 25: Einflussfaktoren der technischen Effizienz – Two-Step-Approach (TSA) vs. DEA-Bootstrap-Regression (DBR)

DEA-I

Koeffizienten	Konstante	Einzugs-gebiet	Pro-Kopf-Einkommen	Verbund-beziehung	Bilanz-summe	Anzahl der Mitglieder	Diversifi-kationsgrad	Geschäfts-anteilquote	Einlagen-zins	Kreditzins	Kapital-rendite	EK-Quote	Kreditausfall-quote
Mittelwert (TSA)	-0,194400	-0,016508	0,018828	-0,001828	-0,063602	-0,012111	0,399782	-0,068170	-0,188856	6,349510	-0,253712	-1,958540	-2,124400
Std.Abw. (TSA)	0,274960	0,028875	0,029804	0,027607	0,032014	0,037099	0,194851	0,090094	1,113310	1,079120	0,083974	0,501772	0,712798
t-Wert (TSA)	-0,707013	-0,571722	0,631740	-0,066207	-1,986690	-0,326439	2,051740	-0,756652	-0,169634	5,883980	-3,021320	-3,903240	-2,980370
Pr (>|t|)	0,479559	0,567510	0,527557	0,947213	0,046957	0,744093	0,040195	0,449258	0,865298	0,000000	0,002517	0,000095	0,002879
Nullhypothese H₀ (TSA)	-	-	-	-	verworfen *)	-	verworfen *)	-	-	verworfen *)	verworfen **)	verworfen **)	verworfen **)
Mittelwert (DBR)	-0,145758	-0,015016	0,020075	-0,006537	-0,073061	-0,002566	0,397187	-0,083744	-0,264600	6,065233	-0,295845	-1,991313	-2,203062
Std.Abw. (DBR)	0,372979	0,034849	0,035528	0,032572	0,041030	0,042014	0,269244	0,106513	1,688486	1,514010	0,120438	0,930731	1,071327
t-Wert (DBR)	-0,521209	-0,473706	0,529956	-0,056115	-1,550131	-0,288248	1,484829	-0,640015	-0,111849	4,193837	-2,106572	-2,104303	-1,982961
Nullhypothese H₀ (DBR)	-	-	-	-	-	-	verworfen *)	-	-	verworfen *)	verworfen *)	verworfen *)	verworfen *)

Maximum-Likelihood-Wert (TSA): 62,099081
F-Wert (TSA): 9,870308 **
Bestimmtheitsmaß (R²): 0,356282
Korr. Bestimmtheitsmaß (Adj.R²): 0,320186
Kritischer t-Wert (DBR): $t_{(2169,0.025)} = 1,971108$

DEA-II

Koeffizienten	Konstante	Einzugs-gebiet	Pro-Kopf-Einkommen	Verbund-beziehung	Bilanz-summe	Anzahl der Mitglieder	Diversifi-kationsgrad	Geschäfts-anteilquote	Einlagen-zins	Kreditzins	Kapital-rendite	EK-Quote	Kreditausfall-quote
Mittelwert (TSA)	0,004002	0,018471	-0,006811	0,009265	-0,069389	-0,028199	0,362906	-0,092819	-0,350907	6,146000	-0,233932	-1,806580	-2,696880
Std.Abw. (TSA)	0,298598	0,030261	0,031249	0,028807	0,033517	0,038400	0,213517	0,093638	1,176400	1,158870	0,096965	0,527997	0,790473
t-Wert (TSA)	0,013403	0,610397	-0,217975	0,321624	-2,070290	-0,734348	1,699660	-0,991259	-0,298288	5,303460	-2,412530	-3,421570	-3,411730
Pr (>|t|)	0,989307	0,541599	0,827449	0,747737	0,038426	0,462736	0,089194	0,321559	0,765483	0,000000	0,015842	0,000623	0,000646
Nullhypothese H₀ (TSA)	-	-	-	-	verworfen *)	-	-	-	-	verworfen *)	verworfen **)	verworfen **)	verworfen **)
Mittelwert (DBR)	0,154144	0,015355	-0,005386	0,017839	-0,061900	-0,033895	0,299799	-0,136085	0,526878	4,198787	-0,169174	-1,376704	-1,854289
Std.Abw. (DBR)	0,357681	0,033310	0,038208	0,033640	0,044609	0,044479	0,248789	0,106632	1,376425	1,291682	0,118368	0,908470	0,999925
t-Wert (DBR)	0,011189	0,554525	-0,178274	0,275416	-1,555519	-0,633976	1,458691	-0,870462	-0,254941	4,758138	-1,976308	-1,988597	-2,697081
Nullhypothese H₀ (DBR)	-	-	-	-	-	-	-	-	-	verworfen *)	verworfen *)	verworfen *)	verworfen *)

Maximum-Likelihood-Wert (TSA): 36,446189
F-Wert (TSA): 5,500499 **
Bestimmtheitsmaß (R²): 0,235731
Korr. Bestimmtheitsmaß (Adj.R²): 0,192874
Kritischer t-Wert (DBR): $t_{(2169,0.025)} = 1,971108$

[- ... nicht abzulehnen; *) ... signifikant zum Niveau von 95 %; **) ... signifikant zum Niveau von 99 %]

4. Schlussbemerkung

Die Data Envelopment Analysis ist ein nichtparametrisches Analyseverfahren zur Bestimmung der effizienten Randtechnologiefunktion mit vielfältigen Anwendungsmöglichkeiten. Der Begriff Technologie ist hier im weitesten Sinne zu verstehen. Es kann sich dabei einerseits um einen Produktionsprozess im neoklassischen Sinne, aber anderseits auch um die Beschreibung der Input-Output-Beziehung für eine ganze Volkswirtschaft, eine ganze Unternehmung (z.B. eine Bank) sowie Bestandteile einer Unternehmensorganisation (z.B. Bankfiliale). Das betrachtete Objekt ist die (korporative) Entscheidungseinheit in Bezug auf den Einsatz von Inputs bei der Produktion von Outputs. Es wurde u.a. für die Effizienzbewertung von Unternehmen, u.a. finanzintermediären Organisationen, sowie bei vergleichenden Produktivitätsanalysen öffentlicher und anderer Non-Profit-Organisationen angewendet. Die DEA beruht methodisch auf älteren Arbeiten im Bereich der Produktionstheorie und Aktivitätsanalyse. Diese hat sich zumindest im anglo-amerikanischen Sprachraum etabliert und wächst in theoretischer Forschung sowie praktischer Anwendung[95].

In der vorliegenden Untersuchung konnte mit Daten von 227 vietnamesischen People's Credit Funds für das Jahr 2000 die Kostenineffizienz dieser lokalen Kreditgenossenschaften bestimmt und in einzelne Komponenten zerlegt werden. Zur Anwendung kam die Data Envelopment Analysis mit zwei Bewertungs-modellen, jeweils aus *gesamtwirtschaftlicher Sicht* und aus *Mitgliedersicht*. Ergebnisse der Analyse zeigen, dass die radiale *Gesamteffizienz* im Durchschnitt ein Niveau von 82 % (DEA-I) bzw. ca. 86 % (DEA-II) aufweist und damit auf ein Einsparungspotential von 18 % bzw. 14 % der Gesamtkosten in diesem Jahr hindeutet. Aus den beiden Sichtweisen besitzen lokale Kreditgenossenschaften mit einer Bilanzsumme zwischen 4.500 und 6.000 Mio. VND eine vergleichsweise eindeutig bessere Kosteneffizienz. Zu dieser Gruppe gehört aber nur 8,8 % aller 227 untersuchten PCFs. Eine Zerlegung der Gesamt-effizienz in die *Skaleneffizienz* und technische Effizienz zeigt, dass nur ein geringer Bestandteil der berechneten Ineffizienz auf eine nicht optimale Betriebsgröße zurückgeführt werden kann. Während aus gesamtwirtschaftlicher Sicht ein Wachstum bis zu einer Bilanzsumme von 4.500 Mio. VND eine Erhöhung der Skaleneffizienz von bis zu 6,3 % (nicht-radial: 5,5 %) möglich ist, bleibt aus Sicht der Genossenschaftsmitglieder die radiale Skaleneffizienz der PCFs mit Bilanzsumme bis zu 6.000 Mio. VND im Durchschnitt auf einem ziemlich hohen Niveau, die sich zwischen 96,5 % und 97,1 % variiert. In beiden Bewertungsmodellen konnte für größere Kreditgenossenschaften mit einer Bilanzsumme ab 6.000 Mio. VND (Gruppe 5) ein deutliches Absinken des Effizienzniveaus aufgrund einer zu großen Betriebsgröße festgestellt werden, wobei 13,2 % aller untersuchten PCFs dazu gehören. Für größere Kreditinstitute

---

[95] Vgl. Berger et al., 1993; Bauer et al., 1997; Berger et al., 1997; Grigorian/Manole, 2002.

deuten Ergebnisse der Effizienzanalyse auf Produktionstechnologien mit abnehmenden Skalenerträgen hin und signalisieren ein mit zunehmender Betriebsgröße moderat steigendes Kostenniveau. Eine auf Größenwachstum ausgerichtete Unternehmensstrategie kann demzufolge für genossenschaftliche Bankunternehmung keinen empfehlenswerten Ansatz darstellen.

Ein viel versprechender Ansatz für eine Realisierung von Kostensenkungen scheint aufgrund der Effizienzanalyse in einer Erschließung des internen Einsparungspotentials zu liegen. Die Ergebnisse der *technischen Effizienz* zeigen, dass bei einem durchschnittlichen Niveau von ca. 86 % beim DEA-I bzw. 89,1 % (82,7 %) beim DEA-II der Großteil der anfallenden Ineffizienz auf eine Verschwendung von Einsatzfaktoren zurückgeführt werden kann. Insgesamt liegt das Einsparungspotential der technischen Kostenineffizienz deutlich über dem der Skalenineffizienz. Während aus der gesamt-wirtschaftlichen Sicht die technische Effizienz mit steigender Betriebsgröße zunimmt, besitzen aus der Mitgliedersicht lokale PCFs mit einer Bilanzsumme zwischen 3.000 bis 6.000 Mio. VND die höchsten Effizienzwerte. Dies weist darauf hin, dass politische Überlegungen, Expansion des Geschäftsgebiets sowie Erhöhung der Betriebsgröße zu fördern, nicht ohne Bedenken erscheinen. Ergebnisse des integrierten Verfahrens zwischen radialer und nicht-radialer Effizienzmessung zur *Allokationsanalyse* zeigen, dass genossenschaftliche Bankunternehmung mit einer Bilanzsumme zwischen 1.500 und 3.000 Mio. VND die höchste X-Ineffizienz aufweist. Die Ergebnisse deuten darauf hin, dass im Durchschnitt genossenschaftliche Bankunternehmung einerseits übermäßig (zu viel) für Personal und Sachkapital und andererseits untermäßig (zuwenig) für mobilisierte Finanzressourcen ausgegeben hat. Der hohe Anteil der PCFs, die untermäßig für Zinsen der Verbindlichkeiten gegenüber Einlagenkunden und anderen Kreditinstituten ausgaben, ist eher darauf zurückzuführen, dass die Höchstzinsregelung für Einlagen im Jahre 2000 noch nicht abgeschafft wurde, obwohl die Einlagezinsobergrenze für genossenschaftliche Bank-unternehmung im Vergleich zu anderen Organisationsformen zu diesem Zeitpunkt höher lag. Bei steigender Betriebsgröße verbessert sich die X-Effizienz bzw. die Fähigkeit des genossenschaftlichen Bankmanagement, Inputfaktorkosten optimal einzusetzen.

Insgesamt dominiert die X-Ineffizienz klar gegenüber der Skalenineffizienz. Die erheblichen Effizienzunterschiede bei homogener Geschäftsstruktur lokaler People's Credit Funds lassen den Schluss zu, dass Verbesserungspotentiale hauptsächlich in eingesetzten Leistungs-erstellungstechnologien der als ineffizient ermittelten Bankunternehmung bestehen. Dabei handelt es sich hauptsächlich um Verbesserungspotentiale, die in der Regel ohne Verschlechterung der erbrachten Finanzdienstleistungen durch verbesserte Nutzung und Allokation der Einsatzfaktoren erreicht werden könnten. Neben der Ertragssteuerung kann lokale genossenschaftliche Bankunternehmung demnach durch verstärkte Fokussierung auf die Kosteneffizienzsteuerung erhebliche

Effekte realisieren und gleichzeitig den Förderungszweck erfüllen. Nach den Resultaten der vorliegenden Studie wäre das Management genossenschaftlicher Bankunternehmung sowie politische Entscheidungsträger besser beraten, wenn es anstatt einer Strategie des externen Wachstum z.B. durch räumliche Ausdehnungen des Geschäftsgebiets eine Strategie des strikten Kosten-managements im Inneren verfolgen und auf diese Weise insbesondere die technische Ineffizienz reduzieren, weniger für Personal und Sachkapital sowie mehr für mobilisierte Finanzressourcen ausgeben würde, d.h. eine Annäherung an die bestmögliche Technologie auf der Randfunktion zu realisieren.

Für die technische Ineffizienz werden in der Regel zum einen ein schlechtes Bankmanagement (X-Ineffizienz) und zum anderen das externe Geschäfts-umfeld verantwortlich gemacht. Eine Regressionsanalyse anhand des Tobit-Modells zeigt allerdings, dass Standort-faktoren, nämlich Einzugsgebiet und regionales Einkommen, sowie die Zusammenarbeit mit Oberbauinstituten (RCF oder CCF), keinen signifikanten Einfluss auf die technische Effizienz lokaler People's Credit Funds ausüben. Die Analyse signalisiert damit, dass durch die schlechte Geschäftsführung der größte Teil der X-Ineffizienz verursacht wird und dass aus der Mitgliedersicht sogar ein negativer Effekt durch verbund-wirtschaftliche Kooperationen zwischen lokalen Kreditinstitute und genossenschaftlichen Zentralbanken ausgeht. Die Reorganisation der Oberbaustufe durch (Zwangs-)Fusion der Regionalkassen mit der Zentral-kasse in den letzten Jahren geht demzufolge schon in eine richtige Richtung[96]. Obwohl die Bilanzsumme und der Diversifikationsgrad in der traditionellen Regressionsanalyse (Two Step Approach) signifikant die technische Effizienz beeinflussen, hängt ihr Niveau in der DEA-Bootstrap-Regression nur von dem Kreditzins, der Rentabilität, der Eigenkapitalquote und der Kreditqualität ab. Effiziente Bankunternehmung setzt geringere Kreditzinssätze und bemüht sich um höhere Kapitalrentabilität. Ergebnisse weisen darauf hin, dass sich konditionsbezogene Förderleistungen in erster Linie auf die Gruppe der Mitglieder als Kreditnehmer zielten, während Einlagen hauptsächlich von Nichtmitgliedern mobilisiert wurden. Weil die Anzahl der Mitglieder das Effizienzniveau nicht negativ beeinflusst und damit kein Konflikt zwischen entwicklungspolitischem und mitgliederbezogenem Interesse, sind weitere Mitgliederanwerbungen zu empfehlen. Die Verbreitung der Mitgliederbasis sollte sich jedoch verstärkt auf die Gruppe von Einlegern als Nicht-Mitgliedern zielen, indem z.B. höheres Einlagenzinsniveau als ein wichtiges förderpolitisches Element lokaler genossenschaftlicher Bankunternehmung gesehen wird.

Bezogen auf den gesamten genossenschaftlichen Finanzsektor, der sich im Jahre 2000 aus 959 lokalen PCFs zusammengesetzt hat, sind die Ergebnisse nicht vorbehaltlos übertragbar. Die vorgestellten Ergebnisse sind nur auf dieses Jahr

---

[96] Siehe Kapitel VII.

begrenzt und stellen somit eine Momentaufnahme dar. Zum einen empfehlen sich vergleichende Analysen mit anderen lokalen Kreditinstituten, insbesondere mit einzelnen Filialen der Bank für Agrarwirtschaft und ländliche Entwicklung (VBARD). Zum anderen sollten Zeitreihenbetrachtungen in der Zukunft verstärkt vorgenommen werden. Zudem könnte die Entwicklung technischen Fortschritts lokaler genossenschaftlicher Bankunternehmung mithilfe der Integration des Malmquist-Index-Konzepts in die DEA-Analyse ermittelt werden[97].

Computerprogramme (a) zur Berechnung von DEA-Effizienzindices mithilfe der linearen Programmierung und (b) zur Schätzung von Regressionskoeffizienten mithilfe der nicht-linearen Optimierung (Maximum-Likelihood-Schätzung) wurden im SAS/IML-Modul (Version 6.12) geschrieben. Ergebnisse des Tobit-Modells bei dem Two Step Approach (TSA) wurden mit dem ökonometrischen Software LIMDEP (Version 7.0) Greene überprüft. Die Rechenzeit betrug für meinen Computer mit Pentium III-1000 MHz und 512 MB-Arbeitsspeicher (RAM) ca. 10 Stunden für eine DBR-Prozedur und ca. 21,5 Stunden für alle benötigten Prozeduren[98].

---

[97] Vgl. Grosskopf, 1993; Färe et al., 1995. Der Malmquist-Index wurde von Malmquist in einer Arbeit zur Konsumtheorie eingeführt. Eine Erweiterung zum Produktivitätsindex ist auf Caves, Christensen und Diewert zurückzuführen (Caves et al., 1982).

[98] Siehe Anhang 12-1 bis 12-7 für programmierte Prozeduren in SAS/IML.

Kapitel IX: Zusammenfassende Würdigung

Die zentrale Bedeutung funktionierender Finanzsysteme für die wirtschaftliche Entwicklung ist unbestritten. Von besonderem Interesse ist die Frage einer effizienten finanzintermediären Organisationsform unten den Bedingungen einer Transformations- und Entwicklungsökonomie wie Vietnam.

In meiner Arbeit wird die reale Kreditgenossenschaft zum Betrachtungsgegenstand gewählt. Die Untersuchung konzentrierte sich auf die drei Fragestellungen:

- Welche *ökonomischen Vorteile* bietet die Genossenschaft gegenüber anderen Formen der Finanzorganisationen? Welche Bedingungen müssen dabei erfüllt sein?

- Welchen Beitrag kann die Neue Institutionenökonomik zur Erklärung des *Systemwandels* und der damit verbundenen *Reform des Finanzsystems* in Entwicklungs- und Transformationsökonomien wie in Vietnam leisten?

- Inwieweit können die nach dem Zusammenbruch der sozialistischen Genossenschaften neu entstandenen *People's Credit Funds* und deren Verbundstruktur einen Beitrag zur Verbesserung der (ländlichen) Finanzinfrastruktur in Vietnam leisten?

Ergänzt sei vermerkt, dass das Forschungsanliegen nicht in erster Linie auf die Gewinnung neuerer Erkenntnisse, sondern eher auf die systematische *(Neu-)* Interpretation bereits *bekannter* Erkenntnisse auf der theoretischen Grundlage eines *eklektischen,* individualistisch fundierten Forschungsansatzes abzielt, der in der vorliegenden Arbeit entwickelt wurde. Eine *verbaldeduktive* Vorgehensweise unter Berücksichtigung *empirischer* Beobachtungen wurde verfolgt.

Die zusammenfassenden Ergebnisse der Forschungsarbeit werden in Form von *6 Thesen* aufgestellt. Zum ersten Untersuchungsziel habe ich versucht, die ökonomischen Vorteile der genossenschaftlichen Finanzorganisationsform im Rahmen der Theorie der Firma zu erklären (Thesen 1 und 2). In Bezug auf die zweite Zielsetzung wurde der Versuch unternommen, theoretische Konzepte des Systemwandels und der monetären Transformation aus ordnungs- und institutionenökonomischer Sicht zu entwickeln, um die Reformprozesse des Finanzsystems in Vietnam seit Ende der 80er Jahre zu analysieren (Thesen 3 und 4). Im Mittelpunkt des dritten Untersuchungsziels steht die Analyse der Wettbewerbsfähigkeit des genossenschaftlich organisierten People's Credit Funds-Systems Vietnams (These 5). Über diese drei Forschungsschwerpunkte hinaus wurde ein - auf der Methode der Linearen Programmierung beruhendes - Bewertungsverfahren zur Analyse der Leistungsfähigkeit genossenschaftlicher Bankunternehmungen entwickelt und für die Untersuchung der Kosteneffizienz von 227 lokalen Kreditinstituten angewendet (Thesen 6).

These 1: Angesichts des begrenzten Erklärungsgehalts der traditionellen neoklassischen, institutionenökonomischen und ressourcenbezogenen Unternehmenstheorien erweist sich die eklektische Vorgehensweise als besonders geeignet, um eine dynamische Theorie der kreditgenossenschaftlichen Kooperation zu entwickeln. Den Konzepten der Organisationsverfassung und des Organisationskapitals kommt eine besondere Rolle zu.

Aus der neoklassischen Sichtweise lässt sich ein Unternehmen vereinfachend als eine technische Einheit darstellen, deren Entscheidungen bei bekannten Produktionstechnologien und unter gegebenen Rahmenbedingungen auf die Festlegung von Mengen und Preisen der In- bzw. Outputs reduziert werden. Zentrale Kritikpunkte richten sich in erster Linie auf das methodische Prinzip der institutionellen Neutralität und die Homogenitätsprämisse. Solche Fragen wie, (a) warum Nicht-Marktorganisationen wie Unternehmen und Kooperation existieren; und (b) warum bei vergleichbar strukturellen Bedingungen die Leistungsfähigkeit eines Unternehmens nachhaltig besser ist als die seiner Konkurrenten, können jedoch nicht bzw. nicht befriedigt beantwortet werden.

Dieser begrenzte Erklärungsgehalt wird durch Versuche zur Lockerung der traditionellen neoklassischen Grundannahmen überwunden. *Erstens*, handelt es sich um die kritische Weiterentwicklung durch die Neue Institutionenökonomik. Neben der Koordination über Marktpreisbildung existieren andere alternative Mechanismen, wie Hierarchie und verschiedene Hybridformen der Kooperation.

Die einseitige Fokussierung der Analyse auf die Tauschsphäre und die Nicht-Berücksichtigung der dynamischen Effizienz in Form von Innovationen und Lernprozessen lassen sich als die zwei Hauptdefizite der institutionenökonomischen Forschungsrichtung identifizieren. Die Forderung, den Leistungserstellungsaspekt verstärkt in den Mittelpunkt einer Theorie der Firma zu rücken, wird damit *zweitens* durch die evolutorische Forschungsrichtung, u.a. den Resource-Based View verfolgt. Ressourcen bilden aus dieser Sicht die Grundlagen für die Unterscheidbarkeit von Unternehmen im unvollkommenen Wettbewerb.

Das *Machlup's Profitmodells* ermöglicht, eine systematische Betrachtungsweise von den drei oben erwähnten Unternehmenstheorien sowie ihre Beiträge zur Erklärung der Entstehung, der marktstrukturbezogenen und ressourcenbedingten Wettbewerbsvorteile abzuleiten. Von besonderer Bedeutung ist die Erkenntnis, dass ein Unternehmen erst im *Interaktionsprozess* mit dessen externem Umfeld, d.h. mit Faktor- und Produktmärkten sowie mit technologischen und institutionellen Rahmenbedingungen, *ökonomische Renten* generieren kann.

Als Ausgangspunkt der dynamischen Theorie der kreditgenossenschaftlichen Kooperation dient das Modell der Ressourcenzusammenlegung von Coleman. Ein Unternehmen entsteht dadurch, dass Wirtschaftsakteure aus individuellen Kosten-Nutzen-Kalkülen ihre Ressourcen zur gemeinsamen *Teamproduktion* zusammenlegen. Der Organisationsverfassung kommen die Hauptfunktionen zu, zum einen kollektive Entscheidungen über Ressourcendisposition und Ertragsverteilung herbeizuführen, und zum anderen Verhalten und Handeln einzelner Mitglieder zu steuern. Für die Generierung ökonomischer Renten kommt dem individuellen Human- und dem *Organisationskapital* eine besondere Rolle zu. Letzteres lässt sich in dieser Arbeit als organisatorischer Bestandteil der Unternehmenstechnologie auffassen, der sich auf die angewendeten Verfahren und Methoden bezieht, um die Leistungserstellungsprozesse zu koordinieren und deren Qualität zu gewährleisten.

These 2: Die Kreditgenossenschaft als finanzintermediäre Kooperationsform hat eine Existenzberechtigung, wenn folgende Voraussetzungen erfüllt sind:

- **Die finanzintermediären Funktionen einer *Bankunternehmung* müssen wahrgenommen werden;**

- **die Kreditgenossenschaft muss über eine kompatible Organisationsverfassung, eine tragfähige Unternehmensstrategie und ein hinreichendes Organisationskapital verfügen, um nachhaltig *wettbewerbsfähig* zu bleiben.**

Durch die institutionenökonomische Analyse der Vorschuss- und Darlehenskassenvereine von Schulze-Delitzsch und Raiffeisen werden die Entstehung der deutschen traditionellen Kreditgenossenschaften erklärt sowie deren strukturellen Effizienznachteile herausgearbeitet. Diese konnten sich auf das kostengünstige Erschließen lokalen Informationspools und auf die funktionierenden sozialen Überwachungs- und Sanktionsmechanismen stützen, so dass diese Finanzorganisationsform aufgrund ihrer komparativen Kostenvorteile die vernachlässigten Bauern, Handwerker und Gewerbetreibenden mit Krediten bedienen konnte. Ökonomische Vorteile bestehen in der Beibehaltung der Selbständigkeit von Mitgliederwirtschaften und in der vertikalen Integration in eine Bankunternehmung. Die Untersuchung legt dar, dass eine personalistische Struktur mit der Notwendigkeit einer wettbewerbsfähigen Unternehmung verbunden werden sollte. Die personenbezogenen Strukturelemente sind geeignet, um Mitglieder unmittelbar in die geschäftspolitischen Zielbildungs-, Entscheidungs- und Kontrollprozesse einzubeziehen und dadurch den genossenschaftlichen Förderzweck institutionell zu belegen. Neben der Sicherung der langfristigen Leistungsfähigkeit der Genossenschaftsbank sollte die Erfüllung der Mitgliederbedürfnisse die oberste Priorität haben. Deren Umsetzung bedarf einer *markt- und mitgliederorientierten* Geschäftspolitik und Unternehmensstrategie.

Zur Analyse der nachhaltigen Wettbewerbsfähigkeit ist es konzeptionell notwendig, nach dem Organisationskapital bzw. den Kompetenzen zu fragen. Aus der lokalen Markt- und Kundennähe, der exklusiven Mitgliedschaft, der demokratischen Verfassung und Verbundkooperationen können die potenziellen

Kernkompetenzfelder genossenschaftlicher Bankunternehmungen identifiziert werden. Strukturelle Effizienznachteile, nämlich steigende Kontrolldefizite, variable Eigenkapitalbasis sowie geringere Betriebsgröße und beschränkte Risikodiversifikation, können zum Teil durch den Aufbau einer überregionalen Verbundstruktur beseitigt werden. Mittels vertikaler und horizontaler Kooperationen können lokale Institute sowohl ihre Leistungserstellungsprozesse als auch ihre Finanzprodukte quantitativ und qualitativ verbessern.

Betrachtet man den strukturellen Aufbau der genossenschaftlichen Verbund-kooperationen als Bestandteil einer marktwirtschaftlichen Wettbewerbsordnung und somit als eine reale Alternative zu anderen konkurrierenden Organisations-strukturen, so schließt sich die Frage nach deren Existenzberechtigung und Wettbewerbsfähigkeit in einem gesamtwirtschaftlichen Kontext an.

These 3: Für die *Systemtransformation* als intendierter institutioneller Strukturwandel kommt der Pfadabhängigkeit institutioneller Entwicklung und der Interdependenz der Gesellschaftsordnungen eine besondere Bedeutung zu. Der *"Erweiterte Washington Consensus"* stellt einen geeigneten systematischen Rahmen für transformationspolitische Reformmaßnahmen dar, die in erster Linie auf die Etablierung einer funktionsfähigen Geld-, Wettbewerbs- und Privatrechtsordnung ausgerichtet sein sollen.

Die auf dem 'Washington Consensus' der Weltbankgruppe und des Internationalen Währungsfonds basierenden wirtschaftspolitischen Reform-programme konnten reale Entwicklungs- und Transformationsprobleme bisher nicht angemessen lösen. Dies wird in erster Linie auf das konstitutive methodische Prinzip der *institutionellen Neutralität* der Gleichgewichtstheorie zurückgeführt. Im Kapitel V wurde der Versuch unternommen, einen Beitrag zur systematischen Analyse des institutionellen Strukturwandels anhand des *'Erweiterten Washington Consensus'* zu leisten. Zu den (wieder-)herzustellenden konstitutiven Institutionen einer marktorientierten Wirtschaftsordnung gehören das *Privateigentum*, die (*Wettbewerbs-)Märkte* und das *Geldwesen*. Wirtschafts-politische Reformprogramme sollten in erster Linie auf die qualitative Aufgabe als Gestaltungsproblem (Ordnungspolitik) im Hinblick auf die Etablierung einer funktionsfähigen Privatrecht- und Wettbewerbsordnung und die Transformation der monetären Ordnung und nur mittelbar auf die eher quantitativen prozess-politischen Instrumentarien (Ablaufpolitik) abzielen. In diesem Kontext werden eine "ordnungspolitische Gesamtentscheidung" sowie die "Interdependenz von Ordnungen" im Eucken'schen Sinne besonders hervorgehoben. Für die theoretische Analyse von Transformationsprozessen ergeben sich zum einen die zunehmende *Rolle des institutionellen Wandels* und der *Pfadabhängigkeit* institutioneller Entwicklung, und zum anderen die unumgängliche *Synthese* von den institutionen- und ordnungsökonomischen Ansätzen.

Die radikale markttheoretische Sichtweise, dass die Liberalisierung des *Finanzsektors* mit einem 'völligen Rückzug des Staates' aus dem

Wirtschafssystems gleichzusetzen ist, ist nicht haltbar. Es sollten vielmehr die Zusammenhänge zwischen dem Erfolg der Reform des Finanzsystems, den makroökonomischen Stabilisierungsbemühungen und der gleichzeitigen Etablierung von marktwirtschaftlichen institutionellen Rahmenbedingungen, insbesondere dem Aufbau von Finanzdienstleistungsaufsichten, hervorgehoben werden. Allerdings können finanzielle Unsicherheiten und Risiken, die auf die Informations- und Anreizprobleme sowohl von Kapitalnehmern als auch von Kapitalgebern zurückzuführen sind, durch staatliche Regulierungen nur begrenzt, nicht aber beseitigt werden. Der *Staat* muss sich selbst erst im Zuge des Entwicklungs- und Transformationsprozesses entwickeln. Bis die rechtlich-institutionellen Rahmenbedingungen 'stabil' sind, wird er zu einem erheblichen Teil der bestehenden Unsicherheiten und Risiken verantwortlich gemacht.

Genossenschaftliche Kooperationen eignen sich möglicherweise in einer *Umbruchsituation* wie bei der Transformation der Plan- zur Marktwirtschaft in besonderer Weise als Lern- und Stabilisierungsinstrumente. Zugleich scheinen sie auch als *gewohnte* Organisationsform den Übergang zu veränderten Arbeits- und Lebensformen für die Betroffenen zu erleichtern. Dabei ist allerdings zu berücksichtigen, dass Genossenschaften in der Phase des Übergangs von der Plan- zur Marktwirtschaft im Gegensatz zur Phase der 'reifen' etablierten Marktwirtschaft eine unterschiedliche Rolle spielen. In der Transformations-phase wird von den Genossenschaften ein außerordentlich wichtiger Beitrag verlangt, zumal von dieser Organisationsform eine vergleichsweise stark ausgeprägte Fähigkeit zum Ausgleich von Defiziten der marktlichen und/oder hierarchischen Koordinationsmechanismen erwartet wird. Da der Umbau der Wirtschaftsstruktur zumindest in der ersten Phase auf einen Aufschwung von *Landwirtschaft* und *Kleingewerbe* angewiesen ist, könnten sich genossenschaftlich organisierte Finanzintermediäre als geeignete Vehikel der Modernisierung erweisen. Sie könnten zudem in hohem Maße zur Mobilisierung heimischer Finanzressourcen beitragen. Genossenschaften stehen somit vor zwei zentralen Aufgaben: Einerseits sollten sie in Umbruchsituationen im Rahmen der Wirtschaftsverfassung *stabilisierend* wirken. Potentielle genossenschaftliche Vorteile entstehen in Zeiten rascher gesellschaftlicher Veränderungen im ganzen sowie wirtschaftlicher im besonderen, z.B. durch erhöhte Transaktionskosten, Anstieg von Unsicherheit und Risiko, Herausbildung von Marktmachtstrukturen und verstärkte Abhängigkeiten. Zum anderen wird erwartet, dass genossenschaftliche Kooperationen vor allem bei der Etablierung eines neuen *Mittelstandes* und damit bei der Mitgestaltung einer marktorientierten Wirtschaftsordnung einen wichtigen Beitrag leisten.

These 4: Die nachhaltige Lösung der *Transformations- und Entwicklungs-probleme Vietnams* setzt allerdings die Etablierung einer leistungsfähigen monetären Ordnung im allgemeinen sowie eine funktionierende *ländliche Finanzinfrastruktur* im besonderen voraus, an denen es in Vietnam noch weitgehend mangelt.

Zwei wichtige Aspekte prägen den einzigartigen Doppelcharakter der Wirtschaftsentwicklung Vietnams: zum einen die Umwandlung von einer planorientierten in eine marktorientierte Wirtschaftsordnung (Aspekt der *Transformation*spolitik), und zum anderen der Wandel einer traditionellen Gesellschaft in eine moderne (Aspekt der *Entwicklung*spolitik). Die *nachhaltige* Lösung der Transformations- und Entwicklungsprobleme Vietnams setzt allerdings die Implementierung einer konsequenten Ordnungspolitik in allgemeinem sowie die Etablierung einer leistungsfähigen monetären Ordnung in besonderem voraus, denen es Vietnam wie auch anderen Transformations- und Entwicklungsökonomien noch weitgehend mangeln.

Aufgrund der Erfahrungen während der lang anhaltenden hohen (Hyper-) Inflationsphase von 1975 bis Ende der 80er Jahre und des Zusammenbruchs der früheren sozialistischen Kreditgenossenschaften Anfang der 90er Jahre sieht sich die vietnamesische Zentralbank, State Bank of Vietnam (SBV), einem sehr stabilitätsbewussten Umfeld und einer extrem *inflationssensiblen Bevölkerung* gegenüber. Sie interpretiert ihren Auftrag, die Währung zu sichern, primär im Sinne einer internen Geldwertstabilität, weniger in Richtung stabile Wechselkurse. Bisherige Erfolge wirtschaftspolitischer Maßnahmen zur monetären Stabilität und zur Wiederherstellung geldwirtschaftlicher Parameter schaffen die notwendige Bedingung für weitere Reformschritte im Rahmen der umfassenden Systemtransformation in Vietnam. Dem Auf- und Ausbau eines marktwirtschaftlichen Finanzsektors wirken die Unzulänglichkeit rechtlich-institutioneller Rahmenbedingungen, die beschränkte Steuerungs- und Überwachungsmöglichkeiten der SBV und die prekäre finanzielle Lage der privaten Aktienbanken und staatlichen Geschäftsbanken im Zusammenhang mit dem noch geringeren *Vertrauen* der Bevölkerung in das Finanz-/Bankensystem entgegen.

Um die Funktions- und Leistungsfähigkeit des gesamten Finanzsystems zu stärken, müssen zum einen adäquate rechtliche Rahmenbedingungen geschaffen werden, damit die SBV ihre Aufgaben als 'lender of last resort' und als Überwacher des gesamten Bankensystems ausüben und *freiwillige* Finanzverträge zustande kommen können. Zum anderen sollten die Geschäftsbanken ihre Rolle als professionelle Finanzintermediäre wahrnehmen, deren Aufgaben vor allem in der Mobilisierung und Bündelung der Ersparnisse, der Selektion potentieller Kreditnehmer, der Kreditvergabe nach risikobereinigten Effizienzkriterien und der Unternehmenskontrolle liegen. Die Förderung neuer *Finanzinnovationen*, d.h. neuer Finanzprodukte und/oder *Organisationsformen*, sei ein weiterer wichtiger Eckpfeiler.

Es wurde festgestellt, dass die Entwicklung des vietnamesischen Finanzsystems im Hinblick auf die *ländliche Finanzinfrastruktur* in den letzten Reformjahren ganz erhebliche Fortschritte gemacht hat. Nach dem Zusammenbruch der ehemaligen Kreditgenossenschaften Anfang der 90er Jahre war das Vertrauen der Bevölkerung in den formellen Finanzsektor auf den Tiefpunkt gefallen.

Um den Bedarf der ländlichen Bevölkerung an Finanzdienstleistungen in einer solchen radikalen Umbruchsphase zu decken, musste ein marktwirtschaftliche Finanzsektor vom Grund auf aufgebaut werden. Zu den neu gegründeten Kreditinstituten gehören die Agrarbank (VBARD), die Entwicklungsbank (VBP/SPB), 19 private ländliche Aktienbanken und das People's Credit Funds-System. Mit der Unterstützung der Massenorganisationen, u.a. die Frauenunion (VWU), der Bauernverband (VFA), der Jugendverband (VYU), haben besonders die staatlichen Geschäftsbanken enge Verbindungen zu den privaten Haushalten im ländlichen Raum auf- und ausgebaut. Für Familiebetriebe und private Unternehmen ist es heute viel leichter als vor einem Jahrzehnt, Finanzdienstleistungen zu nutzen. Allerdings ist das Spektrum der angebotenen Finanzprodukte immer noch sehr begrenzt und von kurzfristiger Natur (mit Laufzeit von unter 12 Monaten). Die Mobilisierung von Spareinlagen steht erst am Anfang.

Eine der Hauptaufgaben des formellen Finanzsektors besteht darin, sich auf so eine effiziente Art und Weise zu entwickeln, um das Vertrauen der (ländlichen) Bevölkerung zu gewinnen und zu steigern. Zum anderen müssen Finanz-/Bankprodukte den steigenden Bedürfnissen der ländlichen Bevölkerung angepasst werden. Bis heute existiert aufgrund der noch unterentwickelten finanziellen Infrastruktur keine hohe Wettbewerbsintensität innerhalb des formellen Finanzsektors. Kurz- bis mittelfristig sind formelle Kreditinstitute einer täglichen Konkurrenz durch informelle Finanzarrangements, u.a. lokale Geldverleiher, Spar- und Kreditvereine (ROSCAs) sowie Finanzarrangements zwischen Verwandten und Freunden, ausgesetzt. Es wurde u.a. mehrfach darauf hingewiesen, dass ein einfacher Zugang zu und die hohe Qualität von Finanzdienstleistungen für ländliche und städtische Familienbetriebe sowie für private Unternehmen von größerer Bedeutung sind als deren Preise.

These 5: Nach zehnjähriger Auf- und Ausbauphase erweisen sich die vietnamesischen *People's Credit Funds* als eine geeignete marktwirtschaftliche Finanzorganisationsform und stoßen auf die Akzeptanz breiter Bevölkerungsschichten, insbesondere in ländlichen Gebieten.

Verbundwirtschaftlicher *Handlungsbedarf* besteht zum einen in der Verbesserung der Eigentums- und Leistungsbeziehungsstruktur zwischen lokaler und zentraler Verbundsebene und zum anderen in der Notwendigkeit, genossenschaftliche Verbandsstruktur, insb. der Prüfungs- und Revisionseinrichtungen aufzubauen. Der *Differenzierungsansatz* im Sinne von Porter stellt einen geeigneten Ausgangspunkt für die verbundstrategischen Überlegungen bezüglich der Marktpositionierung dar.

Seit der Einführung der Reformpolitik „DOI MOI" im Jahre 1986 befindet sich das noch weitgehend agrarisch geprägte Vietnam in einem umfassenden Wandel seines Wirtschafts- und Gesellschaftssystems. Um den wachsenden Bedarf der im Zuge der Dekollektivierungsprozesse entstandenen Familiebetriebe und privaten Unternehmen an Bankprodukten zu decken, muss eine ländliche Finanzinfrastruktur von Grund auf aufgebaut werden. Zu den neu gegründeten Kreditinstituten gehören die Agrarbank, die Entwicklungsbank, die privaten ländlichen Aktienbanken und das People's Credit Funds-System.

Seit 1993 wird unter Federführung der Zentralbank Vietnams der schrittweise Neuaufbau eines *genossenschaftlich organisierten Finanzverbunds* betrieben. Die neuen genossenschaftlichen Kreditinstitute stehen rechtlich auf der Grundlage des *Gesetzes für Kreditinstitute* und des *Genossenschaftsgesetzes*. Das Verbund-System ist derzeit in zwei *Ebenen* untergliedert:

- auf der *lokalen* Ebene sind die People's Credit Funds, als PCFs abgekürzt, in regionale Wirtschaftskreisläufe eingebunden und für Geschäftsbeziehungen mit ihren Mitgliedern verantwortlich;

- auf der *nationalen* Ebene agiert die genossenschaftliche Zentralbank CCF mit einem Netzwerk von 23 Geschäftsstellen. Ihre Hauptaufgabe besteht darin, den verbundinternen Liquiditätsausgleich und Zahlungsverkehr bereitzustellen.

Ende 2002 operierten 888 lokale PCFs in 53 von insgesamt 63 Provinzen und Städten in Vietnam, dreiviertel davon in ländlichen Gebieten. Einlagenmobilisierung und Kreditvergabe bilden ihre Kerngeschäfte. Die hohen Wachstumsraten der Einlagen in den letzten fünf Jahren von etwa 20 % p.a. sowie das übermäßige Wachstum der Zahl der Mitglieder von über 200 % gegenüber der Zahl der Institute von 58 % p.a. können als Indikatoren für die Attraktivität und die gute Reputation dieser neuen Organisations- und Rechtsform in der Bevölkerung interpretiert werden. Im Zeitraum von 1995-2002 wurden über 5 Mio. Kredite an Haushaltsmitglieder mit einem gesamten Volumen von ca. 1,9 Mrd. US-Dollar vergeben. Der Kreditbetrag lag damit im Durchschnitt bei 380 US-Dollar. Für ein Entwicklungsland wie Vietnam mit Pro-Kopf-Einkommen von 500 US-Dollar machen diese Zahlen schon eine erhebliche Größenordnung aus. Über die Hälfte der Kredite entfällt auf ländliche Familienbetriebe. Kreditvergabe an Gewerbetreibende und Handwerker macht einen Anteil von über 35 % aus. Das PCF-System erwirtschaftete Ende 2002 ca. 5,7 Mio. US-Dollar. Die Eigenkapitalrendite bzw. die Kreditausfallquote lokaler PCFs lagen im Durchschnitt bei 38 % bzw. bei 1,4 %.

Analyseergebnisse der verbundwirtschaftlichen Leistungs- und Abhängigkeitsbeziehungen weisen darauf hin, dass eine ausgeprägte *Vertrauensbasis* zwischen den lokalen Kreditinstituten und der Zentralbank nicht unterstellt werden kann. Aufgrund der geringen Teilhabe am Eigenkapital der Zentralbank (nur 7%), sind lokale PCFs aus der Sich der Anteilseigner wenig daran interessiert, die Gestaltung der verbundwirtschaftlichen Leistungsprogramme zu beeinflussen. Informelle Anreiz- und Kontrollmechanismen des Verbundsystems sind derzeit kein Korrektiv für die formellen. In diesem Kontext sollte der Aufbau genossenschaftlicher *Verbandeinrichtungen*, insb. der verbundinternen Prüfung und Revision, beschleunigt werden.

Die auf PCFs und Agrarbank bezogene Vergleichsanalyse der Ertrags- und Risikolage lässt unter anderem,. Rückschlüsse über die Marktpositionierungen der lokalen Bankunternehmungen und der Zentralbank zu. Die Analyse legt dar, dass der Differenzierungsansatz im Sinne von Porter einen geeigneten Ausgangspunkt für die strategische Ausrichtung genossenschaftlicher Kreditinstitute auf den beiden Verbundebenen bildet. Für lokale Institute stellen die Erlössteigerung, z.B. durch Ausbau des Provisionsgeschäfts, sowie die Verbesserung der Kosteneffizienz weitere Handlungsspielräume dar.

These 6: Mithilfe des mikrofundierten Schätzverfahrens *Data Envelopment Analysis* lässt sich die *Leistungsfähigkeit der genossenschaftlichen Bankunternehmung* bei Marktunvollkommenheit empirisch ermitteln. Die Leistungsfähigkeit wird daran gemessen, ob und inwieweit eine *kosteneffiziente* Form der Leistungserstellung zur Förderung der Mitgliederbedürfnisse gewährleistet wird.

Lokale People's Credit Funds weisen erhebliche *Effizienzunterschiede* bei den Leistungserstellungsprozessen auf. Der Großteil der anfallenden Kosteninineffizienz ist auf den übermäßigen Ressourceneinsatz (technische Ineffizienz) zurückzuführen. Für die Produktionsineffizienz wird in erster Linie die schlechte Qualität des Bankmanagements (*X-Ineffizienz*) verantwortlich gemacht.

Das letzte Untersuchungsziel besteht darin, ein *Bewertungsverfahren* zur Analyse der Kosteneffizienz der genossenschaftlichen Bankunternehmung zu entwickeln. Dafür wird das auf der Methode der Linearen Programmierung beruhende Frontier-Schätzverfahren *Data Envelopment Analysis* (DEA) verwendet, das die Gesamt-, Skalen- und technische Effizienz einzelner Kreditinstitute ermittelt.

Für die empirische Untersuchung wurden die Erfolgs- und Bilanzzahlen von 227 lokalen Instituten für das Jahr 2000 herangezogen. Zwei Bewertungsmodelle sind spezifiziert. Ersteres bezieht sich auf die *gesamtwirtschaftliche Sicht* (DEA-I) und letzteres auf den genossenschaftlichen Förderauftrag, Bankprodukte entsprechend der *Mitgliederbedürfnisse* bereitzustellen (DEA-II). Ergebnisse der Effizienzanalyse zeigen, dass die radiale *Gesamteffizienz* im Durchschnitt ein Niveau von 0,82 bei DEA-I bzw. ca. 0,86 bei DEA-II aufweist und damit auf ein Einsparungspotential von 18 % bzw. 14 % der Gesamtkosten in diesem Jahr hindeutet. Mit anderen Worten: Würden alle lokalen Kreditinstitute in der Beobachtungsmenge nur effiziente Technologien einsetzen, so könnten 18 % bzw. 14 % der anfallenden Kosten eingespart werden, ohne dabei gleiche Outputniveaus einschränken zu müssen. Die Zerlegung der Gesamteffizienz in die Skalen- und technische Komponente weist darauf hin, dass der Großteil der Kosteninineffizienz auf den übermäßigen Ressourceneinsatz zurückzuführen ist.

Der relativ hohe Durchschnittwert der *Skaleneffizienz* von ca. 0,96 für die beiden Bewertungsmodelle deutet darauf hin, dass aus einer nicht-optimalen Betriebsgröße nur ein marginales Kostensenkungspotential von 4 % zu realisieren wäre. Die Ergebnisse der *Allokationsanalyse* durch Integration radialer mit nicht-radialer Effizienzmessung weisen darauf hin, dass im Durchschnitt lokale Kreditinstitute relativ zuviel für Personal und Sachkapital und relativ zuwenig für mobilisierte Spareinlagen ausgaben.

Faktoren, von denen ein Einfluss auf die technische Effizienz vermutet wird, werden anhand des Tobit-Modells und der DEA-Bootstrap-Regression ermittelt. Dazu gehören die Standortfaktoren, die Verbundbeziehung, die Risikofaktoren und die bankenspezifischen Faktoren. Für die Kostenineffizienz werden in der Regel zum einen das Bankmanagement (X-Ineffizienz) und zum anderen das externe Geschäftsumfeld verantwortlich gemacht. Die Ergebnisse der Regressionsanalyse weisen allerdings darauf hin, dass Standortfaktoren sowie verbundinterne Refinanzierungsbeziehungen keinen signifikanten Einfluss auf die technische Effizienz ausüben. Die Analyse signalisiert damit, dass durch die schlechte Qualität des lokalen Bankmanagements der größte Teil der Kostenineffizienz verursacht wurde.

Abschließende Fazite

Das Ergebnis der ökonomischen Analyse besteht somit darin, dass sich die Kreditgenossenschaft als geeignet für die Verfolgung wirtschaftlicher Kooperationsziele erweist und als eigenständige Organisations- und Rechtsform legitimiert werden kann. Bei Veränderungen entsprechender Rahmenbedingungen bzw. Wandel der Mitgliederbedürfnisse ist die Existenz der Kreditgenossenschaft als finanzintermediäre Kooperationsform jedoch nicht zwangsläufig gesichert. Die Frage nach effizientesten Strukturen der genossenschaftlichen Finanz- und Verbundorganisationen kann nur relativ beantwortet werden. Die genossenschaftlich organisierten Kreditinstitute müssen sich dynamisch in ihrer Struktur und ihrer strategischen Ausrichtung dem ständigen Wandel der Mitgliederbedürfnisse und des Geschäftsumfelds anpassen.

Im Zusammenhang mit der in der Arbeit zugrunde liegenden Drei-Ebenen-Analyse im Sinne von Buchanan sind drei mögliche Fälle zu unterscheiden:

- Wandel externer Rahmenbedingungen bei gleichbleibendem Mitglieder-/Kundenbedarf,

- Veränderungen der Mitglieder-/Kundenbedürfnisstruktur bei gleichbleibenden Umfeldbedingungen und

- gleichzeitiger Wandel der externen Rahmenbedingungen und der Mitglieder/ Kundenbedürfnisstruktur.

In der vorliegenden Arbeit wurde aufgezeigt, dass anhand des *eklektischen, individualistisch fundierten Theorieansatzes* Erklärungsursachen für die Entstehung und die Existenz (kredit-)genossenschaftlicher Kooperationen bei

335

weit reichendem institutionellem Strukturwandel, wie im Übergang von Plan-zur Marktwirtschaft (Fall 1), analysiert wurden. Dieses Forschungskonzept bietet im Grunde auch die Möglichkeit, die anderen Fälle zu untersuchen; z.B. die Wettbewerbsfähigkeit genossenschaftlicher Finanz- und Verbund-organisationen bei sich ändernden Veränderungen der Mitglieder-/Kunden-bedarfstruktur und der Umfeldbedingungen in einer 'reifen' etablierten Marktwirtschaft zu erklären.

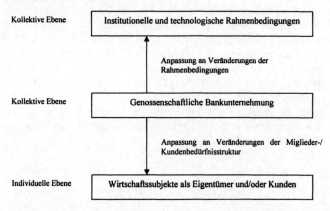

Der oben erwähnte eklektische Forschungsansatz wurde auf der Grundlage unterschiedlicher Unternehmenskonzepte im Rahmen der Theorie der Firma entwickelt. In der Arbeit wurden in erster Linie die komplementären Bestandteile sowie die möglichen Schnittstellen zwischen den neoklassischen/ industrieökonomischen, institutionenökonomischen und ressourcenorientierten Theorieansätzen hervorgehoben, um ihre potentiellen Erklärungsbeiträge zu einer dynamischen Theorie der kreditgenossenschaftlichen Kooperationsform zu integrieren und den Erklärungsgehalt in einem solchen eklektischen Unternehmenskonzept zu verbessern. Vernachlässigt wurde aber die Behandlung der *Inkommensurabilität* zwischen den verwendeten Ansätzen. Hier sind noch viele offene Fragen und Kritikpunkte vor allem auf der methodologischen Ebene zu erwarten.

Obwohl der Beitrag des Organisationskapitals und dessen zugehörigen firmenspezifischen Ressourcen/(Kern-)Kompetenzen zur Erklärung der unterschiedlichen Erfolgsituationen und Wettbewerbs-/Leistungsfähigkeiten einzelner Unternehmungen, die in gleichen Märkten tätig und vergleichbaren strukturellen Rahmenbedingungen ausgesetzt sind, theoretisch untermauert ist, fehlt bisweilen ein tragfähiges *normatives Analysekonzept*, um die Ursachen erfolgreicher Unternehmungen der Art nach zu entschlüsseln, d.h. ihre spezifischen Ressourcen/(Kern-)Kompetenzen zu identifizieren, und die Erfolgsprinzipien zu übertragen. In diesem Zusammenhang ist vor allem auf das so genante "Benchmarking"-Verfahren zu verweisen. Dieses beruht darauf,

Unternehmungen zu identifizieren, die imstande sind, bestimmte (Produktions-) Prozesse in besonders leistungsfähiger Weise auszuführen ("best practices"). Für empirische Forscher und politische Entscheidungsträger bietet die Data Envelopment Analysis (DEA) ein sehr flexibles und analytisch fundiertes Bewertungsverfahren, das mehrdimensionale, komplexe (auch nicht-monetäre) Input- und Outputgrößen in eine einzige übersichtliche (Produktivitäts-)Maßzahl für die Gesamtleistung einer Unternehmung transformiert. Die Leistungsfähigkeit *genossenschaftlicher Kreditinstitute* wird dann daran gemessen, ob und inwieweit eine effiziente Form der Leistungserstellung zur Förderung der Mitgliederwirtschaften gewährleistet wird. Neben der in der Arbeit angewendeten Inputorientierung im Hinblick auf das Kostenmanagement kommt auch eine Outputorientierung im Hinblick auf den genossenschaftsspezifischen *Förderauftrag* in Betracht. Als Förderleistungen können neben dem Sortiment-/Zugangsvorteil auch Konditions- und Qualitätsvorteil berücksichtigt werden. Bei einer Zeitreihenbetrachtung kann der *technische Fortschritt* der Genossenschaftsbanken mithilfe der Integration des Malmquist-Index-Konzepts in das DEA-Verfahren ermittelt werden.

337

Literaturverzeichnis

A. Monographien und Aufsätze

Abiad, V. G. (1995): Grassroots Financial Systems Development in Vietnam. Bangkok, APRACA/GTZ-Publication.

Akerlof, G. (1970): The Market for Lemon: Qualitative Uncertainty and the Market Mechanism. In: Quarterly Journal of Economics, Vol. 84, S. 488-500.

Albach, H. (1980): Vertrauen in der ökonomischen Theorie. In: Journal of Institutional and Theoretical Economics (JITE)/Zeitschrift für die gesamte Staatswissenschaft, Vol. 136, S. 2-11.

Albert, H. (1977): Individuelles Handel und Sozialsteuerung – die ökonomische Tradition und ihr Erkenntnisprogramm. In: H. Lenk (Hrsg.): Handlungstheorien interdisziplinär IV. München, S. 177-225.

Albert, H. (1999): Das Ideal der Freiheit und das Problem der sozialen Ordnung. In: V. Vanberg (Hrsg.): Freiheit, Wettbewerb und Wirtschaftsordnung. Freiburg, S. 97-134.

Alchian, A.A. (1993): Thoughts on the Theory of the Firm – A tribute to Eirik G. Furubotn. In: Journal of Institutional and Theoretical Economics (JITE)/Zeitschrift für die gesamte Staatswissenschaft, Vol. 149, S. 365-369.

Alchian, A.A./Demsetz, H. (1972): Production, Information Costs, and Economic Organization. In: American Economic Review, Vol. 62, S. 777-795.

Alchian, A.A./Woodward, S. (1987): Reflections on the Theory of the Firm. In: Journal of Institutional and Theoretical Economics (JITE)/Zeitschrift für die gesamte Staatswissenschaft, Vol. 143, S. 110-136.

Andersen, P./Petersen, N.C.(1993): A Procedure for Ranking Efficient Units in Data Envelopment Problem. In: Management Science, Vol. 39, S. 1261-1264.

Aoki, M./Gustafson, B./Williamson, O.E. (1990/Hrsg.): The Firm as a Nexus of Treaties. London.

Apolte, T. (1992): Politische Ökonomie der Systemtransformation. Hamburg.

Archibald, G.C. (1987): Theory of the Firm. In: J. Eatwell et al. (Hrsg.): A Dictionary of Economics. Vol. 2, London, S. 357-363.

Armbruster, P.G. (1990): Finanzielle Infrastruktur und organische Entwicklung durch Genossenschaften. Marburg.

Arndt, H. W. (1987): Economic Development – The History of an Idea. Chicago u.a.

Arrow, K.J. (1970): Essays on the Theory of Risk-bearing. Amsterdam.

338

Aschhoff, G./Henningsen, E. (1995): Das deutsche Genossenschaftswesen – Entwicklung, Struktur, wirtschaftliches Potential. 2. Auflage, Frankfurt/M.

Asian Development Bank, ADB (1997): Microenterprise Development: Not by Credit Alone. Manila.

Asian Development Bank, ADB (2000): Report and Commendation of the President to the Board of Directors on a Proposed Loan and Technical Assistance Grant to the Socialist Republic of Vietnam for the Rural Enterprise Finance Project, RRP:VIE 31361, 10/2000. Hanoi/Vietnam.

Avkiran, N.K. (1999): The Evidence of Efficiency Gains: The Role of Mergers and the Benefits to the Public. In: Journal of Banking and Finance, Vol. 23, S. 991-1013.

Backhaus, K./Meyer, M. (1993): Strategische Allianzen und Strategische Netzwerke. In: Wirtschaftswissenschaftliches Studium (WiSt), Bd. 22(7), S. 330-334.

Bailling, R. (1997): Kooperation: Strategische Allianzen, Netzwerke, Joint-Ventures und andere Organisationsformen zwischenbetrieblicher Zusammenarbeit in Theorie und Praxis. Frankfurt/M.

Baltensperger, E. (1996): Banken und Finanzintermediäre. In: J. von Hagen et al. (Hrsg.): Springer Handbuch der Volkswirtschaftslehre. Bd. I, Heidelberg u.a.

Bamberg, G./Spremann, K. (1987/Hrsg.): Agency Theory, Information and Incentives. Berlin.

Bamberger, I./Wrona, T. (1996): Der Ressourcenansatz und seine Bedeutung für die Strategische Unternehmensführung. In: Zeitschrift für die betriebswirtschaftliche Forschung, Bd. 48(2), S. 130-153.

Banerjee, A.V./Besley, T./Guinnane, T.W. (1994): The Neighbor's Keeper: The Design of a Credit Cooperative with Theory and Test. In: Quarterly Journal of Economics, Vol. 109, S. 491-515.

Banker, R.D. (1984): Estimating Most Productive Scale Size Using Data Envelopment Analysis. In: European Journal of Operational Research, Vol. 17, S. 35-44.

Banker, R.D. (1993): Maximum Likelihood, Consistency and Data Envelopment Analysis: A Statistical Foundation. In: Management Science, Vol. 39(10), S. 1265-1273.

Banker, R.D./Charnes, A./Cooper, W.W. (1984): Some Models for Estimating Technical and Scale Inefficiencies in Data Envelopment Analysis. In: Management Science, Vol. 30, S. 1078-1092.

339

Bänsch, A. (1972): Konsequenzen einer Beteiligung der Mitglieder am inneren Wert für die Finanzierung der Genossenschaft. In: Zeitschrift für das gesamte Genossenschaftswesen (ZfgG), Bd. 22, S.22-33.

Bänsch, A. (1983): Operationalisierung des Unternehmenszieles Mitgliederförderung. Göttingen.

Barney, J. B. (1997): Gaining and Sustaining Competitive Advantage. Reading/Mass. u.a.

Barney, J.B. (1991): Firm Resources and Sustained Competitive Advantage. In: Journal of Management, Vol. 17(1), S. 99-120.

Barney, J.B. (1996): The Resource Based Theory of the Firm. In: Organization Science, Vol. 7(5), S. 469-.

Barzel, Y. (1989): Economic Analysis of Property Rights. Cambridge u.a.

Bauer, P.W. (1990): Recent Development in the Econometric Estimation of Frontiers. In: Journal of Econometrics, Vol. 46, S. 39-56.

Bauer, P.W./Berger, A.N./Ferrier, G.D./Humphrey, D.B. (1997): Consistency Conditions for Regulatory Analysis of Financial Institutions: A Comparison of Frontier Efficiency Methods. Working Paper 02-97, Financial Services, The Federal Reserve Bank of Cleveland.

Becker, J. (1993): Marketing-Konzept. 5. Auflage, München.

Berger, A.N. (2000): The Integration of the Financial Service Industry: Where are the Efficiencies? Working Paper, Finance and Economics Discussion Series, Federal Reserve Board, 2000-36.

Berger, A.N./Demsetz, R.S./Strahan, P.S. (1999): The Consolidation of the Financial Service Industry: Causes, Consequences, and Implications for the Future. In: Journal of Banking and Finance, Vol. 23, S. 135-195.

Berger, A.N./DeYoung, R. (1997): Problem Loans and Cost Efficiency in Commercial Banks. In: Journal of Banking and Finance, Vol. 21, S. 849-870.

Berger, A.N./Humphrey, D.B. (1992): Measurement and Efficiency Issues in Commercial Banking. In: Z. Griliches (Hrsg.): Output Measurement in the Service Sectors. Chicago u.a., S. 245-279.

Berger, A.N./Humphrey, D.B. (1997): Efficiency of Financial Institutions: International Survey and Directions for Future Research. In: European Journal of Operational Research, Vol. 98, S. 175-212.

Berger, A.N./Hunter, W.C./Timme, S.G. (1993): The Efficiency of Financial Institutions: A Review of Research Past, Present, and Future. In: Journal of Banking and Finance, Vol. 17, S. 221-249.

340

Berger, A.N./Mester, L.J. (1997): Inside the Black Box: What explains Differences in the Efficiency of Financial Institutions? In: Journal of Banking and Finance, Vol. 21, S. 895-947.

Bersanek, A./Stanfield, J.R. (1997): The Grameen Banks as Progressive Institutional Adjustment. In: Journal of Economic Issues, Vol. 31, S. 359-365.

Besley, T./Coate, S. (1995): Group Lending, Repayment Incentives, and Social Collateral. In: Journal of Development Economics, Vol. 46, S. 1-18.

Bester, E. (1981): Die regionalen genossenschaftlichen Zentralbanken im Verbund. In: J. Zerche (Hrsg.): Aspekte genossenschaftlicher Forschung und Praxis. Düsseldorf, S. 95-104.

Bharadwaj, S./Varadarajan, P.R./Fahy, J. (1993): Sustainable Competitive Advantage in Service Industries – A Conceptual Model and Research Propositions. In: Journal of Marketing, Vol. 57(4), S. 83-99.

Bialek, A. (1995): Perspektiven der Genossenschaft als Organisationsform. Berlin.

Blümle, E.-B./Ringle, G. (1986): Ansätze zur inneren Erneuerung von Primärgenossen-schaften – Ein Beitrag zur Diskussion über "optimale" Genossenschaften. In: Zeitschrift für das gesamte Genossenschaftswesen (ZfgG), Bd. 36, S. 172-185.

Boettcher, E. (1974): Kooperation und Demokratie in der Wirtschaft. Tübingen.

Boettcher, E. (1980): Die Genossenschaft in der Marktwirtschaft – Einzelwirtschaftliche Theorie der Genossenschaften. Tübingen.

Bogan, C.E./English, D.(1994): Benchmarking for Best Practice. New York u.a.

Böger, N. (1987): Die niederländischen Rabobanken – Eine vergleichende Analyse. Arbeitspapiere des Instituts für Genossenschaftswesen der Westfälischen Wilhelms-Universität Münster.

Böhm, F. (1966): Privatrechtsgesellschaft und Marktwirtschaft. In: Jahrbuch für die Ordnung von Wirtschaft und Gesellschaft (ORDO), Bd. 17, S. 75-151.

Böhm-Bawerk, E. (1989): Kapital und Kapitalzins. Zweite Abteilung: Positive Theorie des Kapitals. Erster Halbband (Buch I und II), 3. Auflage, Innsbruck.

Bohnet, A./Ohly, C. (1992): Zum gegenwärtigen Stand der Transformationstheorie – Eine Literaturstudie. In: Zeitschrift für Wirtschaftspolitik, Bd. 41, Heft 1, S. 27-50.

Bohnet, A./Reichhardt, M. (1993): Der Beitrag der Transaktionskostenökonomik zu einer Theorie der Transformation von Wirtschaftsordnungen. In: Jahrbücher für Nationalökonomie und Statistik, Bd. 212(3-4), S. 204-226.

Bonus, H. (1985): Die Genossenschaft als Unternehmungstyp. Arbeitspapier des Instituts für Genossenschaftswesen der Westfälischen Wilhelms-Universität, Nr. 6. Münster.

Bonus, H. (1986): The Cooperative Associations as a Business Enterprise: A Study in the Economics of Transactions. In: Journal of Institutional and Theoretical Economics (JITE)/Zeitschrift für die gesamte Staatswissenschaft, Vol. 142, S. 310-339.

Bonus, H. (1994): Das Selbstverständnis moderner Genossenschaften – Rückbindung von Kreditgenossenschaften an ihre Mitglieder. Tübingen.

Bonus, H./Greve, R. (1996): Mitglieder gewinnen, pflegen und fördern – Zukunftschancen für Genossenschaftsbanken. In: Genossenschaftsverband Bayern (Raffeisen/Schulze-Delitzsch) e.V. (Hrsg.): Genossenschaften, Leitbilder und Perspektiven, S. 280-301.

Bonus, H./Greve, R./Polster, D. (1999): Der genossenschaftliche Finanzverbund als Strategisches Netzwerk – Neue Wege der Kleinheit. Arbeitspapiere des Instituts für Genossenschaftswesen der Westfälischen Wilhelms-Universität Münster, Nr. 16, Münster.

Bonus, H./Schmidt, G. (1990): The Cooperative Banking Group in the Federal Republic of Germany: Aspects of Institutional Change. In: Journal of Institutional and Theoretical Economics (JITE)/Zeitschrift für die gesamte Staatswissenschaft, Vol. 146, S. 180-207.

Börner, C.J. (2000): Strategisches Bankmanagement – ressourcen- und marktorientierte Strategien von Universalbanken. München u.a.

Boschert, F. (1998): Unterstützung bei der Reform des Bankenwesens Vietnam – Genossenschaftliche Zentralkassen und Liquiditätsausgleich. Gutachterbericht Nr. PN 91.2212.8-01.200, DGRV, Bonn.

Boschert, F./Seibel, H.-D./ Hauskrecht, A. (1997): Aufbau eines Verbundsystems für Volkskreditkassen in Vietnam. Gutachten im Auftrag der GTZ, Eschborn (April 1997).

Bouncken, R.B. (2000): Dem Kern des Erfolges auf der Spur? State of the Art zur Identifikation von Kernkompetenzen. In: Zeitschrift für Betriebswirtschaft, Bd. 70(7-8), S. 865-885.

Braun, W. (1991): Kooperation in Unternehmen – Organisation, Steuerung und Innovationen. Wiesbaden.

Brazda, J./Schediwy, R. (1998): Strukturprobleme von föderativen Verbundsystemen. In: Zeitschrift für das gesamte Genossenschaftswesen (ZfgG), Bd. 48, S. 177-191.

Bresser, R.K.F. (1989): Kollektive Unternehmensstrategien. In: Zeitschrift für die Betriebswirtschaft, Bd. 59(5), S. 545-565.

342

Bresser, R.K.F. (1992): Geleitwort. In: J. Sydow (Hrsg.): Strategische Netzwerke – Evolution und Organisation. Wiesbaden, S. V-VI.

Breuer, W. (1993): Finanzintermediation im Kapitalmarktgleichgewicht. Wiesbaden.

Brockhoff, K. (1994): Forschung und Entwicklung. 4.Auflage, München u.a.

Brockmeier, T. (1998): Wettbewerb und Unternehmertum in der Systemtransformation – Das Problem des institutionellen Interregnums im Prozess des Wandels von Wirtschafts-systemen. Stuttgart.

Buchanan, J.M. (1984): Rights, Efficiency, and Exchange: The Irrelevance of Transactions Costs. In: M. Neumann (Hrsg.): Ansprüche, Eigentums- und Verfügungsrechte. Berlin,   S. 9-24.

Buchanan, J.M. (1987): Constitutional Economics. In: The New Palgrave Dictionary of Economics, Vol. 1, S. 585-588.

Buchanan, J.M. (1999): Moral und Gemeinschaft in der offenen Ordnung des Marktes. In: V. Vanberg (Hrsg.): Freiheit, Wettbewerb und Wirtschaftsordnung – Hommage zum 100. Geburtstag von Friedrich A. von Hayek. Freiburg u.a., S. 13-36.

Bühner, R. (1991): Betriebswirtschaftliche Organisationslehre. 5.Auflage, München u.a..

Bülow, S. (1995): Netzwerk-Organisation für Allfinanzanbieter – Ein organisationstheoretischer Vorschlag auf Grundlage der Neuen Institutionenökonomie. Wiesbaden.

Burghof, H.P./Rudolph, B. (1996): Bankenaufsicht – Theorie und Praxis der Regulierung. Wiesbaden.

Büschgen, H.E. (1989): Finanz-Verbund und Finanz-Konzern in der Diskussion. In: Mitteilungen und Berichte des Instituts für Bankwirtschaft und Bankrecht an der Universität Köln, 20. Jg., Nr. 58. Köln.

Büschgen, H.E. (1993): Bankbetriebslehre. Wiesbaden.

Büschgen, H.E. (1995): Bankmarketing. Düsseldorf.

Cantner, U./Hanusch, H. (1998): Effizienzanalyse mit Hilfe der Data Envelopment Analysis. In: Wirtschaftswissenschaftliches Studium (WiSt), Bd. 27, S. 228-237.

Carney, M.G. (1987): The Strategy and Structure of Collective Action. In: Organization Studies, S. 341-362.

Casus, B./Molyneux, P. (2000): A Comparative Study of Efficiency in European Banking. Working Paper, School of Accounting, Banking and Economics, University of Wales.

Caves, D.W./Christensen, L.R./Diewert, W.E. (1982): The Economic Theory of Index Numbers and the Measurement of Input, Output, and Productivity. In: Econometrica, Vol. 50, S. 1393-1414.

Central Institute for Economic Management, CIEM (2001): Vietnam's Economy in 2000. Hanoi.

Central People's Credit Fund, CCF (2002): Bao cao hoat dong cua Quy Tin Dung Trung Uong: Tu nam 1997 den thang 06/2002 (Bericht über Entwicklung der genossen-schaftlichen Zentralbank: Vom 1997 bis Juni 2002). Hanoi.

Centre for Consultation on Investment Supporting Agriculture and Rural Development, CECARDE (1997): Vietnam Bank for Agriculture (The Result of Project Research). Hanoi.

Chambers, R.G. (1988): Applied Production Analysis. New York.

Chandler, A.D. (1962/1988): The Essential Alfred Chandler – Essays Toward a Historical Theory of Big Business. Bosten/MA.

Chandler, A.D. (1990): Scale and Scope – The Dynamic of Industrial Capitalism. Cambridge/ MA.

Chandler, A.D. (1992): Organisational Capabilities and the Economic History of the Industrial Enterprise. In: Journal of Economic Perspectives, Vol. 6(3), S. 79-100.

Chandler, A.D. (1992a): What is a Firm? A Historical Perspective. In: European Economic Review, Vol. 36, S. 483-492.

Charnes, A./Cooper, W.W. (1962): Programming with Linear Fractional Functional. In: Naval Research Logistic Quarterly, Vol. 9, S. 517-522.

Charnes, A./Cooper, W.W./Golani, B./Seiford, L./Stutz, J. (1985): Foundations of Data Envelopment Analysis for Pareto-Koopmans Efficient Empirical Production Functions. In: Journal of Econometrics, Vol. 30, S. 91-107.

Charnes, A./Cooper, W.W./Rhodes, E. (1978): Measuring the Efficiency of Decision Making Units. In: European Journal of Operational Research, Vol. 2, S. 429-444.

Charnes, A./Cooper, W.W./Thrall, R.M. (1986): Classifying and Characterizing Efficiencies and Inefficiencies in Data Envelopment Analysis. In: Operations Research Letters, Vol. 5, S. 105-110.

Charnes, A./Cooper, W.W./Thrall, R.M. (1991): A Structure for Classifying and Characterizing Efficiency and Inefficiency in Data Envelopment Analysis. In: Journal of Productivity Analysis, Vol. 2, S. 197-237.

Chi, T. (1994): Trading in Strategic Resources: Necessary Conditions, Transaction Cost Problems, and Choice of Exchange Structure. In: Strategic Management Journal, Vol. 15, S. 271-290.

344

Coase, R.H. (1937/1988): The Nature of the Firm. Wiederabgedruckt in: Derselbe (Hrsg.): The Firm, the Market and the Law. Chicago, S. 33-55.

Coelli,T./Rao, D.S.P./Battese,G.E. (1995): An Introduction to Efficiency and Productivity Analysis. Boston u.a.

Coleman, J.S. (1974/1975): Inequality, Sociology, and Moral Philosophy. In: American Journal of Sociology, Vol. 80, S. 739-764.

Coleman, J.S. (1979): Macht und Gesellschaftsstruktur. Tübingen.

Collis, D.J./Montgomery, C.A. (1995): Competing on Resources – Strategy in the 90s. In: Harvard Business Review, Vol. 73(4), S. 118-128.

Collis, D.J./Montgomery, C.A. (1997): Corporate Strategy – Resources and the Scope of the Firm. Chicago u.a.

Conner, K.R. (1991): A Historical Comparison of Resource-based Theory and Five Schools of Thought within Organization Economics: Do Have a New Theory of the Firm? In: Journal of Management, Vol. 17(1), S. 121-154.

Conner, K.R./Prahalad, C.K. (1996): A Resource-based Theory of the Firm: Knowledge versus Opportunism. In: Organization Science, Vol. 7(5), S. 477-501

Cooper, W.W./Huang, Z.M./Lelas, V./Xi, S./Olesen, O.B. (1998): Chance Constrained Programming Formulations for Stochastic Characterizations of Efficiency and Dominance in DEA. In: Journal of Productivity Analysis, Vol. 9(1), S. 53-79.

Cooper, W.W./Seiford, L.M./Tone, K. (2000): Data Envelopment Analysis – a Comprehensive Text with Models, Applications, References and DEA-Solver Software. Boston u.a.

Davis, L./North, D.C. (1972): Institutional Change and American Economic Growth, Cambridge.

Debreu, G. (1951): The Coefficient of Resource Utilization. In: Econometrica, Vol. 19, S. 273-292.

Debreu, G. (1959): Theory of Value. New Haven.

Demsetz, H. (1988): The Theory of the Firm Revisited. In: Journal of Law, Economics, and Organization, Vol. 4, S. 141-161.

Department of Credit Cooperative Institutions/State Bank of Vietnam, DCCI/SBV (2001): Jahresbericht 2000. Hanoi.

Department of Credit Cooperative Institutions/State Bank of Vietnam, DCCI/SBV (2003): Jahresbericht 2002. Hanoi.

DG Bank (2000): Struktur und Entwicklung der Genossenschaften und ihrer Bankengruppe. Frankfurt/M.

345

Diamond, D.W. (1984): Financial Intermediation and Delegated Monitoring. In: Review of Economics Studies, Vol. 51, S. 393-414.

Diamond, D.W. (1997): Liquidity, Banks and Markets. In Journal of Political Economy, Vol. 99, S. 688-721.

Diamond, D.W./Dybvig, P.H. (1983): Bank Runs, Deposits Insurance, and Liquidity. In: Journal of Political Economy, Vol. 91, S. 401-419.

Dierickx, I./Cool, K. (1989): Asset Stock Accumulation and Sustainability of Competitive Advantage. In: Management Science, Vol. 35(12), S. 1505-1513.

Dietl, H./Pauli, M./Royer, S. (1999): Internationaler Finanzwettbewerb – Ein ressourcen-orientierter Vergleich. Wiesbaden.

Dietsch, M./Lozano-Vivas, A. (2000): How the Environment Determines Banking Efficiency: A Comparison between French and Spanish Industries. In: Journal of Banking and Finance, Vol. 24, S. 985-1004.

Diller, H./Kusterer, M. (1988): Beziehungsmanagement – Theoretische Grundlagen und explorative Befunde. In: Marketing ZFP, S. 211-220.

Dollar, D. (2002): Reform, Growth, and Poverty in Vietnam. Policy Research Working Paper 2837, World Bank, Washington D.C.

Donaubauer, K.A. (1988): Privatbankiers und Bankenkonzentration in Deutschland von der Mitte des 19. Jhd. bis 1932 unter besonderer Berücksichtigung der Übernahmen und Kommanditierungen der Bayerischen Hypotheken- und Wechsel-Bank und der Bayerischen Discont- und Wechselbank. Frankfurt/M.

Dornbusch, R.W. (1991): Strategies and Priorities for Reform. In: P. Marer und S. Zechini (Hrsg.): The Transition to a Market Economy. Vol. I, The Broad Issues, OECD, Paris, S. 169-183.

Dosi, G./Teece, D.J./Winter, S. (1992): Toward a Theory of Corporate Coherence – Preliminary Remarks. In: G. Dosi et al. (Hrsg.): Technology and Enterprise in a Historical Perspective. Oxford, S. 185-211.

Draheim, G. (1955): Die Genossenschaft als Unternehmungstyp. 2.Auflage, Göttingen.

Dülfer, E. (1979): Leitfaden für die Evaluierung kooperativer Organisationen in Entwicklungsländern. Göttingen.

Duong, T. H. (1995): Reform des vietnamesischen Bankensystems (Doi Moi He Thong Ngan Hang Viet Nam). In: o.V. (Hrsg.): Erneuerung der vietnamesischen Fiskal- und Geld-politik (Van De Doi Moi Chinh Sach Tai Chinh - Tien Te Viet Nam). Hanoi, S. 189-236.

346

Dyckhoff, H./Allen, K. (1999): Theoretische Begründung einer Effizienzanalyse mittels Data Envelopment Analysis. In: Zeitschrift für betriebswirtschaftliche Forschung, Bd. 51, S. 411-436.

Ebers, M./Gotsch, W. (1993): Institutionenökonomische Theorien der Organisation. In: A. Kieser (Hrsg.): Organisationstheorien. Stuttgart u.a., S. 193-242.

Edenhofer, T. (1994): Begriffliches zum kreditgenossenschaftlichen Verbund. In: Zeitschrift für das gesamte Genossenschaftswesen (ZfgG), Bd. 44, S. 263-270.

Edward, S. (1994): Dollarization in Latin American. In: N. Livitian (Hrsg.): Proceedings on a Conference on Currency Substitution and Currency Boards, World Bank Discussion Papers 207, Washington, D.C.

Edwards, S. (1995): Crisis and Reform in Latein America. Oxford u.a.

Efron, B. (1979): Bootstrap Methods: Another Look at the Jackknife. In: Ann. Statistics, Vol. 7, S. 1-26.

Efron, B./Tibshirani, R.J. (1993): An Introduction to the Bootstrap. London.

Eger, T./Nutzinger, H.G. (1999): Traditionelle Ordnungstheorie, Neue Institutionenökonomik und Evolutorische Ökonomik im Vergleich: In: D. Cassel (Hrsg.): Perspektiven der Systemforschung. Berlin, S. 39-60.

Eggertsson, T. (1990): Economic Behavior and Institutions. Cambridge u.a.

Ehlermann, R. (1981): Die Kreditgenossenschaften im Spannungsfeld zwischen genossenschaftlichem Förderauftrag und universalbankwirtschaftlicher Realität. Münster.

Elsner, W. (1987): Institutionen und ökonomische Institutionentheorie – Begriffe, Frage-stellung, theoriegeschichtliche Ansätze. In: Wirtschaftwissenschaftliches Studium (Wist), 1/1987, S. 5-14.

Emelianoff, I.V. (1948): Economic Theory of Cooperation. Washington DC.

Emmons, W.R./Schmid, F.A. (2000): Pricing and Dividend Policies in Open Credit Cooperatives. Federal Reserve Bank of St. Louis, Working Paper 2000-008A.

Engelhardt, W.W. (1984): Zur Unterscheidung von Arten und Typen der Genossenschaften und diesen verwandter Kooperationen. In: Zeitschrift für das gesamte Genossenschaftswesen (ZfgG), Bd. 34, S. 6-18.

Engelhardt, W.W. (1992): Genossenschaftlicher Systemstreit. In: E. Mändle und W. Swoboda (Hrsg.): Genossenschaftslexikon. Wiesbaden, S. 636-637.

Erlei, M./Leschke, M./Sauerland, D. (1999): Neue Institutionenökonomik, Stuttgart.

Eschenburg, R. (1971): Ökonomische Theorie der genossenschaftlichen Zusammenarbeit. Tübingen.

Esho, N. (2000): The Determinants of Cost Efficiency in Cooperative Financial Institutions: Australian Evidence. In: Journal of Banking and Finance, Vol. 25, S. 941-964.

Eucken, W. (1952/1990): Grundsätze der Wirtschaftspolitik. 6. durchgesehene Auflage, Tübingen.

Fallavier, P. (1998): Developing Micro-Finance Institutions in Vietnam – Policy Implications to Set Up an Enabling Environment. Master Thesis, Faculty of Graduate Studies, University of British Columbia.

Fama, E.F. (1980): Banking in the Theory of Finance. In: Journal of Monetary Economics, Vol. 6, S. 39-57.

Far Eastern Economic Review (FEER): A Little Less Secret - Audit of Vietnam Bank shows Extent of State Aid. Hong Kong, 16.Oktober 1997, S. 69-70.

Färe, R. (1988): Fundamentals of Production Theory. Berlin.

Färe, R./Grosskopf, S./Lovell, C.A.K. (1994): Production Frontiers. Cambridge.

Färe, R./Grosskopf,S./Roos, P. (1995): Productivity and Quality Changes in Swedish Pharmacies. In: International Journal of Productions Economics, Vol. 39(1-2), S. 137-147.

Färe, R./Lovell, C.A.K. (1978): Measuring the Technical Efficiency of Production. In: Journal of Economic Theory, Vol. 19, S. 150-162.

Färe, R./Primont, D. (1995): Multi-output Production and Duality: Theory and Applications. Boston.

Farrel, M.J. (1957): The Measurement of Productive Efficiency. In: Journal of Royal Statistical Society, Series A 120(3), S. 253-290.

Faust, H. (1977): Geschichte der Genossenschaftsbewegung. Frankfurt/M.

Fehl, U. (1997): Walter Hamm – Genossenschaften und Mittelstand im Rahmen der markt-wirtschaftlichen Ordnung. Göttingen.

Feldmann, H. (1997): Kulturelle Evolution und der Zusammenbruch des Sozialismus. In: List Forum für Wirtschafts- und Finanzpolitik, Bd. 23(1), S. 82-101.

Feldmann, H. (1999): Ordnungstheoretische Aspekte der Institutionenökonomik, Berlin.

Ferrier, G./Kerstens, K./Vanden Eeckaut, P. (1994): Radial and Nonradial Technical Efficiency Measures on DEA: A Comparison using US Banking. In: Recherches Economiques de Louvrain, Vol. 60, S. 449-479.

Fforde, A./Vylder, S. (1996): From Plan to Market – The Economic Transition in Vietnam. Oxford.

Fischer, D./Nicolai, A.T. (2000): Schumpeter, Strategie und evolutorische Ökonomik – Eine kritische Analyse der theoretischen Wurzeln des ressourcenorientierten Ansatzes im Strategischen Management. In: T. Beschorner und R. Pfriem (Hrsg.): Evolutorische Ökonomik und Theorie der Unternehmung. Marburg, S. 219-255.

Fischer, K. (1990): Hausbankbeziehungen als Instrument der Bindung zwischen Banken und Unternehmen: Eine theoretische und empirische Analyse. Bonn.

Fischer, K.P. (2002): Governance, Regulation and Mutual Financial Intermediaries Performance. CREFA Working Paper, No. 01-11, Laval University, Quebec Canada.

Førsund, F. R. (1996): On the Calculation of the Scale Elasticity in DEA Models. In: Journal of Productivity Analysis, Vol. 7, S. 283-302.

Foss, N.J. (1993): Theories of the Firms – Contractual and Competence Perspectives. In: Journal of Evolutionary Economics, Vol. 3, S. 127-144.

Foss, N.J (1996): Knowledge-based Approaches to the Theory of the Firm – Some Critical Comments. In: Organization Science, Vol. 7(5), S. 470-476.

Foss, N.J. (1997): Resources and Strategies: A Brief Overview of Themes and Contributions. In: Derselbe (Hrsg.): Resources, Firms, and Strategies. Oxford, S. 1-18.

Foss, N.J. (1999): Capabilities, Confusion, and the Costs of Coordination. In: DRUID-Working Papers, Vol. 99-7.

Foss, N.J. (2000): The Theory of the Firm: An Introduction to Themes and Contributions. In: Derselbe (Hrsg.): The Theory of the Firm – Critical Perspectives on Business and Management. London, S. xv-xix.

Foss, N.J./Eriksen, B. (1995): Competitive Advantage and Industry Capabilities. In: C.A. Montgomery (Hrsg.): Resource based and Evolutionary Theories of the Firm: Toward a Synthesis. Boston u.a., S. 43-69.

Freedman, D.A. (1981): Bootstrapping Regression Models. In: Ann. Statistics, Vol. 9(6), S. 1218-1228.

Freiling, J. (2001): Resource-based View und ökonomische Theorie – Grundlagen und Positionierung des Ressourcenansatzes. Wiesbaden.

Freiling, J. (2001a): Ressourcenorientierte Reorganisationen. Problemanalyse und Chance Management auf der Basis des Resource-based View. Wiesbaden.

Freixas, X./Rochet, J.-C. (1997): Microeconomics of Banking. Cambridge u.a.

Fried, H.O./Lovell, C.A.K./Eeckaut, P.V. (1993): Evaluating the Performance of US Credit Unions. In: Journal of Banking and Finance, Vol. 17, S. 251-265.

Fried, H.O./Lovell, C.A.K./Schmidt, S. (1993a): The Measurement of Productive Efficiency. Cambridge.

Friedman, M. (1953): The Methodology of Positive Economics. In: Derselbe (Hrsg.): Essays in Positive Economics. Chicago, S. 3-43.

Frost, J. (1998): Die Koordinations- und Orientierungsfunktion der Organisation. Bern u.a.

Fry, M.J. (1995): Money, Interest, and Banking in Economic Development. 2.Auflage, London.

Fukuyama, H. (2000): Returns to Scale and Scale Elasticity in Data Envelopment Analysis. In: European Journal of Operational Research, Vol. 125, S. 93-112.

Furubotn, E.G./Pejovich, S. (1974): The Economics of Property Rights. Cambridge u.a.

Galbis, V. (1977): Financial Intermediation and Economic Development in Less-Developed Countries: A Theoretical Approach. In: Journal of Development Studies, Vol. 13 (2), S. 58-72.

Gans, O./Evers, I. (1990): Handbuch der volkswirtschaftlichen Beratung (HvB), Teil I, in Zusammenarbeit mit der GTZ, Gesamtredaktion: Forschungsstelle für Internationale Agrar- und Wirtschaftsentwicklung eV (FIA), Baden-Baden.

Geis, H.-G. (1975): Die Rolle der finanziellen Infrastruktur bei der Kapitalbildung – Einige Ergänzungen. In: H. Priebe (Hrsg.): Eigenfinanzierung der Entwicklung. Berlin, S. 69-78.

Geis, H.-G. (1990): Finanzierungskonzepte für den Selbsthilfebereich – Bank- und finanz-wirtschaftliche Aspekte. Stuttgart.

General Statistical Office, GSO: Statistical Yearbooks 1985, 1991, 2001, 2002. Hanoi.

General Statistical Office, GSO (1990): Numbers and Dates: 1945-1990. Hanoi.

General Statistical Office, GSO (1995): Vietnam Living Standard Survey 1992-1993. Hanoi.

General Statistical Office, GSO (2000): Vietnam Living Standard Survey 1997-1998. Hanoi.

General Statistical Office, GSO (2002): Vietnam List of Administrative Divisions 2001. Hanoi.

Gesellschaft für Technische Zusammenarbeit, GTZ (2001): Die GTZ Reform-Gruppe in Vietnam – Hintergrund und Arbeitsfeld. Hanoi.

Ghewamat, P. (1991): Commitment – The Dynamic of Strategy. New York u.a.

Gleich, R. (1997): Performance Measurement. In: Die Betriebswirtschaft, Bd. 57, S. 114-117.

Goldberg, V.P. (1990): Aversion to Risk Aversion in the New Institutional Economics. In: Journal of Institutional and Theoretical Economics (JITE)/Zeitschrift für die gesamte Staatswissenschaft, Vol. 13, S. 115-136.

Gong, L./Sun, B. (1995): Efficiency Measurement of Production Operations under Uncertainty. In: International Journal of Production Economics, Vol. 39, S. 55-66.

Görgens, E. (1997): Die entwicklungspolitischen Strategien von IWF und Weltbank – Vom entwicklungspolitischen Dirigismus zur marktwirtschaftlichen Orientierung - und zurück?. In: S. Paraskewopoulos (Hrsg.): Wirtschaftsordnung und wirtschaftliche Entwicklung. Stuttgart, S. 261-276.

Grant, R.M. (1991): Resource-Based Theory of Competitive Advantage: Implications for Strategy Formulation. In: California Management Review, Vol. 33, No. 3, S.114-135.

Grant, R.M. (1995): Contemporary Strategy Analysis – Concepts, Techniques, Applications. 2.Auflage, Cambridge/MA u.a.

Grant, R.M. (1996): Prospering in Dynamically-Competitive Environments: Organizational Capability as Knowledge Integration. In: Organization Science, Vol. 7(4), S.375.387.

Grant, R.M. (1998): Contemporary Strategy Analysis – Concepts, Techniques, Applications. 3.Auflage, Oxford.

Greene, W. (1993): The Econometric Approach to Efficiency Analysis. In: H.O. Fried (Hrsg.): The Measurement of Productive Efficiency. Oxford, S. 68-119.

Greene, W. (2000): Econometric Analysis. 4.Auflage, New Jersey u.a.

Greve, R./Polster, D. (2001): Der Trend zur Kooperation: Genossenschaften und Netzwerke. In: Kirk, M. et al. (Hrsg.): Genossenschaften und Kooperation in einer sich wandelnden Welt. Münster u.a., S. 191-215.

Grichnik, D./Börner, C.J. (1999): Bankwirtschaftliche Verbundsysteme als strategische Netz-werke zwischen Markt und Hierarchie – Verbände als fokale Organisationen im Finanz-Verbund. In: Miteilungen und Berichte des Instituts für Bankwirtschaft und Bankrecht (MUB), Abteilung Bankwirtschaft, 30. Jg., Nr. 82, S. 72-103.

Gries, T. (1998): Internationale Wettbewerbsfähigkeit – Eine Fallstudie für Deutschland. Wiesbaden.

Grigorian, D.A./Manole, V. (2002): Determinants of Commercial Bank Performance in Transition: An Application of Data Envelopment Analysis. International Monetary Fund Working Paper, WP/02/146.

Grossekettler, H. (1985): Ordnungspolitisch legitimierte Genossenschaftsaufgaben. In: W. Jäger und H. Pauli (Hrsg.): Genossenschaften und Genossenschaftswissenschaft. Wiesbaden, S. 57-94.

Grossekettler, H. (1989): Kennzeichen von Geschäftsfeldern mit genossenschafts-spezifischen Vorteilen. In: J. Zersche et al. (Hrsg.): Genossenschaften und genossenschaftswissenschaftliche Forschung. Regensburg, S. 3-22.

Großfeld, B. (1988): Das Ehrenamt in der Genossenschaft und im genossenschaftlichen Verbund. In: Zeitschrift für das gesamte Genossenschaftswesen (ZfgG), Bd. 38, S. 263-274.

Grosskopf, S. (1986): The Role of the Reference Technology in Measurement Productive Efficiency. In: Economic Journal, Vol. 96, S. 499-513.

Grosskopf, S. (1996): Statistical Inference and Non-parametric Efficiency: A Selective Survey. In: Journal of Productivity Analysis, Vol. 7, S. 161-176.

Grosskopf, W. (1990): Der Förderungsauftrag moderner Genossenschaftsbanken und seine Umsetzung in der Praxis. In: Strukturfragen der deutschen Genossenschaften, Teil I. Veröffentlichung der DG Bank, Bd. 16, Frankfurt/M.

Grosskopf, W. (1990a): Mitgliederbindung. In: Ders. (Hrsg.): Herkunft und Zukunft – Genossenschaftswissenschaft und Genossenschaftspraxis an der Wende eines Jahrzehnts. Wiesbaden, S. 32-48.

Grosskopf, W. (1991): Genossenschaften und soziale Marktwirtschaft. In: Bankinformation/ Genossenschaftsforum, Nr. 12, S. 70-72.

Grosskopf, W./Schuler, M. (1988): "Sortimentpolitik" in Marktgenossenschaften. In: H.-T. Beyer et al. (Hrsg.): Neuere Entwicklungen in Betriebwirtschaftslehre und Praxis. Frankfurt/M., S. 353-366.

Gstach, D. (1998): Another Approach to Data Envelopment Analysis in Noisy Environments: DEA+. In: Journal of Productivity Analysis, Vol. 9(2), S. 161-176.

Gulati, R./Nohria, N./Zaheer, A. (2000): Strategic Networks. In: Strategic Management Journal, Vol. 21, S. 203-215.

Ha, T.H. (1996): Vietnam Bank of the Poor. In: Asia Pacific Rural Finance, Vol. 9(2), Mumbai, S. 25-26

Haffner, F. (1985): Monetäre Zentralplanung und Volkswirtschaftsplanung. In: H.J. Thieme (Hrsg.): Geldtheorie. Baden-Baden, S. 189-210.

Haffner, F. (1992): Ansätze zur Theorie einer Transformation – Die Entwicklung von Märkten. In: B. Biervert und M. Held (Hrsg.): Evolutorische Ökonomik – Neuerungen, Normen, Institutionen. Frankfurt/M., S. 143-166.

Hahn, O. (1973): Einige Mutmaßungen über die Zukunft der Genossenschaftsbanken. In: Raffeisen-Rundschau, Nr. 1, S. 19-27.

Hahn, O. (1980): Die Unternehmensphilosophie einer Genossenschaftsbank. Tübingen.

Hall, R. (1992): The Strategic Analysis of Intangible Resources. In: Strategic Management Journal, Vol. 13, S. 135-144.

Hamel, G. (1994): The Concept of Core Competence. In: G. Hamel und A. Heene (Hrsg.): Competence-based Competition. Chichester u.a., S. 11-33.

Hamel, G./Prahalad, C.K. (1995): Wettlauf um die Zukunft. Wien.

Hart, O.D. (1991): An Economist's Perspective on the Theory of the Firm. In: O.E. Williamson und S.G. Winter (Hrsg.): The Nature of the Firm. Oxford, S. 119-139.

Hart, O.D. (1995): Firms, Contracts, and Finance Structure. Oxford.

Hartmann-Wendels, T./Pfingsten, A./Weber, M. (1998): Bankbetriebslehre. Berlin u.a.

Hartwig, K.-H. (1997): Marktgenossenschaften und Systemtransformation: Transformationswirkungen kooperativer Unternehmen. In: Cassel, D. (Hrsg.): Institutionelle Probleme der Systemtransformation. Berlin, S. 189-210.

Hartwig, K.-H/Staudt, E./Bestel, S./Rahe, M. (1998): Gründertypen im Transformations-prozess. In: List Forum für Wirtschafts- und Finanzpolitik, Bd. 24(2), S. 219-238.

Haubrich, J.G. (1989): Financial Intermediation, Delegated Monitoring and Long-Term Relationships. In: Journal of Banking and Finance, Vol. 13, S.9-20.

Hauskrecht, A. (1998): Monetäre Aspekte des Transformationsprozesses – Eine Fallstudie Vietnams. Marburg.

Hayek, F.A. von (1969): Rechtsordnung und Handelsordnung, in: Derselbe (Hrsg.): Freiburger Studien: Gesamte Aufsätze. Tübingen, S. 161-198.

Hayek, F.A. von (1976): Die Verwertung des Wissens in der Gesellschaft. In: Derselbe (Hrsg.): Individualismus und wirtschaftliche Ordnung. Salzburg, S. 103-121.

Heinke, E. (1994). Dezentralität und Verbundkooperation als Strategische Erfolgsfaktoren der Genossenschaftsbanken. Genossenschaftswissenschaftliche Beiträge des Instituts für Genossenschaftswesens der Universität Münster, Heft 34.

Hellinger, C. (1999): Kernkompetenzbasiertes Outsourcing in Kreditgenossenschaften – Eine transaktionskostenökonomische Analyse unter besonderer Berücksichtigung von Netzwerkstrukturen. Münster.

Hemmer, H.-R. (1998): Von der traditionellen Preistheorie zur Neuen Institutionenökonomik. In: Derselbe (Hrsg.): Die Bedeutung der Neuen Institutionenökonomik für die Entwicklungsländer. Frankfurt/M., S. 1-9.

Henderson, B.D. (1974): Die Erfahrungskurve in der Unternehmensstrategie. Frankfurt/M. u.a.

Hennemann, C. (1997): Organisationales Lernen und die lernende Organisation: Entwicklung eines Praxisbezogenen Gestaltungsvorschlages aus ressourcenorientierter Sicht. München u.a.

Henning, F.W. (1993): Die Industrialisierung in Deutschland 1800 bis 1914 – Wirtschafts- und Sozialgeschichte. 8.Auflage, Bd. 2, Paderborn.

Herder-Dorneich, P. (1999): Zugänge zur Systemforschung. In: D. Cassel (Hrsg.): Perspektiven der Systemforschung. Berlin, S. 119-144.

Heuß, E. (1965): Allgemeine Markttheorie. Tübingen.

Hill, C.W.L./Jones, G.R. (1992): Strategic Management Theory – An Integrated Approach. Boston.

Hinds, M. (1990): Issues in the Introduction of Market Forces in Eastern European Socialist Economies. World Bank-Report IDP-0057, Washington D.C.

Hirschmann, A.O. (1974): Abwanderung und Widerspruch – Reaktionen auf Leistungsabfall bei Unternehmungen, Organisationen und Staaten. Tübingen.

Hoang, D.C./Pham, T.H./Le, D.H./ Do, M.H. (2001): Giai phap phat trien thi truong tai chinh nong thon phuc vu tien trinh cong nhiep hoa-hien dai hoa nong nhiep nong thon nuoc ta (Massnahmen zur Förderung ländlicher finanziellen Infratruktur). Hanoi.

Hodgson, G.M. (1998): Evolutionary and Competence-based Theories of the Firm. In: Journal of Economic Studies, Vol. 25(1), S. 25-56.

Hofmann, N. von (1994): Vietnam – Info. Nr. 4/94 Mai, Düsseldorf.

Holden, P./Prokopenko, V. (2001): Financial Development and Poverty Alleviation – Issues and Policy Implications for Developing and Transition Countries. IMF Working Paper WP/01/160, Washington D.C.

Holmstrøm, B.R./Robert, J. (1998): The Boundaries of the Firm Revisited. In: Journal of Economic Perspectives, Vol. 12, S. 73-94.

Holmstrøm, B.R./Tirole, J. (1989): The Theory of the Firm. In: R. Schmalensee und R.D. Willig (Hrsg.): Handbook of Industrial Organization. Amsterdam u.a., Vol. I, S. 61-133.

Holmstrøm, B.R./Tirole, J. (1997): Financial Intermediation, Loanable Funds, and the Real Sector. In: Quarterly Journal of Economics, Vol. 112, S. 663-691.

Hoppe, M. (1976): Die klassische und neoklassische Theorie der Genossenschaften – Ein Beitrag zur Dogmengeschichte und zur neueren Genossenschaftstheorie. Berlin.

Hoppert, R. (1992): Solidarhaftung. In: E. Mändle und W. Swoboda (Hrsg.): Genossen-schaftslexikon. Wiesbaden, S. 583-584.

Hoppmann, E. (1995): Walter Euckens Ordnungsökonomik – heute. In: Jahrbuch für die Ordnung von Wirtschaft und Gesellschaft (ORDO), Bd. 46, S. 41-55.

Horlacher, H. (1980): Verbund, Genossenschaftlicher. In: E. Mändle und W. Swobota (Hrsg.): Handwörterbuch des Genossenschaftswesens. Wiesbaden, S. 1557-1572.

Höser, R. (1989): Konkurrenzfähigkeit der Rechtsform Genossenschaft. Idstein, 1989.

Hungenberg, H. (2000): Strategisches Management in Unternehmen. Wiesbaden.

Hunt, S.D./Morgan, R.M. (1995): The Comparative Advantage Theory of Competition. In: Journal of Marketing, Vol. 59(2), S. 1-15.

Hunter, W.C./Timme, S.G. (1995): Core Deposits and Physical Capital: A Reexamination of Bank Scale Economies and Efficiency with Quasi-fixed Inputs. In: Journal of Money, Credit and Banking, Vol. 27, S. 165-184.

Integrated and Information Department, General Statistic Office (2001): Major Socio-Economic Information Obtained from Ten Large Scale Surveys in Period 1998-2000.

International Monetary Fund, IMF (1996): Vietnam – Transition to a Market. Washington D.C.

International Monetary Fund, IMF (1998): Vietnam: Selected Issues and Statistical Appendix. IMF Country Report No. 98/30, April 1998, Washington, D.C.

International Monetary Fund, IMF (2000): An IMF Perspective on Progress and Prospects. IMF Publications on Transition, November 2000.

International Monetary Fund, IMF (2002): Vietnam: Selected Issues and Statistical Appendix. IMF Country Report No. 02/5, January 2002. Washington, D.C.

International Monetary Fund, IMF (2003): Vietnam: Selected Issues and Statistical Appendix. IMF Country Report No. 03/382, December 2003. Washington, D.C.

Issing, O. (1997): Geldwertstabilität als ordnungspolitisches Problem. In: Jahrbuch für die Ordnung von Wirtschaft und Gesellschaft (ORDO), Bd. 48, S. 167-178.

Itami, H. (1987): Mobilizing Invisible Assets. Cambridge/MA u.a.

Ivancevic, H.M./Lorenzi, P./Skinner, S.J. (1997): Management – Quality and Compe-titiveness. 2.Auflage, Boston u.a.

Jäger, W. (1991): Der Genossenschaftsbegriff in der Politik und in der Wirtschaft. In: Zeitschrift für das gesamte Genossenschaftswesen (ZfgG), Bd. 41, S. 2-19.

Jarillo, J.C. (1988): On Strategic Networks. In: Strategic Management Journal, Vol. 9(1), S. 31-41.

Jarillo, J.C. (1993): Strategic Networks – Creating the Borderless Organization. Oxford u.a.

Johnson, A. (1996): Microfinance in Vietnam: A collaborative study based upon the experiences of NGOs, UN agencies and bilateral donors. Main Report. Hanoi, UNDP, Mai 1996.

Jungfer, J. (1991): Grundbedürfnisstrategie oder Ordnungspolitik als Wege zur Überwindung wirtschaftlicher Unterentwicklung. Stuttgart.

Kaplan, R.S./Norton, D.P. (1992): The Balanced Scorecard: Measures that Drive Performance. In: Havard Business Review, Vol. 70, S. 71-79.

Kapur, B.K. (1976): Alternative Stabilization Policies for Less Developed Economies. In: Journal of Political Economy, Vol. 84 (4), S. 777-795.

Kapur, B.K. (1985): Optimal Financial and Foreign Exchange Liberalization of Less-Developed Economies. In: Quarterly Journal of Economics, Vol. 98 (1), S. 41-62.

Kieser, A. (1995): Der situative Ansatz. In: Derselbe (Hrsg.): Organisations-theorien, 2.Aufl, Stuttgart, S. 155-183.

King, R./Levine, R. (1993): Finance, Entrepreneurship, and Growth: Theory and Evidence. In: Journal of Monetary Economics, Vol. 32 (3), S. 513-542.

Kirk, M. (2000): Agrarische Institutionen, Ressourcenrechte und Kooperationen im Ressourcenmanagement: Entwicklungsökonomische Neuorien-tierungen? In: Derselbe et al. (Hrsg.): Genossenschaften und Kooperation in einer sich wandelnden Welt, Münster u.a., S. 451-471.

Kirsten, D. (1995): Value-based-Management – Schlüssel zum strategischen Erfolg. In: Die Bank 11(95), S. 672-675.

Kiwit, D. (1994): Zur Leistungsfähigkeit neoklassisch orientierter Transaktionskostenansätze. In: Jahrbuch für die Ordnung von Wirtschaft und Gesellschaft (ORDO), Bd. 45, S. 105-135.

Kiwit, D./Voigt, S. (1995): Überlegungen zum institutionellen Wandel unter Berück-sichtigung des Verhältnisses interner und externer Institutionen. In: Jahrbuch für die Ordnung von Wirtschaft und Gesellschaft (ORDO), Bd. 46, S. 117-148.

Klein, B. (1988): Vertical Integration as Organizational Ownership. In: Journal of Law, Economics, and Organization, Vol. 4, S. 199-213.

Klein, B./Crawford, R.G./Alchian, A.A. (1978): Vertical Integration, Appropriable Rents, and the Competitive Contracting Process. In: Jounal of Law and Economics, Vol. 21, S. 297-326.

Klingebiel, N. (1999): Performance Measurement – Grundlagen – Ansätze – Fallstudien. Wiesbaden.

Klingenberger, D. (1998): Strukturprobleme im genossenschaftlichen Verbund. Regensburg.

Kloten, N. (1991): Die Transformation von Wirtschaftordnungen – Theoretische, phäno-typische und politische Aspekte. Tübingen.

Kluge, A.H. (1991): Geschichte der deutschen Bankgenossenschaften – Zur Entwicklung mitgliederorientierter Unternehmen. Frankfurt/M.

Klump, R./Spitzenfeil, A. (1998): Vietnam: The Financial System of An Economy in Transition. In: L. Menkhoff und B. Reszat (Hrsg.): Asian Financial Markets. Baden-Baden, S. 335-352.

Knaese, B. (1996): Kernkompetenzen im strategischen Management – "Der Resource-based View" in Kreditinstituten. Wiesbaden.

Knudsen, C. (1995): Theories of the Firms, Strategic Management, and Leadership. In: C.A. Montgomery (Hrsg.): Resource-Based and Evolutionary Theories of the Firm: Towards a Synthesis. Boston u.a., S. 179-217.

Knyphausen-Aufseß, D.z. (1993): "Why are the Firms Different" – Der "Ressourcen-orientierte Ansatz" im Mittelpunkt einer aktuellen Kontroverse im Strategischen Management. In: Die Betriebswirtschaft, Bd. 53, S. 771-791.

357

Knyphausen-Aufseß, D.z. (1997): Auf dem Weg zu einem ressourcenorientierten Paradigma? Resource Dependence-Theorie der Organisation und Resource-based View des Strategischen Managements im Vergleich. In: G. Ortmann et al. (Hrsg.): Theorien der Organisationen. Opladen, S. 452-480.

Koch, W. (1991): Der Genossenschaftsgedanke F.W. Raffeisens als Kooperationsmodell in der modernen Industriegesellschaft. Paderborn.

Kogut, B./Zander, U. (1992): Knowledge of the Firm, Combinative Capabilities, and the Replication of Technology. In: Organization Science, Vol. 3, S. 383-397.

Koop, M.J./Nunnenkamp, P. (1994): Die Transformationskrise in Mittel- und Osteuropa: Ursachen und Auswege. In: Weltwirtschaft, S. 67-92.

Koopmans, T.C. (1951): Analysis of Production as an Efficient Combination of Activities. In: Derselbe (Hrsg.): Activity Analysis of Production and Allocation, in: Cowles Commision for Research in Economics, Monograph No. 13. New York, S. 33-97.

Köppinger, P. (1995): Auf dem Weg zu einer sozialorientierten Marktwirtschaft – Vietnam nach acht Jahren Reformpolitik. In: KAS-Auslandsinformationen 3/95, S. 23-47.

Kornai, J. (1980): Economics of Shortage. 2.Auflage, Amsterdam u.a.

Krahnen, J./Schmidt, R. (1999): On the Theory of Credit Unions. In: B. Balkenhol (Hrsg.): Credit Unions and the Poverty Challenge. Geneva, S. 17-24.

Kräkel, M. (1999): Organisation und Management. Tübingen.

Kreikelbaum, H. (1993): Strategische Unternehmensplanung. 5.Auflage, Stuttgart u.a.

Kreps, D. (1990): Corporate Culture and Economic Theory. In: J.E. Alt und K.A. Shepsle (Hrsg.): Perspectives on Positive Political Economy. Cambridge, S. 90-143.

Kritikos, A./Bolle, F. (2000): Kreditvergabe ohne herkömmliche Sicherheiten. In: E. Scholing (Hrsg.): Währung und wirtschaftliche Entwicklung. Berlin, S. 133-156.

Krug, B. (1991): Transformation der sozialistischen Volkswirtschaften in Zentraleuropa – Ein Beitrag der Vergleichenden Ökonomischen Theorie von Institutionen. In: H.J. Wagener (Hrsg.): Anpassung durch Wandel – Evolution und Transformation von Wirtschafts-systemen. Berlin, S. 39-60.

Krüger, W./Homp, C. (1997): Kernkompetenz-Management – Steigerung von Flexibilität und Schlagkraft im Wettbewerb. Wiesbaden.

358

Krüsselberg, H.G. (1969): Marktwirtschaft und ökonomische Theorie. Freiburg i.B.

Krüsselberg, H.G. (1986): Transaktionskostenanalyse der Unternehmung und Markttheorie. In: H. Leipold und A. Schüller (Hrsg.): Zur Interdependenz von Unternehmens- und Wirtschaftsordnung. Stuttgart, S. 67-92.

Krüsselberg, U. (1993): Theorie der Unternehmung und Institutionenökonomik. Heidelberg.

Kuhn, T. S. (1970): The Structure of Scientific Revolutions. 2.Auflage, Chicago.

Kunze, J. (1999): Editorial. In: H. Herr und K. Hübner (Hrsg.): Der "lange Marsch" in die Marktwirtschaft − Entwicklungen und Erfahrungen in der VR China und Osteuropa. Berlin, S. 7-8.

Küttner, M. (1994): Falsifikation. In: H. Seiffert und G. Radnitzky (Hrsg.): Handlexikon der Wissenschaftstheorie. 2.Auflage, München, S. 80-82.

Laeven, L. (2000): Risk and Efficiency in East Asian Banks. Financial Sector Strategy and Policy Group of the World Bank, WB Strategy Paper.

Lakatos, I. (1971): Histoty of Science and its Rational Reconstructions: In: R. Buck und R. Cohen (Hrsg.): Boston Studies in the Philosophy of Science. Dordrecht, S. 91-136.

Lal, D. (1985): Missverständnis in der "Entwicklungsökonomie". In: Finanzierung und Entwicklung, 22.Jg., Nr. 2, S. 10-13.

Langlois, R.N. (1988): Economic Chances and the Boundaries of the Firm. In: Journal of Institutional and Theoretical Economics (JITE)/Zeitschrift für die gesamte Staats-wissenschaft, Vol. 144, S. 635-657.

Langlois, R.N. (1992): Transaction-Cost Economics in Real Time. In: Industrial and Corporate Change, Vol. 1, S. 99-127.

Langlois, R.N. (1998): Capabilities and the Theory of the Firm. In: N.J. Foss und B.J. Loasby (Hrsg.): Economic Organization, Capabilities and Coordination. London u.a., S. 183-203.

Langlois, R.N./Everett, M. (1994): What is Evolutionary Economics? In: L. Magnusson (Hrsg.): Evolutionary and Neo-Schumpeterian Approaches to Economics. Dordrecht u.a.

Langlois, R.N./Foss, N.J. (1999): Capabilities and Governance: The Rebirth of Production in the Theory of Economic Organization. In: Kyklos, Vol. 52, S. 201-218.

Langlois, R.N./Robertson, P.L. (1995): Firms, Markets and Economic Change − A Dynamic Theory of Business Institutions. London u.a.

Langschied, J. (1993): Der Sparkassenverbund − Entwicklung und Gegenwartsprobleme. Wiesbaden.

Lanzerath, R.J. (2001): Kreditgenossenschaften und virtualisierte Märkte – Strategische Herausforderungen und Handlungsoptionen einer regionalfokussierten Kreditinstituts-gruppe. Berlin.

Lehmann, H. (1965): Wesen und Formen des Verbundbetriebes – Ein Beitrag zur betriebs-wirtschaftlichen Morphologie. Berlin.

Leibenstein, H. (1966): Allocative Efficiency vs. 'X-Efficiency'. In: American Economic Review, Vol. 56, S. 392-415.

Leibenstein, H./Maital, S. (1992): X-Inefficiency After a Quarter of a Century – Empirical Estimation and Partitioning of X-Inefficiency: A Data-Envelopment Approach. In: American Economic Review, Vol. 82(2), S. 428-433.

Leipold, H. (1989): Das Ordnungsproblem in der ökonomischen Institutionentheorie. In: Jahrbuch für die Ordnung von Wirtschaft und Gesellschaft (ORDO), Bd. 40, S. 129-145.

Leipold, H. (1996): Zur Pfadabhängigkeit der institutionellen Entwicklung. In: D. Cassel (Hrsg.): Entstehung und Wettbewerb von Systemen. Berlin, S. 93-115.

Leipold, H. (1999): Institutionenbildung in der Transformation. In: H.-H. Höhmann (Hrsg.): Spontaner oder gestalteter Prozess? – Die Rolle des Staates in der Wirtschafs-transformation osteuropäischer Länder, Baden-Baden, S. 133-151.

Lenk, H. (1994): Szientismus. In: H. Seiffert und G. Radnitzky (Hrsg.): Handlexikon der Wissenschaftstheorie. 2. Auflage, München, S. 352-358.

Lepp, A. (1994): Finanzsektorpolitik und der Zugang der klein(st)er Unternehmen zu Finanzdienstleistungen – Eine Untersuchung am Beispiel Peru. Diss., Uni Frankfurt/M.

Levine, R. (1997): Financial Development and Economic Growth – Views and Agenda. In: Journal of Economic Literature, Vol. 35, S. 688-726.

Licht, W. (1989): Die Beteiligungsfinanzierung der Kreditgenossenschaften. Nürnberg.

Lipfert, H. (1990): Mitgliederförderndes Kooperations- und Konkurrenzmanagement in genossenschaftlichen Systemen. 2.Auflage, Göttingen.

Llanto, G. (1999): Vietnam. In: Asian Development Bank, ADB (Hrsg.): The Role of Central Banks in Microfinance in Asia and the Pacific. Manila, S. 331-356.

Löchel, H. (1995): Institutionen, Transaktionskosten und wirtschaftliche Entwicklung – Ein Beitrag zur Neuen Institutionenökonomik und zur Theorie von Douglass C. North. Berlin.

Long, M. (2002): Looking Back at the World Bank's World Development Report 1989: Finance and Development. In: G. Caprio/ P. Honohan/D. Vittas (Hrsg.): Financial Sector Polity for Developing Countries – A Reader. Washington D.C., S. 3-18.

Lösch, D. (1993): Der Weg zur Marktwirtschaft – Grundzüge einer Theorie der Transformationspolitik. Baden-Baden.

Löthgren, M./Tambour, M. (1996): Alternative Approaches to Estimate Returns to Scale in DEA-Models. Working Paper Series in Economics and Finance, No. 90, The Economic Research Institute of Stockholm School of Economics.

Louis, D. (1979). Zu einer allgemeinen Theorie der ökonomischen Kooperation – Verhaltens-theoretische Grundlegung der wirtschaftlichen Zusammenarbeit. Göttingen.

Lovell, C.A.K. (1993): Production Frontiers and Productive Efficiency. In: H.O. Fried et al. (Hrsg.): The Measurement of Productivity Efficiency – Techniques and Applications. Oxford, S. 3-67.

Lovell, C.A.K./Walters, L.C./Wood, L.L. (1994): Stratified Models of Education Production using modified DEA and Regression Analysis. In: A. Charnes et al. (Hrsg.): Data Envelopment Analysis: Theory, Methodology, and Applications. Boston, S. 329-351.

Luhmann, N. (1989): Vertrauen. Ein Mechanismus zur Reduktion sozialer Kompelxität. Stuttgart.

Luong, H. V. (1992): Revolution in the Village – Tradition and Transformation in North Vietnam, 1925 - 1988. Honolulu, University of Hawaii Press.

Macharzina, (1999): Unternehmensführung. 3.Auflage, Stuttgart.

Machlup, F. (1952): The Economics of Seller's Competition – Model Analysis of Sellers' Conduct. Baltimore.

Machlup, F. (1967): Theories of the Firms: Marginalist, Behavioral, Managerial. In: American Economic Review, Vol. 57, S. 1-33.

MacPherson, I. (1998): The Dynamics of Credit Unions: Explaining Diversity in the International Credit Union Movement. In: International Co-operative Banking Association Journal, Vol. 10, S. 95-107.

Maddala, G.S. (1997): Limited-dependent and Qualitative Variables in Econometrics. Cambridge.

Mahoney, J.T./ Pandian, J.R. (1992): The Resource-based View within the Conversation of Strategic Management. In: Strategic Management Journal, Vol. 13, S. 363-380.

Martin, F. (1994): Wettbewerbliche Neuorientierung von Kredit-genossenschaften – Eine Betrachtung unter besonderer Berücksichtigung transaktionskostenökonomischer Überlegungen zum Finanzverbund. Berlin.

Mason, S.P. (1995): The Allocation of Risk. In: D.B. Crane et al. (Hrsg.): The Global Financial System: A Functional Perspective. Boston, S. 153-195.

Mathieson, D.J. (1980): Financial Reform and Stabilization Policy in Developing Economy. In: Journal of Economic Development, Vol. 7 (3), S. 359-395.

McCarty, A. (2001): Microfinance in Vietnam: A Survey of Schemes and Issues. Final Report for the British Department for International Development (Dfid) and the State Bank of Vietnam. Hanoi.

McGrath, R.G./MacMillan, I.C./Venkataraman, S. (1995): Defining and Developing Competence: A Strategic Process Paradigm. In: Strategic Management Journal, Vol. 16, S. 251-275.

McKillop, D.G./Glass, J.C./Ferguson, C. (2002): Investigating the Cost Performance of UK Credit Unions using Radial and Non-radial Efficiency Measures. In: Journal of Banking and Finance, Vol. 26, S. 1563-1591.

McKinnon, R.I. (1973): Money and Capital in Economic Development. Washington D.C.

McKinnon, R.I. (1986): Case Against Financial Repression. In: G.M. Meier (Hrsg.): Leading Issues in Development Economics. Oxford u.a., S. 205-210.

McKinnon, R.I. (1993): The Order of Economic Liberalization: Financial Control in the Transition to a Market Economy. 2.Auflage, Baltimore.

Meier, G. M. (1989): Leading Issues in Development Economics. Oxford u.a.

Merton, R.C./Bodie, Z. (1995): A Conceptual Framework for Analyzing the Financial Environment. In: Crane, D.B. et al. (Hrsg.): The Global Financial System – A Functional Perspective. Boston, S. 3-31.

Mester, L.J. (1994): How Efficient are the Third District Banks? In: Business Review, Federal Reserve Bank of Philadelphia, S. 3-18.

Mester, L.J. (1996): A Study of Bank Efficiency Taking into Account Risk-Preferences. In: Journal of Banking and Finance, Vol. 20, S. 1025-1045.

Meuthen, D. (1997): Neue Institutionenökonomik und strategische Unternehmensführung. Aachen.

Meyer, M. (1995): Ökonomische Organisation der Industrie- und Netzwerkarrangements zwischen Markt und Unternehmung. Wiesbaden.

Michales, E. (1985): Organisation unternehmerischer Aufgaben – Transaktions-kosten als Beurteilungskriterium. Frankfurt/M.

362

Michler, A./Thieme, H.J. (1991): Währungsreformen: Zur institutionellen Absicherung monetärer Prozesse. In: K.-H. Hartwig und H.J. Thieme (Hrsg.): Transformations-prozesse in sozialistischen Wirtschaftssystemen – Ursachen, Konzepte, Instrumente. Berlin u.a., S. 305-330.

Mildenberger, U. (1998): Selbstorganisation von Produktionsnetzwerken – Erklärungsansätze auf Basis der neueren Systemtheorie. Wiesbaden.

Miles, R.E./Snow, C.C. (1986): Organizations: New Concepts for New Forms. In: California Management Review, Vol. 28, S. 62-73.

Miles, R.E./Snow, C.C. (1995): The New Network Firm – A Spherical Structure Built on Human Investment Philosophy. In: Organizational Dynamics, Vol. 23, S. 5-18.

Milgrom, P.R./Roberts, J. (1992): Economics, Organization, and Management. New Jersey u.a.

Mises, L. von (1940/1980): Nationalökonomie – Theorie des Handelns und Wirtschaftens. Unveränderter Nachdruck der 1.Auflage (Genf 1940), München.

Modigliani, F./Miller, M.H. (1958): The Cost of Capital, Corporation Finance and the Theory of Investment. In: American Economic Review, Vol. 48, S. 261-297.

Molyneux, P./Altunbas, Y./Gardener, E. (1996): Efficiency in European Banking. Chichester.

Momm, C. (1997): Die intelligente Unternehmung – Management von Information, Wissen und Werten. Wiesbaden.

Moran, P./Goshal, S. (1999): Markets, Firms, and the Process of Economic Development. In: Academic of Management Review, Vol. 24(7), S. 390-412.

Müller, G. (1976): Das Problem der Neustrukturierung des kreditgenossenschaftlichen Verbundes. Dissertation Universität Mannheim.

Müller, H. (1995): Spontane Ordnungen in der Kreditwirtschaft Russlands – Eine institutionenökonomische Analyse des Kreditsicherungsproblems. Stuttgart u.a.

Müller-Armack, A. (1974): Die Soziale Marktwirtschaft nach einem Jahrzehnt ihrer Erprobung. In: Derselbe (Hrsg.): Genealogie der Sozialen Marktwirtschaft, Frühschriften und weiterführende Konzepte. Bern u.a., S. 119-128.

Münkner, H-H. (1989): Die Genossenschaft – neutraler Organisationstyp oder Abbild gesellschaftlicher Grundauffassungen in Europa? Tübingen.

Nelson, R. (1991): Why Do Firms Differ, and How Does It Matter?. In: Strategic Management Journal, Vol. 12, Special Issue Winter, S. 61-74.

363

Nelson, R. (1995): Recent Evolutionary Theorizing about Economic Change. In: Journal of Economic Literature, Vol. 23, S. 48-90.

Nelson, R./Winter, S.G. (1982): An Evolutionary Theory of Economic Chance. Cambridge/MA u.a.

Neuberger, D. (1994): Kreditvergabe durch Bank – Mikroökonomische Theorie und gesamtwirtschaftliche Implikationen. Tübingen.

Neuberger, D. (1998): Mikroökonomik der Bank – Eine industrieökonomische Perspektive. München.

Neuberger, D./Lehmann, E. (1998): Die Direktbankinnovation. In: Kredit und Kapital, H. 3, S. 343-369.

Nguyen, M.D.(2001): Bericht des vietnamesischen Einlagensicherungssystems in der SBV-Konferenz "Konsolidierung, Verbessrung und Entwicklung des People's Credit Funds-Systems" in Hanoi, 21-22/11/2001.

Nguyen, M.T. (2000): Strategies to Enhance the Comparative Advantages of People's Credit Fund Network. Master Thesis, Vietnam-French Community of Belgium Master Programmes, National Economic University, Hanoi.

Nguyen, T.H. (1998): Monetäre Wirkungen von Auslandkapital im Transformationsprozess Vietnams. Dissertation, Freie Universität Berlin.

Nguyen, V.C./Vu, Q.V./Tran, V./Le, H. (2002): Vietnam Economy in the Years of Reform – Integrated Economic Data Analysis by Regions, Economic Structure, Financial Operation, Ownership, and Institutions. General Statistic Office (GSO), Hanoi.

Nonaka, I. (1991): The Knowledge Creating Company. In: Havard Business Review, Vol. 69, S. 96-114.

Nonaka, I. (1994): A Dynamic Theory of Organizational Knowledge Creation. In: Organization Science, Vol. 5, S. 14-37.

North, D.C. (1992): Institutionen, institutioneller Wandel und Wirtschaftsleistung. Tübingen.

North, D.C. (1994): Economic Performance Through Time. In: American Economic Review, Vol. 84, S. 359-368.

Nurkse, R. (1953): Problems of Capital Formation in Underdeveloped Countries. New York, Oxford Univ. Press.

Nuti, D. (1993): Die Rolle des Bankensektors im Privatisierungsprozess. In: H. Herr und A. Wesphal (Hrsg.): Transformation im Mittel- und Osteuropa: Makroökonomische Konzepte und Fallstudien. New York u.a., S. 172-200.

Nutzinger, H.G. (1978): The Firm as Social Institution – The Failure of Contractarian Viewpoint. In: J. Backhaus et al. (Hrsg.): Partizipation in Betrieb und Gesellschaft. Frankfurt u.a., S. 45-74.

Oberender, P. (1994): Industrieökonomik. In: Wirtschaftswissenschaftliches Studium (WiSt), Vol. 23(2), S. 65-73.

Ohm, H. (1955): Die Genossenschaft und ihre Preispolitik. Karlsruhe.

Oliver, C. (1997): Sustainable Competitive Advantage: Combining Institutional and Resource Based View. In: Strategic Management Journal, Vol. 18, S. 697-713.

Olsen, R. (1978): A Note on the Uniqueness of the Maximum Likelihood Estimation in the Tobit Model. In: Econometrica, Vol. 46, S. 1211-1215.

Olson, M. J. (1968): Die Logik des kollektiven Handelns. Tübingen.

Olson, M. J. (1969): The Relationship between Economics and the other Social Sciences. In: S.M. Lipset (Hrsg.): Politics and the Social Sciences. New York u.a., S. 137-162.

Osterloh, M./Frost, J. (2000): Koordination, Motivation und Wissensmanagement in der Theorie der Unternehmung. In: T. Beschorner und R. Pfriem (Hrsg.): Evolutorische Ökonomik und Theorie der Unternehmung. Marburg, S. 193-218.

Ostrom, E. (1986): An Agenda for the Study of Institutions. In: Public Choice, Vol. 48, S. 3-25.

Paaßen, V. (1991): Die finanzielle Beteiligung an einer Kreditgenossenschaft. Münster.

Pagano, M. (1993): Financial Markets and Growth. In: European Economic Review, Vol. 37 (2-3), S. 613-622.

Paraskewopoulos, S. (1990): Funktion und Bedeutung des Geldes in Wirtschaftssystemen. In: H.-J. Wagener (Hrsg.): Monetäre Steuerung und ihre Probleme in unterschiedlichen Wirtschaftssystemen. Berlin , S. 15-29.

Paraskewopoulos, S. (1991): Erklärungsansätze der Systemtransformation. In: K.-H Hartwig und H.J. Thieme (Hrsg.): Transformationsprozesse in sozialistischen Wirtschafts-systemen. Berlin u.a., S. 5-27.

Paraskewopoulos, S. (1997): Das Problem der wirtschaftlichen Unterentwicklung. In: Derselbe (Hrsg.): Wirtschaftsordnung und wirtschaftliche Entwicklung. Stuttgart, S. 3-20.

Parsons, T. (1951/1968): The Social System. 4.Auflage, New York.

Paulick, H. (1956): Das Recht der eingetragenen Genossenschaft. Karlsruhe.

Pedell, B. (2000): Commitment als Wettbewerbsstrategie. Berlin.

Penrose, E. (1966): The Theory of Growth of the Firm. Oxford.

Pester, M. (1993): Das Prinzip der Kooperation – Dimensionen strategischer Kooperation und ihre Relevanz für den genossenschaftlichen Finanzverbund. Köln.

Peteraf, M.A. (1993): The Cornerstones of Competitive Advantages: a Resource-Based View, in: Strategic Management Journal, Vol. 14, S. 179-191.

Picot, A. (1981): Der Beitrag der Verfügungsrechte zur ökonomischen Analyse von Unternehmensverfassungen. In: K. Bohr et al. (Hrsg.): Unternehmensverfassungen als Problem der Betriebswirtschaftslehre. Berlin, S. 153-197.

Picot, A. (1991): Ein neuer Ansatz zur Gestaltung der Leistungstiefe. In: Zeitschrift für betriebswirtschaftliche Forschung, Bd. 33(4), S. 336-357.

Picot, A./Dietl, H./Franck, E. (1999): Organisation – Eine ökonomische Perspektive. 2.Auflage, Stuttgart.

Picot, A./Hardt, P. (1998): Make-or-Buy-Entscheidungen. In: Meyer, A. (Hrsg.): Handbuch Dienstleistungs-Marketing. Bd. 1, Stuttgart, S. 625-646.

Picot, A./Laub, U.-D./Schneider, D. (1989): Innovative Unternehmensgründungen. Berlin u.a.

Pies, I. (1998): Theoretische Grundlagen einer Konzeption der 'sozialen Marktwirtschaft' – Normative Institutionenökonomik als Renaissance der klassischen Ordnungstheorie. In: D. Cassel (Hrsg.): 50 Jahre Soziale Marktwirtschaft. Stuttgart, S. 97-132.

Pirker, R. (1997): Die Unternehmung als soziale Institution – Eine Kritik der Transaktions-kostenerklärung der Firma. In: G. Ortmann et al. (Hrsg.): Theorien der Organisation. Opladen, S. 67-80.

Plinke, W. (1997): Grundlagen des Geschäftsbeziehungsmanagements. In: M. Kleinaltenkamp und W. Plinke (Hrsg.): Geschäftsbeziehungsmanagement. Berlin, S. 1-61.

Pohl, M. (1982): Die Entwicklung des deutschen Bankwesens zwischen 1848 und 1879. In: Institut für bankhistorische Forschung e.V. (Hrsg.): Deutsche Bankgeschichte, Bd. 2. Frankfurt/M., S. 143-220.

Polanyi, M. (1985): Implizites Wissen. Frankfurt/M.

Polster, D. (2001): Finanzintermediation und institutioneller Wandel – Finanzsysteme, Universalbanken und Kreditgenossenschaften. Münster.

Popp, S. (2001): Strukturwandel bei Banken – Shareholder-Value-Strategien von Sparkassen und Genossenschafbanken. Berlin.

Popper, K. (1989): Logik der Forschung. 9.Auflage, Tübingen.

Porter, M. (1991): Towards a Dynamic Theory of Strategy. In: Strategic Management Journal, Vol. 12, S. 95-117.

Porter, M.E. (1992): Wettbewerbsvorteile – Spitzenleistungen erreichen und behaupten. Frankfurt.

366

Porter, M.E. (1996): What is Strategy? In: Havard Business Review, Vol. 74, S. 61-78.

Porter, M.E. (1997): Wettbewerbsstrategie: Methoden zur Analyse von Branchen und Konkurrenten. 9.Auflage, Frankfurt/M. u.a.

Post, T. (2001): Performance Evaluation in Stochastic Using Mean-Variance Data Envelopment Analysis. In: Operations Research, Vol. 49(2), S. 281-292.

Prahalad, C.K./Hamel, G. (1990): The Core Competence of the Corporation. In: Harvard Business Review, Vol. 68(3), S. 79-91.

Prescott, E.C./Visscher, M. (1980): Organizational Capital. In: Journal of Political Economy, Vol. 88, S. 446-461.

Proff, H. (2000): Ableitung ressourcenorientierter Wettbewerbsvorteile und -strategien aus einem "Modell der Ressourcenveredelung". In: P. Hammmann und J. Freiling (Hrsg.): Die Ressourcen- und Kompetenzperspektive des Strategischen Managements. Wiesbaden, S. 137-166.

Radke, D. et al. (1992): Finanzsektorstudie Vietnam. Deutsches Institut für Entwicklungs-politik (DIE), Berlin.

Rasche, C. (1994): Wettbewerbsvorteile durch Kernkompetenzen – Ein ressourcenorientierter Ansatz. Wiesbaden.

Rasmusen, E. (1989): Games and Information: An Introduction to Game Theory. New York u.a.

Rathe, K./Witt, U. (2000): Evolutionäre Ansätze in der Theorie der Firma. In: T. Beschorner und R. Pfriem (Hrsg.): Evolutorische Ökonomik und Theorie der Unternehmung. Marburg, S. 153-167.

Reekie, W.D. (1984): Markets, Entrepreneurs and Liberty – An Austrian View of Capitalism. Brighton u.a.

Reininger, T./Schardax, F./Summer, M. (2001): The Financial System in the Czech Republic, Hungary and Poland after a Decade of Transition. Discussion Paper 16/01, Economic Research Centre of the Deutsche Bundesbank, Frankfurt/M.

Ribhegge, H. (1987): Contestable Markets, Genossenschaften und Transaktionskosten. Arbeitspapiere des Instituts für Genossenschaftswesen der Westfälischen Wilhelms-Universität, Nr. 9, Münster.

Richter, R. (1988): The New Institutional Economics applied to Monetary Economics. In: Journal of Institutional and Theoretical Economics (JITE)/Zeitschrift für die gesamte Staatswissenschaft, Vol. 144, S. 208-224.

Richter, R. (1990): Sichtweise und Fragestellungen der Neuen Institutionen-ökonomik. In: Zeitschrift für Wirtschafts- und Sozialwissenschaften, Bd. 110, S. 571-591.

Richter, R. (1994): Institutionen ökonomisch analysiert. Zur jüngeren Entwicklung auf einem Gebiet der Wirtschaftstheorie, Tübingen

Richter, R. (2000): Verträge aus wirtschaftstheoretischer Sicht. In: W. Franz et al. (Hrsg.): Ökonomische Analyse von Verträgen. Tübingen, S. 1-24.

Richter, R./Furubotn, E.G. (1999): Neue Institutionenökonomik – Eine Einführung und kritische Würdigung. 2.Auflage, Tübingen.

Ricketts, M (1987): The Economics of Business Enterprise – New Approach to the Firm. Brighton.

Riese, H. (1991): Geld und die Systemfrage, in: J. Backhaus (Hrsg.): System-wandel und Reform in östlichen Wirtschaften. Marburg, S. 125-138.

Röpke, J. (1992): Genossenschaften und Wirtschaftssystem – Wirtschaftlicher Wandel und genossenschaftliches Unternehmertum. In: Marburg Consult für Selbsthilfeförderung eG (Hrsg.): Genossenschaftliche Selbsthilfe und struktureller Wandel. Marburg, S. 12-33.

Rösner, H.J. (2000): Genossenschaften im volkswirtschaftlichen Entwicklungsprozess. In: M. Kirk et al. (Hrsg.): Genossenschaften und Kooperation in einer sich wandelnden Welt. Münster, S. 431-450.

Rotering, J. (1993): Zwischenbetriebliche Kooperation als alternative Organisationsform – Ein transaktionskostentheoretischer Erklärungsansatz. Stuttgart.

Rothschild, M./Stiglitz, J.E. (1970): Increasing Risk – A Definition. In: Journal of Economic Theory, Vol. 2(3), S. 225-243.

Rumelt, R.P. (1987): Theory, Strategy, and Entrepreneurship. In: D.J. Teece (Hrsg.): The Competitive Challenge. Cambridge/MA, S. 137-158.

Rumelt, R.P. (1995): Inertia and Transformation. In: C.A. Montgomery (Hrsg.): Resource-Based and Evolutionary Theories of the Firm: Towards a Synthesis. Boston u.a., S. 101-132.

Russel, R.R. (1990): Continuity of Measurement of Technical Efficiency. In: Journal of Economic Theory, Vol. 51, S. 255-267.

Sachs, J.D. (1990): Eastern Europe's Economies – What Is To Be Done. In: Economist, Jan. 13, S. 19-24.

Scheel, H. (2000): Data-Envelopment-Analysis. Wiesbaden.

Scheel, H./Scholtes, S. (2003): Continuity of DEA Efficiency Measures. In: Operations Research, Vol. 51(1), S. 149-159.

Scherer, A.G. (1999): Kritik der Organisation oder Organisation der Kritik. In: A. Kieser (Hrsg.): Organisationstheorien. 3.Auflage, Stuttgart u.a., S. 1-37.

Schierenbeck, H. (1988): Genossenschaftliches Zentralbanksystem – Chancen und Risiken der Zweistufigkeit. Montabaur.

Schleinitz, J. (1998): Vertragsgestaltung in den Transformationsländern Mittel- und Osteuropas – Eine transaktionskostentheoretische Untersuchung. Baden-Baden.

Schlotter, H.-G. (1994): Unternehmensgründungspolitik im Übergang zur Marktwirtschaft. In: C. Herrmann-Pillath et al. (Hrsg.): Marktwirtschaft als Aufgabe. Stuttgart u.a., S. 501-517.

Schmidt, I. (1999): Wettbewerbspolitik und Kartellrecht. 6.Auflage, Stuttgart.

Schmidt, R.H. (1979): Die Rolle von Informationen und Institutionen auf Finanzmärkten. Frankfurt/M.

Schmidt, R.H. (2001): Entwicklungsfinanzierung. In: G. Wolfgang und S. Manfred (Hrsg.): Handwörterbuch des Bank- und Finanzwesens. Stuttgart, S. 638-647.

Schmidt, R.H. (2001a): Entwicklungsfinanzierung, "microfinance" und Bankenregulierung. In: R.H. Schmidt/E. Ketzel/S. Prigge (Hrsg.): Wolfgang Stützel – Moderne Konzepte für Finanzmärkte, Beschäftigung und Wirtschaftsverfassung. Tübingen, S. 49-61.

Schmidt, R.H./Zeitinger, C.P. (1996): The Efficiency of Credit-Granting NGOs in Latin America. In: Savings and Development, Vol. 20, S. 353-384.

Schnädelbach, H. (1994): Positivismus. In: H. Seiffert und G. Radnitzky (Hrsg.): Handlexikon der Wissenschaftstheorie. 2.Auflage, München, S. 267-270.

Schneider, D. (1985): Die Unhaltbarkeit des Transaktionskostenansatzes für die "Markt oder Unternehmung"-Diskussion. In: Zeitschrift für Betriebswirtschaft, Jg. 55, S. 1237-1254.

Schneider, D. (1997): Theorie der Unternehmung. München u.a.

Schoemaker, P.J.H. (1990): Strategy, Complexity, and Economic Rent. In: Management Science, Vol. 36(10), S. 1178-1192.

Scholz, C. (1987): Strategisches Management – Ein integrativer Ansatz. Berlin u.a.

Schoppe, G.E./Graf Wass von Czege, A./Münchow, M.-M./Stein, I. (1995): Moderne Theorie der Unternehmung. München u.a.

Schöppenthau, P.v. (1992): Ein "Konzept der Institutionen"? – IWF, Weltbank und EBRD unter Koordinierungs- und Anpassungsdruck in Osteuropa. In: Osteuropa-Wirtschaft, Bd. 37, S. 309-330.

Schor, G. (1991): Zur rationalen Lenkung ökonomischer Forschung. Frankfurt/M.

Schreiter, C. (1994): Evolution und Wettbewerb von Organisationsstrukturen – Ein evolutionsökonomischer Beitrag zur volkswirtschaftlichen Theorie der Unternehmung. Göttingen.

Schröder, J. (1997): Der moderne Förderauftrag im Gründungsgeschäft der Kredit-genossenschaften – Herleitung, Funktion und Möglichkeiten der Umsetzung. Münster.

Schrooten, M. (2000): Geld, Banken und Staat in Sozialismus und Transformation – Vom Zusammenbruch der Sowjetunion zur Finanzkrise in der Russischen Förderation. Berlin.

Schüller, A. (1999): Vergleichende Systemforschung und Ordnungstheorie – Der Beitrag der Marburger Forschungsstelle. In: Derselbe (Hrsg.): Wirtschaftliche Systemforschung und Ordnungspolitik. Stuttgart, S. 5-33.

Schultz, R./Zerche, J. (1981): Genossenschaftslehre. Berlin u.a.

Schulze, W.S. (1994): The Two Resource-Based Models of the Firm: Definitions and Implications for Research. In: Advances in Strategic Management, Vol. 10A, S. 127-151.

Schulze-Delitzsch, H. (1909): Vorschussvereine und Wohltätigkeitskassen, in: F. Thorwart und W. Treue (Hrsg.): Schulze-Delitzsch's Schriften und Reden, Bd. 1, Berlin, S. 179-185.

Schweizer, U. (1999): Vertragstheorie. Tübingen.

Schwenk, A. (1984): Die Kreditwürdigkeit der eingetragenen Kredit-genossenschaft, Göttingen.

Sealey, S.W.jr./Lindley, J.T. (1977): Inputs, Outputs and the Theory of Production and Cost at Depository Financial Institutions. In: Journal of Finance, Vol. 32, S. 1251-1266.

Seibel, H. D. (1992): The Making of a Market Economy: Monetary Reform, Economic Transformation and Rural Finance in Vietnam. Saarbrücken/Fort.

Seiford, L.M./Thrall, R.M. (1990): Recent Development in DEA – The Mathematical Programming Approach to Frontier Analysis. In: Journal of Econometrics, Vol. 46, S. 7-38.

Seisreiner, A. (1999): Management unternehmerischer Handlungspotentiale. Wiesbaden.

Seiter, S. (1995): "Neue" Ansätze in der Wachstumstheorie. In: J. Flemming (Hrsg.): Moderne Makroökonomik – Eine kritische Bestandaufnahme. Marburg, S. 91-133.

Selbach, R. (1991): Die Kreditgenossenschaften im Wettbewerb der Bankengruppen – Eine Analyse der Stellung und der Perspektiven der kreditgenossenschaftlichen Banken-gruppe im Gruppenwettbewerb des bundesdeutschen Universalbanksystems. Berlin.

Selznick, P. (1957): Leadership in Administration – A Sociological Interpretation. Berkeley.

Sengupta, J.K. (2000): Dynamic and Stochastic Efficiency Analysis – Economic of Data Envelopment Analysis. Singapore u.a.

Seuster, H. (1980): Förderungsgenossenschaft. In: E. Mändle und H.-W. Winter (Hrsg.): Handwörterbuch des Genossenschaftswesens. Wiesbaden, S. 503-514.

Shaw, E.S. (1973): Financial Deepening in Economic Development. New York.

Sherphard, R.W. (1953): Theory of Cost and Production Functions. Princeton.

Simar, L./Wilson, P.W. (1998): Sensitivity Analysis of Efficiency Scores: How to Bootstrap in Nonparametric Frontier Models. In: Management Science, Vol. 44(1), S. 49-61.

Simon, H.A. (1961): Administrative Behaviours. 2.Auflage, New York.

Sommer, S. (1998): Kreditgenossenschaften in Westeuropa: Ein vergleichender Beitrag zur europäischen Harmonisierungsdebatte. Göttingen.

Spellmann, L. J. (1976): Economic Growth and Financial Intermediation. In: R.I. McKinnon (Hrsg.): Money and Finance in Economic Growth and Development: Essays in Honor of Edward S. Shaw. New York, S. 11-22.

Spender, J.-C. (1993): Some Frontier Activities around Strategy Theorizing. In: Journal of Management Studies, Vol. 30, Special Issue (January), S. 11-29.

Sprenger, B. (1987): Das deutsche Bankwesen im Zeitalter der Industrialisierung, in: Die Bank, Heft 10, S. 576-579.

Staehle, W.H. (1994): Management – Eine verhaltenswissenschaftliche Perspektive. 7.Auflage, München.

State Bank of Vietnam, SBV: Annual Reports 1994-2000. Hanoi.

State Bank of Vietnam, SBV (1996): Staatsbank Vietnams – Aufbau und Entwicklung (Ngan Hang Vietnam – Qua Trinh Xay Dung Va Phat Trien). Hanoi.

Steinmann, H./Schreyögg, G. (1997): Management – Grundlagen der Unternehmensführung. 4.Auflage, Wiesbaden.

Stiglitz, J.E. (1993): Peer Monitoring and Credit Markets. In: K. Hoff et al. (Hrsg.): The Economic of Rural Organization – Theory, Practice, and Policy. Washington D.C. u.a., S. 70-86.

Stiglitz, J.E./Weiss, A. (1981): Credit Rationing in Markets with Imperfect Information. In: American Economic Review, Vol. 71, S. 393-410.

Streit, M.E. (1992/1995): Das Wettbewerbskonzept der Ordnungstheorie. Wiederabgedruckt in: Derselbe (Hrsg.): Freiburger Beiträge zur Ordnungsökonomik. Tübingen, S. 57-70.

Streit, M.E./Mummert, U. (1996): Grundprobleme der Systemtransformation aus institutionenökonomischer Perspektive. Diskussionsbeitrag 09-96, Max-Planck-Institut zur Erforschung von Wirtschaftssystemen, Jena.

Streit, M.E./Wegner, G. (1989): Wissensmangel, Wissenserwerb und Wettbewerbsfolgen – Transaktionskosten aus evolutorischer Sicht. In: Jahrbuch für die Ordnung von Wirtschaft und Gesellschaft (ORDO), Bd. 40, S. 183-200.

Sultan, K.M./Michev, D.G. (2000): Role of the Financial System in Economic Growth in Transition Countries – The Case of Ukraine's Banking System. Development Discussion Paper No. 767, Harvard Institute for International Development, Harvard.

Sydow, J. (1991): Unternehmungsnetzwerke – Begriffe, Erscheinungsformen und Implikationen für die Mitbestimmung. Bremen.

Sydow, J. (1992): Strategische Netzwerke und Transaktionskosten: Über die Grenzen einer transaktionskostentheoretischen Erklärung der Evolution strategischer Netzwerke. In: H. Staehle und P. Conrad (Hrsg.): Managementforschung. 2.Auflage, Berlin u.a., S. 239-311.

Sydow, J. (1993): Strategische Netzwerke – Evolution und Organisation. Wiesbaden.

Sztompka, P. (1995): Vertrauen – Die fehlende Ressource in der postkommunistischen Gesellschaft. In: Kölner Zeitschrift für Soziologie und Sozialpsychologie, Sonderheft 35 (Politische Institutionen im Wandel), S. 254-276.

Tebroke, H.-J. (1993): Größe und Fusionserfolg von Genossenschaftsbanken – Eine theoretische und empirische Analyse der Auswirkungen von Betriebsgrößen und fusionsbedingter Betriebsgrößenerweiterung auf die Ergebnisstruktur von Kredit-genossenschaften. Köln.

Teece, D.J./Pisano, G. (1998): Dynamic Capabilities of Firms: An Introduction. In: G. Dosi et al. (Hrsg.): Technology, Organization, and Competitiveness. Oxford, S. 193-212.

Teece, D.J./Pisano, G./Shuen, A. (1997): Dynamic Capabilities and Strategic Management. In: Strategic Management Journal, Vol. 18, S. 509-533.

Teece, D.J./Rumelt, R.P./Dosi, G./Winter, S.G. (1994): Understanding Corporate Coherence – Theory and Evidence. In: Journal of Economic Behavior and Organization, Vol. 23, S. 1-30.

372

Teece, D.J./Winter, S.G. (1984): The Limits of Neoclassical Theory in Management Education. In: American Economic Review, Vol. 74, S. 116-121.

Terberger, E. (1994): Neo-institutionalistische Ansätze. Entstehung und Wandel – Anspruch und Wirklichkeit. Wiesbaden.

Theurl, T. (1997): Monetäre Transformation: Konsistenzfallen einer sich wandelnden Wirtschaftsordnung. In: D. Cassel (Hrsg.): Institutionelle Probleme der System-transformation. Berlin, S. 141-163.

Theurl, T. (1999): Monetäre Ordnung im Lichte der Traditionellen Ordnungstheorie und der Neuen Institutionenökonomik. In: D. Cassel (Hrsg.): Perspektiven der System-forschung. Berlin, S. 147-178.

Theurl, T. (2001): Modernes Banking im genossenschaftlichen Netzwerk. In: Österreichisches Raffeisenblatt, Bd. 29(3), S. 3-6.

Thiele, M. (1997): Kernkompetenzorientierte Unternehmensstrukturen – Ansätze zur Neu-gestaltung von Geschäftsbereichsorganisationen. Wiesbaden.

Thieme, H.J. (1991): "Money matters" in sozialistischen Planwirtschaften. In: J. Siebke (Hrsg.): Monetäre Konfliktfelder der Weltwirtschaft. Berlin, S. 635-654.

Tietzel, M. (1981): Die Ökonomie der Property Rights: Ein Überblick. In: Zeitschrift für Wirtschaftspolitik, Bd. 30, S. 207-243.

Tietzel, M. (1991): Der Neue Institutionalismus auf dem Hintergrund der alten Ordnungs-debatte. In: Jahrbuch für Neue Politische Ökonomie, Bd. 10, S. 3-37.

Tirole, J. (1988): The Theory of Industrial Organization. Cambridge u.a.

Tobin, J. (1958): Estimation of Relationships for Limited Dependent Variables. In: Econometrica, Vol. 26, S. 24-36.

Toye, J. (1987): Dilemmas of Development – Reflections on the Counter-Revolution in Development Economics. Oxford u.a.

Tröndle, D. (1987): Kooperationsmanagement – Steuerung in interaktioneller Prozesse bei Unternehmenskooperationen. Bergisch Gladbach-Köln.

Trosky, A. (1996): Deutsche Kreditinstitute aus institutionenökonomischer Sicht. Hamburg.

Tulkens, H. (1993): On FDH Efficiency Analysis: Some Methodological Issues and Applications to Retail Banking, Courts, and Urban Transit. In: Journal of Productivity Analysis, Vol. 4, S. 183-210.

Valcárcel, S. (2002): Theorie der Unternehmung und Corporate Governance – Eine vertrags- und ressourcenbezogene Betrachtung. Wiesbaden.

Van Wijnbergen, S. (1983): Credit Policy, Inflation, and Growth in a Financially Repressed Economy. In: Journal of Development Economies, Vol. 13(1-2), S. 541-554.

Vanberg, V. (1982): Markt und Organisation – Individualistische Sozialtheorie und das Problem korporativen Handelns. Tübingen.

Vanberg, V. (1992): Organizations as Constitutional System. In: Constitutional Political Economy, Vol. 3, S. 223-253.

Vanberg, V. (1996): Korreferat zum Referat von Helmut Leipold: Zum Pfadabhängigkeit der institutionellen Entwicklung. In: D. Cassel (Hrsg.): Entstehung und Wettbewerb von Systemen. Berlin, S. 117-121.

Verein für Socialpolitik (1987): Der Wucher auf dem Lande. Schriften des Vereins für Socialpolitik, Bd. 35, Leipzig.

Viehoff, F. (1980): Zur mittelstandbezogenen Bankpolitik des Verbunds der Genossenschaftsbanken. Teil III: Zum Zusammenwirken in der kreditgenossenschaftlichen Organisation. Frankfurt/M.

Vierheller, R. (1983): Demokratie und Management – Grundlagen einer Managementtheorie genossenschaftlichdemokratisch verfasster Unternehmen. Göttingen.

Vierheller, R. (1983a): Zur Entwicklung genossenschaftstheoretischer Führungs-aspekte in der betrieblichen Managementlehre. In: Zeitschrift für das gesamte Genossenschaftswesen (ZfgG), Bd. 33, S. 31-51.

Vo, N. T. (1990): Vietnam's Economic Policy since 1975. Singapore.

Vo, T. T. (1996): Vietnam Women's Union. In: Asia Pacific Rural Finance, Vol. 9(2), Mumbai, S. 27-28.

Vogel, C.R./Adams, D.W. (1997): Old and New Paradigms in Development Finance: Should Directed Credit Be Resurrected? Harvard Institute for International Development, Consulting Assistance on Economic Reform II (CEAR), Discussion Paper Nr. 2, Cambridge/MA.

Vollmer, U. (1999): Funktionen und Organisationen von Bankwirtschaft. In: K.-H. Hartwig und H.J. Thieme (Hrsg.): Finanzmärkte. Stuttgart, S. 25-59.

Vollmer, U. (2000): Warum gibt es (immer noch) Kreditgenossenschaften? Eine institutionenökonomische Analyse. In: Jahrbuch für Wirtschaftswissenschaften, Bd. 51, S. 53-74.

Von Pischker, J.D. (1991): Finance at the Frontier. Washington D.C.

Wagener, H.-J. (1993): Some Theory of Systemic Change and Transformation. In: Derselbe (Hrsg.): On the Theory and Policy of System Change. Heidelberg u.a., S. 1-20.

Wagner, H. (1988): Organisationstheoretische Überlegungen zur Anzahl der Stufen im genossenschaftlichen Bankensektor. In: H. Bonus et al. (Hrsg.): Dreistufigkeit im genossenschaftlichen Bankenverbund: Luxus oder Notwendigkeit? Frankfurt/M., S. 51-71.

Wagner, U. (1968): Die weichen Pläne der Betriebe im administrativen Sozialismus. In: Jahrbuch für die Ordnung von Wirtschaft und Gesellschaft (ORDO), Bd. 19, S. 287-309.

Watson, G.H. (1993): Strategic Benchmarking : How to Rare your Company's Performance against the World's Best. New York.

Wegehenkel, L. (1981): Gleichgewicht, Transaktionskosten und Evolution – Eine Analyse der Koordinierungseffizienz unterschiedlicher Wirtschaftssystem. Tübingen.

Weingast, B.R. (1993): Constitutions as Governance Structure: The Political Foundations of Secure Markets. In: In: Journal of Institutional and Theoretical Economics (JITE)/ Zeitschrift für die gesamte Staatswissenschaft, Vol. 149, S. 286-311.

Welge, M.K./Al-Laham, A. (1996): Strategisches Management: Grundlagen-Prozess-Implementierung. Wiesbaden.

Wentzel, D. (1995): Geldordnung und Systemtransformation – Ein Beitrag zur ökonomischen Theorie der Geldverfassung. Stuttgart u.a.

Wernefelt, B. (1984): A Resource-Based View of the Firm. In: Strategic Management Journal, Vol. 5, S. 171-180.

Werner, W. (1992): Raffeisen/Schulze-Delitzsch, Systemunterschiede. In: E. Mändle und W. Swoboda (Hrsg.): Genossenschaftslexikon. Wiesbaden, S. 539-540.

Westermann, G. (1996): Lokaler technischer Fortschritt und intra-industrielle Strukturen: Eine Data Envelopment Analysis. Aachen.

Wiedemann, A. (1992): Verbundstrategie für Kreditgenossenschaften. Bern/ Stuttgart.

Wieland, J. (1997): Die Neue Organisationsökonomik – Entwicklung und Probleme der Theoriebildung. In: G. Ortmann et al. (Hrsg.): Theorien der Organisation. Opladen, S. 35-66.

Wieland, J./Becker, M. (2000): Methodologische Grundlagen der Neuen Organisationsökonomik. In: T. Beschorner und R. Pfriem (Hrsg.): Evolutorische Ökonomik und Theorie der Unternehmung. Marburg, S. 25-50.

Williamson, J. (1990): The Progress of Policy Reform in Latein America. Institute of International Economics, Washington D.C.

Williamson, O.E. (1990): Die ökonomischen Institutionen des Kapitalismus – Unternehmungen, Märkte, Kooperationen. Tübingen.

Williamson, O.E. (1991): Comparative Economic Organization – Die Vergleichende ökonomische Organisationstheorie: Die Analyse diskreter Strukturalternativen. In: D. Ordelheide et al. (Hrsg.): Betriebswirtschaftslehre und ökonomische Theorie. Stuttgart, S. 13-49.

Williamson, O.E. (1996): The Mechanism of Governance. Oxford.

Windsperger, J. (1999): Die Entwicklung der Unternehmenstheorie seit Gutenberg. In: H. Albach et al. (Hrsg.): Die Theorie der Unternehmung in Forschung und Praxis. Berlin u.a., S. 145-166.

Winter, S.G. (1995): Four Rs of Profitability: Rents, Resources, Routines and Replications. In: C.A. Montgomery (Hrsg.): Resource-based and Evolutionary Theories of the Firm: Towards a Synthesis. Boston u.a., S. 145-179.

Witt, U. (1992): Überlegungen zum gegenwärtigen Stand der evolutorischen Ökonomik. In: B. Biervert und M. Held (Hrsg.): Evolutorische Ökonomik – Neuerungen, Normen, Institutionen. Frankfurt/M., S. 23-55.

Witt, U. (1995): Evolutorische Ökonomik – Umrisse eines neuen Forschungsprogramms. In: E.K. Seifert und B.P. Pridda (Hrsg.): Neuorientierung in der ökonomischen Theorie. Marburg, S. 153-179.

Wittmann, W. (1968): Produktionstheorie. Heidelberg.

Wolff, B. (1994): Organisation durch Verträge. Dissertation Universität München.

Wolff, B. (1996): Constitutional Contracting and Corporate Constitution. In: A. Picot und E. Schlicht (Hrsg.): Firms, Market, and Contracts-Contributions to Neoinstitutional Economics. Heidelberg, S. 95-108.

Wolff, B. (2000): Ronald Coase und die ökonomische Theorie der Organisation. In: I. Pies und M. Leschke (Hrsg.): Ronald Coase' Transaktionskosten-Ansatz. Tübingen, S. 31-57.

Wolff, P. (1997): Vietnam – Die unvollendete Transformation. Köln.

Wolff, B./Neuburger, R. (1995): Zur theoretischen Begründung von Netzwerken aus Sicht der Neuen Institutionenökonomik. In: D. Jansen und K. Schubert (Hrsg.): Netzwerke und Politikproduktion – Konzepte, Methoden, Perspektiven. Marburg u.a.

Wolz, A./Tri, P.M./Kirsch, O.C. (2001): Promotion of Self-Help in Rural Vietnam - Co-operatives in Transitional Economies. Heidelberg/Hanoi, unveröffentlichter Forschungsbericht.

World Bank, WB (1995): Vietnam Financial Sector Review. Hanoi.

World Bank, WB (2002): Vietnam Development Report 2002. Hanoi.

World Bank, WB (2002a): Banking Sector Review – Vietnam (June 2002). Washington D.C.

World Bank/Asian Development Bank/United Nations Development Programme (2000): Vietnam 2010 – Entering the 21st Century. Hanoi.

Wutz, A. (2002): Effizienz des Bankensektors – Eine empirische Analyse am Beispiel der bayerischen Genossenschaftsbanken. Ausburg.

Xue, M./Harker, P.T. (1999): Overcoming the Inherent Dependency of DEA Efficiency Scores: A Bootstrap Approach. Working Paper 99-17, Financial Institutions Center, The Wharton School, University of Pennsylvania.

Zahn, E./Foschiani, S./Tilebein, M. (2000): Wissen und Strategiekompetenz als Basis für die Wettbewerbsfähigkeit von Unternehmen. In: P. Hammmann und J. Freiling (Hrsg.): Die Ressourcen- und Kompetenzperspektive des Strategischen Managements. Wiesbaden, S. 47-68.

Zersche, J./Schmale, I./Blome-Dress, J. (1998): Einführung in die Genossenschaftstheorie. München.

Zimmer, K. (1993): Bankenregulierung: Zur Begründung und Ausgestaltung der Einlagen-sicherung – Eine ordnungstheoretische Analyse auf der Grundlage der Modernen Institutionenökonomie. Baden-Baden.

Zmuda, P./Börner, C. (2000): Kernkompetenzmanagement bei Sparkassen. In: Mitteilungen und Berichte des Instituts für Bankwirtschaft und Bankrecht (MUB), Abteilung Bankwirtschaft, Nr. 82, S. 39-68.

Zörcher, J. (1996): Zwischen Markt und Hierarchie – Zur Ökonomie der Schulzer-Delitzschen Volksbanken. Göttingen.

B. Vietnamesische Gesetzestexte

Gesetz für Kreditinstitute (Law on Credit Institutions), ins. §§ 4,5, 12, 35, 64, 117-123.

Genossenschaftsgesetz (Law on Cooperatives), ins. §§ 1,5, 7, 48, 49.

State Bank of Vietnam, SBV (1995): He thong hoa cac van ban ve Quy Tin Dung Nhan Dan, Tap I-III (Systematisierung der rechtlichen Rahmenbedingungen des People's Credit Funds-Systems, Band I-III). Hanoi.

State Bank of Vietnam/General Statistical Office, SBV/GSO: Cac van ban Phap luat hien hanh ve Ngan Hang (Rechtliche Grundlagen für das Bankenwesen). Band I-III.

Dekret des Finanzministeriums:

- Nr. 97/2000/TT-BTC vom 12.10.2000

Regierungsverordnungen:

- Nr. 82/1998/ND-CP vom 03.10.1998

- Nr. 48/2001/ND-CP vom 10.09.2001, ins. Artikeln 2, 3, 4, 7, 9, 71.

Verordnungen der State Bank of Vietnam (SBV):

- Nr. 155/QD-NH17 vom 27.07.1993

- Nr. 192/1999/QD-NHNN1 vom 21.05.1999

- Nr. 296/1999/QD-NHNN5 vom 25.08.1999

- Nr. 560/2001/QD-NHNN vom 27.04.2001

- Nr. 1269/2001/QD-NHNN vom 08.10.2001

- Dekret Nr. 09/2001/TT-NHNN vom 08.10.2001

Verordnung des Zentralkomitees:

- Nr. 57/CT-TW vom 10.10.2000

Gesprächspartnerverzeichnis

Frau Dr. Duong, Thu Huong: State Bank of Vietnam, Deputy Governor (*Local Supervisor*)

Herr Dang, Ngoc Minh: Direktor des People's Credit Fund Trieu-Trung, Distrikt Trieu-Phong, Provinz Quang-Tri, März 2000

Herr Dr. Dang, Tho Xuan: Centre for Consultation on Investment Supporting Agriculture and Rural Development, Director, Oktober 1998

Herr Hoang, Van Bi: Direktor des People's Credit Fund Cua-Tung, Distrikt Vinh-Linh, Provinz Quang-Tri, März 2000

Herr Hoang, Van Diem: State Bank of Vietnam/Bac-Giang-Provinz, Head of People's Credit Funds-Division, Oktober 1998

Frau Ho, Thu Thuy: State Bank of Vietnam/Quang-Tri-Provinz, Deputy Head of People's Credit Funds-Division, März 2000.

Herr Hotte, André: Leiter des Dejardins-Projekts in Hanoi, November 1998

Herr Kopf, Ernst-Eberhardt: Leiter des SBV-GTZ-Projekts in Hanoi, Bereich: Aufbau des genossenschaftlichen Verbundsystems People's Credit Funds, März 2000, September 2001

Herr Le, Van Duong: Vorsitzender des People's Credit Fund Thanh-Thuy, Distrikt Le-Thuy, Provinz Quang Binh, Oktober 1998

Herr Le, Viet Thai: Centre Institute for Economic Management (CIEM), Deputy Director of Macroeconomic Department

Herr Le, Van Thanh: Vorsitzender des People's Credit Fund Tan-Lam, Distrikt Cam-Lo, Provinz Quang-Tri, März 2000

Herr Dr. Le, Xuan Nghia: State Bank of Vietnam, Director of Department of Strategies Development, Dezember 2001

Herr Nguyen, Dinh Luu: State Bank of Vietnam, Director of Department of Cooperative Credit Institutions, September-Dezember 2001

Herr Nguyen, Duc Dung: Central People's Credit Fund (CCF), Deputy General Director, Dezember 2001

Herr Nguyen, Manh Hung: Central People's Credit Fund (CCF), General Director, November 1998, Dezember 2001

Herr Nguyen, Thac Tam: Central People's Credit Fund (CCF), Head of International Relations & Project Management Division, September-Dezember 2001

Herr Nguyen, Van Ha: Aufsichtratvorsitzender des People's Credit Fund Tan-Hung, Distrikt Lang-Giang, Provinz Bac Giang, Oktober 1998

Herr Nguyen, Van Nghiem: State Bank of Vietnam/Dac-Lac-Provinz, Deputy Director, Oktober 1998.

Herr Nguyen, Xuan De: State Bank of Vietnam/Quang-Binh-Provinz, Deputy Head of People's Credit Funds-Division, Oktober 1998.

Frau Ninh, Thi Dung: Direktorin des People's Credit Fund Viet-Ngoc, Distrikt Tan- Yen, Provinz Bac Giang, Oktober 1998

Herr Pham, Tung Hien: Vorsitzender des People's Credit Fund Truong-Son, Stadt Dong-Ha, Provinz Quang-Tri, März 2000

Frau Quach, Thi Cuc: State Bank of Vietnam, Department of Cooperative Credit Institutions, Head of Politic Division, September-Dezember 2001

Herr Tran, Ngoc Kinh: Vorsitzender des People's Credit Fund Hai-Phu, Distrikt Hai-Lang, Provinz Quang-Tri, März 2000

Herr Tran, Quang Khanh: State Bank of Vietnam, Deputy Director of Department of Cooperative Credit Institutions, November 1998, März 2000, September-Dezember 2001

Herr Truong, Duc Dong: Direktor des People's Credit Fund Nam-Sao, Stadt Dong-Ha, Provinz Quang-Tri, März 2000

Herr Vu, Van Binh: State Bank of Vietnam, Department of Cooperative Credit Institutions, September-Dezember 2001

381

Anhangsverzeichnis

382

Anhang 1: Hauptindikatoren des People's Credit Funds-Systems im Zeitraum 1994-2002 (Einheit in Mio. VND)

	1994	1995	1996	1997	1998	1999	2000	2001	2002
I. LOCAL PEOPLE'S CREDIT FUNDS (PCF)									
Anzahl lokaler PCFs	179	567	847	936	977	964	959	906	888
als Mitglieder im Verbund	-	102	637	667	776	820	820	845	888
Anzahl der (Haushalt-)Mitglieder	46.045	153.901	378.978	522.080	646.701	727.098	797.069	807.546	850.781
Eigenmittel	10.814	47.894	109.779	146.379	177.189	194.998	221.026	n.v.	n.v.
Gezeichnetes Eigenkapital	10.782	47.585	108.292	134.189	153.149	158.137	173.926	177.974	200.149
Rücklagen	32	309	1.487	12.190	24.040	36.861	47.100	n.v.	n.v.
Verbindlichkeiten gegenüber Kunden	55.161	272.033	665.082	903.619	1.189.118	1.505.383	1.713.521	1.952.334	2.370.323
gegenüber RCFs	-	17.441	138.591	192.384	272.988	338.412	426.218	541.830	-
gegenüber CCF	-	n.v.	85.918	115.596	119.401	77.887	91.072	n.v.	n.v.
Fordrungen an Kunden/Mitglieder	72.466	384.624	1.006.105	1.280.775	1.613.296	1.969.064	2.334.059	2.559.117	3.089.132
Kreditausfallquote, in Prozent	0,73%	0,51%	1,24%	3,53%	3,84%	3,72%	3,42%	2,16%	1,36%
Kreditvolumen im Jahr	n.v.	824.459	2.135.382	2.678.688	3.156.949	3.617.118	3.996.954	3.958.608	4.900.170
Anzahl vergebener Kredite im Jahr	n.v.	286.448	606.963	677.717	734.796	746.481	711.769	661.443	660.361
Jahresüberschuss	2.903	12.699	34.511	39.355	38.343	49.768	43.111	59.772	75.266
Bilanzsumme, kumuliert	83.707	448.130	1.133.333	1.474.392	1.857.242	2.290.469	2.678.301	2.959.084	3.573.778
II. REGIONAL PEOPLE'S CREDIT FUNDS (RCF)									
Anzahl regionaler RCFs		5	9	12	19	21	21		
Anzahl der Mitglieder		246	658	974	2.487	3.526	4.339		
Eigenmittel		2.280	6.818	9.483	18.134	24.824	27.669		
Gezeichnetes Eigenkapital		2.280	6.818	9.483	18.134	21.589	23.029		
Rücklagen		-	-	-	-	3.235	4.640		
Verbindlichkeiten gegenüber Kunden		16.084	79.235	103.240	103.032	153.936	157.287		
gegenüber CCF		31.400	55.728	89.920	153.106	208.642	233.806		
Fordrungen an Kunden		48.841	153.030	199.043	276.190	363.711	464.945		
Kreditausfallquote, in Prozent		0%	0,29%	0,91%	1,23%	0,79%	1,22%		
Jahresüberschuss		156	1.258	2.649	4.023	5.540	6.308		
Bilanzsumme, kumuliert		51.255	168.880	224.737	381.128	504.192	547.516		
III. CENTRAL PEOPLE'S CREDIT FUND (CCF)									
Anzahl der Mitglieder		107	646	685	802	848	848	852	895
Eigenmittel		103.283	108.645	122.997	110.785	122.355	131.625	n.v.	n.v.
Gezeichnetes Eigenkapital		103.283	108.645	122.997	110.785	110.900	110.890	114.065	111.014
Rücklagen		n.v.	-	-	-	11.455	20.735	n.v.	n.v.
Verbindlichkeiten gegenüber Kunden		11.768	47.788	24.918	28.266	33.407	26.006	423.479	703.198
gegenüber RCFs		n.v.	n.v.	0,0	20.000	20.571	2,0	-	-
gegenüber PCFs				170	6.300	22.529	2.167	71.509	96.281
Fordrungen an Kunden		63.665	161.437	213.682	296.637	317.525	375.029	728.470	1.022.717
Kreditausfallquote, in Prozent		0%	0%	0,09%	0,06%	0,09%	0,25%	2,05%	2,06%
Jahresüberschuss		3.987	11.653	14.135	9.942	10.667	12.212	12.189	15.507
Bilanzsumme		121.217	177.055	270.034	344.998	422.517	479.736	911.062	1.352.106

Quelle: Department of Credit Cooperative Institutions/State Bank of Vietnam (DCCI/SBV); Central People's Credit Fund (CCF); Eigene Berechnung.

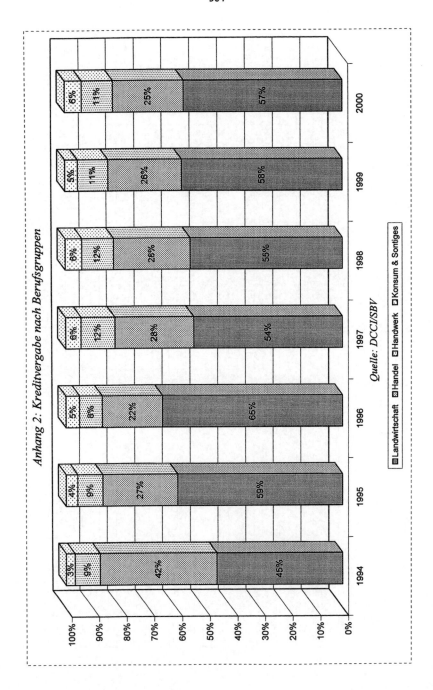

Anhang 2: Kreditvergabe nach Berufsgruppen

Quelle: DCCI/SBV

Landwirtschaft Handel Handwerk Konsum & Sontiges

385

Anhang 3-1: Ertragsrechung der lokalen People's Credit Funds im Zeitraum 1994-2000

(in Mio. VND)	1994	1995	1996	1997	1998	1999	2000
Zinsüberschuss	**5.623,3**	**25.861,0**	**76.398,2**	**83.422,9**	**92.997,4**	**120.334,5**	**155.264,9**
Zinsertrag	13.191,5	63.907,6	217.946,8	260.600,0	285.221,5	323.130,8	343.647,3
Zinsaufwand	7.568,2	38.046,6	141.548,6	177.177,1	192.224,1	202.796,3	188.382,4
Provisionsüberschuss	**58,9**	**276,2**	**810,4**	**2.021,0**	**3.123,0**	**1.168,0**	**1.072,6**
Provisionsertrag	63,0	276,2	844,8	2.039,8	3.123,5	2.082,5	2.234,1
Provisionsaufwand	4,1	0,0	34,4	18,8	0,5	914,5	1.161,5
Verwaltungsaufwand	**2.725,1**	**11.031,5**	**38.514,1**	**48.142,7**	**54.366,7**	**66.035,5**	**80.366,6**
Personalaufwand	1.536,7	6.300,6	21.928,7	26.455,1	30.170,6	34.816,2	43.452,9
Sonstiger Verwaltungsaufwand (einschließlich Abschreibungen)	1.188,4	4.730,9	16.585,4	21.687,6	24.196,1	31.219,3	36.913,7
Saldo der sonstigen betrieblichen Erträge/Aufwendungen	31,0	600,2	-463,8	-877,9	-773,4	-603,0	-1.246,5
Betriebsergebnis vor Risikovorsorge	-	-	-	-	-	54.864,0	74.724,4
Risikovorsorge	-	-	-	-	-	32.981,8	42.452,4
Betriebsergebnis [1]	**2.926,1**	**14.505,5**	**38.230,7**	**36.423,3**	**40.980,3**	**21.882,2**	**32.272,0**
Saldo der außerordentlichen Erträge/Aufwendungen	93,7	-1.045,9	-3.215,9	3.273,8	-2.191,1	28.521,7	11.450,2
Gewinn vor Steuern	**3.019,8**	**13.459,6**	**35.014,8**	**39.697,1**	**38.789,2**	**50.403,9**	**43.722,2**
Steuern	116,7	760,2	503,6	341,8	445,9	635,5	611,0
Jahresüberschuss	**2.903,1**	**12.699,4**	**34.511,2**	**39.355,3**	**38.343,3**	**49.768,4**	**43.111,2**
Durchschnittliche kumulierte Bilanzsumme	**83.707**	**394.456**	**871.124**	**1.279.723**	**1.696.281**	**2.085.981**	**2.544.098**

(in Prozent)	Ø 1994-2000	1994	1995	1996	1997	1998	1999	2000
(Brutto-)Zinsspanne	6,56	6,72	6,56	8,77	6,52	5,48	5,77	6,10
Provisionsspanne	0,10	0,07	0,07	0,09	0,16	0,18	0,06	0,04
(Brutto-)Bedarfsspanne	3,39	3,26	2,80	4,42	3,76	3,21	3,17	3,16
(Rein-)Gewinnspanne	2,87	3,47	3,22	3,96	3,08	2,26	2,39	1,69
Eigenkapitalquote	9,93	12,92	10,69	9,69	9,93	9,54	8,51	8,25
Eigenkapitalrentabilität	28,73	26,84	30,12	40,88	30,97	23,69	28,04	20,54

Quelle: DCCI/SBV; Eigene Berechnung.

---

[1] Seit Ende 1999 gilt dies als Betriebsergebnis vor Steuern abzüglich der Risikovorsorge, die gemäß den vorherigen Bilanzierungsvorschriften als außerordentliche Betriebsausgaben zugerechnet wurde.

Anhang 3-2: Ertragsrechung der Regional People's Credit Funds im Zeitraum 1997-2000

(in Mio. VND)	1997	1998	1999	2000
Zinsüberschuss	5.413,1	8.588,4	11.573,9	15.792,7
Zinsertrag	26.550,5	36.734,2	48.732,2	46.377,9
Zinsaufwand	21.137,4	28.145,8	37.158,3	30.585,2
Provisionsüberschuss	213,0	89,4	774,8	-44,4
Provisionsertrag	213,0	89,4	1020,9	229,7
Provisionsaufwand	0,0	0,0	246,1	274,1
Verwaltungsaufwand	2.794,6	4.744,5	6.593,3	7.272,6
Personalaufwand	1.182,6	2.003,9	3.248,9	3.638,5
Sonstiger Verwaltungsaufwand (einschließlich Abschreibungen)	1.612,0	2.740,6	3.344,4	3.634,1
Saldo der sonstigen betrieblichen Erträge/Aufwendungen	-175,5	-156,8	-35,9	-108,6
Betriebsergebnis vor Risikovorsorge	-	-	5.683,5	8.367,1
Risikovorsorge	-	-	1.234,5	2.364,2
Betriebsergebnis[1]	2.831,5	3.776,5	4.628,5	6.002,9
Saldo der außerordentlichen Erträge/Aufwendungen	-178,4	257,1	925,3	330,8
Gewinn vor Steuern	2.653,1	4.033,6	5.553,8	6.333,7
Steuern	4,2	10,2	13,7	26,0
Jahresüberschuss	2.648,9	4.023,4	5.540,1	6.307,7
Durchschnittliche kumulierte Bilanzsumme	176.678	322.882	433.015	488.599

(in Prozent)	Ø 1997-2000	1997	1998	1999	2000
(Brutto-)Zinsspanne	2,91	3,06	2,66	2,67	3,23
Provisionsspanne	0,08	0,12	0,03	0,18	-0,01
(Brutto-)Bedarfsspanne	1,52	1,58	1,47	1,52	1,49
(Rein-)Gewinnspanne	1,33	1,50	1,25	1,28	1,29
Eigenkapitalquote	4,74	4,22	4,76	4,92	5,05
Eigenkapitalrentabilität	28,32	35,53	26,18	26,00	25,56

Quelle: DCCI/SBV; Eigene Berechnung.

---

[1] Seit Ende 1999 gilt dies als Betriebsergebnis vor Steuern abzüglich der Risikovorsorge, die gemäß den vorherigen Bilanzierungsvorschriften als außerordentliche Betriebsausgaben zugerechnet wurde.

387

Anhang 3-3: Ertragsrechung des Central People's Credit Fund im Zeitraum
1997-2000

(in Mio. VND)	1997	1998	1999	2000
Zinsüberschuss	15.542,9	10.751,3	15.247,5	17.036,4
Zinsertrag	23.163,9	23.889,7	34.471,0	25.726,7
Zinsaufwand	7.621,0	13.138,4	19.223,5	8.690,3
Provisionsüberschuss	1.042,5	1.731,2	835,1	2.216,6
Provisionsertrag	1.042,5	1.731,2	1.019,9	2.446,2
Provisionsaufwand	0,0	0,0	184,8	229,6
Verwaltungsaufwand	2.448,5	2.537,5	5.384,7	6.624,7
Personalaufwand	632,4	641,2	1.310,5	2.552,9
Sonstiger Verwaltungsaufwand (einschließlich Abschreibungen)	1.816,1	1.896,3	4.074,2	4.071,8
Saldo der sonstigen betrieblichen Erträge/Aufwendungen	0,0	0,0	0,0	-17,1
Betriebsergebnis vor Risikovorsorge	-	-	10.697,9	12.611,2
Risikovorsorge	-	-	161,0	379,0
Betriebsergebnis[1]	14.136,9	9.945,0	10.536,9	12.232,2
Saldo der außerordentlichen Erträge/Aufwendungen	0,3	-0,9	131,3	-17,6
Gewinn vor Steuern	14.136,4	9.944,1	10.668,2	12.214,6
Steuern	1,6	1,7	1,4	2,7
Jahresüberschuss	14.134,8	9.942,4	10.666,8	12.211,9
Durchschnittliche Bilanzsumme	195.177	299.603	380.171	415.610

(in Prozent)	Ø 1997-2000	1997	1998	1999	2000
(Brutto-)Zinsspanne	4,92	7,96	3,59	4,01	4,10
Provisionsspanne	0,47	0,53	0,58	0,22	0,53
(Brutto-)Bedarfsspanne	1,28	1,25	0,85	1,42	1,59
(Rein-)Gewinnspanne	4,08	7,24	3,32	2,81	2,94
Eigenkapitalquote	33,52	45,55	32,11	28,96	27,44
Eigenkapitalrentabilität	11,66	15,90	10,33	9,69	10,71

Quelle: DCCI/SBV; Eigene Berechnung.

[1] Seit Ende 1999 gilt dies als Betriebsergebnis vor Steuern abzüglich der Risikovorsorge, die gemäß den vorherigen Bilanzierungsvorschriften als außerordentliche Betriebsausgaben zugerechnet wurde.

Anhang 4: Lokalisierung und Geschäftsgebiete ländlicher Finanzdienstleister im Hinblick auf verwaltungsmäßige Gebietskörperschaften

Verwaltungsebenen		Großstadt	Provinz	Distrikt	Interkommunale Ebene *)	Subdistrikt/ Kommune	Dorfsebene *)
Zahl der Verwaltungseinheiten		4	57	631	-	10.533	n.v.
Zahl der Einheiten im ländlichen Raum		-	-	517	-	8.950	ca. 45.000
Maximale Distanz vom Dorf zum Zentrum der zugehörigen Verwaltungs-einheit		600 km	20-100 km	5-30 km		2-5 km	
Präsenz und Zahl der Kreditinstitute/Branchen bzw. Organisationen							
Formeller Finanzsektor	VBARD	X (3)	X (58)	X (689)	X (1.282)	-	-
	VBP	X	X	X	-	-	-
	RSHB	-	-	-	-	X (18)	-
	PCF	X (2)	X (51)	-	-	X (959)	-
Semi-formeller Finanzsektor	Nationale Programme	X	X	X	-	-	-
	NGOs	X (80)	-	-	-	-	-
	Soziale Verbände	X	X	X	-	X	X
Informeller Finanzsektor	ROSCAs	-	-	-	-	X	X
	Private Geldverleiher	-	-	-	-	X	X

*) ... keine offizielle Verwaltungsebene

Quelle: Eigene Darstellung (Stand: Ende 2000).

Anhang 5-1: Wettbewerbsposition des PCF-Systems im Vergleich zu VBARD

Geschäftsjahr	1994	1995	1996	1997	1998	1999	2000	2001	2002
Kredite an Nichtbanken (in Mio. US-Dollar)									
PCF-System	6,6	36,0	100,6	111,9	121,7	140,6	165,6	182,0	228,8
VBARD	718,7	1.278,8	1.586,5	1.676,5	1.752,2	2.108,9	2.549,3	-	-
gesamtwirtschaftlich	3.024,0	3.849,3	4.551,7	5.060,3	5.226,6	8.036,1	10.729,0	12.536,5	14.795,8
Wachstum (in Prozent)									
PCF-System	-	447,8%	179,8%	11,2%	8,8%	15,6%	17,8%	9,9%	25,7%
VBARD	-	77,9%	24,1%	5,7%	4,5%	20,4%	20,9%	-	-
gesamtwirtschaftlich	-	27,3%	18,2%	11,2%	3,3%	53,8%	33,5%	16,8%	18,0%
Marktanteil (in Prozent)									
PCF-System	0,2%	0,9%	2,2%	2,2%	2,3%	1,7%	1,5%	1,5%	1,5%
VBARD	23,8%	33,2%	34,9%	33,1%	33,5%	26,2%	23,8%	23,9%	-

Einlagen von Nichtbanken (in Mio. US-Dollar)

	1994	1995	1996	1997	1998	1999	2000	2001	2002
PCF-System	5,0	27,2	71,0	83,9	95,1	120,7	130,7	157,5	199,5
VBARD	522,0	1.030,5	1.208,9	1.452,2	1.548,6	1.790,1	2.101,4	-	-
gesamtwirtschaftlich	2.202,8	3.044,9	3.720,2	4.579,2	5.428,4	8.490,2	11.759,2	13.258,4	-
Wachstum (in Prozent)									
PCF-System	-	444,8%	160,9%	18,2%	13,2%	26,9%	8,3%	20,5%	26,7%
VBARD	-	97,4%	17,3%	20,1%	6,6%	15,6%	17,4%	-	-
gesamtwirtschaftlich	-	38,2%	22,2%	23,1%	18,5%	56,4%	38,5%	12,7%	-
Marktanteil (in Prozent)									
PCF-System	0,2%	0,9%	1,9%	1,8%	1,8%	1,4%	1,1%	1,2%	-
VBARD	23,7%	33,8%	32,5%	31,7%	28,5%	21,1%	17,9%	-	-

Ertragslage

	1994	1995	1996	1997	1998	1999	2000	2001	2002
(Brutto-)Zinsspanne									
PCF	6,7	6,6	8,8	6,5	5,5	5,8	6,1	-	-
RCF	-	-	-	3,1	2,7	2,7	3,2	-	-
CCF	-	-	-	8,0	3,6	4,0	4,1	-	-
VBARD	5,5	5,2	4,4	4,4	3,3	3,8	3,8	-	-
(Rein-)Gewinnspanne (ROA)									
PCF	3,5	3,2	4,0	3,1	2,3	2,4	1,7	2,0	2,1
RCF	-	0,3	0,8	1,5	1,2	1,3	1,3	-	-
CCF	-	3,3	6,6	7,2	3,3	2,8	2,9	1,3	1,2
VBARD	0,2	0,2	-0,1	-2,9	-1,7	0,4	0,2	-	-
Eigenkapitalrentabilität (ROI)									
PCF	26,8	30,1	40,9	31,0	23,7	28,0	20,5	-	-
RCF	-	6,8	18,5	35,5	26,2	26,0	25,6	-	-
CCF	-	3,3	10,7	15,9	10,3	9,7	10,7	-	-
VBARD	5,1	5,2	-2,2	-178,3	-68,4	9,3	3,9	-	-

Sicherheit und Risiko

	1994	1995	1996	1997	1998	1999	2000	2001	2002
Kreditausfallquote (in Prozent)									
PCF	0,7%	0,5%	1,2%	3,5%	3,8%	3,7%	3,4%	2,2%	1,4%
RCF	-	0,0%	0,3%	0,9%	1,2%	0,8%	1,2%	-	-
CCF	-	0,0%	0,0%	0,1%	0,1%	0,1%	0,3%	2,1%	2,1%
VBARD	-	13,4%	15,0%	9,8%	10,6%	9,7%	19,5%	-	-
Eigenkapitalquote (in Prozent)									
PCF	12,9%	10,7%	9,7%	9,9%	9,5%	8,5%	8,3%	-	-
RCF	-	4,4%	4,0%	4,2%	4,8%	4,9%	5,1%	-	-
CCF	-	85,2%	61,4%	45,6%	32,1%	29,0%	27,4%	-	-
VBARD	3,8%	3,4%	2,8%	1,6%	2,5%	4,3%	5,1%	-	4,0%

Quelle: DCCI/SBV; ADB (2001); IMF (2002).

Anhang 5-2: Vergleichende Ertragsanalyse								
Geschäftsjahr	1994	1995	1996	1997	1998	1999	2000	Ø 1997-2000
Bruttozinsspanne								
PCF	6,72	6,56	8,77	6,52	5,48	5,77	6,10	5,97
RCF	-	-	-	3,06	2,66	2,67	3,23	2,91
CCF	-	-	-	7,96	3,59	4,01	4,10	4,92
VBARD	5,46	5,15	4,41	4,40	3,25	3,82	3,78	3,81
Zinsertrag								
PCF	15,76	16,20	25,02	20,36	16,81	15,49	13,51	16,54
RCF	-	-	-	15,03	11,38	11,25	9,49	11,79
CCF	-	-	-	11,87	7,97	9,07	6,19	8,77
VBARD	19,56	15,74	14,82	11,65	10,10	12,41	12,28	11,61
Zinsaufwand								
PCF	9,04	9,65	16,25	13,84	11,33	9,72	7,40	10,58
RCF	-	-	-	11,96	8,72	8,58	6,26	8,88
CCF	-	-	-	3,90	4,39	5,06	2,09	3,86
VBARD	14,11	10,59	10,42	7,25	6,85	8,58	8,50	7,80
Bruttobedarfsspanne								
PCF	3,26	2,80	4,42	3,76	3,21	3,17	3,16	3,32
RCF	-	-	-	1,58	1,47	1,52	1,49	1,52
CCF	-	-	-	1,25	0,85	1,42	1,59	1,28
VBARD	5,17	4,08	3,39	3,42	3,29	2,84	3,02	3,14
Personalaufwand								
PCF	1,84	1,60	2,52	2,07	1,78	1,67	1,71	1,81
RCF	-	-	-	0,67	0,62	0,75	0,74	0,70
CCF	-	-	-	0,32	0,21	0,34	0,61	0,37
VBARD	2,85	1,79	2,44	2,63	2,29	1,81	2,00	2,18
sonst. Verwaltungsaufwand								
PCF	1,42	1,20	1,90	1,69	1,43	1,50	1,45	1,52
RCF	-	-	-	0,91	0,85	0,77	0,74	0,82
CCF	-	-	-	0,93	0,63	1,07	0,98	0,90
VBARD	2,32	2,29	0,95	0,79	1,00	1,03	1,02	0,96
Provisionsspanne								
PCF	0,07	0,07	0,09	0,16	0,18	0,06	0,04	0,11
RCF	-	-	-	0,12	0,03	0,18	-0,01	0,08
CCF	-	-	-	0,53	0,58	0,22	0,53	0,47
VBARD	0,13	0,27	0,59	0,57	0,49	0,44	0,44	0,49
Gewinnspanne vor Steuern								
PCF	3,61	3,41	4,02	3,10	2,29	2,42	1,72	2,38
RCF	-	-	-	1,50	1,25	1,28	1,30	1,33
CCF	-	-	-	7,24	3,32	2,81	2,94	4,08
VBARD	0,49	0,36	0,40	-2,07	-1,56	0,55	0,34	-0,69
Eigenkapitalrentabilität vor Steuern								
PCF	27,92	31,92	41,48	31,24	23,97	28,39	20,83	26,11
RCF	-	-	-	35,58	26,24	26,07	25,67	28,39
CCF	-	-	-	15,90	10,34	9,69	10,71	11,66
VBARD	12,93	10,75	14,25	-127,31	-62,78	12,79	6,60	-42,67
Aufwandsrentabilität (cost-income-ratio)								
PCF	47,96	42,21	49,88	56,34	56,56	54,34	51,41	54,66
RCF	-	-	-	49,67	54,67	53,39	46,18	50,98
CCF	-	-	-	14,76	20,33	33,48	34,41	25,75
VBARD	85,30	72,65	67,82	69,00	88,26	66,66	71,63	73,89

Quelle: DCCI/SBV; ADB (2001); IMF (2002).

Anhang 6: Augewählte Indikatoren lokaler PCFs nach Regionalverteilung (im Durchschnitt pro Kreditinstitut, Bilanzstichtag: 31.12.2002)

Region/Provinz	Anzahl lokaler PCFs	Anzahl der Mitglieder	Bilanzsumme, in Mio. VND	Volumen vergebener Kredite, in Mio. VND	Anzahl vergebener Kredite, in Mio. VND	Forderungen an Mitglieder, in Mio. VND	Verbindlichkeiten ggü. Kunden, in Mio. VND
Nordvietnam	461	778	3.363	4.732	666	2.972	2.351
Mitte-Vietnam	228	942	3.785	4.329	655	3.240	2.340
Südvietnam	199	1.395	5.831	8.702	1.024	4.925	3.785
Landesweit	888	958	4.025	5.518	744	3.479	2.669
Hügel- & Berggebiete (Nordvietnam)	107	776	3.521	4.871	574	3.143	2.387
1.Son La	5	1.405	6.678	8.715	763	6.277	4.966
2.Vinh Phuc	32	812	3.869	5.050	520	3.318	2.700
3.Phu Tho	28	772	2.764	3.626	536	2.544	1.672
4.Bac Ninh	13	567	4.545	7.950	637	3.973	3.131
5.Bac Giang	8	708	2.664	3.552	636	2.495	1.504
6.Yen Bai	12	706	2.361	3.098	639	2.127	1.740
7.Hoa Binh	4	823	5.731	8.515	676	5.189	3.973
8.Ha giang	4	799	2.063	2.257	471	1.904	1.513
10.Lao Cai	1	460	2.243	2.495	359	2.002	1.861
Rotfluss-Delta (Nordvietnam)	354	778	3.315	4.690	694	2.921	2.340
1.Thai Binh	76	865	2.480	3.375	764	2.159	1.793
2.Ha Tay	72	783	4.343	6.737	665	3.868	2.854
3.Hai Duong	66	731	2.981	4.180	718	2.631	2.186
4.Hung Yen	47	765	3.856	5.573	786	3.405	2.813
5.Hai Phong	27	589	1.734	2.025	473	1.430	1.419
6.Nam Dinh	26	836	3.957	5.425	665	3.686	2.371
7.Ninh Binh	20	807	3.000	3.795	711	2.730	2.046
8.Ha Nam	8	662	2.031	2.717	383	1.870	1.506
9.Ha Noi	12	829	5.707	7.296	679	4.479	4.755
Nordmitte (Mitte-Vietnam)	97	771	2.609	3.275	605	2.361	1.648
1.Nghe An	40	781	2.690	3.405	611	2.390	1.716
2.Thanh Hoa	29	731	2.850	3.650	655	2.673	1.577
3.Quang Tri	11	880	2.786	3.210	549	2.453	2.012
4.Ha Tinh	10	731	1.783	2.157	565	1.650	1.214
5.Thua Thien Hue	7	768	2.052	2.679	514	1.781	1.595
Küstengebiet (Mitte-Vietnam)	90	1.015	3.806	4.597	777	3.301	2.607
1.Binh Dinh	27	1.459	4.805	4.998	841	4.264	3.072
2.Binh Thuan	19	929	5.019	7.220	1.006	4.156	3.513
3.Quang Binh	18	818	3.573	3.722	609	3.192	2.631
4.Quang Ngai	14	738	1.718	2.327	683	1.477	1.272
5.Quang Nam	3	749	1.995	3.395	540	1.807	1.501
6.Ninh Thuan	3	917	2.073	2.502	565	1.831	1.031
7.Khanh Hoa	3	754	3.503	5.505	806	3.136	2.241
8.Phu Yen	3	678	2.123	2.590	622	1.524	1.823
Hochgebirge (Mitte-Vietnam)	41	1.185	6.520	6.233	505	5.185	3.389
1.Dac Lac	13	931	6.778	5.990	494	5.319	3.346
2.Lam Dong	17	1.683	9.164	8.818	607	7.244	4.873
3.Gia Lai	6	705	2.073	2.367	331	1.694	1.039
4.Kon tum	5	727	2.196	2.715	398	2.026	1.274
Südost (Südvietnam)	53	1.292	6.897	10.747	1.150	6.124	4.799
1.Dong Nai	19	1.057	6.215	10.009	892	5.683	3.858
2.Tay Ninh	11	955	4.626	6.956	1.037	4.208	2.566
3.Binh Duong	10	1.975	9.120	13.333	1.869	7.663	7.623
4.Tp. HCM	9	1.543	7.649	13.787	1.151	6.732	5.731
5.Vung Tau	2	1.565	14.639	16.788	788	13.054	10.498
6.Binh Phuoc	2	554	3.608	5.940	998	3.486	2.003
Mekong-Delta (Südvietnam)	146	1.432	5.445	7.960	978	4.490	3.417
1.Kien Giang	33	1.246	4.443	3.831	456	2.981	2.831
2.An Giang	25	2.831	10.169	15.273	1.744	8.388	6.879
3.Long An	19	1.216	4.071	9.333	1.189	3.730	2.803
4.Dong Thap	16	977	3.289	4.999	765	3.072	1.744
5.Tien Giang	14	1.205	3.715	5.433	887	2.975	2.747
6.Soc Trang	13	1.028	5.411	8.844	1.085	4.647	3.819
7.Tra Vinh	15	1.035	3.493	4.567	664	3.055	1.923
8.Bac Lieu	5	1.469	10.747	17.719	1.748	10.210	2.305
9.Ca Mau	2	974	14.149	17.883	421	10.827	9.960
10.Ben Tre	2	915	1.879	3.300	967	1.759	1.239
11.Vinh Long	2	794	1.783	3.048	686	1.688	700

Quelle: DCCI/SBV; Eigene Berechnung.

392

Anhang 7-1: Zusammenfassende Ergebinisse der DEA-Analysen

EFFIZIENZANALYSE	Bewertungsmodell I (DEA-I)		Bewertungsmodell II (DEA-II)	
	Radial	Nicht-radial	Radial	Nicht-radial
GESAMTEFFIZIENZ (OE)				
Minimum	0,472	0,459	0,472	0,462
Maximum	1,000	1,000	1,000	1,000
Mittelwert	0,820	0,763	0,857	0,790
Standardabweichung	0,126	0,140	0,124	0,143
Anzahl effizienter PCFs	42	35	64	47
TECHNISCHE EFFIZIENZ (TE)				
Minimum	0,477	0,461	0,481	0,469
Maximum	1,000	1,000	1,000	1,000
Mittelwert	0,860	0,795	0,891	0,827
Standardabweichung	0,125	0,144	0,116	0,146
Anzahl effizienter PCFs	68	53	96	77
SKALENEFFIZIENZ (SE)				
Minimum	0,534	0,597	0,591	0,597
Maximum	1,000	1,000	1,000	1,000
Mittelwert	0,955	0,962	0,963	0,958
Standardabweichung	0,064	0,067	0,062	0,074
Technologietyp				
Konstante Skalenerträge	18,5%	15,4%	28,2%	20,7%
Steigende Skalenerträge	44,5%	32,6%	31,3%	24,2%
Sinkende Skalenerträe	37,0%	52,0%	40,5%	55,1%

ALLOKATIONSANALYSE	DEA-I		DEA-II	
	Anteil (%)	Anzahl	Anteil (%)	Anzahl
ZINSAUFWAND				
Optimaler Faktorkosteneinsatz	26,0%	59	37,4%	85
Übermäßige Aufwendungen	24,7%	56	22,9%	52
Untermäßige Aufwendungen	49,3%	112	39,6%	90
PERSONALAUFWAND				
Optimaler Faktorkosteneinsatz	23,8%	54	34,8%	79
Übermäßige Aufwendungen	57,7%	131	49,3%	112
Untermäßige Aufwendungen	18,5%	42	15,9%	36
SACHAUFWAND				
Optimaler Faktorkosteneinsatz	23,3%	53	34,8%	79
Übermäßige Aufwendungen	64,3%	146	56,4%	128
Untermäßige Aufwendungen	12,3%	28	8,8%	20

Quelle: Eigene Berechnung unter Anwendung der SAS/IML

393

Anhang 7-2: Detaillierte Ergebnisse der DEA-Effizienzanalyse

Code	PCF-Name	Bilanz-summe (in Mio. VND)	Bewertungsmodell I (DEA-I) Radial			Nicht-radial			Bewertungsmodell II (DEA-II) Radial			Nicht-radial		
			CCR	BBC	SE	OE	TE	SE	CCR	BBC	SE	OE	TE	SE
0101	Nguyen Phuc	2.613,3	0,759	0,760	0,999	0,687	0,708	0,971	0,770	0,785	0,981	0,701	0,720	0,974
0102	Dong Anh	2.348,7	0,699	0,699	1,000	0,667	0,675	0,989	0,840	0,855	0,983	0,704	0,711	0,990
0103	Yen Thinh	2.238,1	0,765	0,770	0,994	0,706	0,714	0,989	0,765	0,770	0,994	0,712	0,718	0,992
0104	Chan Thinh	776,9	0,686	0,823	0,834	0,610	0,745	0,819	0,724	0,833	0,869	0,618	0,795	0,777
0105	Phu Nham	1.168,0	0,821	0,905	0,907	0,729	0,765	0,952	0,821	0,912	0,901	0,734	0,822	0,893
0106	Bao Ai	976,8	0,751	0,807	0,930	0,732	0,787	0,929	0,801	0,905	0,886	0,778	0,856	0,909
0107	Nguyen Thai Hoc	2.798,6	1,000	1,000	1,000	1,000	1,000	1,000	1,000	1,000	1,000	1,000	1,000	1,000
0108	Hung Khanh	1.326,4	0,749	0,761	0,983	0,717	0,722	0,993	0,749	0,771	0,971	0,720	0,722	0,996
0109	Trung Tam	1.161,8	0,758	0,842	0,899	0,657	0,676	0,972	0,795	0,850	0,935	0,660	0,681	0,969
0110	Hong Ha	1.492,2	0,717	0,723	0,992	0,632	0,642	0,985	0,717	0,726	0,988	0,634	0,645	0,983
0111	Lam Giang	1.323,7	0,790	0,833	0,948	0,773	0,775	0,998	0,790	0,834	0,947	0,777	0,777	0,999
0112	Co Phuc	1.294,1	0,946	0,996	0,950	0,907	0,935	0,969	0,954	1,000	0,954	0,918	1,000	0,918
0201	Duong Noi	8.758,1	0,812	1,000	0,812	0,747	1,000	0,747	0,838	1,000	0,838	0,772	1,000	0,772
0202	Trung Tu	3.322,7	0,835	1,000	0,835	0,813	0,822	0,990	0,857	1,000	0,857	0,824	0,828	0,995
0203	Dong Phuong Yen	2.774,7	0,812	0,821	0,989	0,754	0,759	0,993	0,812	0,821	0,989	0,757	0,760	0,996
0204	Van Tao	1.695,4	0,775	0,780	0,993	0,696	0,708	0,983	0,781	0,792	0,987	0,700	0,709	0,988
0205	Tich Giang	3.501,4	1,000	1,000	1,000	1,000	1,000	1,000	1,000	1,000	1,000	1,000	1,000	1,000
0206	Tay Dang	3.151,4	0,852	0,868	0,982	0,809	0,829	0,976	0,852	0,869	0,981	0,811	0,834	0,973
0207	Lien Trung	2.180,6	0,883	0,895	0,987	0,808	0,843	0,958	0,894	0,898	0,995	0,817	0,843	0,969
0208	Quat Dong	2.147,3	0,859	0,871	0,987	0,784	0,788	0,995	0,859	0,873	0,984	0,796	0,800	0,996
0209	Tan Lap	1.800,0	1,000	1,000	1,000	0,807	0,810	0,996	1,000	1,000	1,000	0,812	0,827	0,982
0210	Lien Ha	3.058,9	0,789	0,792	0,996	0,751	0,752	1,000	0,826	0,827	0,998	0,764	0,766	0,998
0211	Van Khe	4.073,6	1,000	1,000	1,000	1,000	1,000	1,000	1,000	1,000	1,000	1,000	1,000	1,000
0212	Hoa Nam	4.480,6	0,638	0,679	0,940	0,631	0,654	0,965	0,660	0,683	0,966	0,645	0,658	0,980
0213	Yen So	4.861,1	1,000	1,000	1,000	1,000	1,000	1,000	1,000	1,000	1,000	1,000	1,000	1,000
0214	Dong La	5.893,6	0,913	0,993	0,920	0,887	0,977	0,908	0,921	1,000	0,921	0,889	1,000	0,889
0215	Phung Xa/ My Duc	4.734,5	0,865	0,916	0,944	0,777	0,794	0,979	0,872	0,934	0,934	0,780	0,794	0,983
0216	Phong Van	2.167,6	0,762	0,771	0,989	0,761	0,765	0,995	0,764	0,771	0,992	0,764	0,766	0,996
0217	Chuyen My	3.829,0	0,877	0,938	0,935	0,822	0,884	0,930	0,881	0,956	0,921	0,822	0,930	0,884
0218	Van Phuc	2.791,9	1,000	1,000	1,000	1,000	1,000	1,000	1,000	1,000	1,000	1,000	1,000	1,000
0219	Binh Phu	4.010,4	0,761	0,768	0,991	0,751	0,759	0,989	0,765	0,781	0,980	0,760	0,769	0,988
0220	Hat Mon	2.585,9	0,615	0,616	0,999	0,582	0,583	0,997	0,651	0,655	0,994	0,596	0,603	0,988
0221	Vong Xuyen	2.868,1	0,757	0,759	0,998	0,683	0,690	0,990	0,783	0,783	1,000	0,694	0,697	0,996
0222	Dan Hoa	2.394,6	0,865	0,873	0,991	0,839	0,840	0,998	0,866	0,875	0,989	0,839	0,849	0,988
0223	Huong Ngai	3.148,2	0,829	0,858	0,967	0,784	0,784	0,999	0,845	0,890	0,949	0,796	0,796	0,999
0224	Minh Khai	4.770,9	1,000	1,000	1,000	1,000	1,000	1,000	1,000	1,000	1,000	1,000	1,000	1,000
0225	Dong Lo	1.680,8	0,837	0,875	0,957	0,807	0,808	0,999	0,846	0,877	0,965	0,807	0,810	0,997
0226	La Phu	4.126,3	0,626	0,639	0,979	0,586	0,587	0,997	0,660	0,674	0,978	0,598	0,609	0,982
0227	Chuc Son	2.695,1	0,749	0,765	0,980	0,678	0,705	0,963	0,750	0,768	0,977	0,682	0,705	0,968
0228	Sai Son	2.481,3	0,835	0,852	0,980	0,741	0,746	0,994	0,856	0,861	0,994	0,741	0,748	0,991
0229	Phu Luu Te	1.822,4	0,911	0,987	0,923	0,700	0,712	0,984	0,941	1,000	0,941	0,707	0,712	0,993
0230	Dung Tien	2.729,4	1,000	1,000	1,000	1,000	1,000	1,000	1,000	1,000	1,000	1,000	1,000	1,000
0231	Phung Xa/ Thach T	5.578,7	0,949	1,000	0,949	0,911	1,000	0,911	0,962	1,000	0,962	0,944	1,000	0,944
0232	TT. Phu Xuyen	3.914,2	1,000	1,000	1,000	1,000	1,000	1,000	1,000	1,000	1,000	1,000	1,000	1,000
0233	Phu Tuc	3.341,6	0,793	0,822	0,965	0,788	0,817	0,964	0,799	0,824	0,971	0,791	0,823	0,961
0234	Huong Son	3.616,6	1,000	1,000	1,000	1,000	1,000	1,000	1,000	1,000	1,000	1,000	1,000	1,000
0235	Thanh Van	1.620,0	0,736	0,745	0,987	0,690	0,697	0,989	0,736	0,745	0,988	0,690	0,697	0,990
0236	Dai Hung	1.507,1	0,745	0,818	0,912	0,643	0,656	0,980	0,766	0,822	0,931	0,647	0,656	0,985
0237	Nhi Khe	1.895,0	0,789	0,789	1,000	0,712	0,720	0,990	0,790	0,790	0,999	0,714	0,725	0,985
0238	Trach My Loc	2.940,3	0,892	0,898	0,994	0,648	0,648	1,000	0,893	0,899	0,993	0,648	0,657	0,987
0239	Long Xuyen	2.299,1	0,682	0,697	0,978	0,641	0,652	0,983	0,733	0,733	0,999	0,660	0,668	0,987

394

Anhang 7-2: Detaillierte Ergebnisse der DEA-Effizienzanalyse

Code	PCF-Name	Bilanz-summe (in Mio. VND)	DEA-I Radial CCR	BBC	SE	Nicht-radial OE	TE	SE	DEA-II Radial CCR	BBC	SE	Nicht-radial OE	TE	SE
0240	Le Thanh	2.686,1	0,806	0,812	0,992	0,718	0,749	0,958	0,806	0,813	0,991	0,721	0,751	0,961
0241	Van Diem	2.782,2	0,704	0,709	0,993	0,692	0,692	1,000	0,727	0,730	0,997	0,693	0,697	0,994
0242	Thach Hoa	1.458,0	1,000	1,000	1,000	1,000	1,000	1,000	1,000	1,000	1,000	1,000	1,000	1,000
0243	Huu Van	1.499,2	0,805	0,830	0,970	0,783	0,787	0,995	0,806	0,830	0,972	0,783	0,787	0,995
0244	TT. Phuc Tho	2.982,1	0,805	0,806	0,999	0,767	0,767	0,999	0,812	0,817	0,994	0,769	0,782	0,984
0245	Ha Hoi	3.918,4	1,000	1,000	1,000	1,000	1,000	1,000	1,000	1,000	1,000	1,000	1,000	1,000
0246	Binh Yen	2.406,9	0,810	0,844	0,960	0,776	0,796	0,974	0,846	0,854	0,990	0,778	0,816	0,954
0247	Van Kim	1.079,1	0,740	0,842	0,880	0,670	0,702	0,953	0,740	0,857	0,864	0,670	0,717	0,935
0248	Lai Yen	1.796,0	1,000	1,000	1,000	1,000	1,000	1,000	1,000	1,000	1,000	1,000	1,000	1,000
0249	Phuc Hoa	1.502,8	0,718	0,776	0,926	0,619	0,628	0,985	0,747	0,784	0,953	0,621	0,629	0,986
0250	Sen Chieu	1.930,9	0,837	0,844	0,992	0,820	0,821	0,998	0,844	0,844	1,000	0,820	0,821	0,998
0251	Son Ha	1.222,7	0,701	0,738	0,949	0,624	0,626	0,998	0,716	0,743	0,963	0,626	0,626	1,000
0252	Dan Phuong	1.623,9	0,834	0,913	0,913	0,670	0,675	0,992	0,839	0,914	0,917	0,671	0,675	0,994
0253	Tan Phuong	1.468,0	0,722	0,732	0,986	0,689	0,697	0,988	0,725	0,747	0,971	0,693	0,707	0,981
0254	TT. Xuan Mai	3.655,0	0,752	0,781	0,964	0,750	0,759	0,988	0,753	0,781	0,963	0,750	0,759	0,988
0255	Xuan Phu	1.662,1	0,771	0,812	0,950	0,756	0,762	0,991	0,778	0,827	0,941	0,759	0,778	0,976
0256	P. Quang Trung	3.086,8	0,841	0,856	0,983	0,806	0,819	0,985	0,876	0,879	0,997	0,810	0,823	0,984
0257	Lien Quan	1.481,8	0,757	0,828	0,914	0,741	0,825	0,899	0,783	0,837	0,935	0,742	0,831	0,893
0258	Thanh Thuy	2.581,7	0,828	0,836	0,991	0,792	0,794	0,997	0,835	0,836	0,998	0,794	0,795	0,999
0259	Tho Loc	2.252,9	1,000	1,000	1,000	0,811	0,813	0,998	1,000	1,000	1,000	0,814	0,815	0,999
0260	Phuong Tu	2.340,4	0,916	0,918	0,998	0,910	0,911	0,998	0,918	0,923	0,994	0,912	0,913	0,999
0261	Cat Que	5.589,7	0,813	0,815	0,997	0,780	0,802	0,973	0,819	0,830	0,987	0,785	0,816	0,963
0262	Minh Tan	1.557,9	0,836	0,907	0,922	0,793	0,875	0,906	0,889	0,911	0,976	0,800	0,889	0,900
0263	Tri Trung	1.286,8	0,635	0,636	0,998	0,605	0,606	0,998	0,641	0,641	1,000	0,606	0,607	0,999
0264	Tam Hung	3.330,6	0,912	0,961	0,949	0,849	0,911	0,933	0,922	0,980	0,940	0,863	0,960	0,899
0301	Hai Ha	2.502,6	0,901	0,912	0,988	0,876	0,881	0,994	0,903	0,918	0,984	0,876	0,886	0,989
0302	Hai Phuong	2.031,9	0,877	0,914	0,960	0,694	0,699	0,994	0,917	0,923	0,993	0,698	0,707	0,988
0303	Xuan Tien	8.410,3	0,814	0,911	0,893	0,801	0,876	0,914	0,819	0,985	0,831	0,806	0,913	0,884
0304	Truc Thai	2.653,8	0,938	0,942	0,996	0,849	0,850	0,999	0,985	0,997	0,988	0,863	0,879	0,982
0305	Truc Dai	2.786,9	0,818	0,821	0,997	0,732	0,742	0,987	0,839	0,844	0,994	0,752	0,768	0,979
0306	Tho Nghiep	2.269,9	0,659	0,672	0,981	0,597	0,602	0,991	0,748	0,761	0,983	0,621	0,622	0,998
0307	Giao Thinh	1.807,8	0,679	0,724	0,938	0,652	0,690	0,945	0,736	0,745	0,987	0,654	0,695	0,942
0308	Hoanh Son	2.298,2	0,717	0,717	1,000	0,696	0,701	0,993	0,746	0,753	0,990	0,708	0,714	0,991
0308	Xuan Bac	3.002,8	1,000	1,000	1,000	1,000	1,000	1,000	1,000	1,000	1,000	1,000	1,000	1,000
0310	Hai Bac	2.144,3	0,796	0,806	0,988	0,688	0,697	0,986	0,809	0,811	0,997	0,694	0,705	0,984
0311	Yen Phu	867,5	0,820	1,000	0,820	0,684	0,858	0,796	0,915	1,000	0,915	0,685	1,000	0,685
0312	Nam Van	1.696,0	0,741	0,751	0,986	0,719	0,719	1,000	0,741	0,761	0,973	0,719	0,719	1,000
0313	Dai An	1.150,6	0,850	0,941	0,903	0,832	0,888	0,938	0,855	1,000	0,855	0,836	1,000	0,836
0314	Xuan Ninh	4.337,8	0,999	1,000	0,999	0,999	1,000	0,999	1,000	1,000	1,000	1,000	1,000	1,000
0315	Giao Thanh	1.811,7	0,740	0,794	0,932	0,721	0,744	0,969	0,813	0,839	0,970	0,745	0,746	0,998
0316	Co Le	1.927,5	0,804	0,817	0,983	0,742	0,742	1,000	0,804	0,819	0,981	0,742	0,750	0,990
0317	Xuan Trung	2.439,6	0,797	0,807	0,988	0,771	0,773	0,996	0,803	0,816	0,984	0,785	0,785	1,000
0318	Hai Phong	1.144,2	0,886	1,000	0,886	0,819	1,000	0,819	0,965	1,000	0,965	0,839	1,000	0,839
0319	Nghia Thang	2.029,1	0,770	0,774	0,995	0,763	0,764	0,999	0,771	0,782	0,987	0,767	0,769	0,997
0320	Nghia Lam	1.522,2	1,000	1,000	1,000	1,000	1,000	1,000	1,000	1,000	1,000	1,000	1,000	1,000
0321	Truc Hung	2.411,3	0,954	1,000	0,954	0,751	0,795	0,945	1,000	1,000	1,000	0,756	0,804	0,940
0322	Xuan Vinh	2.125,7	0,998	0,999	0,998	0,994	0,999	0,995	1,000	1,000	1,000	1,000	1,000	1,000
0323	Hai Minh	2.371,1	0,702	0,707	0,993	0,630	0,631	0,999	0,721	0,729	0,990	0,631	0,643	0,982
0401	Lien Thanh	816,5	0,534	1,000	0,534	0,461	0,628	0,734	0,591	1,000	0,591	0,475	0,660	0,720
0402	Nam Trung	1.053,7	0,872	0,953	0,916	0,857	0,920	0,931	1,000	1,000	1,000	1,000	1,000	1,000
0403	Nghi Hoa	1.086,5	0,580	0,678	0,856	0,516	0,569	0,906	0,650	0,713	0,912	0,532	0,594	0,896

395

Anhang 7-2: Detaillierte Ergebnisse der DEA-Effizienzanalyse

Code	PCF-Name	Bilanz-summe (in Mio. VND)	DEA-I Radial CCR	BBC	SE	DEA-I Nicht-radial OE	TE	SE	DEA-II Radial CCR	BBC	SE	DEA-II Nicht-radial OE	TE	SE
0404	Hung Tien	1.173,6	0,865	0,868	0,996	0,859	0,861	0,998	0,865	0,868	0,996	0,859	0,861	0,998
0405	Bac Son	1.319,7	0,674	0,699	0,964	0,597	0,599	0,996	0,681	0,723	0,942	0,604	0,607	0,995
0406	Nam Cat	2.093,6	0,869	0,871	0,998	0,781	0,805	0,970	0,869	0,871	0,998	0,781	0,806	0,969
0407	Nam Thanh	1.108,2	1,000	1,000	1,000	1,000	1,000	1,000	1,000	1,000	1,000	1,000	1,000	1,000
0408	Dien Hung	2.088,7	0,674	0,674	1,000	0,589	0,610	0,965	0,796	0,808	0,985	0,631	0,635	0,994
0409	Nghi Hung	1.651,2	0,830	0,865	0,959	0,751	0,753	0,997	1,000	1,000	1,000	1,000	1,000	1,000
0410	Do Thanh	1.639,2	0,651	0,696	0,936	0,596	0,597	0,999	0,651	0,697	0,934	0,596	0,597	0,999
0411	Giang Son	1.630,0	0,675	0,682	0,989	0,602	0,615	0,979	0,780	0,800	0,975	0,618	0,623	0,993
0412	Thanh Van	1.074,8	0,685	0,714	0,960	0,619	0,619	1,000	0,690	0,730	0,946	0,619	0,625	0,992
0413	Thai Hoa	1.638,1	0,767	0,793	0,968	0,688	0,688	1,000	0,972	1,000	0,972	0,785	0,785	1,000
0414	Tan Son	1.652,5	0,825	1,000	0,825	0,605	0,642	0,942	1,000	1,000	1,000	0,609	0,665	0,915
0415	Thanh Linh	1.043,6	0,820	0,904	0,908	0,725	0,755	0,961	0,868	0,911	0,953	0,726	0,764	0,951
0416	Xuan Hoa	1.387,6	0,805	0,834	0,966	0,721	0,733	0,984	1,000	1,000	1,000	1,000	1,000	1,000
0417	Van Dien	2.669,1	0,867	0,879	0,986	0,694	0,699	0,994	0,870	0,880	0,989	0,698	0,704	0,992
0418	Thuong Son	1.559,2	0,647	0,679	0,952	0,572	0,577	0,990	0,723	0,733	0,986	0,579	0,583	0,993
0419	Nghia Thuan	1.362,2	0,738	0,754	0,979	0,699	0,700	0,999	0,738	0,764	0,966	0,699	0,705	0,992
0420	Thuan Son	993,8	1,000	1,000	1,000	1,000	1,000	1,000	1,000	1,000	1,000	1,000	1,000	1,000
0421	Phuc Tho	1.952,5	0,868	0,885	0,980	0,786	0,787	0,999	0,868	0,889	0,977	0,788	0,792	0,995
0422	Dien Cat	1.077,2	0,888	1,000	0,888	0,556	0,610	0,912	0,914	1,000	0,914	0,564	0,640	0,881
0423	Hung Tan	1.046,9	0,798	0,839	0,951	0,738	0,745	0,990	0,798	0,844	0,946	0,741	0,765	0,968
0424	Quynh Hau	2.704,8	0,675	0,678	0,996	0,590	0,616	0,958	0,758	0,773	0,981	0,622	0,636	0,977
0425	Quynh Xuan	2.231,3	0,708	0,719	0,984	0,642	0,656	0,978	0,721	0,726	0,993	0,652	0,660	0,989
0426	Quynh Giang	1.279,6	0,672	0,677	0,992	0,659	0,667	0,989	0,675	0,690	0,978	0,662	0,669	0,990
0427	Nghi Thuy	1.223,3	0,749	0,769	0,974	0,721	0,727	0,992	0,750	0,776	0,966	0,724	0,729	0,993
0428	Dien Thai	1.019,0	0,797	0,821	0,971	0,780	0,801	0,974	1,000	1,000	1,000	1,000	1,000	1,000
0429	Dien Thinh	2.761,0	0,879	0,891	0,986	0,793	0,798	0,994	1,000	1,000	1,000	1,000	1,000	1,000
0430	TT. Yen Thanh	1.562,7	0,756	0,760	0,995	0,706	0,722	0,979	0,756	0,761	0,993	0,707	0,722	0,980
0431	Hong Thanh	622,1	0,815	1,000	0,815	0,801	1,000	0,801	0,836	1,000	0,836	0,809	1,000	0,809
0432	Xuan Thanh	905,5	0,620	0,723	0,858	0,570	0,676	0,844	0,659	0,746	0,884	0,584	0,715	0,816
0433	Dien My	1.028,9	0,662	0,695	0,952	0,641	0,654	0,981	0,685	0,743	0,922	0,650	0,690	0,943
0434	Hung Long	1.630,9	0,777	0,794	0,978	0,761	0,772	0,986	0,777	0,796	0,976	0,763	0,773	0,986
0435	Hung Dong	2.274,5	0,920	0,942	0,977	0,784	0,825	0,950	0,922	0,955	0,965	0,785	0,829	0,948
0436	Dien Ky	1.388,9	0,833	0,943	0,883	0,667	0,672	0,993	1,000	1,000	1,000	0,695	0,698	0,996
0437	Nghi Hai	1.110,0	0,626	0,714	0,878	0,544	0,582	0,934	1,000	1,000	1,000	0,630	0,654	0,962
0438	Bai Son	569,9	0,811	1,000	0,811	0,656	1,000	0,656	1,000	1,000	1,000	0,659	1,000	0,659
0439	Thinh Son	1.263,5	0,899	1,000	0,899	0,778	1,000	0,778	0,962	1,000	0,962	0,781	1,000	0,781
0501	Binh Chanh	7.615,3	0,709	0,860	0,825	0,633	0,693	0,914	0,813	1,000	0,813	0,646	1,000	0,646
0502	Tan Thanh Dong	3.461,3	0,723	0,749	0,965	0,670	0,692	0,968	0,755	0,772	0,978	0,695	0,706	0,984
0503	Tan Quy Dong	3.303,7	0,568	0,568	1,000	0,478	0,483	0,990	0,569	0,569	0,999	0,480	0,488	0,983
0503	Tan Truc	3.281,2	0,834	0,849	0,982	0,813	0,819	0,993	0,863	0,880	0,981	0,836	0,848	0,986
0505	An Lac	4.980,6	1,000	1,000	1,000	0,652	0,718	0,908	1,000	1,000	1,000	0,653	0,727	0,899
0506	Cu Chi	4.084,9	0,614	0,641	0,959	0,550	0,573	0,960	0,696	0,713	0,977	0,596	0,607	0,982
0507	Cho Lon	11.864,5	1,000	1,000	1,000	0,597	1,000	0,597	1,000	1,000	1,000	0,597	1,000	0,597
0508	Hiep Binh	7.204,9	0,731	1,000	0,731	0,659	0,720	0,915	1,000	1,000	1,000	0,756	1,000	0,756
0509	Tan Tao	4.846,3	0,630	0,713	0,884	0,590	0,632	0,933	0,654	0,832	0,785	0,602	0,643	0,936
0601	Phuoc Hung	2.165,6	1,000	1,000	1,000	1,000	1,000	1,000	1,000	1,000	1,000	1,000	1,000	1,000
0602	Phuoc Hoa	9.910,2	0,757	1,000	0,757	0,753	1,000	0,753	0,759	1,000	0,759	0,753	1,000	0,753
0603	Tam Quan	1.259,8	0,911	1,000	0,911	0,809	1,000	0,809	0,924	1,000	0,924	0,863	1,000	0,863
0604	Tam Quan Bac	3.294,3	0,804	0,848	0,948	0,767	0,796	0,964	0,815	0,853	0,955	0,768	0,796	0,965
0605	Dieu Tri	2.940,1	0,932	0,941	0,991	0,801	0,803	0,997	1,000	1,000	1,000	0,818	0,828	0,988
0606	Phu My	2.377,8	0,820	0,821	0,999	0,772	0,774	0,997	0,822	0,823	0,998	0,773	0,781	0,990

396

Anhang 7-2: Detaillierte Ergebnisse der DEA-Effizienzanalyse

Code	PCF-Name	Bilanz-summe (in Mio. VND)	DEA-I Radial CCR	BBC	SE	Nicht-radial OE	TE	SE	DEA-II Radial CCR	BBC	SE	Nicht-radial OE	TE	SE
0607	Cat Hanh	3.009,4	1,000	1,000	1,000	1,000	1,000	1,000	1,000	1,000	1,000	1,000	1,000	1,000
0608	Nhon Thanh	3.538,1	0,816	0,854	0,956	0,802	0,829	0,968	0,819	0,855	0,957	0,804	0,830	0,968
0609	Phuoc Son	3.651,0	0,972	0,998	0,974	0,947	0,967	0,979	0,973	1,000	0,973	0,949	0,969	0,979
0610	Phuoc Loc	4.693,1	1,000	1,000	1,000	1,000	1,000	1,000	1,000	1,000	1,000	1,000	1,000	1,000
0611	TT. Tuy Phuoc	3.393,1	0,835	0,886	0,943	0,781	0,816	0,956	0,837	0,895	0,936	0,783	0,834	0,939
0612	My Hiep	2.298,2	0,743	0,778	0,955	0,682	0,721	0,946	1,000	1,000	1,000	0,841	0,847	0,994
0613	Binh Duong	3.728,0	0,818	0,855	0,956	0,775	0,788	0,983	0,824	0,861	0,956	0,775	0,805	0,962
0614	Tay Giang	3.380,4	1,000	1,000	1,000	0,803	0,806	0,996	1,000	1,000	1,000	0,811	0,813	0,999
0615	Cat Tan	3.793,0	0,755	0,764	0,988	0,738	0,739	0,999	0,758	0,771	0,984	0,740	0,753	0,983
0616	Ngo May	3.712,3	0,809	0,831	0,973	0,720	0,752	0,957	0,809	0,841	0,962	0,720	0,760	0,948
0617	Nhon Loc	2.994,7	0,849	0,850	0,999	0,833	0,843	0,988	0,851	0,856	0,993	0,838	0,847	0,989
0618	Binh Nghi	3.657,5	0,858	0,858	0,999	0,837	0,843	0,993	0,876	0,943	0,929	0,838	0,844	0,993
0619	Bong Son	2.962,4	0,927	0,949	0,977	0,917	0,919	0,998	0,942	0,957	0,984	0,917	0,926	0,990
0620	Nhan Hanh	3.145,9	1,000	1,000	1,000	0,835	0,857	0,975	1,000	1,000	1,000	0,898	1,000	0,898
0621	Phuoc Hiep	1.812,6	1,000	1,000	1,000	1,000	1,000	1,000	1,000	1,000	1,000	1,000	1,000	1,000
0701	Phuong 12	3.612,2	0,774	0,775	0,999	0,754	0,773	0,975	0,778	0,784	0,992	0,754	0,781	0,965
0702	Loc Son	17.479,1	1,000	1,000	1,000	1,000	1,000	1,000	1,000	1,000	1,000	1,000	1,000	1,000
0703	Loc Thanh	5.846,0	1,000	1,000	1,000	1,000	1,000	1,000	1,000	1,000	1,000	1,000	1,000	1,000
0704	Lien Nghia	29.382,2	0,966	1,000	0,966	0,955	1,000	0,955	0,971	1,000	0,971	0,963	1,000	0,963
0705	Di Linh	6.159,1	1,000	1,000	1,000	1,000	1,000	1,000	1,000	1,000	1,000	1,000	1,000	1,000
0706	Xuan Truong	4.933,5	0,968	0,973	0,994	0,912	0,913	1,000	1,000	1,000	1,000	0,914	0,914	0,999
0707	Loc An	2.139,4	1,000	1,000	1,000	1,000	1,000	1,000	1,000	1,000	1,000	1,000	1,000	1,000
0708	B'Lao	11.849,4	0,744	1,000	0,744	0,718	1,000	0,718	0,751	1,000	0,751	0,723	1,000	0,723
0709	Dinh Lac	1.996,4	1,000	1,000	1,000	1,000	1,000	1,000	1,000	1,000	1,000	1,000	1,000	1,000
0710	Lien Hiep	6.987,5	1,000	1,000	1,000	1,000	1,000	1,000	1,000	1,000	1,000	1,000	1,000	1,000
0711	Lien Dam	4.232,8	0,837	0,869	0,963	0,649	0,655	0,991	0,865	1,000	0,865	0,658	0,670	0,981
0712	Gia Hiep	2.977,0	0,903	0,932	0,969	0,801	0,830	0,965	0,920	0,935	0,984	0,812	0,835	0,973
0713	Tan Hoi	5.526,3	0,680	0,681	0,999	0,651	0,664	0,981	0,713	0,720	0,990	0,671	0,683	0,982
0714	Lien Phuong (P. 8)	6.499,2	0,752	0,816	0,922	0,742	0,780	0,952	0,756	0,856	0,883	0,749	0,786	0,953
0715	Binh Thanh	2.598,6	0,671	0,699	0,960	0,642	0,649	0,989	0,780	0,787	0,991	0,742	0,743	0,998
0801	An Thanh	15.038,8	1,000	1,000	1,000	1,000	1,000	1,000	1,000	1,000	1,000	1,000	1,000	1,000
0802	Lai Thieu	6.448,8	0,777	0,893	0,870	0,712	0,778	0,915	0,991	1,000	0,991	0,949	1,000	0,949
0803	Phu Tho	4.575,2	0,974	1,000	0,974	0,941	0,946	0,995	1,000	1,000	1,000	1,000	1,000	1,000
0804	Phu Hoa	5.812,8	1,000	1,000	1,000	1,000	1,000	1,000	1,000	1,000	1,000	1,000	1,000	1,000
0805	Thanh Tuyen	3.276,9	0,808	0,822	0,983	0,773	0,775	0,998	0,984	1,000	0,984	0,884	1,000	0,884
0806	Binh An	2.424,0	0,708	0,713	0,993	0,656	0,657	0,998	0,731	0,738	0,990	0,661	0,675	0,979
0807	Phuoc Hoa	4.985,1	0,799	0,888	0,900	0,732	0,773	0,947	0,932	0,968	0,963	0,819	0,828	0,989
0808	Di An	9.600,2	0,907	1,000	0,907	0,895	1,000	0,895	0,991	1,000	0,991	0,988	1,000	0,988
0809	Chinh Nghia	5.392,9	0,668	0,728	0,917	0,590	0,593	0,995	0,670	0,745	0,899	0,598	0,602	0,993
0901	Tan Thuan Dong	3.569,1	0,835	0,842	0,992	0,766	0,767	0,999	0,842	0,850	0,991	0,770	0,779	0,989
0902	Tan Long	2.571,6	0,886	0,904	0,981	0,860	0,869	0,990	0,997	1,000	0,997	0,983	1,000	0,983
0903	My Hiep	6.152,2	0,833	1,000	0,833	0,729	1,000	0,729	0,944	1,000	0,944	0,805	1,000	0,805
0904	Tan Phu Dong	2.206,7	1,000	1,000	1,000	1,000	1,000	1,000	1,000	1,000	1,000	1,000	1,000	1,000
0905	Binh Thanh	2.458,2	0,910	0,947	0,961	0,734	0,764	0,960	0,959	0,999	0,960	0,851	0,923	0,923
0906	An Long	4.008,8	0,775	0,779	0,994	0,671	0,677	0,991	0,832	0,840	0,990	0,707	0,711	0,995
0907	Cao Lanh	2.342,0	0,953	1,000	0,953	0,897	1,000	0,897	0,974	1,000	0,974	0,972	1,000	0,972
0908	Tan Thanh	2.428,2	1,000	1,000	1,000	1,000	1,000	1,000	1,000	1,000	1,000	1,000	1,000	1,000
0909	Phong Hoa	2.415,3	0,649	0,676	0,960	0,648	0,655	0,989	0,744	0,744	1,000	0,662	0,670	0,988
0910	Dinh An	2.251,6	0,537	0,540	0,993	0,474	0,475	0,999	0,569	0,575	0,991	0,486	0,493	0,984
0911	Xa Ra	1.353,0	1,000	1,000	1,000	1,000	1,000	1,000	1,000	1,000	1,000	1,000	1,000	1,000
1001	Binh My	3.466,4	1,000	1,000	1,000	1,000	1,000	1,000	1,000	1,000	1,000	1,000	1,000	1,000

Anhang 7-2: Detaillierte Ergebnisse der DEA-Effizienzanalyse

Code	PCF-Name	Bilanzsumme (in Mio. VND)	DEA-I Radial CCR	BBC	SE	Nicht-radial OE	TE	SE	DEA-II Radial CCR	BBC	SE	Nicht-radial OE	TE	SE
1002	My Luong	3.049,8	0,596	0,597	0,998	0,551	0,551	0,999	0,646	0,679	0,951	0,618	0,628	0,983
1004	Tan Chau	14.854,4	1,000	1,000	1,000	1,000	1,000	1,000	1,000	1,000	1,000	1,000	1,000	1,000
1005	Chau Phu B	13.173,6	0,723	0,907	0,797	0,704	0,758	0,928	0,723	1,000	0,723	0,704	0,795	0,885
1006	Tri Ton	8.674,5	0,793	0,900	0,881	0,589	0,589	1,000	1,000	1,000	1,000	1,000	1,000	1,000
1007	An Phu	4.802,5	0,761	1,000	0,761	0,578	0,585	0,988	0,803	1,000	0,803	0,686	1,000	0,686
1008	Phu Hoa	7.028,0	0,617	0,678	0,909	0,587	0,618	0,950	0,626	0,693	0,903	0,587	0,623	0,941
1009	My Binh	34.078,7	0,972	1,000	0,972	0,871	1,000	0,871	1,000	1,000	1,000	1,000	1,000	1,000
1010	My Thanh	10.952,0	0,597	0,711	0,840	0,563	0,613	0,919	0,633	0,817	0,775	0,573	0,639	0,897
1011	Long Dien B	3.205,2	1,000	1,000	1,000	1,000	1,000	1,000	1,000	1,000	1,000	1,000	1,000	1,000
1012	Binh Duc	7.705,3	0,881	1,000	0,881	0,724	1,000	0,724	0,904	1,000	0,904	0,791	1,000	0,791
1013	My Duc	5.015,3	0,533	0,565	0,943	0,528	0,545	0,969	0,668	1,000	0,668	0,570	0,571	0,998
1014	Nui Sap	6.950,6	0,652	0,766	0,852	0,599	0,649	0,923	1,000	1,000	1,000	0,931	1,000	0,931
1015	My Phuoc	19.489,6	1,000	1,000	1,000	0,676	1,000	0,676	1,000	1,000	1,000	1,000	1,000	1,000
1016	Cho Vam	5.210,7	0,666	0,667	0,999	0,620	0,629	0,985	0,701	0,732	0,957	0,620	0,630	0,986
1017	My Hoi Dong	3.140,1	0,472	0,477	0,990	0,459	0,461	0,996	0,472	0,481	0,983	0,462	0,469	0,987
1018	Tan My	3.602,5	0,659	0,664	0,993	0,657	0,658	0,999	0,711	0,712	0,999	0,664	0,671	0,989
1019	Phu My	11.044,6	0,738	1,000	0,738	0,720	0,835	0,862	0,740	1,000	0,740	0,730	1,000	0,730
1020	Long Son	7.814,0	0,778	0,803	0,969	0,766	0,801	0,957	0,971	1,000	0,971	0,891	1,000	0,891
1021	Vinh Chanh	4.806,4	0,649	0,652	0,996	0,624	0,624	1,000	1,000	1,000	1,000	1,000	1,000	1,000
1022	Cau Dang	6.344,8	1,000	1,000	1,000	1,000	1,000	1,000	1,000	1,000	1,000	1,000	1,000	1,000
1024	TT. Nha Bang	8.234,9	0,616	0,736	0,837	0,586	0,646	0,907	0,628	0,810	0,775	0,587	0,664	0,883
1025	Vong Dong	4.089,7	0,637	0,638	0,998	0,583	0,584	0,999	0,638	0,641	0,996	0,620	0,632	0,982
1026	My Hoa	16.183,1	0,744	0,767	0,971	0,621	0,692	0,898	1,000	1,000	1,000	0,896	1,000	0,896
	Minimum	569,9	0,472	0,477	0,534	0,459	0,461	0,597	0,472	0,481	0,591	0,462	0,469	0,597
	Maximum	34.078,7	1,000	1,000	1,000	1,000	1,000	1,000	1,000	1,000	1,000	1,000	1,000	1,000
	Mittelwert	3.758,6	0,820	0,860	0,955	0,763	0,795	0,962	0,857	0,891	0,963	0,790	0,827	0,958
	Standard-Fehler	3.988,6	0,126	0,125	0,064	0,140	0,144	0,067	0,124	0,116	0,062	0,143	0,146	0,074

Erklärung: Jede Code besteht aus 4 nummerischen Buchstaben. Wichtig sind die zwei Ersteren (Provinz-Code), die uns Information über die zugehörige Provinz des jeweiligen Instituts angeben, während die zwei Letzteren dessen Durchnummerierung wiederspiegeln. Zum Beispiel mit der Code 0710: Das PCF "Lien Hiep" liegt in der Provinz "Lam Dong" (Provinz-Code: 07xx).

Provinz-Code-Liste:
        01xx ... Yen Bai
        02xx ... Ha Tay
        03xx ... Nam Dinh
        04xx ... Nghe An
        05xx ... Ho-Chi-Minh-Stadt
        06xx ... Binh Dinh
        07xx ... Lam Dong
        08xx ... Binh Duong
        09xx ... Dong Thap
        10xx ... An Giang

398

Anhang 7-3: Zusammenfassende Ergebnisse der Allokationsanalyse

GESAMTEFFIZIENZ (OE)	Modell I (DEA-I)		Modell II (DEA-II)	
	Anteil (%)	PCF-Anzahl	Anteil (%)	PCF-Anzahl
ZINSAUFWAND				
Optimaler Faktorkosteneinsatz	17,2%	39	24,2%	55
Übermäßige Aufwendungen	26,4%	60	23,3%	53
Untermäßige Aufwendungen	56,4%	128	52,4%	119
Minimum	0,486		0,501	
Maximum	1,000		1,000	
Mittelwert	0,848		0,876	
Standardabweichung	0,136		0,129	
Anzahl effizienter PCFs	39		55	
PERSONALAUFWAND				
Optimaler Faktorkosteneinsatz	15,4%	35	22,0%	50
Übermäßige Aufwendungen	65,2%	148	64,8%	147
Untermäßige Aufwendungen	19,4%	44	13,2%	30
Minimum	0,366		0,218	
Maximum	1,000		1,000	
Mittelwert	0,744		0,774	
Standardabweichung	0,176		0,179	
Anzahl effizienter PCFs	35		50	
SACHAUFWAND				
Optimaler Faktorkosteneinsatz	15,4%	35	21,1%	48
Übermäßige Aufwendungen	64,8%	147	64,3%	146
Untermäßige Aufwendungen	19,8%	45	14,5%	33
Minimum	0,262		0,270	
Maximum	1,000		1,000	
Mittelwert	0,696		0,720	
Standardabweichung	0,213		0,218	
Anzahl effizienter PCFs	35		48	

Quelle: Eigene Berechnung unter Anwendung der SAS/IML

Anhang 7-4: Detaillierte Ergebnisse der DEA-Allokationsanalyse

Code	PCF-Name	Bilanz-summe (in Mio. VND)	Bewertungsmodell I (DEA-I)				Bewertungsmodell II (DEA-II)			
			Radial	Nicht-radial			Radial	Nicht-radial		
			TE (BBC)	Zins-aufwand	Personal-aufwand	Sach-aufwand	TE (BBC)	Zins-aufwand	Personal-aufwand	Sach-aufwand
0101	Nguyen Phuc	2.613,3	0,760	0,850	0,759	0,515	0,785	0,915	0,735	0,509
0102	Dong Anh	2.348,7	0,699	0,728	0,703	0,593	0,855	0,938	0,572	0,622
0103	Yen Thinh	2.238,1	0,770	0,894	0,628	0,620	0,770	0,894	0,626	0,634
0104	Chan Thinh	776,9	0,823	0,926	0,802	0,507	0,833	0,972	0,855	0,558
0105	Phu Nham	1.168,0	0,905	0,859	0,884	0,553	0,912	0,953	0,894	0,618
0106	Bao Ai	976,8	0,807	0,764	0,756	0,843	0,905	0,821	0,805	0,943
0107	Nguyen Thai Hoc	2.798,6	1,000	1,000	1,000	1,000	1,000	1,000	1,000	1,000
0108	Hung Khanh	1.326,4	0,761	0,800	0,621	0,744	0,771	0,811	0,604	0,752
0109	Trung Tam	1.161,8	0,842	0,947	0,598	0,482	0,850	0,955	0,606	0,481
0110	Hong Ha	1.492,2	0,723	0,918	0,475	0,533	0,726	0,917	0,484	0,534
0111	Lam Giang	1.323,7	0,833	0,735	0,628	0,962	0,834	0,748	0,609	0,974
0112	Co Phuc	1.294,1	0,996	1,000	0,806	1,000	1,000	1,000	1,000	1,000
0201	Duong Noi	8.758,1	1,000	1,000	1,000	1,000	1,000	1,000	1,000	1,000
0202	Trung Tu	3.322,7	1,000	0,868	0,700	0,897	1,000	0,906	0,690	0,888
0203	Dong Phuong Yen	2.774,7	0,821	0,948	0,650	0,680	0,821	0,948	0,650	0,681
0204	Van Tao	1.695,4	0,780	0,955	0,627	0,543	0,792	0,957	0,625	0,544
0205	Tich Giang	3.501,4	1,000	1,000	1,000	1,000	1,000	1,000	1,000	1,000
0206	Tay Dang	3.151,4	0,868	0,943	0,849	0,694	0,869	1,000	0,808	0,693
0207	Lien Trung	2.180,6	0,895	1,000	0,821	0,709	0,898	1,000	0,826	0,704
0208	Quat Dong	2.147,3	0,871	0,916	0,830	0,617	0,873	0,934	0,785	0,681
0209	Tan Lap	1.800,0	1,000	1,000	0,829	0,602	1,000	1,000	0,842	0,639
0210	Lien Ha	3.058,9	0,792	0,818	0,773	0,665	0,827	0,882	0,733	0,682
0211	Van Khe	4.073,6	1,000	1,000	1,000	1,000	1,000	1,000	1,000	1,000
0212	Hoa Nam	4.480,6	0,679	0,779	0,491	0,692	0,683	0,795	0,652	0,527
0213	Yen So	4.861,1	1,000	1,000	1,000	1,000	1,000	1,000	1,000	1,000
0214	Dong La	5.893,6	0,993	1,000	1,000	0,931	1,000	1,000	1,000	1,000
0215	Phung Xa/ My Duc	4.734,5	0,916	0,917	0,939	0,525	0,934	0,919	0,876	0,587
0216	Phong Van	2.167,6	0,771	0,781	0,672	0,841	0,771	0,783	0,698	0,818
0217	Chuyen My	3.829,0	0,938	1,000	0,953	0,699	0,956	1,000	0,862	0,928
0218	Van Phuc	2.791,9	1,000	1,000	1,000	1,000	1,000	1,000	1,000	1,000
0219	Binh Phu	4.010,4	0,768	0,816	0,702	0,760	0,781	0,826	0,745	0,736
0220	Hat Mon	2.585,9	0,616	0,703	0,562	0,486	0,655	0,716	0,619	0,475
0221	Vong Xuyen	2.868,1	0,759	0,768	0,734	0,568	0,783	0,771	0,761	0,560
0222	Dan Hoa	2.394,6	0,873	0,966	0,778	0,777	0,875	0,974	0,843	0,732
0223	Huong Ngai	3.148,2	0,858	0,745	0,609	1,000	0,890	0,829	0,583	0,977
0224	Minh Khai	4.770,9	1,000	1,000	1,000	1,000	1,000	1,000	1,000	1,000
0225	Dong Lo	1.680,8	0,875	0,947	0,578	0,899	0,877	0,912	0,632	0,886
0226	La Phu	4.126,3	0,639	0,662	0,585	0,514	0,674	0,675	0,655	0,496
0227	Chuc Son	2.695,1	0,765	1,000	0,595	0,518	0,768	1,000	0,590	0,524
0228	Sai Son	2.481,3	0,852	0,947	0,794	0,496	0,861	0,980	0,748	0,516
0229	Phu Luu Te	1.822,4	0,987	0,852	0,874	0,409	1,000	0,843	0,890	0,402
0230	Dung Tien	2.729,4	1,000	1,000	1,000	1,000	1,000	1,000	1,000	1,000
0231	Phung Xa/ Thach T.	5.578,7	1,000	1,000	1,000	1,000	1,000	1,000	1,000	1,000
0232	TT. Phu Xuyen	3.914,2	1,000	1,000	1,000	1,000	1,000	1,000	1,000	1,000
0233	Phu Tuc	3.341,6	0,822	0,861	0,918	0,671	0,824	0,818	0,801	0,850
0234	Huong Son	3.616,6	1,000	1,000	1,000	1,000	1,000	1,000	1,000	1,000
0235	Thanh Van	1.620,0	0,745	0,893	0,579	0,620	0,745	0,894	0,578	0,620
0236	Dai Hung	1.507,1	0,818	1,000	0,595	0,374	0,822	1,000	0,594	0,375
0237	Nhi Khe	1.895,0	0,789	0,982	0,543	0,634	0,790	0,989	0,598	0,589
0238	Trach My Loc	2.940,3	0,898	0,939	0,576	0,429	0,899	0,944	0,604	0,422

Anhang 7-4: Detaillierte Ergebnisse der DEA-Allokationsanalyse

Code	PCF-Name	Bilanz-summe (in Mio. VND)	DEA-I				DEA-II			
			Radial	Nicht-radial			Radial	Nicht-radial		
			TE (BBC)	Zins-aufwand	Personal-aufwand	Sach-aufwand	TE (BBC)	Zins-aufwand	Personal-aufwand	Sach-aufwand
0239	Long Xuyen	2.299,1	0,697	0,671	0,733	0,552	0,733	0,676	0,795	0,533
0240	Le Thanh	2.686,1	0,812	1,000	0,775	0,473	0,813	1,000	0,790	0,461
0241	Van Diem	2.782,2	0,709	0,714	0,780	0,583	0,730	0,717	0,794	0,579
0242	Thach Hoa	1.458,0	1,000	1,000	1,000	1,000	1,000	1,000	1,000	1,000
0243	Huu Van	1.499,2	0,830	0,719	0,684	0,958	0,830	0,733	0,670	0,958
0244	TT. Phuc Tho	2.982,1	0,806	0,894	0,674	0,735	0,817	0,905	0,825	0,615
0245	Ha Hoi	3.918,4	1,000	1,000	1,000	1,000	1,000	1,000	1,000	1,000
0246	Binh Yen	2.406,9	0,844	0,714	1,000	0,675	0,854	0,743	1,000	0,705
0247	Van Kim	1.079,1	0,842	0,728	0,863	0,517	0,857	0,753	0,851	0,547
0248	Lai Yen	1.796,0	1,000	1,000	1,000	1,000	1,000	1,000	1,000	1,000
0249	Phuc Hoa	1.502,8	0,776	0,987	0,488	0,410	0,784	0,985	0,491	0,412
0250	Sen Chieu	1.930,9	0,844	0,697	0,879	0,887	0,844	0,705	0,863	0,895
0251	Son Ha	1.222,7	0,738	0,818	0,517	0,542	0,743	0,818	0,517	0,542
0252	Dan Phuong	1.623,9	0,913	0,950	0,672	0,404	0,914	0,951	0,671	0,404
0253	Tan Phuong	1.468,0	0,732	0,737	0,723	0,631	0,747	0,740	0,772	0,608
0254	TT. Xuan Mai	3.655,0	0,781	0,836	0,588	0,855	0,781	0,836	0,588	0,855
0255	Xuan Phu	1.662,1	0,812	0,643	0,776	0,868	0,827	0,658	0,807	0,868
0256	P. Quang Trung	3.086,8	0,856	0,935	0,827	0,693	0,879	0,962	0,811	0,696
0257	Lien Quan	1.481,8	0,828	0,815	0,824	0,836	0,837	0,789	1,000	0,703
0258	Thanh Thuy	2.581,7	0,836	0,852	0,811	0,719	0,836	0,852	0,816	0,717
0259	Tho Loc	2.252,9	1,000	1,000	0,968	0,472	1,000	1,000	0,977	0,469
0260	Phuong Tu	2.340,4	0,918	0,910	0,870	0,952	0,923	0,912	0,887	0,940
0261	Cat Que	5.589,7	0,815	0,776	0,803	0,828	0,830	0,740	0,809	0,898
0262	Minh Tan	1.557,9	0,907	0,853	1,000	0,772	0,911	0,875	0,997	0,794
0263	Tri Trung	1.286,8	0,636	0,700	0,550	0,568	0,641	0,700	0,548	0,573
0264	Tam Hung	3.330,6	0,961	1,000	1,000	0,732	0,980	1,000	0,983	0,897
0301	Hai Ha	2.502,6	0,912	0,809	0,835	1,000	0,918	0,815	0,844	1,000
0302	Hai Phuong	2.031,9	0,914	1,000	0,648	0,448	0,923	1,000	0,683	0,437
0303	Xuan Tien	8.410,3	0,911	1,000	0,812	0,815	0,985	1,000	0,800	0,938
0304	Truc Thai	2.653,8	0,942	0,996	0,837	0,717	0,997	1,000	0,953	0,686
0305	Truc Dai	2.786,9	0,821	1,000	0,614	0,612	0,844	1,000	0,623	0,682
0306	Tho Nghiep	2.269,9	0,672	0,610	0,762	0,434	0,761	0,628	0,797	0,443
0307	Giao Thinh	1.807,8	0,724	0,671	0,785	0,614	0,745	0,678	0,784	0,622
0308	Hoanh Son	2.298,2	0,717	0,798	0,585	0,719	0,753	0,846	0,595	0,702
0308	Xuan Bac	3.002,8	1,000	1,000	1,000	1,000	1,000	1,000	1,000	1,000
0310	Hai Bac	2.144,3	0,806	0,788	0,831	0,473	0,811	0,790	0,862	0,461
0311	Yen Phu	867,5	1,000	1,000	0,951	0,624	1,000	1,000	1,000	1,000
0312	Nam Van	1.696,0	0,751	0,726	0,780	0,651	0,761	0,727	0,778	0,653
0313	Dai An	1.150,6	0,941	0,860	1,000	0,803	1,000	1,000	1,000	1,000
0314	Xuan Ninh	4.337,8	1,000	1,000	1,000	1,000	1,000	1,000	1,000	1,000
0315	Giao Thanh	1.811,7	0,794	0,710	0,865	0,656	0,839	0,711	0,876	0,652
0316	Co Le	1.927,5	0,817	0,830	0,800	0,595	0,819	0,833	0,840	0,576
0317	Xuan Trung	2.439,6	0,807	0,723	0,701	0,897	0,816	0,729	0,732	0,894
0318	Hai Phong	1.144,2	1,000	1,000	1,000	1,000	1,000	1,000	1,000	1,000
0319	Nghia Thang	2.029,1	0,774	0,724	0,777	0,790	0,782	0,726	0,792	0,789
0320	Nghia Lam	1.522,2	1,000	1,000	1,000	1,000	1,000	1,000	1,000	1,000
0321	Truc Hung	2.411,3	1,000	0,876	1,000	0,510	1,000	0,837	1,000	0,574
0322	Xuan Vinh	2.125,7	0,999	1,000	1,000	0,997	1,000	1,000	1,000	1,000
0323	Hai Minh	2.371,1	0,707	0,775	0,618	0,499	0,729	0,783	0,668	0,478
0401	Lien Thanh	816,5	1,000	0,644	0,905	0,335	1,000	0,601	0,839	0,540

Anhang 7-4: Detaillierte Ergebnisse der DEA-Allokationsanalyse

Code	PCF-Name	Bilanz-summe (in Mio. VND)	DEA-I Radial TE (BBC)	DEA-I Nicht-radial Zins-aufwand	DEA-I Nicht-radial Personal-aufwand	DEA-I Nicht-radial Sach-aufwand	DEA-II Radial TE (BBC)	DEA-II Nicht-radial Zins-aufwand	DEA-II Nicht-radial Personal-aufwand	DEA-II Nicht-radial Sach-aufwand
0402	Nam Trung	1.053,7	0,953	0,870	0,890	1,000	1,000	1,000	1,000	1,000
0403	Nghi Hoa	1.086,5	0,678	0,756	0,511	0,440	0,713	0,784	0,536	0,461
0404	Hung Tien	1.173,6	0,868	0,825	0,910	0,847	0,868	0,828	0,907	0,850
0405	Bac Son	1.319,7	0,699	0,824	0,491	0,484	0,723	0,828	0,530	0,463
0406	Nam Cat	2.093,6	0,871	1,000	0,860	0,554	0,871	1,000	0,864	0,553
0407	Nam Thanh	1.108,2	1,000	1,000	1,000	1,000	1,000	1,000	1,000	1,000
0408	Dien Hung	2.088,7	0,674	0,954	0,434	0,443	0,808	0,922	0,558	0,426
0409	Nghi Hung	1.651,2	0,865	1,000	0,800	0,459	1,000	1,000	1,000	1,000
0410	Do Thanh	1.639,2	0,696	0,685	0,639	0,466	0,697	0,690	0,635	0,466
0411	Giang Son	1.630,0	0,682	0,944	0,499	0,402	0,800	0,936	0,533	0,400
0412	Thanh Van	1.074,8	0,714	0,790	0,589	0,480	0,730	0,798	0,586	0,490
0413	Thai Hoa	1.638,1	0,793	0,892	0,687	0,487	1,000	1,000	0,836	0,521
0414	Tan Son	1.652,5	1,000	0,756	0,788	0,382	1,000	0,779	0,814	0,403
0415	Thanh Linh	1.043,6	0,904	1,000	0,657	0,608	0,911	1,000	0,685	0,607
0416	Xuan Hoa	1.387,6	0,834	1,000	0,761	0,438	1,000	1,000	1,000	1,000
0417	Van Dien	2.669,1	0,879	1,000	0,680	0,416	0,880	1,000	0,675	0,437
0418	Thuong Son	1.559,2	0,679	0,760	0,591	0,380	0,733	0,836	0,494	0,418
0419	Nghia Thuan	1.362,2	0,754	0,725	0,793	0,582	0,764	0,732	0,792	0,591
0420	Thuan Son	993,8	1,000	1,000	1,000	1,000	1,000	1,000	1,000	1,000
0421	Phuc Tho	1.952,5	0,885	0,994	0,922	0,445	0,889	1,000	0,915	0,461
0422	Dien Cat	1.077,2	1,000	0,604	0,930	0,296	1,000	0,818	0,780	0,324
0423	Hung Tan	1.046,9	0,839	0,869	0,726	0,640	0,844	0,890	0,783	0,623
0424	Quynh Hau	2.704,8	0,678	0,865	0,584	0,399	0,773	0,867	0,633	0,409
0425	Quynh Xuan	2.231,3	0,719	0,902	0,526	0,541	0,726	0,877	0,562	0,540
0426	Quynh Giang	1.279,6	0,677	0,662	0,641	0,697	0,690	0,692	0,596	0,719
0427	Nghi Thuy	1.223,3	0,769	0,779	0,651	0,752	0,776	0,799	0,622	0,767
0428	Dien Thai	1.019,0	0,821	0,822	0,816	0,766	1,000	1,000	1,000	1,000
0429	Dien Thinh	2.761,0	0,891	0,975	0,834	0,584	1,000	1,000	1,000	1,000
0430	TT. Yen Thanh	1.562,7	0,760	0,790	0,801	0,575	0,761	0,781	0,828	0,558
0431	Hong Thanh	622,1	1,000	1,000	1,000	1,000	1,000	1,000	1,000	1,000
0432	Xuan Thanh	905,5	0,723	0,768	0,780	0,479	0,746	0,805	0,836	0,504
0433	Dien My	1.028,9	0,695	0,614	0,761	0,586	0,743	0,671	0,829	0,570
0434	Hung Long	1.630,9	0,794	0,890	0,632	0,794	0,796	0,894	0,628	0,797
0435	Hung Dong	2.274,5	0,942	1,000	1,000	0,476	0,955	1,000	1,000	0,486
0436	Dien Ky	1.388,9	0,943	0,792	0,796	0,429	1,000	0,800	0,881	0,412
0437	Nghi Hai	1.110,0	0,714	0,816	0,534	0,397	1,000	0,904	0,606	0,453
0438	Bai Son	569,9	1,000	1,000	1,000	1,000	1,000	1,000	1,000	1,000
0439	Thinh Son	1.263,5	1,000	1,000	1,000	1,000	1,000	1,000	1,000	1,000
0501	Binh Chanh	7.615,3	0,860	0,995	0,625	0,459	1,000	1,000	1,000	1,000
0502	Tan Thanh Dong	3.461,3	0,749	0,894	0,645	0,538	0,772	0,984	0,603	0,533
0503	Tan Quy Dong	3.303,7	0,568	0,697	0,383	0,369	0,569	0,692	0,450	0,322
0503	Tan Truc	3.281,2	0,849	0,727	0,868	0,861	0,880	0,750	0,925	0,868
0505	An Lac	4.980,6	1,000	1,000	0,484	0,670	1,000	1,000	0,473	0,707
0506	Cu Chi	4.084,9	0,641	0,873	0,322	0,525	0,713	0,839	0,502	0,480
0507	Cho Lon	11.864,5	1,000	1,000	1,000	1,000	1,000	1,000	1,000	1,000
0508	Hiep Binh	7.204,9	1,000	0,960	0,515	0,687	1,000	1,000	1,000	1,000
0509	Tan Tao	4.846,3	0,713	0,884	0,558	0,455	0,832	0,929	0,337	0,662
0601	Phuoc Hung	2.165,6	1,000	1,000	1,000	1,000	1,000	1,000	1,000	1,000
0602	Phuoc Hoa	9.910,2	1,000	1,000	1,000	1,000	1,000	1,000	1,000	1,000
0603	Tam Quan	1.259,8	1,000	1,000	1,000	1,000	1,000	1,000	1,000	1,000

Anhang 7-4: Detaillierte Ergebnisse der DEA-Allokationsanalyse

Code	PCF-Name	Bilanz-summe (in Mio. VND)	DEA-I				DEA-II			
			Radial	Nicht-radial			Radial	Nicht-radial		
			TE (BBC)	Zins-aufwand	Personal-aufwand	Sach-aufwand	TE (BBC)	Zins-aufwand	Personal-aufwand	Sach-aufwand
0604	Tam Quan Bac	3.294,3	0,848	1,000	0,649	0,738	0,853	1,000	0,638	0,750
0605	Dieu Tri	2.940,1	0,941	1,000	0,658	0,752	1,000	1,000	0,616	0,867
0606	Phu My	2.377,8	0,821	0,921	0,716	0,686	0,823	0,926	0,737	0,680
0607	Cat Hanh	3.009,4	1,000	1,000	1,000	1,000	1,000	1,000	1,000	1,000
0608	Nhon Thanh	3.538,1	0,854	0,920	0,855	0,713	0,855	0,910	0,878	0,702
0609	Phuoc Son	3.651,0	0,998	1,000	0,902	1,000	1,000	1,000	0,908	1,000
0610	Phuoc Loc	4.693,1	1,000	1,000	1,000	1,000	1,000	1,000	1,000	1,000
0611	TT. Tuy Phuoc	3.393,1	0,886	1,000	0,814	0,635	0,895	1,000	0,766	0,735
0612	My Hiep	2.298,2	0,778	0,798	0,733	0,633	1,000	1,000	0,846	0,694
0613	Binh Duong	3.728,0	0,855	1,000	0,610	0,755	0,861	1,000	0,681	0,735
0614	Tay Giang	3.380,4	1,000	1,000	0,830	0,587	1,000	1,000	0,849	0,589
0615	Cat Tan	3.793,0	0,764	0,832	0,726	0,659	0,771	0,841	0,773	0,644
0616	Ngo May	3.712,3	0,831	1,000	0,713	0,544	0,841	1,000	0,698	0,582
0617	Nhon Loc	2.994,7	0,850	0,891	0,777	0,861	0,856	0,974	0,703	0,864
0618	Binh Nghi	3.657,5	0,858	0,901	0,736	0,894	0,943	0,916	0,721	0,894
0619	Bong Son	2.962,4	0,949	0,994	0,830	0,935	0,957	0,993	0,873	0,913
0620	Nhan Hanh	3.145,9	1,000	0,699	0,872	0,998	1,000	1,000	1,000	1,000
0621	Phuoc Hiep	1.812,6	1,000	1,000	1,000	1,000	1,000	1,000	1,000	1,000
0701	Phuong 12	3.612,2	0,775	0,820	0,528	0,972	0,784	0,691	0,863	0,789
0702	Loc Son	17.479,1	1,000	1,000	1,000	1,000	1,000	1,000	1,000	1,000
0703	Loc Thanh	5.846,0	1,000	1,000	1,000	1,000	1,000	1,000	1,000	1,000
0704	Lien Nghia	29.382,2	1,000	1,000	1,000	1,000	1,000	1,000	1,000	1,000
0705	Di Linh	6.159,1	1,000	1,000	1,000	1,000	1,000	1,000	1,000	1,000
0706	Xuan Truong	4.933,5	0,973	0,738	1,000	1,000	1,000	0,743	1,000	1,000
0707	Loc An	2.139,4	1,000	1,000	1,000	1,000	1,000	1,000	1,000	1,000
0708	B'Lao	11.849,4	1,000	1,000	1,000	1,000	1,000	1,000	1,000	1,000
0709	Dinh Lac	1.996,4	1,000	1,000	1,000	1,000	1,000	1,000	1,000	1,000
0710	Lien Hiep	6.987,5	1,000	1,000	1,000	1,000	1,000	1,000	1,000	1,000
0711	Lien Dam	4.232,8	0,869	0,520	0,948	0,498	1,000	0,527	0,992	0,492
0712	Gia Hiep	2.977,0	0,932	0,599	0,998	0,893	0,935	0,626	1,000	0,878
0713	Tan Hoi	5.526,3	0,681	0,564	0,763	0,665	0,720	0,505	0,806	0,739
0714	Lien Phuong (P. 8)	6.499,2	0,816	0,917	0,620	0,802	0,856	0,941	0,606	0,810
0715	Binh Thanh	2.598,6	0,699	0,462	0,773	0,713	0,787	0,696	0,871	0,663
0801	An Thanh	15.038,8	1,000	1,000	1,000	1,000	1,000	1,000	1,000	1,000
0802	Lai Thieu	6.448,8	0,893	1,000	0,713	0,622	1,000	1,000	1,000	1,000
0803	Phu Tho	4.575,2	1,000	0,890	0,965	0,982	1,000	1,000	1,000	1,000
0804	Phu Hoa	5.812,8	1,000	1,000	1,000	1,000	1,000	1,000	1,000	1,000
0805	Thanh Tuyen	3.276,9	0,822	0,675	0,928	0,722	1,000	1,000	1,000	1,000
0806	Binh An	2.424,0	0,713	0,827	0,571	0,574	0,738	0,841	0,675	0,508
0807	Phuoc Hoa	4.985,1	0,888	1,000	0,707	0,612	0,968	0,944	0,917	0,623
0808	Di An	9.600,2	1,000	1,000	1,000	1,000	1,000	1,000	1,000	1,000
0809	Chinh Nghia	5.392,9	0,728	0,875	0,462	0,443	0,745	0,874	0,457	0,475
0901	Tan Thuan Dong	3.569,1	0,842	0,885	0,744	0,672	0,850	0,891	0,792	0,653
0902	Tan Long	2.571,6	0,904	0,919	0,850	0,838	1,000	1,000	1,000	1,000
0903	My Hiep	6.152,2	1,000	1,000	1,000	1,000	1,000	1,000	1,000	1,000
0904	Tan Phu Dong	2.206,7	1,000	1,000	1,000	1,000	1,000	1,000	1,000	1,000
0905	Binh Thanh	2.458,2	0,947	0,718	0,942	0,633	0,999	0,965	1,000	0,803
0906	An Long	4.008,8	0,779	0,935	0,568	0,529	0,840	0,963	0,637	0,532
0907	Cao Lanh	2.342,0	1,000	1,000	1,000	1,000	1,000	1,000	1,000	1,000
0908	Tan Thanh	2.428,2	1,000	1,000	1,000	1,000	1,000	1,000	1,000	1,000

Anhang 7-4: Detaillierte Ergebnisse der DEA-Allokationsanalyse

Code	PCF-Name	Bilanz-summe (in Mio. VND)	DEA-I Radial TE (BBC)	DEA-I Nicht-radial Zins-aufwand	DEA-I Nicht-radial Personal-aufwand	DEA-I Nicht-radial Sach-aufwand	DEA-II Radial TE (BBC)	DEA-II Nicht-radial Zins-aufwand	DEA-II Nicht-radial Personal-aufwand	DEA-II Nicht-radial Sach-aufwand
0909	Phong Hoa	2.415,3	0,676	0,612	0,739	0,614	0,744	0,619	0,804	0,587
0910	Dinh An	2.251,6	0,540	0,623	0,432	0,369	0,575	0,637	0,504	0,339
0911	Xa Ra	1.353,0	1,000	1,000	1,000	1,000	1,000	1,000	1,000	1,000
1001	Binh My	3.466,4	1,000	1,000	1,000	1,000	1,000	1,000	1,000	1,000
1002	My Luong	3.049,8	0,597	0,604	0,588	0,462	0,679	0,799	0,599	0,486
1004	Tan Chau	14.854,4	1,000	1,000	1,000	1,000	1,000	1,000	1,000	1,000
1005	Chau Phu B	13.173,6	0,907	1,000	0,610	0,664	1,000	1,000	0,622	0,764
1006	Tri Ton	8.674,5	0,900	0,878	0,502	0,388	1,000	1,000	1,000	1,000
1007	An Phu	4.802,5	1,000	0,870	0,447	0,439	1,000	1,000	1,000	1,000
1008	Phu Hoa	7.028,0	0,678	0,778	0,588	0,487	0,693	0,790	0,541	0,540
1009	My Binh	34.078,7	1,000	1,000	1,000	1,000	1,000	1,000	1,000	1,000
1010	My Thanh	10.952,0	0,711	0,805	0,590	0,444	0,817	0,994	0,444	0,480
1011	Long Dien B	3.205,2	1,000	1,000	1,000	1,000	1,000	1,000	1,000	1,000
1012	Binh Duc	7.705,3	1,000	1,000	1,000	1,000	1,000	1,000	1,000	1,000
1013	My Duc	5.015,3	0,565	0,620	0,410	0,606	1,000	0,902	0,232	0,579
1014	Nui Sap	6.950,6	0,766	0,756	0,728	0,464	1,000	1,000	1,000	1,000
1015	My Phuoc	19.489,6	1,000	1,000	1,000	1,000	1,000	1,000	1,000	1,000
1016	Cho Vam	5.210,7	0,667	0,559	0,762	0,566	0,732	0,555	0,760	0,574
1017	My Hoi Dong	3.140,1	0,477	0,536	0,404	0,443	0,481	0,542	0,433	0,431
1018	Tan My	3.602,5	0,664	0,622	0,688	0,662	0,712	0,629	0,748	0,637
1019	Phu My	11.044,6	1,000	1,000	0,652	0,854	1,000	1,000	1,000	1,000
1020	Long Son	7.814,0	0,803	0,883	0,825	0,695	1,000	1,000	1,000	1,000
1021	Vinh Chanh	4.806,4	0,652	0,485	0,755	0,632	1,000	1,000	1,000	1,000
1022	Cau Dang	6.344,8	1,000	1,000	1,000	1,000	1,000	1,000	1,000	1,000
1024	TT. Nha Bang	8.234,9	0,736	0,776	0,703	0,460	0,810	1,000	0,595	0,398
1025	Vong Dong	4.089,7	0,638	0,499	0,740	0,512	0,641	0,720	0,693	0,482
1026	My Hoa	16.183,1	0,767	0,687	0,977	0,412	1,000	1,000	1,000	1,000
	Minimum	569,9	0,477	0,462	0,322	0,296	0,481	0,505	0,232	0,322
	Maximum	34.078,7	1,000	1,000	1,000	1,000	1,000	1,000	1,000	1,000
	Mittelwert	3.758,6	0,860	0,876	0,790	0,720	0,891	0,903	0,821	0,758
	Standard-Fehler	3.988,6	0,125	0,137	0,177	0,218	0,116	0,124	0,179	0,221

Provinz-Code-Liste:
01xx ... Yen Bai
02xx ... Ha Tay
03xx ... Nam Dinh
04xx ... Nghe An
05xx ... Ho-Chi-Minh-Stadt
06xx ... Binh Dinh
07xx ... Lam Dong
08xx ... Binh Duong
09xx ... Dong Thap
10xx ... An Giang

Anhang 8: Entwicklung der Gesamteffizienz
in Abhängigkeit von der Betriebsgröße

Radiale DEA-Effizienzmessung (CCR)

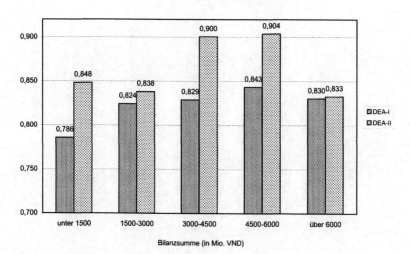

Nicht-radiale DEA-Effizienzmessung

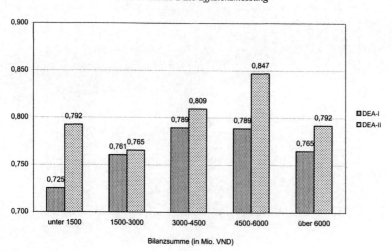

Anhang 9: Entwicklung der technischen Effizienz
in Abhängigkeit von der Betriebsgröße

Radiale DEA-Effizienzmessung (BBC)

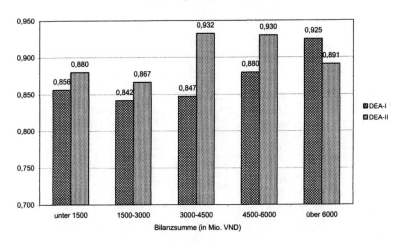

Nicht-radiale DEA-Effizienzmessung

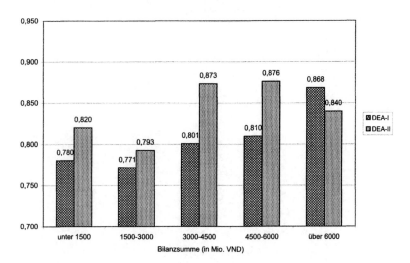

Anhang 10-1: Entwicklung der Skaleneffizienz
in Abhängigkeit von der Betriebsgröße

Radiale DEA-Effizienzmessung

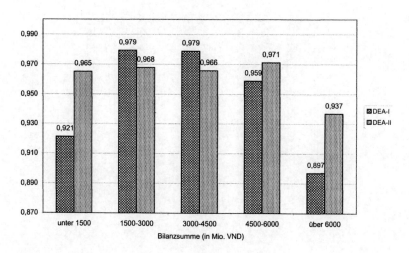

Nicht-radiale DEA-Effizienzmessung

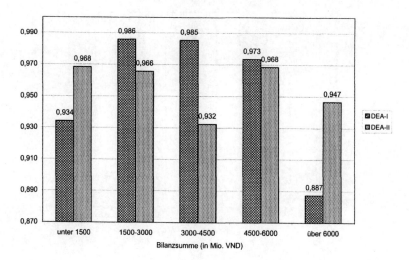

Anhang 10-2: Entwicklung der Technologietypen
in Abhängigkeit von der Betriebsgröße (DEA-I)

Radiale Effizienzmessung

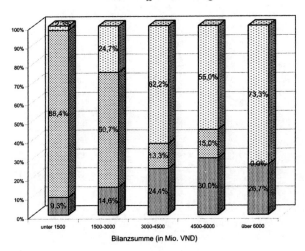

Nicht-radiale Effizienzmessung

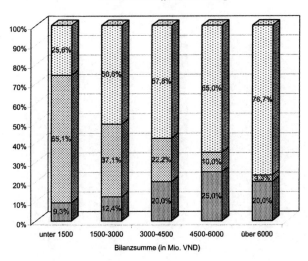

Anhang 10-3: Entwicklung der Technologietypen
in Abhängigkeit von der Betriebsgröße (DEA-II)

Radiale Effizienzmessung

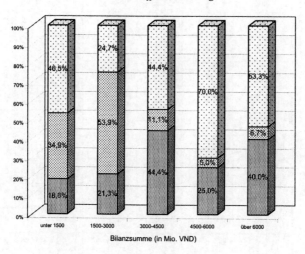

Nicht-radiale Effizienzmessung

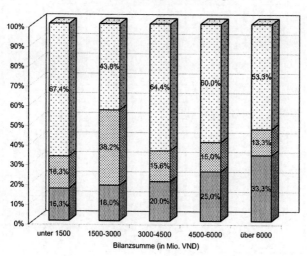

Anhang 11-1: Allokationsanalyse der Inputfaktorkosten

DEA-I

Gruppe	Betriebsgröße (Mio. €)	ZINSAUFWAND				PERSONALAUFWAND				SACHAUFWAND			
		Mittelwert von Becke	Anteil	Durchschn. Ausgabe	Anteil der PCB mit Becke / Untersch. Ausgabe	Mittelwert von Becke	Anteil	Durchschn. Ausgabe	Anteil der PCB mit Becke / Untersch. Ausgabe	Optimaler Kennummer	Anteil	Durchschn. Ausgabe	Anteil der PCB mit Becke / Untersch. Ausgabe
1	unter 1500	0,848	23,3%	34,5%	41,9%	0,787	20,9%	65,1%	14,0%	0,706	20,9%	62,8%	16,3%
2	1500–3000	0,874	15,7%	24,7%	59,6%	0,774	14,6%	64,0%	21,3%	0,667	13,5%	74,2%	12,4%
3	3000–4500	0,864	24,4%	17,8%	57,8%	0,779	22,2%	57,8%	20,0%	0,759	22,2%	62,2%	15,6%
4	4500–6000	0,859	35,0%	35,0%	30,0%	0,803	30,0%	40,0%	30,0%	0,768	30,0%	55,0%	15,0%
6	über 6000	0,948	56,7%	13,3%	30,0%	0,849	53,3%	40,0%	6,7%	0,808	46,7%	46,7%	0,0%
	Insgesamt	0,876	26,8%	24,7%	49,3%	0,790	23,8%	57,7%	18,5%	0,720	23,3%	64,3%	12,3%

DEA-II

Gruppe	Betriebsgröße (Mio. €)	ZINSAUFWAND				PERSONALAUFWAND				SACHAUFWAND			
		Mittelwert	Anteil	Durchschn. Ausgabe	Anteil der PCB mit Becke / Untersch. Ausgabe	Mittelwert	Anteil	Durchschn. Ausgabe	Anteil der PCB mit Becke / Untersch. Ausgabe	Mittelwert	Anteil	Durchschn. Ausgabe	Anteil der PCB mit Becke / Untersch. Ausgabe
1	unter 1500	0,920	27,9%	16,3%	55,8%	0,788	25,6%	72,1%	2,3%	0,751	25,6%	62,8%	11,6%
2	1500–3000	0,873	23,6%	32,6%	43,8%	0,806	23,6%	51,7%	24,7%	0,699	22,5%	65,2%	12,4%
3	3000–4500	0,951	53,3%	13,3%	33,3%	0,843	44,4%	44,4%	11,1%	0,826	46,7%	46,7%	6,7%
4	4500–6000	0,891	50,0%	30,0%	20,0%	0,906	50,0%	30,0%	20,0%	0,832	50,0%	45,0%	5,0%
6	über 6000	0,985	60,0%	13,3%	26,7%	0,939	56,7%	30,0%	13,3%	0,794	56,7%	43,3%	0,0%
	Insgesamt	0,983	37,4%	22,9%	39,6%	0,821	34,8%	49,3%	15,9%	0,758	34,8%	56,4%	8,8%

DEA-I

Gruppe	Betriebsgröße (Mio. €)	ZINSAUFWAND				PERSONALAUFWAND				SACHAUFWAND			
		Mittelwert von Becke	Anteil der PCB mit Becke	Durchschn. Ausgabe	Untersch. Ausgabe	Mittelwert von Becke	Anteil der PCB mit Becke	Durchschn. Ausgabe	Untersch. Ausgabe	Mittelwert von Becke	Anteil der PCB mit Becke	Durchschn. Ausgabe	Untersch. Ausgabe
1	unter 1500	0,008	76,7%	45,5%	54,5%	0,070	79,1%	82,4%	17,6%	0,150	79,1%	79,4%	20,6%
2	1500–3000	-0,032	84,3%	29,3%	70,7%	0,068	85,4%	75,0%	25,0%	0,175	86,5%	85,7%	14,3%
3	3000–4500	-0,017	75,6%	23,5%	76,5%	0,068	77,8%	74,3%	25,7%	0,088	77,8%	80,0%	20,0%
4	4500–6000	0,021	65,0%	53,8%	46,2%	0,077	70,0%	57,1%	42,9%	0,112	70,0%	78,6%	21,4%
6	über 6000	-0,023	43,3%	30,8%	69,2%	0,076	46,7%	85,7%	14,3%	0,117	46,7%	85,7%	14,3%
	Insgesamt	-0,016	74,0%	33,6%	66,4%	0,070	76,2%	76,1%	23,9%	0,140	76,7%	84,6%	15,4%

DEA-II

Gruppe	Betriebsgröße (Mio. €)	ZINSAUFWAND				PERSONALAUFWAND				SACHAUFWAND			
		Mittelwert von Becke	Anteil der PCB mit Becke	Durchschn. Ausgabe	Untersch. Ausgabe	Mittelwert von Becke	Anteil der PCB mit Becke	Durchschn. Ausgabe	Untersch. Ausgabe	Mittelwert von Becke	Anteil der PCB mit Becke	Durchschn. Ausgabe	Untersch. Ausgabe
1	unter 1500	-0,041	72,1%	22,6%	77,4%	0,091	74,4%	96,9%	3,1%	0,129	74,4%	84,4%	15,6%
2	1500–3000	-0,007	76,4%	42,6%	57,4%	0,061	76,4%	67,6%	32,4%	0,168	77,5%	84,1%	15,5%
3	3000–4500	-0,018	46,7%	28,6%	71,4%	0,089	55,6%	80,0%	20,0%	0,107	53,3%	87,5%	12,5%
4	4500–6000	0,039	50,0%	60,0%	40,0%	0,024	50,0%	60,0%	40,0%	0,098	50,0%	90,0%	10,0%
6	über 6000	-0,014	40,0%	33,3%	66,7%	0,070	43,3%	69,2%	30,8%	0,096	43,3%	100,0%	0,0%
	Insgesamt	-0,012	62,6%	36,4%	63,6%	0,070	65,2%	75,2%	24,8%	0,133	65,2%	87,4%	12,6%

411

Anhang 11-2: Allokation der Zinsaufwendungen
in Abhängigkeit von der Betriebsgröße

DEA-I

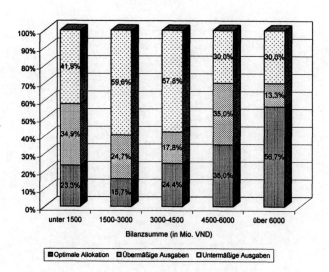

DEA-II

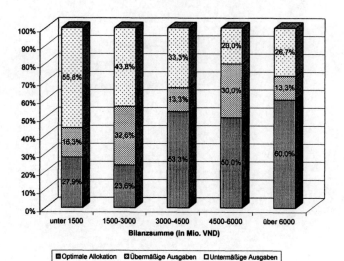

412

Anhang 11-3: Allokation der Personalaufwendungen
in Abhängigkeit von der Betriebsgröße

DEA-I

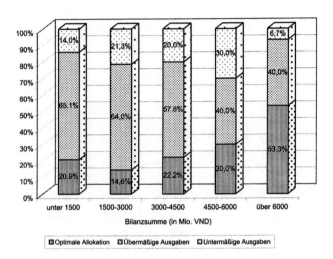

Bilanzsumme (in Mio. VND)

Optimale Allokation Übermäßige Ausgaben Untermäßige Ausgaben

DEA-II

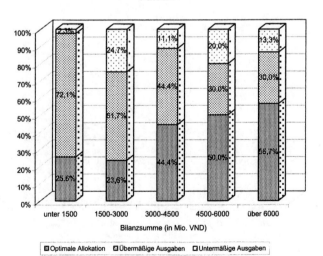

Bilanzsumme (in Mio. VND)

Optimale Allokation Übermäßige Ausgaben Untermäßige Ausgaben

*Anhang 11-4: Allokation der Sachaufwendungen
in Abhängigkeit von der Betriebsgröße*

DEA-I

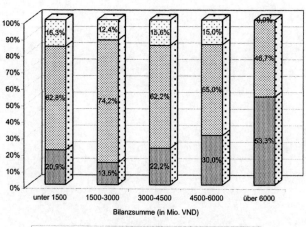

DEA-II

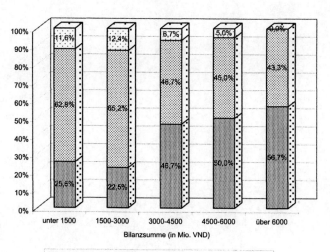

Anhang 12-1: Berechnung der radialen Gesamteffizienz (CCR)

Optimierungsproblem

$$\min_{\theta_k, \lambda_k} \theta_k,$$

$$NB: \quad Y^T \lambda_k \geq y_k,$$

$$\theta_k x_k - X^T \lambda_k \geq 0, \tag{3.8}$$

$$x_k \in \Re_{++}^m, \, y_k \in \Re_{++}^n, \, \lambda_k \in \Re_+^p$$

$$X \in \Re_{++}^{p*m}, \, Y \in \Re_{++}^{p*n}$$

SAS/IML-Prozedur

```
PROC IML;
  USE deapcf.basis;
    READ all VAR {iexpense personal rcapital} into MX;
    READ all VAR {loans deposits} into MY;
    p = NROW (MX); m = NCOL (MX); n = NCOL (MY); mn = m+n;
    M_YX = (-MY) || MX; TM_YX =(M_YX)`;
  DO k=1 TO p;
    MYK = -MY[k,]; TMYK =(MYK)`;
    MXK = -MX[k,]; TMXK = (MXK)`;
    TMYOK = TMYK // REPEAT(0,m,1);
    TMOXK = REPEAT(0,n,1) // TMXK;
    MRHS = {0} // TMYOK;
    MZ = {1} || REPEAT(0,1,p) || {1};
    MLHS = (MZ // (TMOXK || TM_YX || REPEAT (0,mn,1)));
    CALL LP(rc, x, dual, MLHS, MRHS); CCR = x[1];
      IF k=1 then DO; CREATE deapcf.ccr from CCR[c='CCR'];
        APPEND from CCR; END;
        ELSE DO; EDIT deapcf.ccr; APPEND from CCR;
      END;
  END;
QUIT;
```

Kurze Erklärung

Anhand der obigen Prozedur wird die Gesamteffizienz (CCR-Index) der einzelnen Kreditinstitute in Bezug auf das erste Bewertungsmodells (DEA-I) ermittelt. Als Inputs gelten die Einsatzfaktorkosten: Zinsaufwand "iexpense", Personalaufwand "personal" und Sachaufwand "rcapital"; Outputs umfassen Bestände vergebener Kredite "loans" und mobilisierter Einlagen "deposits". Diese werden von der Datei "basis" aus dem Verzeichnis "deapcf" abgelesen und in die jeweilige Input-Matrix "MX" bzw. Output-Matrix "MY" gespeichert. Alle berechneten p(=227) Effizienzindices, die sich aus den Lösungen des (linearen) Optimierungsproblems (3.8) anhand des SAS/IML-Moduls "LP" ergeben, werden anschließend sequentiell in die Datei "ccr" im Verzeichnis "deapcf" gespeichert.

Anhang 12-2: Berechnung der radialen technischen Effizienz (BBC)

Optimierungsproblem

$$\underset{\theta_k, \lambda_k}{Min\ \theta_k},$$

$$NB: \quad Y^T \lambda_k \geq y_k,$$

$$\theta_k x_k - X^T \lambda_k \geq 0, \tag{3.9}$$

$$e^T \lambda_k = 1$$

$$x_k \in \mathfrak{R}^m_{++}, y_k \in \mathfrak{R}^n_{++}, \lambda_k \in \mathfrak{R}^p_+$$

$$X \in \mathfrak{R}^{p*m}_{++}, Y \in \mathfrak{R}^{p*n}_{++}$$

SAS/IML-Prozedur

```
PROC IML;
  USE deapcf.basis;
    READ all VAR {iexpense personal rcapital} into MX;
    READ all VAR {loans deposits} into MY;
    p = NROW (MX); m = NCOL (MX); n = NCOL (MY); mn = m+n;
    M_YX = (-MY) || MX; TM_YX =(M_YX)`;
  DO k=1 TO p;
    MYK = -MY[k,]; TMYK =(MYK)`;
    MXK = -MX[k,]; TMXK = (MXK)`;
    TMYOK = TMYK // REPEAT(0,m,1);
    TMOXK = REPEAT(0,n,1) // TMXK;
    MRHS = {0} // TMYOK // {1};
    MZ = {1} || REPEAT(0,1,p) || {1};
    ML = {0} || REPEAT(1,1,p) || {0};
    MLHS = (MZ // (TMOXK || TM_YX || REPEAT (0,mn,1)) // ML);

    CALL LP(rc, x, dual, MLHS, MRHS); BCC = x[1];
      IF k=1 then DO; CREATE deapcf.bbc from BBC[c='BBC'];
          APPEND from BBC; END;
      ELSE DO; EDIT deapcf.bbc; APPEND from BBC; END;
  END;
QUIT;
```

Kurze Erklärung

Gegenüber der Gesamteffizienz werden bei der Ermittlung der technischen Effizienz (X-Effizienz) Leistungserstellungstechnologien mit variablen Skalenerträgen unterstellt. Im Vergleich zu (3.8) wird das Optimierungsproblem (3.9) um die Nebenbedingung "$e^T \lambda_k = 1$" erweitert, die ihren Niederschlag in "ML = {0} || REPEAT(1,1,p) || {0}" bei der SAS-IML-Prozedur findet.

Anhang 12-3: Leistungserstellungstechnologie mit nicht-steigenden Skalenerträgen

Optimierungsproblem

$$\underset{\theta_k, \lambda_k}{Min}\, \theta_k,$$

$$NB: \quad Y^T \lambda_k \geq y_k,$$

$$\theta_k x_k - X^T \lambda_k \geq 0,$$

$$e^T \lambda_k \leq 1$$

$$(3.11)$$

$$x_k \in \mathfrak{R}^m_{++},\, y_k \in \mathfrak{R}^n_{++},\, \lambda_k \in \mathfrak{R}^p_{+}$$

$$X \in \mathfrak{R}^{p*m}_{++},\, Y \in \mathfrak{R}^{p*n}_{++}$$

SAS/IML-Prozedur

```
PROC IML;
  USE deapcf.basis;
    READ all VAR {iexpense personal rcapital} into MX;
    READ all VAR {loans deposits} into MY;
    p = NROW (MX); m = NCOL (MX); n = NCOL (MY); mn = m+n;
    M_YX = (-MY) || MX; TM_YX =(M_YX)`;
  DO k=1 TO p;
    MYK = -MY[k,]; TMYK =(MYK)`;
    MXK = -MX[k,]; TMXK = (MXK)`;
    TMYOK = TMYK // REPEAT(0,m,1);
    TMOXK = REPEAT(0,n,1) // TMXK;
    MRHS = {0} // TMYOK // {1};
    MZ = {1} || REPEAT(0,1,(p+1)) || {1};
    ML = {0} || REPEAT(1,1,p) || {1} || {0};
    MLHS = (MZ // (TMOXK || TM_YX || REPEAT (0,mn,2)) // ML);

    CALL LP(rc, x, dual, MLHS, MRHS); NIRS = x[1];
            IF k=1 then DO; CREATE deapcf.nirs from NIRS[c='NIRS'];
                APPEND from NIRS; END;
            ELSE DO; EDIT deapcf.nirs; APPEND from NIRS; END;
  END;
  QUIT;
```

418

Anhang 12-4: Berechnung der nicht-radialen Gesamteffizienz

Optimierungsproblem

$$\underset{\theta_k^{NR},\lambda_k}{Min}\ \frac{e^T\theta_k^{NR}}{m},$$

$$Y^T\lambda_k \geq y_k,$$

$$x_{ki}\theta_{ki}^{NR} - x_k^T\lambda_k \geq 0, \tag{3.13}$$

$$\theta_{ki}^{NR} \leq 1, \quad \forall\ i = 1,...,p$$

$$\theta_k^{NR} = \{\theta_{k1}^{NR},...,\theta_{km}^{NR}\} \in \Re_{++}^m,\ \lambda_k = \{\lambda_{1k},...,\lambda_{pk}\} \in \Re_+^p$$

SAS/IML-Prozedur

```
PROC IML;
 USE deapcf.basis;
        READ all VAR {iexpense personal rcapital} into MX;
        READ all VAR {loans deposits} into MY;
        p = NROW(MX); m = NCOL(MX); n = NCOL(MY); mn = m+n; pe = m+p+1;
        M_Y = (-MY); TM_Y = (M_Y)`;
        TMOYO = REPEAT(0,n,m) || TM_Y || REPEAT(0,n,1); TMX = (MX)`;
 DO k=1 TO p;
        MXK = -MX[k,];
        MXD = BLOCK(MXK[1],MXK[2],MXK[3]);
        TMOXK = MXD || TMX || REPEAT(0,m,1);
        MYK = -MY[k,]; TMYK =(MYK)`;
        MRHS = {0} // TMYK // REPEAT(0,m,1);
        MZ = REPEAT((-1/m),1,m) || REPEAT(0,1,p) || {-1};
        MLHS = MZ // TMOYO // TMOXK;
        CALL LP(rc, x, dual, MLHS, MRHS);
                NRE = -x[pe]; T=x[1:m]; TT=(T)`;
                RESULT=NRE||TT;
                NAME = {'NROTE' 'iexpense' 'personal' 'rcapital'};
        IF k = 1 then DO; CREATE deapcf.nrote from RESULT[c=NAME];
                APPEND from RESULT; END;
        ELSE DO; EDIT deapcf.nrote; APPEND from RESULT; END;
 END;
QUIT;
```

Anhang 12-5: Berechnung der nicht-radialen technischen Effizienz

Optimierungsproblem

$$\underset{\theta_k^{NR}, \lambda_k}{Min} \frac{e^T \theta_k^{NR}}{m},$$

$$Y^T \lambda_k \geq y_k,$$

$$x_{ki} \theta_{ki}^{NR} - x_k^T \lambda_k \geq 0, \tag{3.12}$$

$$\theta_{ki}^{NR} \leq 1, \quad \forall\, i = 1,...,p$$

$$e^T \lambda_k = 1,$$

$$\theta_k^{NR} = \{\theta_{k1}^{NR},...,\theta_{km}^{NR}\} \in \mathfrak{R}_{++}^m, \; \lambda_k = \{\lambda_{1k},...,\lambda_{pk}\} \in \mathfrak{R}_+^p$$

SAS/IML-Prozedur

```
PROC IML;
 USE deapcf.basis;
      READ all VAR {iexpense personal rcapital} into MX;
      READ all VAR {loans deposits} into MY;
      p = NROW(MX); m = NCOL(MX); n = NCOL(MY); mn = m+n; pe = m+p+1;
      M_Y = (-MY); TM_Y = (M_Y)`;
      TMOYO = REPEAT(0,n,m) || TM_Y || REPEAT(0,n,1); TMX = (MX)`;
 DO k=1 TO p;
      MXK = -MX[k,];
      MXD = BLOCK(MXK[1],MXK[2],MXK[3]);
      TMOXK = MXD || TMX || REPEAT(0,m,1);
      MYK = -MY[k,]; TMYK =(MYK)`;
      MRHS = {0} // TMYK // REPEAT(0,m,1) // {1};
      MZ = REPEAT((-1/m),1,m) || REPEAT(0,1,p) || {-1};
      ML = REPEAT(0,1,m)  || REPEAT(1,1,p) || {0};
      MLHS = MZ // TMOYO // TMOXK // ML;
      CALL LP(rc, x, dual, MLHS, MRHS);
           NRE = -x[pe]; T=x[1:m]; TT=(T)`;
           RESULT=NRE||TT;
           NAME = {'NRPTE' 'iexpense' 'personal' 'rcapital'};
      IF k = 1 then DO; CREATE deapcf.nrpte from RESULT[c=NAME];
           APPEND from RESULT; END;
      ELSE DO; EDIT deapcf.nrpte; APPEND from RESULT; END;
 END;
 QUIT;
```

Anhang 12-6: Tobit-Modell und Maximum-Likelihood-Schätzung(MLE)

Linkszensiertes Tobit-Modell

$$y_k^* = \beta^T x_k + \varepsilon_k, \text{ wobei } \varepsilon_k \sim N(0, \sigma^2)$$
$$y_k = 0, \text{ wenn } y_k^* \leq 0$$
$$y_k = y_k^*, \text{ wenn } y_k^* > 0 \tag{3.17}$$
$$V_k = \{v_1, ..., v_q\} \in \Re_+^q, \beta = \{\beta_1, ..., \beta_q\} \in \Re^q, k = 1, ..., p$$

Unser Problem besteht darin, die Parameter(vektoren) β und σ^2 auf der Basis von p Beobachtungen y_k und x_k zu schätzen[1]. Zu den Schätzverfahren bei Tobit-Modell gehören u.a. das Heckman-Verfahren und die Maximum-Likelihood-Schätzung; Letztere wird in der vorliegenden Arbeit angewendet[2].

Die Log-likelihood-Funktion für das Tobit-Modell (3.17) ist:

$$\log L = \sum_{y_k > 0} -\frac{1}{2}\left[\log(2\pi) + \log\sigma^2 + \frac{(y_k - \beta^T x_k)^2}{\sigma^2}\right] + \sum_{y_k = 0}\log\left[1 - \Phi(\frac{\beta^T x_k}{\sigma})\right] \tag{3.17.1}$$

Durch Olsen's Reparametrisierung können das Schätzverfahren und die Programmierungstechnik vereinfacht[3]. Für $\gamma = \beta/\sigma$ und $\theta = 1/\sigma$ sieht die neue Log-likelihood-Funktion wie folgt aus:

$$\log L = \sum_{y_k > 0} -\frac{1}{2}\left[\log(2\pi) - \log\theta^2 + (\theta y_k - \gamma^T x_k)^2\right] + \sum_{y_k = 0}\log\left[1 - \Phi(\gamma^T x_k)\right] \tag{3.17.2}$$

Weil die Hessian-Matrix immer negativ definit ist, so können nicht-lineare Optimierungen anhand der Newton-Methode zur Parameterschätzung vereinfachend angewendet werden. Zum Endergebnis können die richtigen Parameter ermittelt werden:

$$\beta = \gamma/\theta \text{ und } \sigma = 1/\theta. \tag{3.17.3}$$

SAS/IML-Prozedur

```
PROC IML;
  namereg = {beta0 local lngrp federal lnta lnmem loansta
            garatio pfunds ploans roi capratio arratio};

  START MERGE_XY(namereg);
    namevar='Eff'||namereg;
    USE deapcf.bbc; READ all into MY; CLOSE;
```

[1] Das Modell wurde zum ersten mal vonTobin im Jahre 1958 eingeführt (vgl. Tobin, J. (1958): Estimation of Relationships for Limited Dependent Variables. In: Econometrica, Vol. 26, S. 24-36).
[2] Zu ausführlichen Darstellungen und Ableitungen siehe Greene, W.H. (2000): Econometrics Analysis. New Jersey, S. 908ff.; Maddala, G.S. (1997): Limited-dependent and Qualitative Variables in Econometrics. Cambridge, S. 149ff.
[3] Vgl. Olsen, R. (1978): A Note on the Uniqueness of the Maximum Likelihood Estimation in the Tobit Model. In: Econometrica, vol. 46, S. 1211-1215.

```
        USE deapcf.basis_re; READ all VAR namereg into X; CLOSE;
        Y1=-log(MY); Y2=(Y1>0); Y=Y1#Y2; YX=Y||X;
        CREATE deapcf.output from YX[c=namevar]; APPEND from YX;
FINISH;

START F_MLE(z) global(namereg);
        USE deapcf.output;
        READ all VAR namereg into X;
        READ all VAR {Eff} into Y; CLOSE;
        p=NROW(X); h=NCOL(X);
        sum0=0.; sum1=0.;
        DO i=1 to p;
                yhat=0.;
                DO j=1 to h;
                        yhat=yhat+z[j]*x[i,j];
                END;
                IF y[i]=0. then DO; sum0=sum0+LOG(1-PROBNORM(yhat)); END;
                ELSE DO;
                sum1=sum1+LOG(8*ATAN(1))-LOG(z[h+1]##2)+(z[h+1]*y[i]-yhat)##2;
                END;
        END;
        f=sum0-0.5*sum1;
        RETURN (f);
FINISH F_MLE;

RUN MERGE_XY(namereg);
        h=NCOL(namereg); k=h+1;
        optn ={1 0 . 3}; bstart=j(1,k,0.0000009);
CALL NLPQN(rc,xres,"F_MLE",bstart,optn);
        MLE=F_MLE(xres); PRINT MLE;
        b=xres[1:h]; beta=b/xres[h+1]; tbeta=beta`;
        name=(namereg)`; PRINT name beta;
CREATE deapcf.tobit from tbeta[c=namereg]; APPEND from tbeta; CLOSE;

USE deapcf.output;
        READ all VAR Namereg into X;
        READ all VAR {Eff} into Y; CLOSE;
        p=NROW(X); dfe=p-h;
        YHAT=X*beta; resid=Y-YHAT;
        SSE=Resid`*Resid; MSE=SSE/dfe;
        R2=1-SSE/((Y-Y[:])[##]); AR2=1-(1-R2)*((p-1)/dfe);
        F=(R2/(h-1))/((1-R2)/dfe);
        PRINT R2 AR2 F;
QUIT;
```

Kurze Erklärung

Anhand der obigen Prozedur werden die Regressionsparameter – im Hinblick auf die Einflussfaktoren der technischen Effizienzmaße (BBC-Indices) – sowie das dazugehörige Bestimmtheitsmaß, das korrigierte Bestimmtheitsmaß und den Maximum-Likelihood-Funktions-Wert ermittelt.

Durch die Unterprozedur "START MERGE_XY" werden Datensätze für die Tobit-Regressionsanalyse aufgebaut und in die Datei "output" gespeichert. Als Regressand gilt der negative Wert der logarithmierten X-Effizienz (BBC). Zu den Regressoren (q = 12) gehören das Einzuggebiet "local", das (logarithmierte) regionale Pro-Kopf-Einkommen "lngrp", die Verbundbeziehung "federal", die (logarith-mierte) Bilanzsumme "lnta", die (logarihmierte) Anzahl der Mitglieder "lnmem", der Diversifikationsgrad "loansta", die Geschäftsanteilquote "garatio", der (durchschnittliche) Einlagenzins "pfunds", der (durchschnittliche) Kreditzins "ploans", die Eigenkapitalrendite "roi", die Eigenkapitalquote "capratio" und schließlich die Kreditausfallquote "arratio". Die Regressionsfunktion y^* kann so formuliert werden:

$$y^* = -Ln(\mathit{Effizienz}) = \beta_0 + \beta_1 * \mathit{Einzugsgebiet} + \beta_2 * \mathit{Einkommen} + \beta_3 * \mathit{Verbundbeziehung}$$
$$+ \beta_4 * \mathit{Bilanz} + \beta_5 * \mathit{Mitglied} + \beta_6 * \mathit{Diversifikationsgrad} + \beta_7 * \mathit{Geschäftsanteil}$$
$$+ \beta_8 * \mathit{Einlagenzins} + \beta_9 * \mathit{Kreditzins} + \beta_{10} * \mathit{Eigenkapitalrendite}$$
$$+ \beta_{11} * \mathit{Eigenkapitalquote} + \beta_{12} * \mathit{Kreditausfallquote} + \varepsilon$$

Die genannten Regressionsparameter werden mithilfe des nicht-linearen SAS/IML-Optimierungsmoduls "NLPQN" geschätzt, wobei sich die Zielfunktion durch die Unterprozedur "F_MLE" anhand der Log-Likelihood-Funktion (3.17.2) spezifizieren lässt. Die richtigen Parameter des Tobit-Modells (3.17) werden anhand von (3.17.3) ermittelt und anschließend in die Datei "tobit" gespeichert. Zum Schluss werden die Bestimmtheitsmaße (R^2 und korr.R^2) sowie den Maximum-Likelihood-Funktionswert ermittelt.

Anhang 12-7: DEA-Bootstrap-Regression (DBR)

DBR-Verfahren

Das DEA-Bootstrapp-Regressionsverfahren erfolgt insgesamt in 5 Schritten, wobei die Schritte 2 bis 4 Gegenstand der Programmierungstechnik mit SAS/IML sind:

Schritt 1: Es wird eine einfache F-Verteilung für die Stichprobe (Beobachtungsmenge) S_{DMU} konstruiert, wobei jede Entscheidungseinheit einer Wahrscheinlichkeit von $1/p$ annimmt.

Schritt 2: Es wird c Zufallstichproben von der Größe p als wiederholte Stichprobenziehung mit Zurücklegung von der originalen Stichprobe $S_{DMU} = \{DMU_1,...,DMU_p\}$ simuliert:

$$S_r = \{DMU_{r1},...,DMU_{rp}\}, \quad r = 1,...,c$$
$$DMU_{rk} = \{T_{rk}, V_{rk}\} \in S_{DMU}, \quad k = 1,...,p \tag{3.16}$$

S_r wird als die r-te Bootstrap-Stichprobe genannt.

Schritt 3: Für jede Bootstrap-Stichprobe S_r wird das BBC-Modell (3.9) angewendet, um Effizienz-Werte für alle p virtuellen Entscheidungseinheiten in dieser Stichprobe zu ermitteln ($\theta_r = \{\theta_{r1},...,\theta_{rp}\} \in \mathfrak{R}_{++}^p$).

Schritt 4: Für jede k-te Bootstrap-Stichprobe werden die Schätzwerte für die Koeffizienten $\beta_0, \beta_1,...,\beta_q$ in dem folgenden Tobit-Modell ermittelt:

$$y^* = -Ln\theta_{rk} = \beta_{r0} + V_{rk}^T \beta_r + \varepsilon_{rk}, k = 1,...,p,$$
$$y = 0, \text{ wenn } y^* \leq 0 \text{ bzw. } \theta_{rk} \geq 1 \text{ (technische Effizienz } \theta_{rk} = 1)$$
$$y = y^*, \text{ wenn } y^* > 0 \text{ bzw. } \theta_{rk} < 1 \tag{3.17}$$
$$V_{rk} = \{v_{r1},...,v_{rq}\} \in \mathfrak{R}_+^q, \beta_r = \{\beta_{r1},...,\beta_{rq}\} \in \mathfrak{R}^q$$

Schritt 5: Es werden *Bootstrap-Schätzwerte* $\hat{se}_c(\hat{\beta}_s)$ für die Standardfehler von $\hat{\beta}_s$ ermittelt:

$$\hat{se}_c(\hat{\beta}_s) = (\frac{\sum_{r=1}^{c}(\hat{\beta}_{rs} - \bar{\beta}_s)}{c-1})^{1/2}$$

$$\bar{\beta}_s = \frac{\sum_{r=1}^{c}\beta_{rs}}{c}, \quad s = 1,...,q \tag{3.18}$$

Es wird anhand des T-Testes folgende Hypothesen geprüft:

$$H_0 : \beta_s = 0, \quad vs. \quad H_1 : \beta_s \neq 0. \tag{3.19}$$

Die dazugehörigen Test-Größen werden wie folgt ermittelt:

$$t_s = \frac{\bar{\beta}_s}{\hat{se}_c(\hat{\beta}_s)}, \tag{3.20}$$

und mit dem kritischen Wert $t_{\alpha/2}$ von der Studenten-Verteilung mit (p-q-1) Freiheitsgraden verglichen. Falls $|t| > t_{0.025}$, wird die Nullhypothese $H_0 : \beta_s = 0$ verworfen zugunsten $H_1 : \beta_s \neq 0$ mit einem Signifikanzniveau von 95%. Falls $|t| \leq t_{0.025}$ kann die Nullhypothese nicht abgelehnt werden.

SAS/IML-Prozedur

```
PROC IML;
  name_reg = {beta0 local lngrp federal lnta lnmem loansta
              garatio pfunds ploans roi capratio arratio};
  name_x = {iexpense personal rcapital};  name_y = {loans deposits};
  name_dea = name_x || name_y; h = NCOL(name_reg); bs = 0.0000009; c = 1000;


START RANDAT;
     name = name_dea || name_reg;
     DO i=1 to 227;
     r = RANUNI(0); rk = r*226; k = INT(rk)+1;
     USE deapcf.basis; READ point k VAR name_dea into x_randea;
     USE deapcf.basis_re; READ point k VAR name_reg into x_ranreg;
     x_ran = x_randea || x_ranreg;
     IF i=1 then DO; CREATE deapcf.data_ran from x_ran[c=name];
            APPEND from x_ran; END;
     ELSE DO; EDIT deapcf.data_ran; APPEND from x_ran; END;
     END;
FINISH;


START DEASAS;
     USE deapcf.data_ran;
     READ all VAR name_x into MX; READ all VAR name_y into MY;
     p = NROW(MX); m = NCOL(MX); n = NCOL(MY); mn = m+n;
     M_YX = (-MY) || MX; TM_YX =(M_YX)`;
     DO k=1 to p;
     MYK = -MY[k,]; TMYK = (MYK)`;
     MXK = -MX[k,]; TMXK = (MXK)`;
     TMYOK = TMYK // REPEAT(0,m,1); TMOXK = REPEAT(0,n,1) // TMXK;
     MRHS = {0} // TMYK // REPEAT(0,m,1) // {1};
     MZ = {-1} || REPEAT(0,1,p) || {-1}; ML = {0} || REPEAT(1,1,p) || {0};
     MLHS = (MZ // (TMOXK || TM_YX || REPEAT (0,mn,1)) // ML);
```

425

```
        CALL LP(rc, x, dual, MLHS, MRHS); BBC = x[1];
        IF k=1 then DO; CREATE deapcf.output from BBC[c='BBC'];
            APPEND from BBC; END;
        ELSE DO; EDIT deapcf.output; APPEND from BBC; END;
        END;
FINISH;


START F_MLE(z) global(name_reg,h);
        USE deapcf.output; READ all into MY; CLOSE deapcf.output;
        USE deapcf.data_ran; READ all VAR name_reg into X; CLOSE deapcf.data_ran;
        Y1 = -LOG(MY); Y2 = (Y1>0); Y = Y1#Y2;
        p = NROW(X); sum0=0.; sum1=0.;
        DO i=1 to p;
        yhat=0.;
        DO j=1 to h;
          yhat=yhat+z[j]*x[i,j];
        END;
        IF y[i]=0 then DO; sum0=sum0+LOG(1-PROBNORM(yhat)); END;
        ELSE DO;
          sum1=sum1+LOG(8*ATAN(1))-LOG(z[h+1]##2)+(z[h+1]*y[i]-yhat)##2; END;
        END;
        f=sum0-0.5*sum1;
        RETURN (f);
FINISH F_MLE;


START TOBIT;
        optn = {1 0 . 3}; bstart = j(1,h+1,bs);
        CALL NLPQN(rc,xres,"F_MLE",bstart,optn);
        b = xres[1:h]; beta = b/xres[h+1]; tbeta = beta`;
        EDIT deapcf.tobit; APPEND from tbeta; CLOSE;
FINISH;


DO r=1 to c;
 RUN RANDAT; RUN DEASAS; RUN TOBIT;
END;
QUIT;
```

Kurze Erklärung

Anhand der obigen SAS/IML-Prozedur werden insgesamt c (=1000) Bootstrap-Stichproben konstruiert. Für jede einzelne Stichprobe werden die zugehörigen technischen Effizienzwerte und Regressionsparameter ermittelt, die dann für den T-Test im 5. Schritt herangezogen werden können. Jede Bootstrap-Stichprobe besteht aus p(=227) Entscheidungseinheiten, die sich aus der Ziehung mit Zurücklegung von der originalen Stichprobe S_{DMU} = $\{DMU_1,...,DMU_p\}$ (von 227 lokalen People's Credit Funds) mithilfe der Unterprozedur "RANDAT" ergeben. Die BBC-Indices für die jeweiligen Entscheidungseinheiten in der Stichprobe sind anhand der Unter-prozedur "DEASAS" zu berechnen. Durch Anwendung der Maximum-Likelihood-Methode werden Regressionsparameter des Tobit-Modells (3.17) für jede einzelne Bootstrap-Stichprobe (Unterprozedur "TOBIT") geschätzt, die anschließend in der Datei "tobit" gespeichert werden.

Peter Lang · Internationaler Verlag der Wissenschaften

Bernhard Steege

Restrukturierung des japanischen Bankenmarktes

Eine empirische Analyse

Frankfurt am Main, Berlin, Bern, Bruxelles, New York, Oxford, Wien, 2005.
XVIII, 228 S., zahlr. Tab. und Graf.
Europäische Hochschulschriften: Reihe 5, Volks- und Betriebswirtschaft.
Bd. 3135
ISBN 978-3-631-53955-2 · br. € 42.50*

Die seit Anfang der 1990er-Jahre bestehende Bankenkrise in Japan und die sich verändernden Umfeldbedingungen (u. a. Globalisierung, Deregulierung, IT) üben Anpassungsdruck auf das japanische bankbasierte Finanzsystem aus. Ein Wandel des Finanzsystems mit einer Veränderung der Bedeutung der Finanzintermediation über den Rückgang der Intermediation über Banken zugunsten anderer Finanzintermediäre und Finanzmärkte in Japan wäre zu erwarten. Auch eine tief greifende Restrukturierung des Bankenmarktes würde nicht überraschen. Diese Arbeit beschäftigt sich mit wesentlichen Trends zur Veränderung des Umfeldes der Finanzintermediation sowie Treibern einer Restrukturierung von Banksystemen. Hierauf aufbauend wurde untersucht, inwieweit diese erwarteten Veränderungen in Japan zu beobachten sind bzw. warum diese Anpassungen nicht eintraten.

Aus dem Inhalt: Bedeutung und Ausgestaltung von Finanzsystemen · Ausgangslage des japanischen Bankenmarktes · Veränderungen der Umfeldbedingungen · Bedeutung der Finanzintermediation in Japan · Restrukturierung des Bankensektors in Japan · Verzögerte Anpassung des Finanzsystems

Frankfurt am Main · Berlin · Bern · Bruxelles · New York · Oxford · Wien
Auslieferung: Verlag Peter Lang AG
Moosstr. 1, CH-2542 Pieterlen
Telefax 00 41 (0) 32 / 376 17 27

*inklusive der in Deutschland gültigen Mehrwertsteuer
Preisänderungen vorbehalten
Homepage http://www.peterlang.de